바둑 新 사전 시리즈

100% 실전에 활용되는 초반 신수법을 간단, 명료하게 정리한 신수신형사전!

신수신형 新 사전

양재호 九단 해설

BM (주)도서출판 성안당

머리말

한국축구가 세계가 놀란 월드컵 4강의 신화를 이룩한 원동력은 한국형 압박축구에 있었다. 그 특징은 체력을 바탕으로 한 힘의 축구였고, 어떤 형식에도 얽매이지 않고 어떤 상황에도 대처할 수 있는 실전에 강한 창조적인 축구였다. 바둑과 축구를 비교해 보면 닮은 점이 있다. 표면상 바둑은 정(靜)의 스포츠, 축구는 동(動)의 스포츠로 보이지만, 동적인 축구에도 전략을 수립하는 정적인 사고가 필요하다는 것이 이번 2002 한·일 월드컵에서 입증된 바 있다. 그리고 둘 간의 머리싸움으로 대결하는 바둑이 정적으로 보이겠지만, 그 속에는 다이내믹하고 역동적인 수(手)의 표현이 있는 것이다. 역시 체력의 바탕이 되어 있어야 한다.

그렇다면 1990년대 한국바둑이 세계를 제패하며 천하통일의 위업을 이룩한 원동력은 무엇일까? 나아가 2002년 현재까지 한국바둑이 난공불락의 무적행진을 질주하고 있는 수수께끼와 같은 현상은 무엇으로 설명해야 하는가. 그 원인은 하나의 틀과 형식에 얽매이지 않고, 끈끈한 힘을 바탕으로 꾸준히 새로운 수를 창조하고 연구하기 때문이라고 한다. 이를 토대로 실전에 임하여, 시작과 동시에 정석과 포석에서부터 새로운 수법을 구사하며 강력한 태클로 상대를 압박하는 모습은, 미드필드에서부터 압박을 가했던 지난 월드컵의 한국형 축구와 흡사하다.

노장 조훈현 9단의 분전, 세계최고의 공격수 유창혁 9단의 부활, 세계 정상에 우뚝 선 이창호 9단, 그리고 하루도 거르지 않고 새로운 수에 대해 도전하고 있는—후지쯔배 우승에 빛나는 이세돌을 비롯한 한국바둑의 신예기사들, 이들을 중심으로 한국바둑은 계속해서 발전을 거듭하고 있는 것이다. 많은 세계바둑인들이 한국바둑을 심층 분석하고 연구하기 시작한 지는 이미 오래다. 새로운 수에 대한 도전 의식이 강한 한국바둑이 세계바둑계를 주도해가고 있다는 증거이다.

90년대 이후 한국바둑이 세계중심에 서 있는 현실에서 끊임없이 새로운 신형이 등장하였다. 짧은 기간 유행하다 사라진 것도 있었고, 또다른 새로운 시도에 의해 구형으로 밀려난 것도 있었다. 부분적으로는 멋진 신수였지만, 실전을 통해 실패로 끝났던 것도 있었다. 물론 생명력이 길어 아직까지 유행하는 것도 있다. 아무튼 한국바둑의 세계제패는 이른바 '한국형 신수신형'에 있었다고 해도 과언이 아닌데, 그런 점에서 오랜 시간과 정성을 들여 현대판 신수신형을 총정리한 이 책은 그 의미가 각별하다.

신수신형의 유형을 선별하는 데 많은 어려움이 있었다. 먼저 사전의 구미에 맞게 한국형 신수신형과 해외 신수신형으로 나누어 구분했다. 한국형 신수신형에는 파생되는 변화형과 지금까지 계속해서 연구되고 있는 수법에 대해 통괄적으로 보여주기 위해 노력했고, 해외 신수신형에서는 일본과 중국의 당대 고수 및 신예기사들이 그동안 실전에서 구사했던 새로운 수법을 가급적 다양하게 보여주려고 했다. 아직 많은 변화들이 숨어 있고, 발전을 거듭하고 있는 미완의 신형들은 결론을 내는 데 좀 어려움이 따랐지만 미완의 결론이나마 밝히려고 노력했다.

이 책을 통해 국면의 변화에 대한 대처능력은 물론, 국면을 주도해나가는 창조적인 힘이 길러지기를 바라는 마음이다. 국면의 전체적인 추이를 감상하여 각자의 기력수준에 따라 사고하고 느끼고 이해하는 것만으로도 큰 보탬이 될 것이다. 부디, 여러분의 기력향상을 기대한다.

2002년 9월 양 재 호

신수신형 新사전 차례

제
1
형

제
2
형

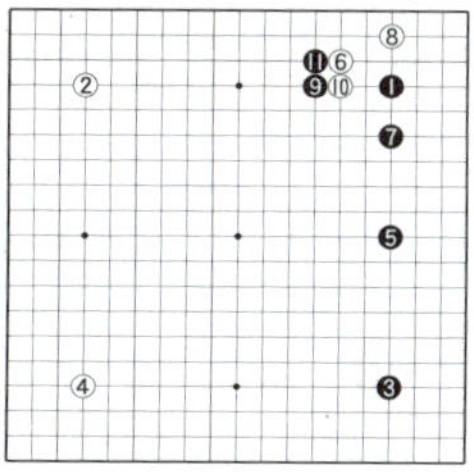

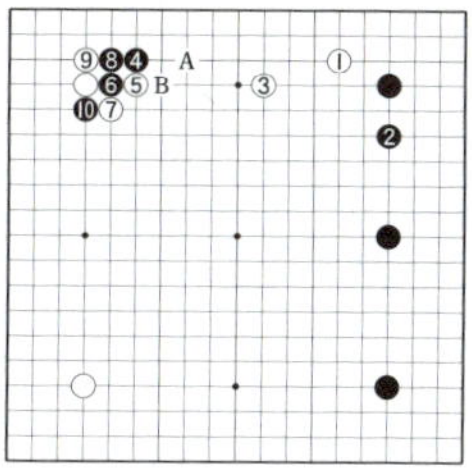

제
3
형

제
4
형

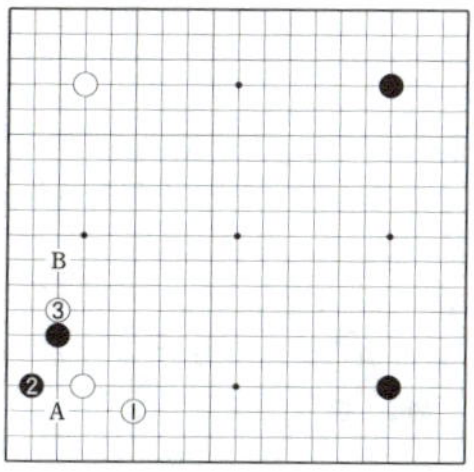

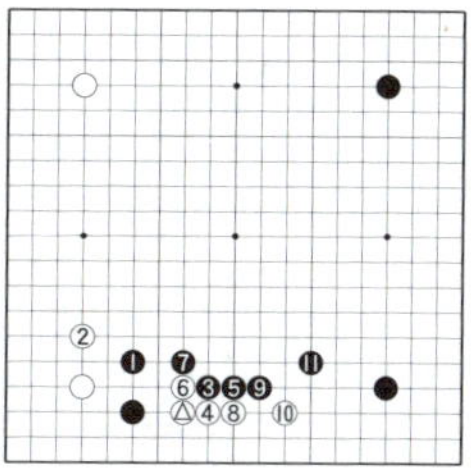

제
5
형

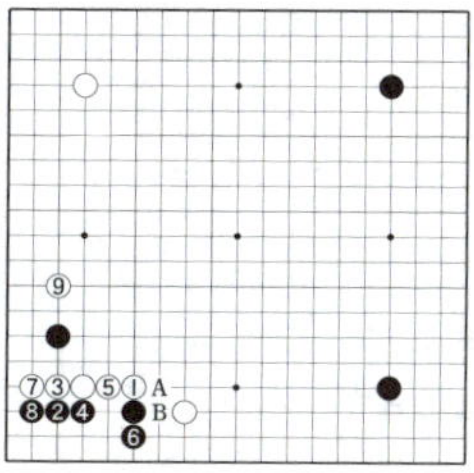

제
6
형

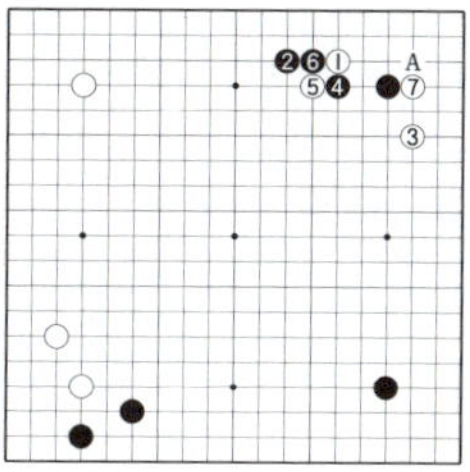

제
7
형

제
8
형

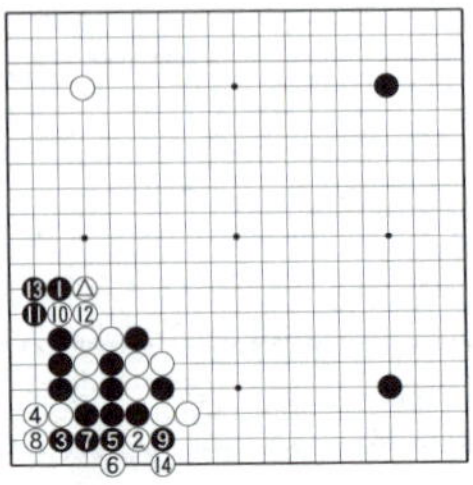

제
9
형

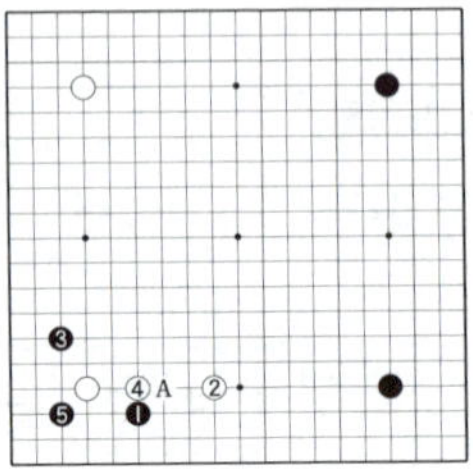

제
10
형

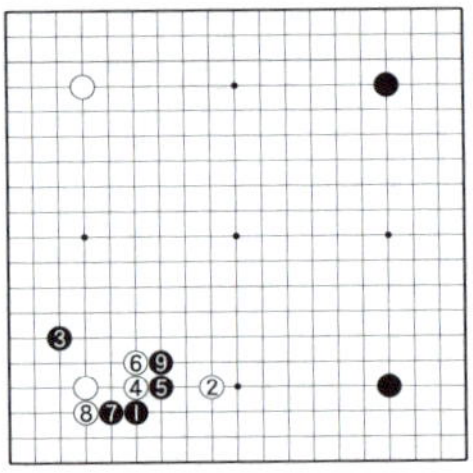

제
11
형

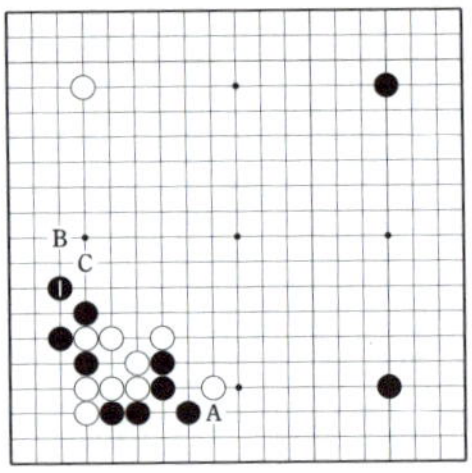

제
12
형

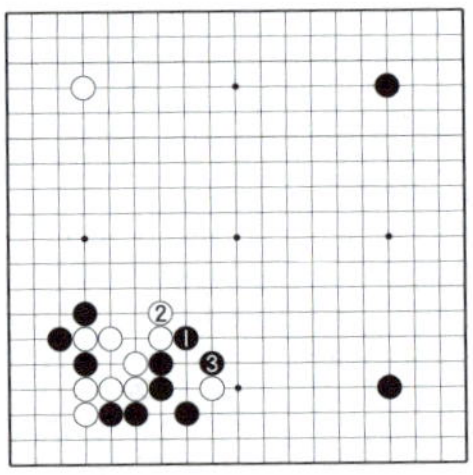

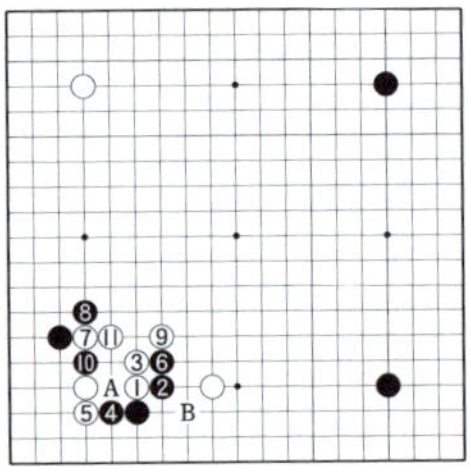

제
13
형

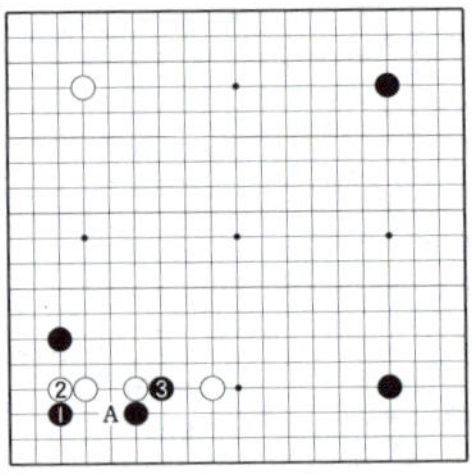

제
14
형

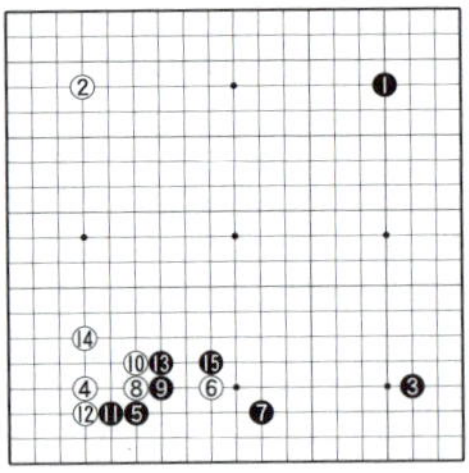

제15형

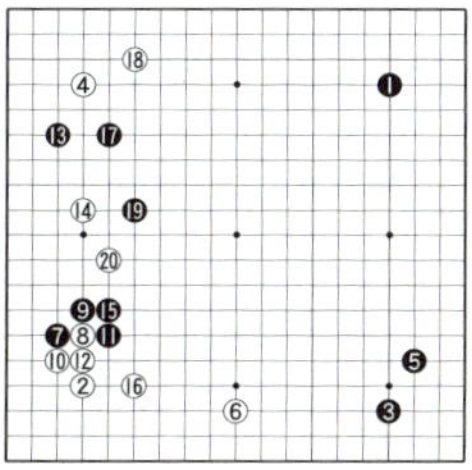

제16형

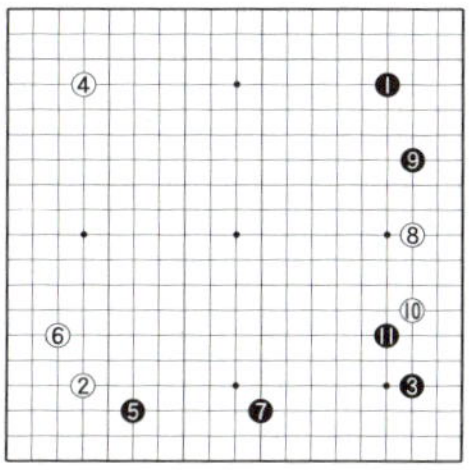

제17형

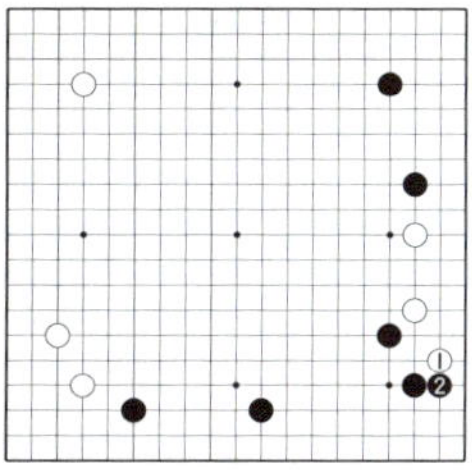

제18형

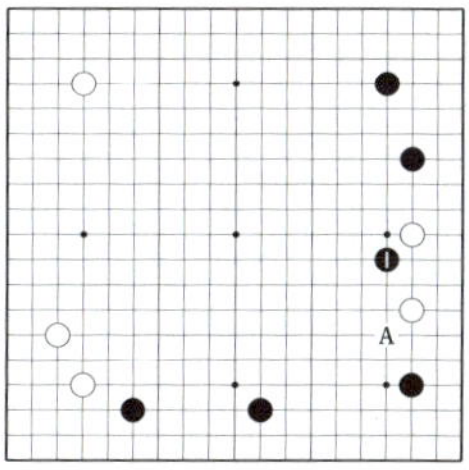

제19형

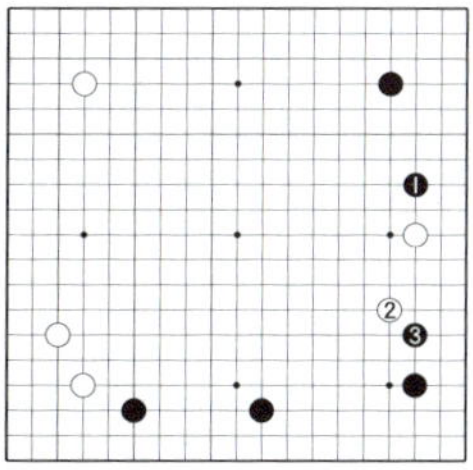

제20형

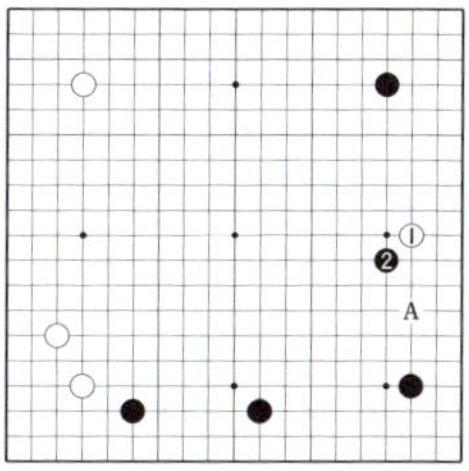

제21형

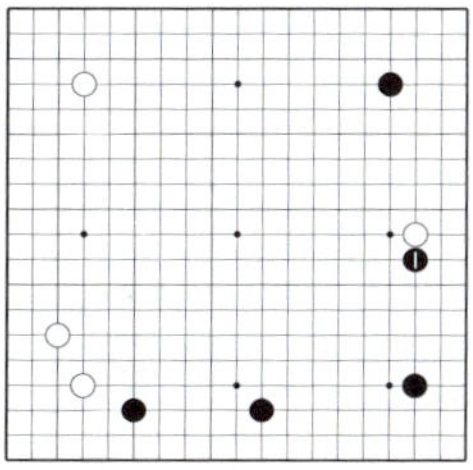

제22형

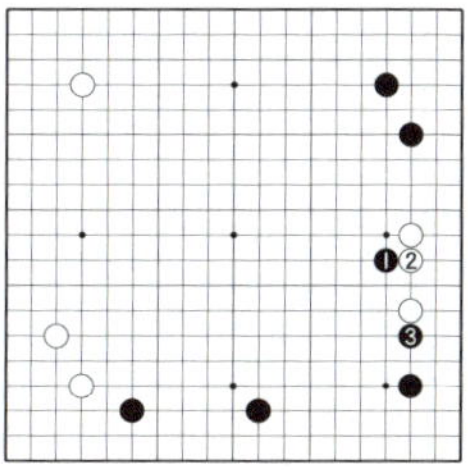

제23형

제24형

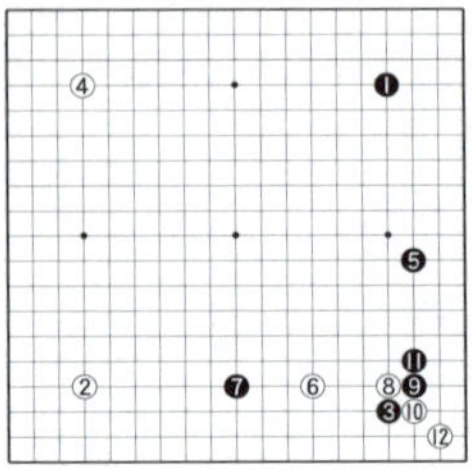

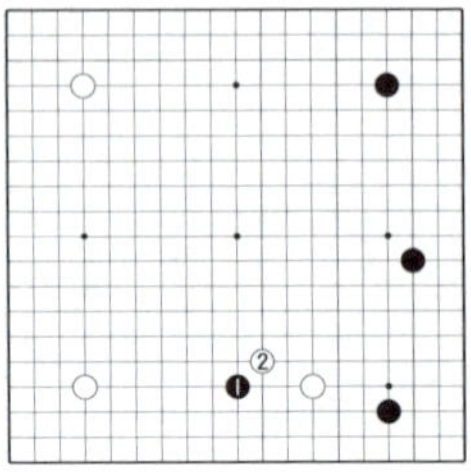

제25형

제26형

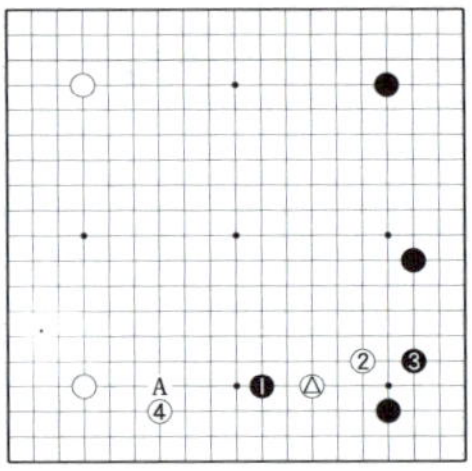

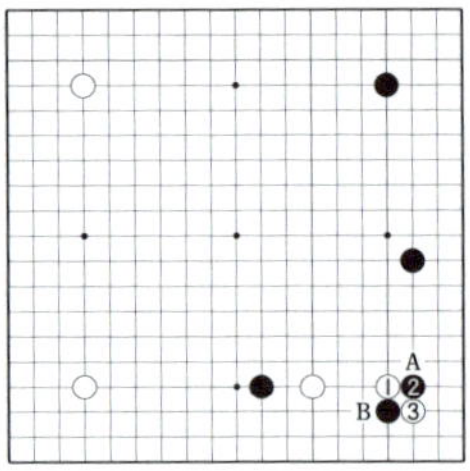

제27형

제28형

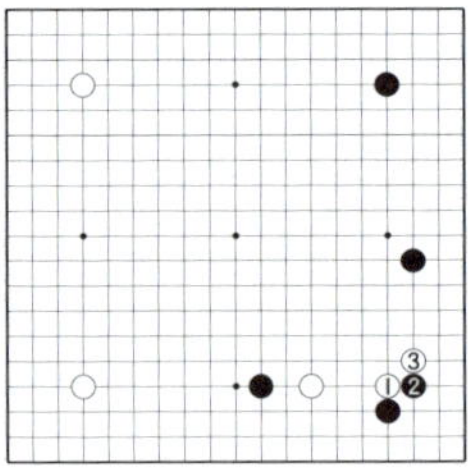

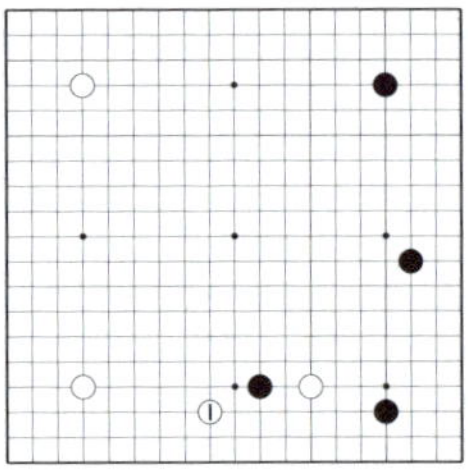

제29형

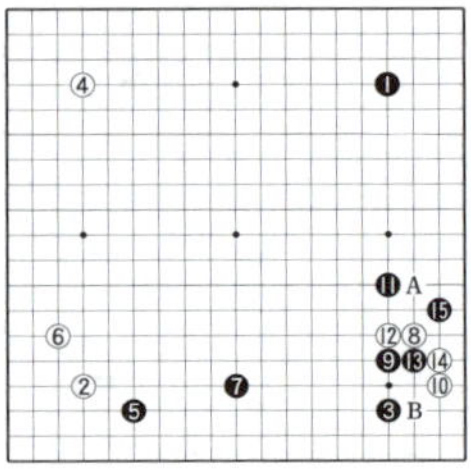

제30형

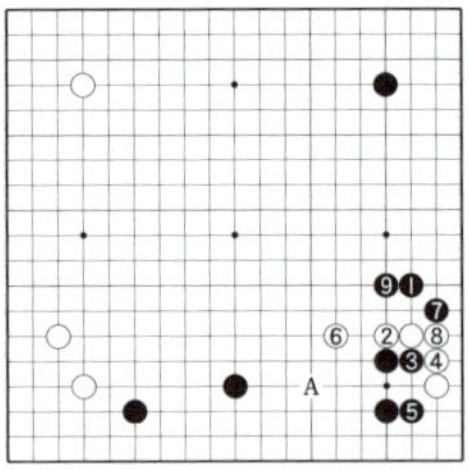

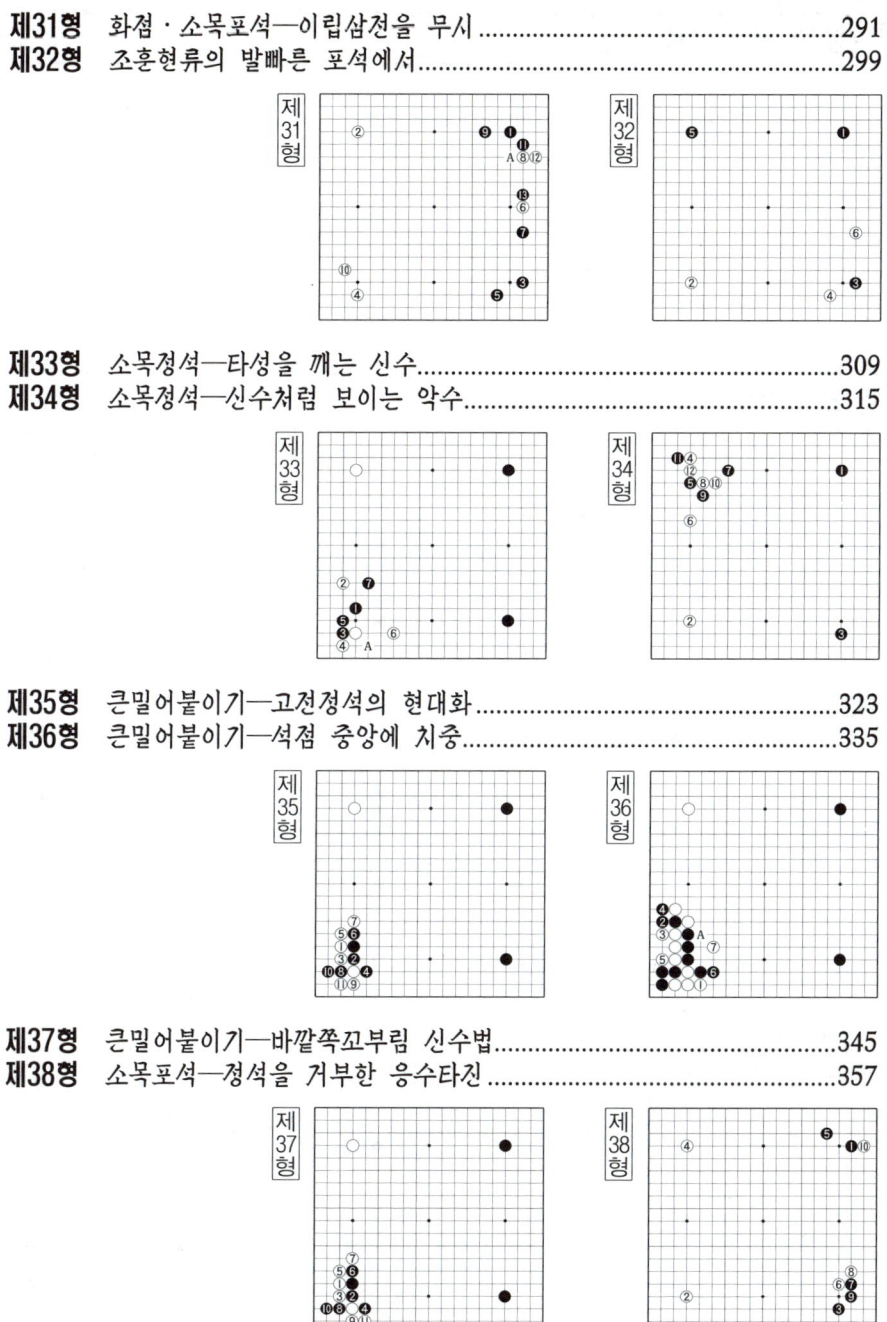

제
1
형

제
2
형

제
3
형

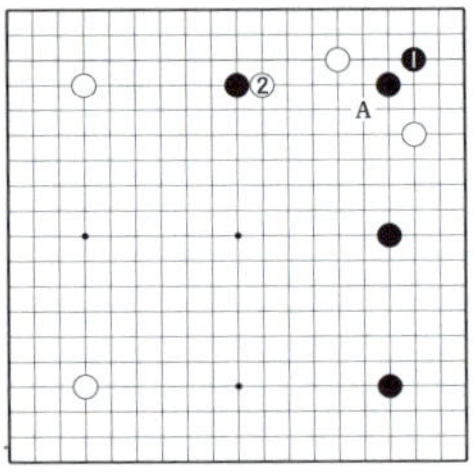

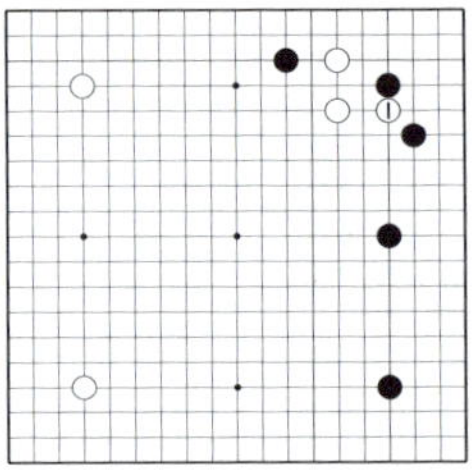

제
4
형

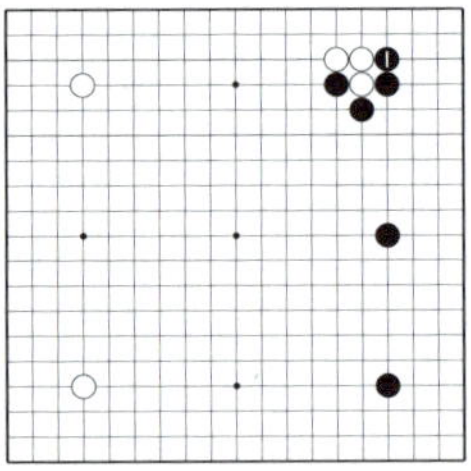

제
5
형

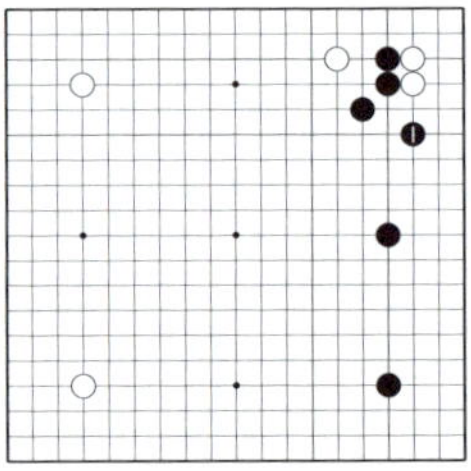

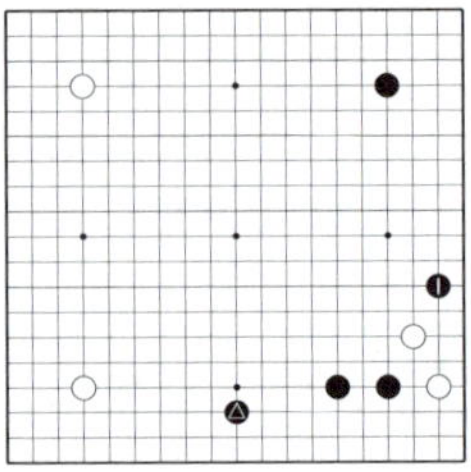

제
6
형

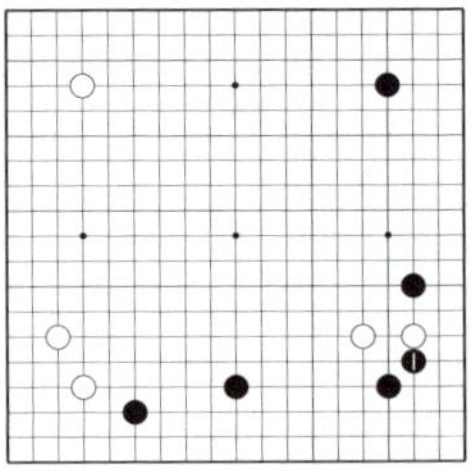

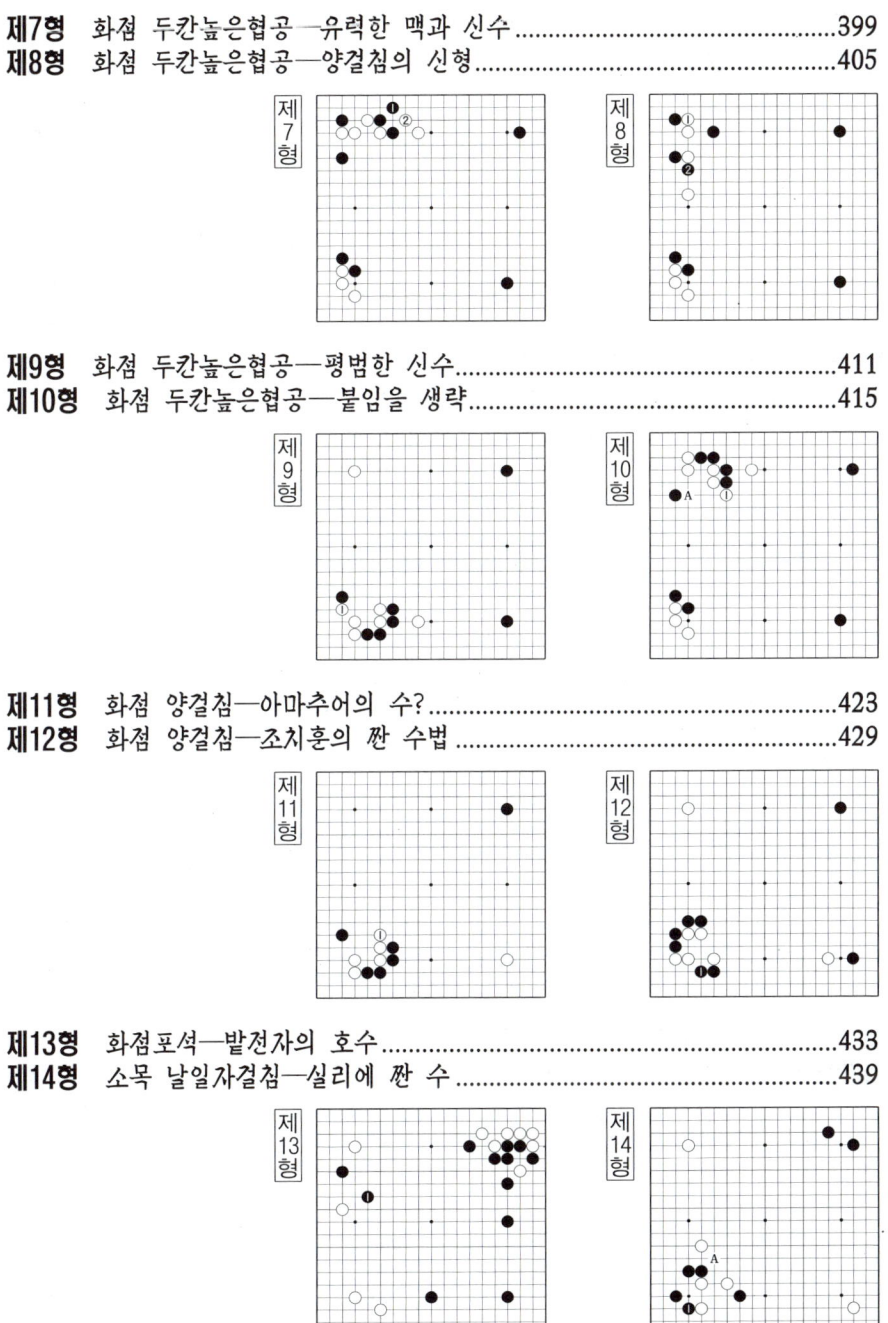

제15형

제16형

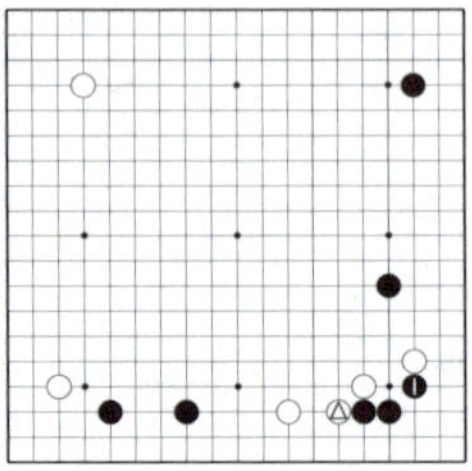

제17형

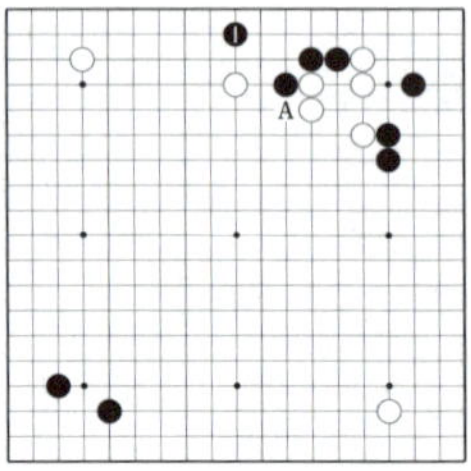

제18형

제19형

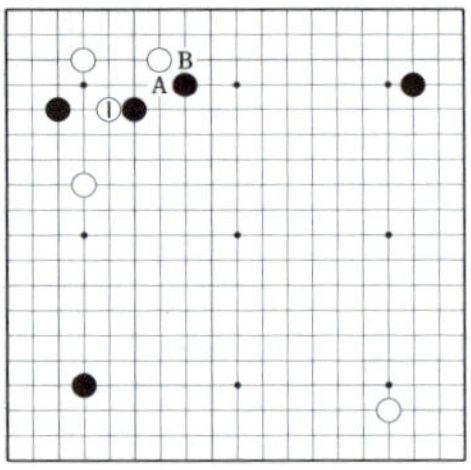

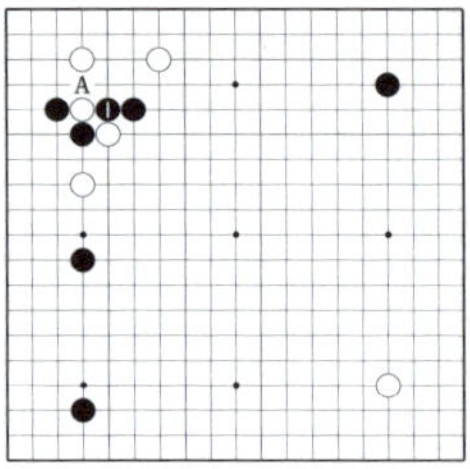

제20형

제21형

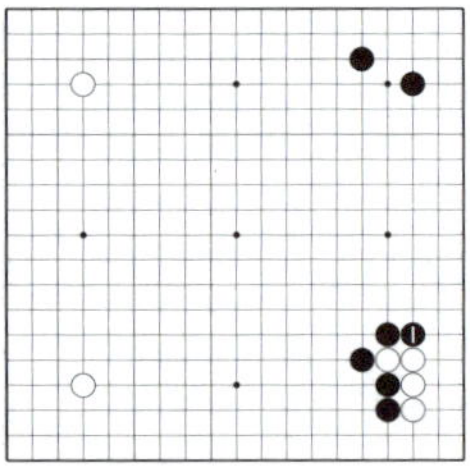

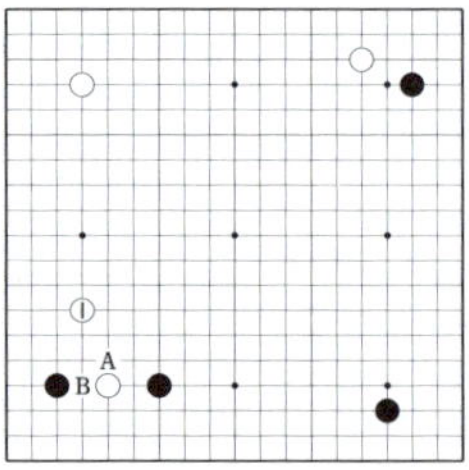

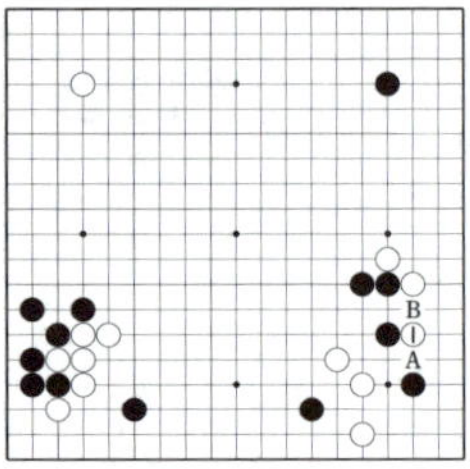

제22형

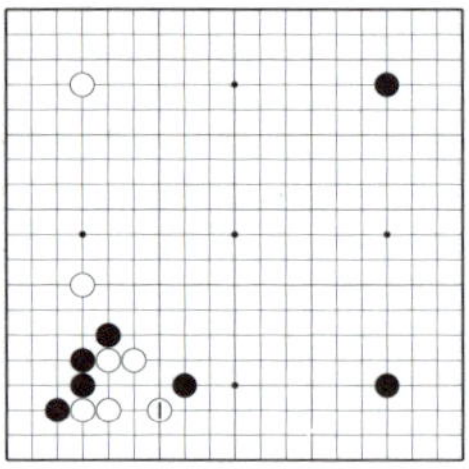

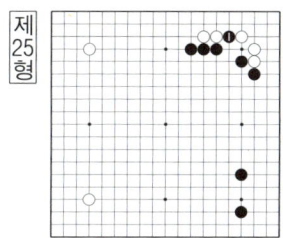

신수의 원류를 찾아

1

신수(新手), 그 출발점은 어디서부터 찾아야 할까.

바둑이라는 게임이 만들어진 아득한 옛날에는 착수 하나 하나가 모두 신수라고 할 수 있었을 것이다. 그러나 당시의 바둑은 매우 원시적인 수준으로 추측되는 만큼 포석이나 정석 등 여러 가지 기본적인 체계가 있을 리 없었고, 따라서 새로운 수법(신수) 운운할 단계는 아니라고 봐도 좋을 것이다.

바둑이 중국에서 생겨났지만(물론 이에 대해서는 다른 기원설도 있지만), 일본에 전래되어 무사정권인 바쿠후[幕府]의 비호를 받으면서 비로소 꽃을 피웠다는 관점에서, 그 무렵을 신수의 태동기로 봐도 무리가 아닐 것이다.

일본 4대가문—혼인보(本因坊)가, 이노우에(井上)가, 야스이(安井)가, 하야시(林)가—이 최고권력의 그늘 아래서 오로지 바둑을 연구하고 어성기(御城碁)를 통해 격돌하는 가운데 바둑은 눈부시게 발전했다.

화점의 고정 위치에서 벗어나 소목, 외목, 고목 등 다양한 착점이 선보이면서 포석의 연구도 활발했다. 정석다운 정석이 등장한 것도 이때였고, 따라서 새로운 수법의 탐구나 시도도 적지 않았다. 가문마다 명예와 실리를 걸고 비방(秘方)의 무기를 감추며 연구에 연구를 거듭했던 것이다.

2

어떤 의미에서는 영원불멸의 호수라는 슈사쿠의 마늘모(1도 혹 1)가 신수 제1호라고 봐도 좋을 것이다. 걸침에 대해 협공이나 벌림만 생각하던 시대였으니 마늘모는 큰 반향을 일으키기에 족했을 것이다. 또 어떤 이는 좀더 거슬러올라가 소목(또는 외목, 고

목)의 등장 자체가 신수의 첫 출현이라고 주장할지도 모른다. 기
착점이 있어 착수의 제한을 받던 시대에서 첫수부터 자유롭게 둘
수 있었던 그것으로의 전환에서 중심에 놓여 있던 것이 바로 소
목이었으니까. 그뿐 아니라 중국식포석의 원조가 된 도사쿠의 기
발한 벌림(2도 흑3)도 신수 중 하나였을 것이다.

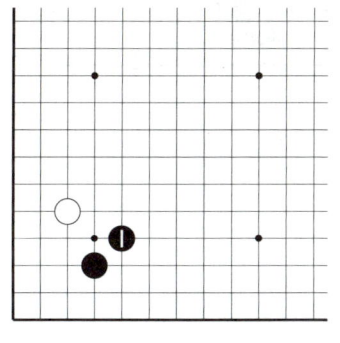
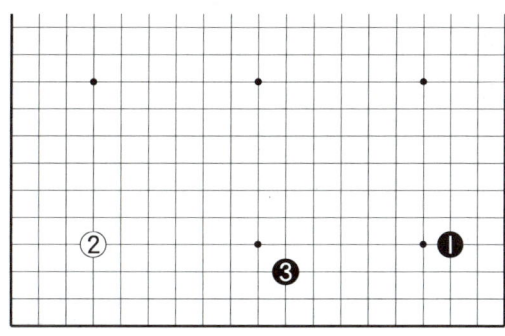

1도   2도

3

진정한 의미로 본격적인 신수가 출현한 것은 살아있는 기성(棋
聖)으로 추앙받는 우 칭위안(吳淸源)에 의해서였다고 생각된다.

무패의 우 칭위안 시대를 연 첫수고치기 10번기의 행진, 또 바
둑사를 바꿔 놓은 기타니 미노루(木谷實)와의 합작품인 신포석법
이 등장하면서 다양한 수단들이 시도되었고 새로운 수법도 속속
나오기에 이르렀다.

우 칭위안의 수많은 신수 가운데서 첫손가락에 꼽을 수 있는 것
은 아마도 큰밀어붙이기정석(일명 큰눈사태형)에서 안쪽꼬부림일
것이다.

3도의 흑12가 그것. 그 당시의 정석은 흑12로 A의 바깥꼬부림

이 이 한수였다.

그러니 이 수가 처음 두어졌을 때 검토실의 기사들이 이구동성으로 "우 칭위안 선생이 정석을 틀렸다"고 떠들썩했던 것도 무리가 아니다. 하기는 지금 같으면 "야, 신수다" 하면서 "뭔가 연구가 되어 있는 것 같다"며 이후의 추이에 대한 검토에 열을 올렸을 테지만.

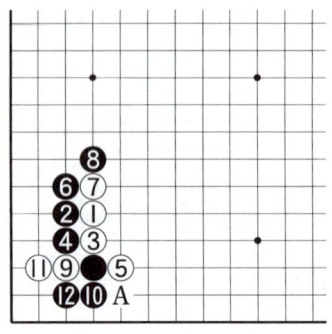

3도

4

그 만큼 당시에는 정석에 대한 고정관념에 깊이 사로잡혀 있었던 것이다.

그뿐 아니라 새로운 수를 떠올리고 연구를 했다손 치더라도 실전에서 그것을 두기에는 큰 용기가 필요했다. 아니 실제로는 자기 마음대로 새로운 수를 둘 수도 없었다. 왜냐하면 기사 대부분이 제각기 어느 한 문하에 소속되어 있는 경우가 대부분이었고 사제 관계가 매우 엄격하던 시절이었으니, 아주 특출하게 뛰어난 기사가 아닌 한 "아직 신수를 둘 수 있는 신분이 아니다"라고 스승이나 선배에게 질타를 당할 환경이었던 것이다. 이런 상황 아래서는 새로운 수가 나오기도 어렵고 새로운 정석이 생기기도 어려웠던 것이다.

3도 다음 **4도**가 정석으로 인정받기까지는 시간이 좀 걸렸다. 잠시 **5도**의 변화를 참고로 보자. 이 그림과 **6도**의 바깥쪽꼬부림정석을 비교해 보면, **5도** 흑1과 백2의 교환이 백으로서 2집쯤 손해라고 한다. 프로의 바둑에서 1집도 엄청난데, 2집이라니…. 그 바람에 바깥쪽꼬부림정석은 평가절하되고 말았다. 그리고 **4도**의 코

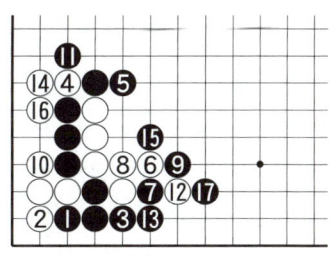

5도

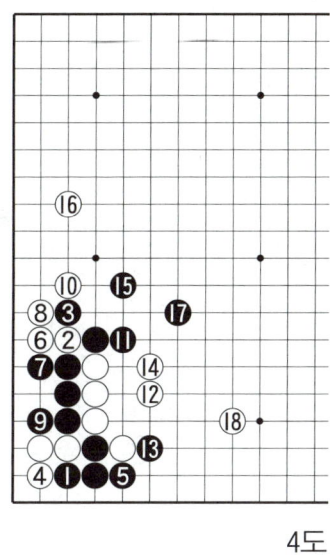

4도

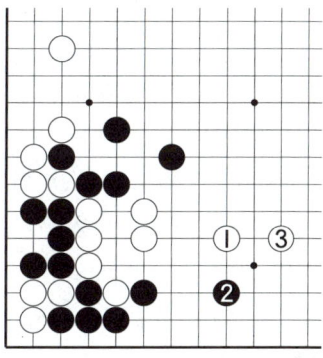

6도

스가 일반화되었다. **7도**의 정석이 뒤이어 유
행했다.

　최근에는 바깥쪽꼬부림이나 안쪽꼬부림이
나 연구가 활발해져 난해한 형이 많이 나왔
고 아직도 신수가 계속 등장하고 있지만, 이
당시로서는 이것만 가지고도 가히 획기적인
일이 아닐 수 없었다.

7도

5

　아이러니한 일은 안쪽꼬부림정석에서 이 신형의 창시자인 우
칭위안이 정말로 정석의 수순을 그르친 사건이다. 그것도 아주 중

대한 대국에서였다.

저 유명한 제1기 명인전(일본)에서 후지사와 슈코(藤澤秀行)와
의 리그전에서 수순을 틀려 초반에 대세를 잃은 것이 그것. 신수를 시도한 것이 아니라 진짜로 실수한 것이다. 그 그림이 **8도.** 흑1에 대한 백2가 중대한 수순미스였던 것이다. 먼저 4의 곳을 끊어야 한다는 것은 지금이라면 웬만한 아마추어도 모르는 이가 없을 정도이다. 뒤늦게 백4에 끊었으나 후지사와가 이런 호기를 놓칠 리 없다. 흑5로 서자, 백은 난감해진 것이다. 백28까지 당하고 흑29의 호점을 허용해서는 일거에 바둑을 망치고 말았다.

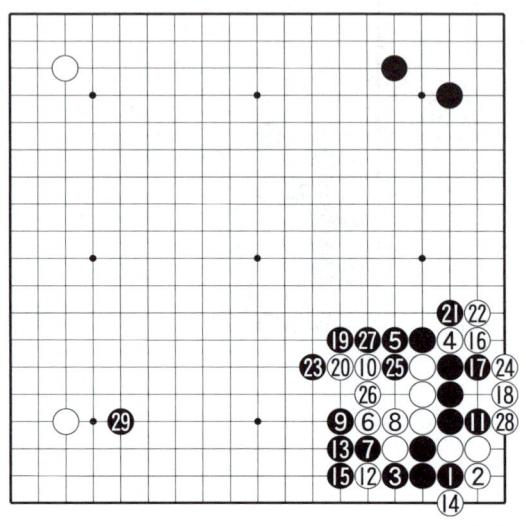

8도

백10으로 **9도** 1이면 어떻게 될까? 그러면 흑2 이하 8까지 되는데, 앞서도 말한 대로 바깥쪽꼬부림정석에서 흑▲와 백△가 선수활용되어 있는 꼴이다. 이 교환이 2집 손해이기 때문에 백은 내친 걸음으로 변화를 구한 것이었다.

우승후보 0순위였던 우 칭위안은 이 한 판을 어이없이

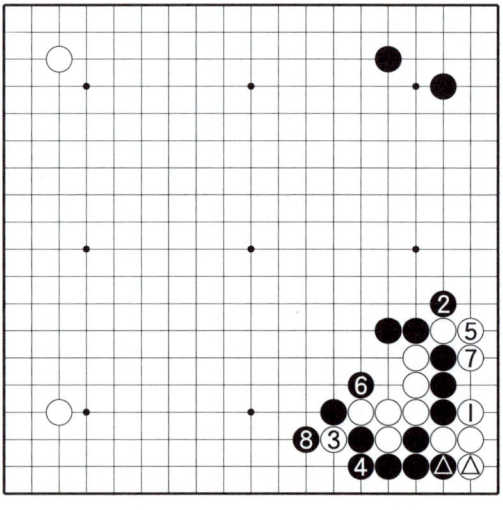

9도

20

지는 바람에 결과적으로는 초대명인의 자리를 후지사와에게 넘겨주고 만다.

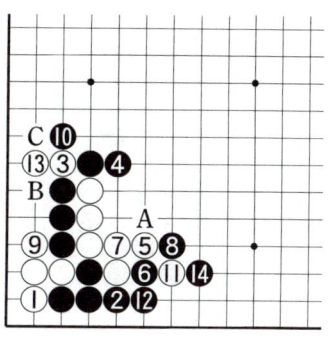

딴 얘기지만 바깥쪽꼬부림정석은 나중에 개량되어 다시 각광을 받는다. **10도**를 보자. 여기서 흑A, 백B를 문답하지 않고 그냥 14로 잡은 다음 A를 선수하느냐, 아니면 C를 선수하느냐 선택을 남긴 것이 그것. 이것은 유력한 정석으로 평가되었다. 정석에 대한 성찰 하나로 신형이 나온 케이스였다.

10도

6

우 칭위안의 신수 가운데 또 하나 유명한 것이 종래의 이론을 뒤집은 **11도** 흑4이다.

이렇게 반격하는 이른바 뒤집기형은 흑쪽이 나쁘다고 해서 1백 년간이나 아무도 두지 않았다고 한다. 그냥 A에 곱게 느는 것이 그때까지의 상식이며 전통이었던 것이다. 그랬던 것을 우 칭위안이 굳이 그렇게 두자, 검토실은 부산해졌고 일본 바둑계는 난리(?)가 났다. 이를테면 권위에 대한 도전인 셈이기도 했고 파천황(破天荒)의 행동이기도 했으니까.

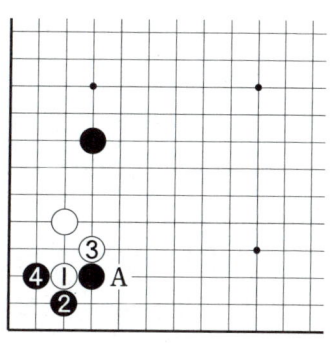

계속해서 **12도** 5까지 된 다음 우 칭위안은 흑A, 백B, 흑C로 저위이지만 즐겨 건너 실리

11도

와 안정을 추구했고, 그런 식으로 두어서 좋은 승률을 기록한다.

우 칭위안은 "왜 흑이 나쁜지 나는 납득할 수 없었다. 그래서 둔 것이다"라고 회고하고 있는데, 현대에 이르러서는 거꾸로 백쪽이 나쁘다 해서 좀처럼 두는 경우가 없어졌으니 재미있는 일이다.

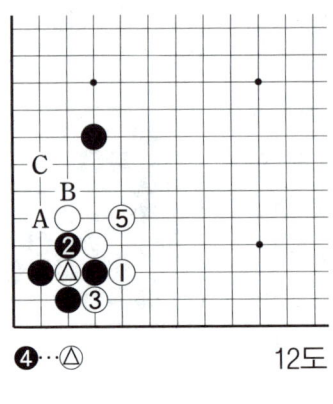

④···△

12도

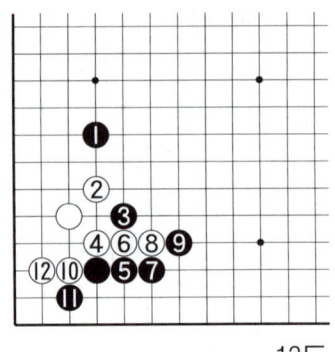

13도

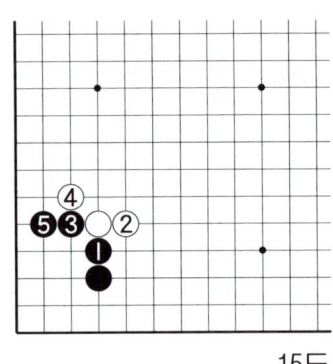

14도

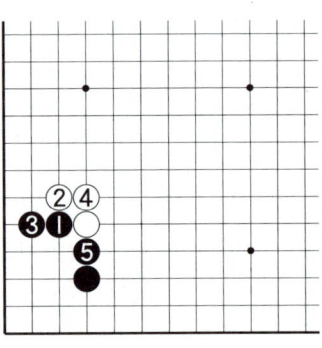

15도

16도

하지만 당시 이 수가 나오고 나서 백이 좋지
않다는 결론이 나오기까지는 무려 10년이나
걸렸던 것이다.

우 칭위안의 신수 중 가장 현대판에 가깝
다고 할 수 있는 것이 **13도** 흑3일 것이다. 그
결과 12까지의 기본정석이 하나 더 추가되었
다. 이 신수 이전에 기타니가 둔 신수가 **14
도** 백2·4였다. 5(또는 A)까지 현대에서도
널리 사랑받는 기본정석이다. 이것의 변화에
서 나온 것이 **13도** 흑3이라고 봐도 좋겠다.

신포석법의 동반지였던 기타니는 이외에도 **15, 16도**와 같은 실리지향의 신수를 시도했으나 크게 각광받지는 못했다. 그러나 경우에 따라 유력한 수법이라고 볼 수 있겠다.

7

우 칭위안 만큼 신수나 신형을 많이 만들어낸 기사는 없을 것이다.

그것은 그가 종래의 정석을 그다지 크게 의식하지 않았던 점도 큰 이유일 것이다. 신포석법이 일어나기 이전에는, 첫째가 빈귀, 둘째가 굳힘이나 걸침, 셋째가 벌림이라는 순서가 절대적인 것처럼 인식되어 있었기 때문에 정석도 매우 고정적이었다.

우 칭위안의 경우는 다른 기사와는 달리 권위 있는(?) 문하의 소속이 아니었기 때문에 기성관념에 사로잡힐 것도 없었을 것이고 자유로운 발상을 하는 데도 제약이 없었다. 그의 스승인 세고에 겐사쿠(瀨越憲作) 선생은 온화한 성품으로, 성적이 떨어지지 않는 한 어떤 착점을 하더라도 꾸지람을 한 적이 한번도 없었다. 반면 언제나 외톨이로 연구해야 했으므로 독선에 빠지기 쉬운 불리한 점도 있었으나, 발상의 전환이 자유로웠다는 점에서는 혜택 받은 좋은 환경에 놓여 있었다고 할 수 있겠다.

우 칭위안은 이렇게 말하고 있다.

"신포석만 해도 나와 기타니씨는 전통적인 포석의 사고방식에서 벗어난다는 점에서는 같지만 원점은 달랐다. 기타니씨가 중앙의 계산 가능한 세력을 중시하려고 하는 데 비해, 나의 경우는 귀를 한 수로 끝내 버리고 굳힘을 생략해 한 수라도 빨리 변쪽으로 전개하려고 한 것이다. 신포석의 주역인 흑의 3연성은 내가 두기 시작한 흑의 2연성이 바탕이 되어 있다. 내가 일본에 왔을 때 혼인보 슈사쿠(本因坊 秀策) 이래의 전통으로 흑의 제일착은 소목에

한한다고 되어 있었는데, 백을 들고서는 혼인보 슈에이(本因坊 秀榮) 명인도 화점을 두고 있다. 나의 '흑의 2연성'이라는 발상은 백은 성립하는데 흑으로서 성립하지 않을 리가 없다고 생각한 데서 비롯된 것이다. 마찬가지로 혼인보 슈사이(本因坊 秀哉) 명인과의 대국에서 내가 3·三, 화점, 천원의 세 착점을 연속해서 둔 것도 특별히 방문(坊門)의 권위에 도전한 것이 아니고, 나로서는 그렇게 둘 수 있다고 봐서 시도한 것이다."

17도는 혼인보 슈사이와 둔 대국의 초반 포석이다. 당시로서는 파격적이며 또한 참신한 시도가 우리의 눈길을 끈다. 이것도 넓은 의미에서 신수의 나열이라고 할 수 있을지 모른다.

신포석법의 창안과 여러 가지 새로운 시도(신수를 포함)의 바탕이 된 것은 이와 같은 사상에 근거하고 있었고, 이것이 이후 신수의 탄생에 큰 영향을 미쳤다고 단언해도 좋을 것이다.

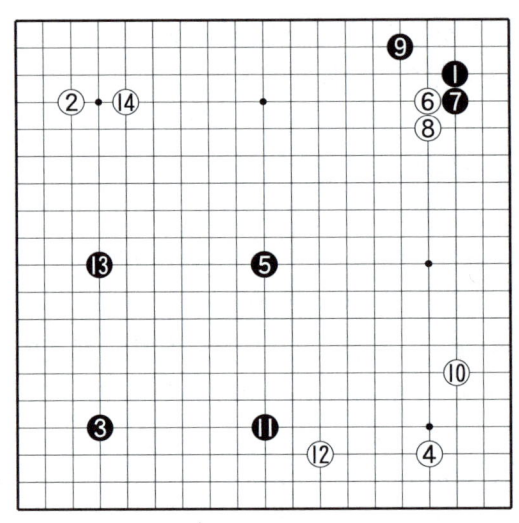

17도

8

80년대 이후 화점포석이 대유행하고 있다. 그 만큼 중앙의 중요성이 더욱 높아졌다는 증좌(證左)일 것이다. 그 이전 소목포석의 전성시대에는 귀를 중시한 공방, 나아가서는 변의 공방이 승부의 관건이었다고 봐도 좋았지만, 변이나 중앙으로의 발전성에 장점을 갖고 있는 회점이 선호됨에 따라 포석의 가치관도 변모하기에 이르렀다.

그러면서 자연스럽게 화점을 중심으로 한 연구도 활발해졌다. 잊혀져 가던 정석이 재평가되어 그 존재가치를 알리는가 하면 새로운 수법이 속속 등장했다.

이런 가운데서 90년대를 전후한 시점, 그러니까 조훈현과 이창호의 사제결전을 통해 우리나라 바둑계의 판도가 새롭게 형성되면서 한국형이라는 말이 수면 위로 부상하기 시작했다. 한국형 정석, 한국형 포석, 한국형 신수 등…. 자, 그렇다면 한국형의 출발점은 어느 수라고 할 수 있을까?

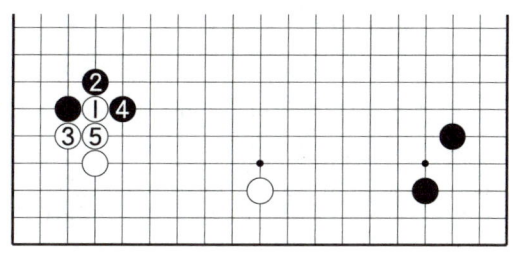

18도

한국형이라는 이름으로 부른 첫수는 아마도 이창호가 선보인 **18도** 백1·3일 것이다. 이렇게 붙이고 호구친 수는 처음 시도된 수는 결코 아니었다. 그 효용가치를 잃어버린 채 묵혀져 있다가 다시 각광을 받게 된 수였다. 그도 그럴 것이 흑4의 한방이 너무 아프다. 이렇게 되면 백5로 잇는 모습이 바로 삿갓형이라는 우형인 것도 이 정석이 오랫 동안 버림 받은 이유였을 것이다. 그런데 어느 날 이창호의 손에 의해 유행정석으로 탈바꿈했다. 이 수가 출현하고 나서 얼마동안은 프로든 아마든 너도나도 즐겨 쓰지 않았던가.

9

어떤 의미에서는 한국형의 원류는 더욱 거슬러올라간 시점인지도 모른다. 조남철의 일인천하에 도전장을 내민 김인. **19도**를 보

자. 조남철 국수위(國手位)의 9년아성을 무너뜨린 역사적 대국이다.

보통의 감각은 흑1·3에 대해 백A로 젖히는 것이지만 김인은 한칸을 늦춰 4로 받았다. 당시로서는 깜짝 놀랄 만한 발상의 전환이었다. 이제는 상황에 따라 흔히들 두고 있는 이 수가 30여년 전에 이미 김인에 의해 두어졌던 것이다. 이 백4를 한국형의 진정한 출발점이라고 봐도 전혀 이상하지 않을 것이다.

이후의 진행이 **20도**이다. 백의 구상은 현대의 감각에 비추어 봐도 거의 일치한다고 생각된다. 흑이 세 귀를 차지했지만, 좌변에서 중앙으로 향한 백의 모양에 뒤진다는 것은 현대적인 바둑 사고방식으로 보더라도 명백할 것이다. 오히려 백10으로 전환한 시점에서는 백이 폭넓고 활발한 국면이라고 해도 과언이 아니다.

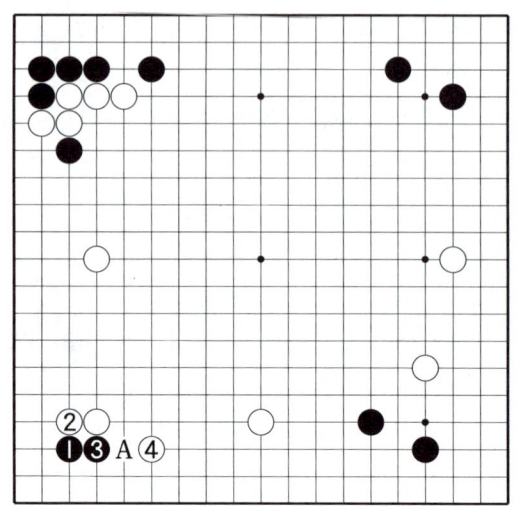

19도

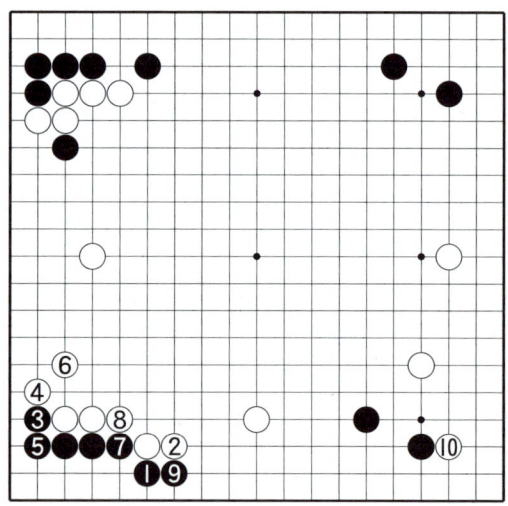

20도

10

89년 조훈현 9단이 바둑올림 픽이라는 이명(異名)이 붙어 있는 제1회 응창기배(應昌期杯)를 제패하면서 천하만방에 바둑한국을 알렸고, 4년 뒤인 93년 서봉수 9단이 제2회 대회에서 우승하면서 한국바둑의 위상은 수직 급상승하게 된다. 그리고 90년대 후반부터는 세계바둑은 한국의 독무대가 되었다. 세계최강을 구가하면서 만들어진 수식어가 바로 '한국형'인 것이다. 이창호 9단이나 유창혁 9단뿐 아니라 젊은 한

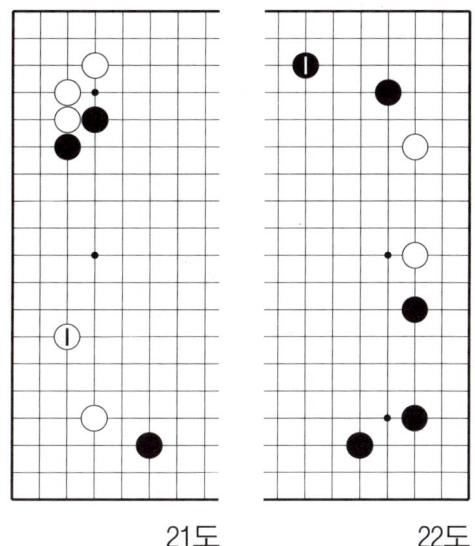

21도   22도

국의 신예기사들의 주도로 파격적인 신수들이 속속 등장하면서 세계가 우리바둑을 경이의 눈으로 바라보게 되었다.

유창혁 9단의 눈목자응수(**21도**의 백1, **22도**의 흑1)는 딱히 신수는 아니지만 포석상의 신천지를 여는 기폭제가 되었다. 이 눈목자 자체도 한동안 프로들에게 배척(?)당했지만 유창혁 9단이 애용하면서부터 또다른 유행의 바람을 휘몰아왔다.

뭐니뭐니해도 한국형 신수의 보고(寶庫)는 중국식의 변화와 미니중국식·우변 갈라침을 둘러싼 공방이다. **23도**의 흑1~백4가 중국식에서의 한 예이며, 현재는 미니중국식에서 **24도** 흑1과 같은 격렬한 붙임수가 집중연구되고 있다. 이밖에도 큰밀어붙이기정석의 변화에서도 새로운 연구가 계속되어 자고깨면 신형이 등장하는 일이 비일비재하다. 이런 한국형 신수의 특징은 일정한 틀에 얽매이지 않는 실전적인 발상을 그대로 반상에 옮기는 과감한 시도에 있다. 이런 시도야말로 한국바둑의 무한한 발전을 예고하는 밑바탕이며 막강 한국바둑의 버팀목인 것이다.

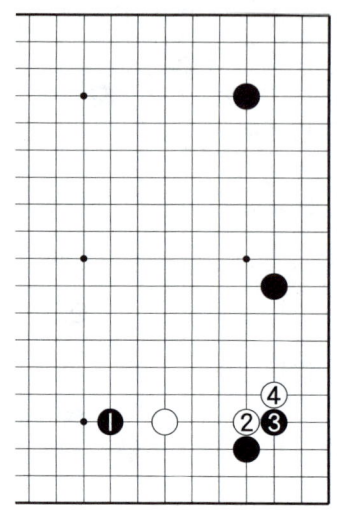

23도

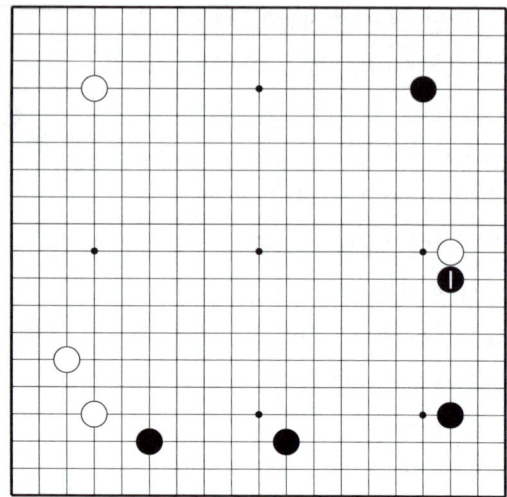

24도

28

제1부

한국형 신수신형

 **3연성-압박형 세력극대화작전**

  흑9의 어깨짚는 수는 백10의 밀어올리는 수가 좋아 특별한 경우가 아니면 사용하지 않는 수단이었다. 그런데 3연성과 연관된 흑9·11의 압박형 신수가 등장했다. 마치 월드컵 4강신화를 이룩한 한국형 압박축구를 연상시키는 장면인데, 이후 현대감각의 3연성 극대화작전을 살펴보자.

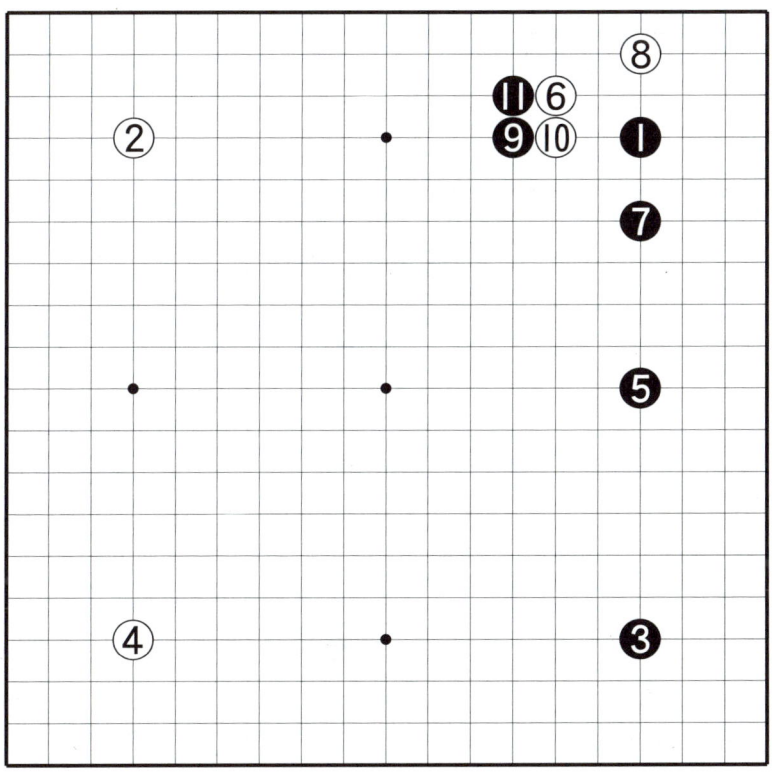

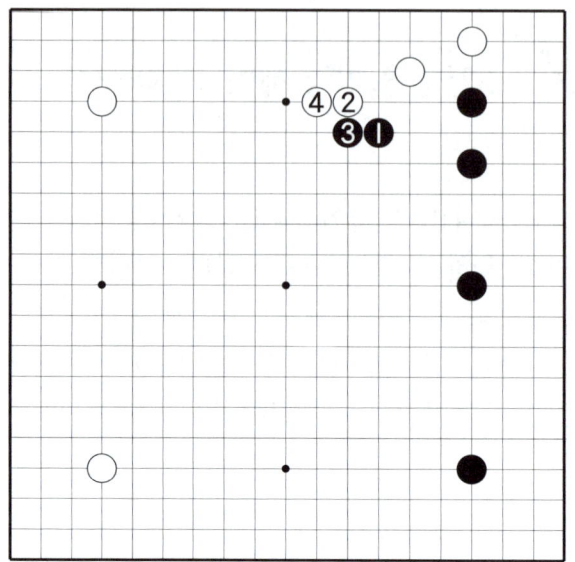

1도

1도(상용 수단)

흑의 3연성을 극대화한다면 흑1이 가장 먼저 떠오른다. 백2를 기다려 흑3으로 한번 더 밀면 백4로 받는 데까지가 일반적인 착상이다.

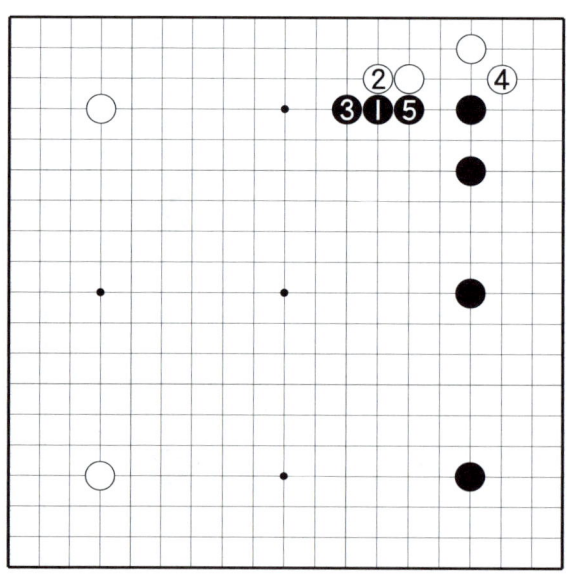

2도

2도(흑의 주문)

애초에 흑1의 어깨짚는 주문은 백2로 받아달라는 것이다. 그러면 흑3으로 뻗어 세력을 극대화하겠다는 뜻. 백4로 근거를 차지하면 흑5로 막아 철벽을 구축하겠다는 작전이다.

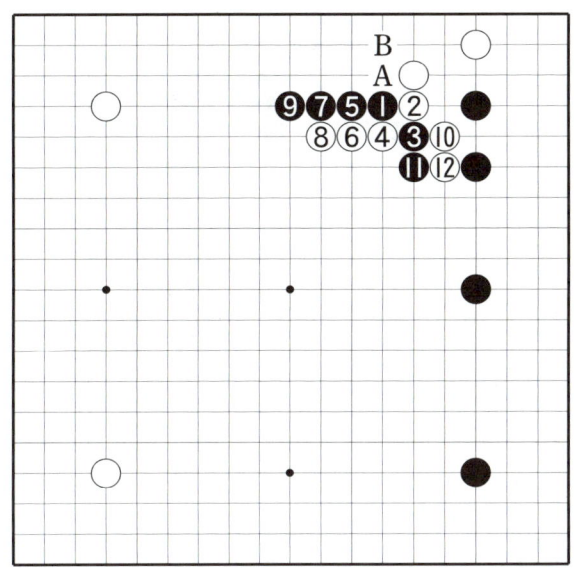

3도

3도(흑3, 무리)

백2로 밀어올렸을 때, 무심코 흑3으로 받는 것은 백4로 끊겨 좋은 결과를 기대할 수 없다. 계속해서 백8까지 민 다음 백10·12가 통해 흑이 곤란한 모습이다.

또 백4에 흑이 A로 막는 변화도 백B로 젖히면 흑이 신통치 않다.

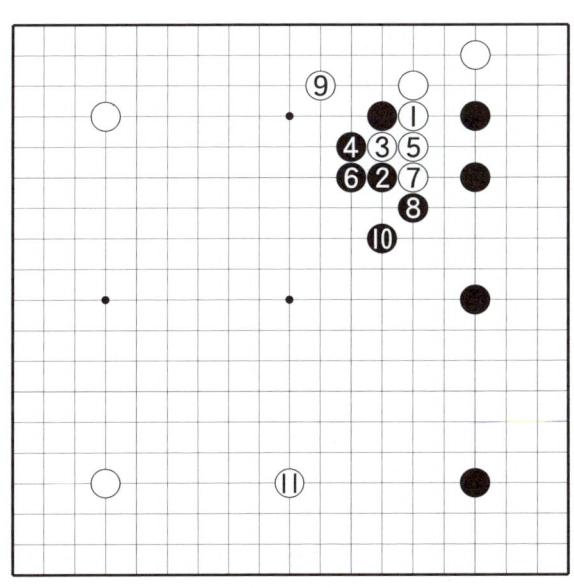

4도

4도(백, 활발)

흑2로 뛰어두는 것에 대한 변화도 신통치 않은 것은 마찬가지. 백3의 끼움이 흑을 추궁하는 유일한 비책으로 흑4·6으로 정비할 때 백7로 민 다음 9로 진출하는 것이 요령이다. 계속해서 흑10을 기다려 11로 벌려두면 백이 활발한 모습이다.

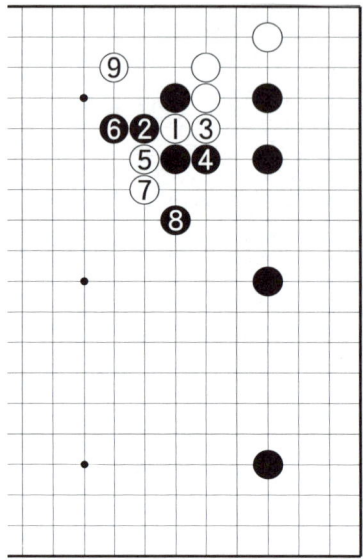

5도

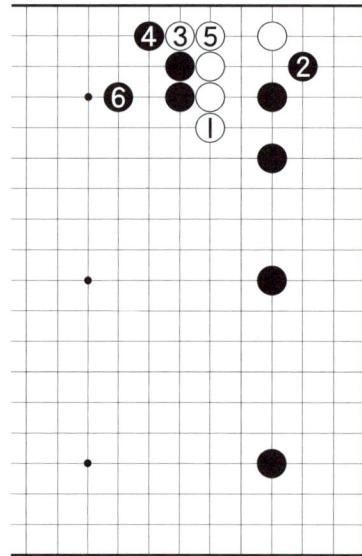

7도

5도(백, 충분)

만약 흑4로 막는다면 백5로 끊는 수가 통렬. 백9까지의 전투는 필연인데, 백이 유리한 싸움이다.

6도(흑, 두터움)

그래서 백1에 대해 흑2의 신수가 등장한 것. 백3·5라면 이것은 흑6까지 흑이 두터운 모습이다.

7도(흑, 좋음)

전도 흑2 때 백도 1로 뻗는 한수. 여기서 흑은 가장 간명한 방법으로, 흑2로 지키기만 해도 좋다. 흑6까지 양쪽을 모두 처리한 모습이다.

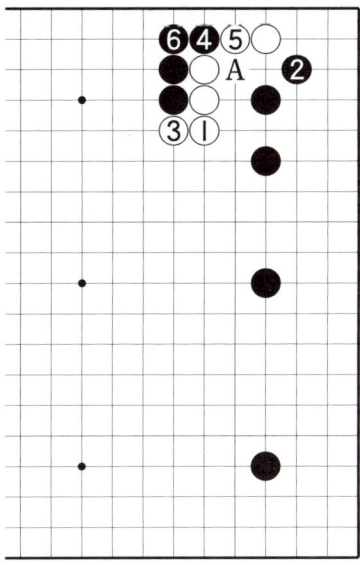

8도

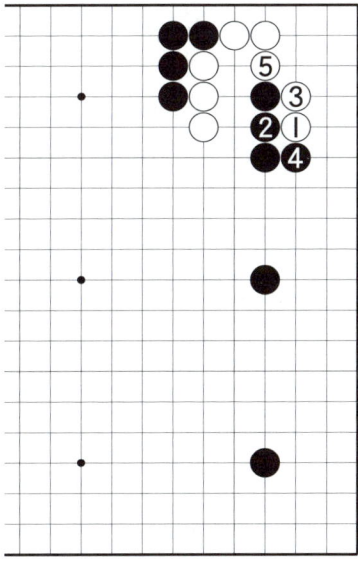

10도

8도(백, 급소를 맞다)

만약 백3으로 꼬부리면 이번에는 흑4·6을 선수한다. 백은 A의 급소를 맞은 모양으로 너무 아프다.

9도(백, 미생마)

백1 때 바로 흑2·4를 젖혀잇는 수도 있다. 여기서 백5로 호구쳐 지키는 것은 악수. 흑6까지 백은 근거없는 미생마 신세이다.

10도(백, 실리가 돋보임)

백은 먼저 1로 응수를 묻는 게 그나마 좋은 수순이다. 이때 흑4로 물러나면 5까지 백의 실리가 충분하다.

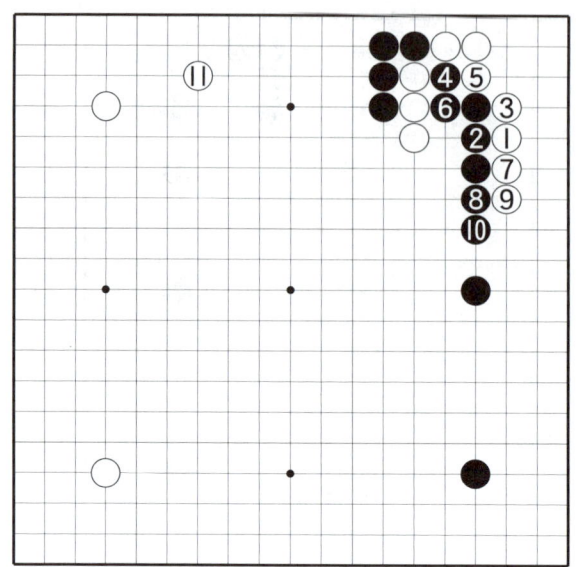

11도

11도(백, 활발)

　백3으로 넘을 때 흑4로 끊는 것은 좋지 않다. 백5의 선수활용이 기분 좋고, 백9까지 선수한 다음 백11을 차지하면 백의 실리가 돋보이며 활발한 국면이다.

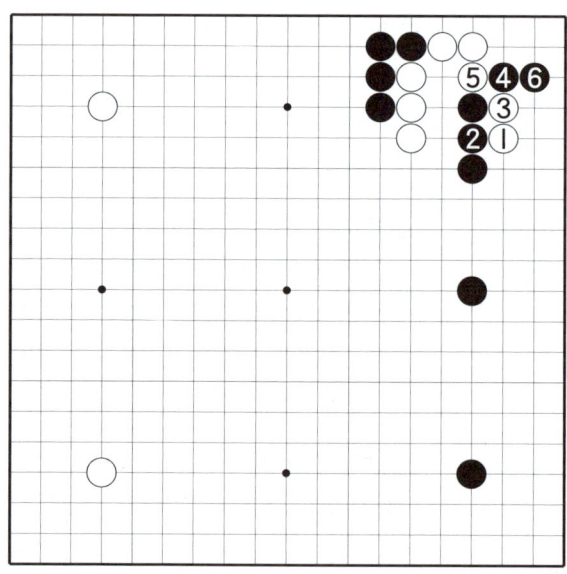

12도

12도(당연한 반발)

　백3에는 당연히 흑4로 젖혀 반발하는 한수이다. 백도 5로 끊는 점이 강수지만 흑6으로 충분히 싸울 수 있다.

　계속해서—

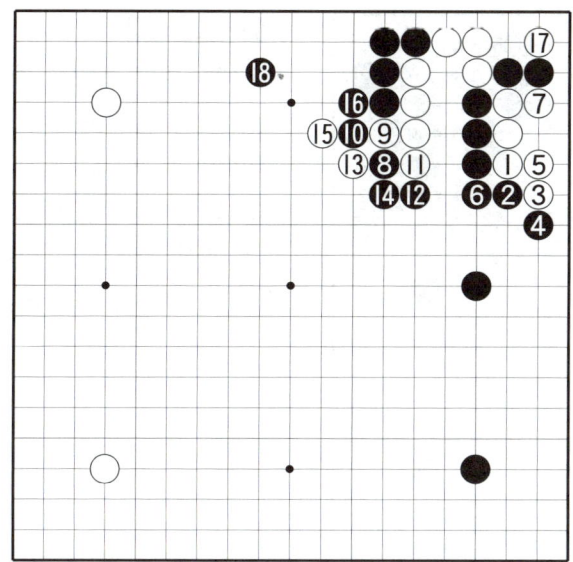

13도

13도(흑, 유리)

백1 때 흑2·4의 이단젖힘이 좋고, 백15까지 결정한 후 백17로 지킨다면, 귀의 흑 두점은 잡히지만 흑18로 전개해 흑의 두터움이 백의 실리를 앞선다.

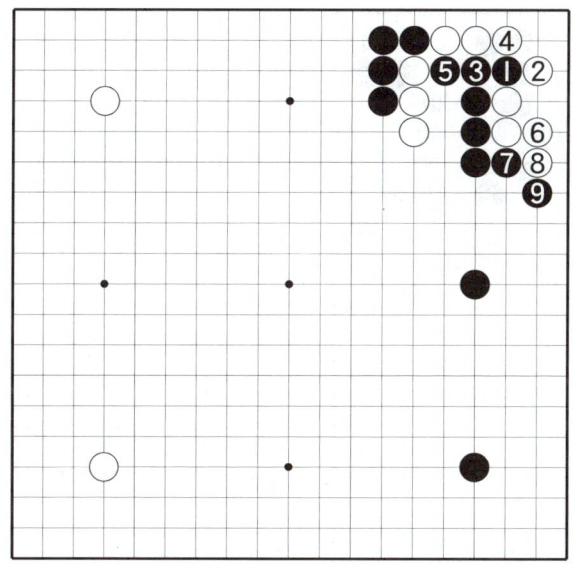

14도

14도(흑, 두터움)

만약 흑1에 백2로 물러나는 것은 흑3·5로 끊겨 좋지 않다. 백6 정도로 지켜야 하는데, 흑9까지 전체적으로 흑이 두터운 모습이다.

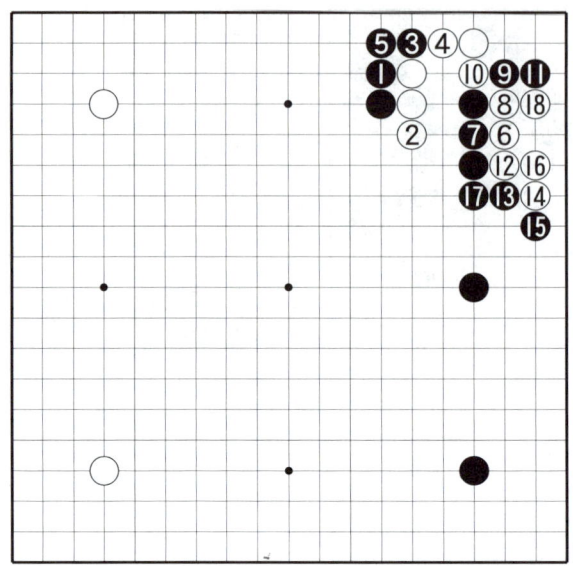

15도

15도(실전진행1)

흑1로 막자 백2로 올라서고 이하 백8까지는 앞에서 배운 대로이다. 흑9로 젖히고, 백10으로 끊으면 백18까지는 필연의 진행인데, 계속해서—

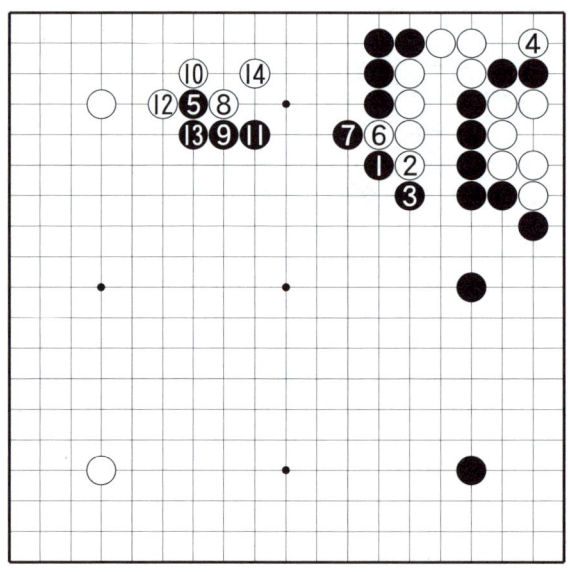

16도

16도(실전진행2)

흑1로 씌운 점이 좋다. 백은 2로 하나만 밀어놓고 4로 잡았다. 이하 백14까지 새로운 진행인데, 흑이 전체적으로 두텁다.

그러므로 기본형 흑9·11의 신수는 현재까지의 검토에 의하면 유력한 수법이라는 결론이다.

 ## 제2형 3연성-신수 대 신수의 대결

백5의 붙임이 발단으로, A로 협공하면 보통. 또 흑6도 B가 상식적이며 백의 주문. 따라서 흑6은 백의 주문을 거역한 신수인데, 백9도 흑의 의도를 거역한 신수. 강렬하게 끊어간 흑10 이후 만들어질 신형의 결과는? 신수 대 신수의 흥미진진한 대결의 현장으로 들어가보자.

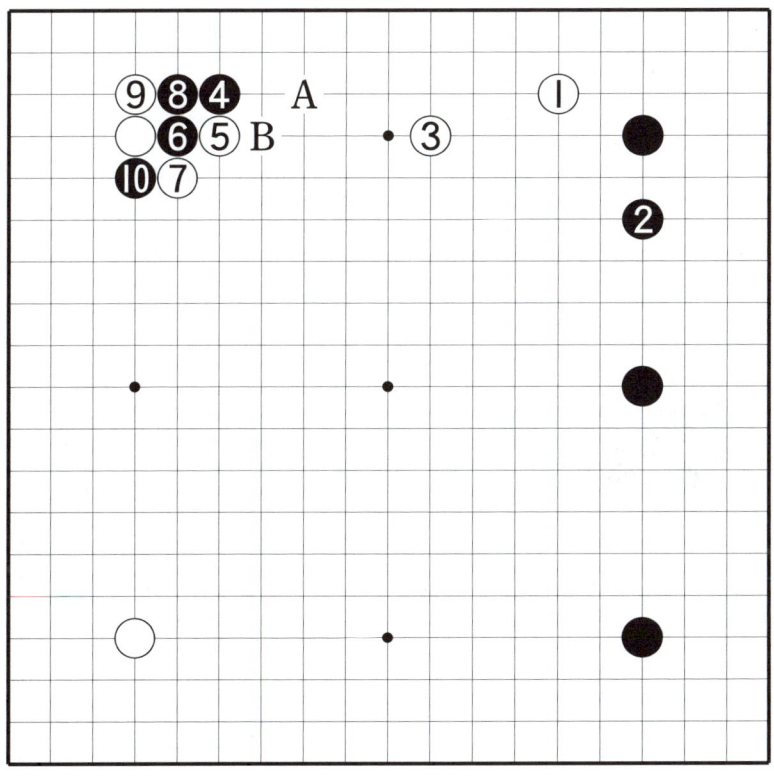

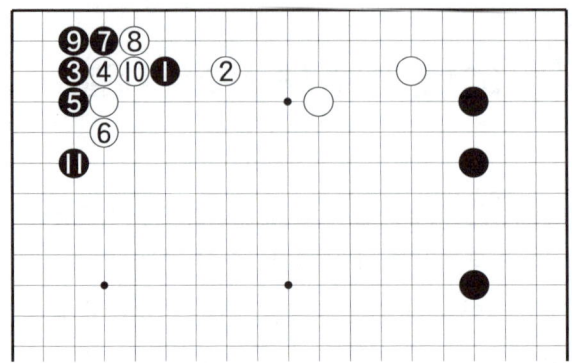

1도

1도(기본정석)

흑1에는 백2의 협공이 가장 무난한 진행이다. 이하 흑11까지 서로 불만없는 모습이다.

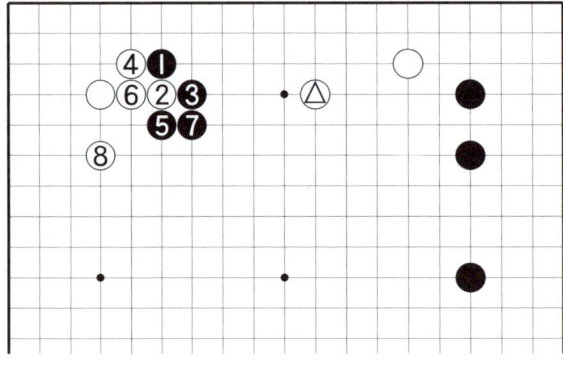

2도

2도(백의 주문)

백2의 주문은 흑3으로 받아달라는 것. 백4로 막겠다는 뜻이다. 이하 백8까지 되고나면 백△의 위치가 알맞은 곳에 놓여 있다는 것을 알 수 있다. 흑은 자연스럽게 곤마의 모습.

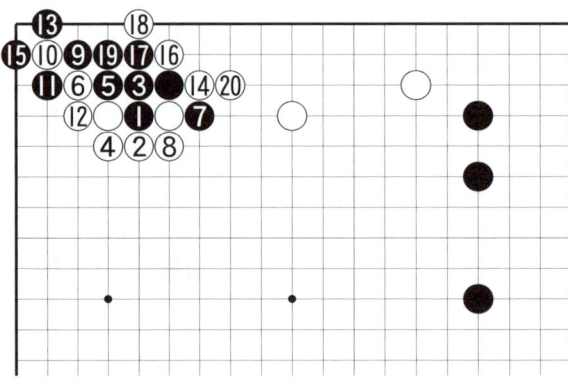

3도

3도(흑의 주문)

흑1의 반발은 당연한 점이고, 이때 백4로 잇는 것이 정석이지만 흑의 주문이다. 이하 백20까지 백도 나쁘지 않은 모습인데, 흑은 **2도**처럼 상대의 의도대로 두지 않았으므로 일단 기분좋다.

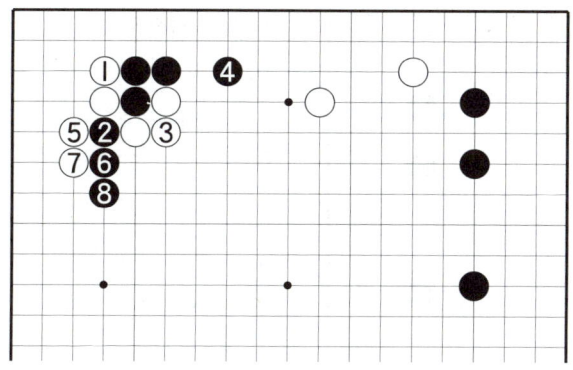

4도

4도(기세의 수순)

백1로 막은 것은 흑의 의도를 거역한 기세의 한수이며, 흑2로 끊은 점도 당연하다. 백3은 침착한 점이고, 흑4도 정수이다. 이하 흑8까지는 필연인데, 계속해서―

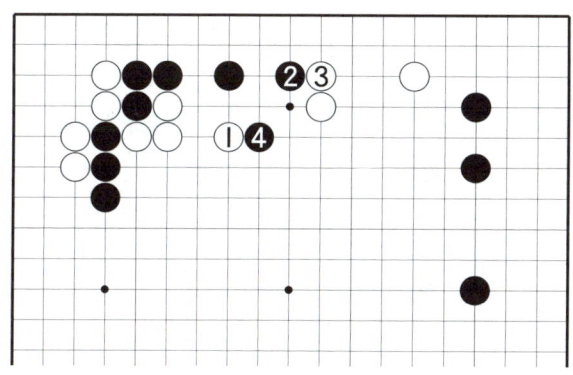

5도

5도(흑, 만족)

여기서 백1은 좋지 않다. 흑2·4의 행마가 멋진 맥점. 중앙이 뚫려서는 백이 불리하다.

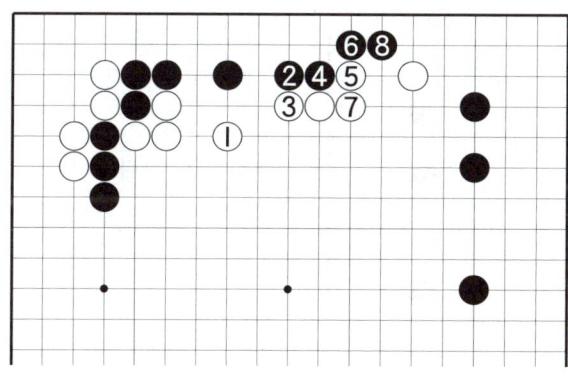

6도

6도(흑, 실리가 큼)

그렇다고 흑2 때 백3으로 누르는 것은 흑8까지 흑의 실리가 돋보인다. 백은 껍데기만 남은 모양.

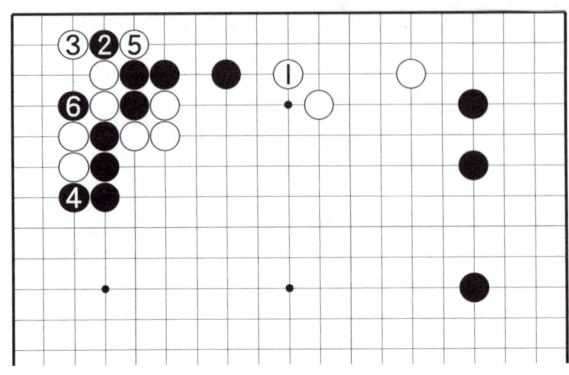

7도

7도(백, 한점을 잡을 경우)

4도 이후 백의 최선은 1로 지키는 한수이다. 흑도 2·4로 두는 수가 호수순이다. 다음 백의 응수가 중요한데, 백5로 한점을 잡으면 흑6으로 먼저 끊는 것이 좋은 수단이다. 계속해서―

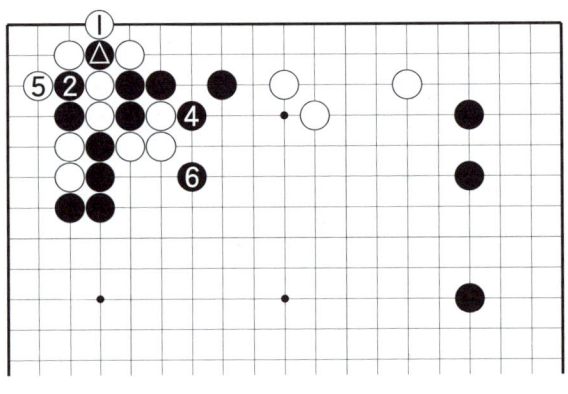

8도   ③…△

8도(흑, 두터움)

백1로 잡으면 흑2와 백3을 교환해 놓고, 흑4로 방향을 전환하는 게 호수. 만약 백5로 흑 두점을 잡으면 흑6으로 백 석점을 잡아, 이것은 흑이 두텁다.

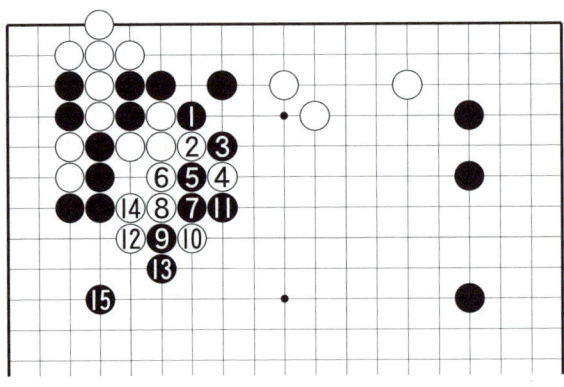

9도

9도(백, 전멸)

흑1에 백이 2·4로 반발하는 것은 무리이다. 흑5로 끊은 다음 흑15까지 백 전체가 몰살한다.

42

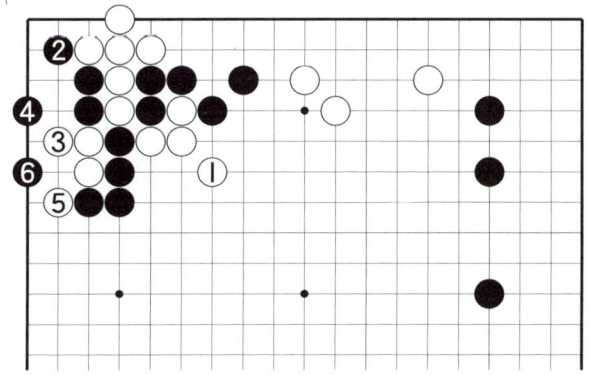

10도

10도(급소)

백1이 조금 나은 행마지만 흑2로 젖히면 백이 곤란하다. 흑4·6의 묘수가 기다리고 있다.

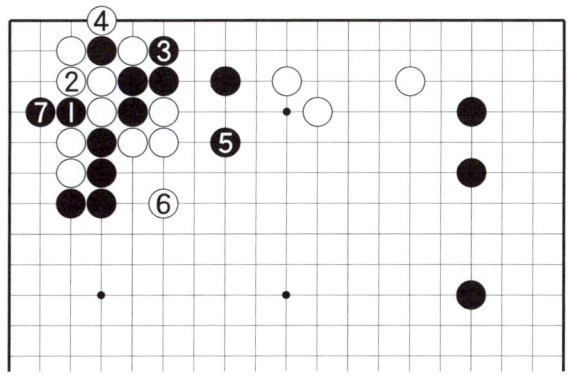

11도

11도(흑, 만족)

거슬러올라가 흑1에 백2로 이어주면 흑3의 선수 한방이 기분좋다. 백4 때 흑5로 중앙탈출을 시도하고, 백6을 기다려 흑7로 백 두점을 잡으면 흑이 우세하다.

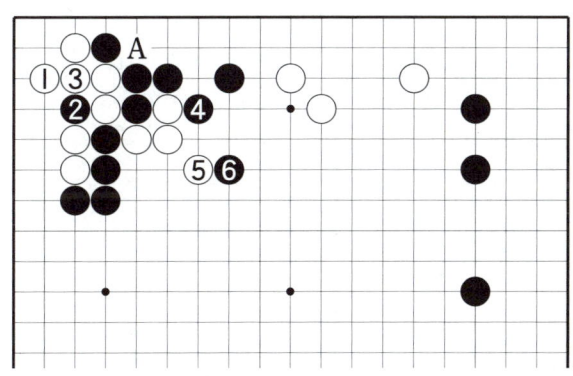

12도

12도(흑, 견실)

A로 잡지 않고 그냥 백1로 지키는 것도 생각해볼 수 있지만 흑2로 끊어둔 한방이 기분좋고, 흑4·6으로 나가는 행마가 견실하다.

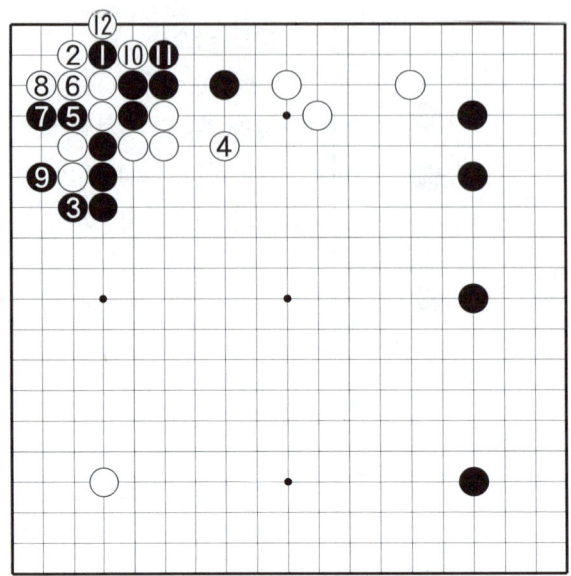

13도

13도(백의 정수)

흑3으로 막을 때 백은 먼저 4로 씌워야 한다. 계속해서 흑은 5·7로 백 두점을 잡아야 하는데, 백10·12로 흑 한점을 잡으면 일단 상변 흑의 출구를 차단하는 데는 성공한 모습이다.

계속해서—

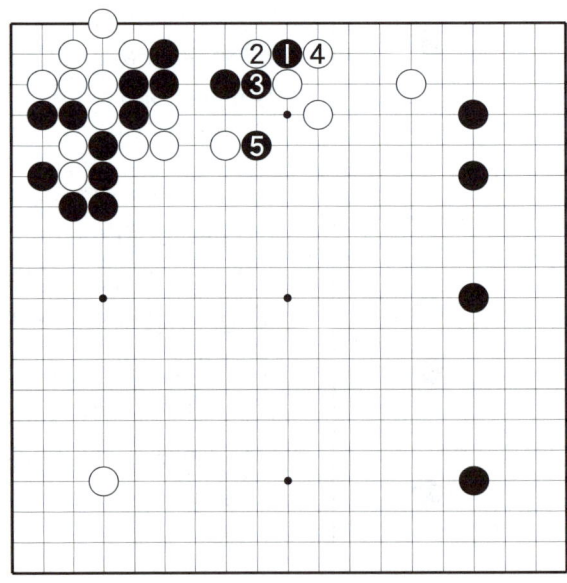

14도

14도(백, 곤란)

흑의 타개책으로는 1로 붙여가는 게 호수. 이때 백2로 욕심을 부리는 것은 흑3·5의 수순이 좋아 백이 어려움에 처하게 된다.

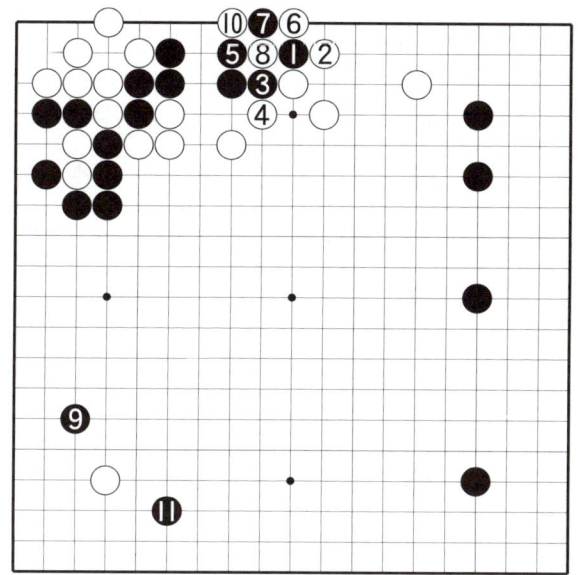

15도

15도(결정판1)

　백2로 물러나는 정도
인데, 결국 흑5까지 패
의 모양을 만들 수 있게
된다. 흑도 9·11로 팻
감을 쓰는 정도로 서로
최선의 결과로 보인다.

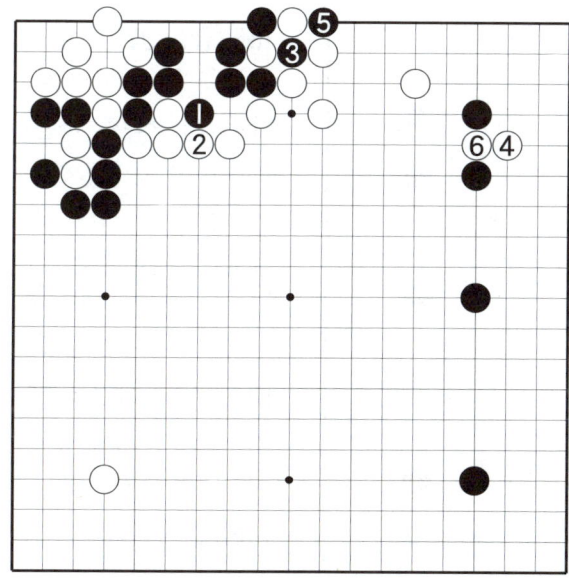

16도

16도(흑, 욕심)

　전도 백8로 패를 따냈
을 때 흑이 1로 버티며
패를 버티겠다는 생각은
욕심이다. 백4·6으로
팻감을 사용하는 것으로
백은 충분한 모습이다.

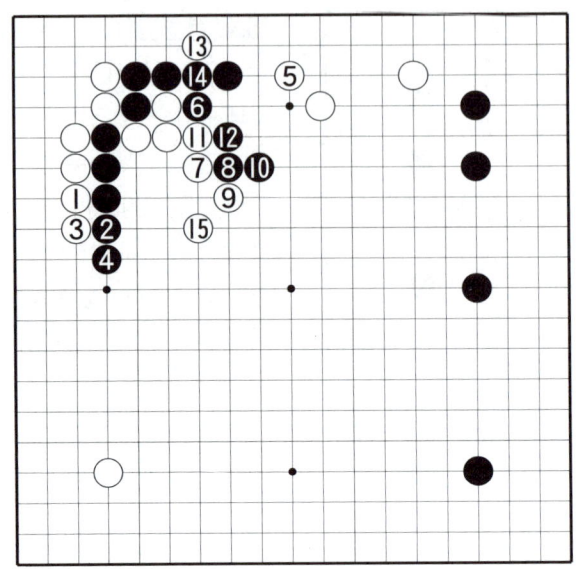

17도

17도(백의 변신)

만약 패가 싫다면, 백
은 1부터 실리를 챙기며
귀의 뒷맛을 없앤 다음
5로 압박하는 수도 생각
해 볼 수 있다. 만약 흑
6이면 백7이 좋은 행마
이고, 이하 백15까지 백
이 유리한 싸움이다.

지금은 흑6의 행마가
좋지 않은 수.

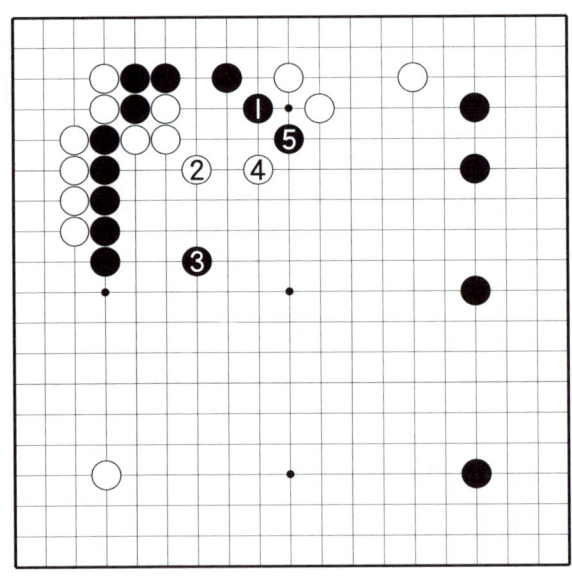

18도

18도(결정판2)

따라서 흑은 다른 행
마를 강구해야 하는데,
흑1이 좀더 활발한 수.
백2에는 흑3·5로 리듬
을 타고 탈출해 서로 어
려운 싸움이 예상된다.

그러므로 기본형 신수
대 신수의 대결은 15도
의 결과가 서로 무난한
진행이고, 18도 역시 가
능한 진행이다.

 **화점정석-상식을 무너뜨리다**

백1의 날일자응수 다음 흑2의 날일자달림이면 백A, 흑
B의 정석을 그리는 것이 보통이다. 그런데 백3의 옆구리붙
임이 그런 상식을 보기좋게 무너뜨린다. 백3은 신수는 아
니지만 새롭게 평가된 한수였다.

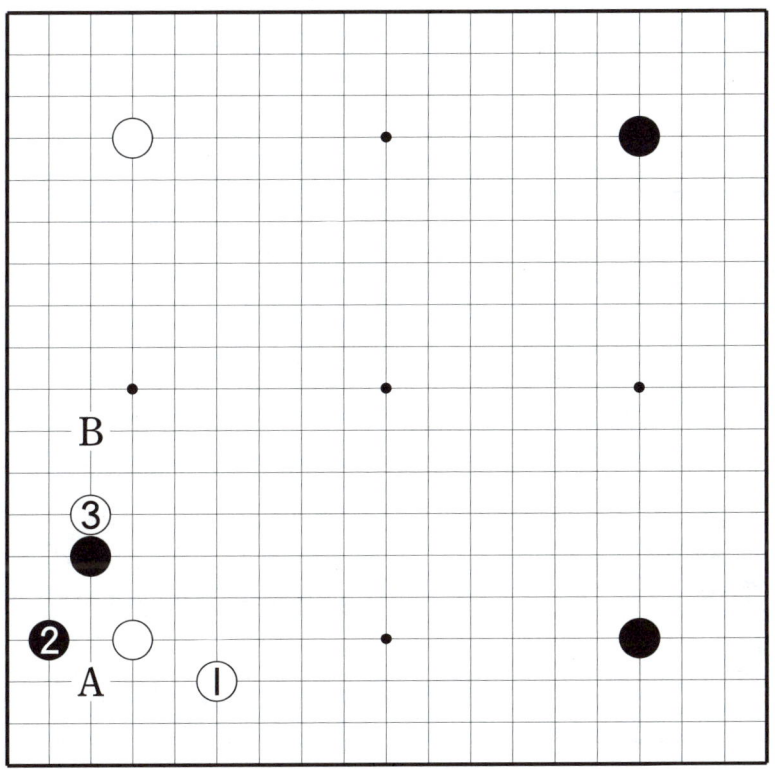

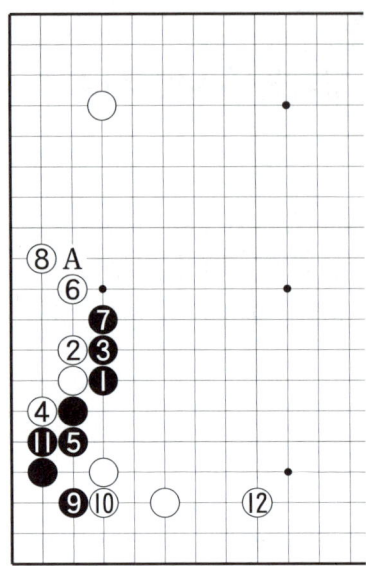

1도

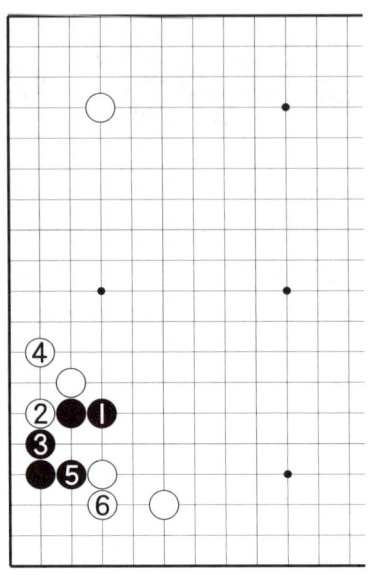

2도

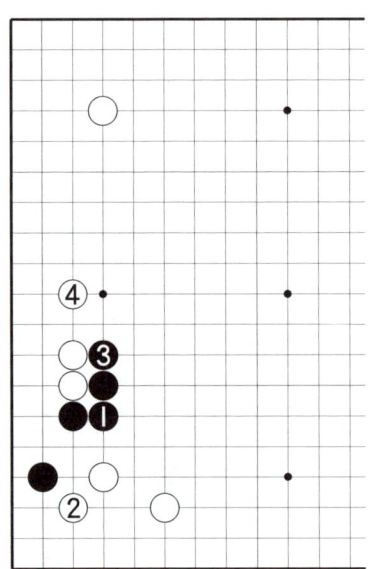

3도

1도(최선의 응접)

기본형 다음 흑1로 젖히고 백2면 흑3으로 또 미는 것이 좋다. 백4~12까지가 정석화된 코스이다. 수순 중 8은 A에 늘어서는 수도 성립한다.

2도(흑1은 의문)

전도 흑1로 본도 1은 의문. 백2로 젖히고 4에 호구치는 것이 얄궂은 수. 흑5의 우형으로 지켜야 하므로 좋을 리가 없다. 6까지 백이 기분좋다.

3도(요소를 빼앗기다)

1도 흑3으로 본도 1에 꽉 이음은 두터운 수 같지만 실은 완착. 실리와 근거의 요소인 2의 곳을 빼앗긴다. 흑3에는 백4로 비켜서 흑이 당한 꼴.

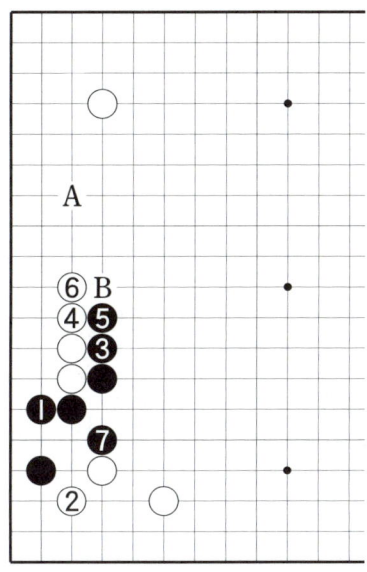

4도

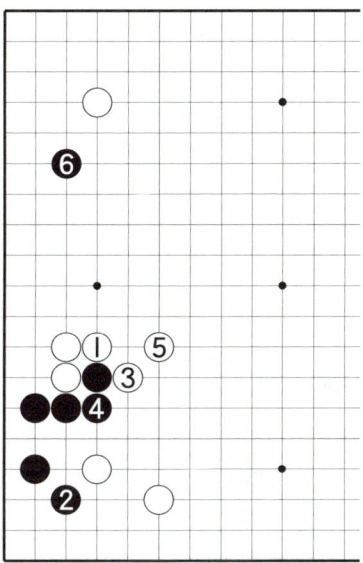

5도

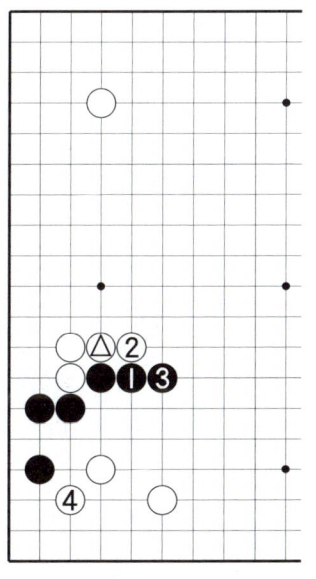

6도

4도(내려섬/정석)

흑1로 내려서는 수는 있다. 백도 2로 귀를 지키는 것이 좋다. 흑은 3·5로 두 번 밀어놓고 7에 호구친다. 다음 백은 A 또는 B에 두는 것이 정석!

5도(흑, 기분 좋다)

전도 백2로 본도 1에 꼬부리는 것은 주문을 건 수. 흑은 본척만척하고 2로 3·三을 차지하는 것이 정수이다. 백5까지 두텁게 봉쇄할 때 흑6에 걸쳐서 흑이 기분 좋다.

6도(백의 주문)

백△ 때 흑1로 뻗는 것은 백의 주문. 백2로 밀면 또 흑3에 늘어야 하므로 결국 백4의 요소를 빼앗긴다. 흑은 근거도 박약하고 양쪽을 당한 결과이니 좋을 리 없다.

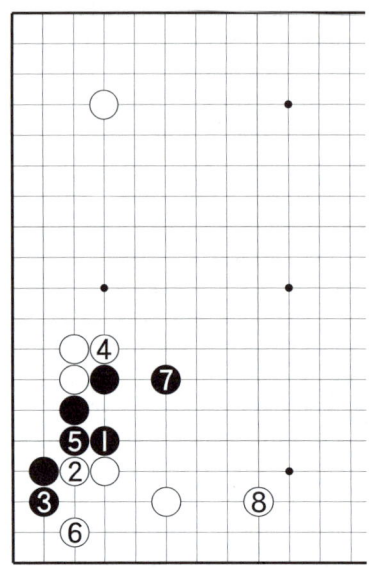

7도

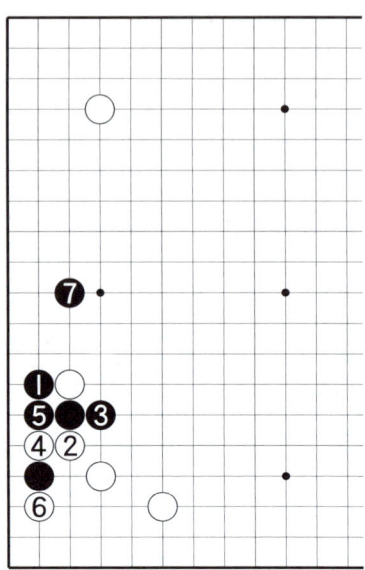

8도

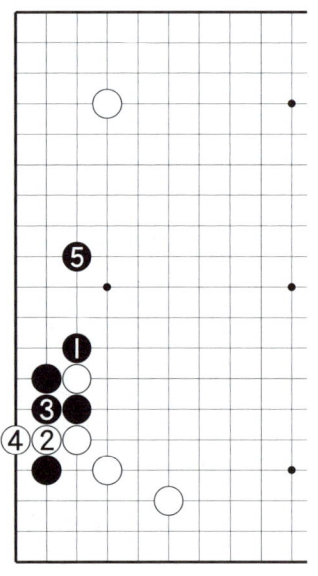

9도

7도(미완성형)

4도 흑1로 본도 1에 호구치는 수도 있다. 백2에 흑3으로 귀를 파고들고 백4의 꼬부림에 흑5로 지킨다. 이하 8까지 현재로서는 미완성형. 일단 정석에 가깝다.

8도(아래쪽 젖힘/정석1)

이번에는 흑1로 아래쪽에서 젖히는 변화. 그러면 백2의 껴붙임이 맥점. 흑도 3으로 서는 것이 기세이다. 백4·6으로 귀를 제압하고 흑은 7에 벌리는 것까지가 정석이다.

9도(아래쪽 젖힘/정석2)

전도 흑3으로 본도 1의 단수도 유력. 그러면 백2·4로 귀를 접수하고 흑5에 벌려 비슷한 결과를 얻는다. 이것도 정석의 일종.

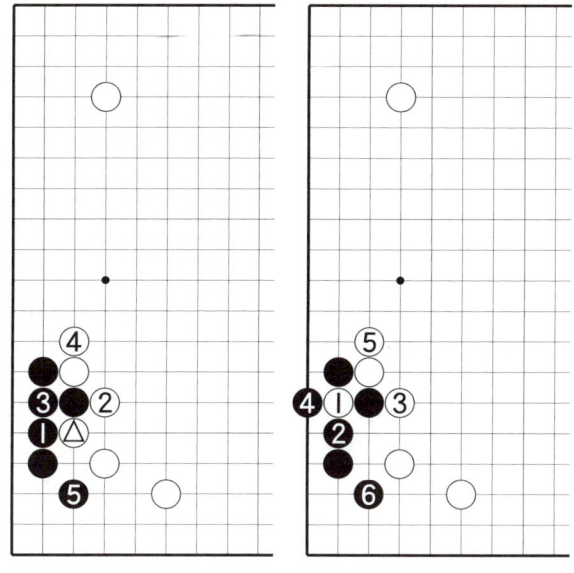

10도   11도

10도(약한 응수, 흑1)

백△ 때 흑1로 받는 것은 귀의 실리에 연연한 약한 응수. 백2의 한 방을 얻어맞는 것이 너무도 아프다. 5까지 얻는 귀의 실리보다 백의 두터움이 낫다.

11도(경우에 따라)

8도 백2로 본도 1에 맞끊는 것도 널리 쓰이는 맥점. 흑2로 잡으면 백은 3에서 5로 세력을 얻는다. 정석이지만 백이 두터워 다소 낫다는 평가. 경우에 따라 둘 수 있다.

12도(맞끊음/정석)

전도 흑2로 본도 1에 몰고 3으로 따라붙은 수가 유력한 대항책. 단, 축이 유리해야 한다. 백은 4·6으로 귀를 장악하고 흑7에 백8·10으로 축머리를 활용해 연타한다. 대표 정석.

12도

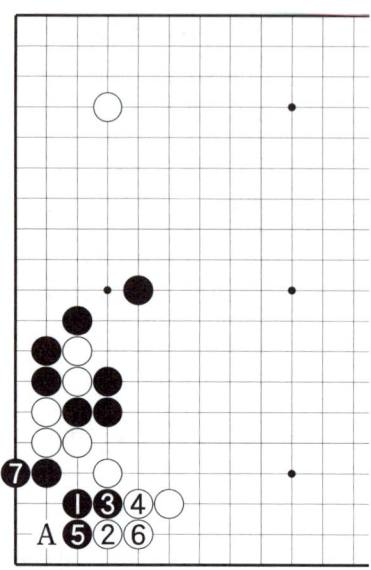

13도

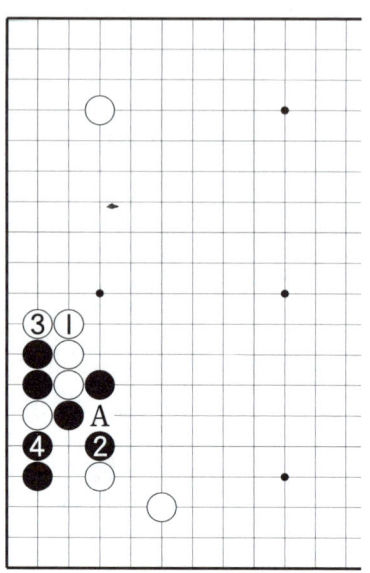

14도

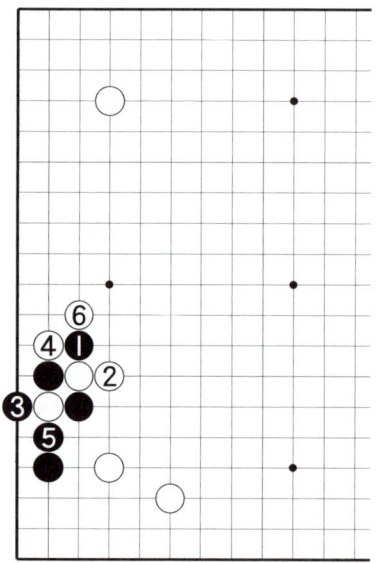

15도

13도(귀의 뒷맛)

그런데 백의 귀는 완벽하지 못하다. 즉, 흑1~7까지 사는 뒷맛이 있는 것. 수순 중 2로 3이면 흑A로 역시 삶.

14도(백이 뭘 했는지?)

12도 백4로 본도 1에 느는 것은 나쁘다. 흑2(A에 꽉 잇는 수도 있음)의 호구가 호수여서 백이 다치고 있다. 4까지 백은 뭘 했는지 알 수 없다. 흑이 크게 우세한 결과.

15도(축이 유리해야)

백이 맞끊어 왔을 때 흑1로 단수하고 3으로 잡는 것은 축이 유리할 때 쓰는 수법. 지금은 백4·6의 축이 성립하므로 흑이 명백히 좋지 않다.

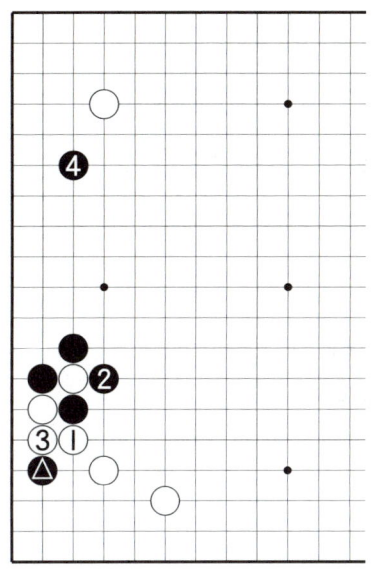

16도

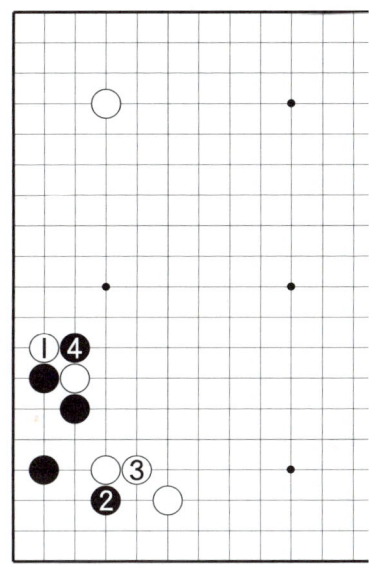

17도

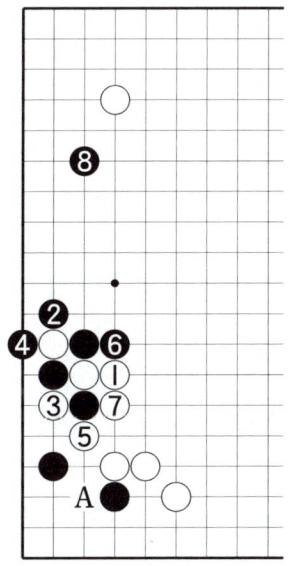

18도

16도(흑, 크게 유리)

전도 백2로 본도 1·3으로 귀를 차지하려는 것은 이상감각. 흑4로 걸치게 되어 흑이 크게 유리하다. 더욱이 흑▲는 사는 맛(**13도**를 참조)이 있다.

17도(되젖힘의 변화)

백1의 되젖힘은 한때 유행했던 변화. 이에 흑2의 붙임이 멋진 맥점. 백3으로 물러서면 그때 흑4로 끊으면서 단수한다. 계속해서―

18도(흑, 유리한 결과)

백1로 달아날 때 흑2쪽을 잡는 것이 준비된 수. 백3·5로 귀를 내줘 손해 같지만 흑8에 걸쳐서 만족이며, 실상 귀는 A에 끌어서 사는 수가 남아 있으니 흑이 유리함은 자명하다.

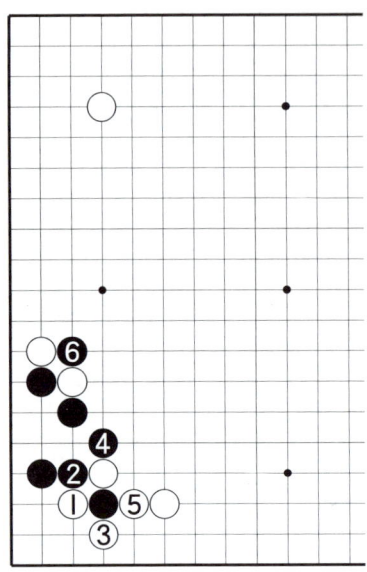

19도

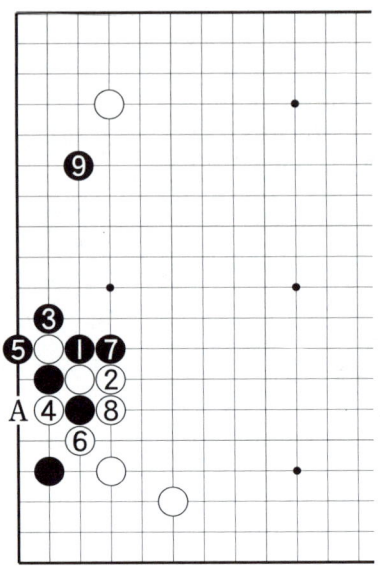

20도

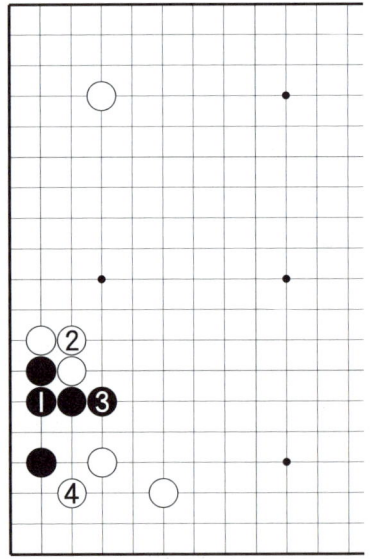

21도

19도(백, 망하다)

17도 백3으로 본도 1의 반발은 흑 6까지 백이 망한 꼴. 결과가 나쁘기 때문에 17도 백1은 사라지고 말았다.

20도(역시 백 불리)

아무런 준비공작 없이 그냥 흑1~ 9면 백도 그런 대로 둘 만한 것 같지 만, A로 젖혀서 패로 건너자는 맛이 남아 역시 백이 불리하다. 단, 흑은 17도, 18도보다는 못하다.

21도(부평초 신세)

전도 흑1로 본도 1의 이음은 약한 수. 백2·4로 되면 흑은 근거없는 부 평초 신세. 그렇다고 3으로 4는 백3 으로 중앙이 막혀 좋을 리 없다.

화점 한칸협공-유력한 맥과 신수

백△의 한칸협공에 흑1 이하 11은 유행정석의 하나. 여기까지는 이견(異見)이 별로 없지만, 이 다음의 진행에서 여러 가지 색다른 시도가 아직도 나오고 있어 미완성형이라고 해도 좋겠다.

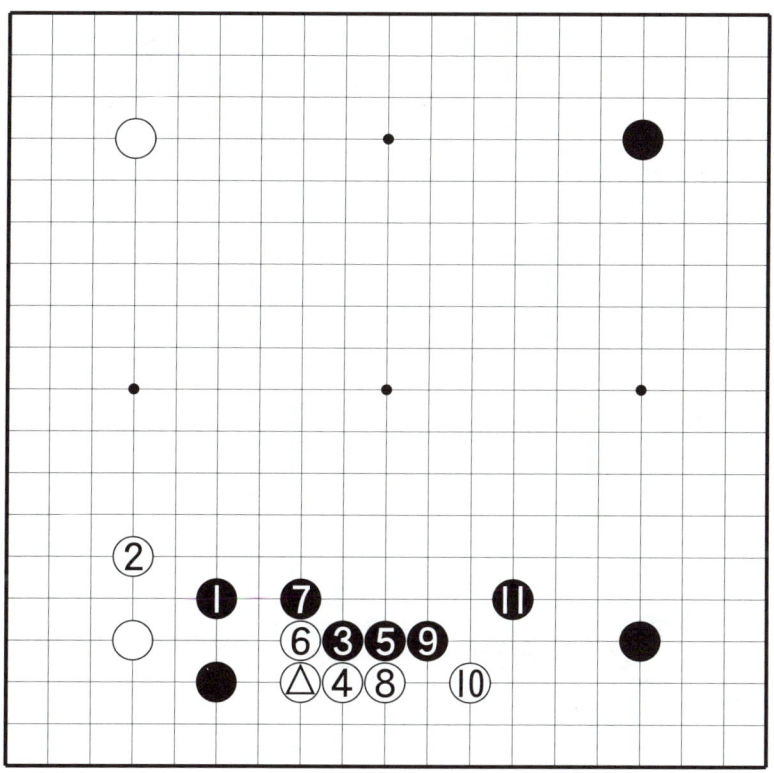

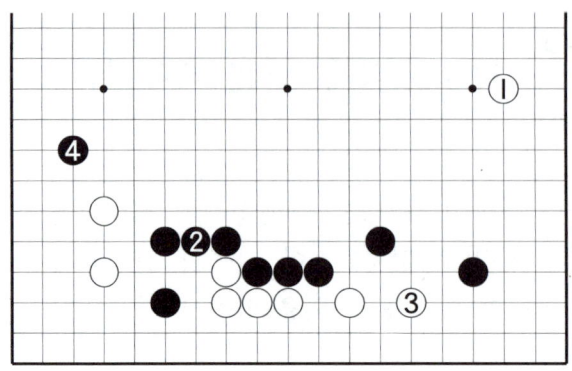

1도

1도(최선의 응접1)

기본형 다음 백1의 갈라치기는 절대의 요소. 흑2의 수비는 정수이며 백3의 한칸뜀도 필요하다. 여기서 흑은 4로 육박해 좌하 백 두점을 압박한다.

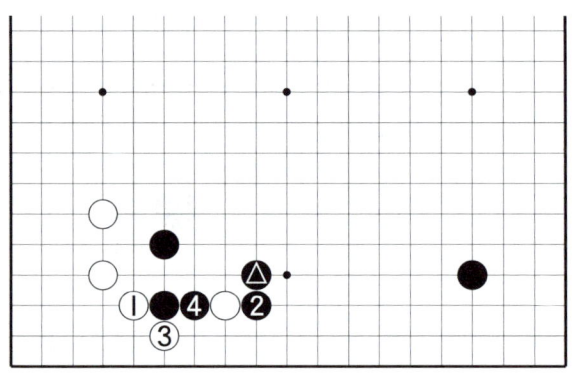

2도

2도(정석)

기본형의 수순 중 흑이 ▲로 짚어왔을 때 백2로 마늘모붙이는 수도 있다. 흑2로 막고 백3의 젖힘을 선수하는 것까지가 정석이다.

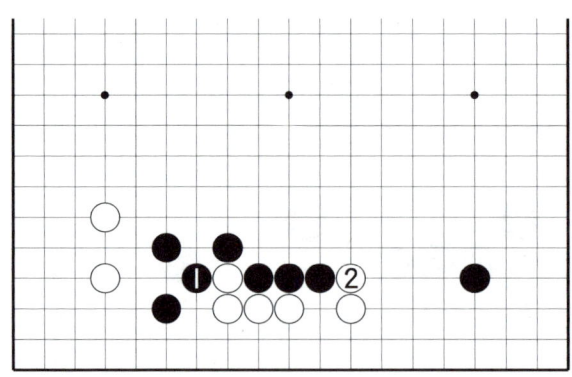

3도

3도(취지에 어긋나다)

기본형 11로 본도 1에 호구쳐서 약점을 지키는 것은 백2로 밀려 세력을 구축하려던 본래의 취지에 어긋나게 된다.

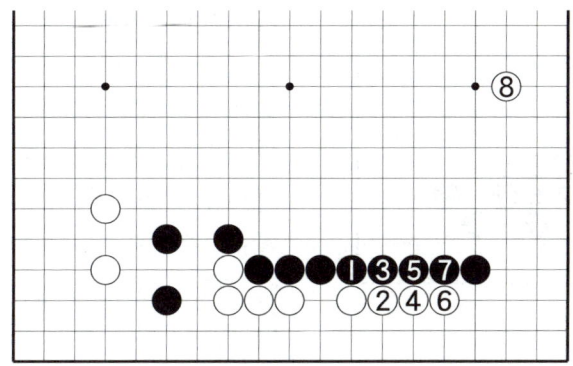

4도

4도(천하의 명당)

흑1 이하로 무식하게 눌러가는 것은 때로는 유력하지만, 이 경우 백8의 갈라치기가 천하의 명당이어서 모처럼 쌓은 세력이 빛을 잃게 된다.

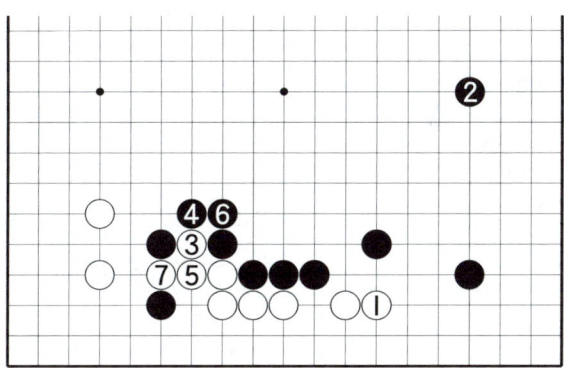

5도

5도(절호점, 흑2)

1도의 백1로 본도 1에 늘어서는 것이 침착해 보이지만 완착이라는 지탄을 면치 못한다. 흑2가 절호점이어서 대세에 뒤진다. 백3~7로 귀를 접수해도 3·三이 비어 있다.

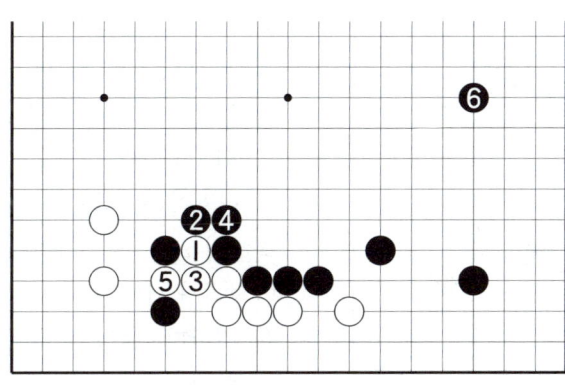

6도

6도(대동소이)

전도 백1로 본도 1에 당장 끼우는 것도 대동소이한 결과가 된다. 흑6의 대세점을 차지해 흑이 크게 우세하다.

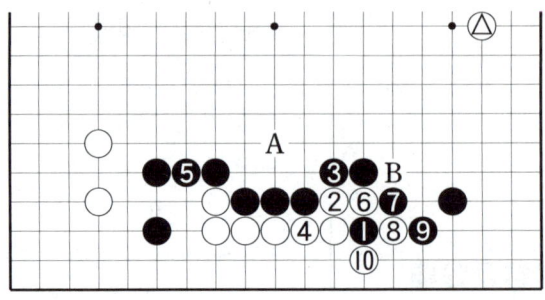

7도

7도(성급한 행동)

백△ 때 흑1로 즉각 붙이는 것은 맥점이기는 하지만 성급한 행동이다. 백2·4가 침착한 대응. 흑5의 수비가 불가피할 때 백6~10으로 안정한다. A와 B의 약점이 남으므로 백이 즐겁다.

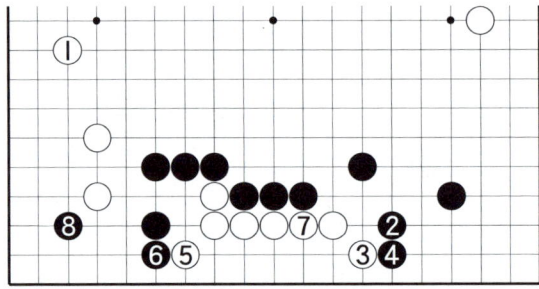

8도

8도(굴욕적인 수순)

1도 백3으로 본도 1에 벌려 좌하귀를 보강하면서 실리를 챙기는 것은 욕심. 흑2가 준엄하다. 백3~7은 굴욕적인 수순. 흑8까지 보듯이 백은 얻는 것이 없다.

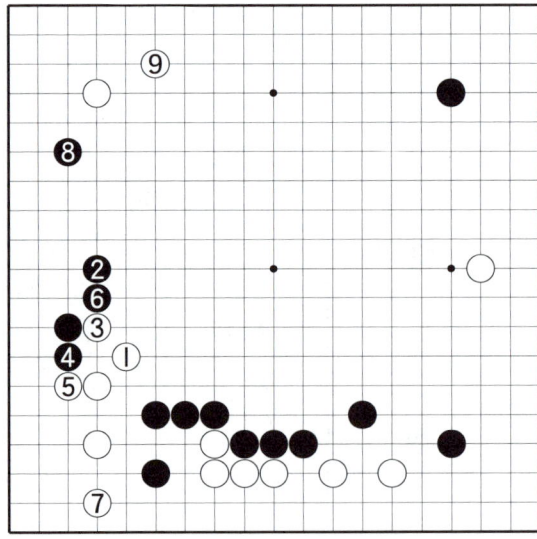

9도

9도(최선의 응접2)

1도 다음 백1로 마늘모하는 것이 행마의 틀. 흑2의 날일자도 정수이며 백3 이하 9까지 백은 좌하귀를, 흑은 좌변을 안정해서 서로 불만이 없을 것이다. 결정판 가운데 하나.

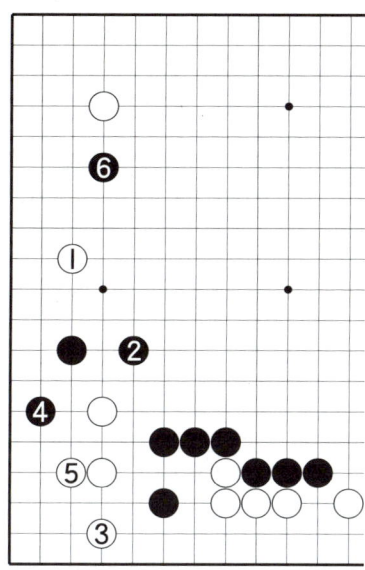

10도

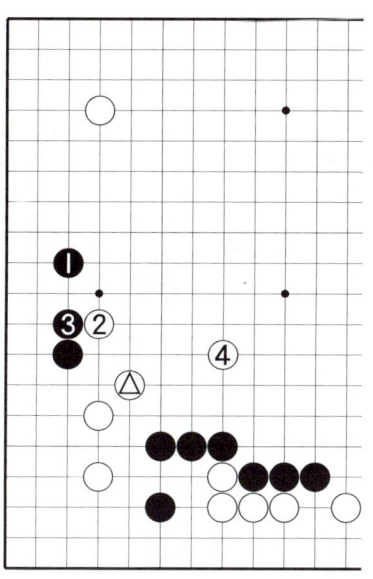

11도

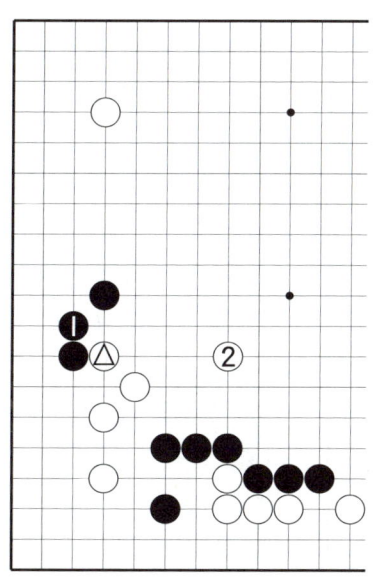

12도

10도(무리수, 백1)

전도 백1로 본도 1의 협공은 무리수. 흑2로 뛰면 백3의 수비가 시급하다. 흑4, 백5를 선수하고 흑6에 걸쳐가면 백은 1의 한점의 처리가 어렵다.

11도(세력을 견제)

백△ 때 흑1로 벌려서 안정을 꾀하는 것은 소극적. 백2로 한방 활용해놓고 4로 경쾌하게 중앙으로 날아가 흑의 세력을 견제해서 백이 유리하다.

12도(비슷한 결과)

백△에 대해 흑1쪽으로 끄는 것은 백에게 영향을 못미친다. 백은 유유히 2로 진출할 것이다. 이것은 11도와 비슷한 결과. 백이 유리함은 자명하다.

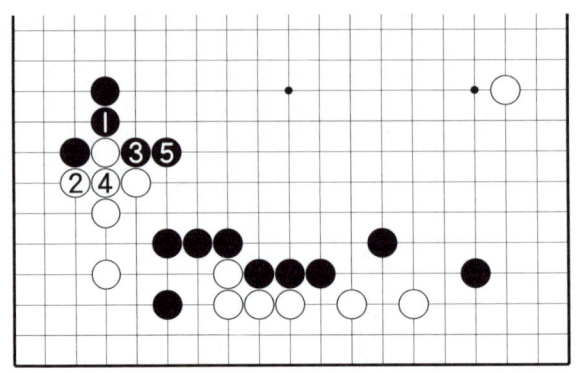

13도

13도(치받는 강수)

12도 흑1로 본도 1에 치받는 강수가 있다. 백 2는 이 한수! 문제는 흑 3으로 단수했을 때인데 …. 백4에 잇는 것은 약 한 태도. 흑5로 늘게 해 백은 중앙의 발언권이 사 라진다.

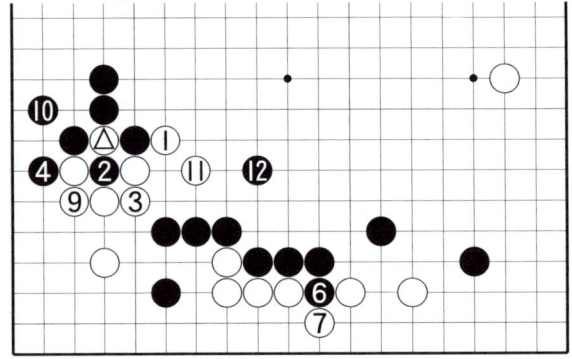

14도   ⑤‥△ ❽‥❷

14도(호각의 갈림)

전도 백4로는 본도 1 에 단수해서 일단 패를 다투는 것이 올바르다. 이 패는 어차피 백이 이 길 수 없지만 12까지 보 듯이 백도 탄력적인 모 습이다. 호각의 갈림.

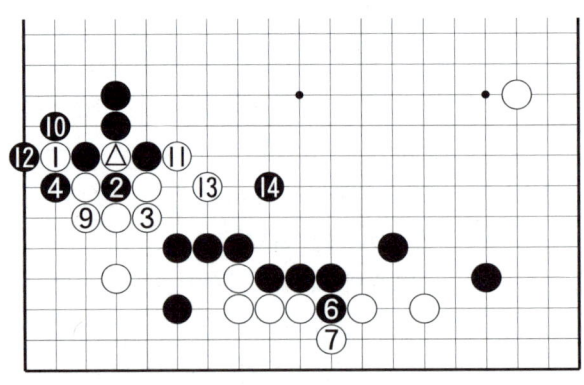

15도   ⑤‥△ ❽‥❷

15도(백의 손해)

백1로 아래쪽에서 단 수하는 것은 잘못된 판 단이다. 14까지 된 결과 를 전도와 비교해 보면 1과 12의 교환만큼 백의 손해임을 알 수 있을 것 이다.

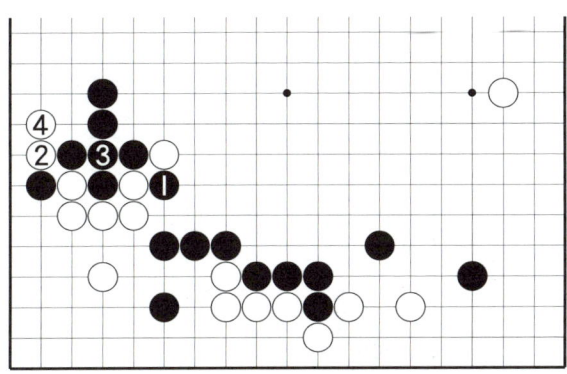

16도

16도(강수 아니라 과수)

14도 흑10으로 본도 1에 끊는 것이 강력해 보일지 모르지만 실은 과수이다. 백2의 끊음이 절묘한 응징. 흑은 응수하기가 거북하다. 흑3이면 백4로 이것은 백의 큰 전과이다.

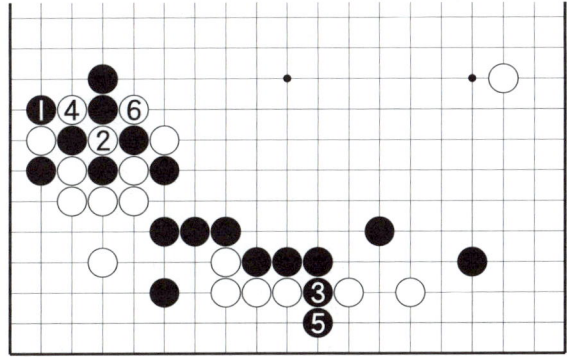

17도

17도(바꿔치기)

전도 흑3으로 본도 1이면 패의 가치가 커져 바꿔치기가 필연이다. 백은 하변을 버리고 6까지 빵빵 때려내어서 좋다.

흑의 실리도 상당하지만 백의 두터움은 그 이상이다.

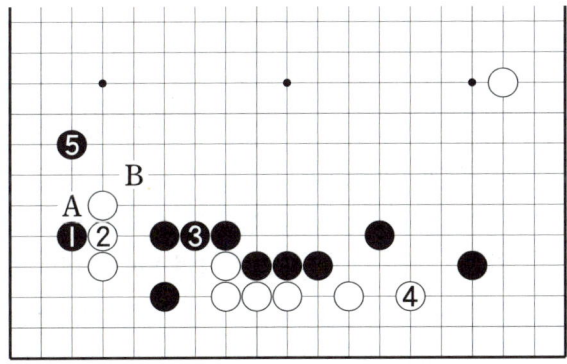

18도

18도(유력한 신수)

1도 흑2로 본도 1에 들여다봐 활용해 놓고 3에 잇는 것도 유력한 신수이다. 흑5로 육박하는 수에 힘을 더욱 실어주려는 의도. 다음 백의 선택은 A냐 B냐?

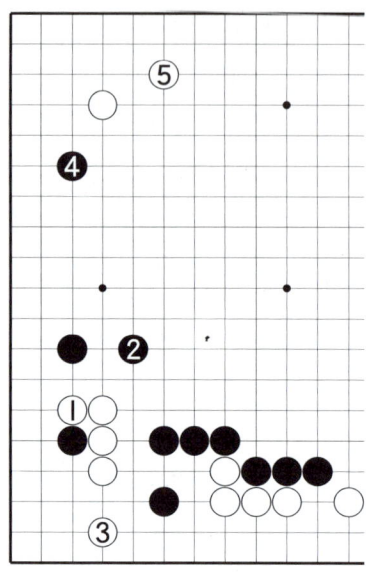

19도

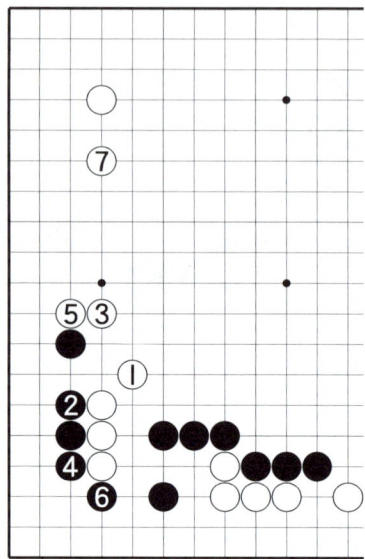

20도

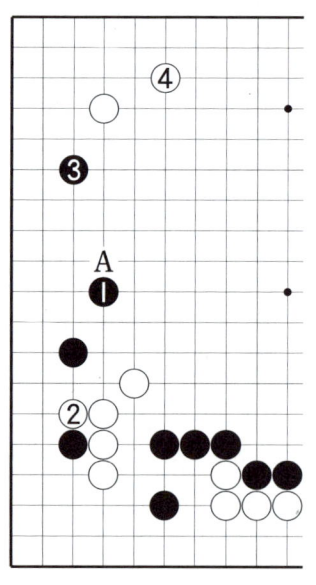

21도

19도(흑의 주문)

계속해서 백1로 흑 한점을 차단하는 것은 흑의 주문. 흑2의 선수가 너무도 빤하다. 백3에 지킬 때 흑4로 걸쳐서 흑 활발한 모습.

20도(마늘모가 최선)

역시 백1의 마늘모가 최선의 응수. 흑2면 백3으로 씌워간다. 흑4·6으로 귀를 차지할 때 백7까지 좌상을 다져서 만족스럽다. 하변 흑 세력이 퇴색하고 있는 점에 주목할 것.

21도(한국형 정석)

전도 흑2로는 본도 1이 정수. 백2를 기다려 흑3으로 걸치는 것이 자연스런 흐름. 백은 좌하귀가 불완전하지만 흑도 백A의 수단이 거슬리므로 호각이라고 봐도 좋겠다. 한국형 정석!

백의 한칸협공에 흑의 양걸침에서 나온 신형이다. 백1에 흑2의 3·三침입이 출발점인데, 백3으로 막으면 흑4 이하 8까지는 이렇게 될 곳. 그런데 여기서 백이 A나 B로 보강 하지 않고 9로 협공한 것이 새로운 시도였다.

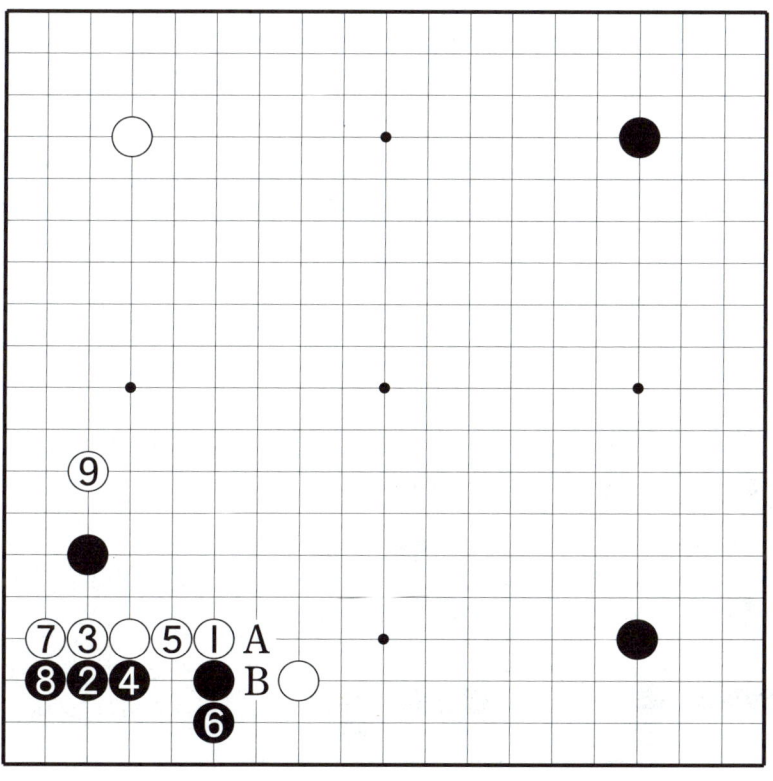

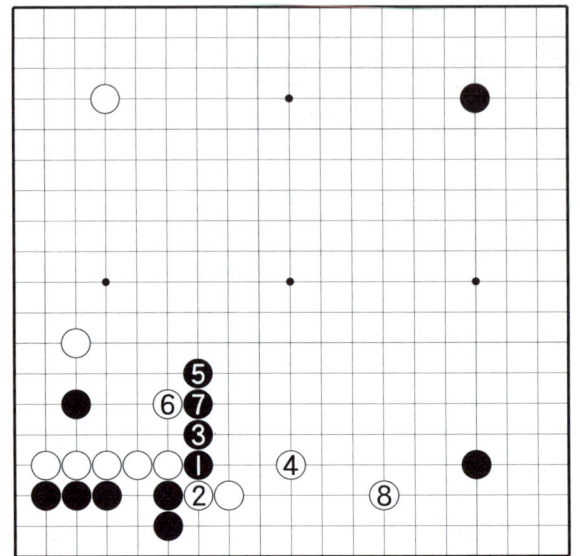

1도

1도(최선의 응접1)

흑은 즉각 1로 젖혀서 싸우는 것이 좋다. 백2의 끊음은 절대이며 흑3의 뻗음은 이것이 옳은 방향. 백4, 흑5 때 백6으로 응급조치하고 8에 지키는 것이 최선의 코스이다.

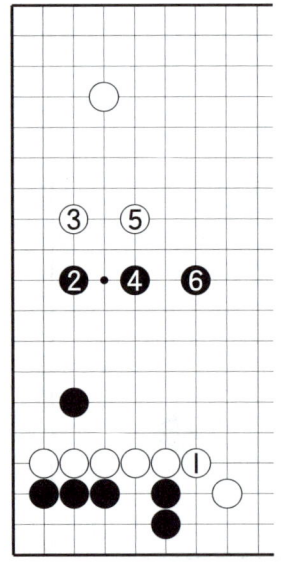

2도

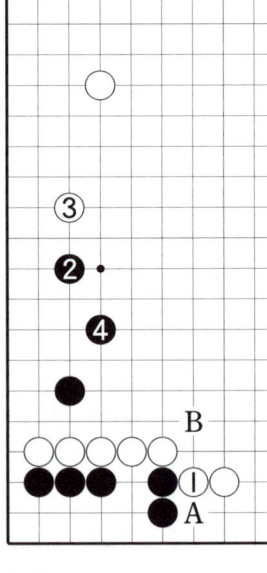

3도

2도(종래의 정형)

신수가 등장하기 전에는 기본형 백9로 본도 1이 상식적인 수였다. 그러면 흑은 2로 전개하고 백3·5에 흑4·6으로 뛰는 진행이 예상된다.

3도(일득일실)

백1로 꽉 받는 수법도 있다. 역시 흑은 2로 벌리고 백3에 흑4로 지킨다. 백A가 선수인 반면 흑도 B로 들여다보는 활용수가 있으므로 일득일실.

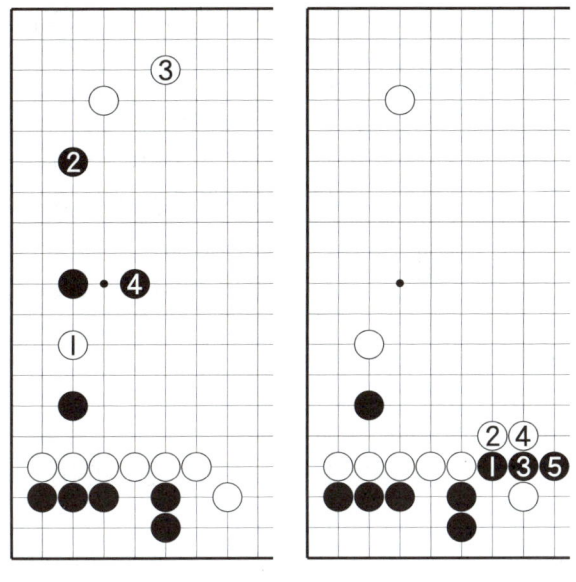

4도   5도

4도(변신해서 만족)

2도 백3으로 본도 1에 뛰어들면 흑은 2로 걸쳐 변신한다. 4까지 백의 세력이 강한 곳을 피해 안정한 만큼 만족할 만하다.

5도(백, 재미없다)

흑1로 젖혔을 때 백2로 젖혀서 양보하는 것은 협공한 취지에 어긋나는 약한 모습. 5까지 되면 흑의 실리가 크다. 백이 재미없는 결과.

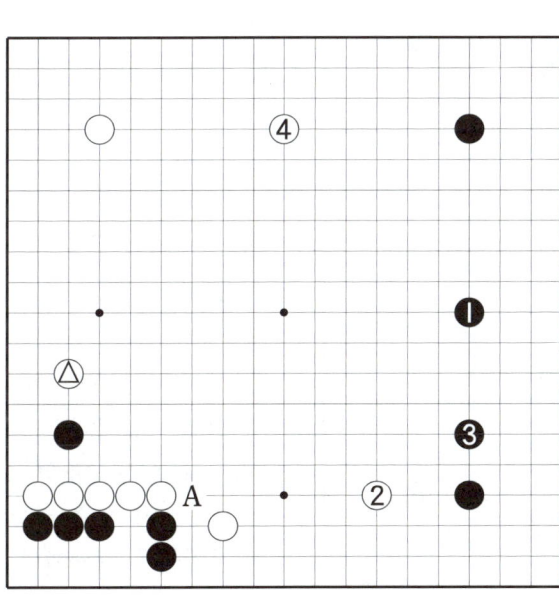

6도

6도(3연성은 의문)

백△ 때 흑1로 3연성을 펼치는 것은 의문이다. 2의 걸침으로 흑이 A에 젖혀나오는 수를 견제하고 4로 상변에 벌려서 백의 폭넓은 포석이 된다.

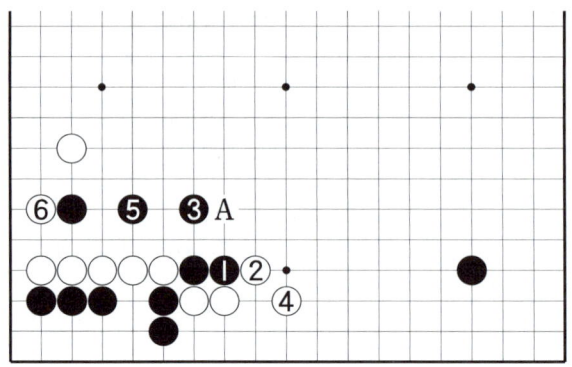

7도

7도(두점머리가 통렬)

1도 흑3으로 본도 1에 미는 것은 백2로 두점머리가 통렬해 좋지 않다. 흑3·5에는 백4·6으로 응수해 흑은 실속이 없다. A의 급소가 남은 점도 싫다.

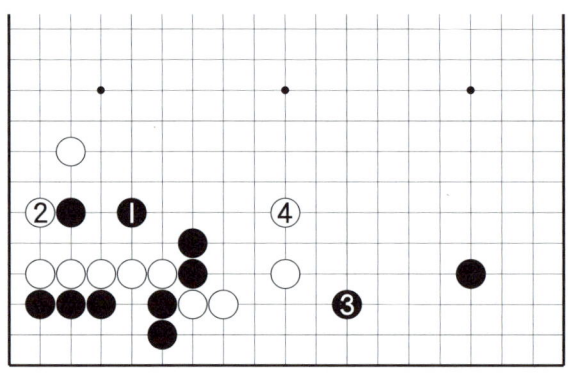

8도

8도(흑, 작전 실패)

1도 흑5로 1, 백2를 교환하는 것은 잘못이다. 흑3으로 공세를 취하려는 수순이겠지만, 백4로 뛰어나가면 흑쪽이 더 약한 돌임이 확연히 드러난다. 흑의 작전 실패!

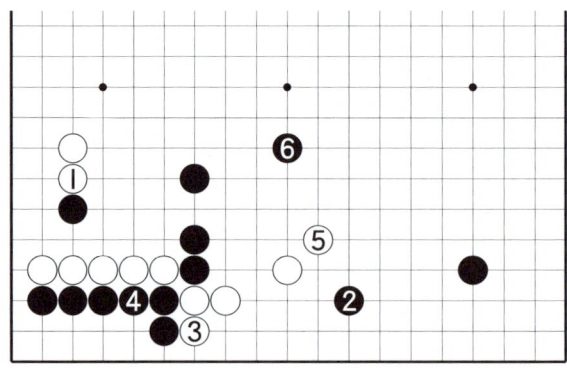

9도

9도(고지식한 응수)

1도 백6으로 본도 1의 치받음은 고지식한 응수. 흑2의 공격에 손을 돌리게 되어 주도권은 흑이 쥔다. 백5에는 흑6의 널찍한 씌움이 호수. 프로의 실전에서 취재했다.

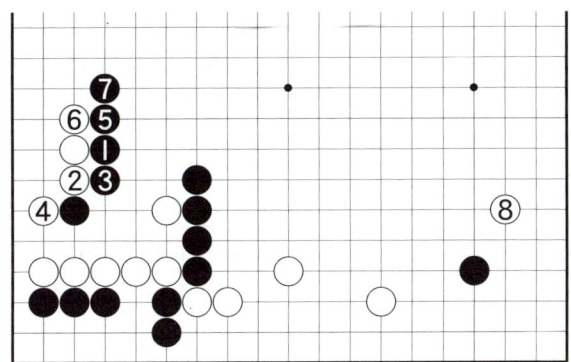

10도

10도(최선의 응접2)

1도 다음 흑1의 붙임이 강력한 수. 백2의 치받음은 정수이며 4로 건너서 안정하고 흑은 두터움을 얻는다. 백8의 걸침에 손을 돌려 호각의 갈림으로 보인다.

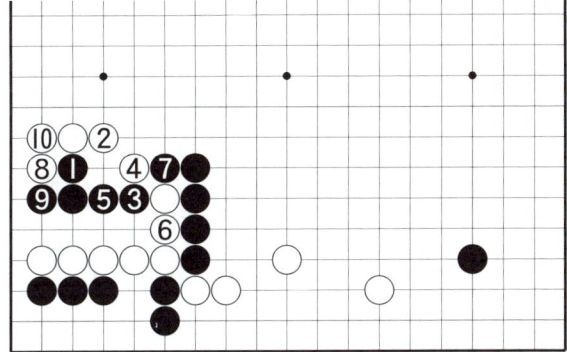

11도

11도(바깥쪽이 부담)

전도 흑1로 본도 1에 치받아 백의 건넘을 저지하는 것이 강수이지만 백2로 뻗고 보면 흑 두 점 역시 탈출할 수가 없다. 10까지 빅의 모습인데, 바깥쪽 흑 다섯점이 들떠 부담이 될 것이다.

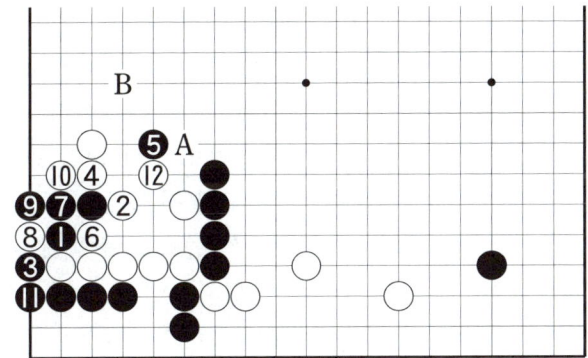

12도

12도(독수이지만)

흑1의 마늘모붙임도 건넘을 방해하는 독수이지만 백은 2로 붙여 타협한다. 이하 12까지 흑의 공격이 실효를 거두지 못한다. 다음 흑A, 백B가 예상된다.

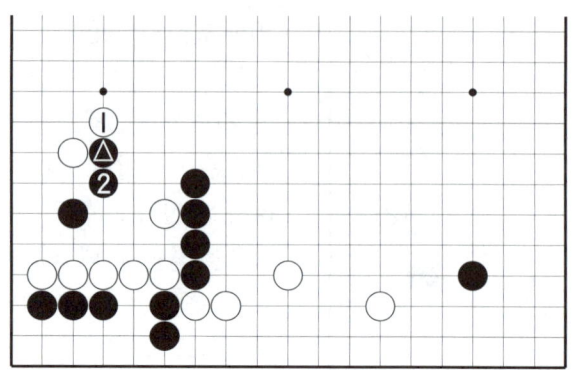

13도

13도(백, 큰일난다)

흑❶의 붙임에 대해 백 1로 젖히다가는 큰일난다. 흑2로 끌어서 아래쪽 백 몇점이 고스란히 잡혀 버리는 것이다. 요주의!

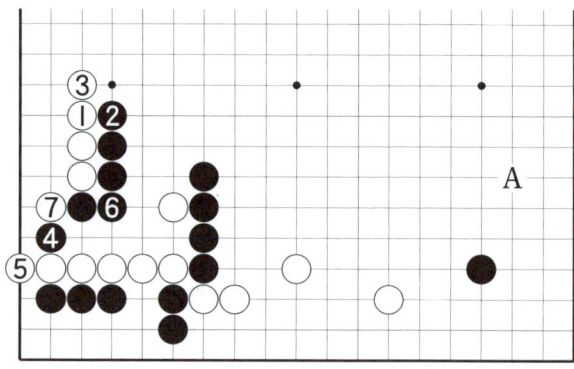

14도

14도(백의 일책)

10도 백4로 본도 1에 느는 것도 일책이다. 흑 2에는 백3으로 또 는다. 단, 여기서 흑4는 백5·7을 불러 귀가 다치므로 나쁘다. 4로 A에 굳히면서로 둘 만하다.

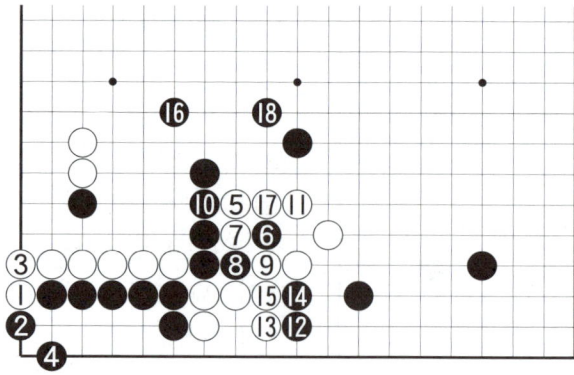

15도

15도(9도의 후속 실전)

9도 다음 백1·3으로 젖혀잇고 5에 들여다봤다. 흑은 6 이하 14를 활용하고 16에서 18로 중앙에서 틀을 갖추었다.

중앙의 주도권을 잡은 흑이 유리한 결과.

제6형 화점 한칸협공 - 젖혀놓고 붙이다

또 등장한, 백1의 날일자걸침에 흑2의 한칸협공. 이러면 예전에는 열에 아홉은 A의 3·三침입이었다. 그런데 현재는 양걸침이 주류를 이루고 있다. 백3이면 흑4는 필지인데, 거기서 백5로 하나 젖혀놓고 7에 붙이는 것이 유행수법이자 새로운 수법이다.

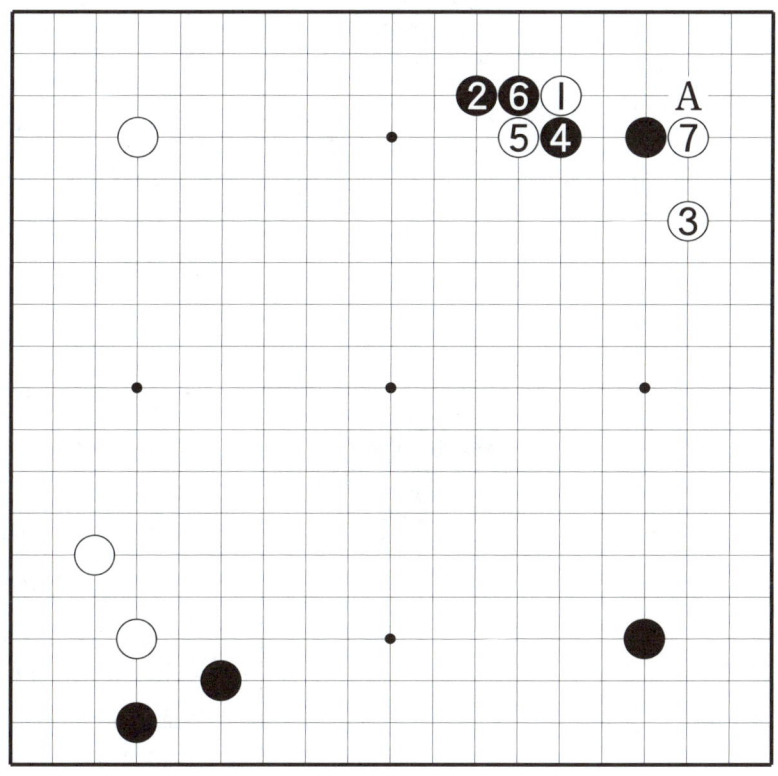

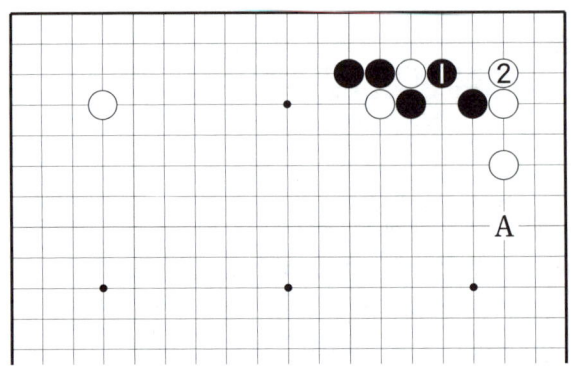

1도

1도(대표적인 정석)

　기본형 다음 흑1로 응수하고 백2의 3·三 진입을 허용하는 것이 현재 대표적인 정석으로 인정받고 있다. 흑A가 듣지 않는 점이 백의 자랑이다.

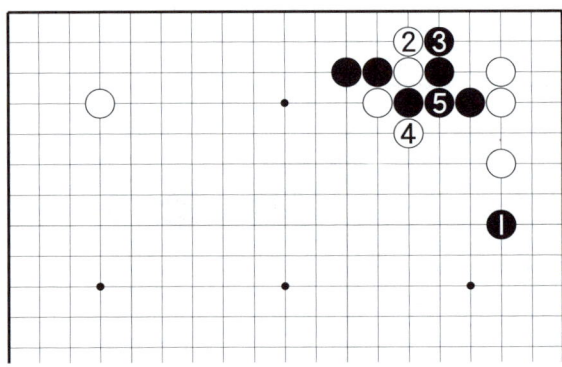

2도

2도(활용의 권리)

　계속해서, 흑1로 다가선다면 백은 꼭 응수할 필요는 없다. 단, 2·4를 활용하는 것은 백의 권리이다(이른 시기에 해야 한다). 다음 손을 빼고 다른 곳으로 전환해서 좋다.

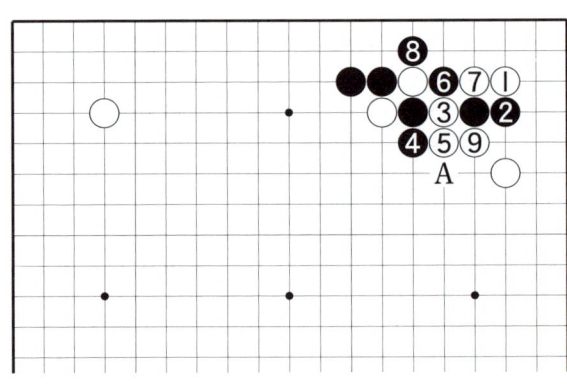

3도

3도(종래의 정석)

　애초에 백이 그냥 1에 뛰어들면? 흑은 2로 차단하는 것이 정수이다. 백3 이하 9까지가 종래의 정석이었다. 다음 흑A의 젖힘이 백에 대해 듣고 있다. 흑이 두텁다는 평가.

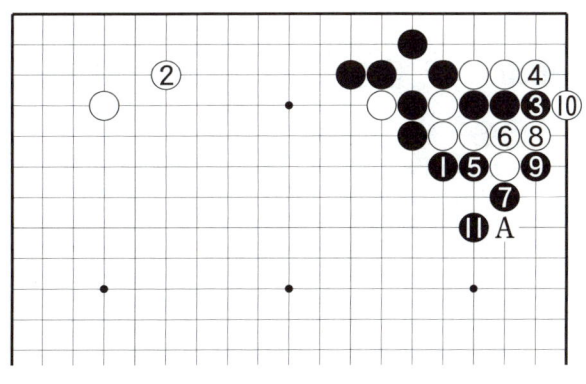

4도

4도(외곽이 철옹성)

흑1로 젖혔을 때 백이 손을 빼고 좌상귀를 2로 굳히며 세력을 견제하는 것은 좋지 않다. 흑3 이하 11까지 외곽이 철옹성이 되므로. 따라서 2로는 A에 받는 것이 정도(正道)이다.

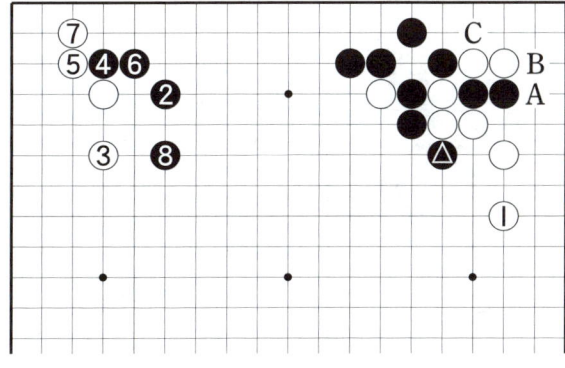

5도

5도(상변을 키운다)

흑▲ 때 백1은 앞서도 말했듯이 정수이다. 그러면 흑은 2로 걸쳐서 8까지 상변을 키우는 후속 수단이 유력하다. 우상귀는 흑A, 백B, 흑C의 끝내기가 남아 있어 별 게 없다.

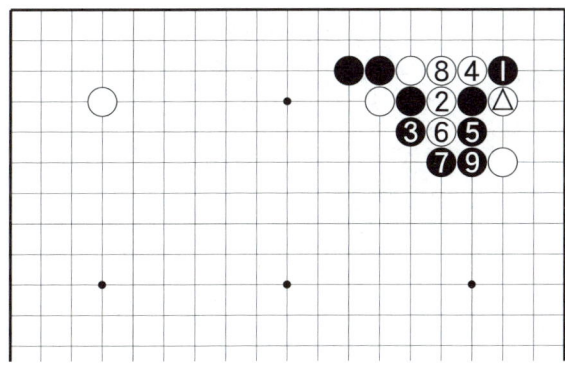

6도

6도(어려운 변화로)

백△의 붙임에 대해 흑1로 받는 것이 강수로 어려운 변화로 돌입한다. 이렇게 되면 백은 2 이하 8로 흠집을 만들어서 싸운다. 어쨌든 백이 불리할 것은 없다.

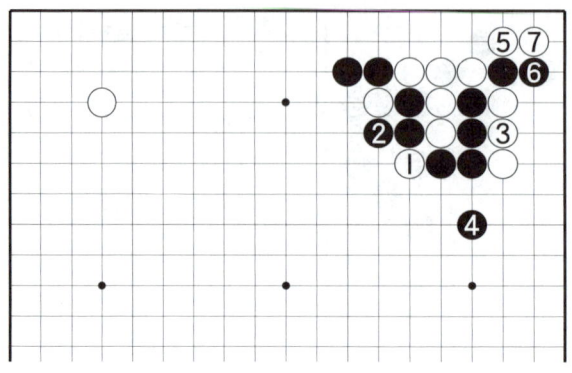

7도

7도(정확한 수순)

전도 다음 백1로 단수하고 3에 잇는 것이 정확한 수순이며, 흑4도 이 한수이다. 여기에서 백5로 단수하고 7에 따라붙으면 비교적 쉬운 코스로 간다.

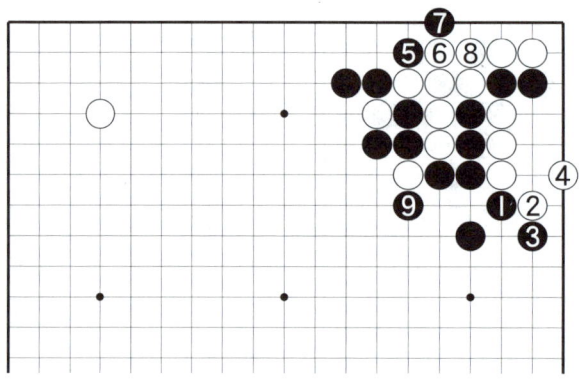

8도

8도(정석)

계속해서 흑1로 호구치면 백2·4는 당연. 거기서 흑5·7을 선수활용하고 9로 몰아서 바깥쪽을 정비한다. 백은 실리를 흑은 세력을 차지해 만족하는 정석.

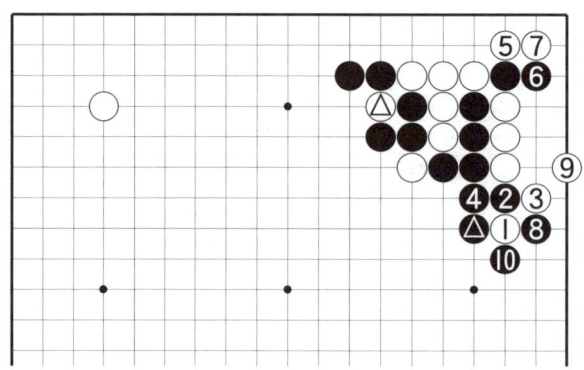

9도

9도(유력한 시도)

흑●에 대해 백1의 붙임이 유력하면서도 새로운 시도였다. 흑2·4를 기다려 백9까지 귀를 다지고, 흑10의 가일수를 기다려 백△의 준동을 노릴 수가 있는 것이다.

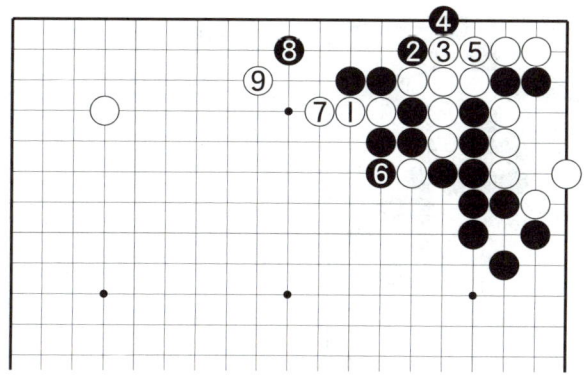

10도

10도(사건의 시작)

사건(?)은 백1로 달아나면서 시작된다. 흑은 2·4를 활용하고 6으로 한점을 단수치는 것이 최선이다. 그러면 백9의 씌움이 예정된 최강의 공격이다.

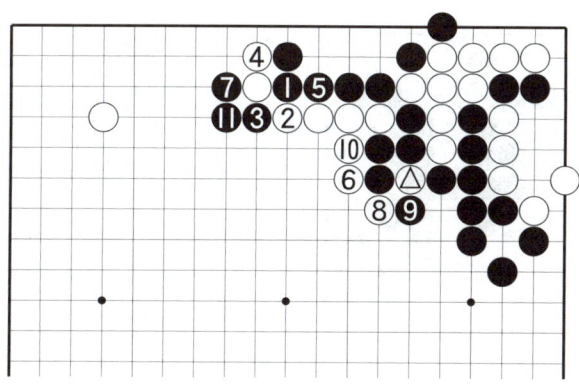

11도   ⑫···△

11도(호각의 갈림)

계속해서 흑1·3의 나와끊음은 기세. 백4, 흑5도 피차 최선의 응접이며 백6의 붙임은 맥점. 결국 12까지의 바꿔치기가 필연이다.

호각의 갈림이라고 평가할 수 있겠다.

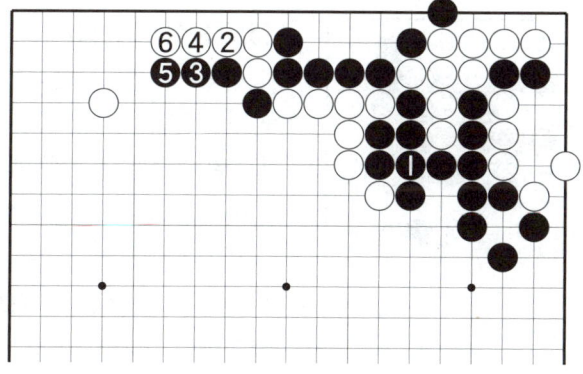

12도

12도(흑1은 과욕)

전도 흑11로 본도 1에 잇는 것은 과욕이다. 백은 2 이하 6으로 계속 기어나가는 것이 좋다. 이 다음—

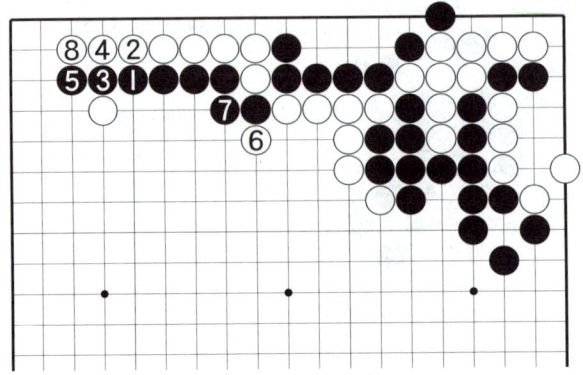

13도

13도(백의 대성공)

흑1에 백2·4로 꿋꿋하게 또 기어나가는 것이 중요하다. 6을 선수하고 8로 또 기어나가서 상변 흑 일단을 접수한다. 실리가 큰 만큼 백의 대성공이다.

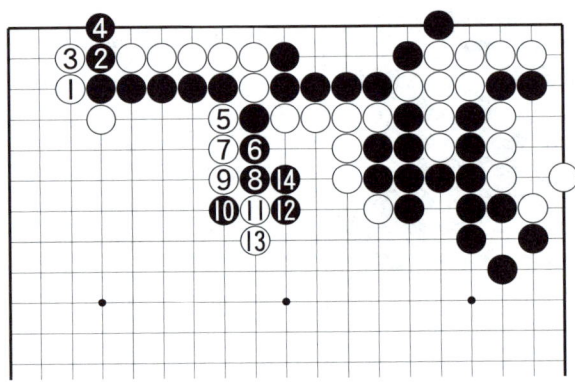

14도

14도(백의 파멸)

전도 백4로 본도 1에 젖히고 3을 선수한 다음 5에 끊어서 둘 중 한쪽의 흑을 잡으려고 하는 것은 경솔한 행동이다. 14까지 되면 아무것도 안된다. 백의 파멸인 것.

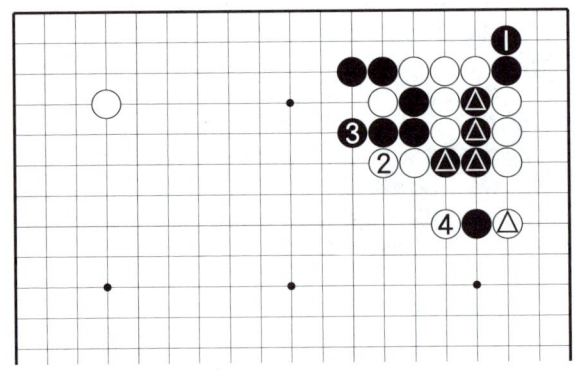

15도

15도(순식간에 횡사)

사족이지만, 거슬러올라가 백△로 붙였을 때 흑1로 내려서서 위쪽 백 다섯점을 잡자고 하다가는 큰일난다. 백2, 흑3 다음 백4가 통렬! 흑△ 넉점이 순식간에 횡사하는 장면이다.

앞의 형에 이어지는 변화로 배석관계는 좀 다르다. 백△로 뛰었을 때 흑1로 붙이는 것이 유력수임이 밝혀졌는데, 이번에는 백이 2로 먼저 젖혀 변화한 다음 8로 꼬부린 것이 신수법. 흑9를 생략할 수 없을 때 백10·12에 끼워잇고 흑13으로 잇자, 백14의 패로 즉각 도전한 것이 신수였다.

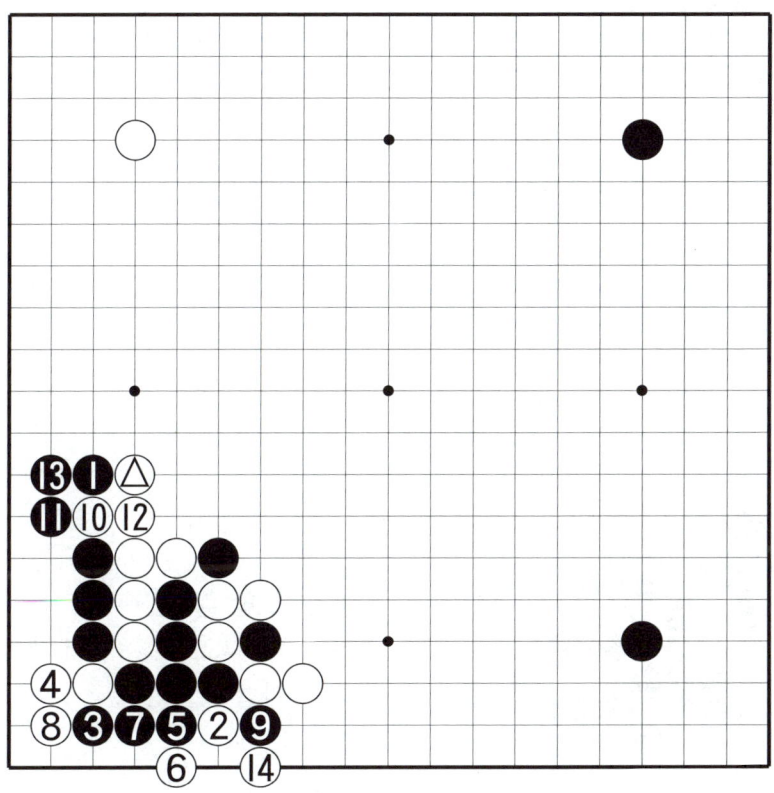

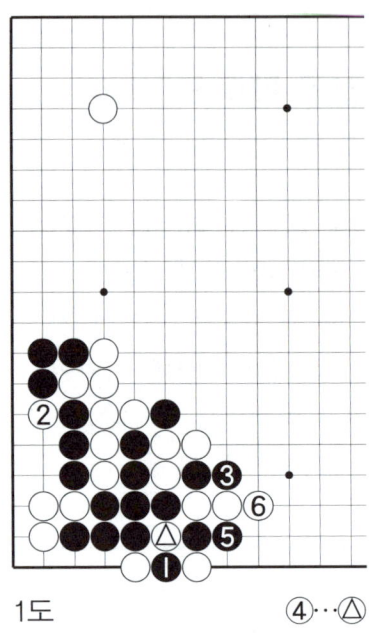

1도   ④‥△

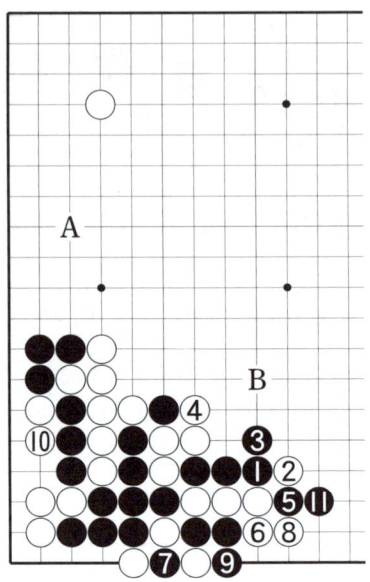

2도

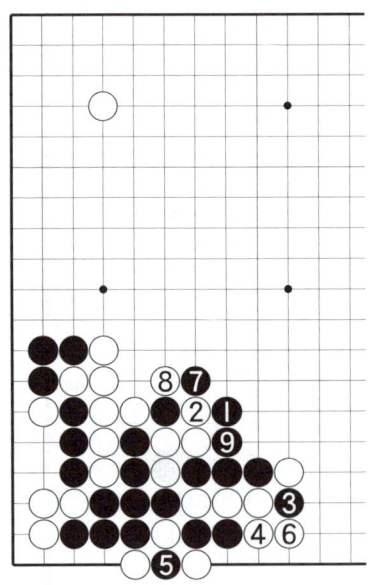

3도

1도(흑3, 호수)

흑1로 패를 따내고 백2의 팻감에 패를 당장 해결하는 것이 아니라 흑3으로 나가는 것이 호수. 백6 다음—

2도(흑, 우세한 갈림)

흑1에 미는 것이 강력. 단, 백2의 젖힘에는 요주의! 흑3 우형의 꼬부림이 이 한수. 백4에는 흑5~11까지가 예상된다. 다음 백A로 좌변을 제압할 때 흑B로 뛰어 흑이 우세한 갈림.

3도(행마법 같지만)

전도 흑3으로 본도 1에 씌우는 것이 행마법 같지만 실은 의문수이다. 백2, 흑3 때 백4·6이면 흑은 패를 해소하지 않을 수가 없다. 흑7·9 다음—

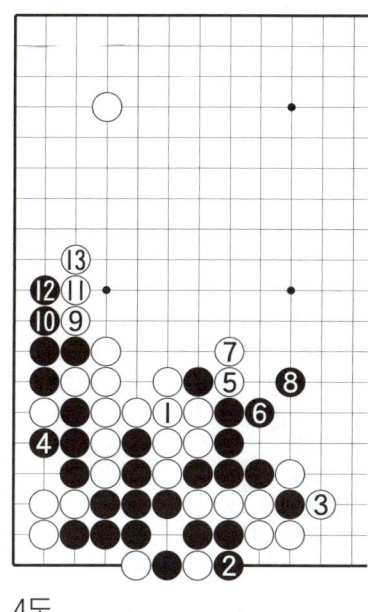

4도

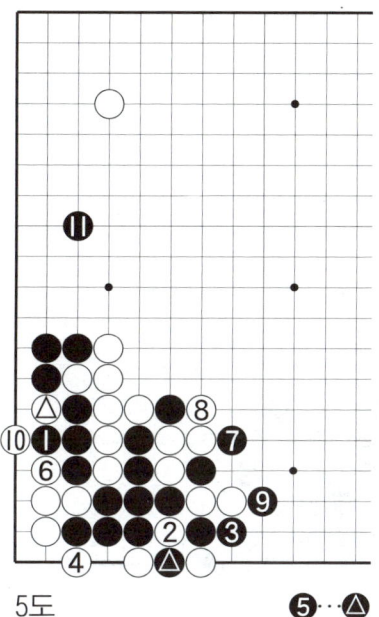

5도   ❺···△

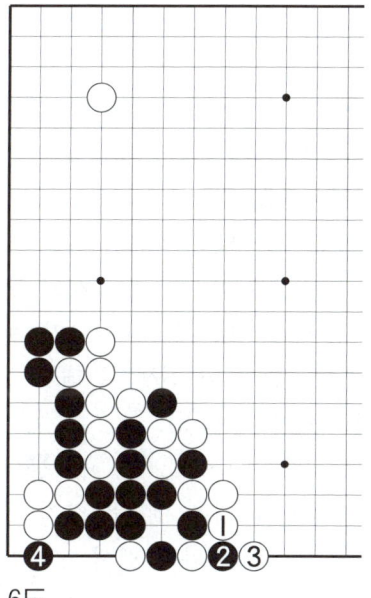

6도

4도(백, 두터워서 유리)

백1에 흑2로 해결한 것은 당연. 백 3으로 따내어 흑이 실패한 인상. 흑4 에 백5·7을 선수하고 백9에 젖히는 것이 요점. 13까지 백이 두터워 유리.

5도(흑, 양쪽을 두다)

백△의 팻감에 흑1도 나쁘지 않다. 백6의 팻감에 흑7로 돌려치고 9에 모 는 것이 교묘한 수법. 11까지 양쪽을 모두 처리한 흑이 유리한 결과이다.

6도(백1·3의 강수에 대해)

흑은 **1도** 백2로 본도 1·3으로 막 는 강수에 대한 응수법도 알아야 한 다. 우선 귀쪽을 흑4로 젖히는 수를 꼭 기억해야 한다. 이러면 안심이다.

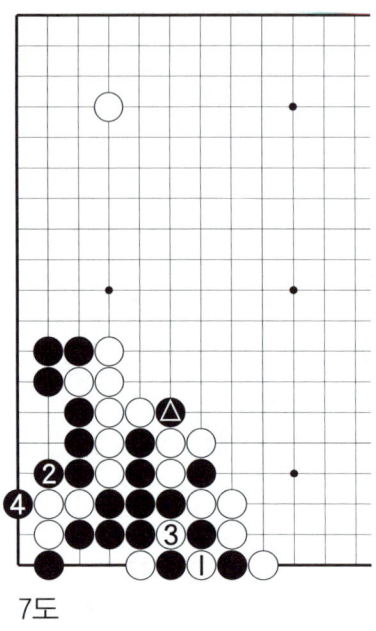

7도

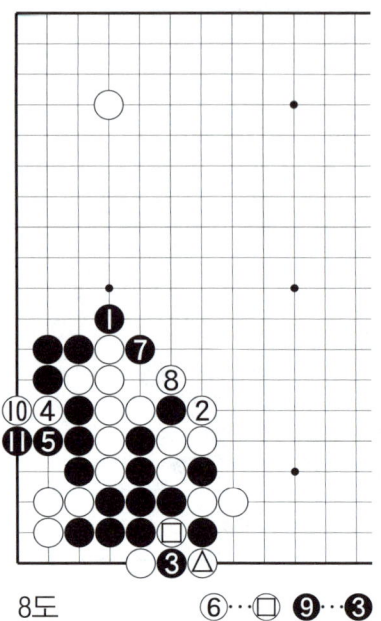

8도　　　　　⑥…□　❾…❸

7도(눈엣가시, 흑▲)

계속해서 백1·3에는 흑2·4로 수상전은 흑이 한수 빠르다. 이 다음 백은 흑▲가 눈엣가시. 요리할 방법이 없는 것이다. 당연 흑이 유리하다.

8도(흑1은 좋지 않다)

백△ 때 패를 당장 따내지 않고 흑1로 젖히는 것은 백2를 유발시켜 좋지 않다. 백4·10, 흑7로 서로가 팻감을 쓰고 패싸움이 진행되는데—

9도(백의 강수가 성립)

전도 다음 백1~백3 때 흑4(▲의 곳)로 패때림에 백은 팻감을 쓰지 않고(사실 팻감은 어차피 백이 모자란다) 5·7로 막는 강수가 성립한다.

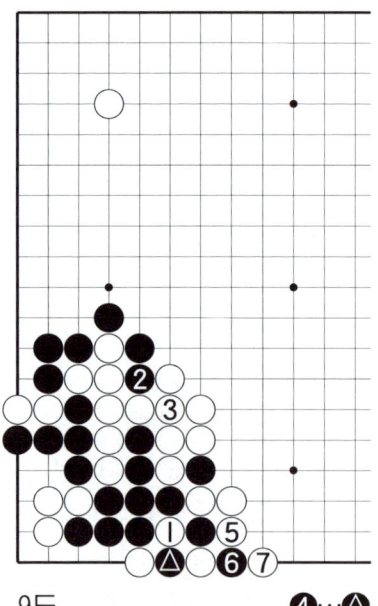

9도　　　　　❹…▲

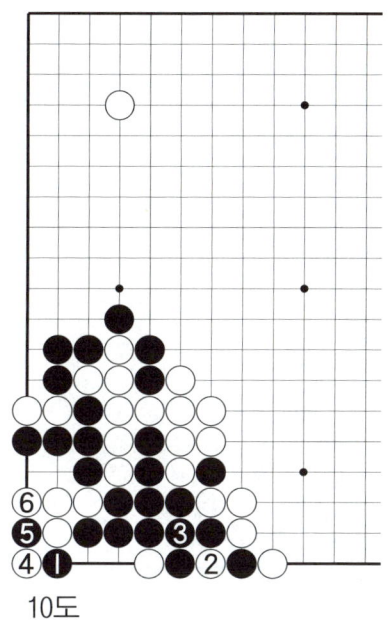

10도

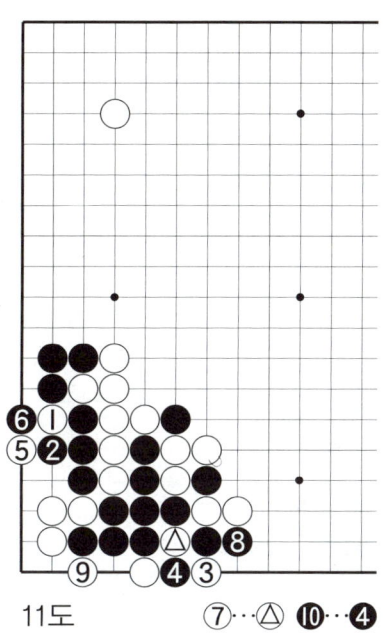

11도　　　　　⑦…△　❿…❹

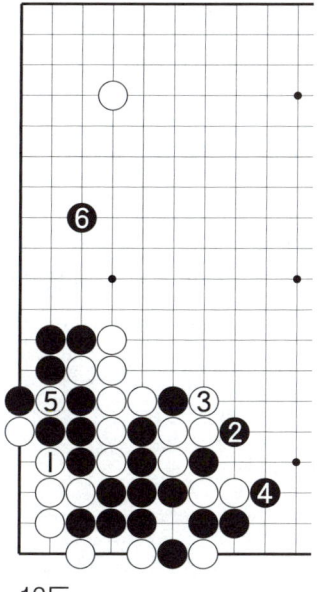

12도

10도(흑, 견딜 수 없다)

즉, 이번에는 **6도**와 달리 흑1에 젖혀도 백4로 넣는 수가 주효해 6까지 그냥은 해결될 형태가 아니다. 결론은 패! 흑은 패싸움 동안 백의 외곽을 굳혀준 만큼 견딜 수 없는 결과이다.

11도(패를 걸기 전에)

그렇다면 패를 걸기 전에 백1의 끊음은 어떨까. 흑4에 백5로 팻감을 쓰고 7, 흑8에 백9로 몰려는 것이다. 흑10 다음—

12도(5도와 대동소이)

백1의 팻감에 흑은 더 이상 받을 수 없다. 따라서 패를 해결해야 하는데, 앞서 배운 대로 흑2·4가 좋은 수. 6까지 **5도**와 대동소이한 결과.

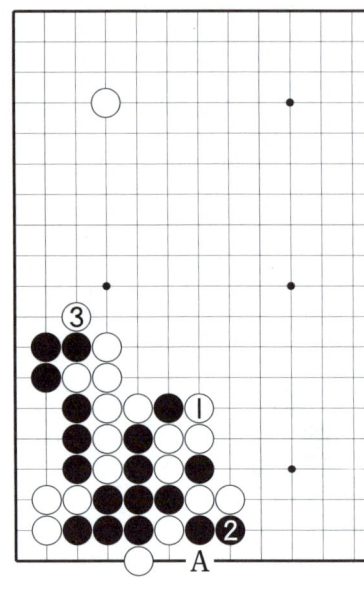

13도

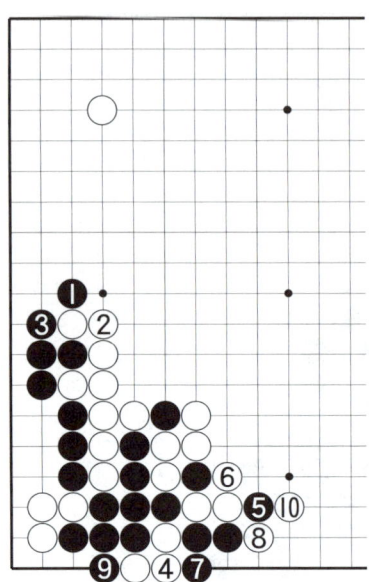

14도

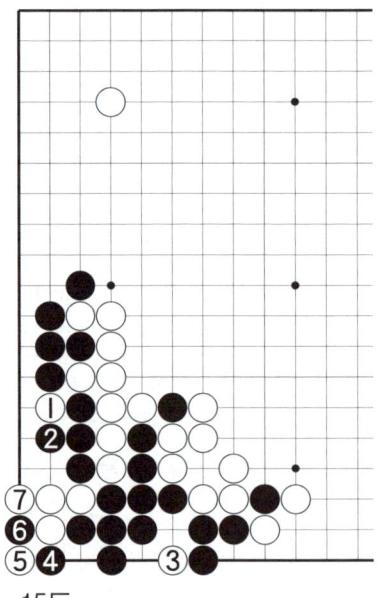

15도

13도(백1의 단수에는)

이상 살펴봤듯이 백이 A로 즉각 패를 거는 신수는 신통치 않았다. 그래서 고안된 것이 백1의 단수. 이러고 나서 패를 하자는 뜻인데, 흑2가 냉정! 백3 때가 중요한 장면으로—

14도(가일수가 필요)

흑1의 껴붙임이 가장 강력·정확한 응수. 백2는 정수이며 흑3으로 건너서 좋다. 단, 백10 다음 흑은 4의 곳 가일수가 필요한 점을 잊지 말도록!

15도(뒷맛이 있다)

가일수 안하면 백1, 흑2의 교환 다음 백3으로 파호하는 뒷맛이 있다. 흑4에는 백5·7로 그냥은 해결 안된다.

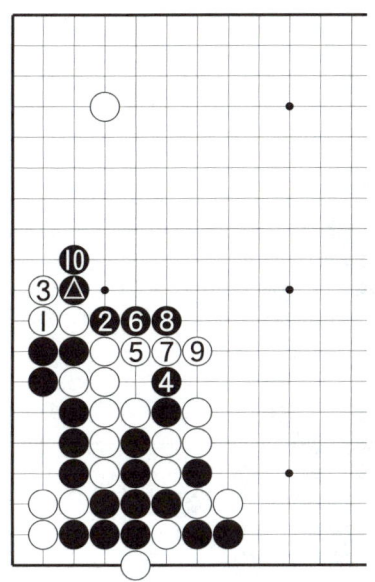

16도

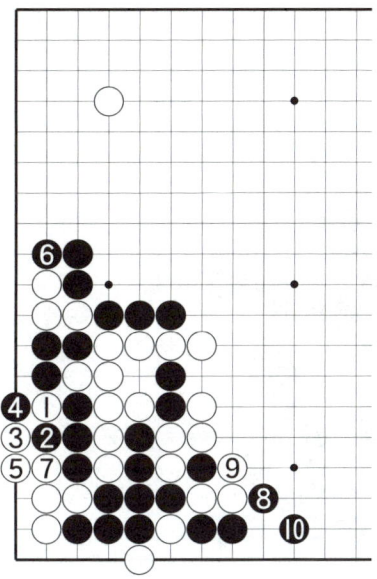

17도

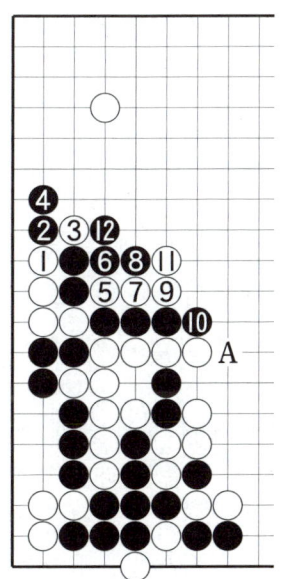

18도

16도(흑, 올바른 대응)

흑▲ 때 백1로 차단하는 것은 난해하지만 백이 잘 안된다. 흑2, 백3 다음 흑은 4로 빠져나간다. 백5에 흑6·8로 밀어 놓고 10으로 느는 것이 올바른 대응.

17도(흑, 크게 유리)

계속해서 백1, 흑2, 백3으로 돌려쳐서 귀를 살리고 흑은 8에서 10으로 하변으로 진출하는 갈림이 된다. 이것은 문제없이 흑이 크게 유리한 결과라고 단언할 수 있다.

18도(흑12가 호수)

전도 백1로 본도 1·3이 최강의 반발. 흑4는 이 한수. 백5에는 흑6~10이 최강이자 최선. 백11 때 흑12가 호수. 이로써 백은 속수무책. 흑은 축 불리라면 A에 젖혀 놓으면 된다.

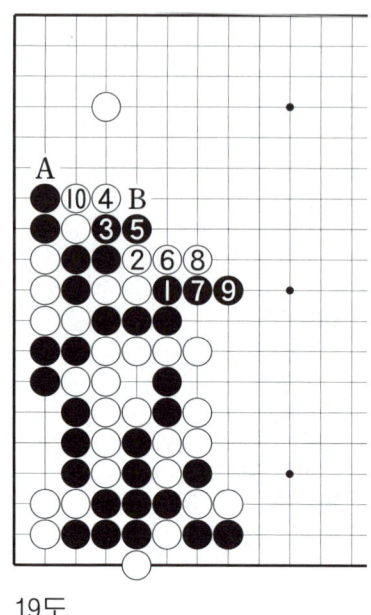

19도

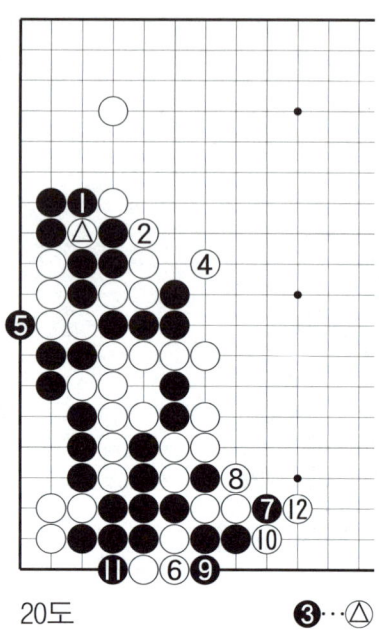

20도 ❸···△

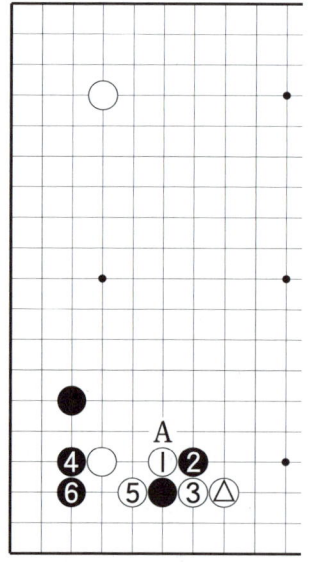

21도

19도(대실착, 흑1)

전도 흑8로 본도 1쪽에서 단수하는 것은 대실착. 백2에서 4가 멋진 맥점. 흑5면 백6·8이 선수가 되어 흑이 곤란해진다. 10 다음 A와 B가 맞보기여서 흑의 파탄.

20도(흑, 크게 망하다)

전도 흑5로 본도 1에 따내면 백2로 한방 얻어맞고 4의 장문을 당해 막강한 외세를 허용한다. 12까지 흑이 크게 망한 모습.

21도(정석인 까닭)

결론적으로 흑이 4의 곳에 붙였을 때 백이 6의 곳에 젖히는 것은 좋은 결과를 얻을 수 없음이 밝혀졌다. 본도 6까지가 정석인 까닭이 여기에 있다. 참고로 백△가 A에 있는 정석과 본도는 우열을 가리기 힘들다.

흑1의 날일자걸침에 백2의 두칸높은협공은 한칸협공과
더불어 화점정석에서 가장 널리 쓰이는 수법이다. 흑3의 양
걸침이면 백4의 붙임은 필연인데, 거기서 흑A로 젖히지 않
고 곧바로 5에 뛰어든 것이 새로운 수법이다.

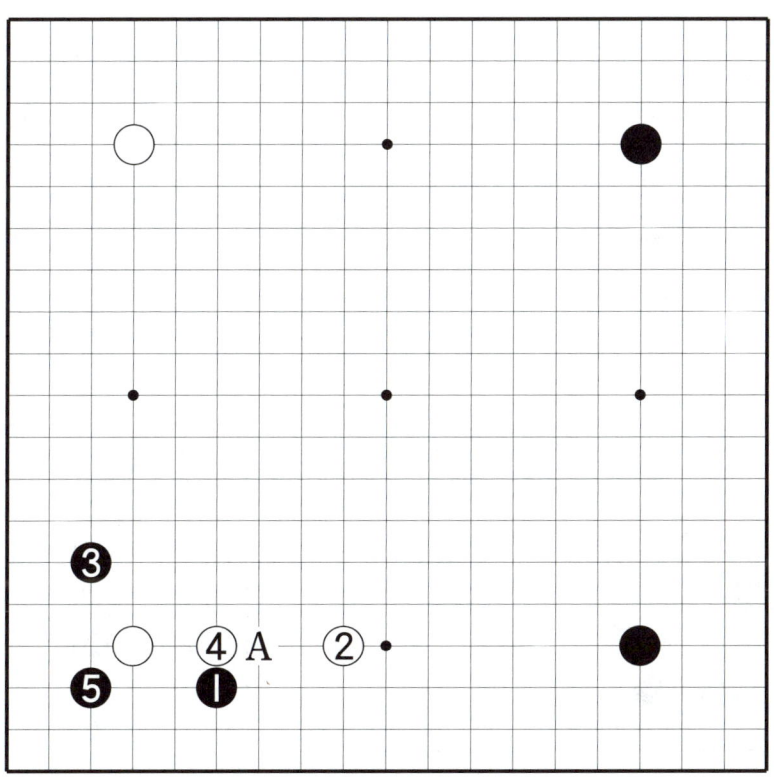

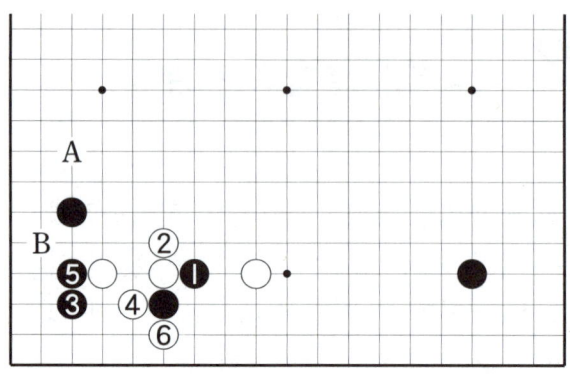

1도

1도(정석이지만)

예전에는 흑1의 젖힘이 일반적이었다. 그러면 백2에 뻗고, 흑3 이하 6까지가 정석인데 이 결과는 백이 약간 두텁다는 평가. 백A로 육박해 B의 치중을 엿보는 즐거움이 백의 자랑.

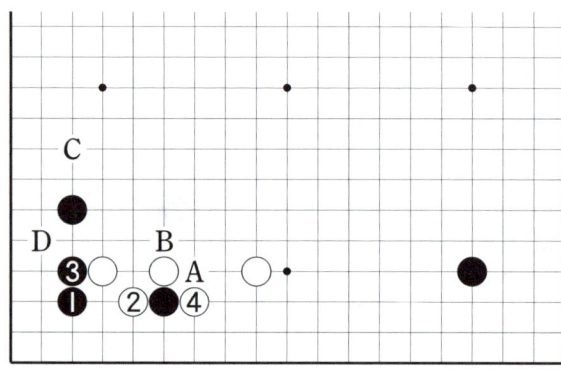

2도

2도(흑1의 주문)

흑1의 주문은 백2로 응수해 달라는 것. 그러면 흑3으로 건너서 좋다. 백4의 보강이 불가피하므로 선수. 흑A, 백B의 교환이 없어, 백C에 다가와도 D의 치중이 성립하지 않는다.

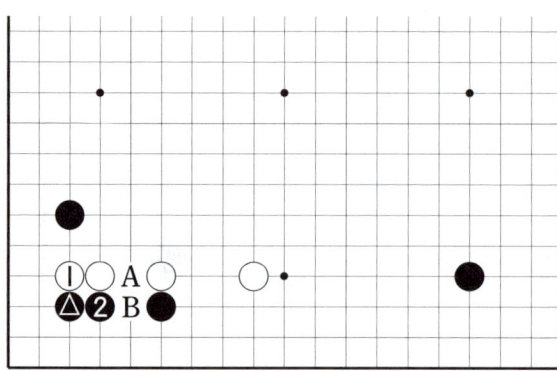

3도

3도(선택의 기로)

흑▲에 대해서는 백1 쪽을 막는 것이 옳다. 흑2는 당연하며 여기서 백은 A에 가만히 있느냐, B로 끼워 있느냐 선택의 기로에 선다.

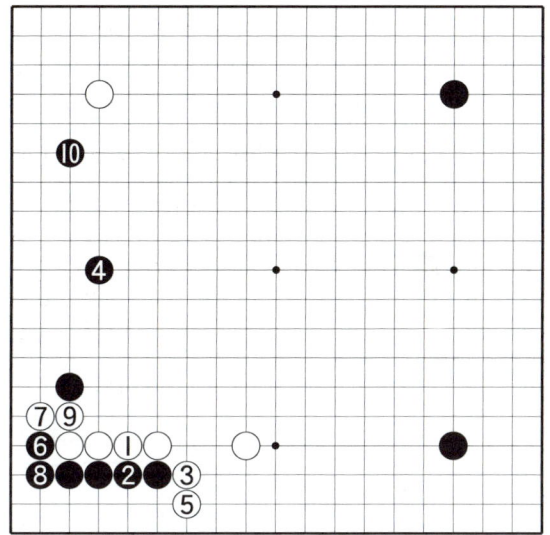

4도

4도(흑, 발빠른 포석)

백1로 이으면 흑도 2로 잇는 것이 상식적이다. 그러면 백3은 절대점. 거기서 흑4로 전개하고 백5에 흑6·8로 젖혀잇고 10까지 흑이 발빠른 포석이다.

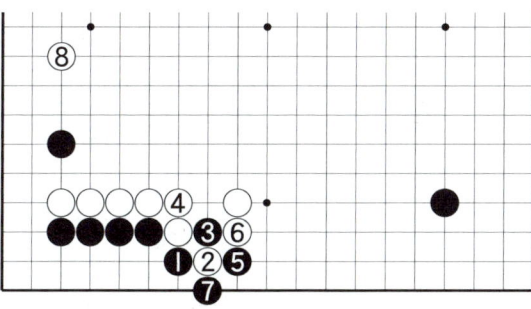

5도

5도(이단젖힘)

전도 흑4로 흑1에 젖히면 백2의 이단젖힘이 맥점. 7까지 응수를 강요하고 선수를 잡아 백8로 협공해 백이 유리한 절충이 된다.

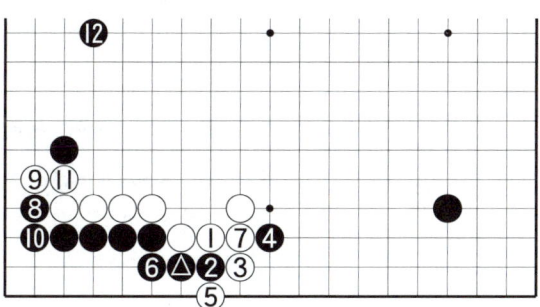

6도

6도(피차 둘 만함)

흑▲에 젖혔을 때 백1로 늘면 흑2·4와 8·10을 선수하고 12에 전개해 백의 세력을 견제하는 진행이 예상된다.

흑이 활발하지만 백도 두터우므로 둘 만하다.

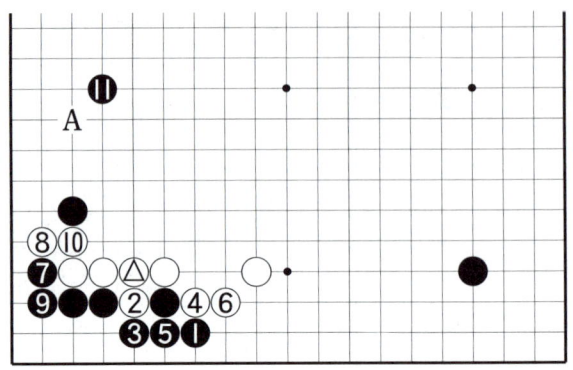

7도

7도(실리 대 세력)

백△ 때 흑1에 마늘모 하는 변화. 그러면 백2 에서 4로 단수하고 6에 늘어 세력을 지향한다. 11까지 흑은 실리를, 백 은 두터움을 얻어 만족 한다. 단, 6으로는 A의 협공도 유력하다.

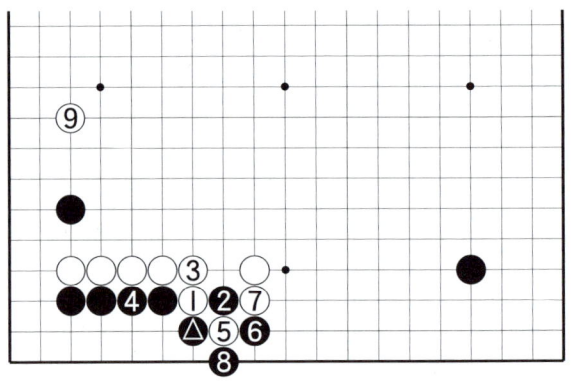

8도

8도(5도와 같은 결과)

흑△ 때 백1로 찝는 수는 있다. 흑2에는 잠 자코 백3에 잇는 것이 좋 은 수. 흑4를 기다려 5 에 끊으면 9까지 이것은 5도와 같은 결과.

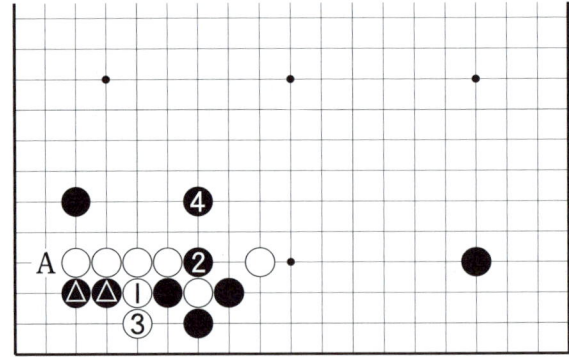

9도

9도(세력이 낮다)

전도 백3으로 본도 1 ·3으로 뚫는 것은 실리 를 탐한 수. 흑4까지 백 의 실리보다 흑의 세력 이 훨씬 낮다. 더욱이 흑 △는 아직 A의 뒷맛이 있다.

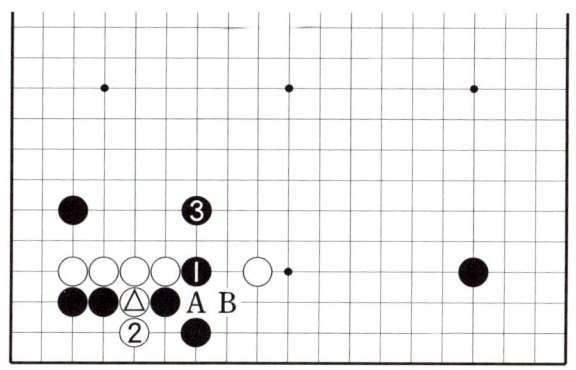

10도

10도(전도와의 차이)

백△ 때 흑1로 젖히는 것은 전도와는 경우가 다르다. 3까지 백A, 흑B의 악수교환이 없는 만큼 백이 좋음은 말할 것도 없다.

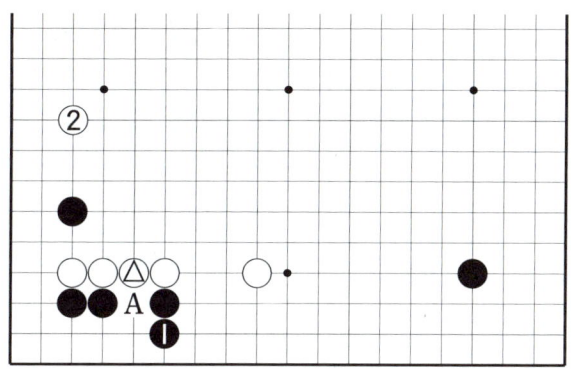

11도

11도(백, 만족스럽다)

백△ 때 흑1로 내려서는 것은 A의 공배가 채워지지 않은 만큼 백의 운신을 편하게 한다. 2로 협공해서 이 절충은 백이 만족스럽다.

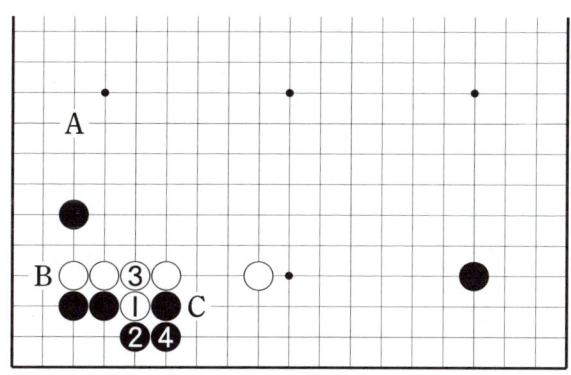

12도

12도(본격적인 수법)

백1·3으로 끼워잇는 것이 본격적인 수법이다. 흑4로 잇는 것은 정수이며, 이 다음 백은 A, B, C 세 가지의 선택이 기다리고 있다.

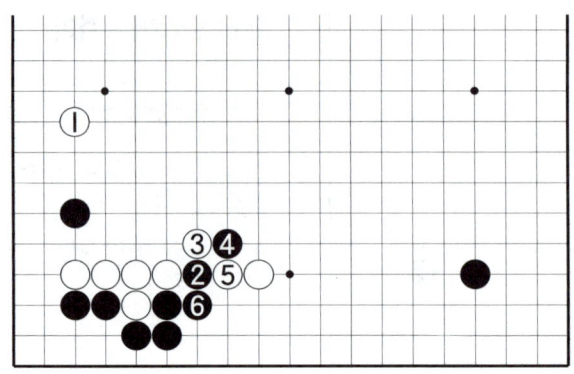

13도

13도(상용수법)

　백1로 협공하는 수부터 검토해본다. 그러면 흑2·4의 이단젖힘은 이럴 때의 상용수법. 백5, 흑6 다음—

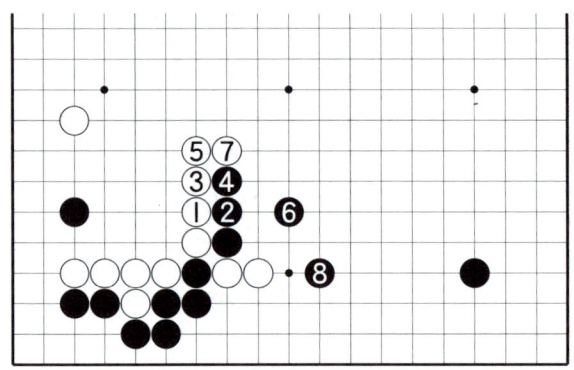

14도

14도(축이 유리해도)

　백은 축이 유리하더라도 1에 뻗는 것이 정수이다. 흑2 이하 8까지는 간명한 변화로, 호각의 갈림으로 보인다.

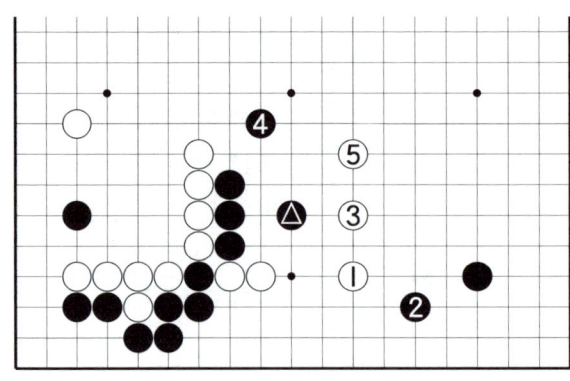

15도

15도(살리는 수법)

　흑▲ 때 백은 1로 뛰어서 하변 두점을 살리는 수법도 가능하다. 5까지 되면 어느쪽이 공격하는지 알 수 없는 경합이다.

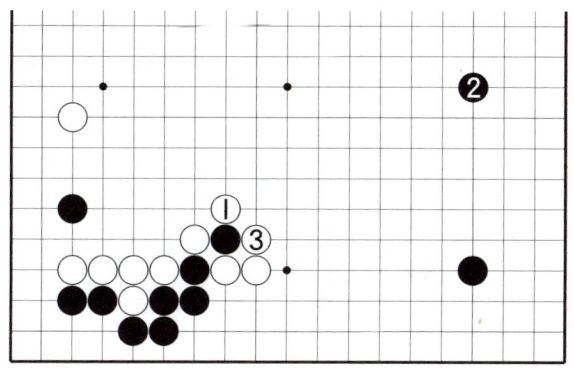

16도

16도(축으로 잡으면)

14도 백1로 본도 1의 축으로 잡는 것은 좋지 않은 수. 단, 흑2로 축머리를 이용하는 것은 백3의 빵때림을 허용해 우변 3연성의 효과가 반감된다.

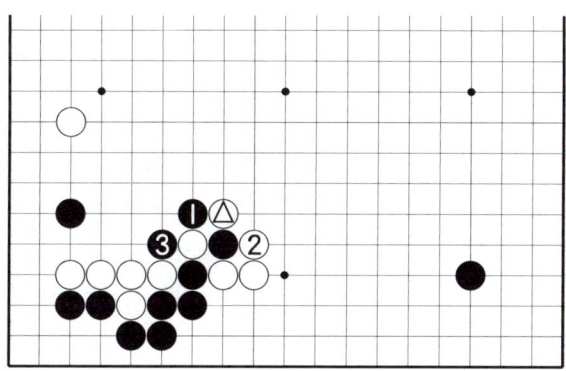

17도

17도(되단수가 통렬)

백△에 대해서는 흑1로 되단수하는 것이 통렬하다. 백2에 흑3으로 단수하면 이것은 백이 곤란하다. 2로 3이면 흑2.

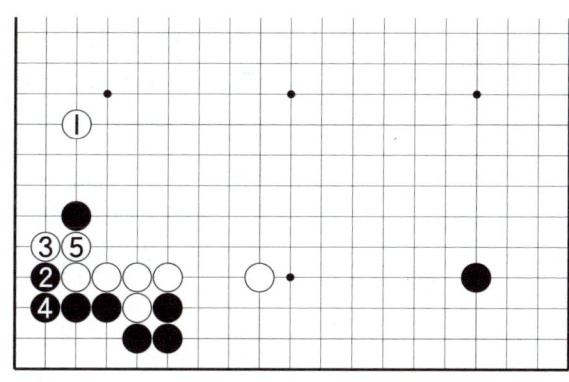

18도

18도(기본정석)

백1 때 흑은 2·4로 젖혀잇는 수법도 종종 쓰인다.

알기 쉬우므로 기본정석이라고 봐도 좋겠다.

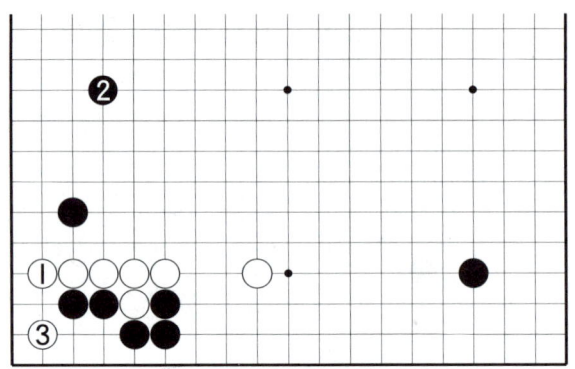

19도

19도(실리에 짠 강수)

백1로 내려서는 것은 발은 느려 보이지만 실리에 짠 강수이다. 흑은 귀를 손빼고 2에 전개하는 것이 좋다. 백3은 근거를 빼앗는 긴요한 수.

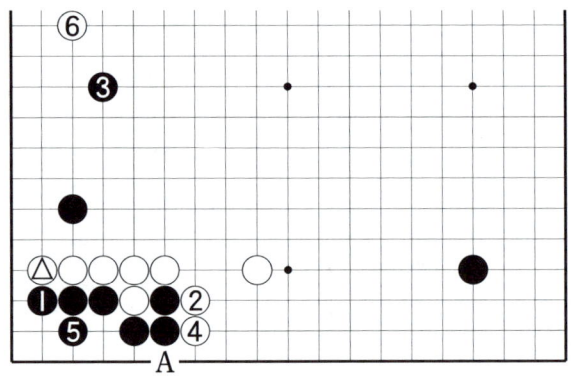

20도

20도(실착, 흑1)

백△ 때 흑1로 응수하는 것은 실착. 백2·4로 막히면 흑5의 가일수가 필요해지므로 좋지 않다. 손을 빼다가는 백A의 젖힘을 당해 횡사한다.

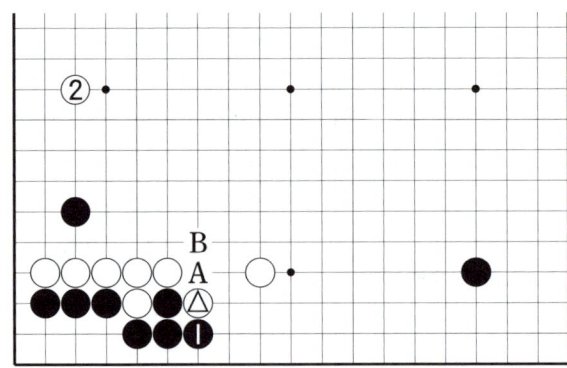

21도

21도(활용당한 꼴)

백△에 대해 흑1로 받는 것은 활용당하는 꼴이다. 백2의 협공이 호점. 다음 흑A에는 백B가 안성맞춤임을 알 수 있다. 백△와 흑1이 있고 없음은 큰 차.

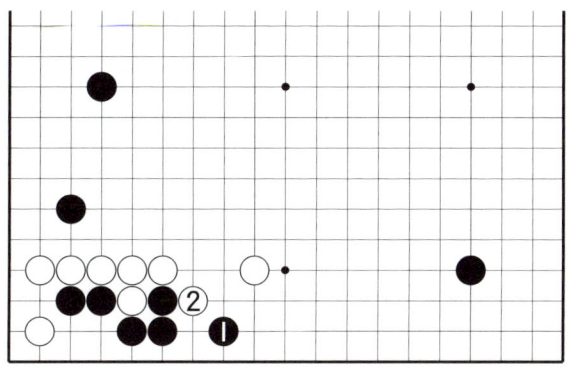

22도

22도(최선/흑의 유력수)

　19도에 이어서, 흑은 여러 가지 타개책을 생각할 수 있는데, 흑1의 한칸뜀이 유력한 수법이다. 백2의 젖힘도 중요한 한수로서 최선이기도 하다.

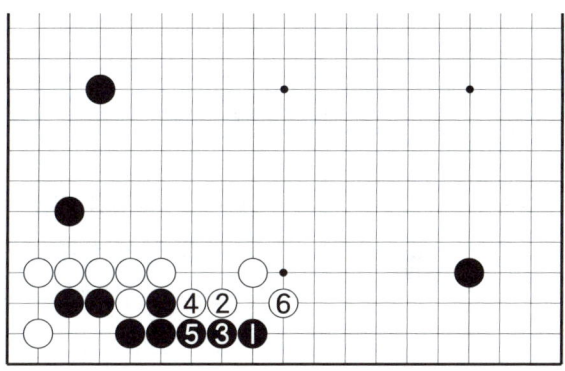

23도

23도(2선을 긴 꼴)

　흑1로 한칸을 더 뛰는 것은 백2·4를 불러 2선을 긴 꼴이 되므로 옹색하기 짝이 없다. 6까지 누가 봐도 백이 기분좋은 진행이다.

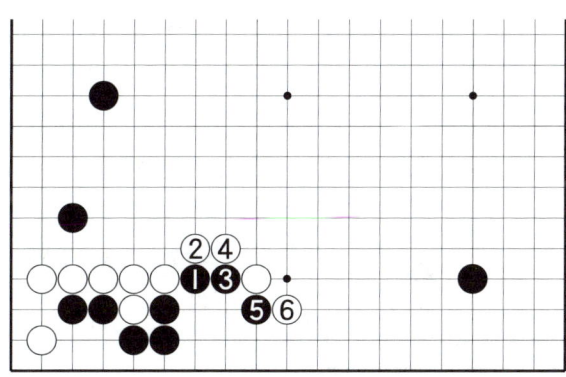

24도

24도(흑, 몹시 나쁘다)

　흑1로 젖히는 것은 백2로 막혀 중앙에 진출하지 못한다. 3·5는 두점머리를 자청한 꼴이며, 또 자충이 되어 몹시 나쁘다.

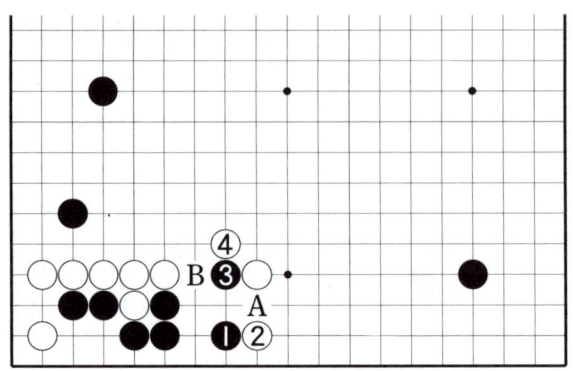

25도

25도(무리수, 백2)

흑1 때 백2로 봉쇄를 강행하려는 것은 무리수. 흑3의 붙임이 준비된 호수이다. 백4(이 수로 A는 흑B의 치받음이 성립)로 막도록 하고—

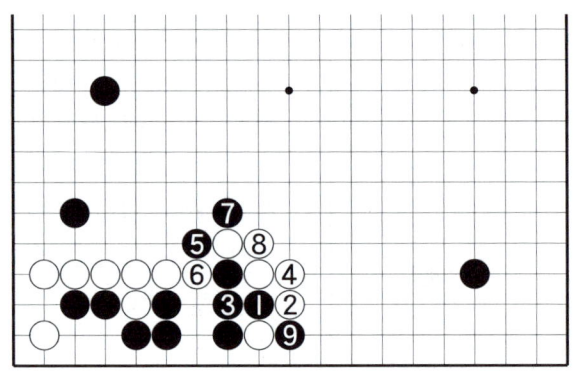

26도

26도(끼워잇는다)

흑1·3으로 끼워잇는 것이 백의 과수를 추궁하는 좋은 수법. 백4에 흑5·7로 흠집을 강조한 다음 9에 끊어서 살면 백은 돌볼 곳이 많아 낭패이다.

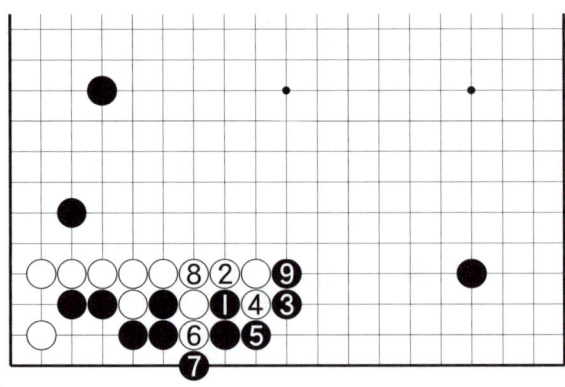

27도

27도(최선/중요한 수순)

22도 다음 흑은 1, 백2를 문답하고 나서 3에 뛴다. 여기서 백4 이하 8은 정확한 수순으로, 만약 틀리면 흑을 도와주게 된다.

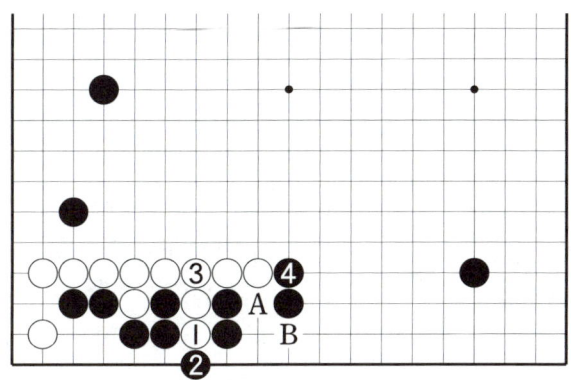

28도

28도(수순착오)

먼저 백1로 들어가고 3에 잇는 것은 수순착오. 흑4 다음 그제서야 백 A로 들어가면 이제는 바로 안막고 흑B로 늦출 것이다. 백의 불만.

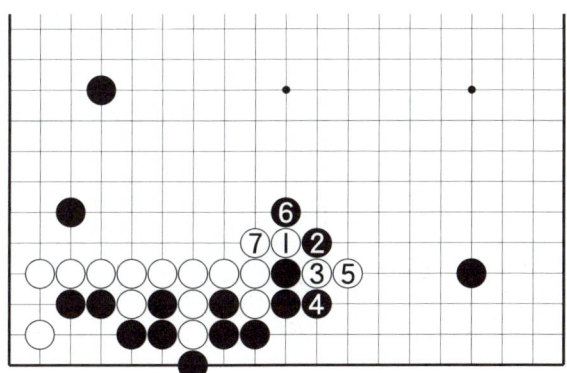

29도

29도(최선/필연 수순)

27도에 이어서, 백1의 젖힘은 이 한수. 거기서 흑2면 백3의 끊음 역시 절대수이다. 흑4·6을 선수한 것도 필연적인 수순이다.

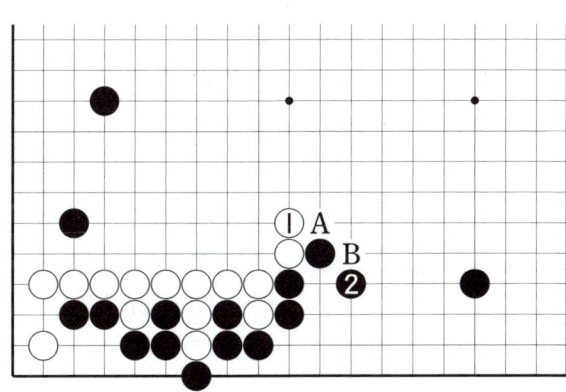

30도

30도(백1, 나약한 태도)

전도 백3으로 본도 1에 뻗는 것은 나약한 태도. 흑2의 호형으로 지키게 해서는 못쓴다. 1로 A가 강력해 보이지만 흑B에 늘면 대동소이.

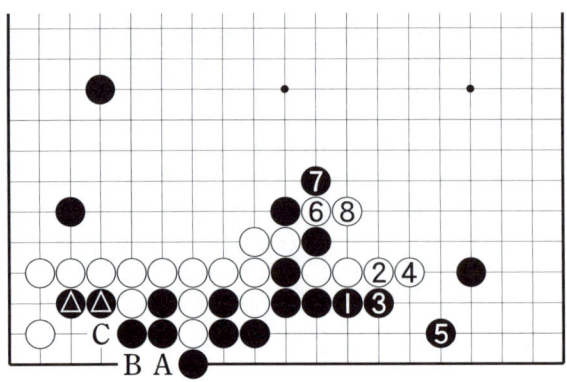

31도

31도(최선/정석완료)

29도 다음 흑1～5로 우하귀와 연결하고 백6·8까지 정석이 완료된다. 백이 한 게 없어 보이지만 두텁고 또한 A, 흑B, 백C로 흑⚫ 두점을 잡는 수가 남아 불만이 없다.

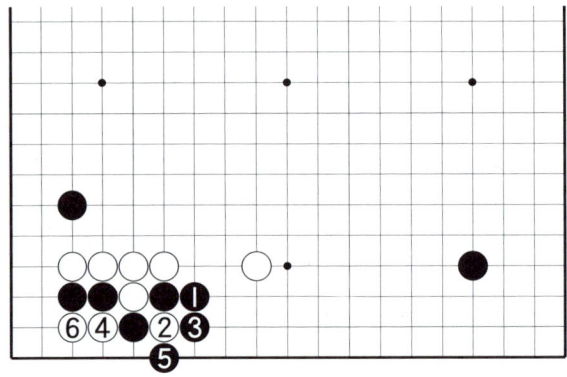

32도

32도(백, 실리가 크다)

거슬러올라가 백이 끼워이었을 때 흑1로 느는 것은 좋지 않다. 백2가 잡고 싶은 반대쪽을 끊으라는 격언에 부합된 수. 6까지 백의 실리가 크다.

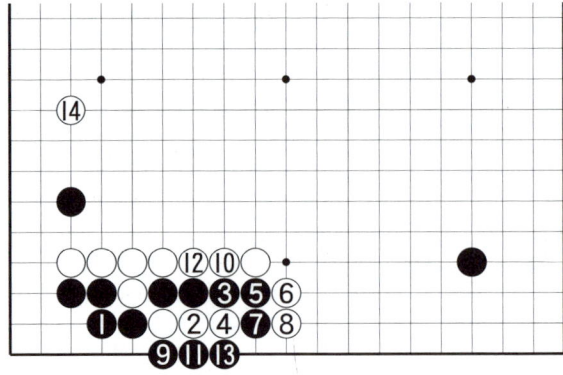

33도

33도(백, 크게 우세)

전도 흑3으로 본도 1에 잇는 것은 더 나쁘다. 백2 이하 12까지의 사석작전이 안성맞춤이다. 선수를 뽑아서 14에 협공, 백이 크게 우세하다.

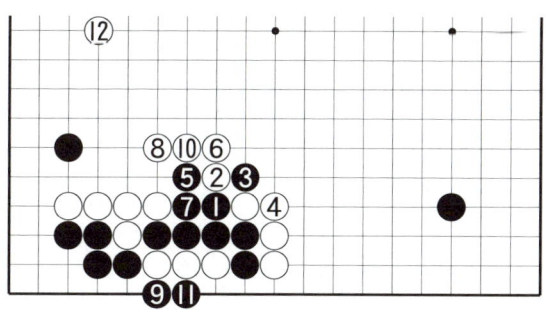

34도

34도(백, 막강한 세력)

전도의 변화. 흑1로 바깥쪽으로 뚫고 나오려고 해도 여의치 않다. 백2로 막아서 오히려 바깥쪽을 강화시킨다. 12까지 백의 세력이 더욱 막강해졌다.

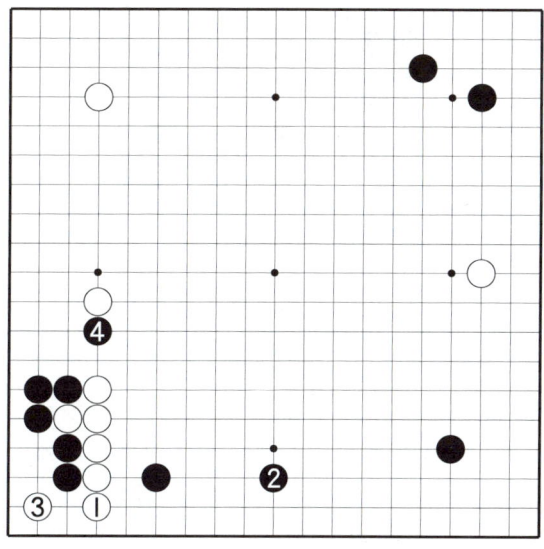

35도

35도(붙이는 신수)

기본형과는 배석이 약간 다르다. 백1에 흑2는 취향. 백3 다음 흑4로 붙여간 것이 신수였다. 좌상귀에 백이 선착해 있는 점을 감안한 것이다.

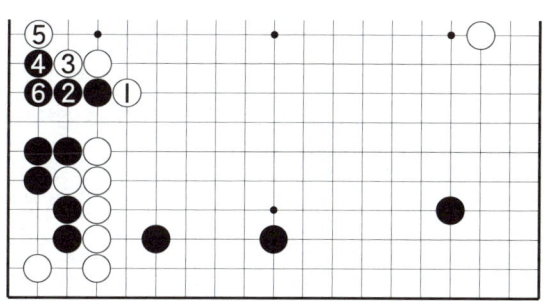

36도

36도(최선의 응수)

백은 1로 위쪽에서 젖히는 것이 최선의 응수이다. 그러면 흑은 2에 내려서고 4·6으로 젖혀 잇는다. 다음 백이 어떻게 약점을 보강하느냐가 문제.

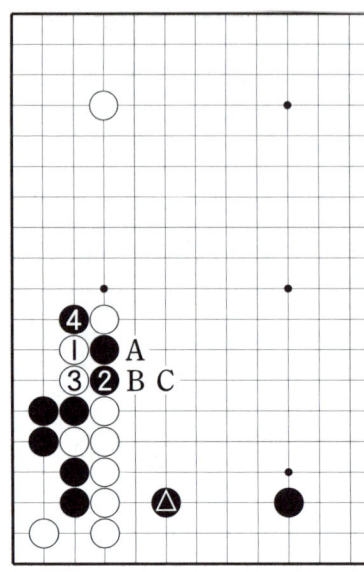

37도

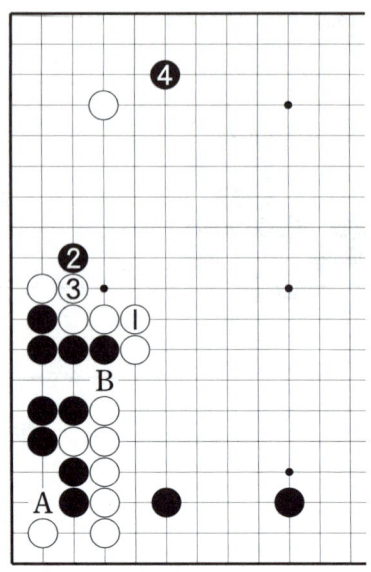

38도

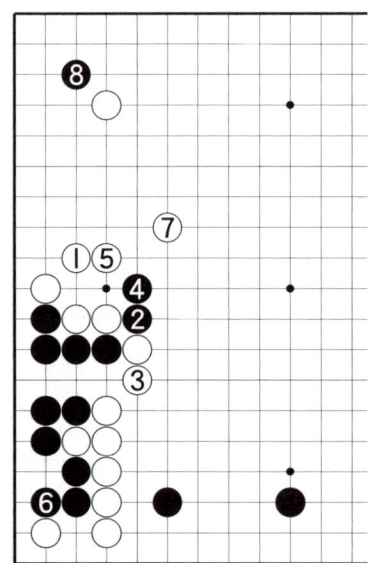

39도

37도(축이 안된다)

흑1로 아래쪽을 젖히는 수는 무리. 흑2의 치받음이 호수로서, 백3에는 흑4의 끊음이 성립한다. 흑● 때문에 백A, 흑B, 백C의 축이 안된다.

38도(서로 최선)

36도 다음 백1쪽 이음이 좋다. 흑은 2를 활용하고 4의 걸침에 손을 돌리게 된다. 좌하 흑은 A·B가 맞보기여서 삶이므로 안심. 서로 최선의 응접이다.

39도(정형의 하나)

전도 백1로 본도 1에 호구치는 것은 흑의 활용을 피한 수. 흑2로 끊고 이하 백7 때 흑8로 뛰어들어 알기쉬운 진행이다. 이것도 정형의 하나.

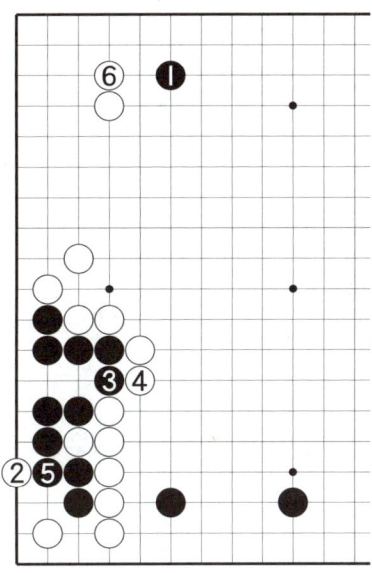

40도

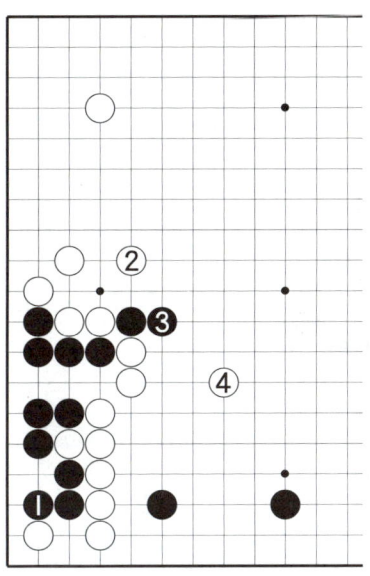

41도

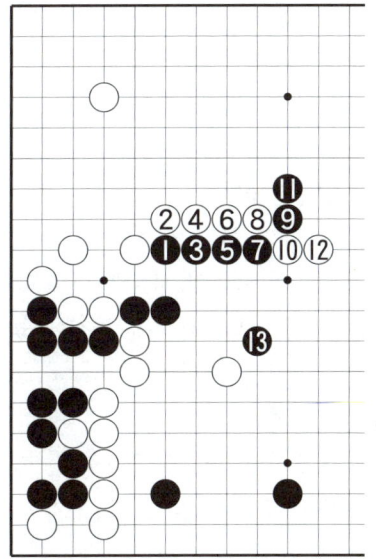

42도

40도(백2, 적시의 활용)

전도 흑2로 본도 1에 그냥 걸치면 백2가 적시의 활용. 흑3·5를 강요하고 나서 백6에 굳혀 만족스럽다. 백이 약간 유리한 결말.

41도(흑1, 조급한 행동)

39도 흑4로 본도 1에 손을 돌려 귀를 살리는 것은 조급한 행동. 백2로 보강하면서 흑을 공격하는 것이 통렬하다. 흑3, 백4 다음—

42도(주도권은 백이)

흑1 이하는 실전의 예도 있다. 기세충돌이지만 13까지 백이 주도권을 쥔 싸움이다. 전도 흑1이 완착이었다.

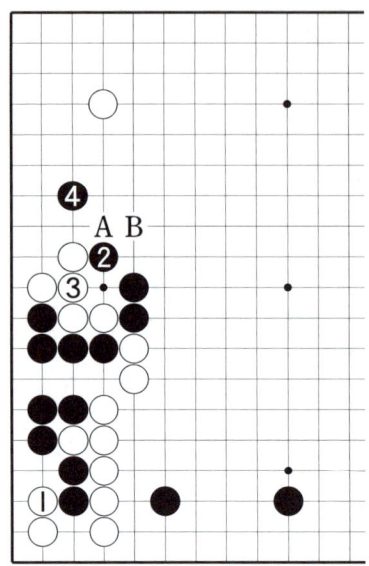

43도

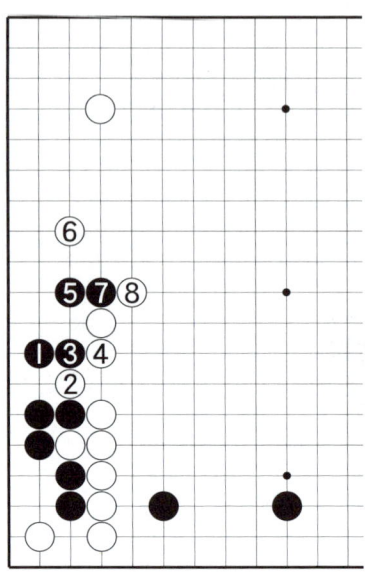

44도

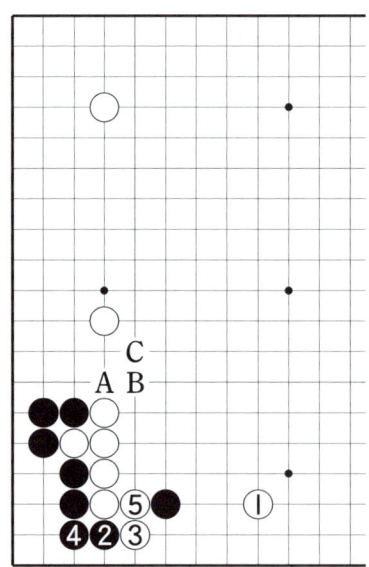

45도

43도(강력한 마늘모)

39도 백5로 성급하게 본도 1이면 흑2의 마늘모가 강력해서 백이 못견딘다. 백3에는 흑4가 맥점. 다음 백A에는 흑B로 그만.

44도(백6, 강력한 공격)

앞서 배운 흑1의 한칸뜀은 이 경우 좋지 않다. 흑5로 뛰어나갈 때 백6의 공격이 준엄하기 때문이다. 좌상귀 화점에 놓여있는 백이 구실을 한다.

45도(무난한 정석)

여기는 **18도**처럼 백1로 협공하는 것이 무난. 흑2·4로 젖혀잇고 백5까지 기본정석. 2로 A, 백B, 흑C의 도전은 좌상귀 화점에 백이 있으므로 겁날 것이 없다.

 **화점 두칸높은협공-최고 인기형**

흑3의 양걸침, 백4의 붙임에 흑5로 젖혀 놓고 7에 들어
간 다음 9에 밀어올리는 신형. 90년대 중반 최고의 인기를
구가했던 수법이다. 미완성형으로 아직도 가끔 새로운 변
화가 등장하고 있다.

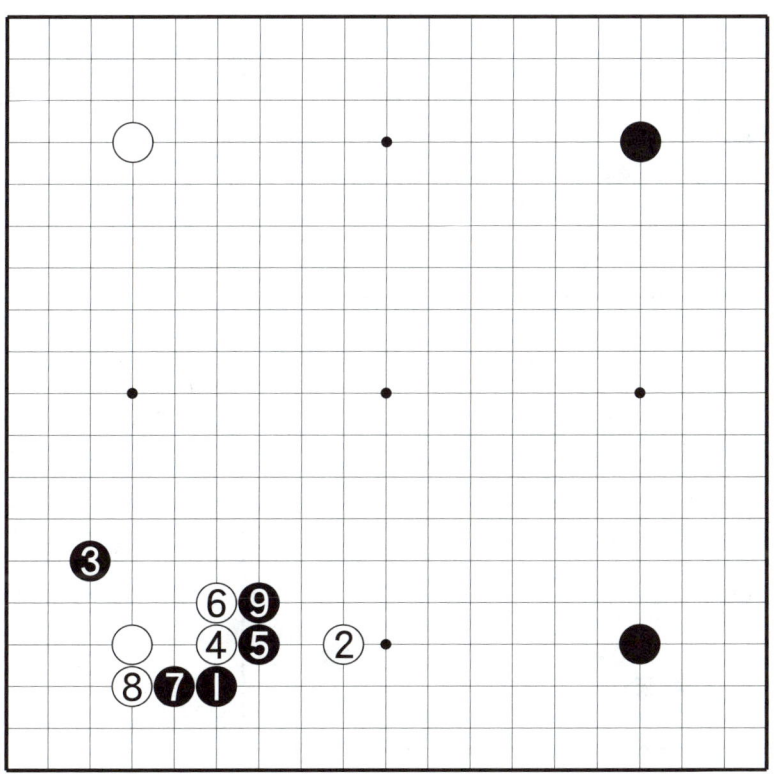

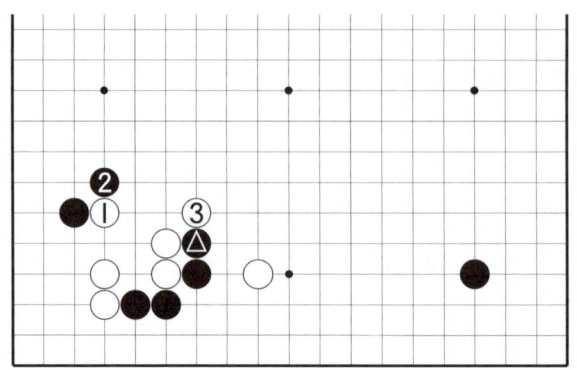

1도

1도(출발점, 백1)

흑▲에 대해 백1로 붙여서 흑이 나와끊는 수를 방어하는 것이 출발점이다. 흑2로 젖힐 때 비로소 백3의 두점머리!

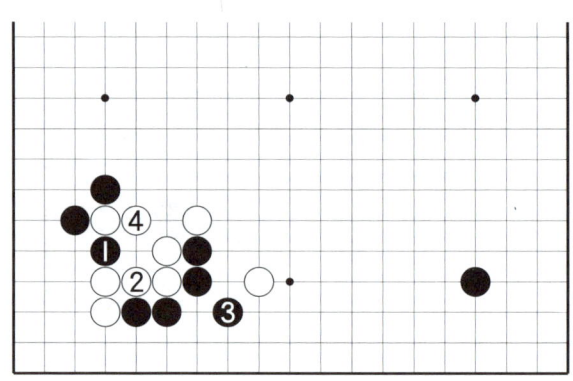

2도

2도(최선의 수순)

계속해서, 흑1로 단수하고 백2의 이음을 기다려 흑3으로 호구치는 것이 수순이다. 거기서 백4로 끌어낸 다음 흑의 선택이 관건이다.

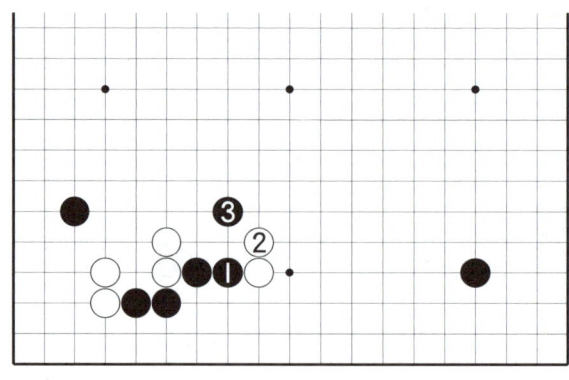

3도

3도(상용수법이지만)

처음에 흑1로 치받고 3에 뛰는 것은 봉쇄를 돌파할 때 쓰는 상용수법. 그러나 백이 잘 대응하면 좋은 결과를 얻지 못한다.

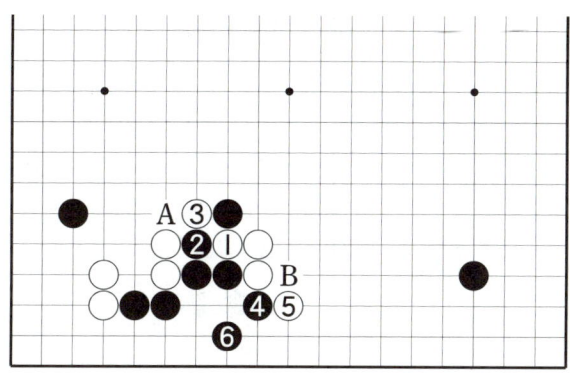

4도

4도(백, 흑의 흉계에)

전도 다음 불문곡직 백 1·3으로 나가끊는 것은 흑의 흉계에 걸려든다. 흑4·6이 준비된 호수. 다음 백은 A와 B의 약점을 다 지킬 수가 없으니 낭패.

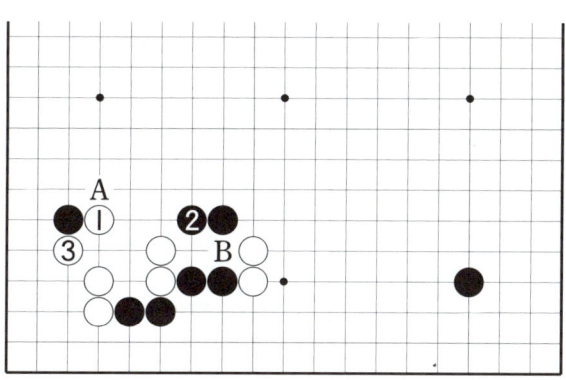

5도

5도(백1, 냉정한 한수)

백1로 붙여 우선 나의 약점을 방어하는 것이 냉정한 한수. 흑2가 부득이할 때 백3으로 호구쳐서 백이 유리함은 불문가지이다. 2로 A면 당연히 백B.

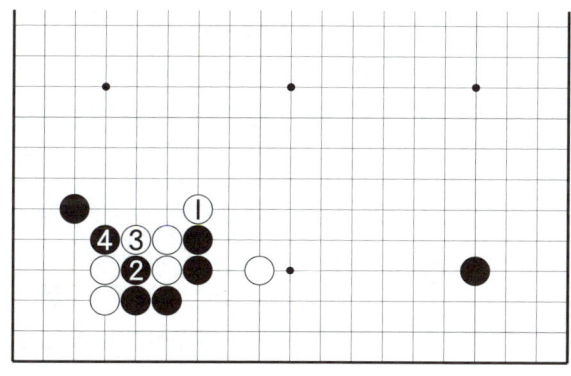

6도

6도(과수, 백1의 젖힘)

1도 백1로 본도 1에 젖혀서 두점머리를 두드리는 것은 과수이다. 흑 2·4가 정확한 응징책. 단, 이 다음에도 주의할 게 있는데—

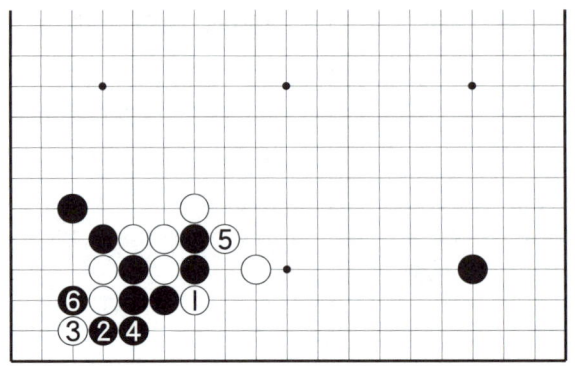

7도

7도(바꿔치기)

전도 다음 백1은 이 한수. 흑도 2·4로 젖혀 잇고 백의 응수를 기다린다. 백5면 흑6으로 귀를 잡아 바꿔치기가 되는데, 실리가 큰 흑이 우세하다.

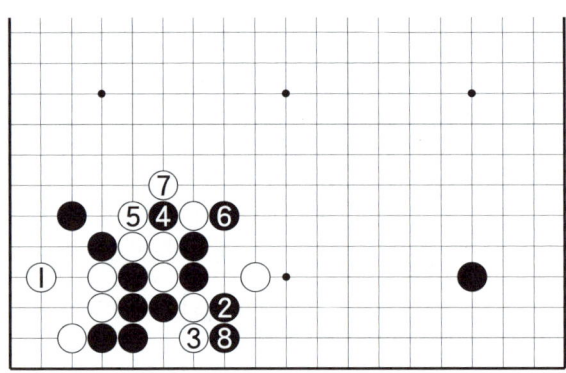

8도

8도(백1이 최강수)

전도 백5로는 본도 1이 최강수. 그러면 흑은 2 이하 8로 백 두점을 잡아야 한다.

수순 중 흑4·6을 선수한 것이 중요하다.

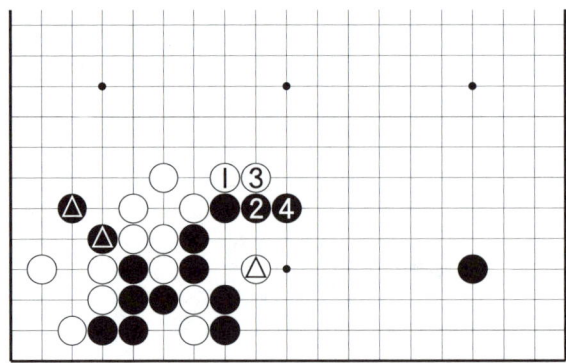

9도

9도(정형/흑, 우세)

계속해서 백은 1로 젖히고 3을 선수하는 정도이다.

이 결과는 실리가 큰 흑이 다소 우세하다는 평가. 물론 백△나 흑△는 아직 뒷맛이 남아 있다.

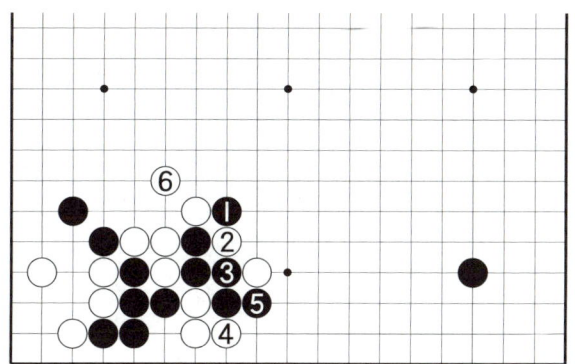

10도

10도(거꾸로 잡히다)

8도 흑4로 본도 1에 그냥 젖히는 것은 실착. 백2·4가 선수가 되어 6 까지 보듯이 거꾸로 흑이 잡혀 버리는 것이다.

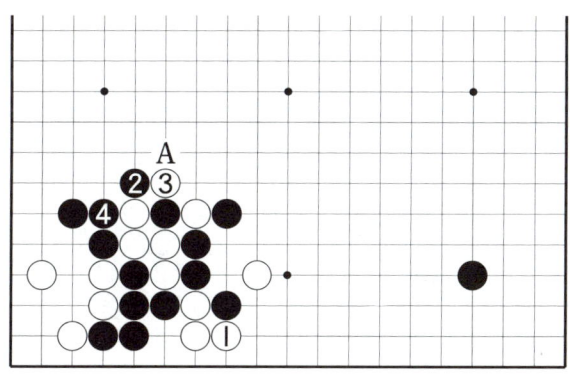

11도

11도(축이 성립)

그렇다면 8도 백7로 본도 1은? 그러나 이것은 무리수. 흑2·4가 통렬한 맥점이다. 다음 백이 이으면 흑A의 축이 성립해 백의 궤멸이다.

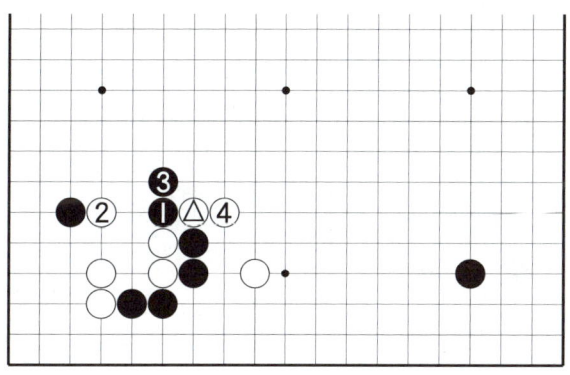

12도

12도(흑, 매우 불리)

백△ 때 흑1로 끊는 것이 강력한 것 같지만 백2로 지키는 순간 흑이 곤란하다. 흑3에는 백4로 이 싸움은 흑이 매우 불리하다.

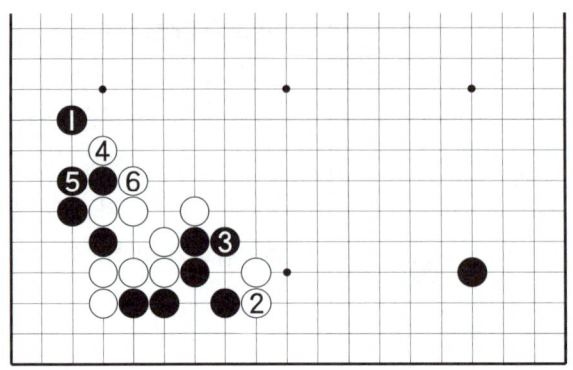

13도

13도(발빠른 수법)

2도에 이어서, 흑1의 날일자는 발빠른 수법. 백2로 막고 흑3을 기다려 백4에 껴붙이는 것은 맥점. 흑5는 이것이 정수이며 백6의 막음도 절대수.

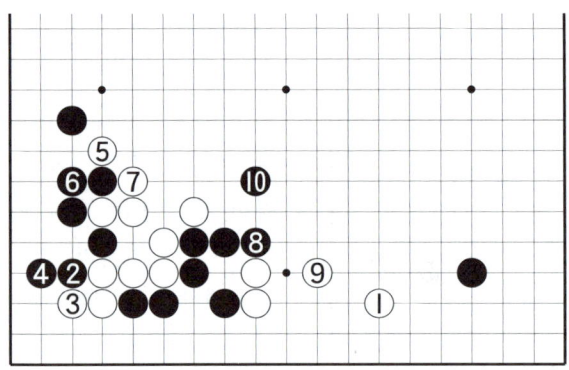

14도

14도(피차 둘 만함)

전도 백4로 본도 1에 벌리는 구상도 있다. 흑은 2·4로 백의 근거를 빼앗으면서 실리를 챙기는 것이 좋다. 이하 10까지 피차 둘 만하다.

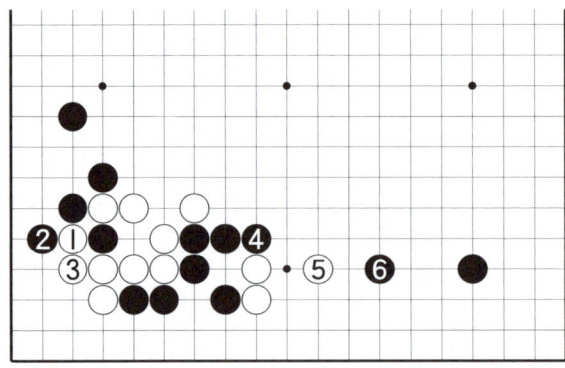

15도

15도(흑, 양쪽을 처리)

13도 백4로 본도 1은 신통치 않다. 흑은 2를 선수활용하고 4에서 6으로 공세를 취한다.

이 결과는 양쪽을 효과적으로 처리한 흑이 만족스럽다.

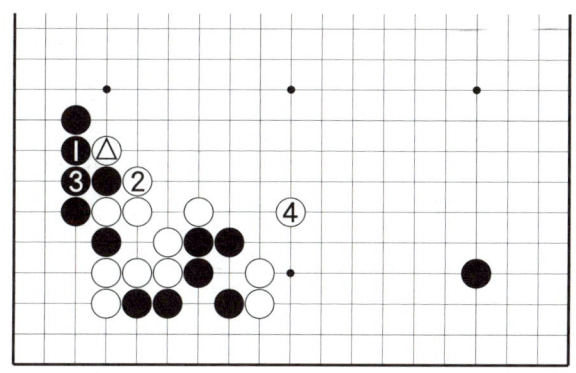

16도

16도(백의 주문)

백△에 대해 흑1로 응수하는 것은 백의 주문. 백은 2를 선수하고 4에 씌울 것이다. 이렇게 되면 흑은 안에서 삶을 꾀해야 하므로 당한 모습이다.

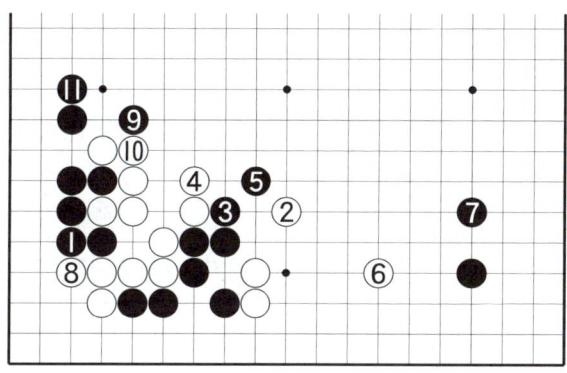

17도

17도(유력한 결정판)

13도 다음 흑1로 잇는 것이 올바르다. 백2에는 흑3·5로 진출하고 백도 6·8로 하변과 좌하를 보강한다. 11까지 최선의 응접으로 유력한 결정판.

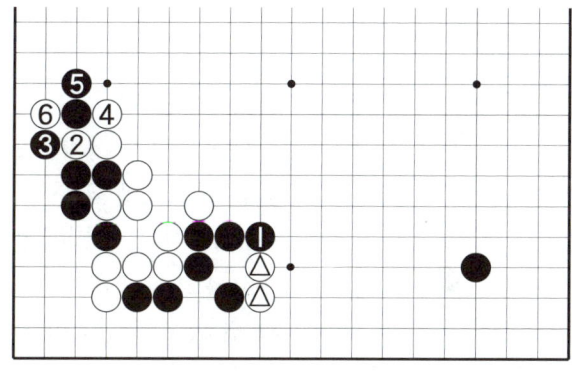

18도

18도(중요한 수순)

전도 흑1 대신 본도 1에 밀어 백△를 공격하는 것은 성급한 행동이다. 이에 대해서는 백2·4에서 6으로 끊는 수순이 매우 중요하다.

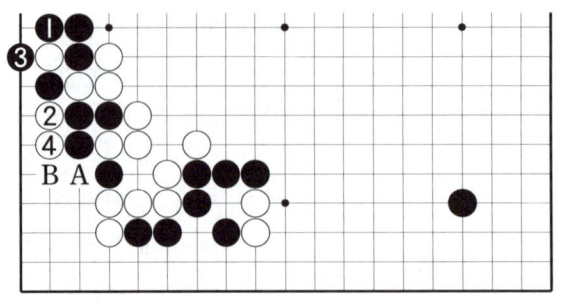

19도

19도(백, 만족스런 갈림)

계속해서 흑1로 잡으면 백2·4로 좌하귀를 크게 접수해서 만족스런 갈림이다. 다음 흑A에는 백B로 그만.

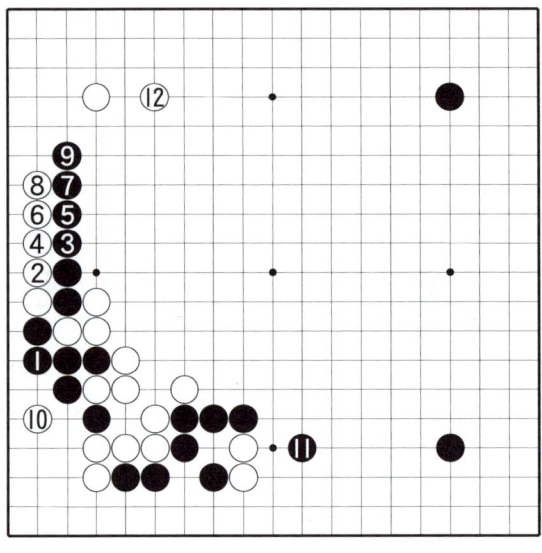

20도

20도(무리수, 흑1)

18도 다음 흑1쪽을 잇고 저항하는 것은 무리수. 백2~8로 긴 다음 10으로 잡아 백의 실리가 엄청 크다. 12까지 왼쪽 흑 여섯점은 백의 공격 목표가 될지도 모른다.

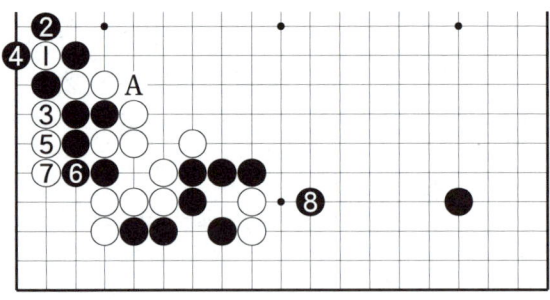

21도

21도(흑, 만족)

18도 백4를 생략하고 당장 본도 1에 끊는 것은 의문이다. 이번에는 흑2·4로 잡고 8까지 흑의 만족. A의 단점이 있는 까닭이다.

 **제10형** 화점 두칸높은협공 - 양걸침신형의 압권

앞의 형의 후속편이라고 할 수 있는 신형. 흑1로 호구친
수가 두칸높은협공·양걸침의 변화 중 압권이다. 다음 백
은 A, B, C 세 가지 선택이 있는데….

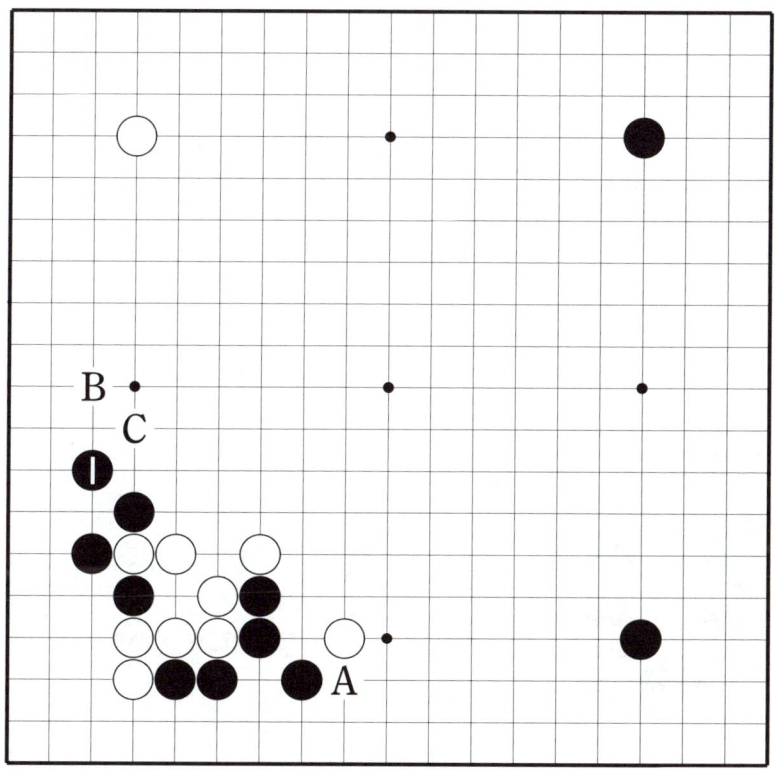

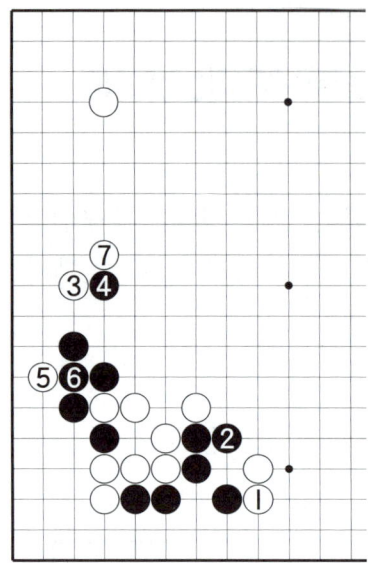

1도

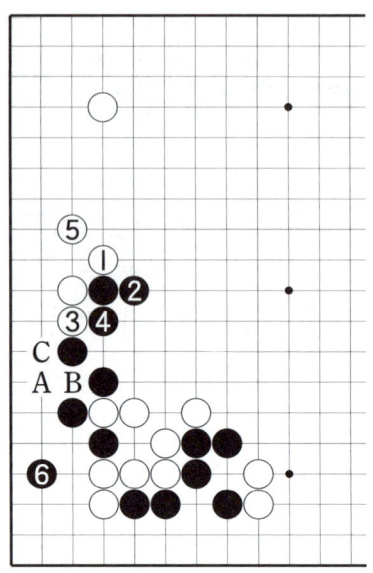

2도

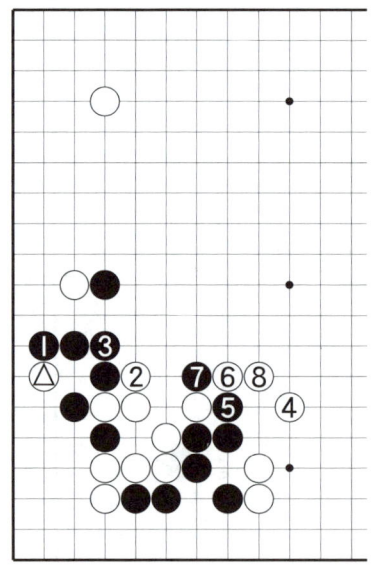

3도

1도(백1의 막음)

백1의 막음이 출발점. 그러면 흑2의 빈삼각 진출은 절대수. 거기서 백3으로 육박하고 흑4 이하 7의 진행은 필연적이다.

2도(세심하지 못하다)

전도 백5로 본도 1에 그냥 젖히는 것은 세심하지 못하다. 6까지 된 다음 뒤늦게 백A에 들여다봤자, 이제는 흑B에 이을 리 없고 C에 차단한다.

3도(흑1은 욕심)

백△에 대해 흑1로 응수하는 것은 욕심이다. 백2가 들어 4의 씌움이 성립하기 때문이다. 흑5·7에는 백6·8로 완전봉쇄. 흑이 위험하다.

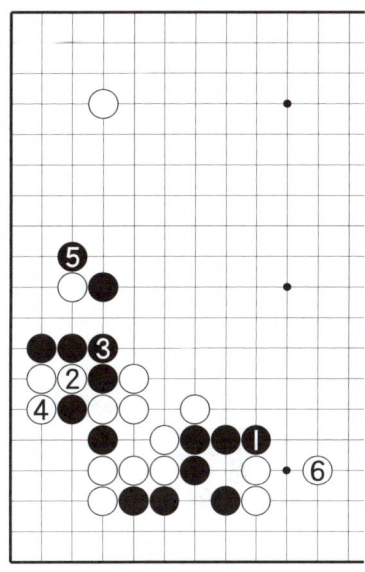

4도

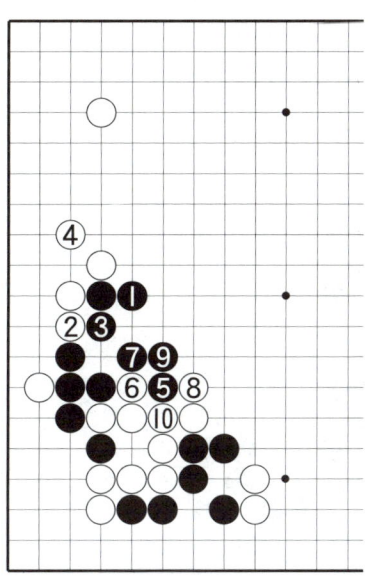

5도

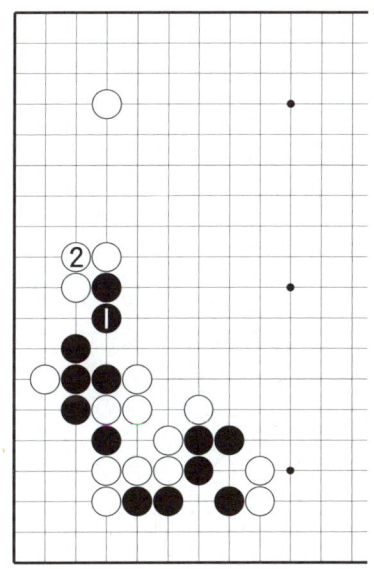

6도

4도(백, 한 건하다)

그렇다고 전도 흑3으로 본도 1에 반발하는 것은 백2·4로 귀가 크게 들어가므로 좋을 리 없다. 6까지 백이 한 건한 모습이다.

5도(정확한 응수법)

1도 다음 흑1로 뻗고 백은 2에서 4로 정비한다. 흑5로 들여다볼 때 백6에서 8·10이 정확한 응수법. 틀려서는 안된다.

6도(흑1, 느슨하다)

전도 흑1로 본도 1에 끄는 것이 견실해 보이지만 느슨. 백2가 두터운 수. 이렇게 되면 흑 전체가 무거워 보인다.

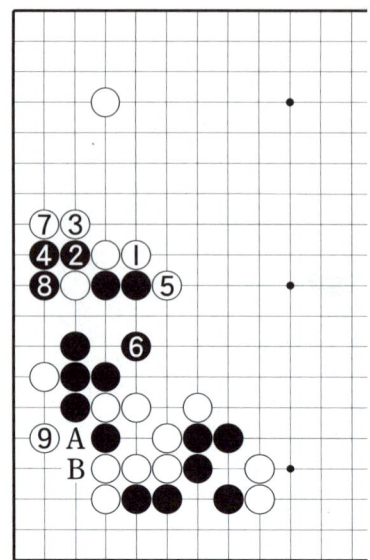

7도

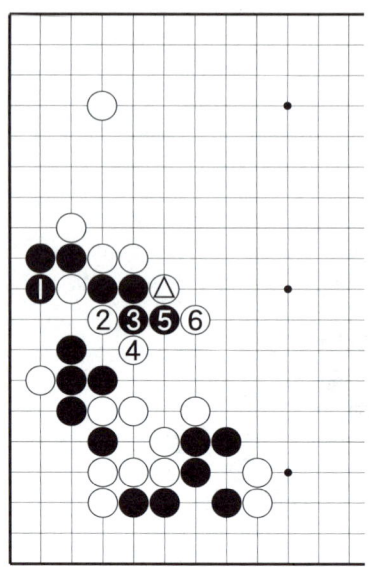

8도

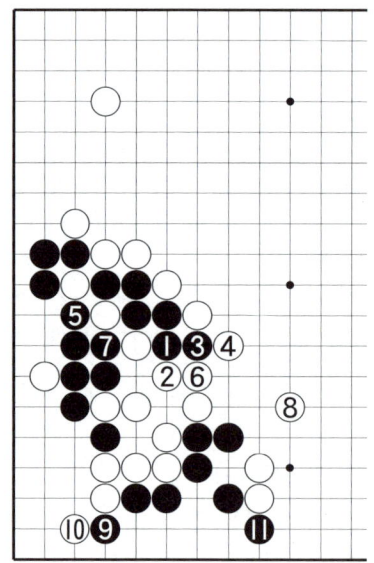

9도

7도(노림수, 백1)

　5도 백2로 본도 1에 밀어올리는 수는 노림수를 품고 있다. 흑2의 끊음이 최선이며 백5에 흑6은 정수. 9까지 일단락이며 흑A, 백B로 될 곳. 호각의 갈림이다.

8도(맥점이 발동)

　백△에 대해 흑1로 백 한점을 서둘러 잡으면 백2의 맥점이 발동한다. 흑3에는 백4·6으로 몰아가고—

9도(백, 봉쇄 성공)

　계속해서 흑1·3에 백4·6으로 돌려치고 8에 씌워서 봉쇄에 성공한다. 이것이 백의 노림수였다. 이러면 흑이 살 차례인데, 9가 중요한 수.

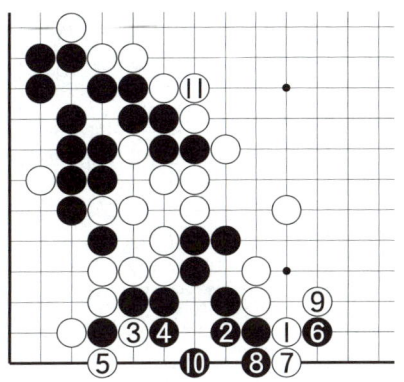

10도

10도(흑, 크게 망하다)

백1에 흑2로 잇고 백3에는 흑4를 선수하고 6에 껴붙이는 것이 구명줄. 10까지 살기는 했으나 백은 11에 손을 돌려 세력이 막강하다. 흑이 크게 망한 모습!

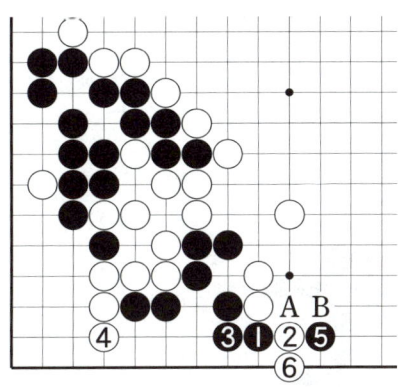

11도

11도(대실착, 흑1·3)

9도 흑9 없이 그냥 본도 1·3으로 젖혀잇는 것은 대실착. 백4의 내려섬이 냉정해 흑은 살길이 없다. 흑5에는 백6이 성립. 다음 흑A는 백B의 축이 기다린다.

12도(맥빠진 수, 백1)

7도 백5로 본도 1에 뻗는 것은 맥빠진 수. 흑은 2·4를 선수하고 흑6으로 손을 돌려 백△를 공격할 것이다. 이 결과는 흑이 명백히 좋다.

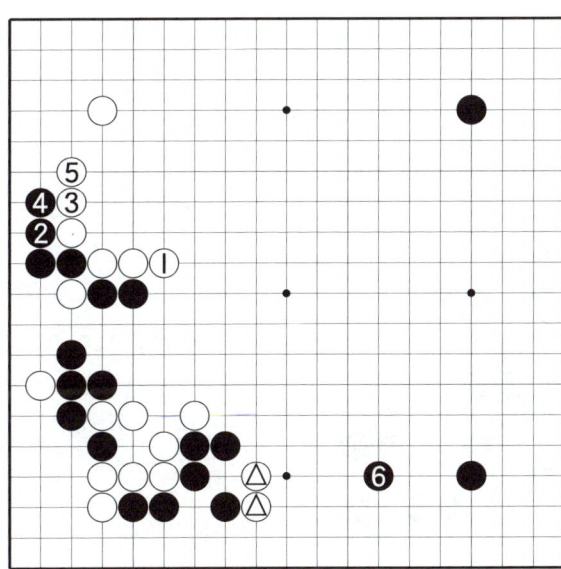

12도

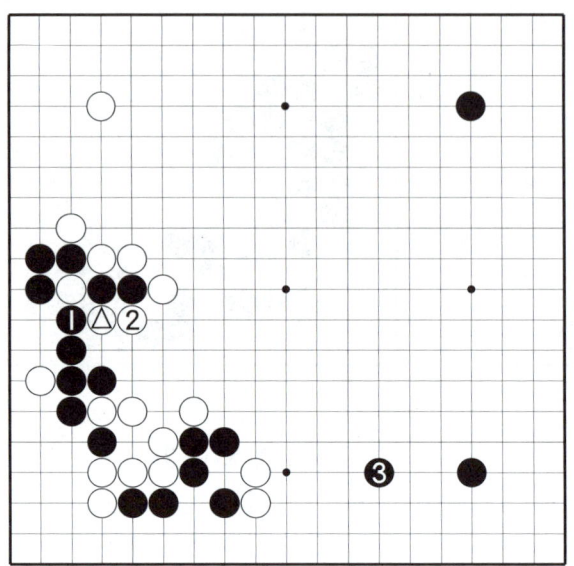

13도

13도(차선의 수, 흑1)

백△ 때 흑1로 따내는 것이 2의 곳으로 나가는 것보다 낫다. 백2로 봉쇄할 때 흑3으로 손을 돌릴 수 있으므로. 7도보다는 못하지만 차선이다.

14도(약한 태도, 흑1)

7도 흑2로 본도 1에 뻗는 것은 약한 태도. 백2에서 4로 지키면 한번 더 흑을 중앙으로 늘게 한만큼 백이 유리함은 말할 것도 없다.

15도(근거의 요소)

7도 백5로 본도 1에 막는 것은 흑2로 잡게 해 묘미가 없다. 백3 뻗음이 불가피할 때 흑4의 날일자달림이 근거의 요소. 좌하 백△ 일단이 미생마로 몰린다.

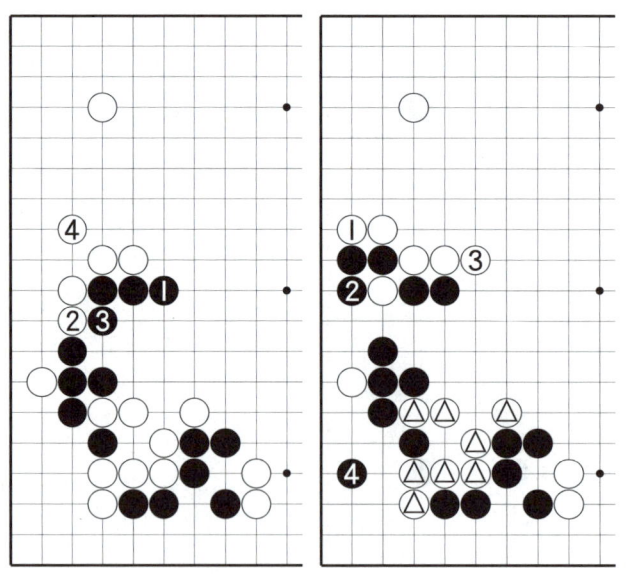

14도   15도

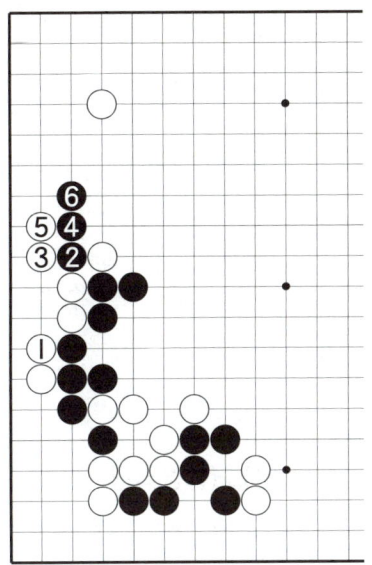

16도

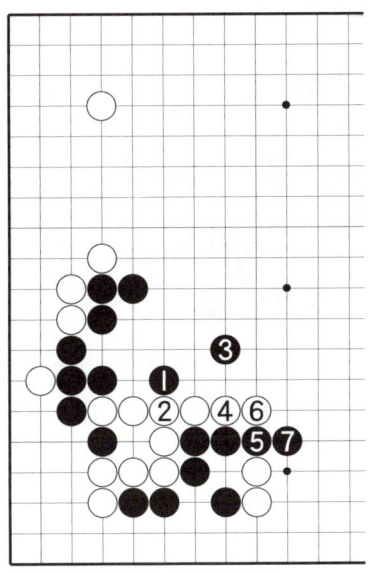

17도

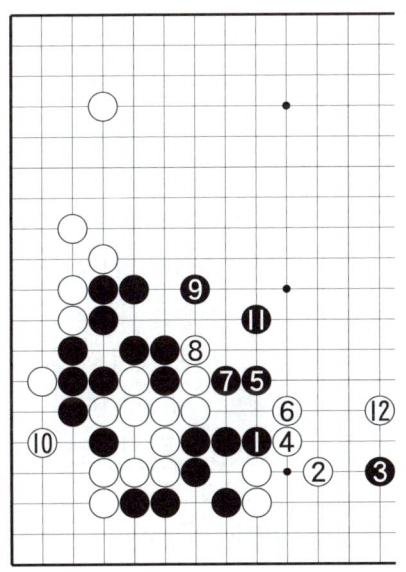

18도

16도(백, 망한 꼴)

5도 백4로 본도 1에 건너는 것은 실리를 밝힌 수. 흑2의 끊음이 통렬! 백3·5로 2선을 길 수밖에 없으니 망한 꼴이다.

17도(일방적으로 몰리다)

흑1로 들여다봤을 때 백2로 그냥 잇는 것은 흑3의 공격을 초래해 일방적으로 몰린다. 7까지 아래쪽 백 두 점이 앉아서 잡힐 판이다.

18도(호각의 결과)

5도 다음 흑1로 밀고 흑3으로 공세를 취하는 것이 좋다. 백4도 긴요한 수. 이하 12까지 호각. 단, 대형정석인 까닭에 많이 두어지지는 않는다.

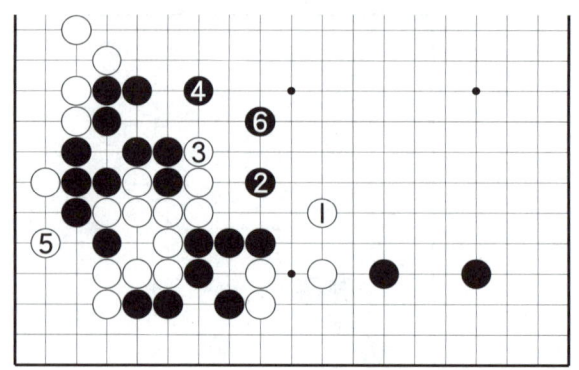

19도

19도(백, 허술하다)

전도 백4로 본도 1에 뛰는 것이 스마트해 보이지만, 흑2로 뛰고 이하 6까지 앞서와 비슷한 진행을 예상할 때 허술한 느낌을 지울 수 없다.

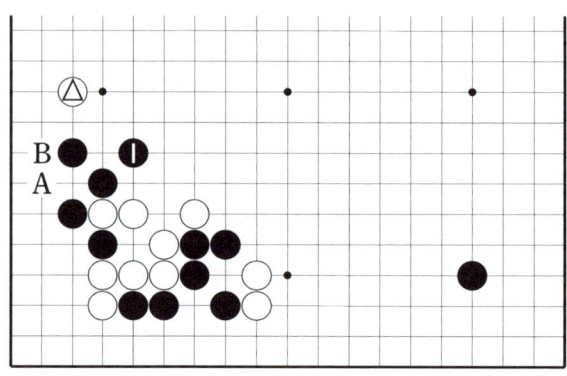

20도

20도(일장일단)

백△ 때 흑1로 호구치는 변화.

이 수는 백의 활용을 방어하는 뜻이 있다. 요컨대 백A에는 흑B로 차단할 수 있다. 그러나 발이 느리므로 일장일단.

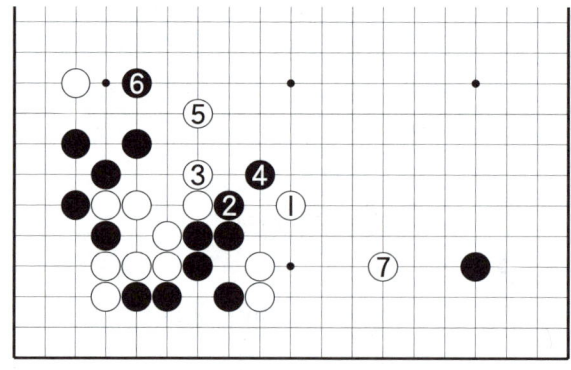

21도

21도(최선/호각의 결과)

계속해서 백1로 흑2·4의 진출을 유도하고 백5로 뛰는 것이 자연스런 행마. 흑6을 기다려 백7로 하변을 정비한다.

쌍방 최선으로 호각의 결과.

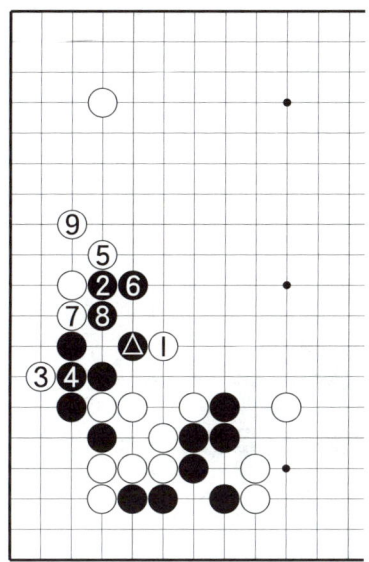

22도

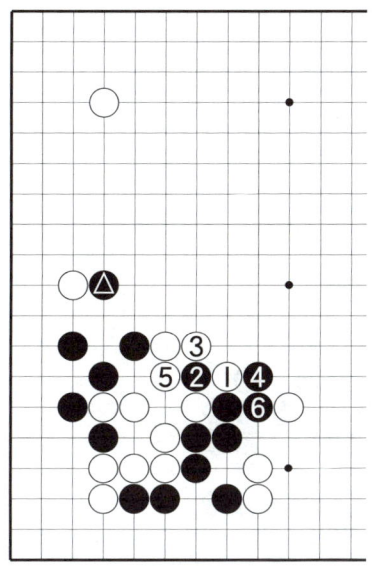

23도

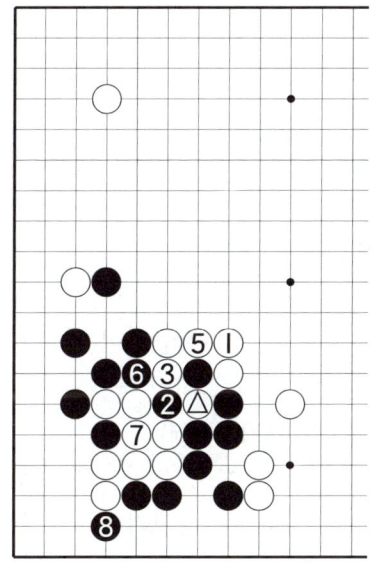

24도　　　　　　　❹…△

22도(백1, 능률적?)

전도 백3으로 본도 1의 붙임이 능률적으로 보인다. 그러나 흑2~백9까지 예상했을 때…. 착수분석상 백1과 흑▲가 교환된 셈이니 흑으로서 이득.

23도(현혹수법, 백1)

흑▲ 때 백1의 젖힘이 현혹수법. 흑2로 끊어 희생타를 던진 다음 4로 단수해 봉쇄를 돌파하는 것이 좋은 수순이다. 6까지 흑이 우세한 결과.

24도(백의 강수에 대해)

전도 백3으로 본도 1에 뻗는 것이 강수. 흑은 이에 대한 정확한 응수법을 알아두어야 한다. 흑2에 백3~7까지는 필연. 흑8의 젖힘은 이 한수.

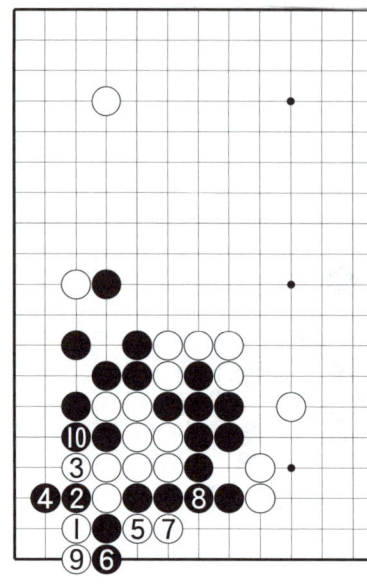

25도

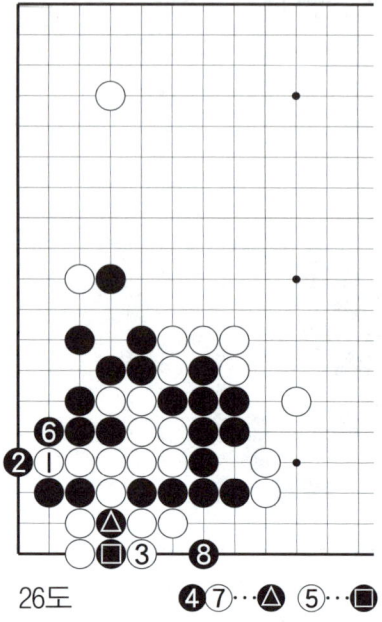

26도　　　④⑦···△ ⑤···■

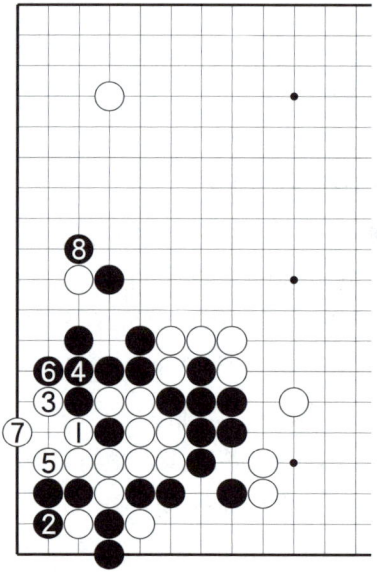

27도

25도(수상전의 맥점)

전도에 이어서, 백1로 막을 때 흑2의 끊음이 수상전의 맥점이다. 백3에 흑4로 빠지고 백5에 흑6으로 나간 것도 수상전의 상용수법. 이 다음—

26도(수상전은 흑승)

백1에 흑2에서 4로 먹여치고 6에 죄어붙인다. 흑8로 뛰어서 이 수상전은 흑이 한 수 빠르다.

27도(백, 변신/흑, 우세)

25도 백7로 본도 1로 변신하는 것은 각생을 꾀하는 수. 그러나 흑은 2로 좌하귀를 접수하고 7까지 살려주어도 충분. 8까지 흑이 우세한 갈림.

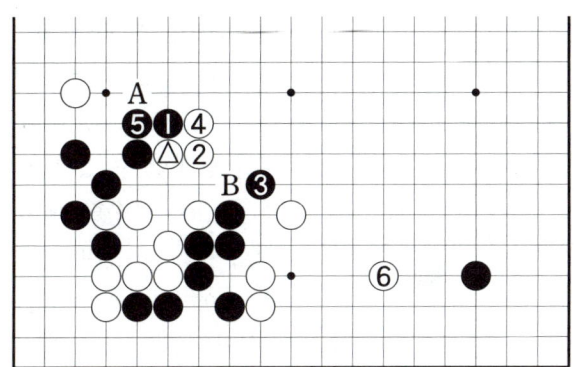

28도

28도(흑1·3, 좋지 않다)

백△에 대해 흑1로 젖히고 3으로 진출하는 것은 백4를 선수당하고 6을 허용해 좋지 않다.

또 1로 5에 느는 것은 백1 다음 A와 B가 맞보기여서 흑의 낭패.

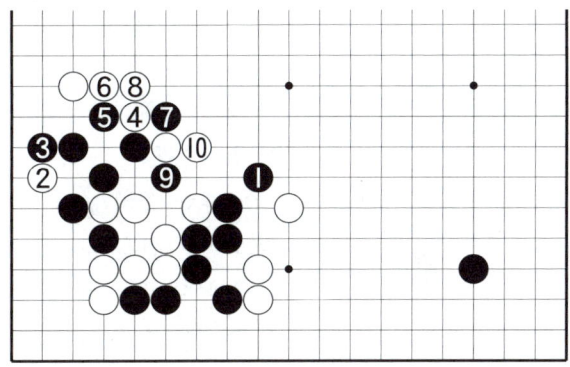

29도

29도(적시의 응수타진)

애초에 단순하게 흑1로 나가면 백2의 응수타진이 적시타. 흑3으로 차단하면 백4로 젖혀서 봉쇄한다. 흑5 이하 9로 응전하는 것은—

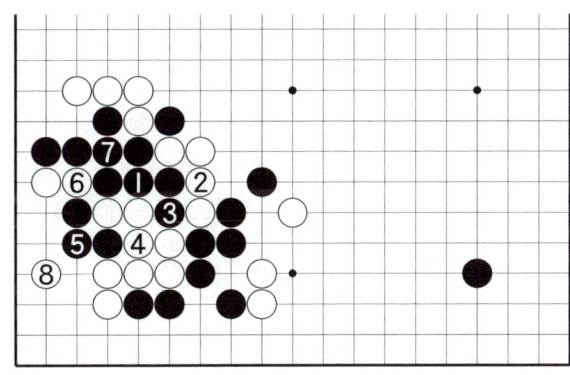

30도

30도(흑 대마 전멸)

흑1 이하 5 때 백6으로 단수하고 8에 뛰는 것이 좋은 수순.

이로써 흑 대마는 전멸을 면치 못한다.

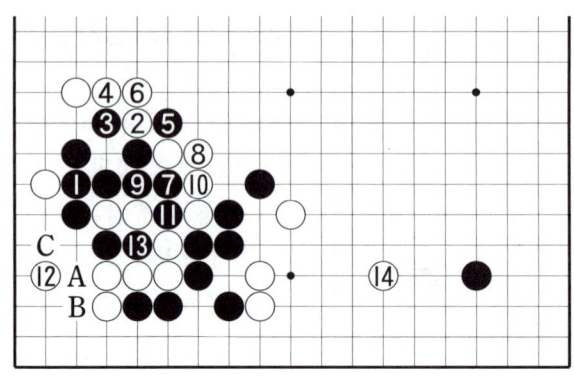

31도

31도(패는 겁 안난다)

29도 흑3으로 본도 1에 이어도 백은 2의 봉쇄를 강행할 수 있다. 이하 흑11로 단수할 때 백12로 뛰고 흑13에는 손을 빼어 14. 흑A, 백B, 흑C의 패는 겁날 것이 없다.

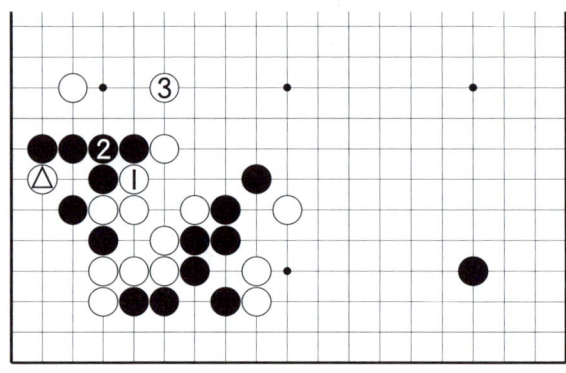

32도

32도(백의 별책)

29도 백4로는 본도 1에 찝고 3에 뛰는 수도 성립한다.

따라서 백이 △로 응수타진을 했을 때 흑이 어떻게 받아도 백은 좋은 결과를 얻을 수 있다는 결론.

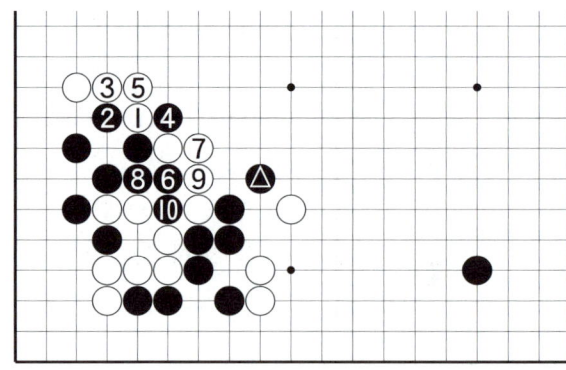

33도

33도(사정이 다르다)

흑△ 때 백이 그냥 1에 젖혀서 봉쇄를 결행하는 것은 사정이 다르다. 즉, 흑2 이하 10까지 된 다음—

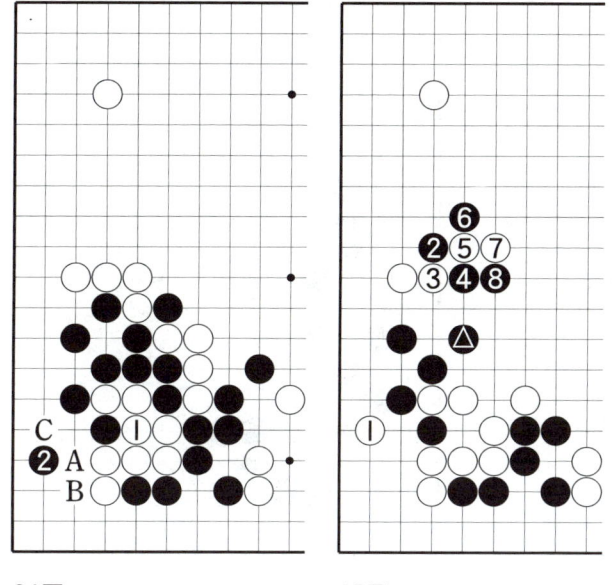

34도   35도

34도(꽃놀이패가 남는다)

백1로 이을 때 흑2의 날일자가 호수. 이로써 흑은 거의 살아 있는 반면 백은 위험하다. 1로 2면 흑1. 그 다음 흑A, 백B, 흑C의 꽃놀이패가 남는다.

35도(소극적인 백1)

거슬러올라가 흑⚫ 때 백1로 귀를 보강하는 것은 소극적. 흑2의 어깨짚음이 강수. 백3·5에는 흑4~8이 준비되어 있다.

36도

36도(흑, 유리한 흐름)

계속해서 백은 1 이하 5로 두점을 버릴 수밖에 없다. 흑은 백9를 강요하고 10으로 손을 돌려서 유리한 흐름이다.

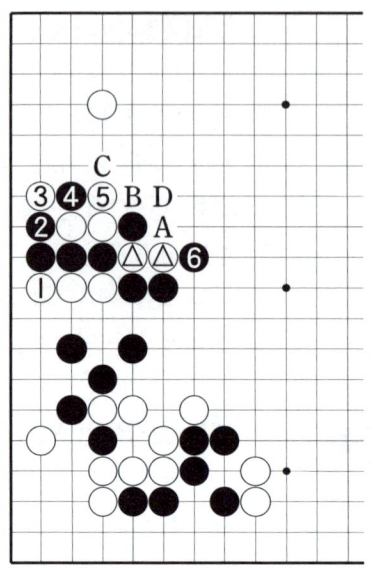

37도

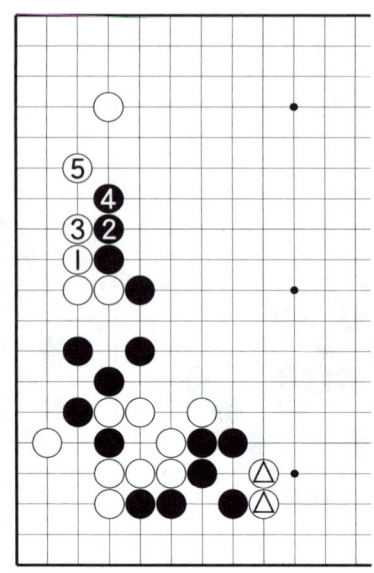

38도

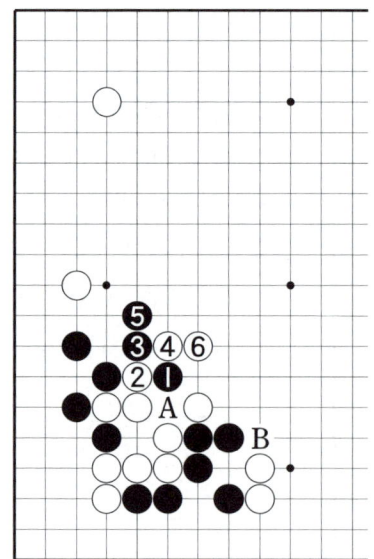

39도

37도(흑의 축이 성립)

전도 백5로 본도 1에 막는 것은 축관계가 있다. 요컨대 흑2·4·6의 축이 관건이다. 이 경우는 다음 백A, 흑B, 백C, 흑D의 축이 성립하므로 백△가 잡힌다.

38도(온건하지만)

따라서 **35도** 백5로는 본도 1 이하 5로 굴복할 수밖에 없다. 이 결과는 흑이 두텁고 선수도 쥐고 있다. 백△ 두점이 맹공을 당할 것은 정한 이치.

39도(먼저 들여다보면)

흑1로 들여다봄에 백은 응수를 틀려서는 안된다. 2로 나가고 4에 끊는 것이 최선. 6까지 1은 보태준 수가 되었다. 2로 A는 흑B를 불러 활용당한 꼴.

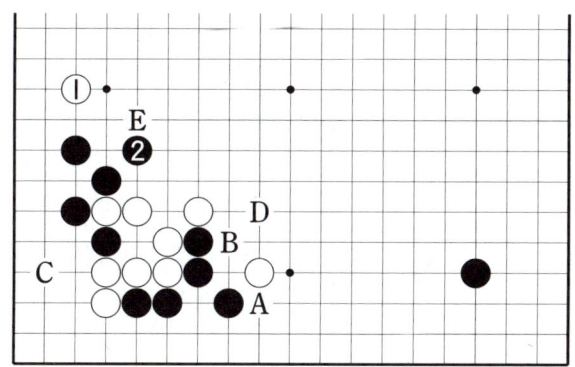

40도

40도(교환이 없을 경우)

백A, 흑B를 교환하지 않고 그냥 백1로 올 때도 흑2의 응수가 유력 (앞서의 검토를 참조). 2로 C는 백D가 선수여서 E의 봉쇄를 당해 불리하다.

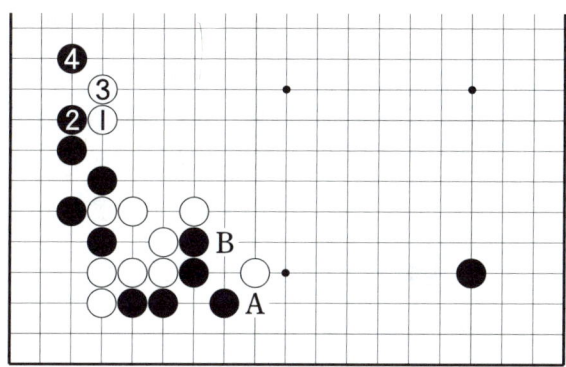

41도

41도(백의 강압수단)

백이 A, 흑B 없이 즉각 1의 강압수단을 들고 나오면, 흑은 잠자코 2에서 4로 응수하는 것이 좋다.

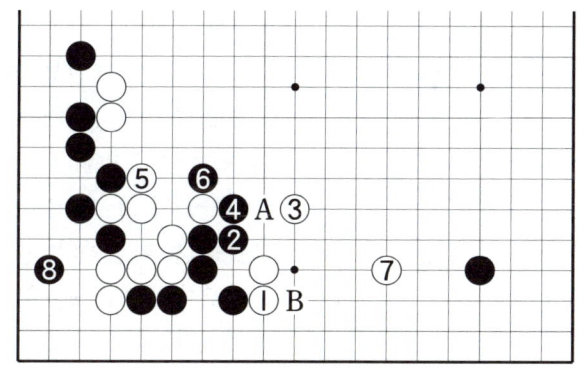

42도

42도(어려운 바둑)

전도 다음 백은 1로 막고 3에서 5·7로 하변의 안정을 꾀하는 정도이다. 흑은 8로 근거를 빼앗으며 공격하게 되며 서로 어려운 바둑. 1로 A는 흑B로 되어 싱겁다.

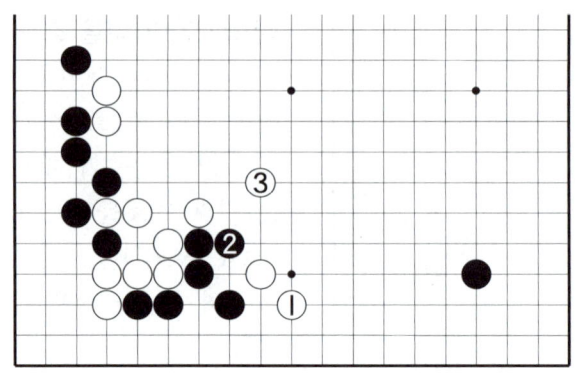

43도

43도(백의 함정수)

　41도 다음 백1로 마늘모하고 흑2로 나올 때 백3으로 씌우는 것은 함정수에 가까운 수단이다.

　자, 백의 야욕을 어떻게 분쇄해야 할까?

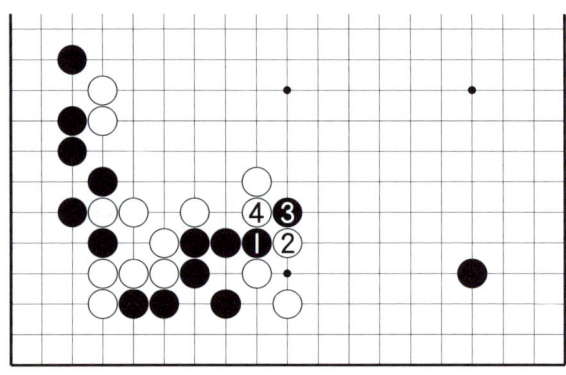

44도

44도(무모한 흑1·3)

　흑1에서 3으로 젖혀서 싸우려는 것은 무모하다. 백4 다음 어떻게 변화해도 흑이 크게 불리하다.

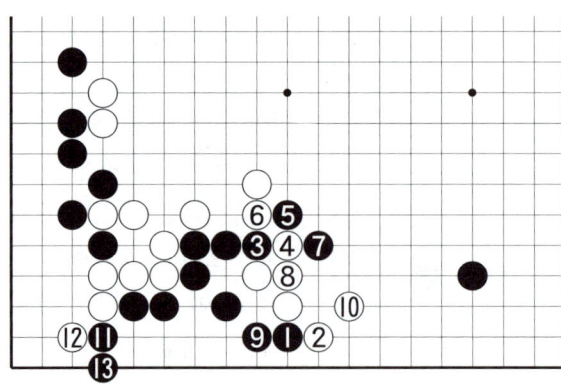

45도

45도(백, 곤란)

　흑1의 붙임이 절묘하다. 백2를 기다려 흑3~7을 활용하고 9에 끄는 것이 수순의 묘. 13까지 살면 백은 바깥쪽의 단점 수습에 골머리를 앓을 것이다.

흑1로 젖히고 3에 호구친 신수는 좌변의 흑 석점을 가볍게 본 발상. 이렇게 되면 백도 이 석점을 어떻게 요리할 것이냐가 현안으로 등장한다. 신수를 둘러싼 쌍방의 흥정을 검토해본다.

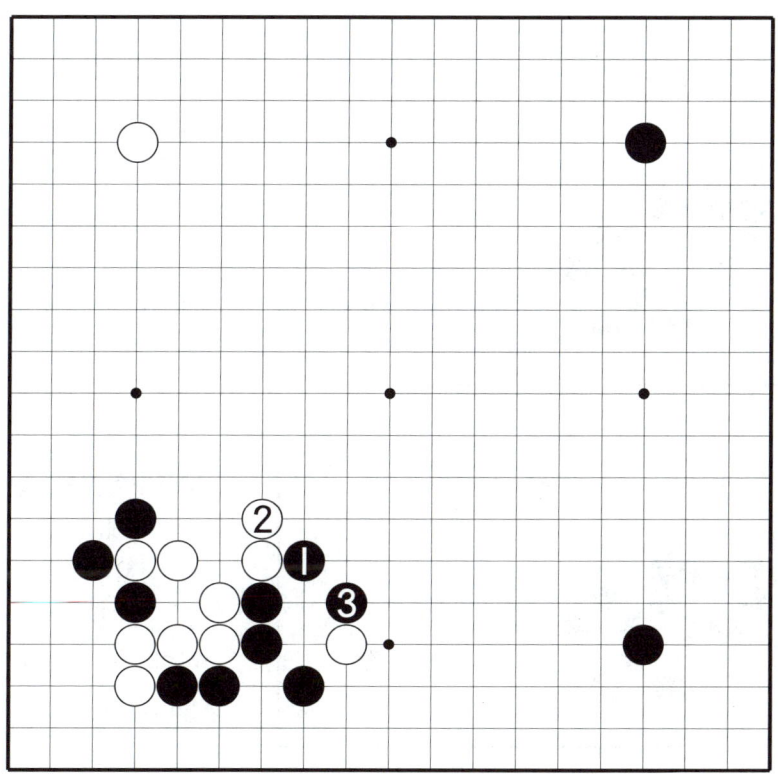

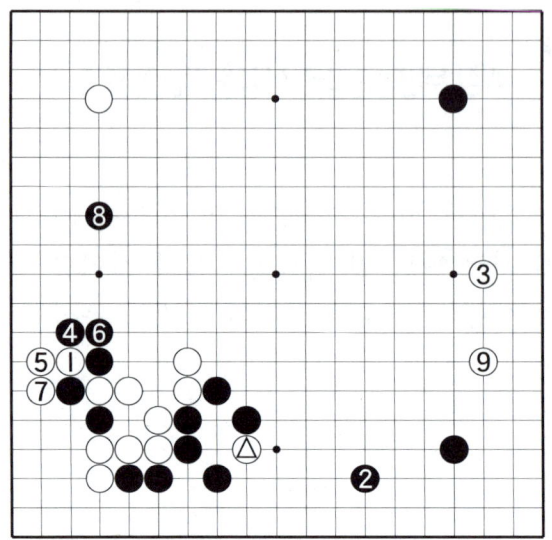

1도

1도(호각의 갈림)

기본형 다음 백1의 끊음이 정수. 흑2는 백△를 제압하며 우하귀를 지키는 호수. 백3의 갈라침은 거의 절대. 흑4~8로 안정하고 백9의 두칸벌림. 호각의 갈림이다.

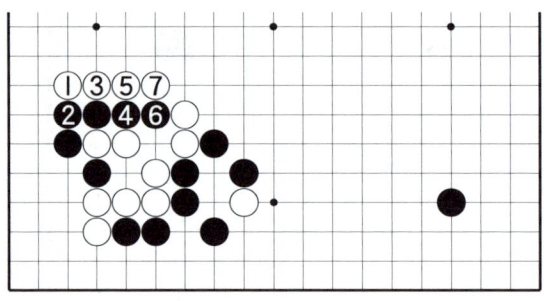

2도

2도(백의 완력)

백1로 들여다보는 것은 완력을 발휘하는 수. 흑2는 당연하며 백3 이하 7은 1의 의지를 계승한 우격다짐. 이 다음—

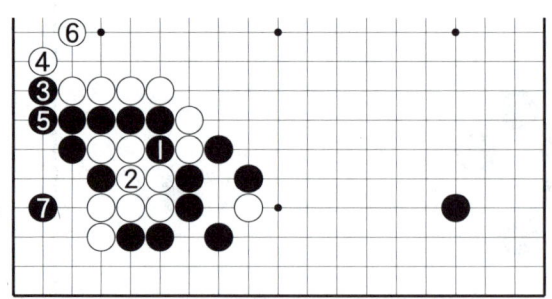

3도

3도(수상전은 흑 불리)

흑1에 백2면 흑3·5의 젖혀이음이 선수. 백6의 보강을 기다려 흑7이면 이 수상전은 백이 불리하다.

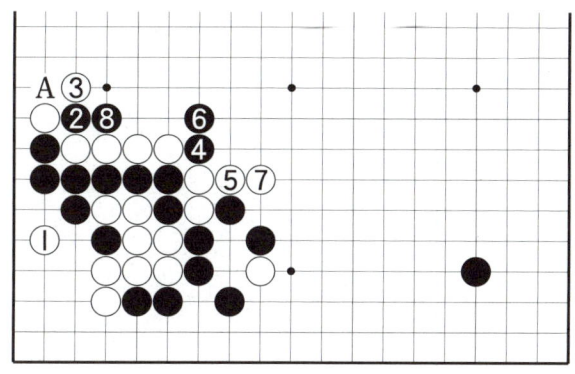

4도

4도(백, 대책 없음)

전도 백6으로 본도 1로 귀를 간수하면 바깥쪽의 단점 때문에 사단이 난다. 흑2의 끊음에 백은 대책이 없는 것이다. 8까지 백의 낭패. 3으로 A에 늘어도 대동소이.

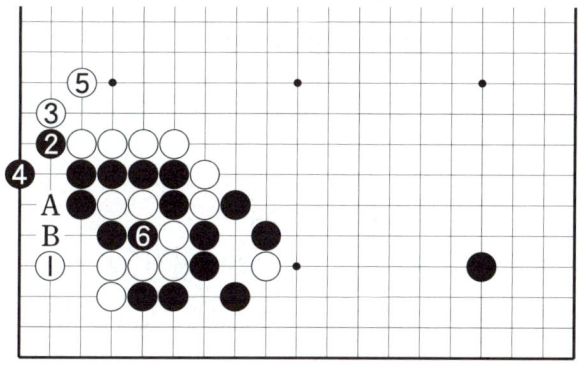

5도

5도(백1, 최강의 저항)

3도 백2로는 본도 1이 최강의 저항. 그러면 흑2·4로 젖히고 호구치는 것이 호수. 백5를 기다려 흑6이면 완생형. 다음 백A에는 흑B가 있어서 안심.

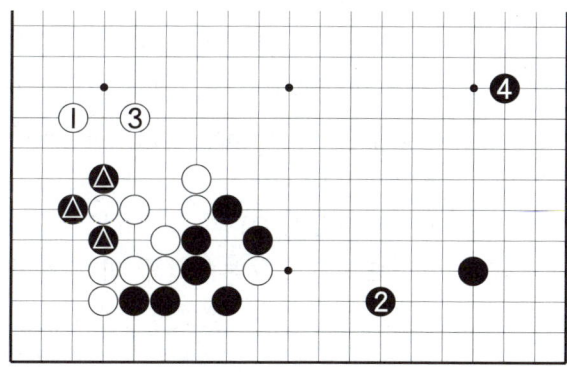

6도

6도(발빠른 구상)

거슬러올라가 애초에 백1로 흑▲를 공격하면 흑은 손을 빼어 2로 실속을 챙기는 것이 좋다. 백3에는 흑4. 이것은 흑의 발빠른 구상이다.

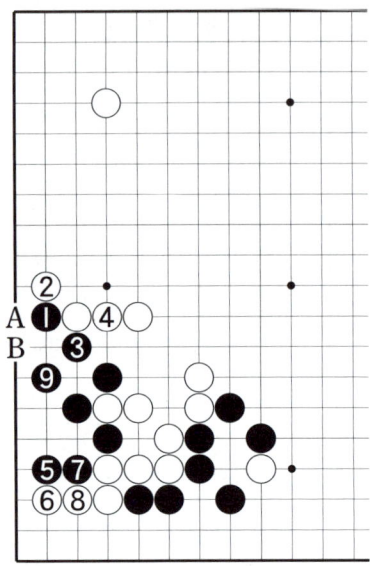

7도

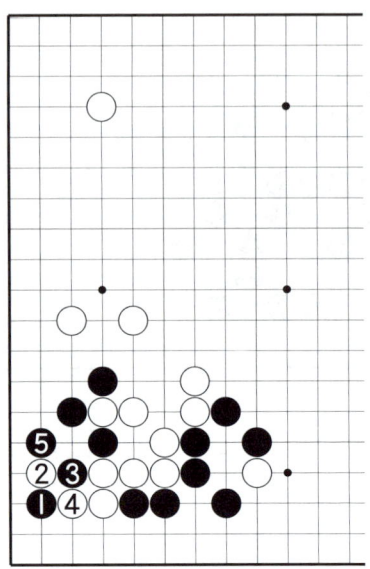

8도

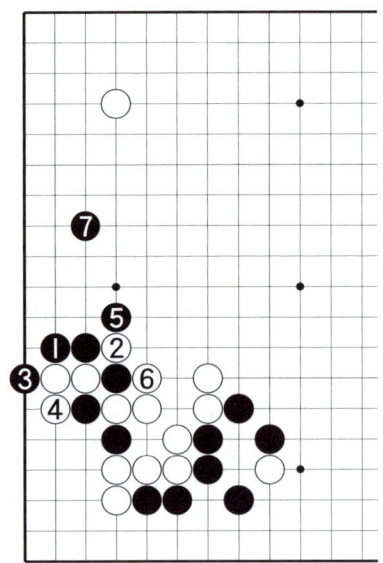

9도

7도(석점의 뒷맛)

더욱이 좌변 흑 석점은 뒷맛이 남아 있다. 백이 손질을 하지 않으면, 흑1 이하 9로 살자는 수가 있다. 다음 백A면 흑B로 패.

8도(하다못해…)

하다못해 흑1로 달리기만 해도 수가 난다. 백2에는 흑3·5로 간단하게 수(패)! 따라서 **6도** 백1은 바람직한 수가 아니었다.

9도(재미있는 수)

1도 흑6으로 본도 1에 막는 수가 재미있는 수이다. 백2는 이것이 정수이며 흑은 3·5를 활용하고 7에 벌리게 된다. 백도 불만은 없다는 평가.

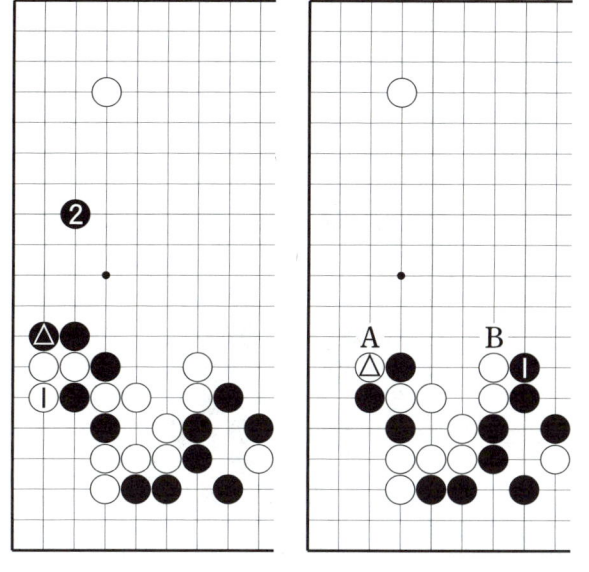

10도   11도

10도(흑, 좋음)

흑이 ⓐ로 막았을 때 백1로 얌전하게 응수하는 것은 활용당하는 꼴이다. 2로 벌려 전도와는 달리 흑이 좋다.

11도(밀어올리면)

백ⓐ의 끊음에 대해 흑1로 밀어올리는 것은 A의 활용을 보면서 중앙쪽을 듣게 하려는 의도. 백A면 흑B로 두점머리를 두드린다.

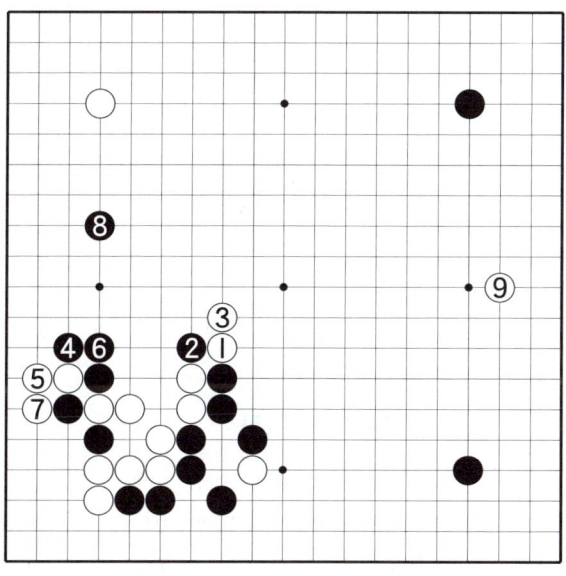

12도

12도(최강수, 백1)

백1의 젖힘이 최강수. 흑2도 기세이며 백3의 뻗음이 올바른 방향. 흑4~8로 좌변에서 터를 잡고, 백은 우변 갈라치기에 손을 돌리게 된다. 백이 약간 유리하다.

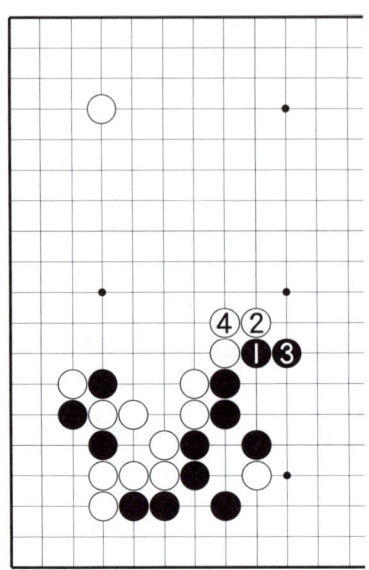

13도

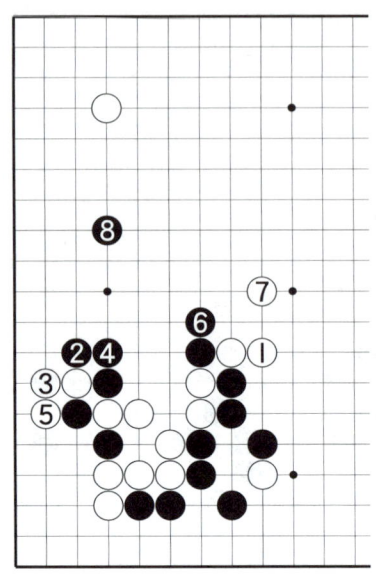

14도

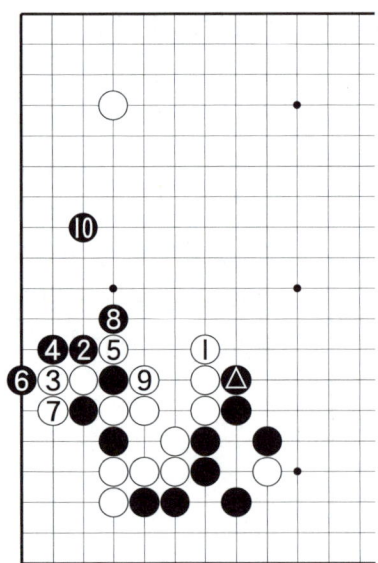

15도

13도(이단젖힘이 강력)

전도 흑2로 본도 1에 젖히는 것은 약한 태도. 백2의 이단젖힘이 강력하다. 4까지 좌변의 모양이 커져서 백이 유리한 갈림.

14도(흑이 편한 싸움)

12도 백3으로 본도 1에 뻗는 것은 방향착오일 것이다. 흑2・4를 선수하고 6에서 8로 전개해 어려운 싸움이 예상되지만 흑이 편한 느낌이다.

15도(흑의 주문)

11도 다음 백1로 곱게 뻗는 것은 흑의 주문. 흑2 이하 10까지, 앞서의 **9도**처럼 진행하면 흑▲와 백1의 교환만큼 백이 당한 셈이다.

백1 이하 흑6 때 백7로 붙이고 9에 젖힌 것은 낯익은 수법. 그런데 흑10으로 몰자, 백11이라니? 11로 두기 전에 A로 잇고 흑B와 교환하는 것인데…. 11은 흑A의 분단을 각오한 새로운 시도였다.

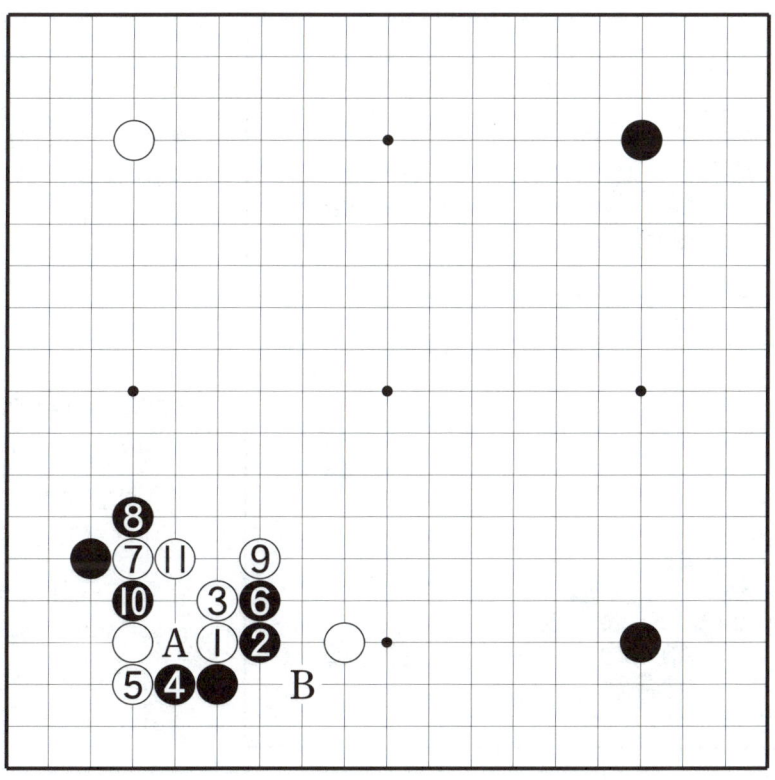

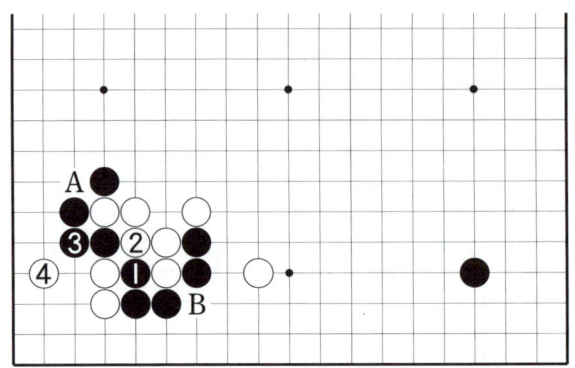

1도

1도(흑, 곤란하다?)

흑1의 분단은 기세상 당연하다. 그러면 백2로 단수하고 4에 뛴다는 것이 백의 각본이었다. 다음 A와 B가 맞보기여서 흑이 곤란하지 않느냐는 뜻이다.

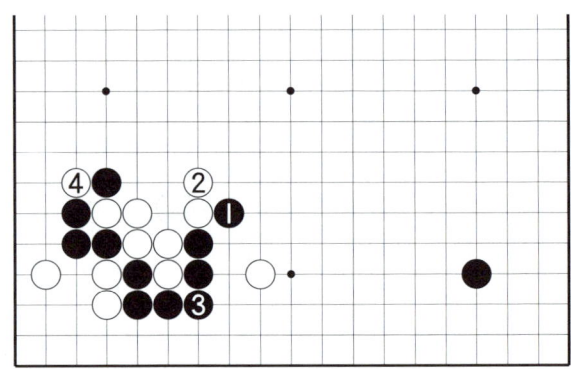

2도

2도(최선이라는 견해)

계속해서 흑1로 젖히고 3에 잇는 것이 최선이라는 견해도 있다. 이렇게 되면 백4의 끊음은 누가 두더라도 이 한수일 것이다.

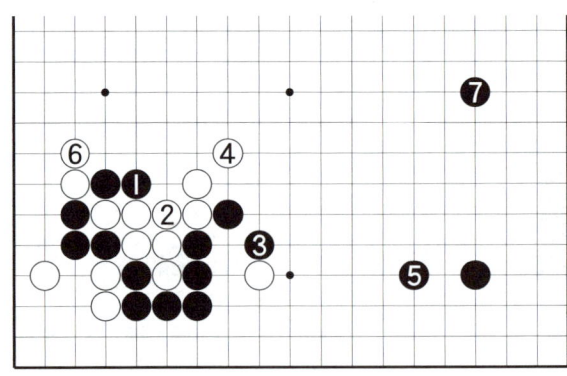

3도

3도(흑, 능률적인 모습)

계속해서 흑1, 백2를 활용하고 흑3으로 호구 친다는 것이다. 백4의 마늘모는 흑의 활용을 피하는 호수. 7까지 흑이 발도 빠르고 능률적인 모습이다.

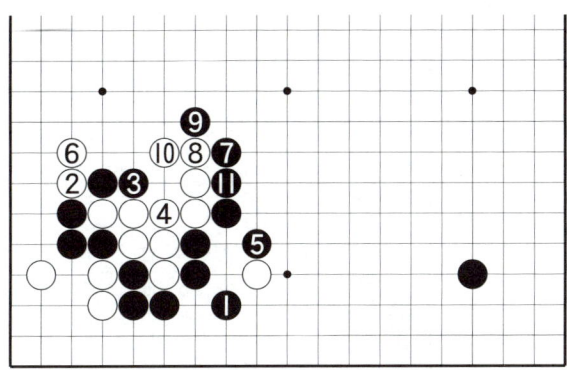

4도

4도(흑1이 좋아 보인다?)

2도 흑3으로 본도 1에 호구치는 것이 좋아 보인다. 백2의 끊음에 흑3을 활용하고 5로 탄력적인 모습이 되니까. 백6이면 흑7로 씌워 11까지 흑 세력이 막강해지므로 우세하다.

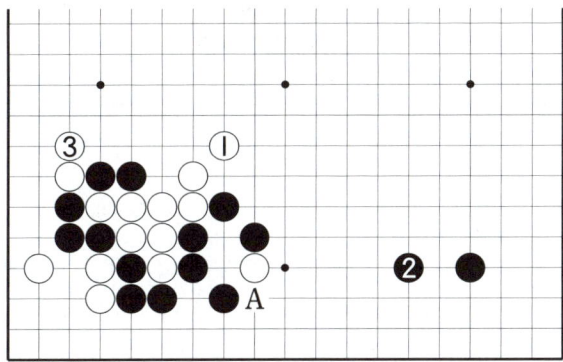

5도

5도(백, 둘 만하다)

그러나 그것은 흑의 일방적인 생각.

전도 백6으로는 본도 1이 냉정하다(바로 **3도** 백4, 바로 그 수다). 3 다음 백은 A의 뒷맛이 즐거운 노림이므로 둘 만한 갈림인 것.

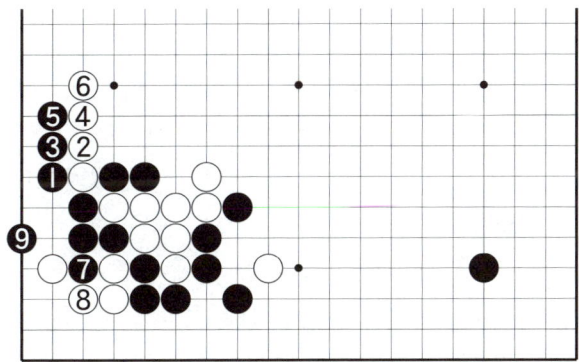

6도

6도(수상전을 시도)

4도 흑5로 본도 1에 몰고 3·5로 기어서 귀의 백과 수상전을 시도하는 것은 어떨까? 석점머리를 얻어맞는 것을 피해서 백6에 늘면 흑7에서 9로 뛴 다음—

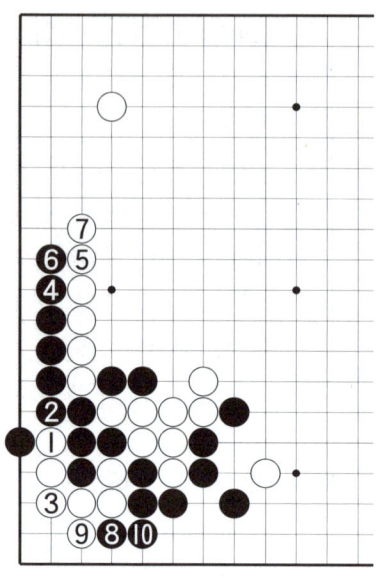

7도

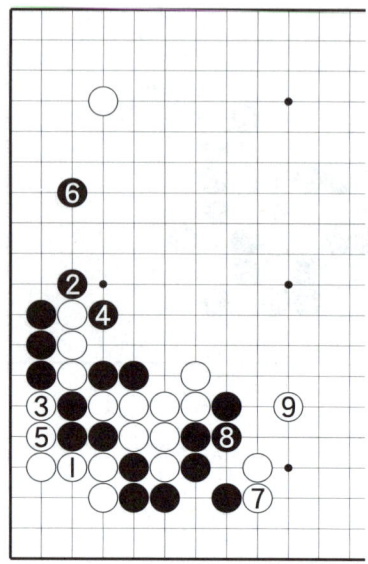

8도

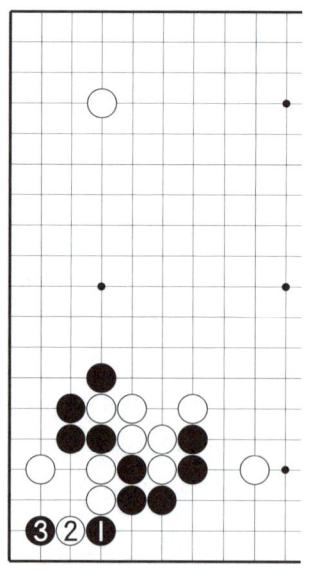

9도

7도(흑의 성공)

백1·3에는 흑4·6으로 또 긴 다음 8·10으로 젖혀이어서 수상전은 흑의 승리. 이것은 흑의 성공! 7로 귀를 살리면 흑은 7로 젖혀서 만족한다.

8도(냉엄한 현실)

그러나 전도는 흑의 환상. 6도 백6으로는 본도 1이 냉정한 한수. 흑2에는 백3으로 잡고 흑이 6까지 안정할 때 7·9로 공격해서 백이 우세한 결과가 바로 냉엄한 현실인 것.

9도(멋진 응수타진)

거슬러올라가 1도 다음 흑에게는 멋진 수단이 있다. 즉, 귀쪽을 1에 젖히고 3으로 껴붙이는 수가 그것. 백의 응수를 봐서 단점을 보강하겠다는 일류의 응수타진인 것이다.

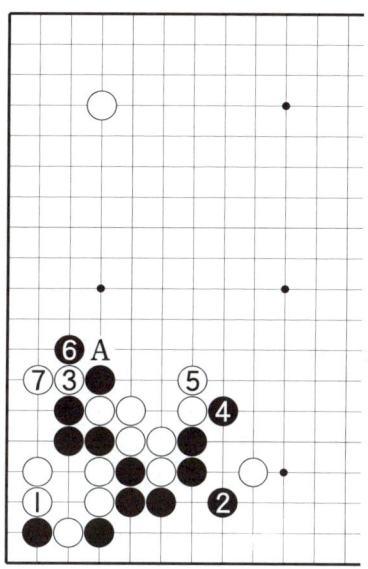

10도

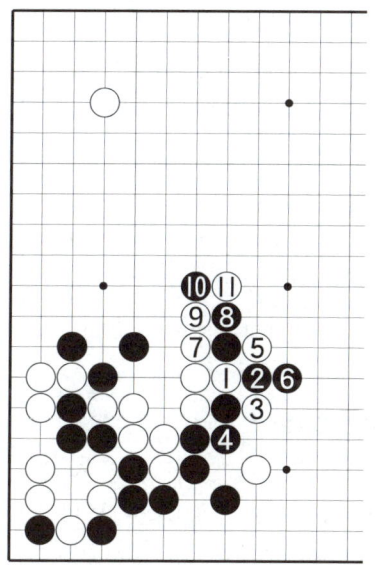

12도

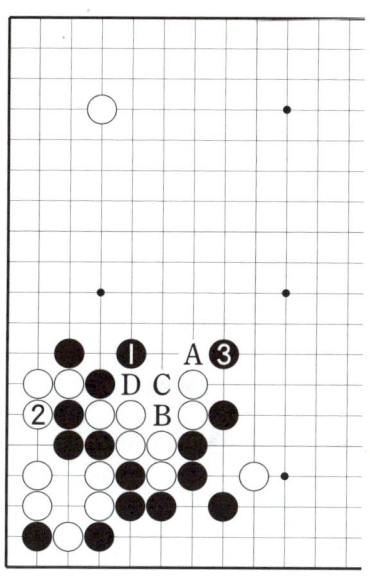

11도

10도(지키는 방향)

백1로 응수하면 흑2쪽을 지킨다. 백은 맞보기였던 3에 끊을 것이다. 거기서 흑4에 하나 젖히고 6으로 단수한다. 다음 흑A의 선수는 좀 무겁다.

11도(기발한 행마)

따라서 흑의 활용이 어려운 장면인데, 이상해 보이지만 흑1쪽 호구가 기발한 행마. 백2를 기다려 흑3으로 씌우는 것이 절호점. 다음 백A는 흑B, 백C, 흑D가 있어 불리하다.

12도(죄어붙임을 피해)

그러므로 백은 1·3 이하 죄어붙임을 피하기 위해 마구잡이로 단수하면서 나갈 수밖에 없다. 백11 다음—

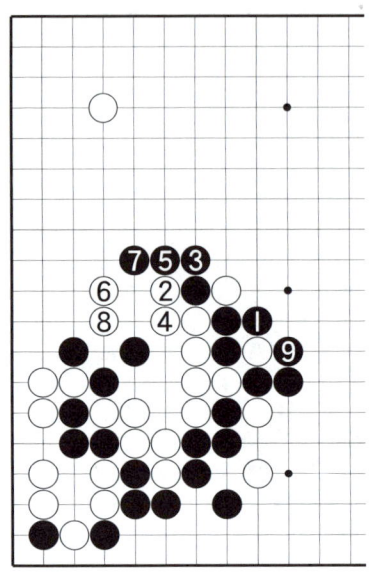

13도

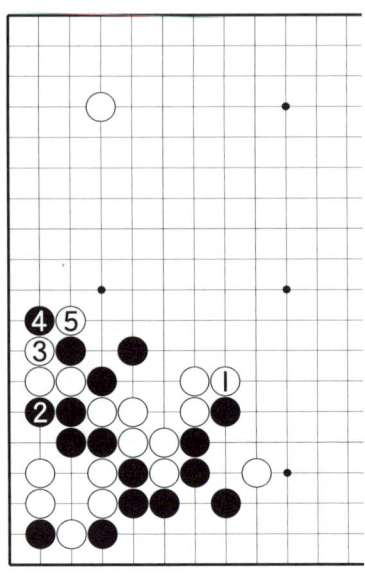

14도

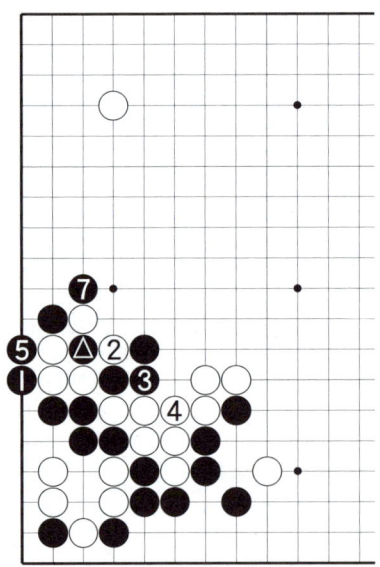

15도　　　　　　　⑥‥▲

13도(어마어마한 세력)

흑1·3에 백4로 이을 때 흑은 계속 5로 꼬부려서 백을 괴롭힌다. 7마저 선수하고 9에 따내어 정말 어마어마한 세력이 탄생한다.

14도(1에 꼬부리면?)

11도 백2로 본도 1에 꼬부려서 흑의 씨움을 피하면? 그러면 흑2로 막는 수가 성립한다. 백3에는 흑4로 막는다.

15도(회돌이축)

계속해서 흑1·3·5면 무슨 사건이 벌어졌는지 그 전모가 다 드러난다. 7까지 통렬한 회돌이축이 성립하는 것이다. 따라서 전도 백1은 무리수였다.

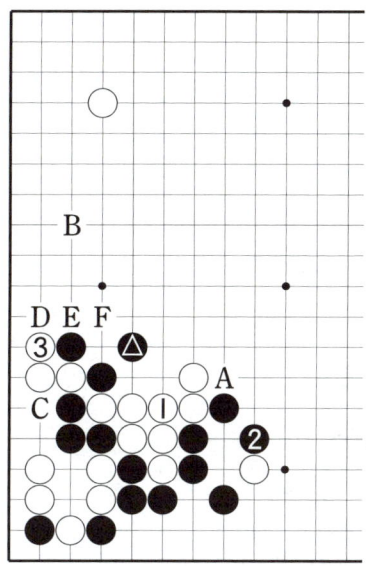

16도

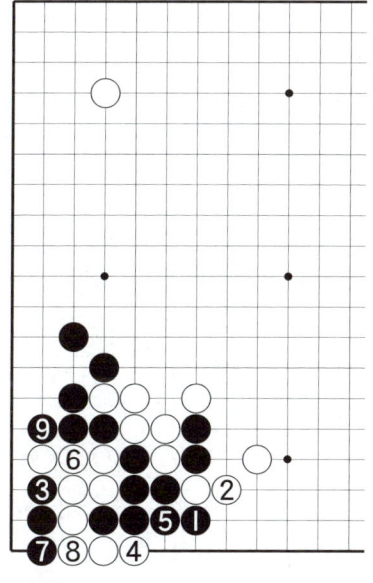

18도

16도(흑, 다소 유리)

흑▲ 때 화근인 1의 곳을 백이 이으면 흑2(그 전에 A로 밀 수도 있다)의 호구가 침착. 백3(B면 흑C, 백3, 흑D, 백E, 흑F의 패가 있어서 못 견딤)은 절대. 이 결과 흑이 다소 유리.

17도(흑, 망하다?)

흑▲ 때 백1로 이으면 이번에는 흑2쪽을 보강한다. 백3에 끊으면 흑이 망한 것 같지만…. 흑4, 백5 다음—

18도(수상전은 흑승)

흑1로 단수하고 3에 찝어서 수상전을 시도하면 백을 잡을 수 있다. 백4·6으로 이어봤자 흑7·9면 그만.

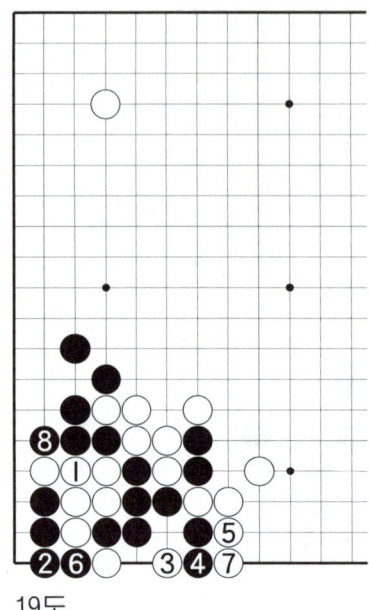

19도

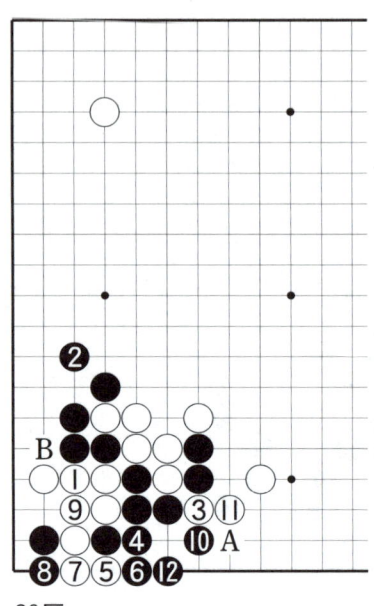

20도

21도

19도(백3의 치중에)

전도 백4로 본도 1에 이어도 역시 흑2로 내려선다. 단, 백3의 치중이 약간 헷갈리는 수. 그러면 흑4가 수상전의 맥점. 8까지 역시 흑의 승리이다.

20도(흑이 한 수 빠르다)

17도 백1로 본도 1에 잇더라도 흑은 2로 지킨다. 백3의 도전에는 흑4로 잇고 백5에 흑6 이하 백11 때 흑12가 수상전의 호수. 다음 백A, 흑B로 흑이 한 수 빠르다.

21도(신수는 실패로)

전도 백3으로 본도 1·3으로 한점을 잡으면 흑으로서 대환영. 8까지 백은 중앙이 돌돌 뭉쳐서 운신이 어려운 만큼 흑의 우세는 확실. 따라서 백의 신수는 실패로 돌아갔다.

흑1의 3·三침입을 먼저하고 백2로 막을 때 흑3으로 젖히는 신수. 본래는 3쪽을 먼저 젖히는 것이 정해진 코스였는데…. 2로 A에 막는 것은 흑2로 건너게 해 백이 불리하다. 흑3 다음 어떤 신형이 숨어있는지 검토해보기로 한다.

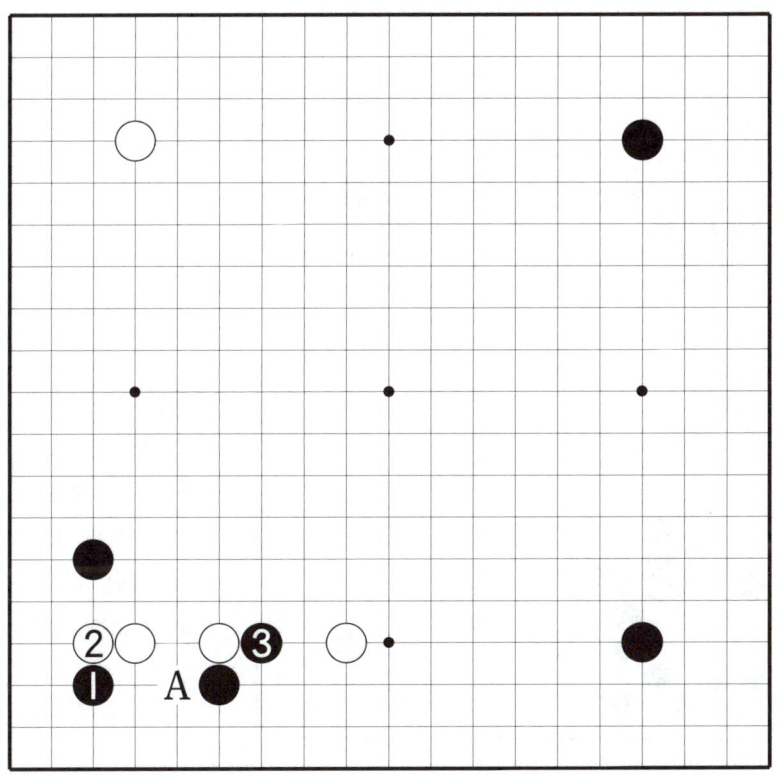

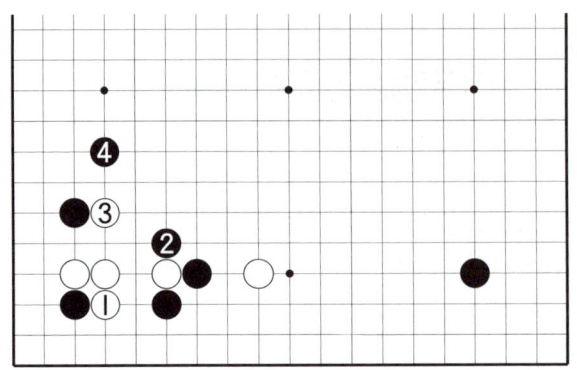

1도

1도(최선의 응접1)

기본형 다음 백1로 한 점을 제압하는 것이 유력하다. 흑2는 이 한수. 백3의 붙임에 흑4로 늦추는 것이 호수이다.

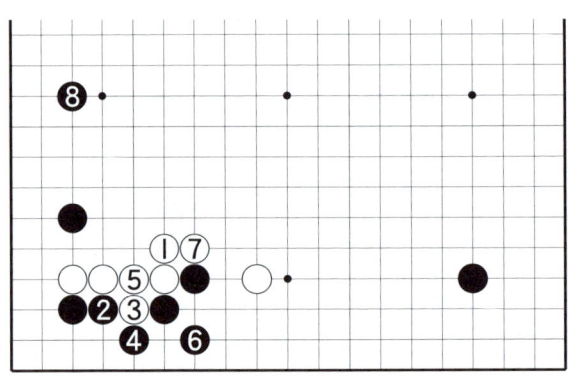

2도

2도(흑의 주문)

전도 백1로 본도 1에 뻗는 것은 흑의 주문. 그러면 흑은 2로 건너면서 쾌재를 부른다. 8까지 흑은 실리도 얻고 백 세력도 견제해 꿩 먹고 알 먹은 격.

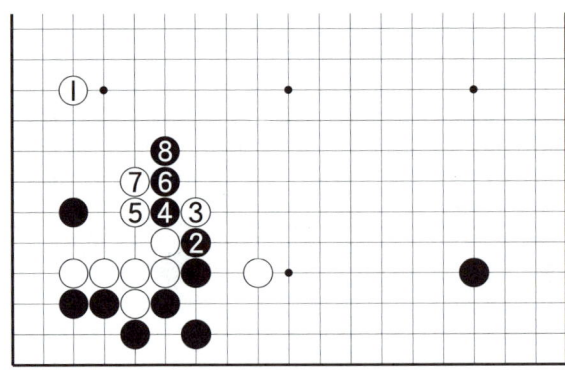

3도

3도(협공은 좋지 않다)

전도 백7로 본도 1에 협공하는 것은 흑2로 밀려 좋지 않다. 백3은 기세이지만 흑4로 끊겨서 싸울 수가 없다. 8까지 흑이 우세하다.

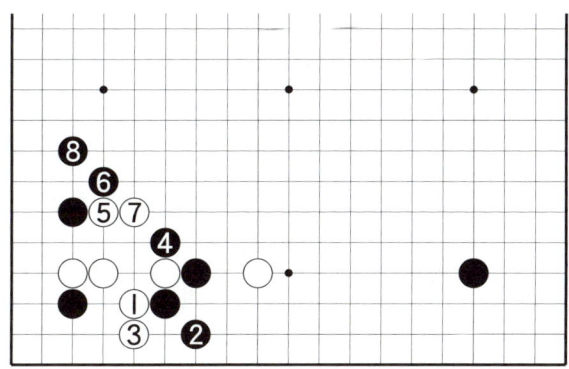

4도

4도(호구치는 수)

백1로 호구치는 수도 생각할 수 있다. 흑2는 정수. 백3을 기다려 흑4로 단수하는 것이 수순이다. 백도 잇지 않고 5·7로 진출하는 것이 바람직하다.

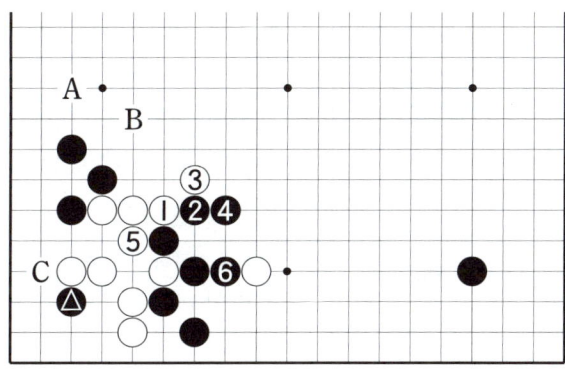

5도

5도(흑, 둘 만하다)

계속해서 백1·3·5로 정비할 때 흑6의 치받음이 호수여서 둘 만하다. 다음 백A에는 흑B로 진출하는 것이 틀. 흑▲는 C의 뒷맛이 남아 있다.

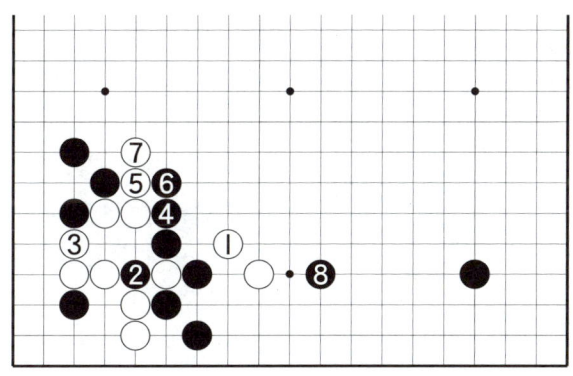

6도

6도(유인수, 백1)

전도 백1로 본도 1의 마늘모가 유인수. 흑은 2로 따내는 것이 호수이다. 백3을 기다려 속수지만 흑4·6으로 밀어놓고 8로 협공해 호조의 흐름이다.

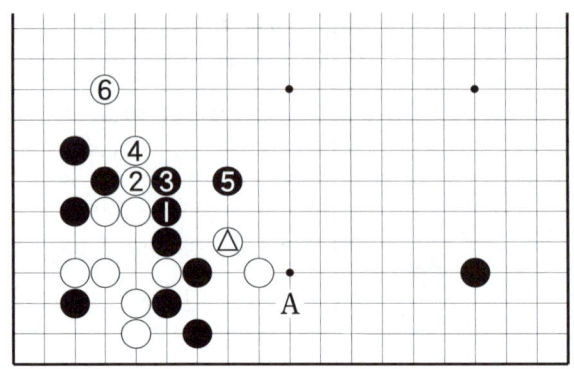

7도

7도(백의 주문)

백△ 때 흑1·3으로 그냥 미는 것은 백의 주문이다. 흑5에 백6의 씌움이 호수여서 좌변 흑 석점의 운신이 어렵다. 1로 A 역시 백1로 막혀 좋지 않다.

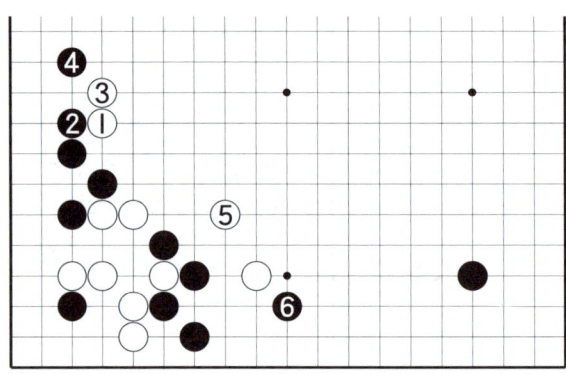

8도

8도(흑, 유리한 결과)

5도 백1로 본도 1로 급소를 짚어오면 흑은 2로 밀어놓고 4에 뛰는 것이 냉정한 응수이다. 백5에는 흑6으로 경묘하게 건너서 흑이 유리한 결과이다.

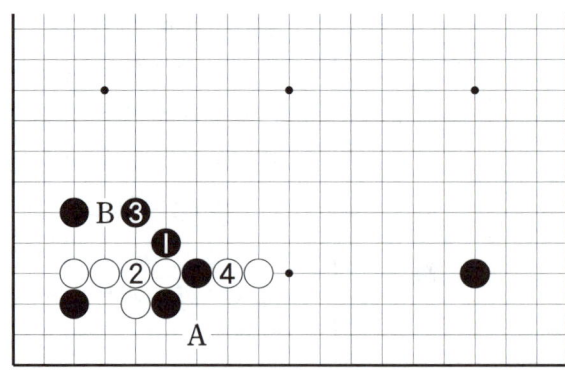

9도

9도(실리가 크다)

4도 흑2로 본도 1(악수!)에 몰고 3에 봉쇄하는 것은 백4를 불러 좌하의 실리를 크게 허용하므로 불리하다. 3으로 뒤늦게 A는 백B로 흑이 재미없다.

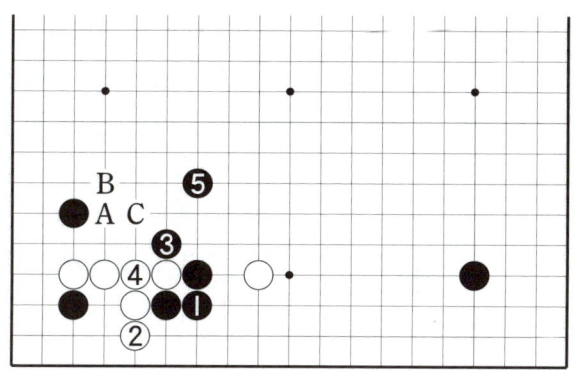

10도

10도(주의하자!)

흑1로 꽉 이으면 백2는 절대수. 거기서 흑3으로 몰 때 주의가 필요하다. 백4에 덥석 이으면 흑5가 호수여서 백이 불리하다. 4는 A, 흑B, 백C여야 한다.

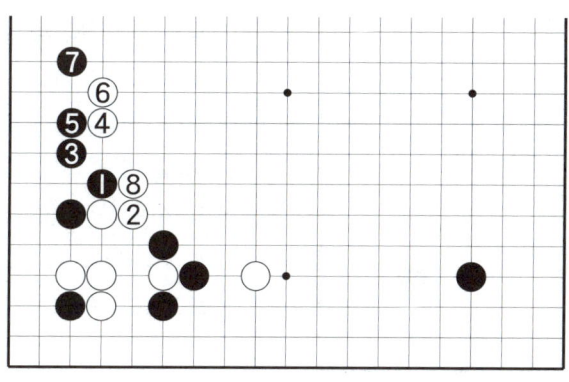

11도

11도(백, 두텁다)

1도 흑4로 본도 1에 젖히고 3으로 자세를 갖추면 백4의 짚음이 강력해진다. 흑5·7에는 백8로 손을 되돌려 백의 두터움이 국면을 압도한다.

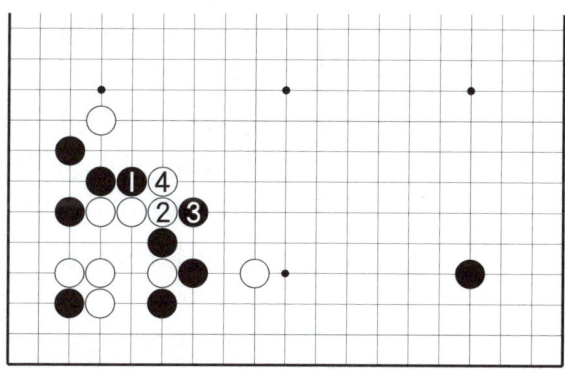

12도

12도(속수, 흑1·3)

전도 흑5로 본도 1에 미는 것은 속수인 만큼 좋을 리 없다. 백2, 흑3, 백4로 되면 흑은 후속수가 떠오르지 않는다.

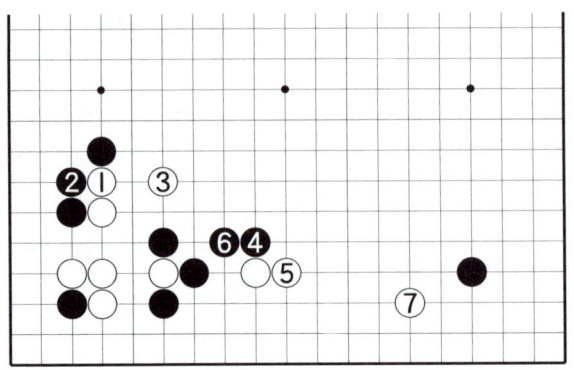

13도

13도(최선의 응접2)

1도 다음 백1로 치받고 3에 뛰는 것이 정수이다. 흑4의 붙임은 이 한수. 백은 5에 늘고 7에 걸쳐서 하변을 안정하게 된다.

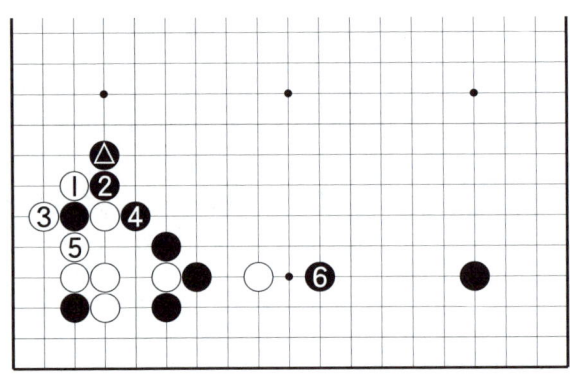

14도

14도(흑, 두터움을 활용)

흑⚫ 때 백1로 젖혀 3까지 흑 한점을 잡는 것은 실리를 탐한 수. 흑은 4를 선수하고 6으로 공격해 두터움을 활용할 수 있으므로 기분좋은 진행이다.

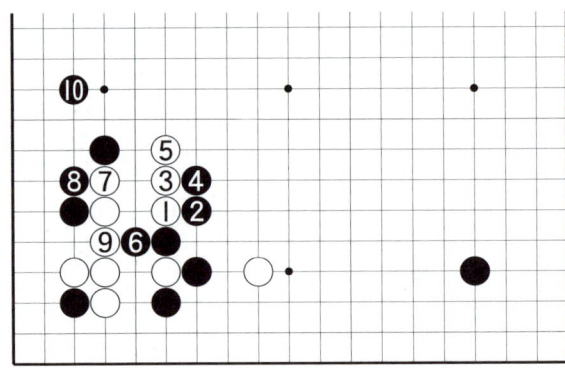

15도

15도(맥점 같지만)

13도 백1로 본도 1에 붙이는 것이 맥점 같지만 결과는 '아니올시다'이다. 흑2~6을 선수하고 10까지 좌변을 정비하면 백이 무엇을 두었는지 알 수 없다.

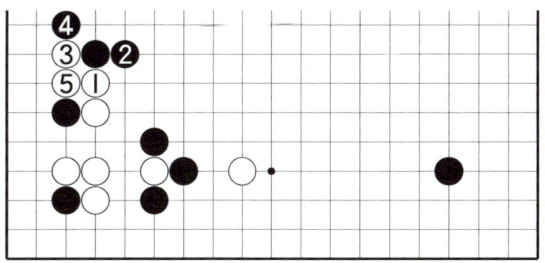

16도

16도(실리가 엄청 크다)

백1로 치받았을 때 흑 2로 서는 것이 대범해 보이지만 백3·5로 젖혀이으면 좌하귀의 실리가 엄청 커진다. 반면 흑의 세력은 완벽하지 못하다.

17도(악수, 백1의 젖힘)

13도 백3으로 본도 1에 젖히는 것은 악수. 흑 2로 늘게 해 주었으므로 이적행위이다. 백7, 흑8로 서로 안정해 흑이 유리하다. 더욱이 흑●는 A의 뒷맛이 있다.

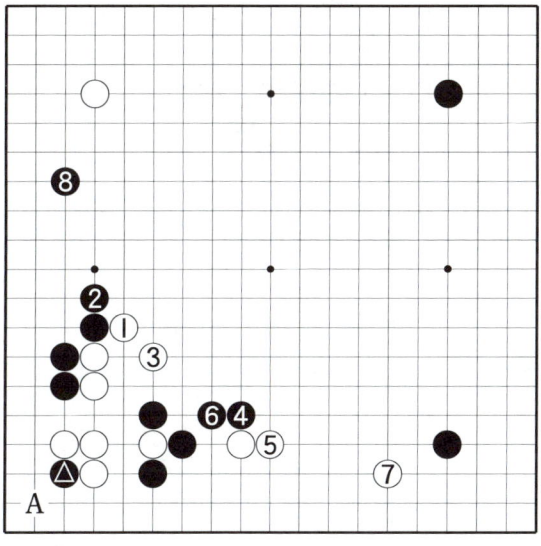

17도

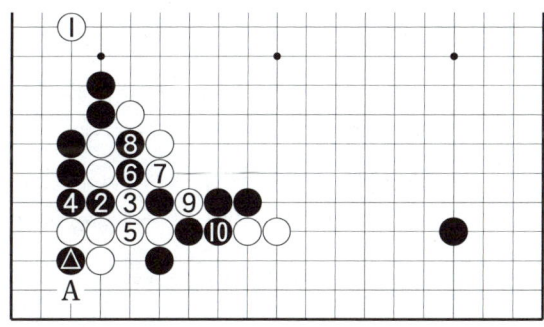

18도

18도(흑, 두텁다)

전도 백7로 본도 1로 공세를 취하면? 그 순간 흑2의 끼움이 타이밍. 이하 10까지 흑이 두텁다. 나중에 A로 흑●를 살려오는 수가 남는다.

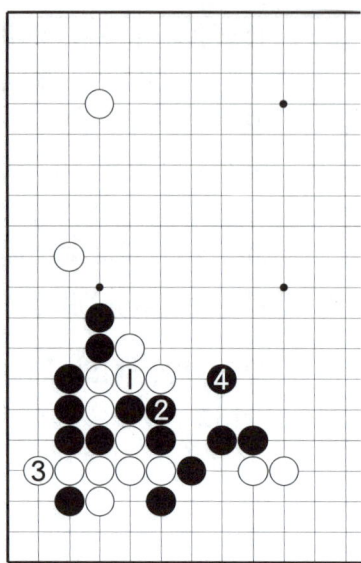

19도

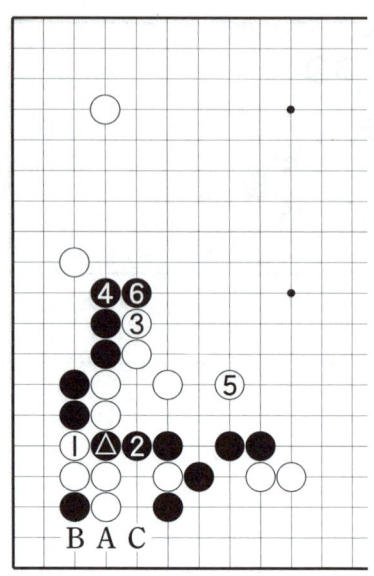

20도

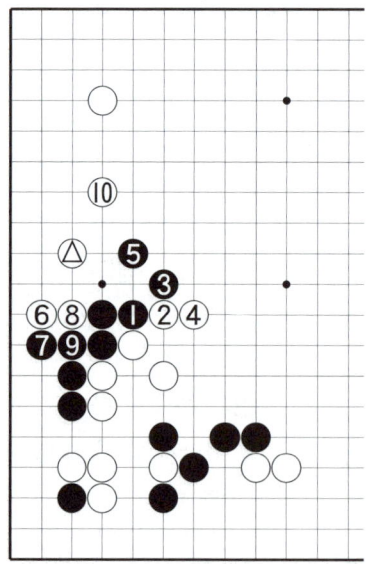

21도

19도(백, 고전이 역력)

전도 백7로 본도 1로 이어서 두점을 살리는 것은 무겁기도 하고 무리한 생각. 흑2·4를 불러 백의 고전.

20도(백, 중앙이 부담)

흑▲의 끼움에 백1쪽에서 단수하면? 흑2 다음 백3·5 정도일 때 흑6으로 꼬부림이 급소. 백은 중앙이 부담스럽다. 흑A, 백B, 흑C가 선수라는 점도 뼈아프다.

21도(백, 기분 좋다)

백▲ 때 흑1 이하 5로 대응하는 것은 백의 엄포에 말린 약한 수. 백은 6·8을 선수하고 10으로 지켜 기분 좋은 흐름이며 흑은 여전히 미생마.

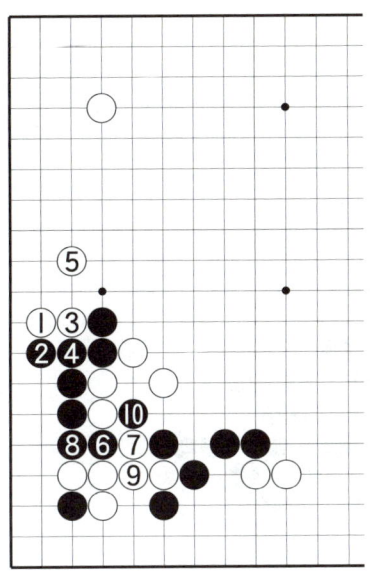

22도

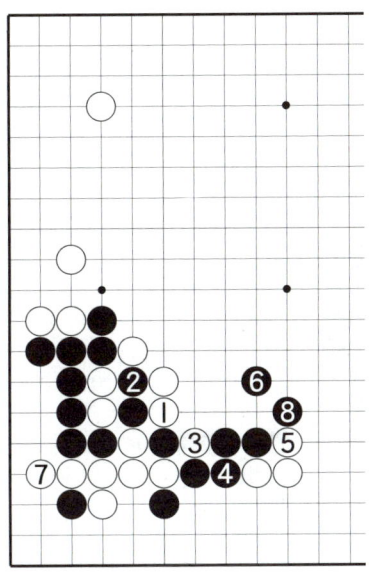

23도

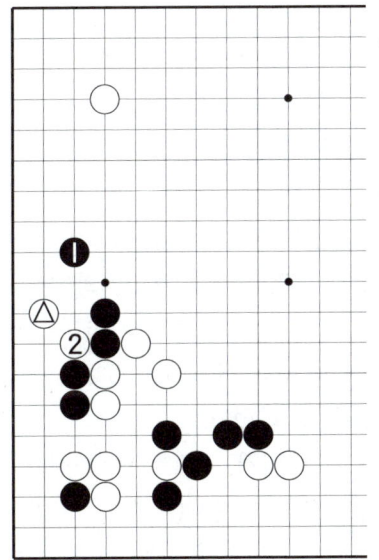

24도

22도(들여다보면?)

처음부터 백1로 들여다보면? 흑은 2로 순순히 받아줘서 좋다. 백5 다음 흑6으로 끼워서 반격하는 노림을 발동한다.

23도(흑, 유리한 갈림)

계속해서 백1에 흑2로 따내고 4에서 6으로 뛰면 백7의 보강을 생략하기 어렵다. 거기서 흑8로 호구쳐서 흑이 유리한 갈림이다.

24도(반발하는 것은)

백△에 대해 흑1의 반발은 기세만 좋을 뿐이다. 백2로 끊기면 흑 두점이 백의 수중에 들어간다. 계속해서—

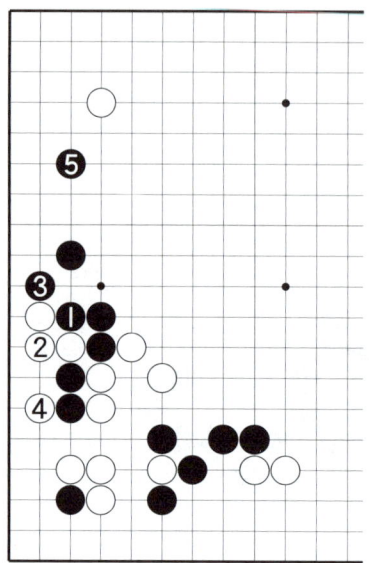

25도

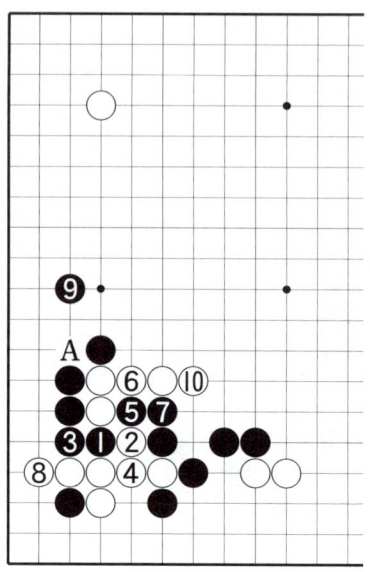

26도

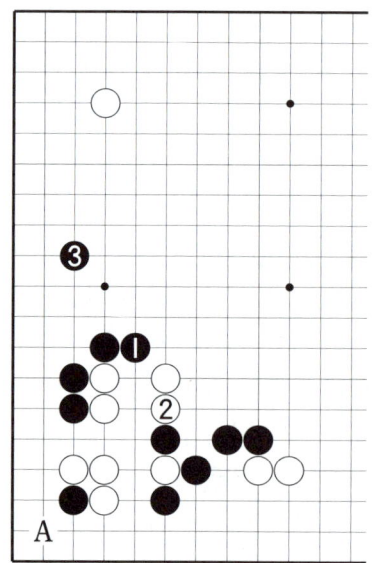

27도

25도(백, 만족스럽다)

흑1·3 다음 5에 벌리는 정도인데, 백은 우하귀로 손을 돌릴 것이다. 실리도 커서 백의 만족스런 진행이다.

26도(백6에 이을 수 있다)

13도 다음 흑1·3으로 끼워잇고 5에 끊으면, 이번에는 백6으로 이을 수가 있다. 흑7, 백8에 흑9(A의 단점 때문에)의 가일수가 필요하므로 백10에 뻗을 여유가 생긴다.

27도(최선의 응접3)

13도에 이어서, 흑1로 뻗어 백2와 교환하고 3에 전개하는 것이 간명하다. 다음 A의 뒷맛이 남는 것이 흑의 자랑. 호각의 갈림이며 서로 최선이다.

이 바둑은 이창호 9단(흑) 대 일본의 요다(依田紀基) 9단이 제4회 응씨배(應氏盃) 결승 길목에서 벌인 대국으로, 당시 필자는 중국 상해(上海) 현지에서 관전했다.

여기서 흑7은 새로운 수법이고, 흑15로 붙여간 점이 독특한 신수. 이후 어떤 변화들이 숨어 있을까?

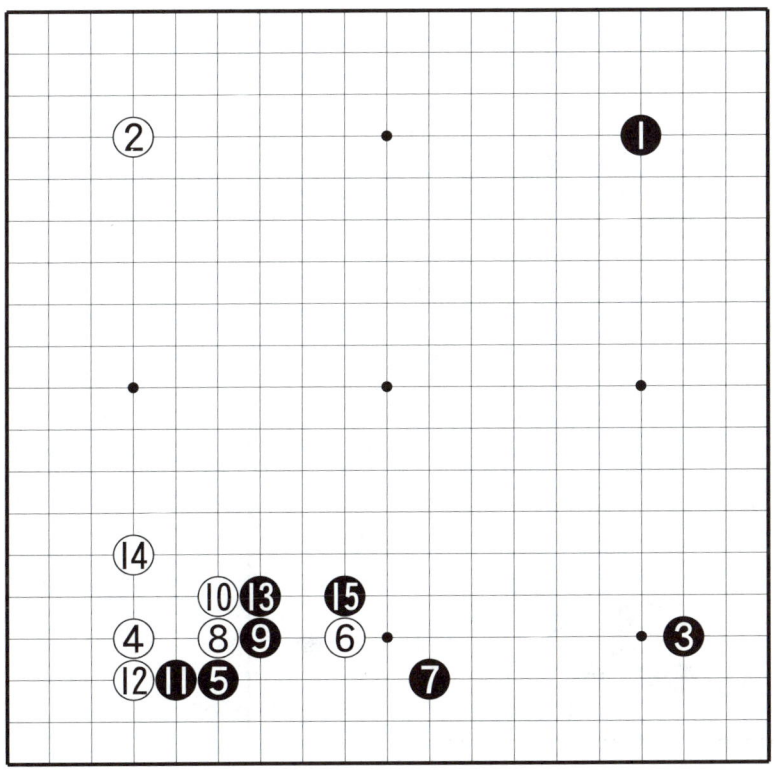

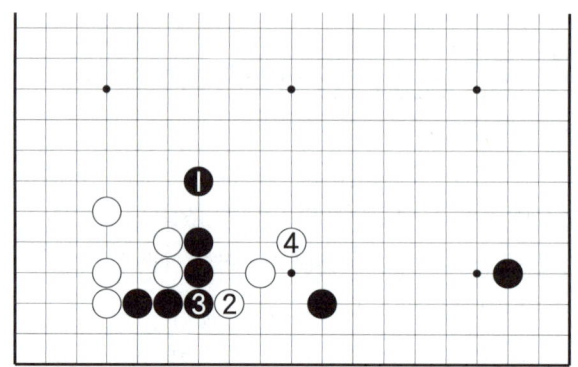

1도

1도(무난한 진행)

흑1은 일반적으로 떠오르는 착상이다. 백2·4의 행마까지, 이 그림이면 서로 무난한 진행이다.

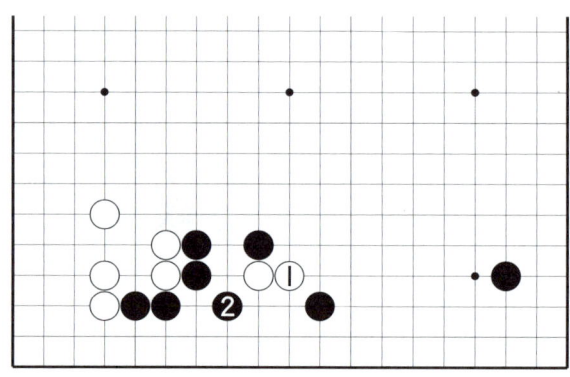

2도

2도(흑의 주문)

그럼 기본형 흑15의 주문은 무엇일까?

바로 백1로 받아달라는 것이다. 이것은 흑2까지 흑이 한건한 모양.

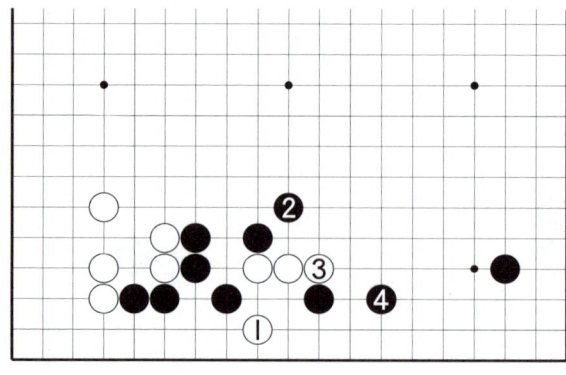

3도

3도(순풍에 돛단 듯)

전도에 이어 계속되는 진행도를 예상해보면, 먼저 백1로 연결을 방해하는 것은 흑2의 공격을 받는다. 흑4까지 흑이 유연한 그림이다.

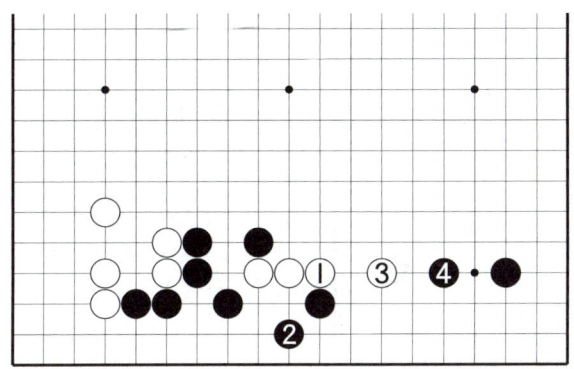

4도

4도(백, 별무신통)

그럼 백1로 압박해보는 것은 어떨까? 이것 역시 별 게 없다는 것을 알 수 있다. 이하 흑4까지 흑은 실속을 챙긴 반면 백은 아직도 곤마 신세이다.

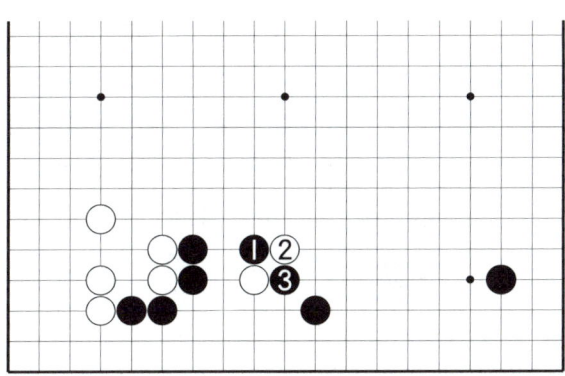

5도

5도(백의 한수)

그러므로 흑1의 붙임에 백의 응수는 2로 반발하는 한수밖에 없다는 것을 알 수 있다. 흑도 계속해서 흑3으로 끊어 어려운 싸움이 예상된다.

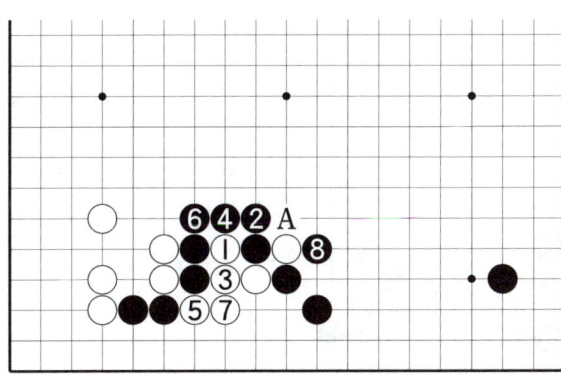

6도

6도(백, 소탐대실)

여기서 백1·3의 공격은 좋지 않다. 백7까지 귀의 흑 두점은 잡았지만, 흑8로 외곽의 백 한점을 제압한 흑의 두터움은 천하를 호령한다(흑A의 빵때림도 아래쪽 수상전 관계상 선수).

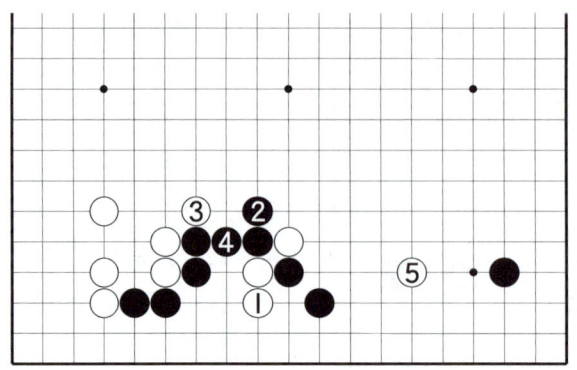

7도

7도(백, 활발)

백1로 빠지는 수가 정수이다. 백3의 행마가 기분좋고, 흑4로 이어주면 백5로 이것은 백이 활발한 그림이다. 따라서 흑4는 의문수.

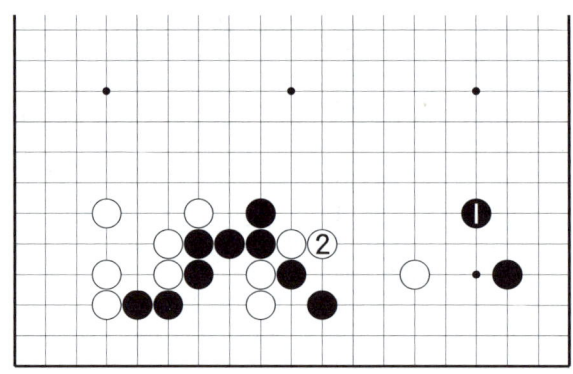

8도

8도(백, 유리한 싸움)

전도에 이어 순리대로 흑1로 귀에 받아준다면 백2로 뻗어 하변 백 두 점을 활용한 백이 유리한 싸움이다.

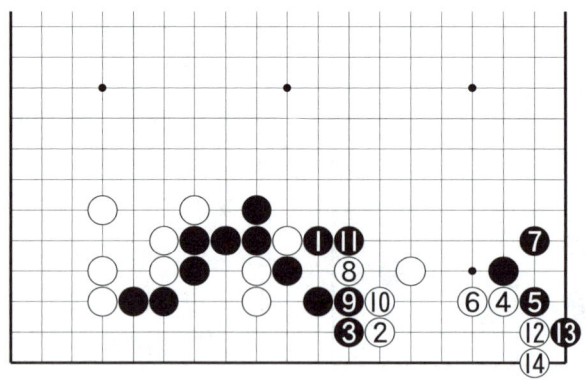

9도

9도(백, 충분)

그렇다고 흑1로 백 한 점을 잡는 것은 백이 이하 수순처럼 기분좋게 살아버린다. 백14까지 백이 충분한 모습.

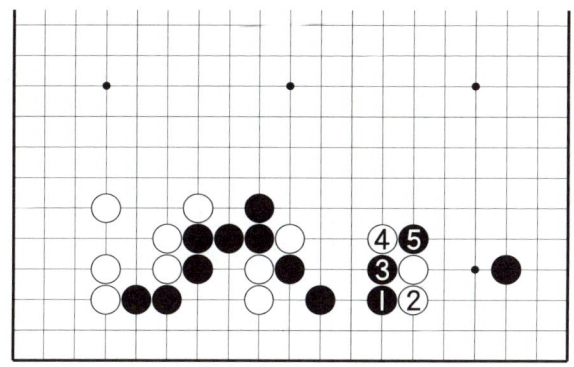

10도

10도(흑의 변화구)

그러므로 흑은 다른 방법을 강구해야 한다.

흑1이 바로 그것. 백2는 당연한데, 흑3 때 백4가 무리. 흑5로 끊겨 어려운 싸움이 된다.

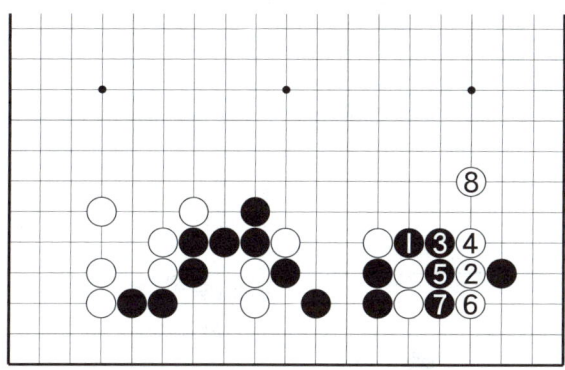

11도

11도(흑, 약간 유리)

백2가 행마법이지만 흑3에 별무신통. 백4가 어쩔 수 없을 때 흑5로 뚫어 백 두점을 잡으면 흑이 유리하다.

수순 중 백8은 정수.

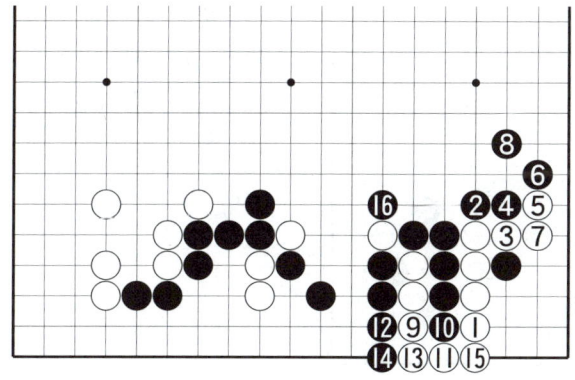

12도

12도(백, 소탐대실)

전도 백8로 본도와 같이 백1로 빠지는 것은 흑2를 당해 좋지 않다. 이하 흑16까지 백은 귀의 실리를 조금 확보한 데 반해, 흑 세력은 천지를 진동한다.

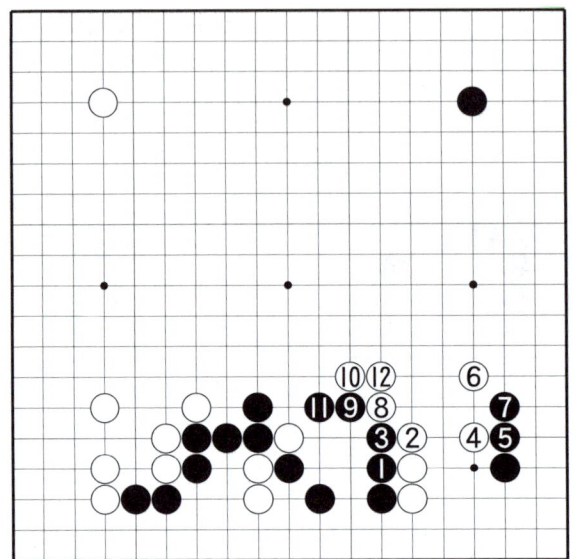

13도

13도(백, 활발)

그러므로 흑1에는 백2로 참는 게 정수이다. 이하 서로 최선의 수순으로 백12까지 예상되는데, 그 결과 백이 활발한 모습이다.

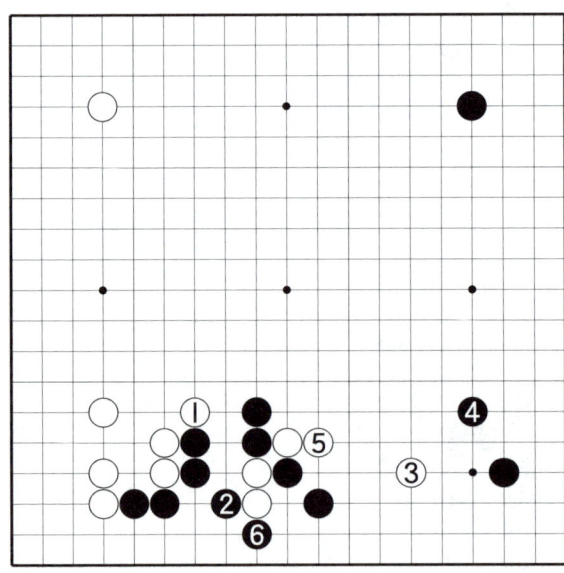

14도

14도(결론/흑, 간명책)

흑이 애초에 백1로 젖혔을 때 흑2로 호구치는 수가 정수이다. 백3에 걸쳐 흑4를 교환한 다음, 백5로 움직이면 흑6으로 응수, 아주 간명한 대응법이다.

백6까지는 프로바둑에서 흔히 볼 수 있었던 모양. 그리고 백8·10은 한때 이창호 9단이 자주 사용하여 이창호 포석으로 알려져 있는데, 여기서 백14의 두칸높은협공과 흑19의 씌움이 테마이다. 이때 백20의 날일자가 이 모양에서의 신수. 복잡하게 얽혀있는 이후 변화를 따라가보자.

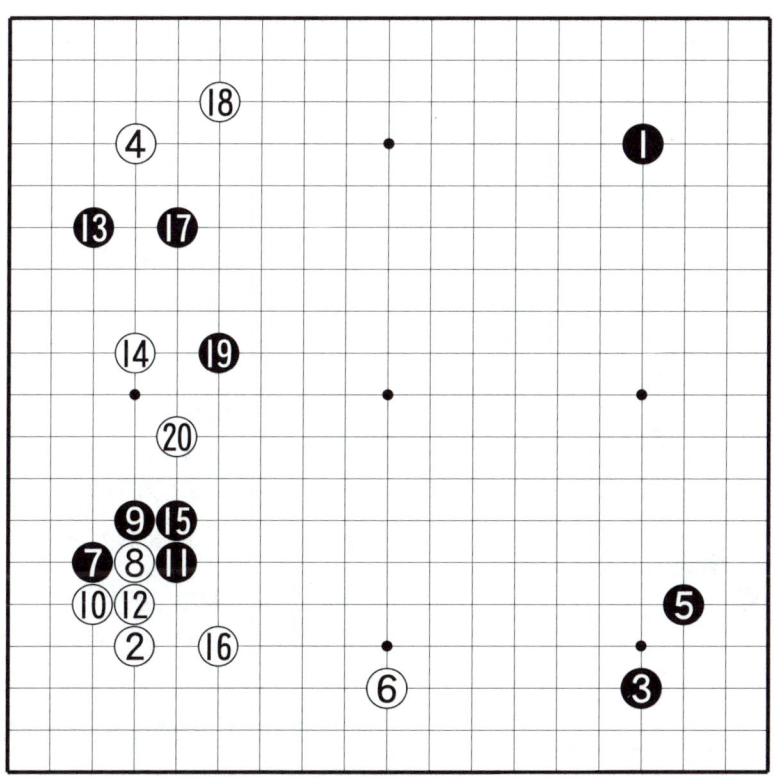

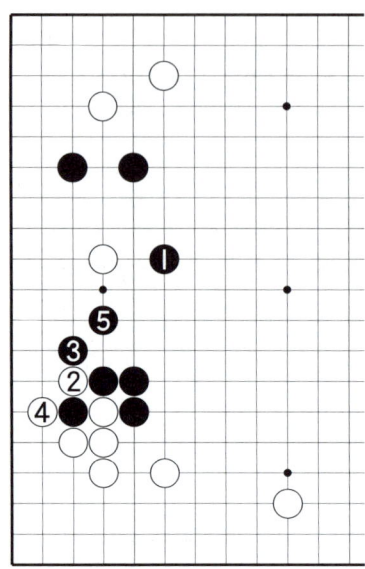

1도

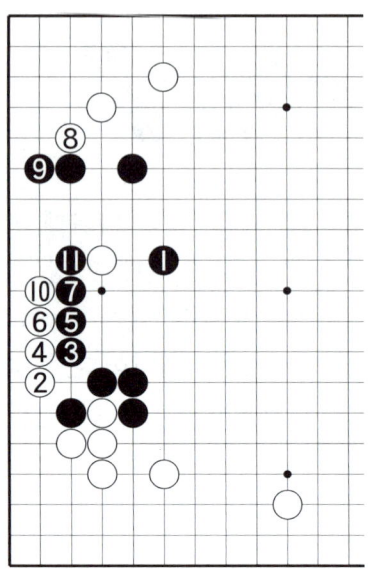

2도

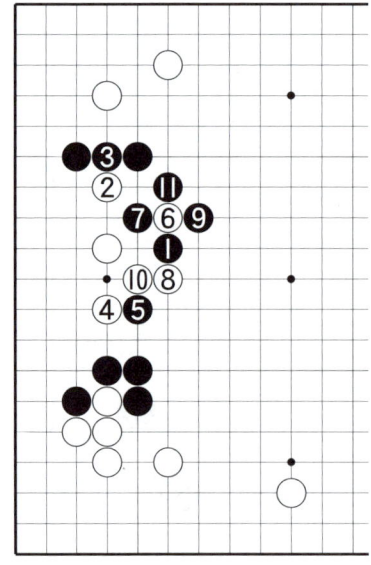

3도

1도(흑, 두터움)

흑1에 백2로 끊어 잡는 것은 간명하긴 하지만, 흑에게 5까지 두터움을 제공한다.

2도(흑, 좋음)

백2도 전도와 거의 비슷하다. 백10까지 흑진을 부수긴 했지만, 전체적으로 흑이 두터운 모습이다.

3도(백, 4도보다 불만)

예전엔 백2와 4로 응수를 묻고 6으로 탈출하는 수법이 주로 두어졌다. 이하 흑11까지 예상되는데, **4도**에 비해 흑이 약간 두텁다.

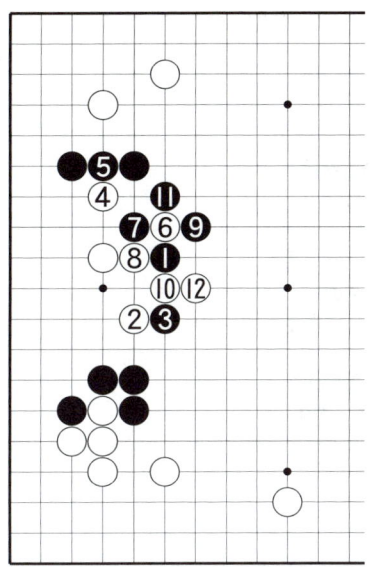

4도

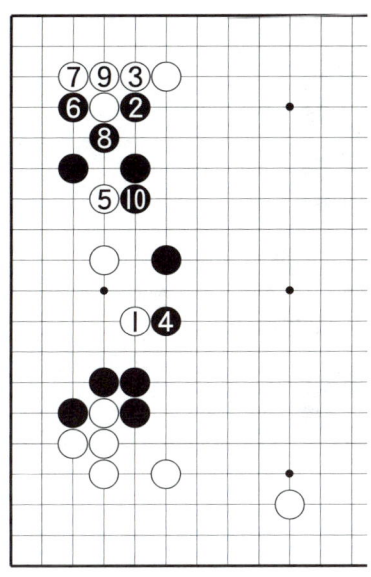

5도

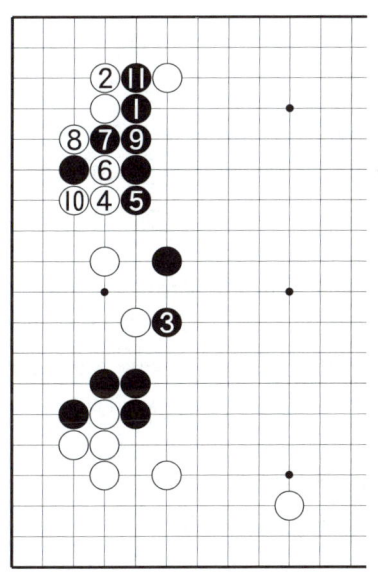

6도

4도(신수의 의미)

문제는 백2의 신수에 대해 흑3으로 받은 데에 있다. 백4가 타이밍이고, 이하 백12까지 탈출해 불만없는 모습. 3도에 비해 백이 더욱 좋다.

5도(흑, 두터움)

백1에는 흑2로 응수를 묻는 게 요령. 백9까지 된다면 흑10으로 중앙을 눌러 흑이 두터워진다.

6도(흑, 세력 웅장)

그렇다고 백2로 물러나면 이하 흑11까지 정확한 수순으로 실리를 내주는 대신 외세를 차지하는 바둑이 된다.

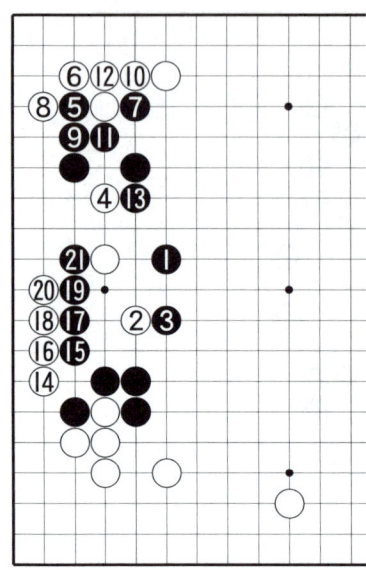

7도

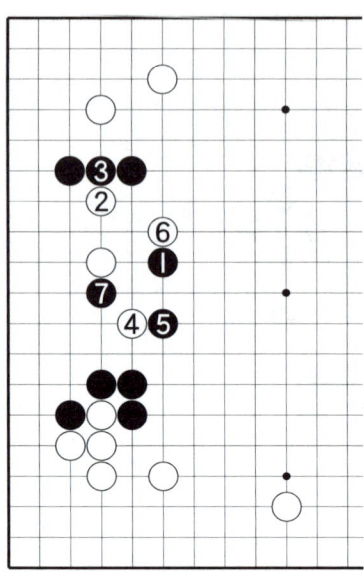

8도

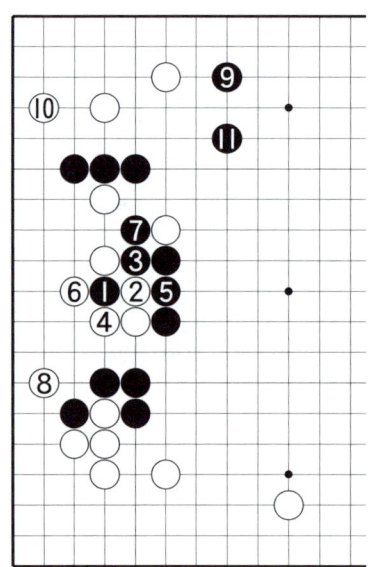

9도

7도(호각)

백2에 흑3을 먼저 받아서는 그림이 달라진다. 흑5·7로 변화해도 백8을 먼저 당하는 게 아픈 모습이다. 이하 흑21까지면 **2도**와는 달리 이번에는 백의 실리가 확실하다. 호각의 갈림.

8도(백2·4, 올바른 수순)

흑1에는 백2로 먼저 들여다보는 게 수순. 그런데 백6의 탈출은 완착. 흑7로 붙여 응수를 보는 게 고등전략.

9도(흑, 두터움)

백2로 차단하면 흑3 이하 백8까지 강요한 후 흑9로 다가서 주도권을 잡는다. 11까지 흑이 두터운 모습이다.

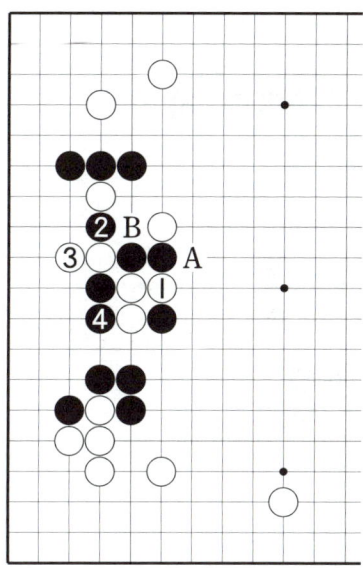

10도

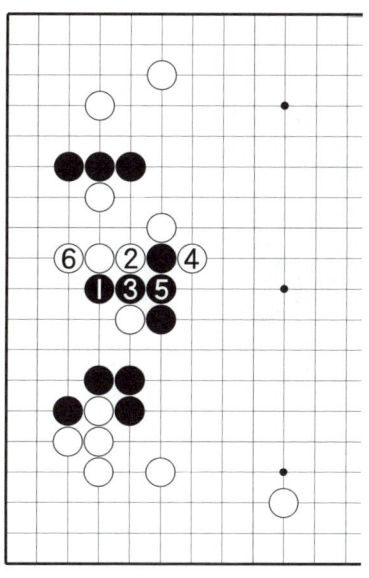

11도

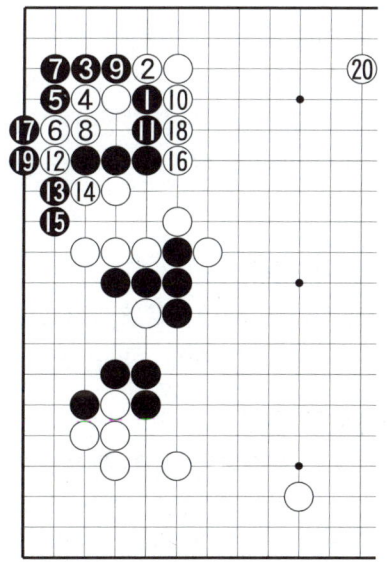

12도

10도(백, 무리)

전도 백4로 본도 1로 뚫고 나가는 것은 흑2로 몰고 4로 물러나면 백이 한 게 없다. 백A에는 흑B로 그만.

11도(접전)

그러므로 흑1에 백은 다른 작전을 생각해야 하는데, 백2가 떠오른다. 백4로 한방 알린 후 6으로 뿌리내리면 어려운 싸움이 예상된다.

12도(호각)

계속해서 흑1·3으로 실리를 탐하는 것은 약간 완착. 이후 정확한 수순에 의해 백20까지 실리와 세력이 어울린 호각의 진행이다

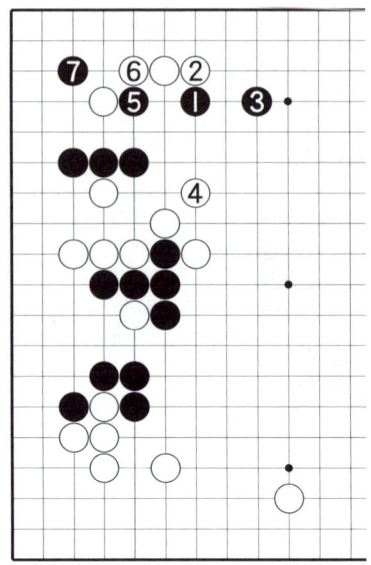

13도

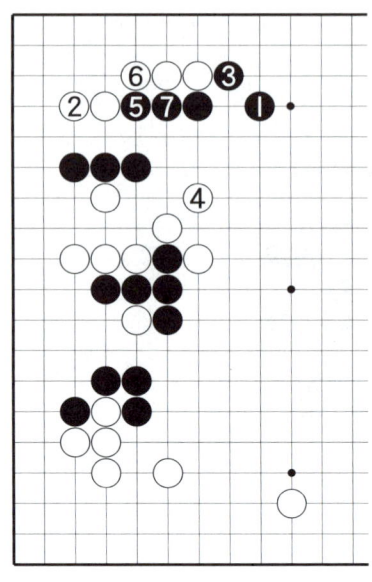

14도

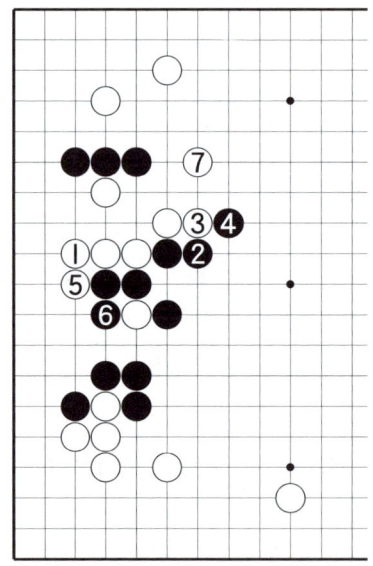

15도

13도(흑, 만족)

흑1로 어깨짚고 3으로 뛰는 행마가 좋은 착상. 백4로 보강하면 흑5·7로 침입해서 전도와 비슷한 양상이지만, 흑3이 백의 세력을 견제하여 흑이 좋은 결과이다.

14도(흑, 두터움)

백2로 귀를 지키는 것도 흑3으로 막아 이하 흑7까지 흑이 두터운 모습.

15도(새로운 변화)

백은 2로 단수치는 것을 생략하고 바로 백1로 빠지는 수도 생각할 수 있다. 백5를 선수하기 위한 수법. 백7까지 새로운 변화가 생기는데—

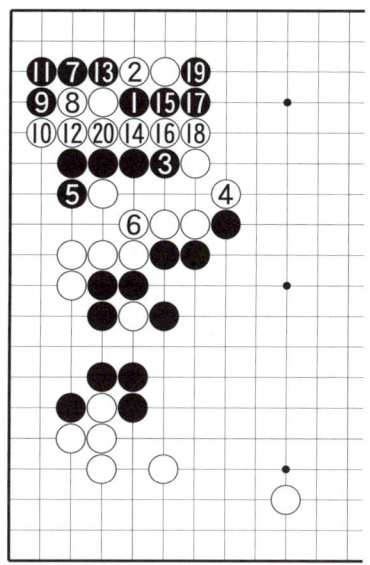

16도

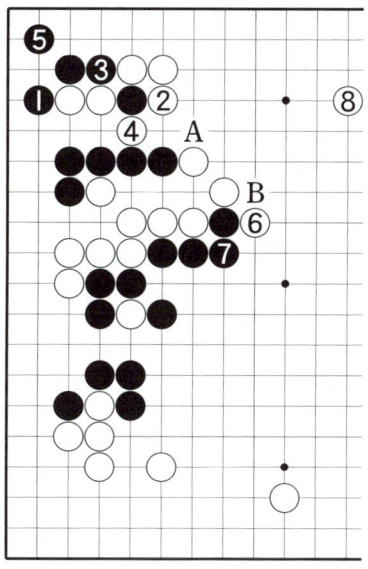

17도

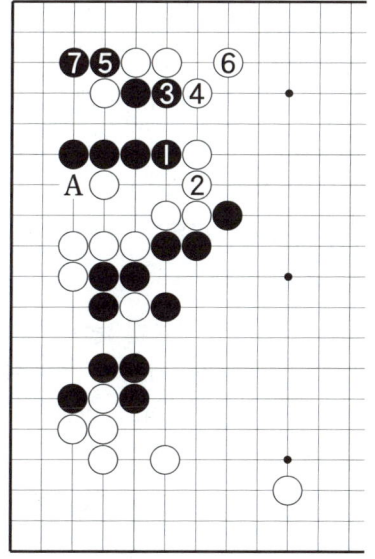

18도

16도(흑, 사석작전)

흑1에 백2로 받으면 흑3 이하 과감한 사석작전을 펼친다. 백20까지 바꿔치기가 되지만, 흑이 나쁘지 않은 모습이다. 흑의 실리가 돋보인다.

17도(백, 단점)

백은 흑1 때 2로 물러나, 이하 백8로 벌릴 수 있어도 A, B 등의 단점이 남아 불만이다.

18도(흑, 충분)

흑1 때 백2로 잇는 것은 흑A의 선수를 방지하기 위한 수법이지만, 이번에는 흑7까지로 실리를 챙겨 충분하다.

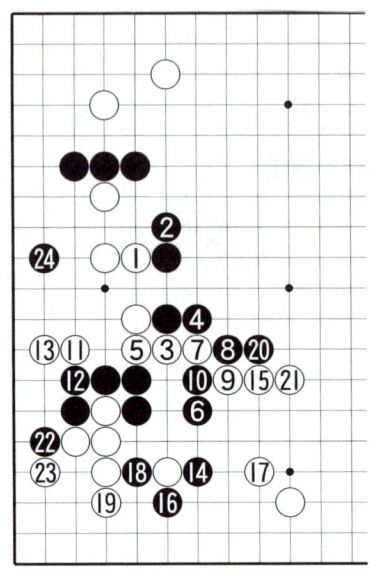

19도

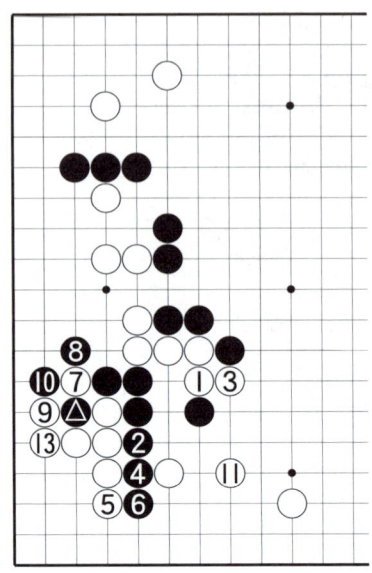

20도 ⑫…△

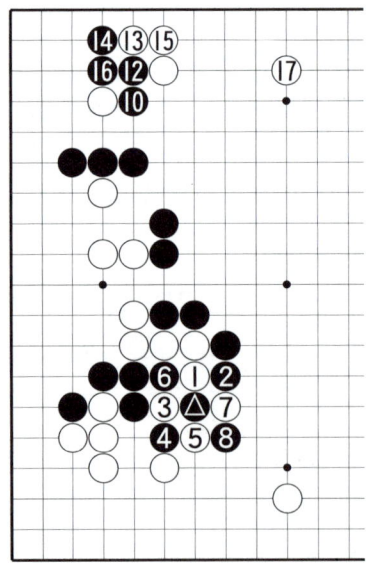

21도 ⑨…③ ⑪…△

19도(백, 불만)

처음으로 돌아와 백1로 치받는 것이 정수며 흑8까지 최선. 백9는 기세가 넘친 수. 흑24까지 최선인데, 다음 백은 쌈지를 떠야 하는데 반해 흑은 백진을 깨며 실속을 차린다.

20도(결론/난해한 싸움)

백1이 정수. 여기서 흑2가 정확한 수순이고, 백3으로 나오면 흑4 이하 백13까지 예상할 때 어려운 싸움이다. 이 정도가 일단 미완의 결론.

21도(흑, 불만)

백1에 흑2로 막는 것은 흑이 걸려든다. 패로 바꿔치기가 되지만, 백17까지면 흑의 손해가 크다.

 **미니 중국식 파생형(1)**

세계적으로 돌풍을 몰고온 미니중국식은 그 다양성이 초반의 정석만큼이나 변화무쌍하여 아직까지 연구되고 있는 포진 가운데 하나이다. 흑5·7의 미니중국식에서 백10까지는 순조로운 진행이고, 이때 흑11의 씌움이 하변 입체화를 위한 상용수법으로, 이후 거듭되는 신수의 시발점이 된다.

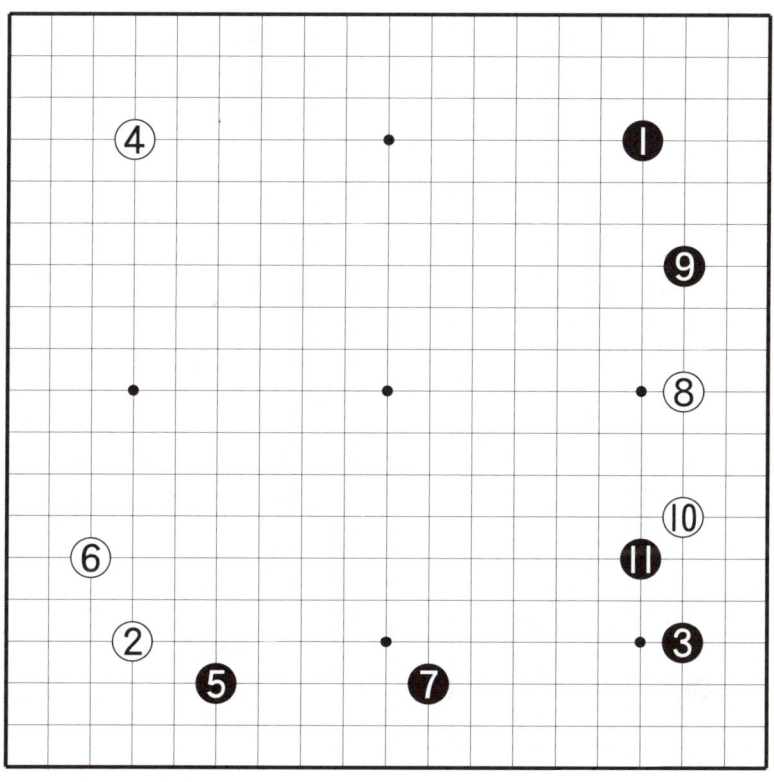

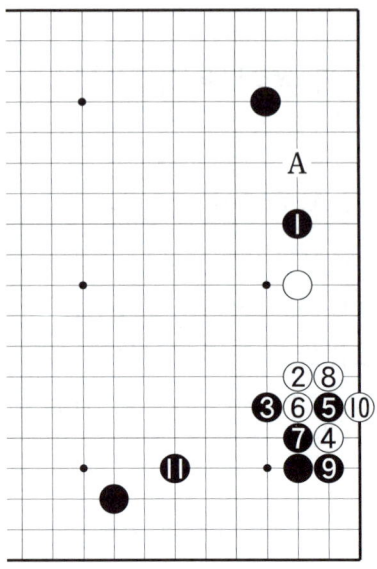

1도

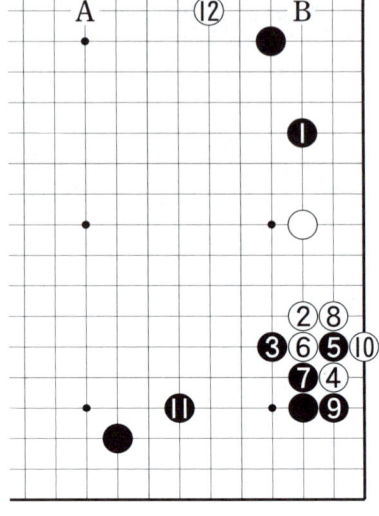

2도

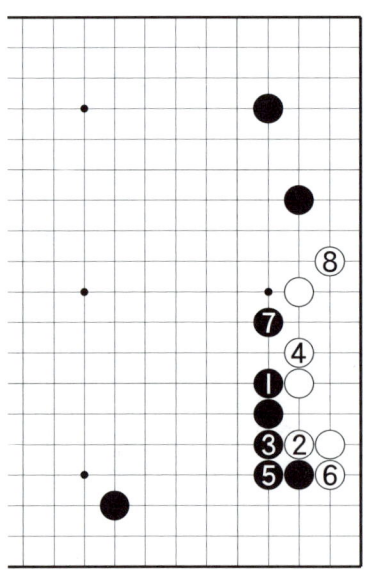

3도

1도(옛정석)

예전에는 흑1로 바짝 압박하고 흑 11까지 되었는데, 지금은 A의 단점이 생겨 슬며시 사라졌다.

2도(신형 결정판)

그래서 흑1로 한칸 좁혀 벌리는 게 등장했다. 흑11까지 된 다음 백은 A로 벌려 B의 침입을 노리거나, 또는 12 로 걸쳐가는 게 좋다. 이것이 98년까 지의 결정판이다.

3도(한때 유행)

흑1로 미는 것도 한때 유행하긴 했 지만, 요즘 추세는 흑 세력보다 백의 실리가 짭짤하다는 평이다.

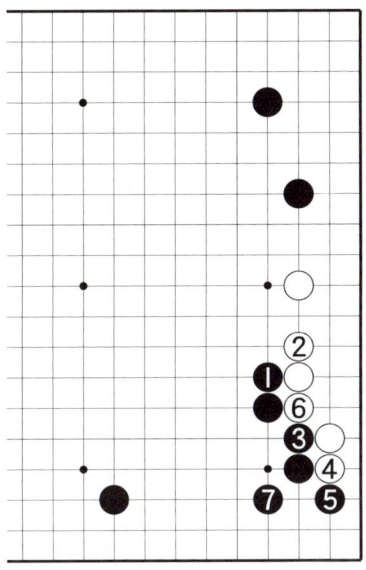

4도

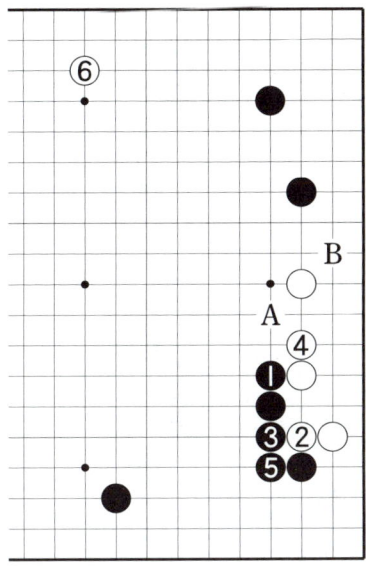

5도

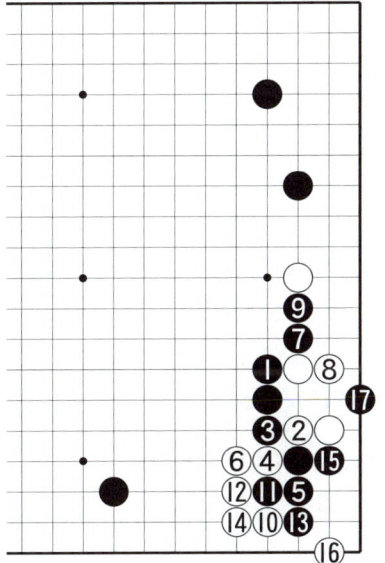

6도

4도(백, 당함)

백이 주의해야 할 것은 흑1 때 덥썩 2로 받아서는 안된다는 점. 이것은 흑7까지 백이 저위로 눌린 모습.

5도(97년 대유행)

따라서 백2가 적시 타이밍이다. 흑5까지 된 후, 백은 상변으로 손을 돌리는 것도 좋다. 다음 흑A에는 백B. 97년 대유행한 한국형 신포석.

6도(정확한 응징)

흑1은 백4의 강수에 대한 대응책이 있어야 하는데, 흑9까지가 정확한 응징수단. 백16이 수상전의 급소지만, 흑17이면 한수 차이로 흑이 빠르다.

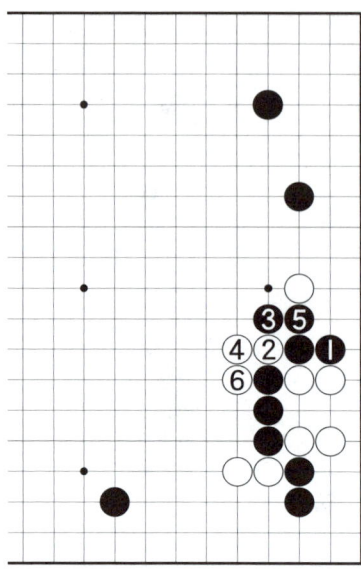

7도

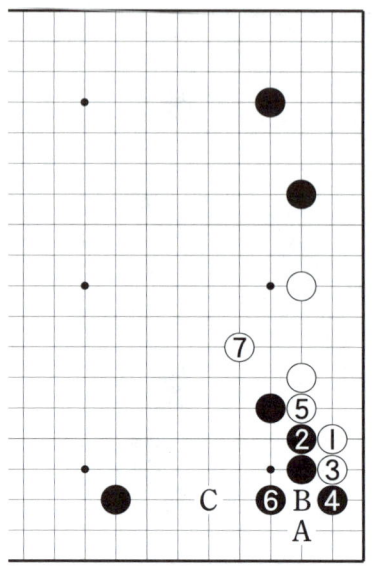

8도

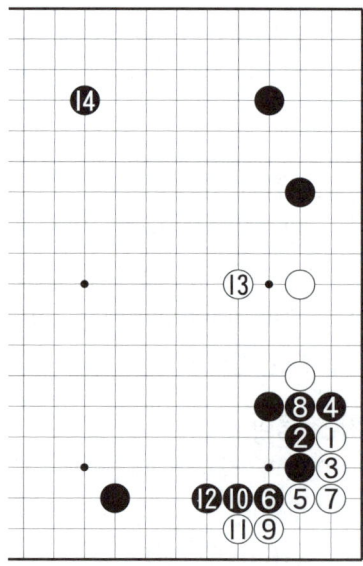

9도

7도(흑, 망함)

전도 흑9로 1에 막았다가는 큰일난다. 백6까지 흑이 완전히 망한 모습이다.

8도(96년 버전)

백1 때 흑2도 생각해볼 수 있는 점이지만 백3의 타이밍이 좋아 백7까지 흑이 안좋다는 평가. 나중에 백A, 흑B, 백C의 노림이 있다. 96년에 유행한 버전이다.

9도(흑의 세력작전이지만)

그렇다고 흑4로 저항하는 것은 더욱 실속이 없다. 백의 실리에 비해 흑의 두터움이 떨어진다.

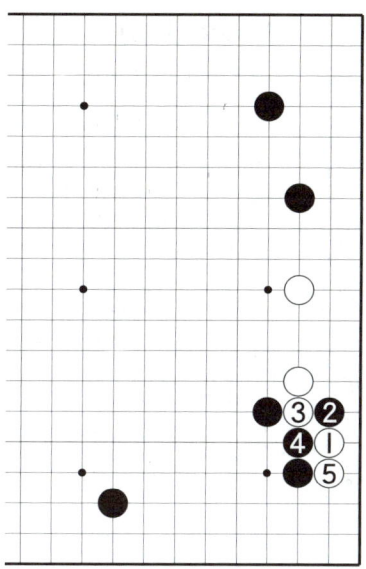

10도

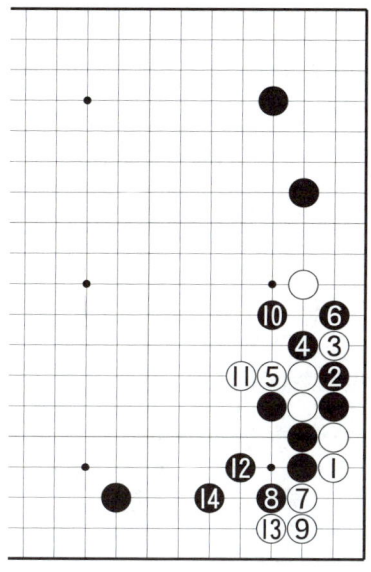

11도

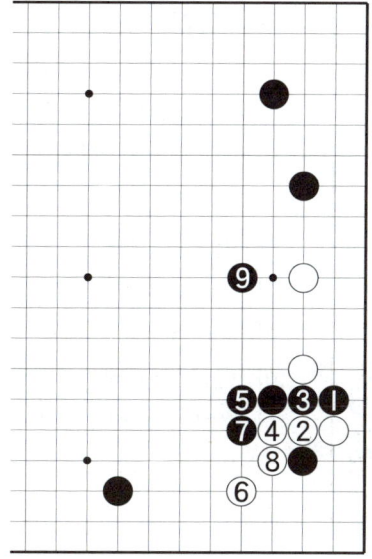

12도

10도(백의 반발)

그러므로 백1에는 흑2로 붙여가는 게 완결편으로 굳어가는데, 여기서 백5의 반발은 어떨까?

11도(백, 무리)

백은 고작 귀에서 사는 정도인데, 흑10까지 우변의 실리와, 흑14까지 중앙 백을 공격하는 흑의 즐거움이 이만저만 아니다.

12도(백, 불만)

백2로 반발하는 것도 별 게 없다. 귀의 실리를 차지하긴 했지만, 흑9의 요처를 당해 백의 불만이다.

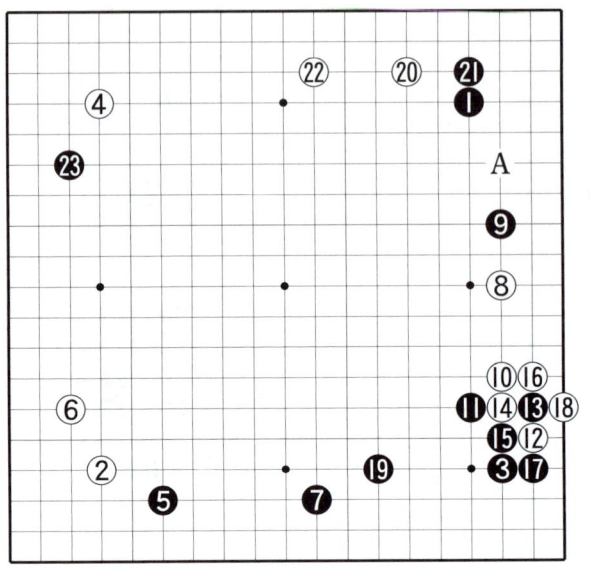

13도

13도(실전례1)

98년 연감(年鑑) 배달 왕기전 도전 제4국에는 흑13이 신수이며 흑19까지 미완의 결과로 기록되어 있다.

하지만 2002년 현재, 이 결과는 흑의 실리가 좋지만 백도 A의 침입을 노려 서로 불만 없는 모습이라고 결론이 나와 있는 상황이다.

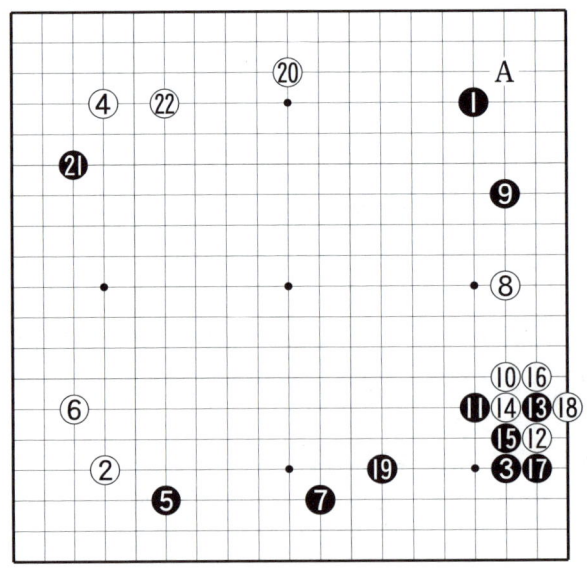

14도

14도(실전례2)

이 장면에서는 흑9로 다가서도 전도와 같은 진행이 되었다는 점이다.

99년 연감에 나와 있는 이 실전례는 언뜻보면 흑이 좋아보이지만, 여전히 우상귀 A의 맛이 있어 현대에 와서는 이 형태가 모범포석으로 인정받고 있다.

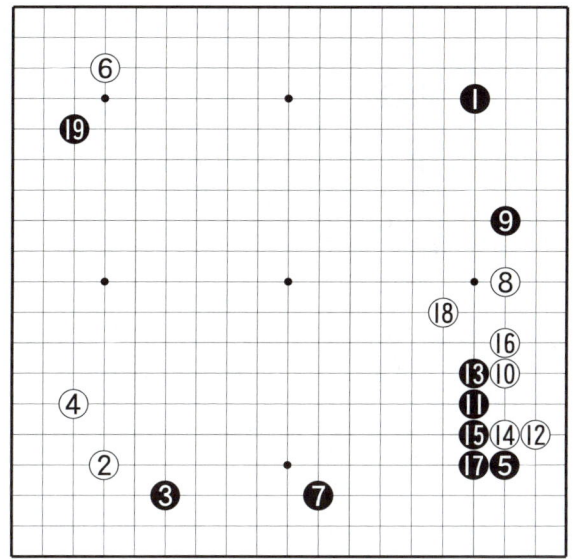

15도

15도(실전례3)

이번에는 흑9와 13을 유의해서 봐야 한다. 흑 17까지 된 후 백18이 대 세점인 것이다. 흑19로 걸치며 이것도 하나의 유 행처럼 실전에서 두어지 고 있다. 그런데—

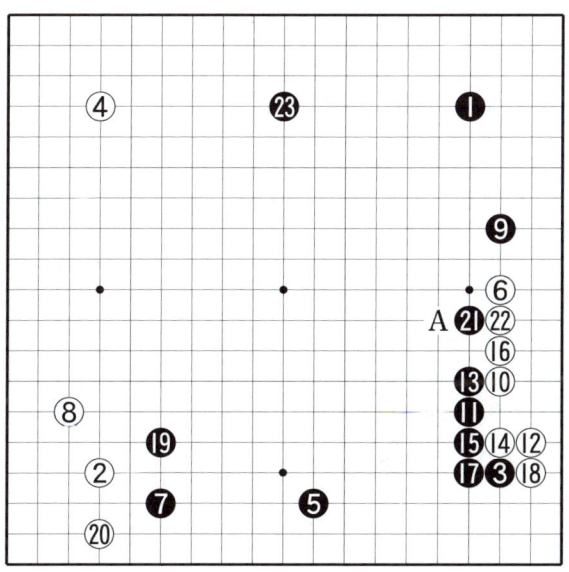

16도

16도(실전례4)

제10회 후지쯔배에서 이창호 9단(백)과 중국 의 저우 허양 8단과의 대 국이다.

흑9에 있을 때는 백18 은 좋지 않다고 되어 있 다. 흑21의 한방이 너무 아프기 때문이다. 그러므 로 백18은 A로 뛰는 게 정수!

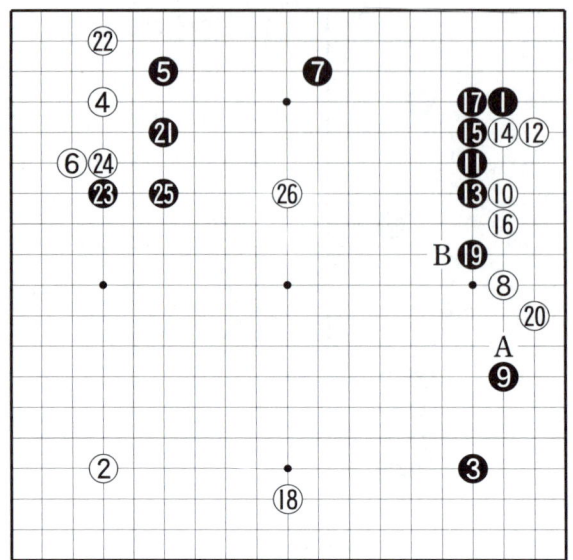

17도

17도(실전례5)

여기선 흑9와 백18의 손뺌이 눈에 들어온다. 흑9가 A에 있을 때는 백 18로 B에 뛰는 게 요처 로 되어 있다. 하지만 흑 9이므로 백은 앞에서 배 운대로 손뺄 수 있는 게 자랑이다. 백26까지 이 것도 한판의 바둑.

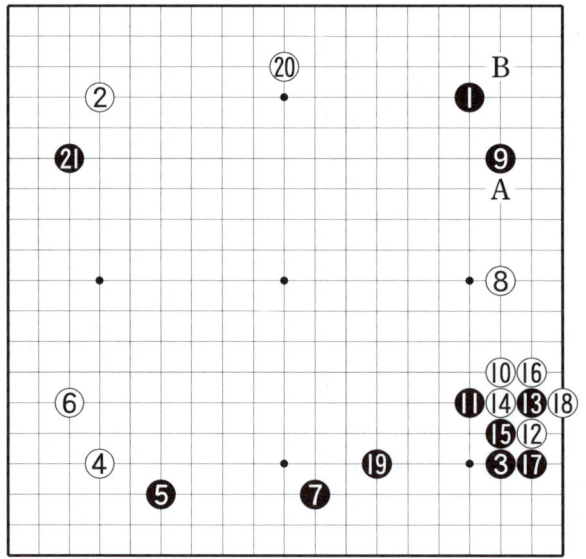

18도

18도(실전례6)

흑9로는 A로 벌리는 게 한동안 유행하다가 어 느 순간 B의 침입을 당 하고부터 이렇게 날일자 로 벌리는 수가 등장했 다. 흑19까지 될거라면 흑9가 A에 있는 것보다 는 더 낮다는 이론. 흑 21까지 이것도 잘 어울 린 바둑이다.

이 모양에서의 가장 최 신판.

 **미니 중국식 파생형(2)**

실전에서 나온 모양. 이번에는 백1에 흑2로 우직하게 막는 신수법이다. 어떻게 보면 일단 활용당한 모습같은 흑2가 상당히 유력한 신형들을 유발시키는데, 이후 백의 대응에는 어떤 수단들이 있을까?

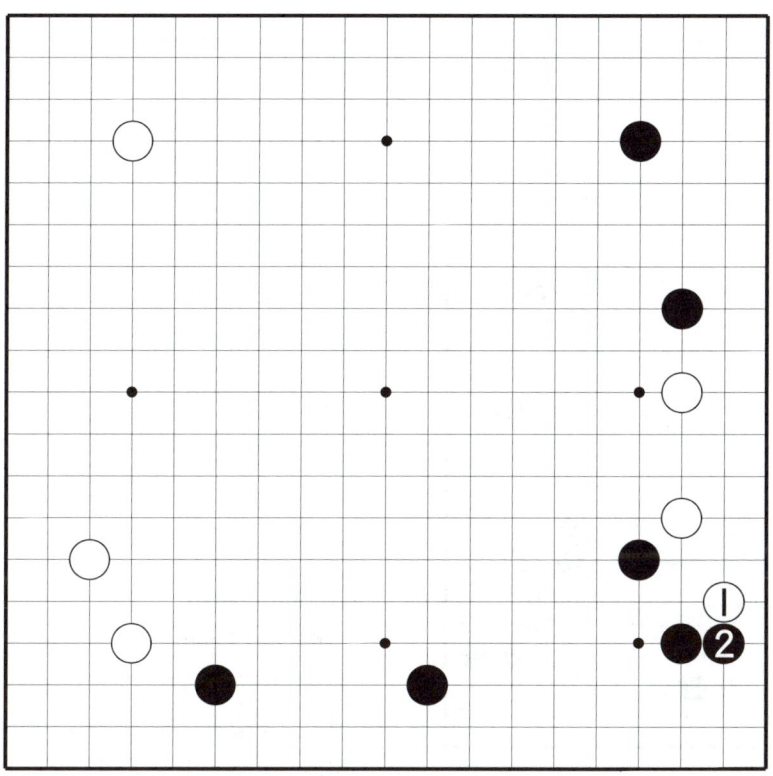

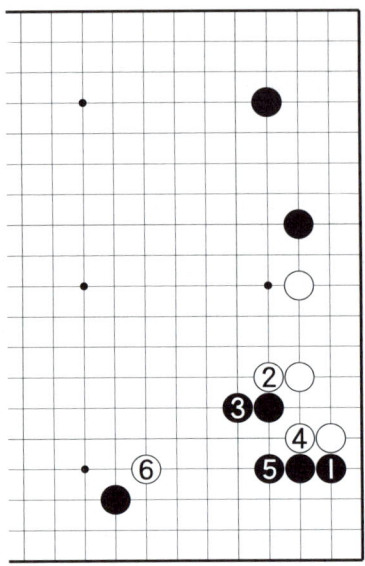

1도

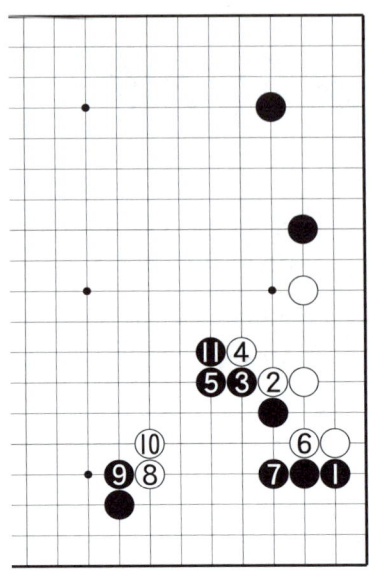

2도

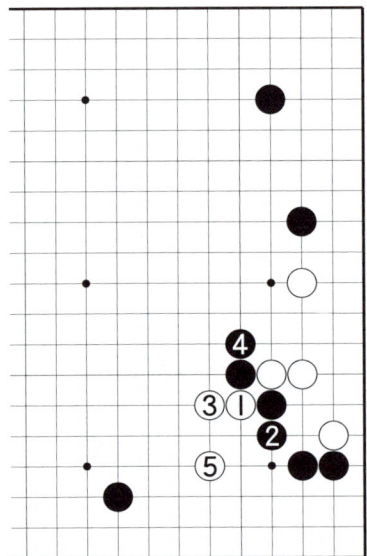

3도

1도(흑, 불만)

백2는 기세. 이때 흑3으로 물러나는 것은 패기부족이다. 백6의 삭감으로 흑이 당한 모습.

2도(흑의 강수)

백2에는 흑3으로 강렬하게 젖혀 가는 게 좋다. 백8의 삭감에도 이번에는 흑11이 힘차보인다.

3도(흑2, 완착)

백1의 끊음이 최강의 대응인데, 여기서 흑2는 너무 행마법에만 치우친점. 백3에 흑4로 뻗을 수밖에 없고, 이때 백5면 하변 흑집이 깨진다.

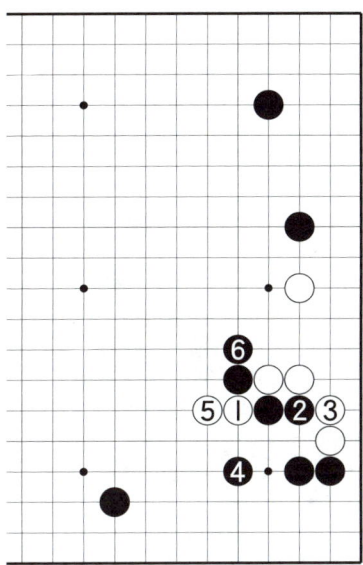

4도

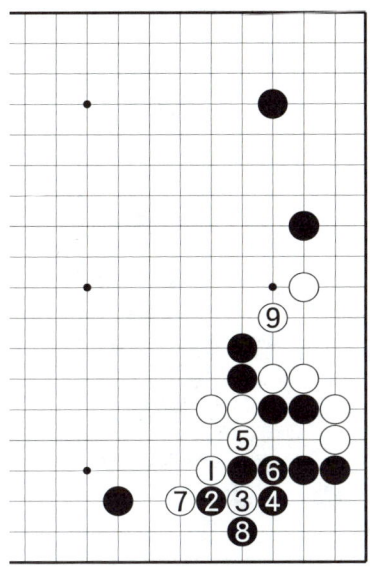

5도

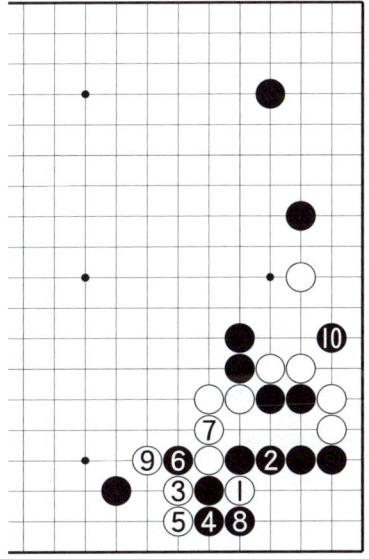

6도

4도(흑, 바른 행마)

흑2·4가 바른 행마. 흑6까지 이것은 흑이 활발한 모습이다. 계속해서—

5도(흑4, 실착)

백1·3이 강수. 여기서 흑4는 실착으로 5·7을 선수한 다음 백9에 손이 돌아와 이것은 백이 활기차다.

6도(흑10, 통렬)

백1의 끊음 때 흑2로 가만히 뻗어 두는 게 호착. 이하 백9까지 되고 흑은 10의 침입을 노린다.

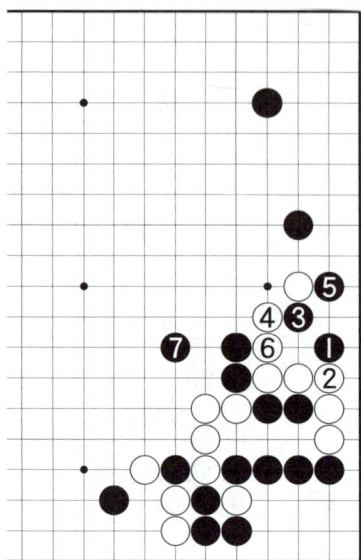

7도

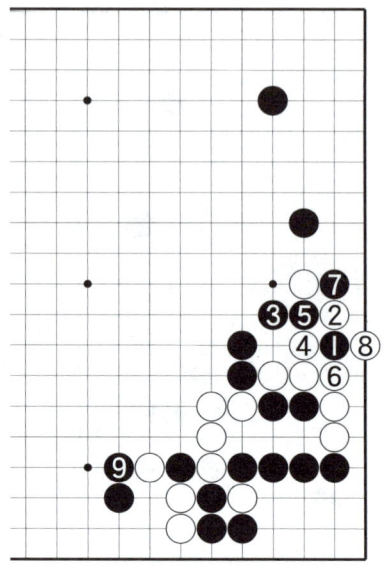

8도

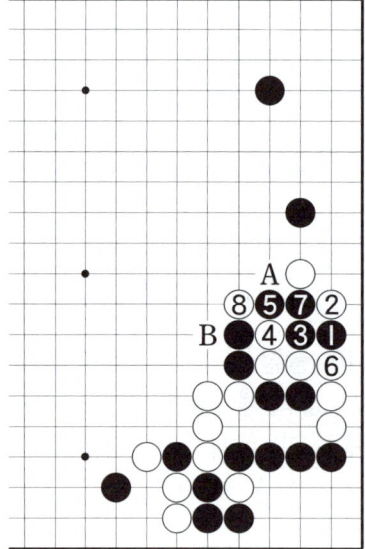

9도

7도(백, 곤란)

무심코 백2로 이었다가는 백이 곤란해진다. 흑5 다음 7로 뛰게 되면 백만 들뜬 모습이다.

8도(흑, 활발)

백2로 받는 게 정수. 흑도 3으로 물러서는 게 최선이지만, 흑9에 손이 돌아온 흑이 활발하다.

9도(흑, 주의할 점)

백2에 흑3으로 수를 줄여가는 것은 욕심이다. 백8까지 되고 나면 A와 B가 눈에 들어와 정신이 번쩍 들 것이다.

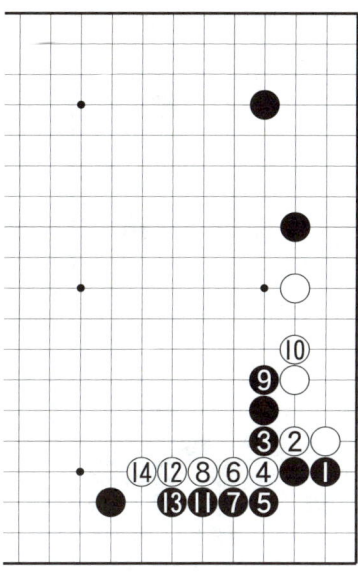

10도

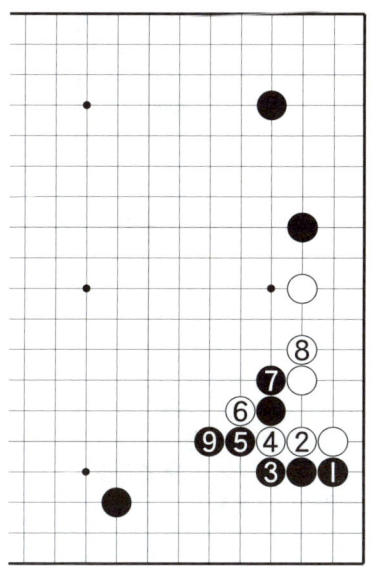

11도

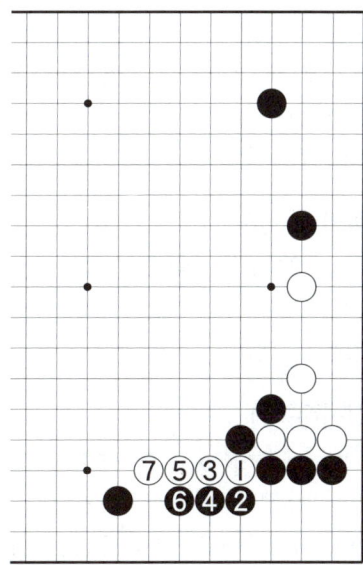

12도

10도(흑3, 실착)

애초 흑1 때 백2가 강렬하다. 이때 생각없이 3에 막는 것은 실착. 백4에 끊겨 곤란하다. 흑5 이하로 밀 수밖에 없는데, 자체로 악수이기 때문.

11도(흑3, 정수)

흑3으로 한번 늦추는 게 중요하다. 백6에 끊으면 흑9까지 이것은 흑의 실리가 짭짤하다.

12도(흑, 저위)

백1쪽에서 끊는 게 마지막 고비인데, 여기서 흑2 이하로 모는 것은 어처구니 없는 완착이다.

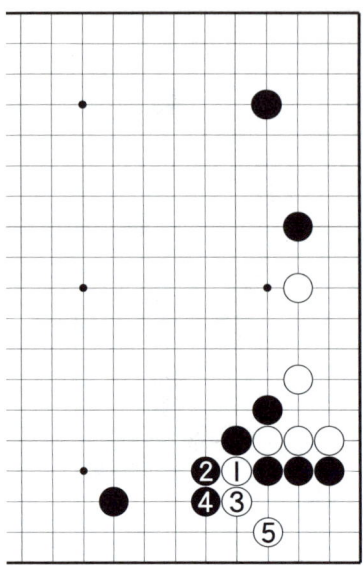

13도

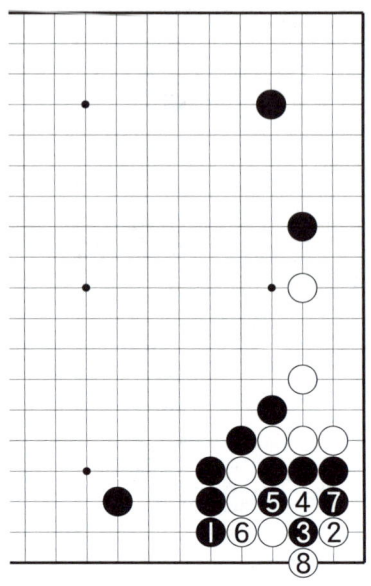

14도

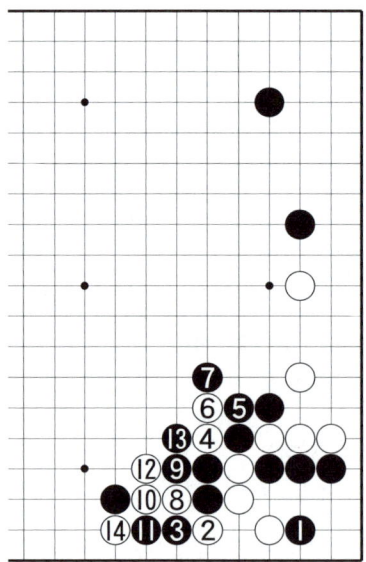

15도

13도(오직 이 한수)

흑2로 모는 것이 오직 이 한수의 곳이다. 백5가 행마법이고, 이후 흑의 다음수가 주목된다.

14도(백의 꽃놀이패)

흑1은 백의 주문. 백2로 뛰는 순간 백을 그냥 잡는 수는 없다. 백8까지 흑 진영에서 백의 꽃놀이패.

15도(실전진행1)

실전은 흑1로 붙였고 이 수가 최선의 대응. 백8로 끊어 흑13까지의 진행은 필연이다. 다음 백14의 끊음이 호수순. 계속해서—

174

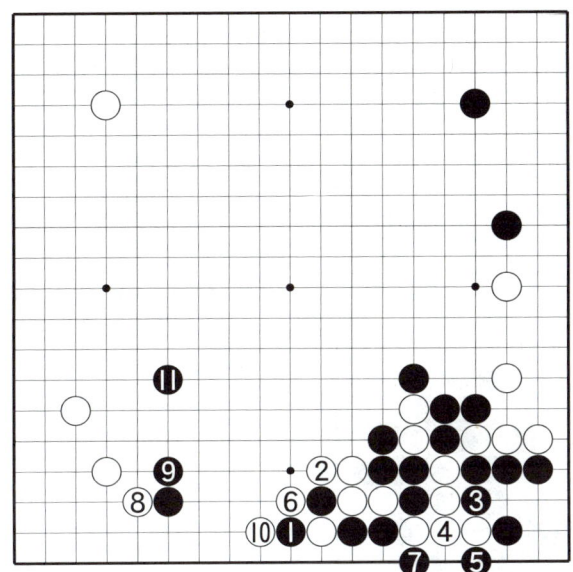

16도

16도(결정판1/어려운 싸움)

흑1은 이 한수이고, 여기서 백2로 몰았을 때 흑은 어떨까? 다음 흑3 이하로 조여가는 것이 중요한 수순이고, 백도 8로 흑을 무겁게 한 다음 10으로 흑 한점을 침착하게 잡아두는 것이 요령이다. 흑11까지 어려운 싸움이 예상되지만, 서로 둘 만한 모습이다.

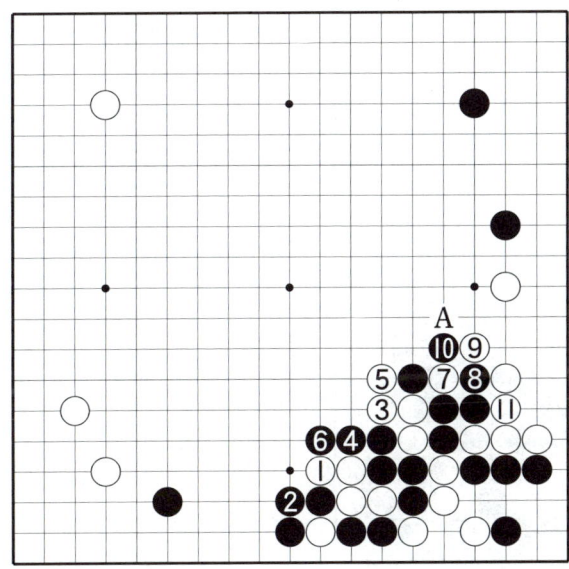

17도

17도(회돌이축)

주의할 점은 백1로 몰았을 때 흑2로 받는 것이다. 이렇게 받았다가는 바둑이 여기서 끝장난다.

흑6까지 어쩔 수 없을 때 백7 이하 11에 모는 것으로 축! 다음 흑이 7의 곳에 이으면 백A.

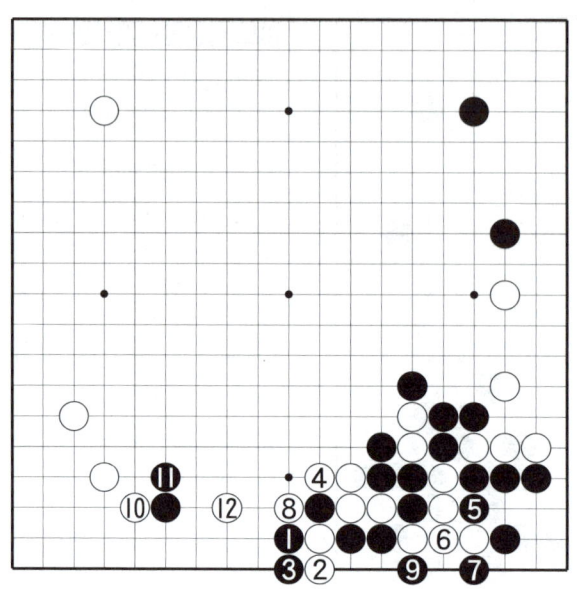

18도

18도(백, 이득)

흑1 때 백2는 일단 흑의 응수를 묻는 작전. 백4 이후 **16도**와 같이 진행된다고 가정할 때, 이 결과는 백12를 차지한 백이 **16도**보다 약간 이득이다.

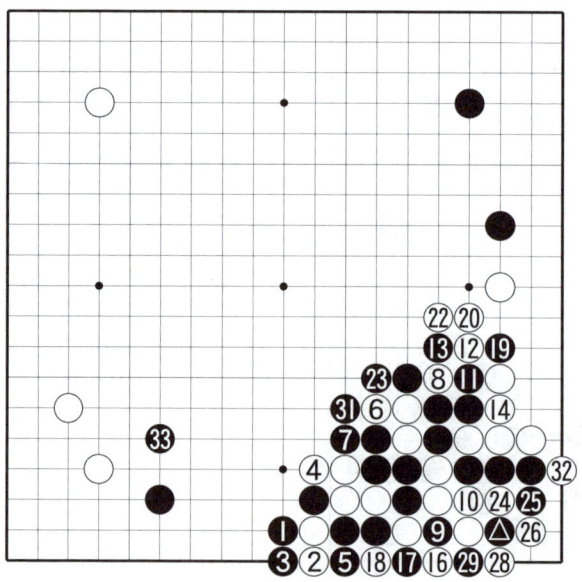

19도　⑮…⑧　㉑…⑰　㉗…⑨　㉚…⦿

19도(실전진행2)

15도 이후 계속되는 경과도이다. 백4에 흑5로 따낸 것이 전도와 다른 진행이며, 당연한 반발이다. 이하 패의 과정을 지나며 흑33까지 복잡하게 진행되었고, 이 결과는 흑이 약간 두텁다는 결론이다.

그러므로 백은 **16도**의 수순이 무난.

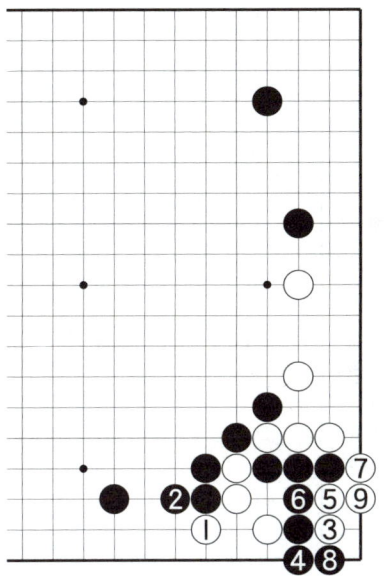

20도

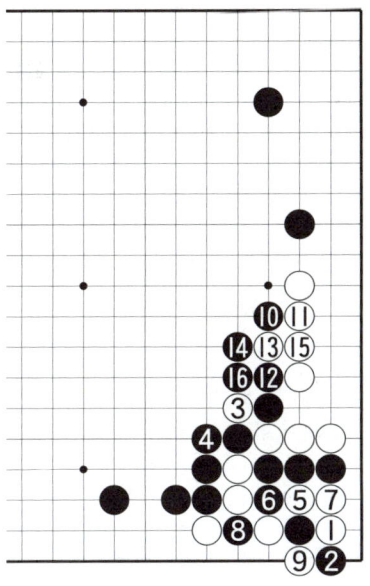

21도

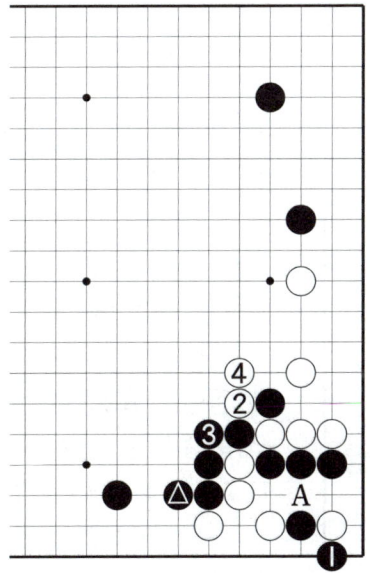

22도

20도(꽃놀이패)

처음으로 돌아와, 백1에 흑2의 빈 삼각은 어떨까? 백3이 맥점, 흑4는 실착이고, 이것은 흑이 잘해봐야 9까지 백의 꽃놀이패가 된다.

21도(백, 무리)

흑2가 정수. 이때 백이 당장 움직여 수를 내는 것은 좋지 않다. 흑16까지 흑이 두터운 모습이다.

22도(결정판2/간명책)

백은 A의 맛을 보류하고 2·4로 흑한점을 잡아두는 게 두텁다. 흑도 큰 불만은 없는 간명책.

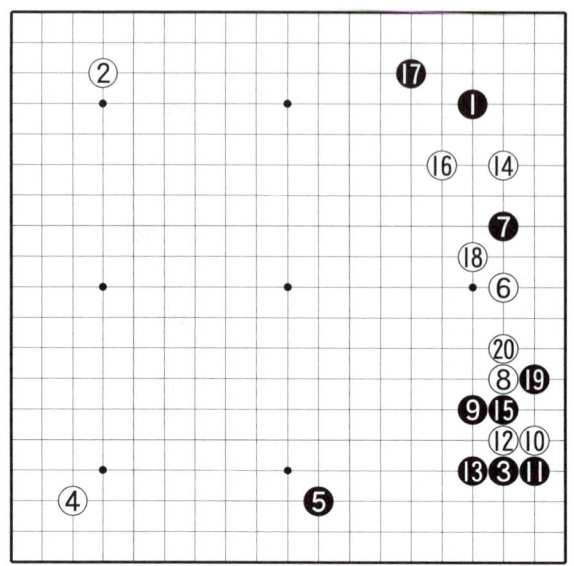

23도

23도(실전례)

흑13까지는 지금까지 배워온 진행이고, 여기서 백은 손을 돌려 14로 우상귀에 뛰어든 장면이다. 이때 흑15가 완착. 백18까지 우변을 제압한 백이 두터운 모습이다.

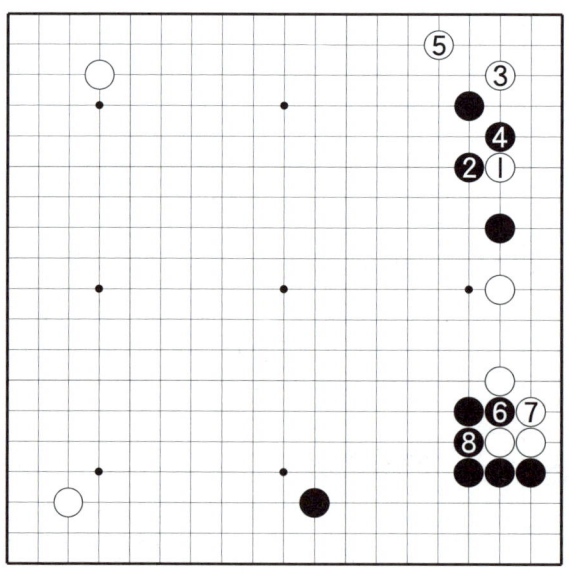

24도

24도(흑, 두터움)

백1에는 흑2로 받아두는 게 좋았다. 백5까지 우상귀가 결정되고 난 후, 흑6·8을 결정해도 늦지 않았다.

이 그림은 흑이 약간 두터운 모습이다.

지금까지의 결과로 볼 때 장면도 흑2(23도 흑11)는 유력한 신수이며, 11도 백2 때 흑3으로 뻗는 수를 함께 기억해야 한다.

 ## 미니 중국식 파생형(3)

미니중국식의 정형화된 틀에서, 지난 형에서는 A로 씌워 그 이후에 일어나는 변화를 집중 검토했는데, 이번에는 흑1로 강하게 압박하여 능률을 추구한 신수에 대해 살펴보기로 한다.

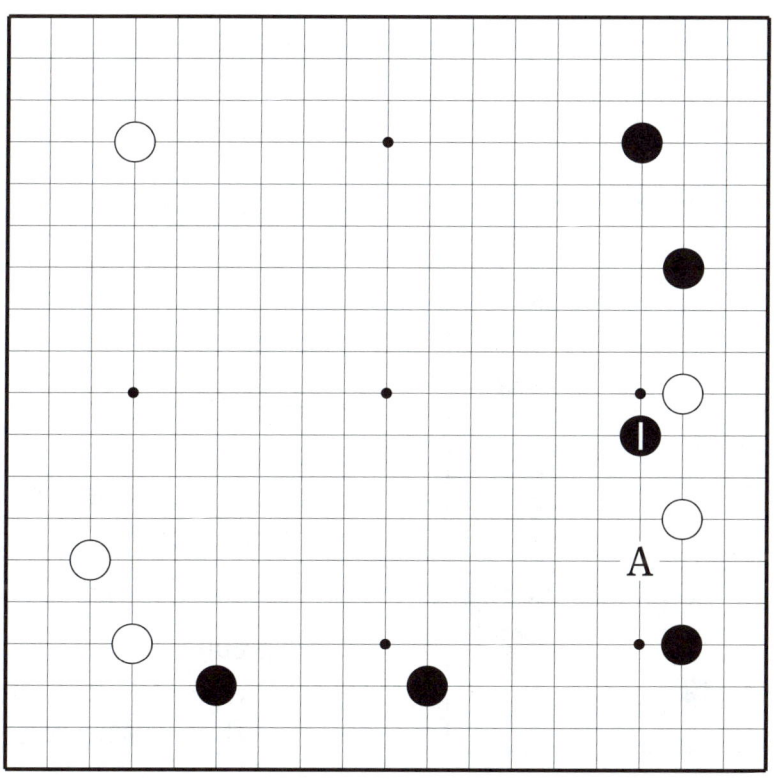

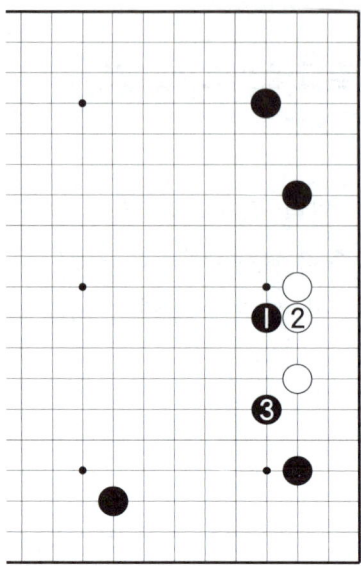

1도

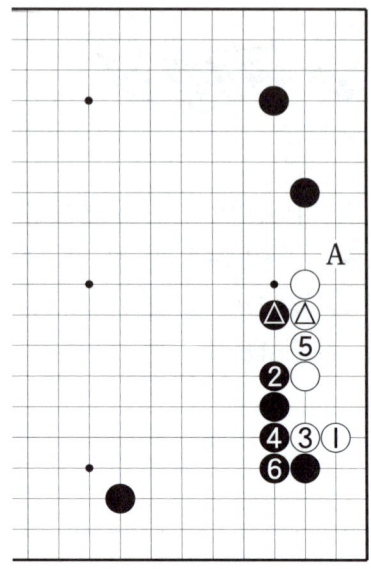

2도

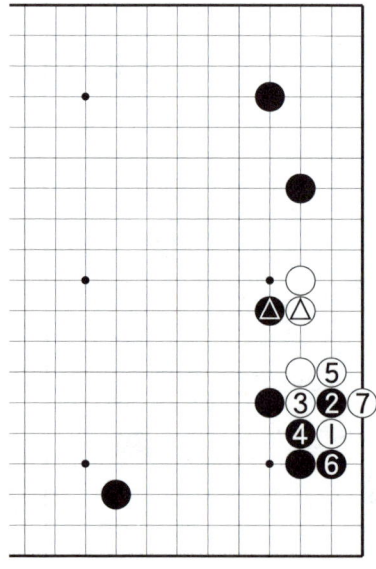

3도

1도(신수의 의미)

흑1·3의 의미에 대해 먼저 알아둘 필요가 있다. 백이 자칫 당할 수 있는 모양이다. 먼저―

2도(흑의 주문)

백1이 바로 흑의 주문이다. 흑2 이하 6까지 된다면, 흑❸와 백△의 교환은 흑의 이득이다. 보통이면 백△로는 A에 받는 것이 낫다.

3도(대동소이)

흑2로 건너붙여도 2도와 비슷하다. 백7까지 된 후, 흑❸와 백△의 교환은 흑이 기분좋은 모습이다.

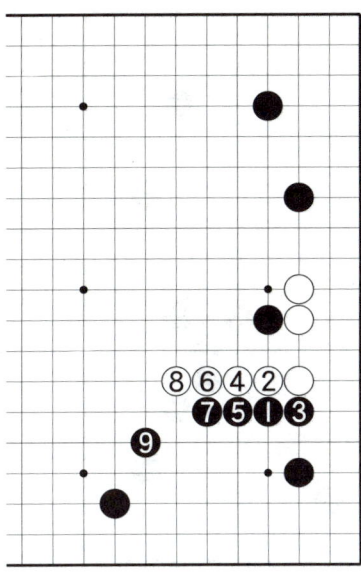

4도

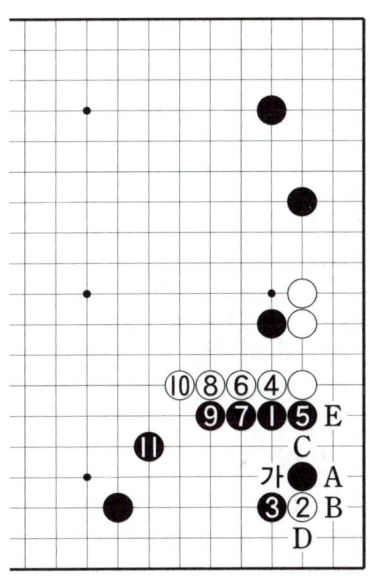

6도

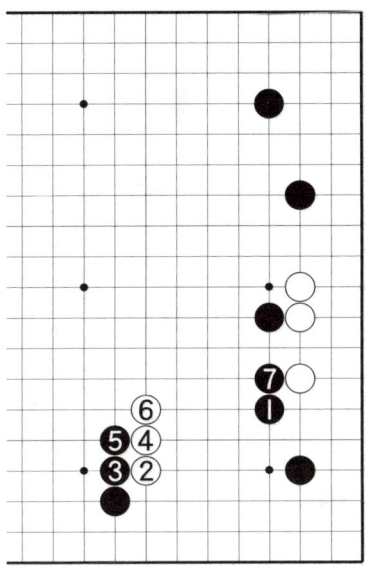

5도

4도(흑, 만족)

그렇다면 흑1 때 백2로 밀고 나오는 것은 어떨까? 이것 역시 흑이 바라는 바다. 흑9까지 흑집이 방대하다.

5도(백, 성급한 삭감)

그렇다고 흑1에 백2로 당장 삭감에 들어가는 것은 흑7의 곳이 너무 아파 백이 한 게 없다.

6도(백의 활용)

어려운 부분이지만 백2의 응수타진이 교묘하다. 순순히 흑11까지 응수하면, 향후 백은 A부터 E까지 끝내기하는 맛이 있어 둘 만하다. 따라서 흑5로는 **가**에 잇고 백8로 뛰는 변화도 있는데, 전혀 다른 국면이다.

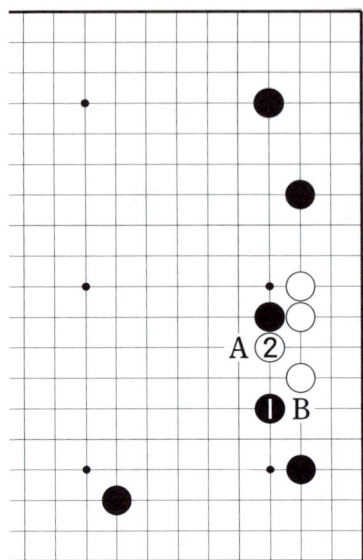

7도

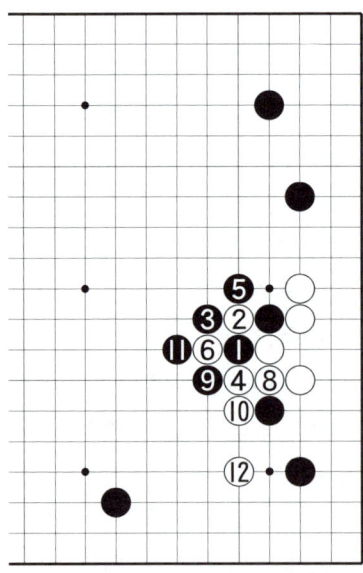

9도　　　　　❼…②

7도(한국형 신수)

　백2가 고심끝에 찾아낸 한국형 신수. 이후 흑의 응수는 A와 B, 그리고 손빼는 정도이다.

8도(결정판1/호각)

　흑은 ▲ 한점을 희생으로 흑6까지 우하 일대에 큰 집을 구상하고, 백은 우변을 확실히 안정했다는 것으로 일단락이다.

9도(백의 반발)

　백4의 반발이 그럴듯해 보인다. 이때 흑7로 잇는 것은 나약한 수. 백12가 좋아 흑이 당한 모습이다.

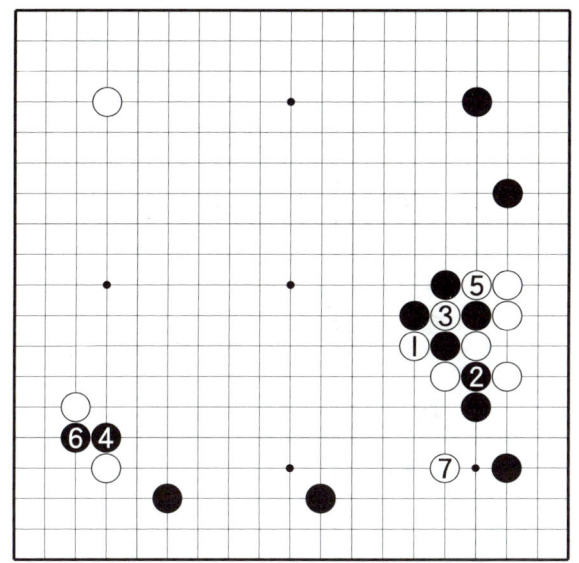

10도

10도(흑, 충분)

백1의 단수 때 흑은 2로 끊어가는 것이 강렬한 수법이다. 패싸움이 되지만, 좌하귀를 뚫은 흑이 깔끔한 모습이다.

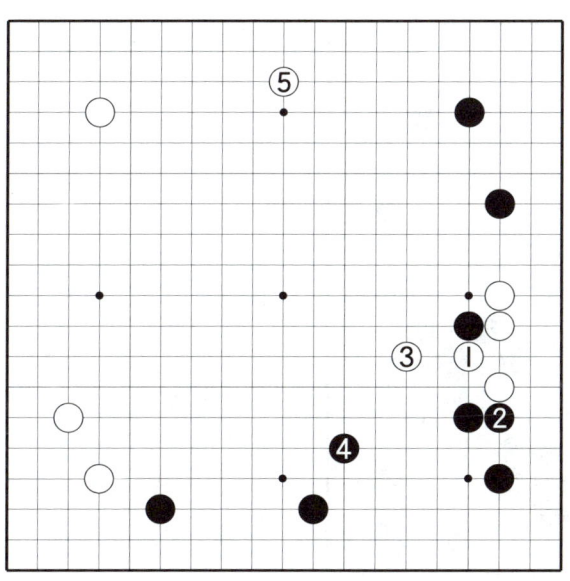

11도

11도(결정판2/흑, 가능)

백1 때 흑2로 막아 실리를 중시하는 것도 유력한 수법이다. 백3으로 지키고 흑4까지 일단락된 모습이다.

우하 흑귀에는 향후 뒷맛이 있어 백도 충분히 둘 수 있다.

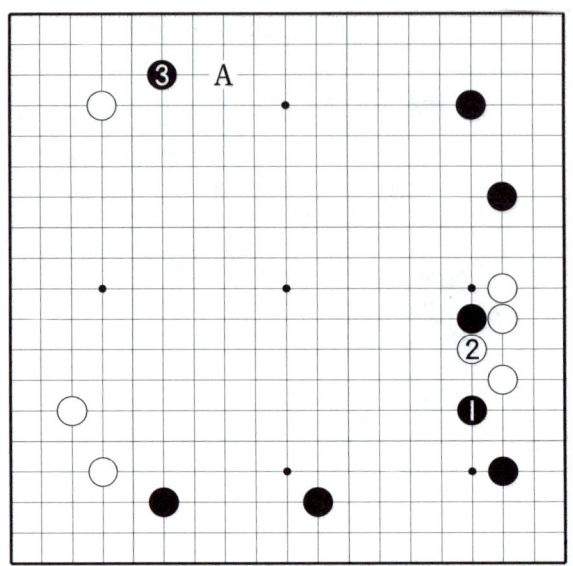

12도

12도(손빼는 작전)

흑의 작전 가운데 하나는 백2 때 손을 빼는 것이다. 손을 뺀다면 지금 장면에선 흑3 정도로 걸치는 게 가장 큰 자리이고, 백의 다음 수는 A 등으로 협공하는 정도이다.

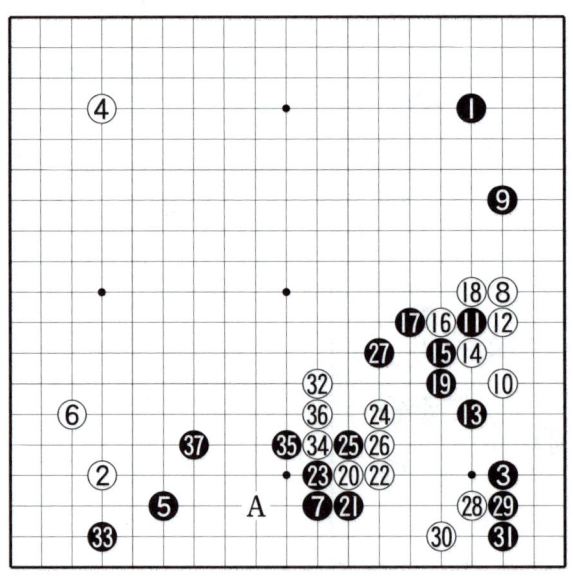

13도

13도(실전례1)

이창호 9단(흑) 대 중국의 창 하오 9단의 대국이다.

흑19까지는 앞에서 배운 일반적인 진행인데, 백20이 약간 성급한 수. 흑37까지 하변의 실리를 확실히 챙긴 흑이 좋아 보인다는 결론이다.

백20은 A로 갈라쳐 가는 게 보통이다.

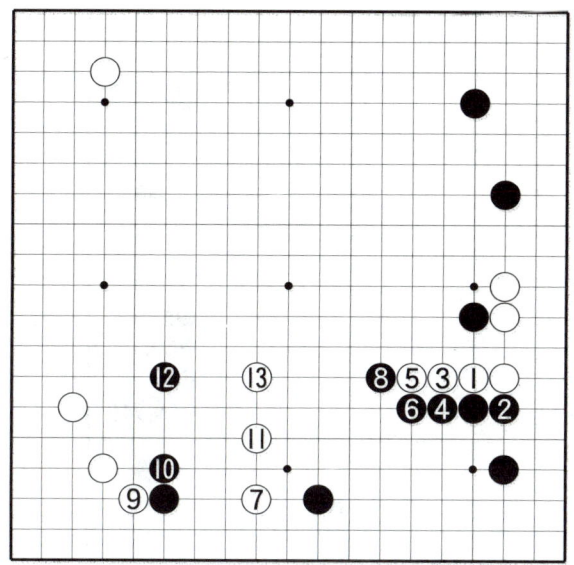

14도

14도(실전례2)

이세돌 3단(흑) 대 중국의 창 하오 9단의 대국이다.

백1로 밀어가는 것은 흑에게 실리를 굳혀주어 좋지 않다는 것인데, 백7이 변신. 백13까지 이것도 한 판의 바둑이다.

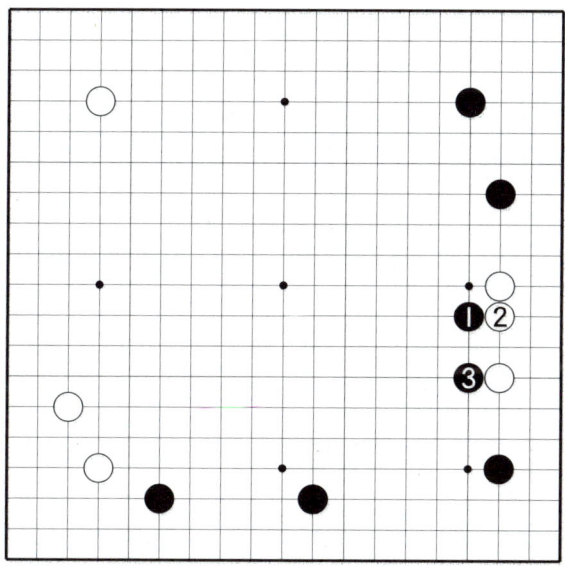

15도

15도(버전업 신수)

흑3은 백2를 기다리기라도 한 듯, 새롭게 변신한 수. 1도에 비해 버전업된 신수이다. 언뜻 보면 흑의 단점이 많아 잘 안될 것 같지만 의외로 만만치 않다.

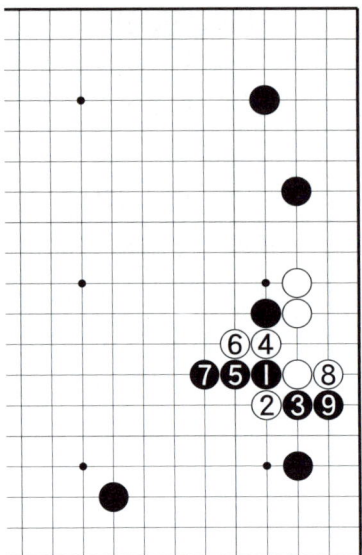

16도

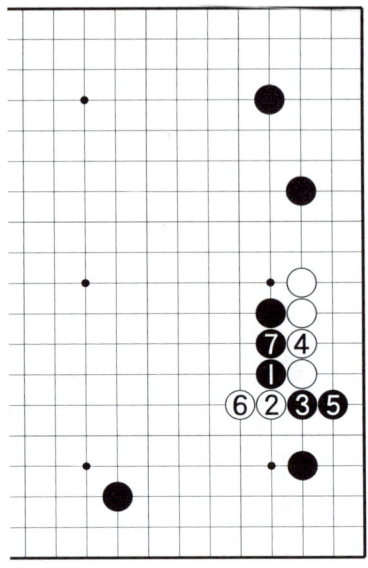

17도

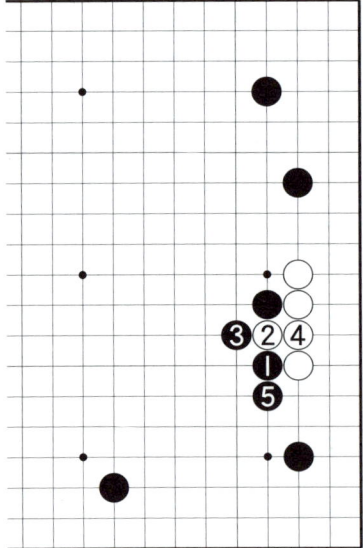

18도

16도(백, 무리)

한눈에 들어오는 수가 백2의 젖힘. 하지만 결론부터 얘기하면 백의 무리, 흑9까지면 우하 흑집이 돋보인다.

17도(역시 백은 나쁘다)

백4로 잇고 버티는 것도 좋지 않은 점은 **16도**와 대동소이. 흑7까지 되면 백은 우변과 중앙 두 곳이 아직 미생이다.

18도(백, 당함)

먼저 백2·4로 끼워 이어도 흑5면 백은 별 게 없다. 일단 흑에게 활용 당한 모습이다.

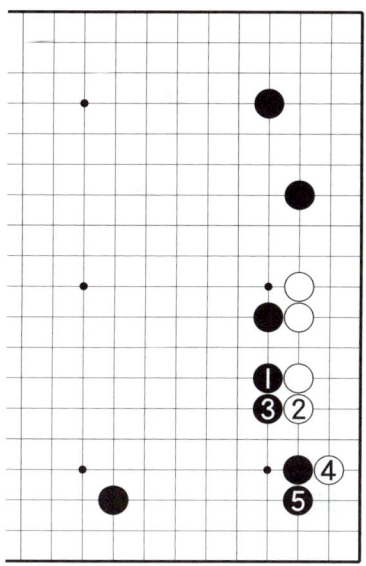

19도

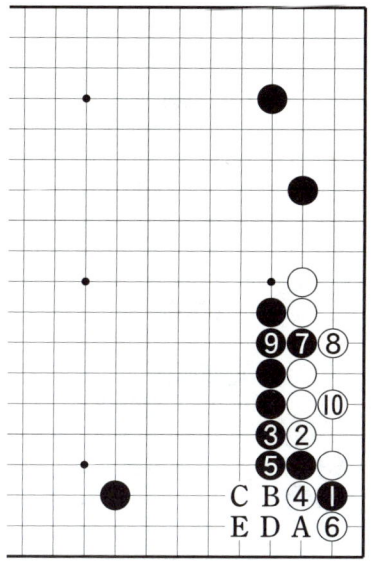

20도

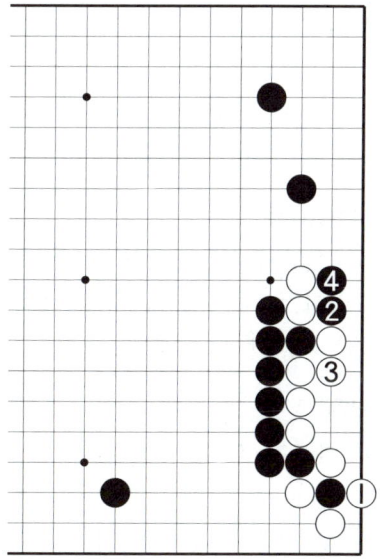

21도

19도(백2, 정수)

백2로 가만히 느는 게 최선이자 정수이다. 다음 백4는 안정을 서두른 점이고 흑5로 받아준다면, 백은 하변 삭감이거나 큰 곳에 손을 돌려 일단락.

20도(백, 당함)

전도 흑5로 본도 1로 강하게 받는 수도 있다. 이하 흑7·9가 긴요한 수순이고, 이때 백10은 향후 흑A부터 E까지 당하는 맛이 있어 약간 불만.

21도(결정판3/호각)

그러므로 백1로 따내는 게 기세. 흑4까지 백 두점이 끊기지만, 하변 상황이 달라져 백도 충분. 좀더 연구가 필요하지만, 이 모양에서의 결정판.

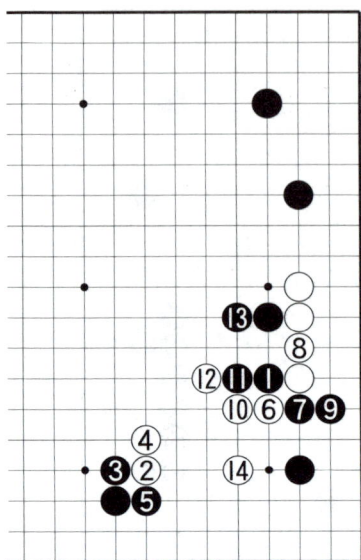

22도

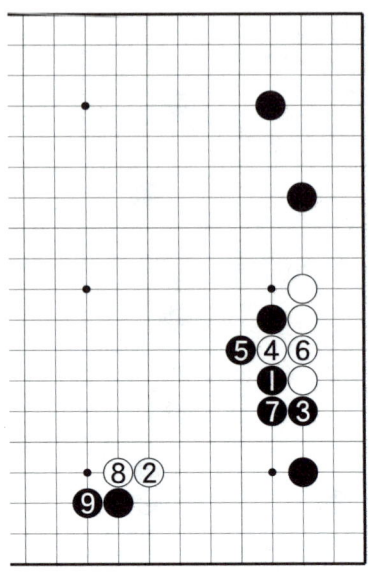

23도

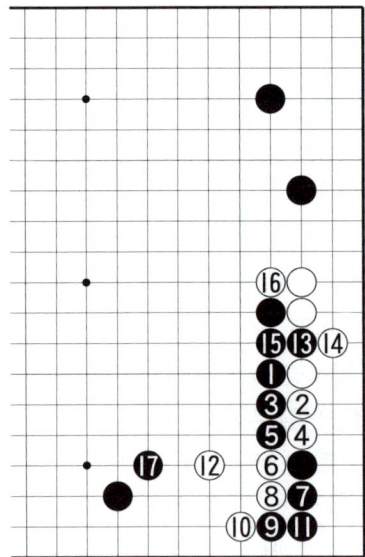

24도

22도(백의 전략)

백2로 슬쩍 응수를 물어왔을 때가 문제. 흑이 받아주면 이것은 백도 14까지 충분히 싸울 수 있다.

23도(동문서답)

백2의 삭감에 흑3으로 막는 게 좋다. 흑7까지 두터운 모습. 백8로 손이 돌아오긴 하지만 흑이 좋다.

24도(난전)

정히 싸우고 싶다면, 백은 4·6의 강수가 있다. 이하 백16까지 어려운 싸움이지만, 흑17의 급소로 적어도 흑이 불리한 싸움은 없다.

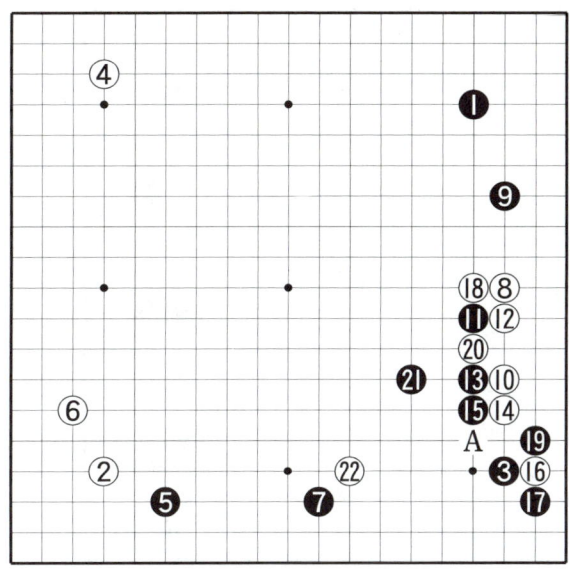

25도

25도(실전례3)

제8기 배달왕기전 도전자 결정전 제3국에서 나온 모양. 이세돌 3단 (흑) 대 박영훈 2단의 대국.

흑21이 새로운 변화수이지만 A로 뻗는 게 두텁다. 백22로 어깨짚으며 난전이 되었고, 중반 이후 백의 실수로 흑 불계승.

26도(실전례4)

제5기 천원전 본선 8강전 루이 나이웨이 9단 (흑) 대 최규병 9단의 대국.

백7이 강수지만, 이 결과는 흑20까지 흑이 두터운 흐름. 이 바둑 역시 중반 이후 백의 완착으로 흑 불계승.

26도

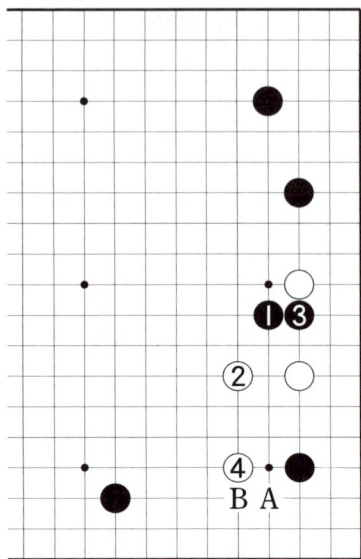

27도

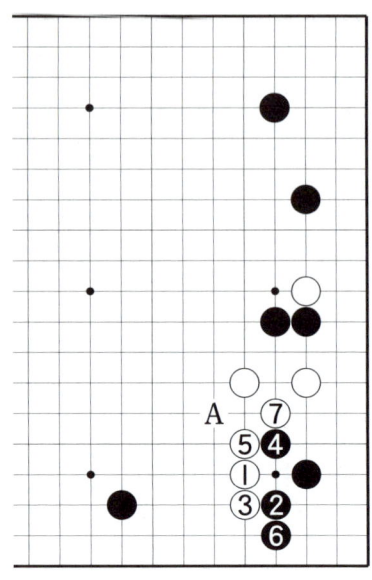

28도

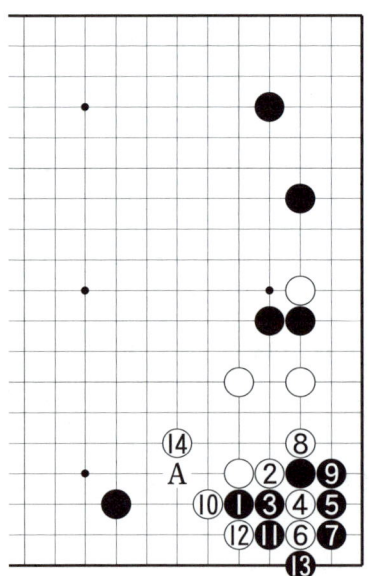

29도

27도(백의 변신)

흑1 이후의 변화는 아직도 연구되고 있는 상황. 그 중 백2·4가 또 다른 변신인데, 실전을 토대로 미완의 결정판이 있다. 흑의 응수는 A와 B 정도.

28도(결정판4/난전 예상)

백1 때 흑2는 약간 웅크러든 모양이지만, 흑6까지 귀를 안정하고 우변에서 이득을 보았으므로 충분. 이후 흑A로 들여다보며 난전이 예상된다.

29도(결정판5/호각)

전도 흑2로 본도 1은 기세. 이하 백14, 또는 A로 지키는 수순까지 서로 불만 없는 모습이다.

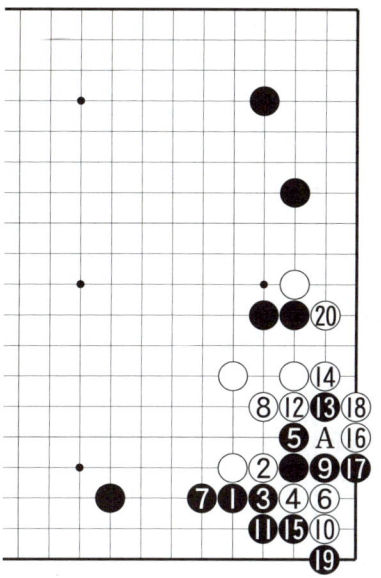

30도

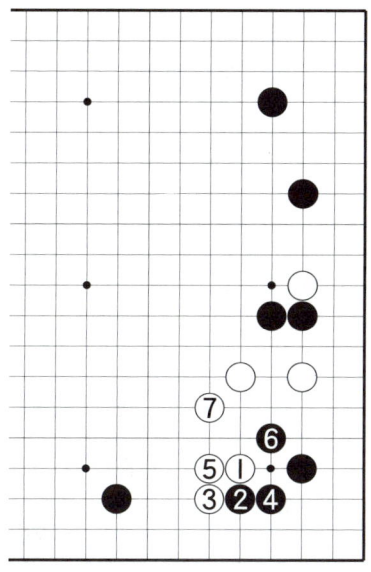

31도

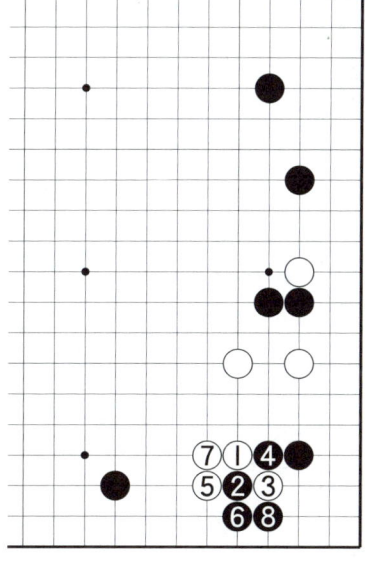

32도

30도(흑, 소탐대실)

여기서 흑5로 반발하는 것은 무리. 흑19까지 귀의 백 석점은 잡지만, 백 A도 선수일 뿐 아니라 백20으로 넘어 흑이 실속이 없다.

31도(결정판6/평범)

흑2 때 백3으로 받으면 평범하다. 백7까지 이것도 한판의 바둑이다.

32도(백, 엷음)

백3의 반발은 무리이며 실속이 없다. 흑8까지 된 후에도 백은 아직 엷은 모습이다.

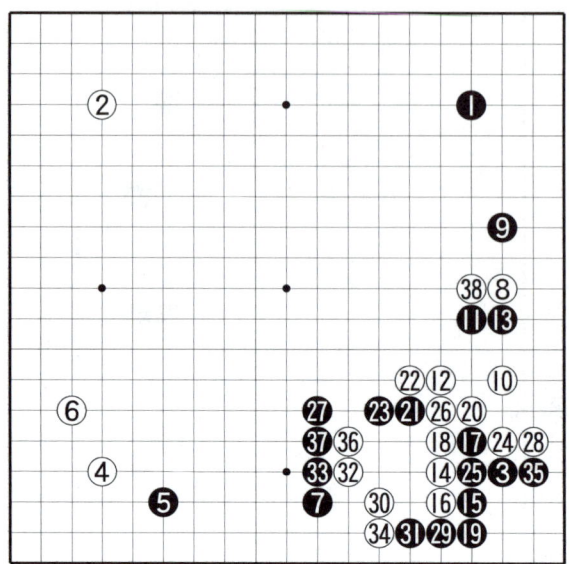

33도

33도(실전례5)

제5회 LG배 세계기왕
전 본선1회전 한국의 이
상훈 6단(흑) 대 일본의
히코사카 나오토(彦坂直
人) 9단의 대국.

흑37까지 서로 호각인
결과이며, 백38로 움직
여 난전이 되었다.

190수 끝, 백 불계승.

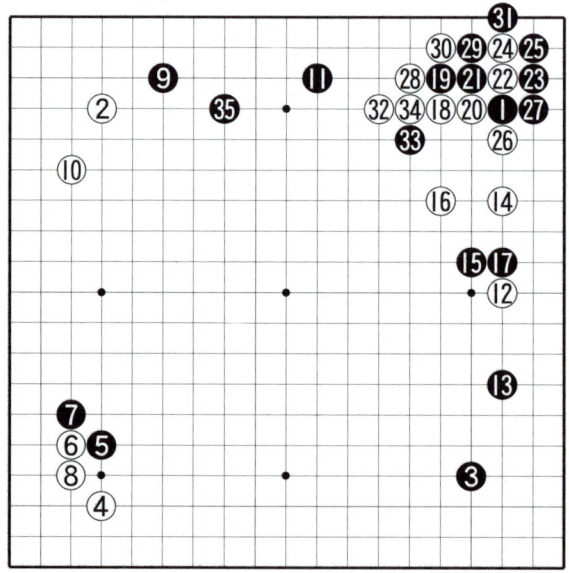

34도

34도(실전례6)

제14회 후지쯔배 결
승, 조훈현 9단(백) 대
최명훈 8단의 대국.

이 결과를 놓고 조9단
은 국후 백34까지 백이
약간 두텁다고 했다.

186수 끝, 백 불계승.

미니 중국식 파생형(4)

흑1로 다가갈 때 백2로 높게 간 것은 지금까지 나온 흑의 영역확장책을 피해보겠다는 의도로 한때 유행했던 포석이다. 또 상황에 따라 발빠르게 움직여 주도권을 잡겠다는 뜻이 내포되어 있는데, 흑3으로 다가선 수가 강력한 대응신수이다. 그럼 이후의 신형탄생 과정을 추적해보자.

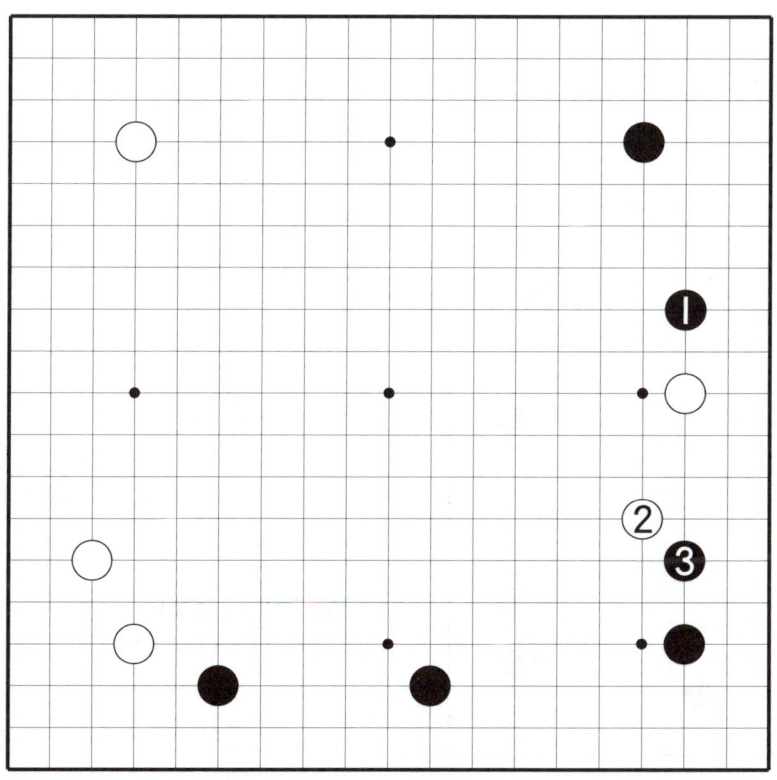

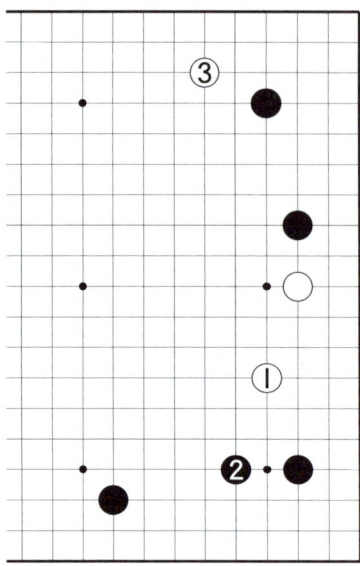

1도

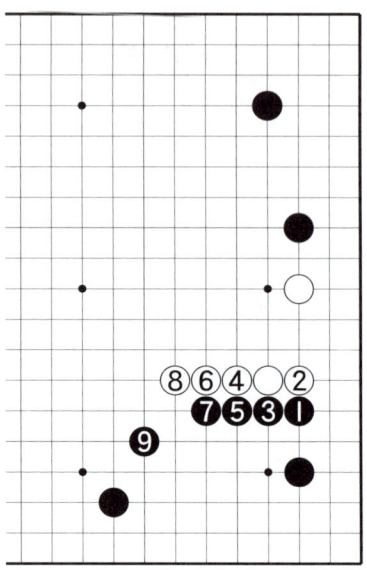

2도

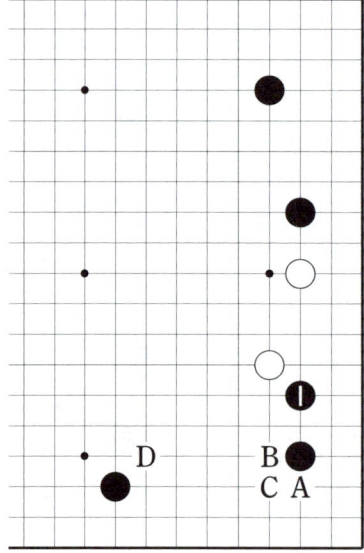

3도

1도(백의 의도)

백의 의도는 흑2로 받아달라는 것이다. 그렇다면 백3으로 발빠르게 움직이겠다는 것.

2도(신수의 의도)

흑1 신수의 의도는 여기서 백이 덥썩 2로 받아주면 흑9까지 영토를 구축하려는 것이다.

3도(백의 대응책)

흑1에는 먼저 백이 짬을 던져보는 게 좋은 수법이다. 그 방법으로는 A, B, C, D 등이 있는데 어떤 응수가 가장 좋을까?

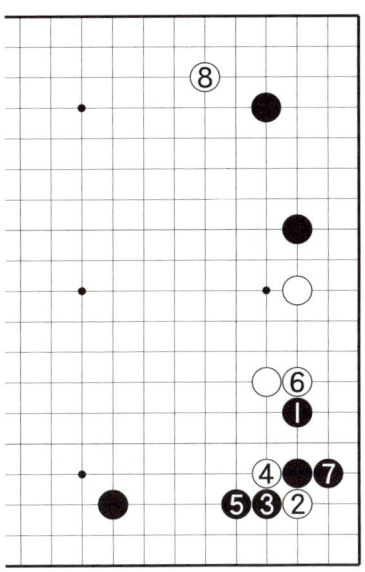

4도

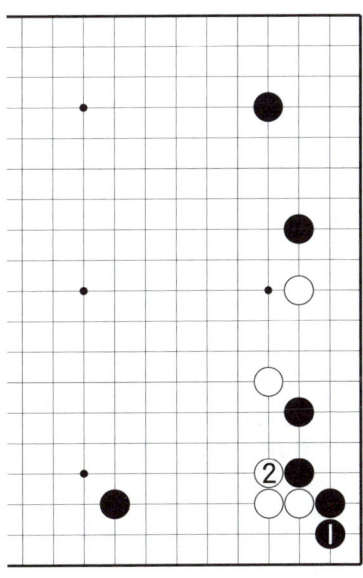

6도

5도

4도(백, 활용)

백2로 붙여가는 것부터 보자. 여기서 흑3으로 받아준다면 이것은 흑7까지 백이 활용을 한 셈이다.

5도(백, 현실적)

흑2도 떠오르는 점이지만 백5까지 귀의 실리가 짭짤하고, 흑6의 압박에는 백7로 가볍게 뛰어나가 타개한다.

6도(백, 두터움)

그렇다고 전도 흑4로 본도 1로 빠지면 백2로 눌러가는 점이 좋아, 이것은 백이 두터운 모습이다.

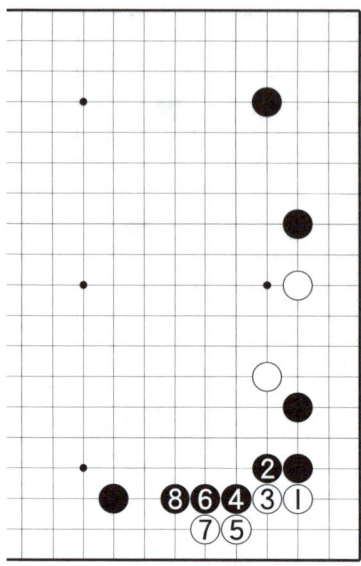

7도

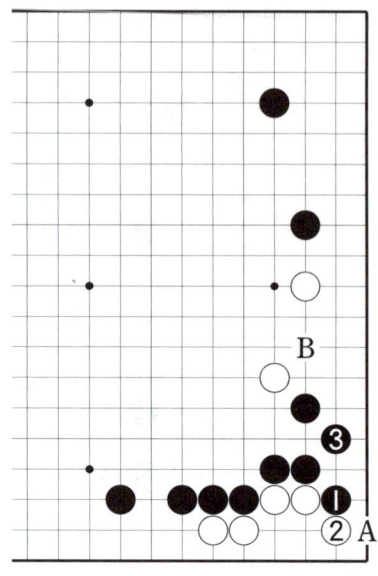

8도

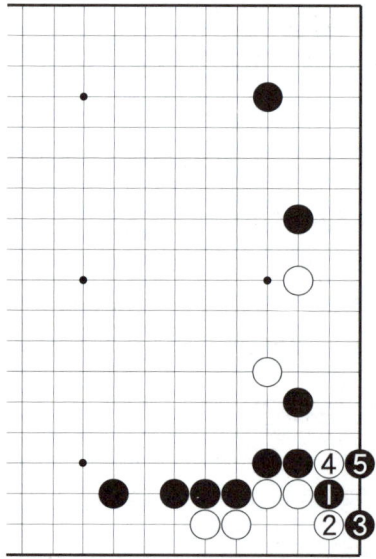

9도

7도(흑의 정수)

백1에는 흑2로 받는 게 정수이다. 흑8까지 전체적으로 흑이 두터운 모습이다.

8도(뒷맛1)

귀에는 흑1·3으로 활용한 다음, A를 강요한 후 B의 공격을 노린다.

9도(뒷맛2)

또 흑1~5로 강렬하게 패를 결행해 귀를 공략하는 수도 있다.

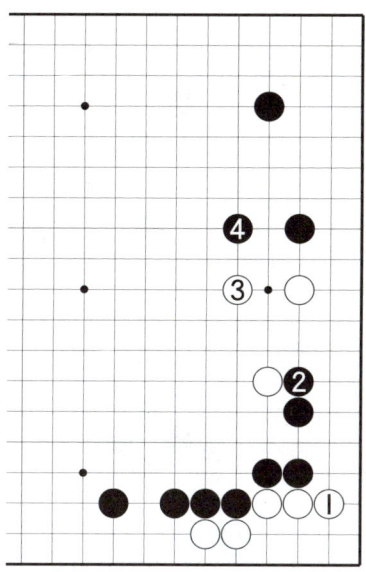

10도

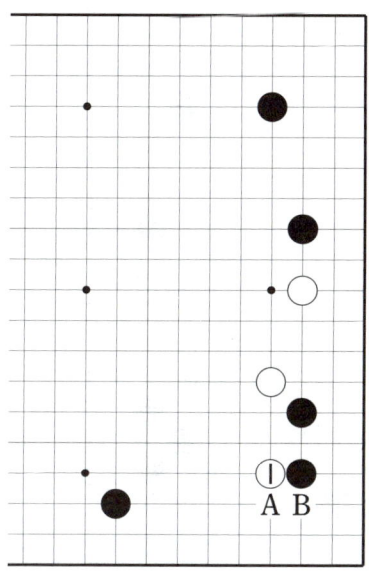

11도

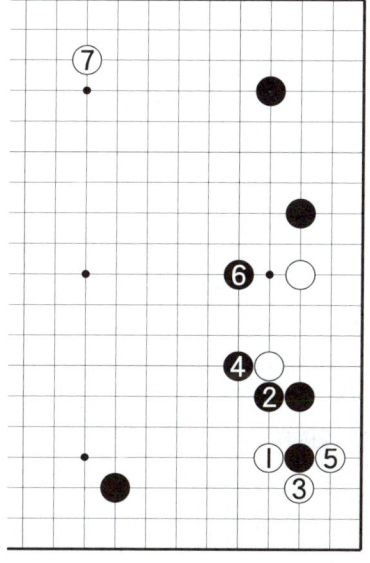

12도

10도(흑, 대만족)

그렇다고 백이 1로 보강하면 흑2로 우변 백을 공격해 이것은 흑이 느긋한 그림이다.

11도(백1의 공방)

그러므로 백이 B에 붙여가는 것은 좋지 않다고 결론이 났다. 그렇다면 백1은 어떨까? 흑A는 백B로 끊어 **4도**로 환원된다.

12도(백, 만족)

백1에 흑이 2로 받는 것은 흑6까지 바꿔치기가 예상되지만, 백7을 차지해 이것은 백이 활발하다.

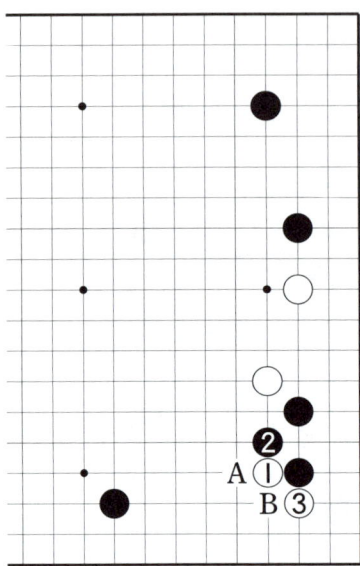

13도

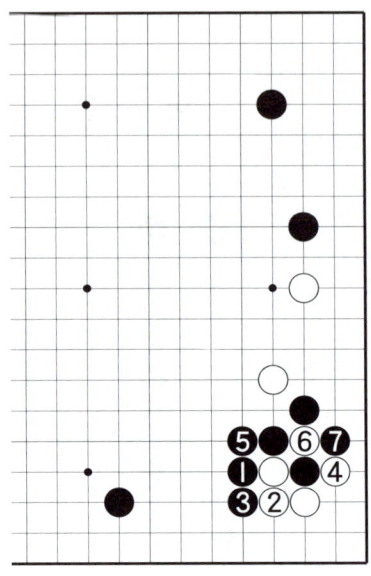

14도

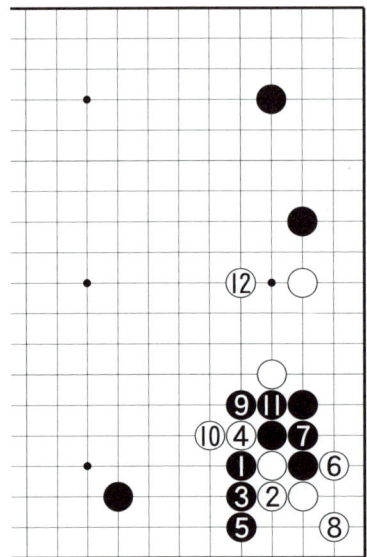

15도

13도(흑2, 최선)

백1에는 흑2로 받는 게 최선이다. 백3에는 A와 B를 생각할 수 있는데, 하나 하나 점검해보자.

14도(흑, 성공)

먼저 흑1·3으로 압박해보자. 여기서 백이 4·6으로 살기에 급급한다면 이것은 흑7로 몰아 흑이 대성공이다. 초반 패는 없다고 본다.

15도(백, 활발)

백은 4로 끊어가는 게 강렬한 수법이다. 백8까지 귀를 안정하고 12까지 나가면 활발한 모습이다.

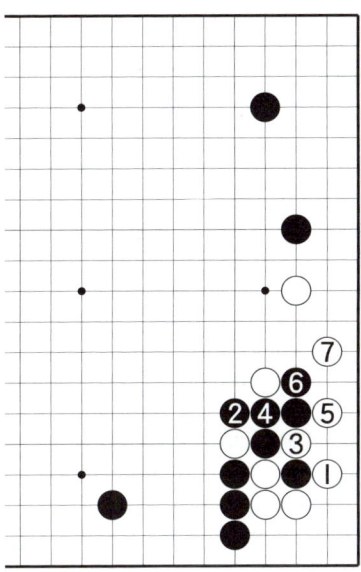

16도

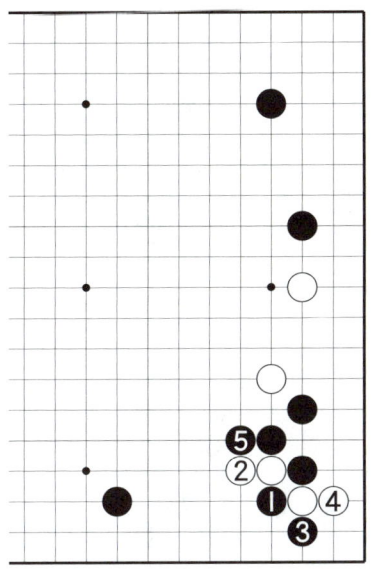

17도

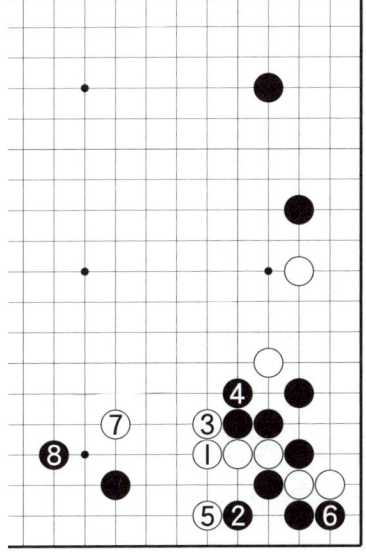

18도

16도(백, 충분)

백1에 흑2의 반발이 정수. 이번에는 백7까지 가볍게 넘어가는 진행이 예상되는데, 쌍방 호각의 갈림이다.

17도(흑, 강수)

애초 흑1쪽에서 모는 게 강수이며 좋은 수이다. 흑3 다음 흑5가 강렬해 백이 궁한 모습이다.

18도(흑, 만족)

계속해서 백은 1로 뻗는 정도인데, 흑8까지 흑이 양쪽을 다 처리한 모습이다.

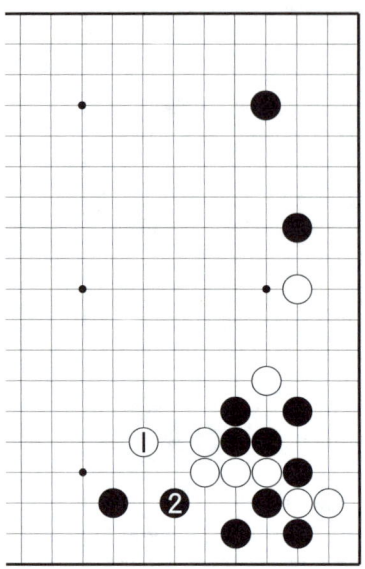

19도

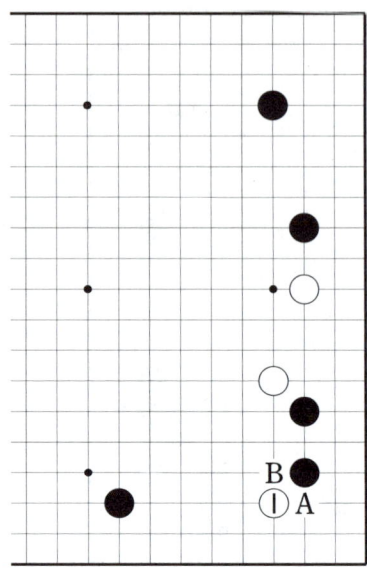

20도

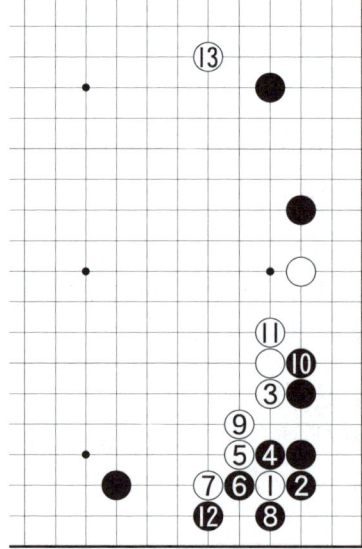

21도

19도(흑, 성공)

전도 백5로 본도 1로 단순히 뛴다면, 이번에는 흑2로 받아 이것 역시 흑이 멋지게 성공한 모습이다.

20도(백의 최선)

그러므로 백은 A나 B로 응수타진하는 것은 좋지 않다는 결론이 나왔다. 여기서 백의 최선은 속수같은 백1이다.

21도(결정판1/호각)

흑2로 받는다면 백3으로 누르고 이하 흑12까지 실리 대 세력으로 갈리는 바둑이 된다.

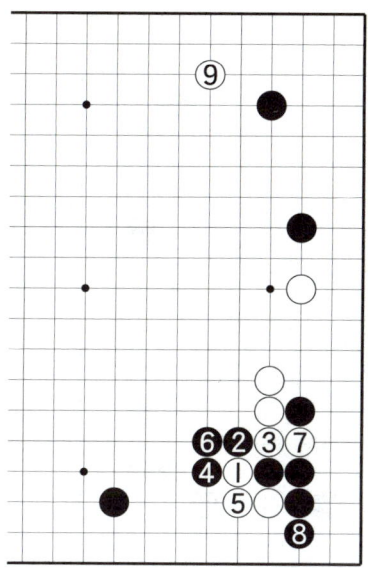

22도

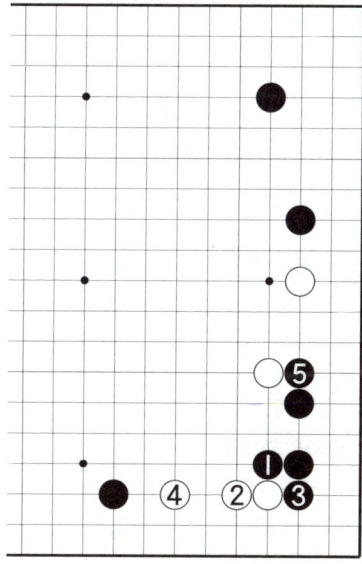

24도

22도(백, 충분)

백1 때 흑2로 반발하면 흑8까지 바꿔치기가 되지만, 선수를 잡고 우상귀로 발을 돌린 백이 충분한 모습이다.

23도(흑, 가능)

흑2로 받는 것도 가능하다. 여기서 백도 A로 받기 쉬운데, 이것은 흑B로 젖혀 **7도**로 환원된다.

24도(백2, 무리)

그렇다고 백2로 움직이는 것은 흑3이 급소로 백4를 기다려 흑5면 백은 양쪽이 급한 모습이다.

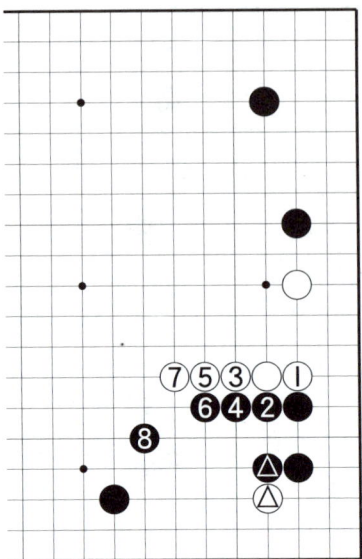

25도

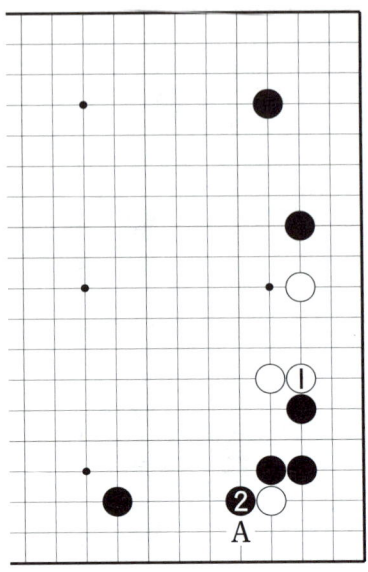

26도

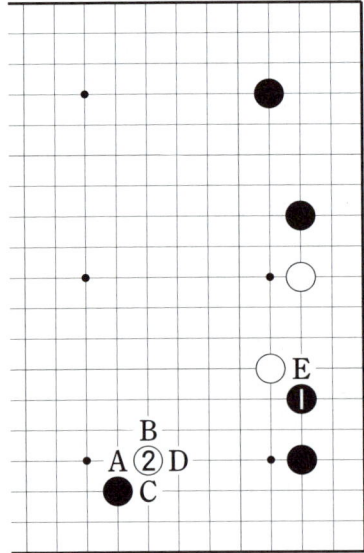

27도

25도(백, 활용)

백은 귀를 가만히 두고 1로 막는 게 좋은 수순이다. 가령 흑8까지 된다고 보면 백△와 흑❹는 분명 백이 활용한 모습이다.

26도(결정판2/호각)

백1 때 흑도 2로 젖혀 백 한점을 제압하는 것이 정수. 이 그림은 향후 백A의 맛이 남아 있다.

27도(경우의 수단)

처음으로 돌아와 흑1에는 백2로 응수타진하는 수도 있다. 흑A면 백B, 흑C면 백D로 행마한다. 흑은 선수를 잡아 E를 노릴 것이다. 이것은 연구과제.

미니 중국식 파생형(5)

백1로 갈라쳐오자 아예 급하게 흑2로 씌워간 점이다. 2000년 말부터 중국에서 대유행한 바 있는 신수. 백에게 A로 벌릴 여유조차 안주겠다는 의도가 짙게 깔려 있는데, 과연 이 신수의 선악은 어떻게 되는지 살펴보기로 한다.

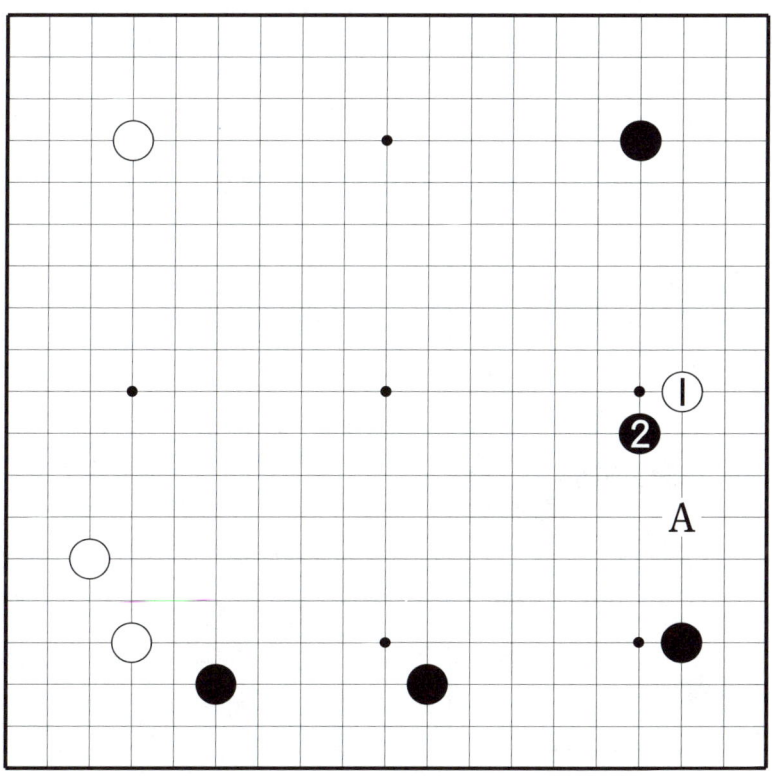

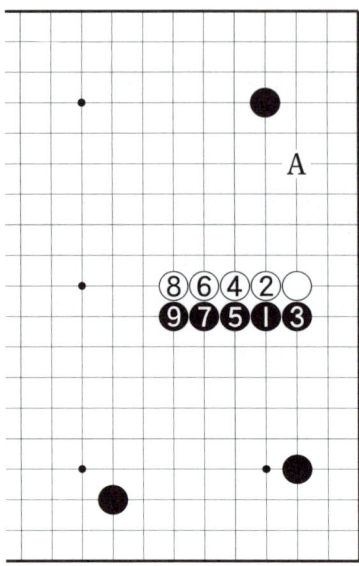

1도

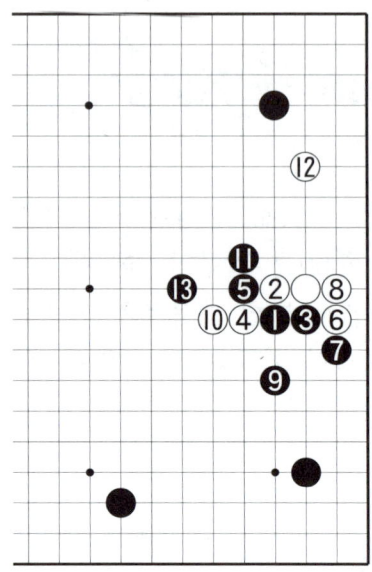

2도

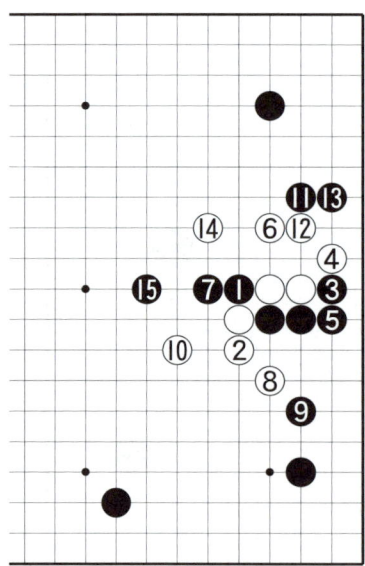

3도

1도(흑, 우세)

흑1의 의도는 백2 이하 흑9까지를 기대한 것이다. 우하 흑 세력이 돋보일 뿐 아니라 백은 A로 벌려보아도 중복이다.

2도(백, 무리)

그렇다고 백4로 젖히는 것은 무리. 흑5로 끊기는 순간 다음수가 마뜩찬다. 흑13까지면 흑이 유리한 싸움.

3도(흑, 활발)

흑1에 백2로 방향을 잡아보아도 흑9까지 자세를 갖추면 백에게는 좋은 행마가 나오기 힘들다. 흑15까지면 백은 양곤마 신세.

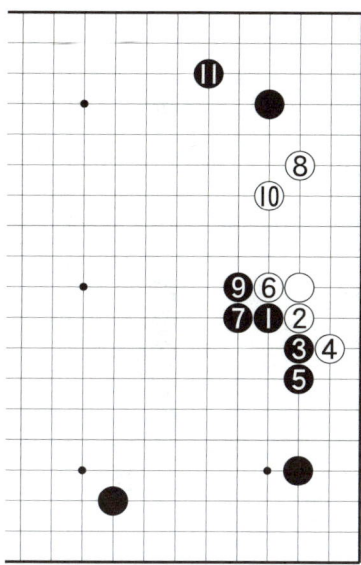

4도

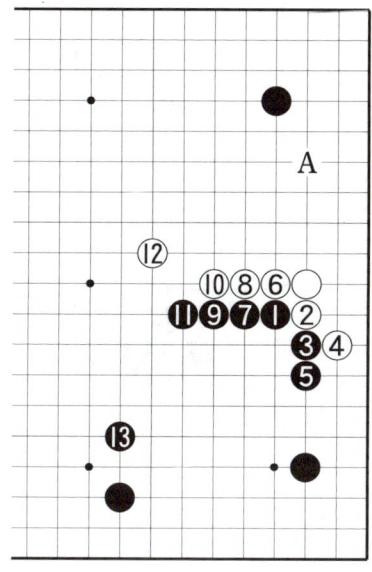

5도

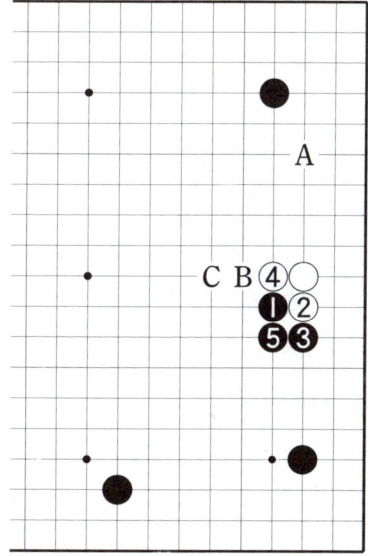

6도

4도(결정판1/호각)

백2로 민 다음 백8까지가 정확한 수순. 흑9는 두터운 수이며, 흑11까지 서로 호각이다.

5도(백, 실속없음)

백8로 계속해서 밀어가는 것은 좋지 않다. 백12까지 그럴 듯하지만 흑13이 너무 좋아 백은 실속이 없다. 백A로 벌려도 중복.

6도(흑, 유리)

백4로 방향을 바꿔도 흑5면 백은 실속이 없다. 다음 백A는 흑B가 좋고, 또 백C는 흑A로 지킨다.

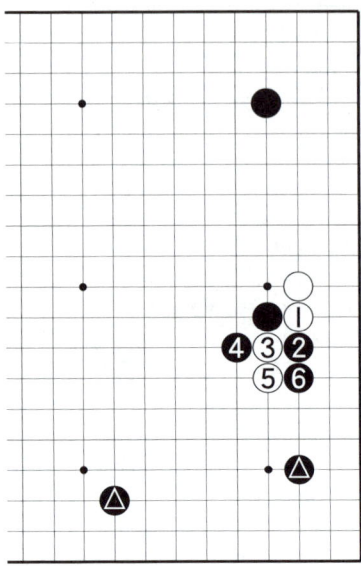

7도

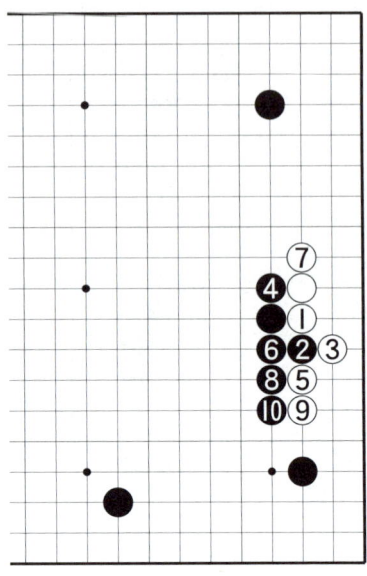

8도

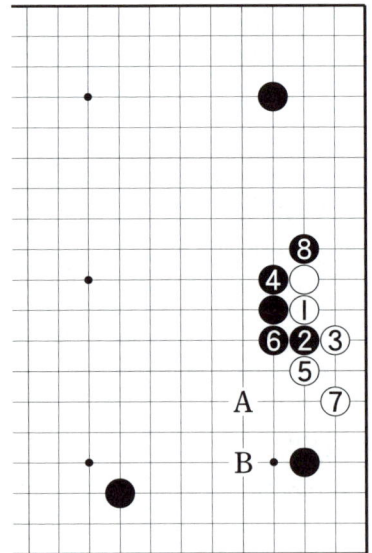

9도

7도(백, 무리)

흑2 때 백3으로 끊는 것은 무리다. 흑6까지 압박하면 우하 흑❹의 힘이 작용한다.

8도(흑4, 외세를 중시)

백3에 흑4로 밀어가는 것도 한 방법이다. 이때 백5·7은 흑의 주문으로, 흑10까지 봉쇄하여 흑이 두텁다.

9도(백, 실속없음)

백5·7로 보강하는 것은 흑8이 강력해 좋지 않다. 다음 백A는 흑B로 별 게 없다.

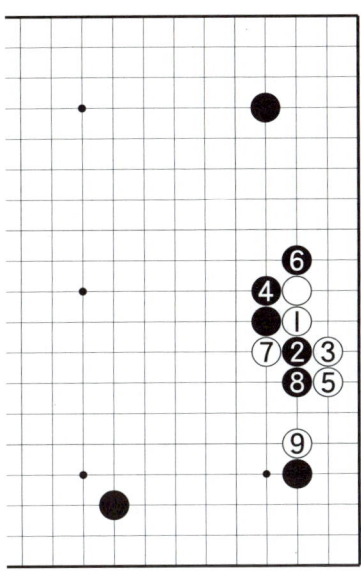

10도

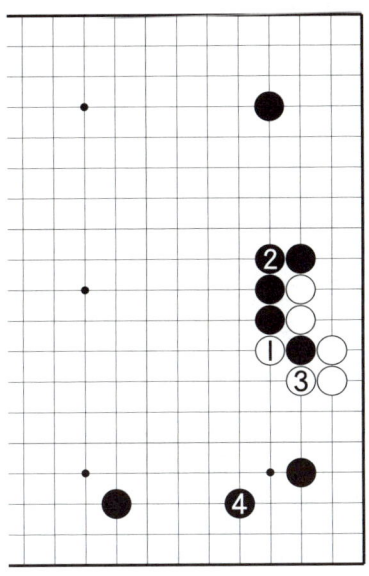

11도

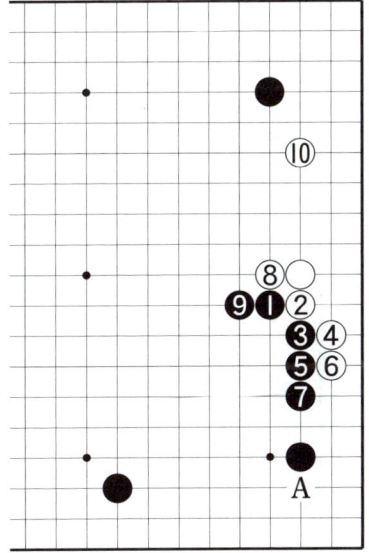

12도

10도(백9, 맥점)

흑4에는 백5로 가만히 뻗어두는 게 좋다. 흑6에는 백7·9가 맥점으로 간단하게 수습한다.

11도(결정판2/부분적 최선)

그러므로 백1에는 흑2로 꽉 이어두는 게 두터운 수법. 백도 흑 한점을 따내 불만없는 모습. 미완의 결정판.

12도(흑, 충분)

백4, 흑5 다음 백6으로 밀어가는 것은 백이 향후 A의 곳에 침입했을 경우 운신의 폭이 적어, 요즘은 보류하는 게 보통이다.

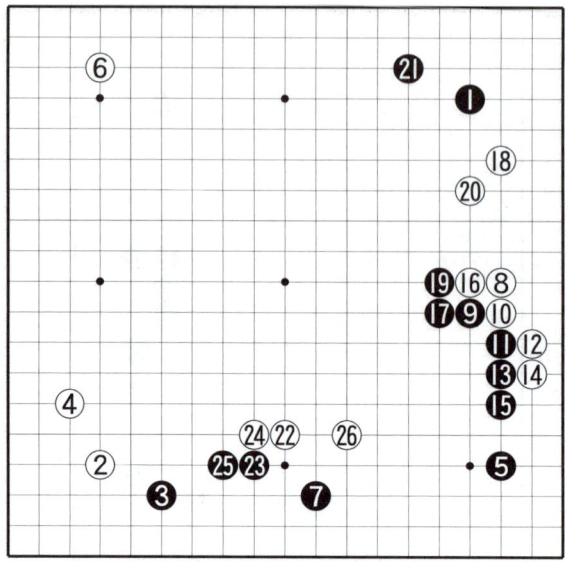

13도

13도(실전례1)

　이창호 9단(백)과 중국의 창 하오 9단이 제4회 응씨배 결승3국에서 벌인 실전이다.

　흑21까지는 앞에서 배운 신형이고, 백22의 삭감부터 26까지 한판의 바둑이 되었다. 다만, 수순 중 백14와 흑15는 보류하는 것이 좋다는 평가이다.

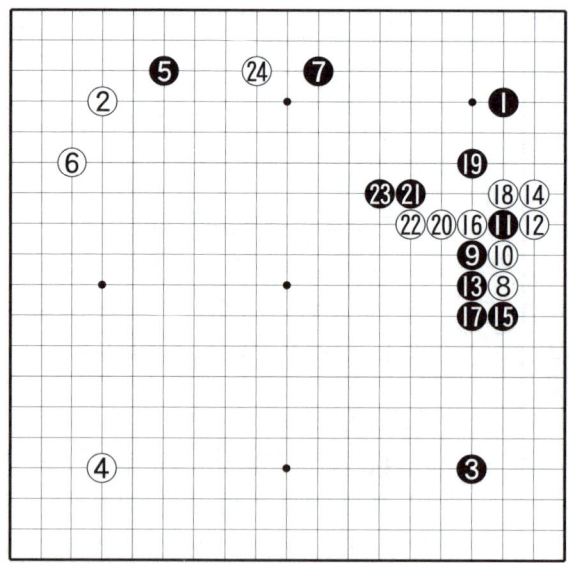

14도

14도(실전례2)

　제15회 후지쯔배 8강전, 이세돌 3단(흑) 대 대만의 저우 쥔신 9단의 대국.

　흑13으로 밀어간 점과 흑19·21이 눈에 들어온다. 이것도 미완의 신형. 백24로 침입하며 새로운 국면을 맞았는데, 이 바둑은 흑이 7집반 승.

 **미니 중국식 파생형(6)**

　　미니중국식은 그동안 발전에 발전을 거듭해 여러 가지 변화를 창출해 냈다. 그 과정에서 수많은 신형들이 등장했고, 아직까지 연구과정에 있다. 이번에는 강렬하게 붙여간 흑1인데, 파격적인 한국형 신수. 이로부터 미완의 신형들이 또 나타나는데, 그 현장으로 따라가보자.

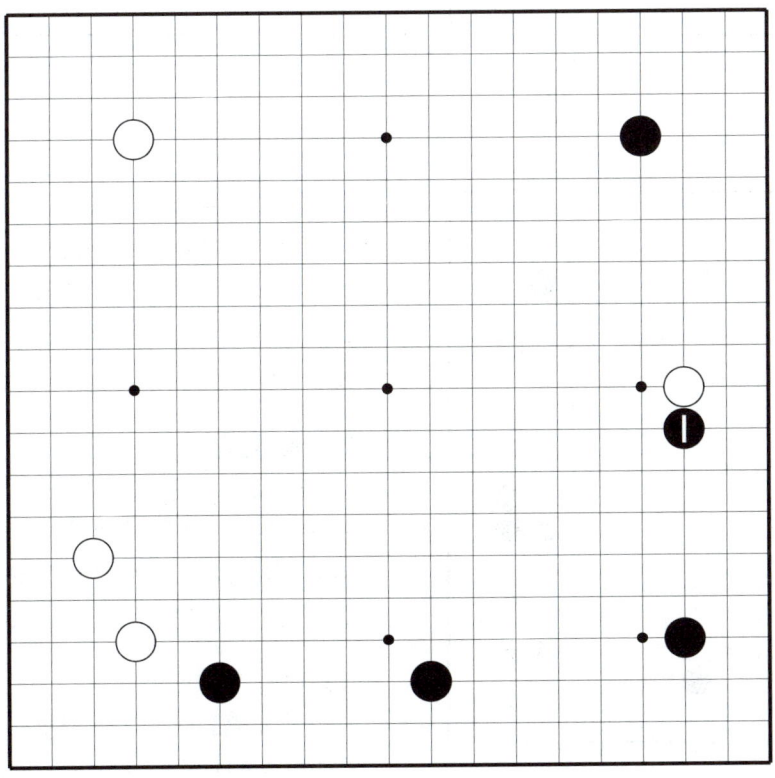

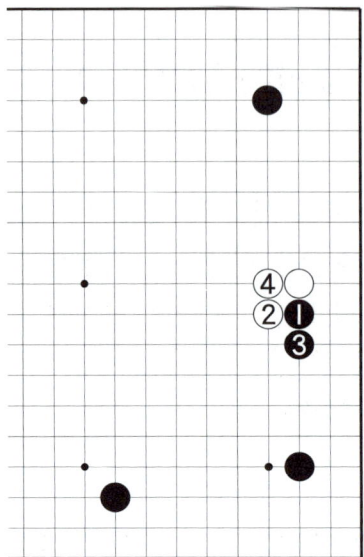

1도

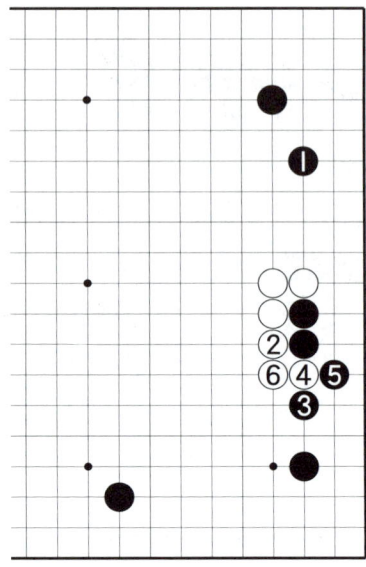

2도

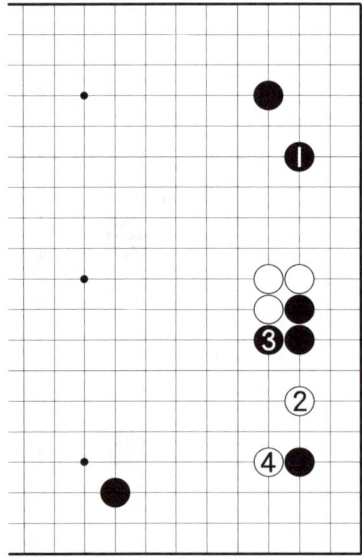

3도

1도(최선의 응수)

흑1의 붙임에 백의 최선은 '붙이면 젖혀라'의 격언에 맞는 백2의 젖힘이다. 그 다음 흑3이면 백4로 잇는 게 정수이다.

2도(흑, 활발)

1도 다음 흑은 두 가지 방법이 있는데, 먼저 흑1은 스피디한 수법. 흑3이 경쾌하며 6까지 처리하고 큰 자리에 손을 돌리면, 흑이 활발한 포석.

3도(백의 연구)

그런데 흑1 때 백2가 연구된 수. 흑3에는 백4가 또 준비되어 있다.

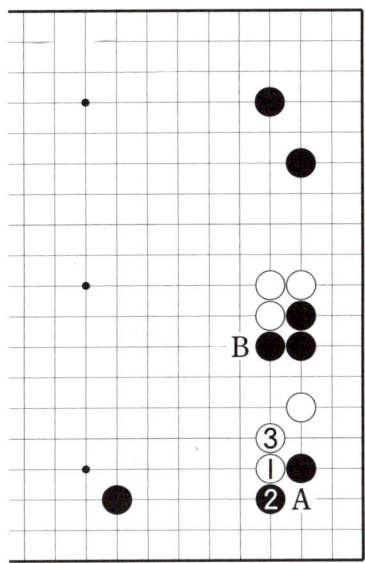

4도

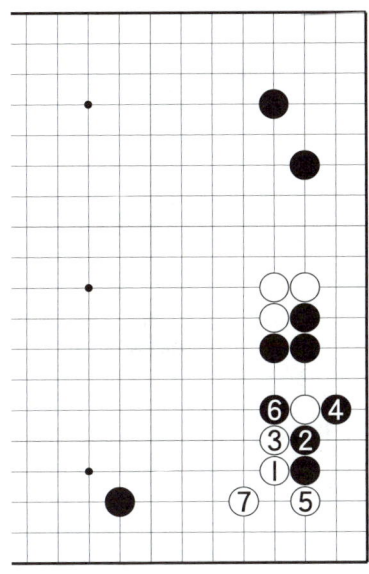

5도

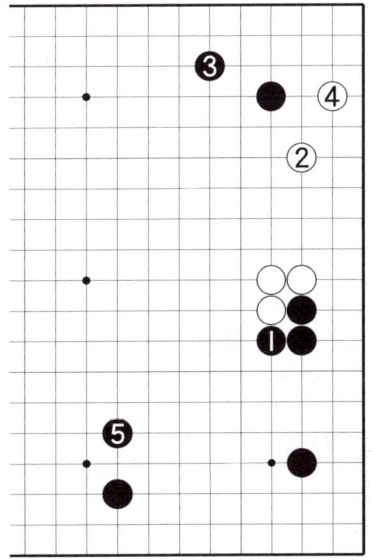

6도

4도(흑, 곤란)

전도에 계속해서, 백1 때 흑2로 젖히는 것은 곤란하다. 백3 다음 A, B가 맞보기라 흑이 난처하다.

5도(백, 이득)

따라서 백1에는 흑2・4로 처리하여 이하 백7까지가 정형인데, 백은 우변에 곤마가 있지만 귀를 선점한 이득이 커 해볼 만하다.

6도(결정판1/초기 신형)

5도를 꺼려 흑1의 꼬부림이 등장. 백2・4로 우변을 안정시키면 흑5로 하변을 입체화시키는 것이 이 모양의 초기 신형이다.

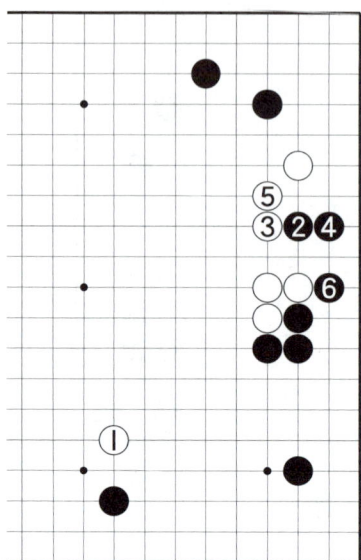

7도

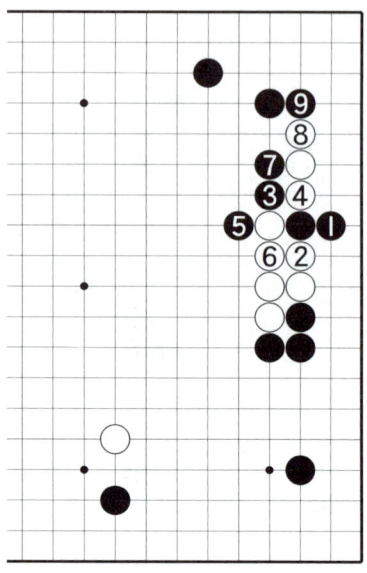

8도

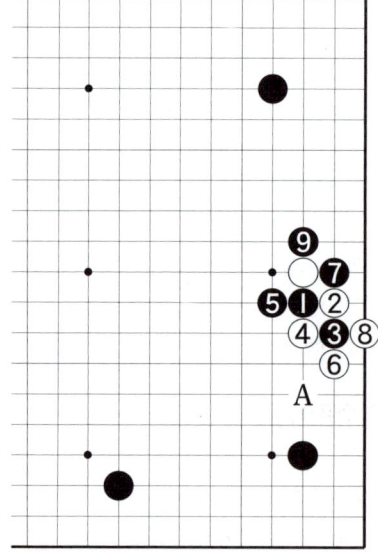

9도

7도(백1, 무리)

6도의 백4를 보류하고 먼저 하변을 삭감하는 것은 좋지 않다. 흑2의 날카로운 침입을 당해 흑6까지라면 백이 한 게 없다.

8도(사석작전)

흑1에 빠졌을 때 백2로 흑 두점을 잡는 것은 좋지 않다. 흑3 이하 9까지 멋진 사석작전에 걸려든다.

9도(흑, 우세)

처음으로 돌아와 흑1에 백2로 아래에서 젖히는 것은 흑9까지 백이 손해. A의 곳이 급소로 떠오른다.

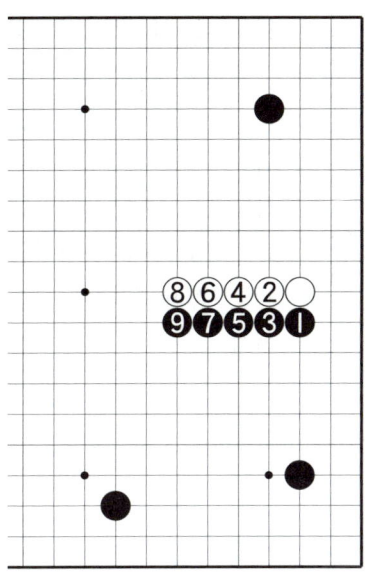

10도

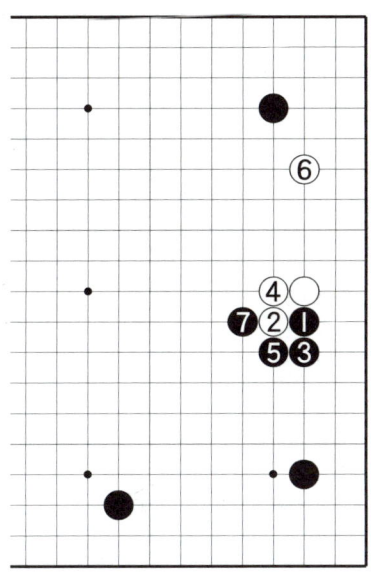

11도

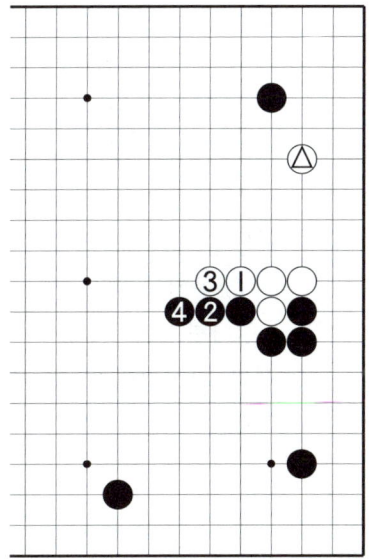

12도

10도(백, 무책)

흑1에 무심코 백2로 올라서는 것은 흑의 주문. 흑이 애초 3으로 씌워갔을 때의 제21형에서 나왔던 모습. 흑 9까지 흑의 우세가 확연하다.

11도(개발된 신수)

그러므로 흑1에는 백2~6의 진행인데, 여기서 흑7이 새로 개발된 수법이다. 대세를 중시한 신수.

12도(백, 속수)

무심코 백1·3으로 밀어 올리는 것은 속수. 백△의 간격이 좁을 뿐 아니라 우하 흑 세력이 방대해진다.

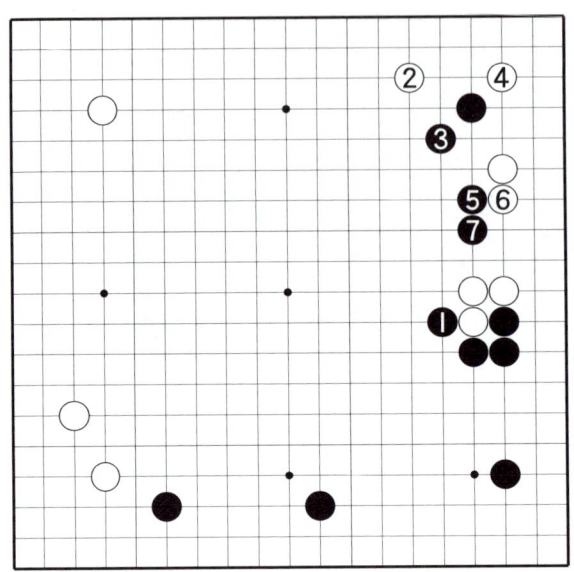

13도

13도(백, 정석에 얽매임)

　백2의 방향전환이 좋은 수이다. 하지만 흑3 때 정석에 충실해 백4로 파고드는 수는 좋지 않다. 흑5·7이 안성맞춤으로 흑이 활발한 모습이다.

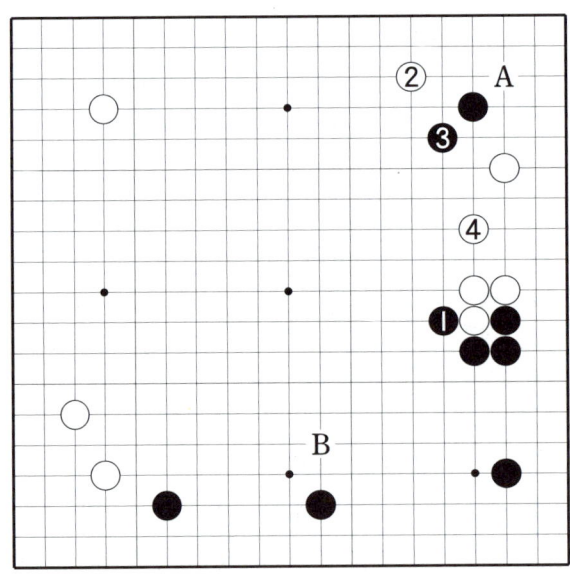

14도

14도(결정판2/최신)

　그러므로 흑3에는 백4로 지켜두는 게 침착한 호수. 이후 흑은 A로 지키거나, B의 곳에 두어 하변을 입체화시키는 것이 고등전략이다.
　현재까지 이 형태가 최신의 결정판이라 할 수 있다.

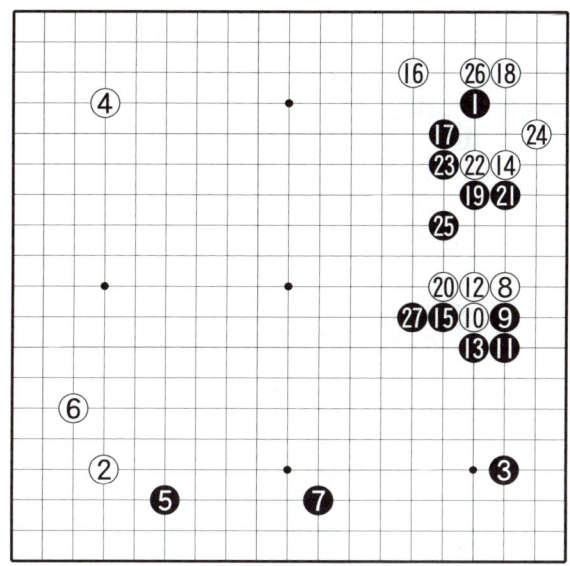

15도

15도(실전례1)

제3회 농심신라면배 이창호 9단(백)과 중국의 저우 허양 9단의 대국.

여기서 백18은 이9단의 완착. 흑19를 당해 중앙 주도권은 흑에게 넘어갔다. 흑27까지 중앙이 두텁게 막혀서는 흑이 우세하다.

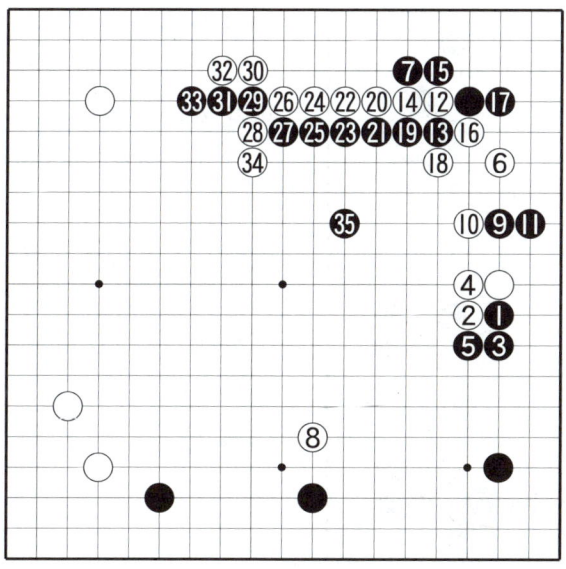

16도

16도(실전례2)

서봉수 9단(흑)과 최문용 4단이 벌인 천원전 본선 대국.

백8은 우변을 보강할 자리. 흑9의 침입을 당해 고전. 백12 이하로 타개해 보지만 역부족. 흑35까지 흑이 주도권을 잡은 모습이다.

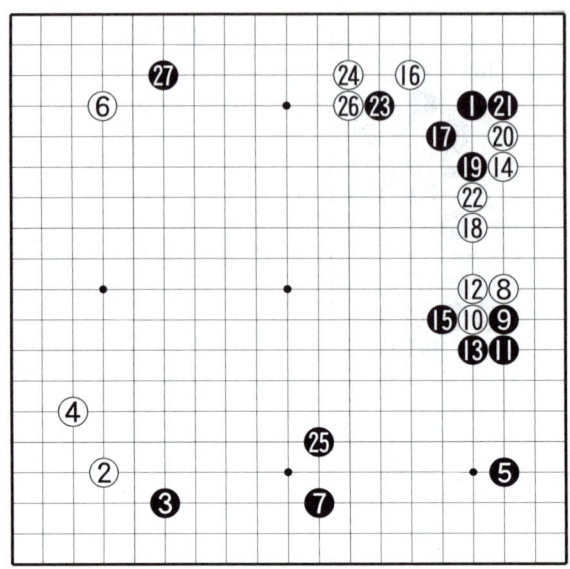

17도

17도(실전례3)

제1회 KTF배 본선, 김승준 7단(흑)과 박영훈 3단의 대국.

백18이 침착한 점이며 흑19 이하 백24까지는 취향. 흑27까지 서로 유연한 포석이다. 향후 백은 적절한 시기에 우하변 침투를 노린다.

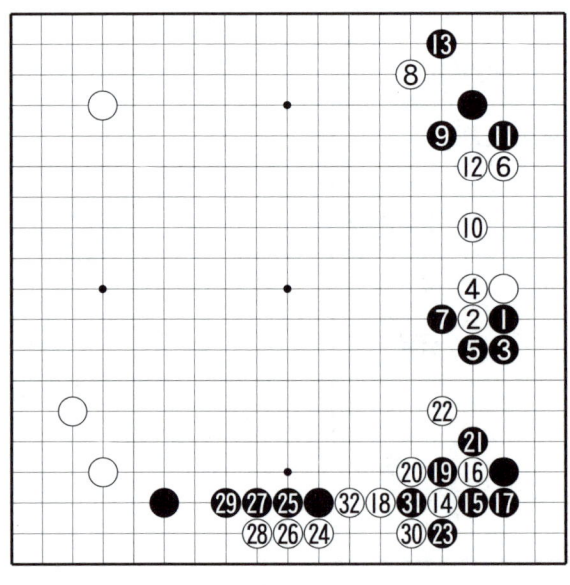

18도

18도(실전례4)

제45기 국수전 도전5번기 제1국. 조훈현 9단(흑) 대 이창호 9단의 대국.

흑11이 이채롭고, 13까지 조9단다운 수법. 백32까지 일단락된 상황은 호각지세.

149수 끝, 흑 불계승.

미니 중국식 파생형(7)

미니중국식의 다양성은 본 형에 이르러 더욱 절정에 이른다. 흑1로 한방 알리는 것은 이미 앞에서 많이 보아온 형이고, 백2로 받을 때 다음 흑3의 붙임이 프로 실전의 연구용 대국에서 한때 유행했던 연습용 신수. 이로부터 또 다른 신형들이 등장하는데···. 이후의 공방을 알아보자.

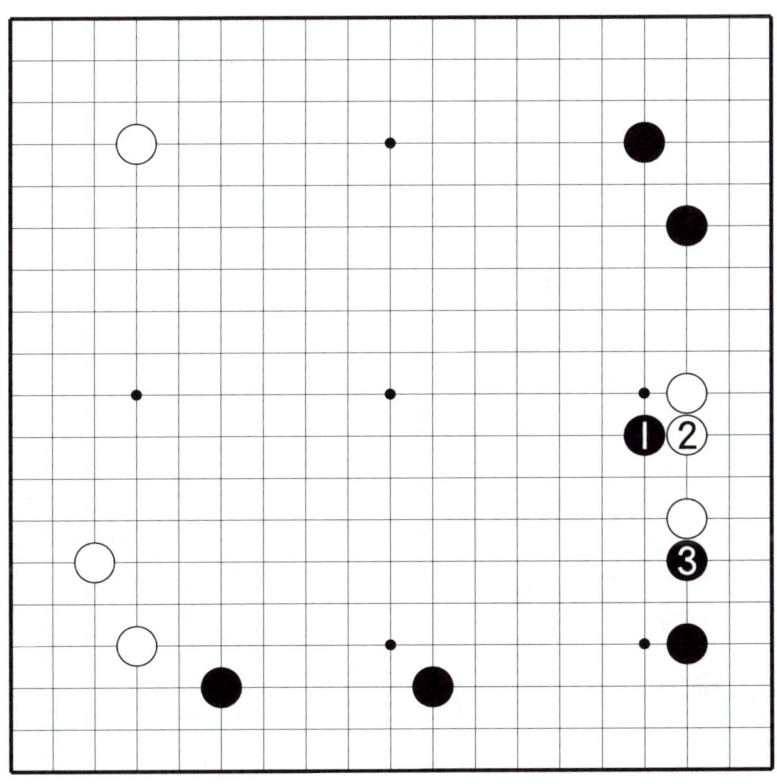

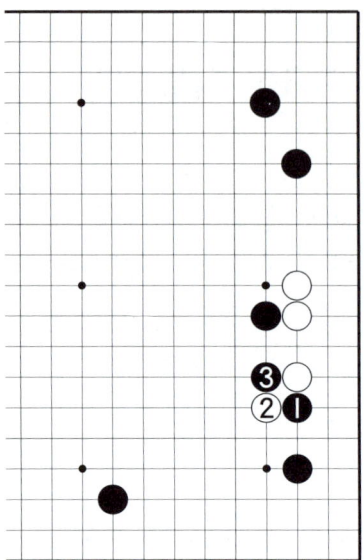

1도

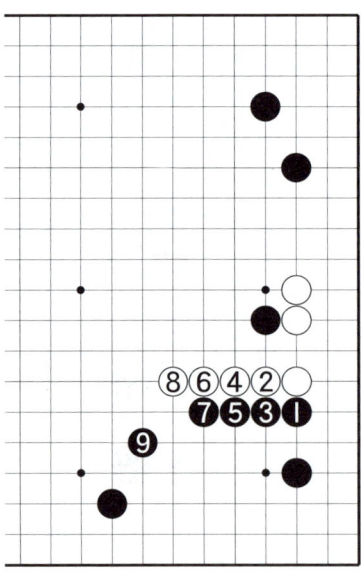

3도

1도(백, 곤란)

노타임으로 백2로 젖혔다가는 큰일이다. 흑3으로 끊게 되면 백이 좋은 그림이 없다.

2도(수순의 의미)

제18형 **15도** 이하에는 흑3으로 붙인 변화가 자세하게 나와있다. 여기서 백이 A로 젖히지 않는다는 것을 안다면, 전도의 이해가 빠르다.

3도(흑, 이상적)

흑1에 백2로 서는 것은 흑의 바람. 흑7까지 밀어올린 다음 9로 지키면 흑이 이상적이 된다.

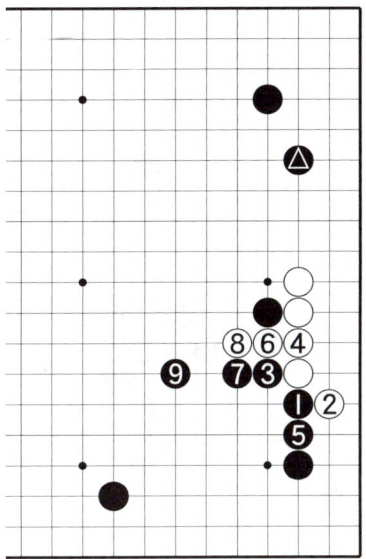

4도

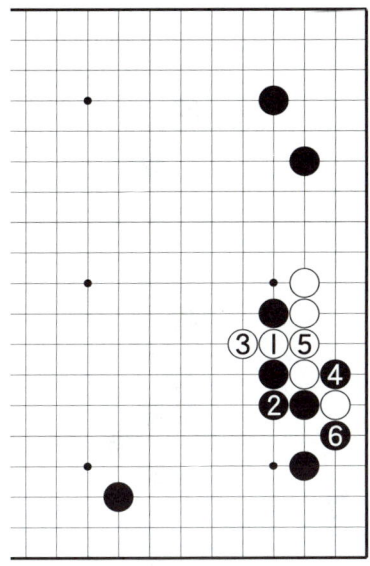

5도

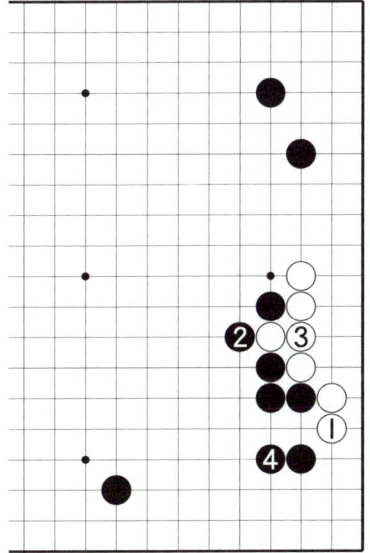

6도

4도(흑, 만족)

흑1에는 기세상 백2로 젖히는 것이 한 방법이다. 하지만 흑3이 좋은 수로 흑9까지면 흑이 좋다. 백 세력은 흑▲가 충분히 견제하고 있다.

5도(흑, 충분)

전도 백4로 본도 1로 끼울 때는 흑2로 가만히 잇는 게 좋다. 백3으로 나오면 흑4·6으로 백 한점을 제압해 만족한다.

6도(봉쇄)

전도 백3으로 본도 1로 빠진다면 흑2로 막는다. 백3에는 흑4로 두텁게 수비하면 그만. 외곽을 봉쇄한 흑이 만족이다.

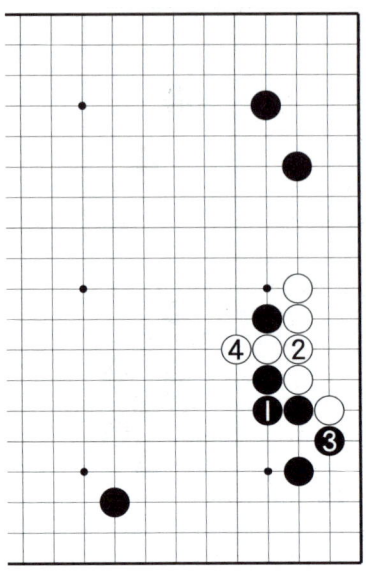

7도

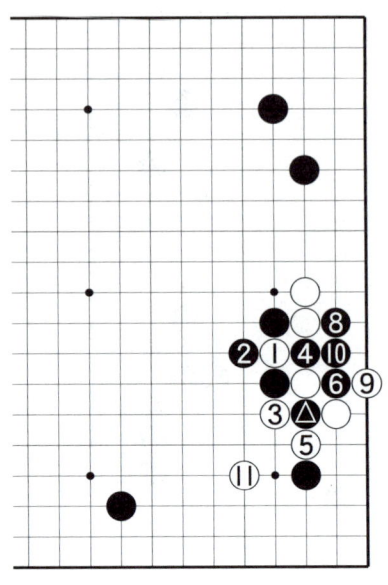

8도　　　　　　　⑦‥▲

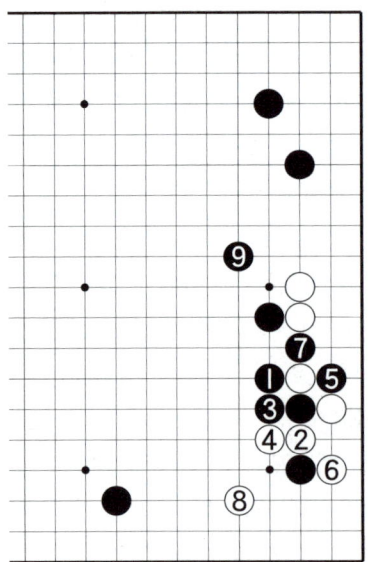

9도

7도(흑, 선택의 자유)

흑1 때 백2로 이으면 흑에게 선택의 자유가 더욱 생긴다. 흑3으로 실리를 선택할 수도 있고, 또는 4의 곳에 막아 봉쇄를 택할 수도 있다.

8도(기회를 줌)

백1 때 흑2로 막는다면 백에게 기회를 준다. 11까지의 바꿔치기가 예상되는데 흑이 나쁘지도 않지만, 백도 귀의 실리를 차지해 해볼 만하다.

9도(흑, 월등히 좋다)

흑1 때 백2의 반발은 흑3으로 이어 그만. 흑9까지 바꿔치기가 예상되지만, 흑이 전도보다 월등히 좋다.

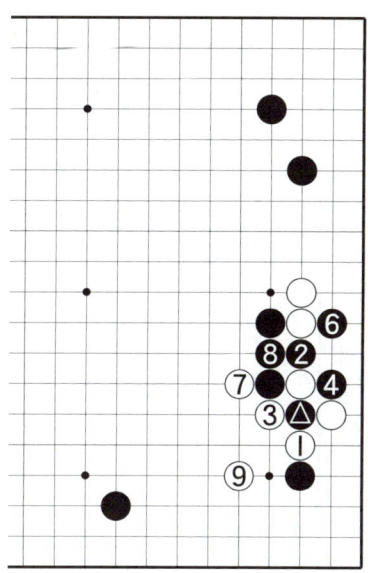

10도   ⑤…△

11도

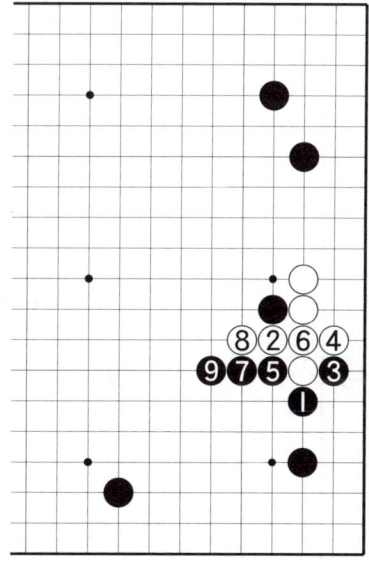

12도

10도(흑, 주의)

여기서 흑이 주의해야 할 것은 백
1 때 흑2로 되모는 것이다. 일견 흑2
가 행마법 같지만, 이것은 백9까지 흑
이 크게 당한 모습이다.

11도(결정판1/백의 정수)

흑1에는 백2로 참는 게 제일 좋은
수. 여기서 흑3이면 무난한 진행이다.

12도(흑, 대성공)

백2에는 흑3이 재미있다. 백4로 받
아만 준다면 흑9까지 우하 흑 세력이
방대해진다.

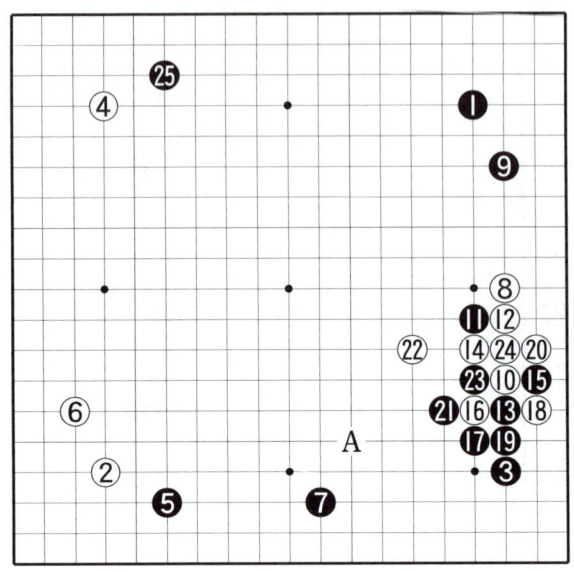

13도

13도(결정판2/실전례)

실전에 나왔던 수순을 따라가보자.

흑15에는 백16의 젖 힘이 최선이고, 백24까 지 호각의 진행이다.

여기서 흑은 25로 걸 처갈 수도 있고, 하변에 A로 지키는 것도 좋다.

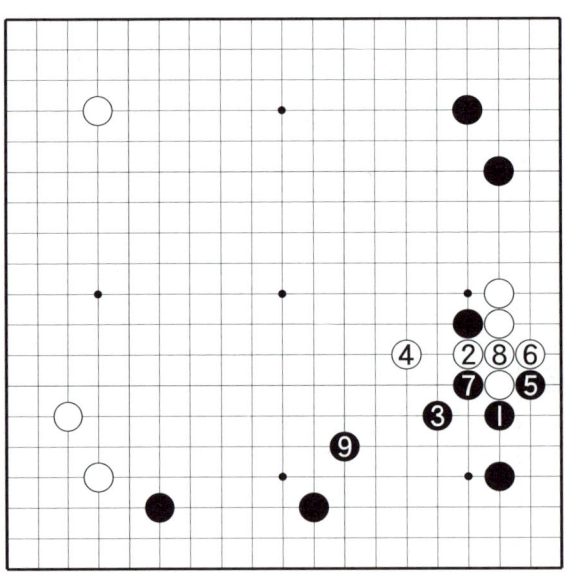

14도

14도(결정판3/흑의 별책)

백2에는 흑3으로 가볍 게 뛰는 수도 있다. 백4 로 중앙진출을 도모할 때, 흑9까지 우하 일대 를 보기좋게 지킨다. 귀 쪽에 약간의 뒷맛이 있 지만, 흑이 나쁜 그림은 아니다.

이상 살펴본 대로 기 본형 흑3(본도 흑1)은 적 어도 흑이 나쁜 그림은 나오지 않는 것으로 보 아 지금까지는 유력한 신 수이다.

중국식 이후의 신형(1)

중국식 포진이 90년대 중반부터 다시 유행하면서 중국식의 현대화가 다양하게 이루어지고 있다. 흑7의 두칸협공은 현대적인 수법. 이어지는 백8·10이 상용의 타개수법인데, 흑11 다음 백12의 마늘모가 묘미 넘치는 신수이다. 이수를 둘러싼 신형의 움직임을 지금부터 살펴본다.

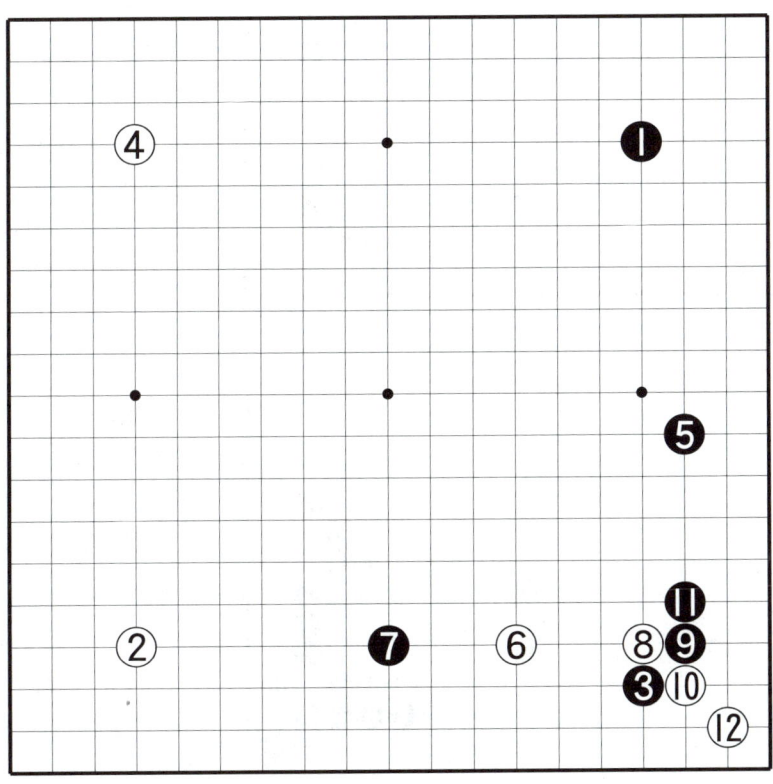

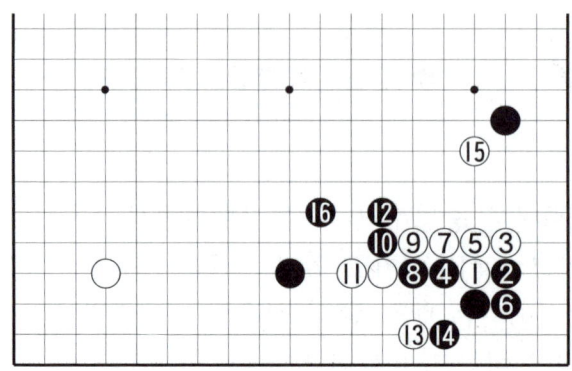

1도

1도(백, 무리한 싸움)

기본형 진행의 초기형태는 흑2 때 백3 이하가 실전에 자주 등장했었다. 하지만 이것은 보는 바와 같이 흑16까지 백이 무리한 싸움이다.

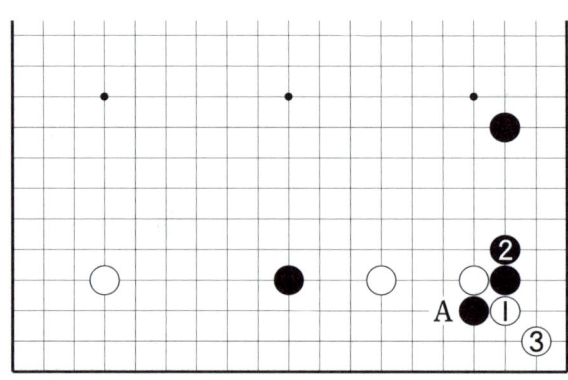

2도

2도(변화도)

그래서 백은 다른 대비책을 준비했고, 그 변화 가운데 하나가 백3의 마늘모다. 이 점은 백A로 먼저 몰고 이렇게 두는 수도 있다(그러나 그것은 좋지 않다는 결론).

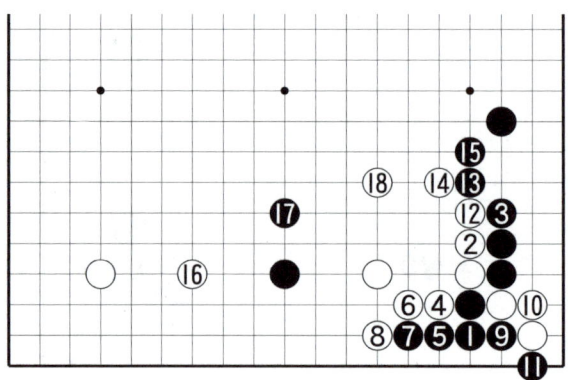

3도

3도(초기 정석)

전도 백3의 마늘모에 흑은 1부터 이하 수순을 거쳐 백18까지 정형으로 자리를 잡아왔다. 하지만 이것은 귀의 뒷맛이 있어, 백이 활발하다 하여 어느 순간 슬그머니 사라지고 말았다.

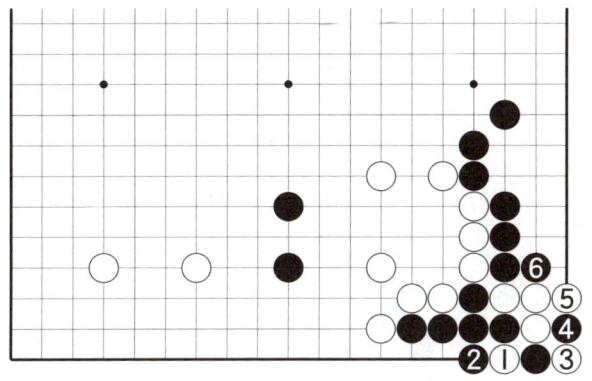

4도

4도(뒷맛1)

먼저 백1의 먹여침을 시작으로 3으로 집어 넣는 패맛이 하나 남아 있다.

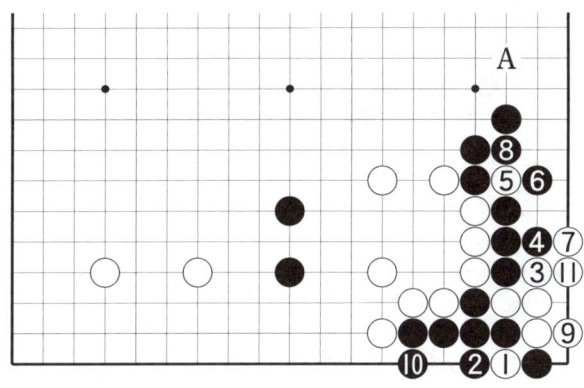

5도

5도(뒷맛2)

또 백에겐 나중에 A 부근에 돌이 놓일 경우엔 백5로 끊는 맛이 있다. 이하 백11까지 빅이 된다.

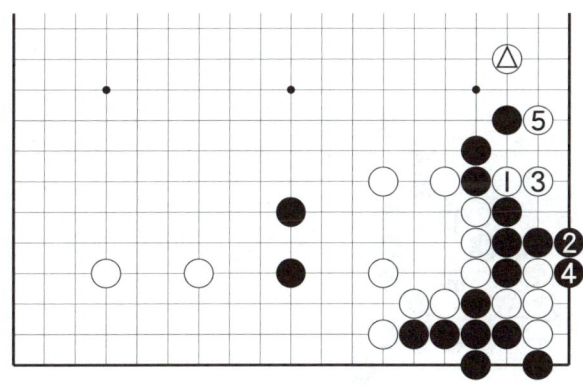

6도

6도(흑, 무리)

백△가 있는데도, 백1에 흑2로 최강으로 응전하면, 여기서 백은 3·5로 가볍게 넘어간다. 흑의 무리이다.

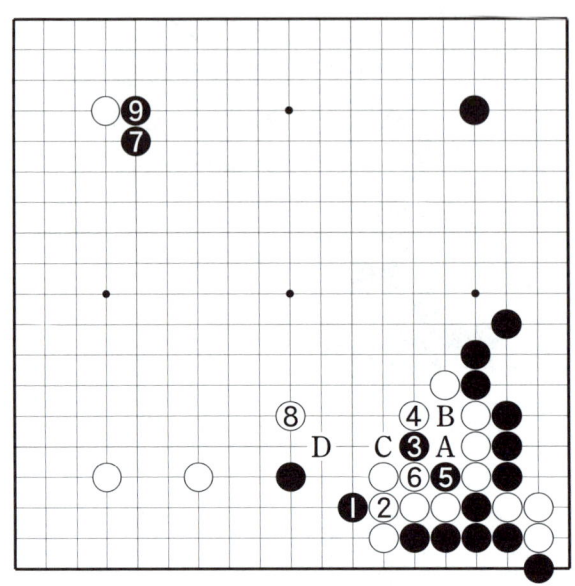

7도

7도(축머리작전이지만)

3도 백18까지 하나의 틀로 자리를 잡아갈 즈음, 본도 흑3의 날카로운 침입수가 등장했다. 이 점은 흑7의 축머리를 노리고 있지만 백8이 멋진 축머리 예비책이라 흑이 별 것 없다.

이후 흑A로 움직이면 백D까지 장문에 걸린다.

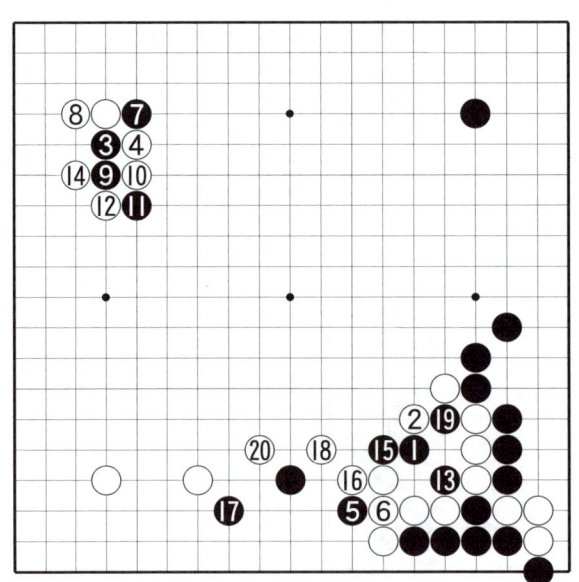

8도

8도(실전례)

제51기 일본 본인방전 도전1국, 조치훈 9단(백)과 류시훈 7단의 대국.

흑1의 침입이 날카로워 흑19까지 큰 실리를 장만한 대신, 좌상귀에서 손해를 본 것이 역시 커서, 백20까지 호각의 결과이다.

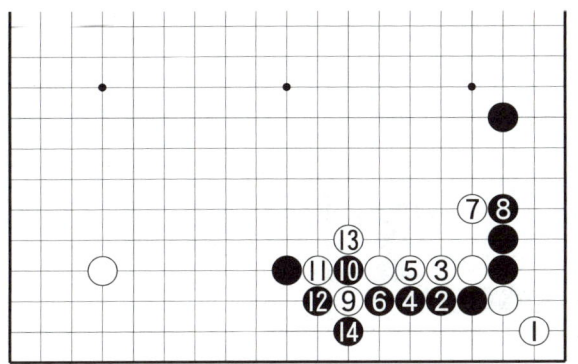

9도

9도(신형등장)

따라서, 백1에 흑2 이
하 6으로 밀며 흑10으로
끊어간 수가 강렬하다.
다시 흑12·14로 몰며
최강으로 대응하는 흑의
신형에 백의 응수는?

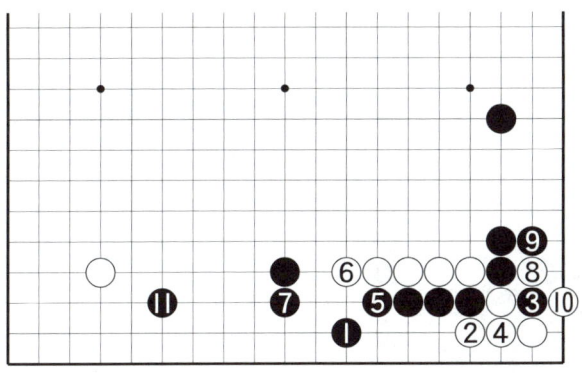

10도

10도(흑, 충분)

전도 흑6은 본도 1로
달리는 것도 느슨하긴 하
지만 나쁘지는 않다. 계
속해서 백2로 젖히면 이
하 흑11까지 이것도 흑
이 충분한 모습이다.

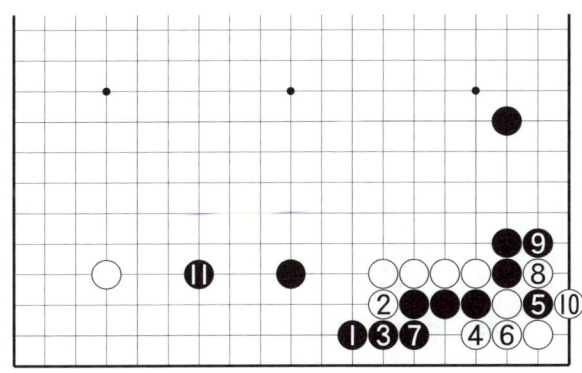

11도

11도(흑, 유리)

백은 2·4의 수순을
밟는 것이 전도보다는 약
간 낮다. 이하 흑11까지
가 예상되는데, 이것도
전체적으로는 흑이 유리
하다.

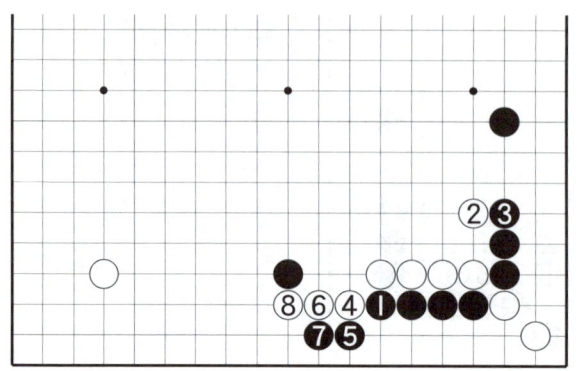

12도

12도(흑, 나쁨)

다시 본론으로 들어와, 백4 때 흑5로 받는 행마는 없다는 것을 기억해야 한다. 백8까지 당하는 바둑을 두어선 안된다.

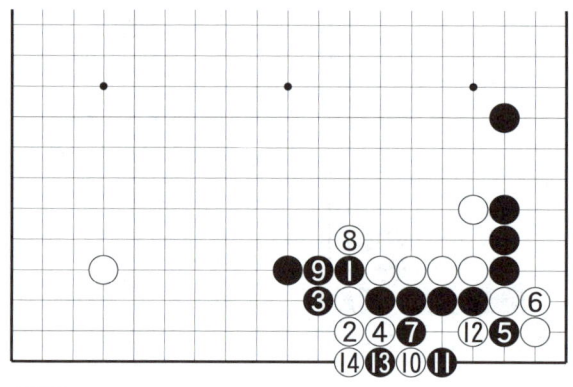

13도

13도(백의 변화구)

흑1 때 백2로 빠지는 게 일견 강렬해 보인다. 이때 흑의 응수가 중요한데, 흑3은 대실착. 백14까지 패가 되어선 흑이 망한 모습이다.

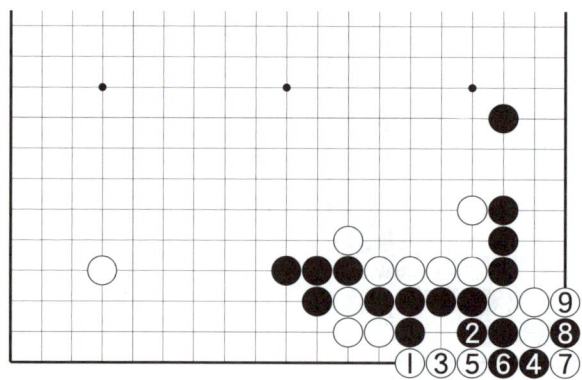

14도

14도(역시 패)

백1 때 그나마 흑2로 잇는 게 버티는 수지만, 이번엔 귀쪽에서 패가 된다. 이것은 전도보다 패의 가치가 더욱 커진 점이 특징이다.

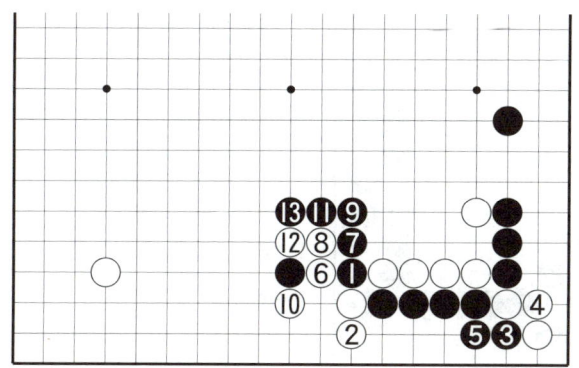

15도

15도(흑, 두터움)

백2에는 흑3이 최선의 응수. 백은 6 이하 밖으로 나오지만 흑13까지 외곽을 조인다면 흑이 두터운 모습이다.

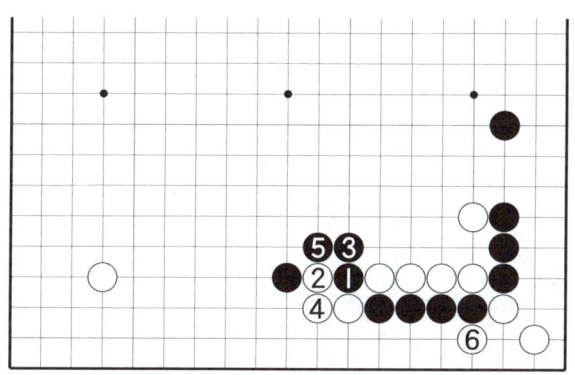

16도

16도(흑, 착각)

흑에겐 순간적으로 조심할 일이 있다. 백2로 몰 때 흑3으로 받는 것. 이랬다가는 백6까지 흑이 한순간에 망해 버린다.

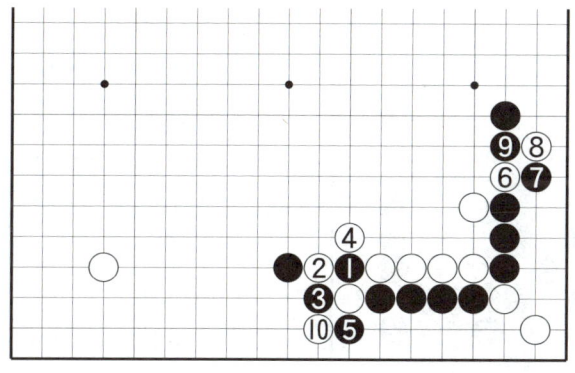

17도

17도(천지대패)

백6·8은 사전에 패를 만들어 보자는 공작. 드디어 백10으로 천지대패가 시작되었는데—

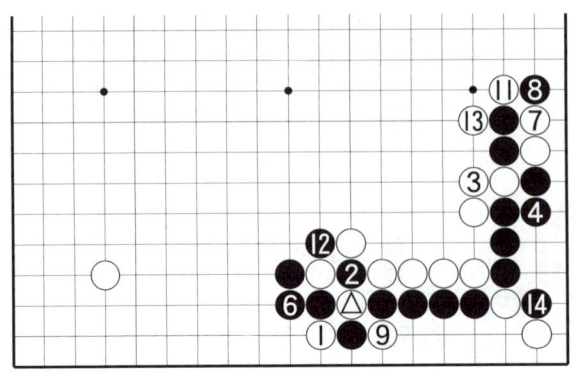

18도

⑤…△ ⑩…❷

18도(흑, 우세)

흑은 6으로 잇는 타이밍이 있어 그나마 다행. 결국 흑14까지 바꿔치기가 되지만, 이것은 전체적으로 흑이 두터운 모습이다.

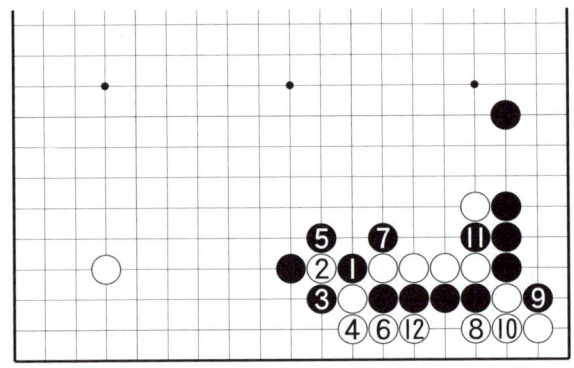

19도

19도(흑, 두터움)

흑3 때 백4로 빠지는 것도 생각해 볼 수 있지만 좋지 않다. 백12까지 흑 넉점은 잡지만, 외곽을 조여붙인 흑이 전체적으로 두터운 모습이다.

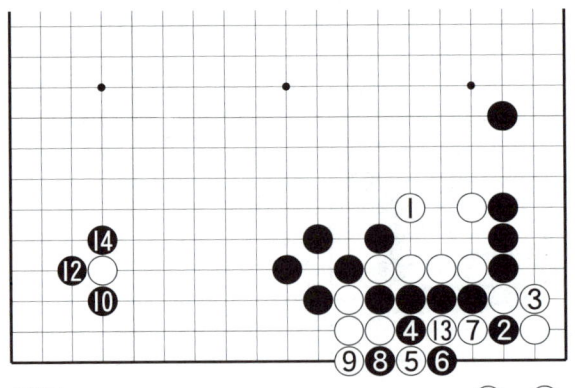

20도

⑪…⑤

20도(흑, 유리)

전도 백8로는 본도와 같이 1로 보강하는 것도 떠오르는 수법이다. 하지만 이것도 백이 탐탁치 않은 것은 마찬가지. 패를 이용하여 흑14까지 흑이 유리한 결말이다.

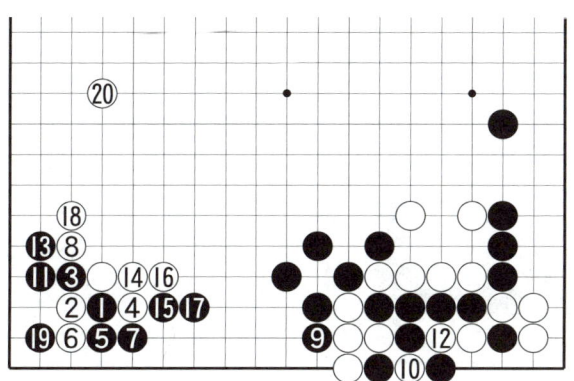

21도

21도(백, 우세)

다른 실전 가운데 하나를 살펴보면, 흑1 때 백2로 버틴 모습이 눈에 띈다. 백8까지 교환해 놓고 흑9로 패를 결해, 결국 이것은 백20까지 아무래도 백이 약간 유리하다.

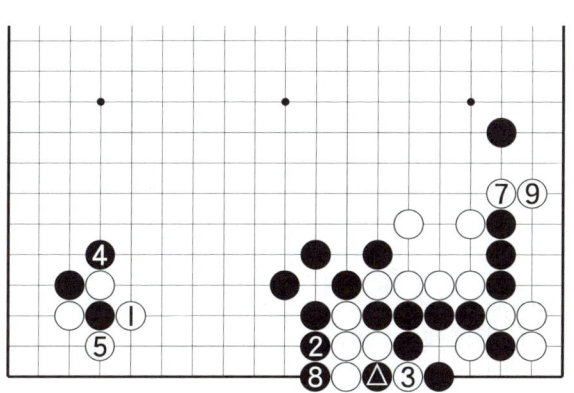

22도

⑥…▲

22도(백, 유리)

그렇다고 백1 때 흑2로 패를 결행해도 이번엔 백7·9로 바꿔치기한다. 이것도 역시 백이 유리하다.

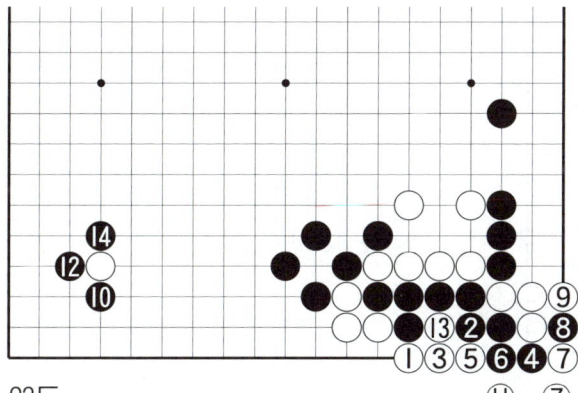

23도

⑪…⑦

23도(흑, 유리)

그러므로 흑은 애초, 백1 때 흑2로 잇는 한수였다. 이하 패의 가치가 더욱 커져 흑14까지 연타해 귀를 확실히 제압한 모습이다. **20도**와 비슷한 결과.

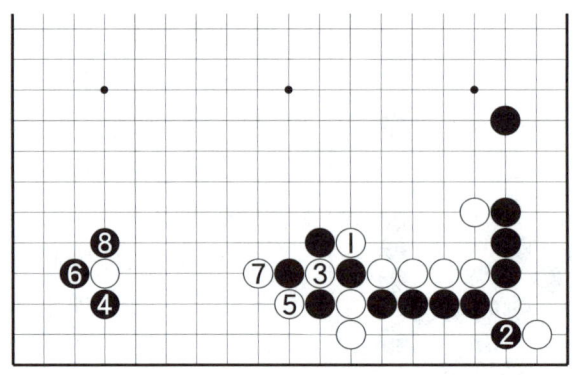

24도

24도(흑, 유리)

19도 백6으로는 먼저 본도 백1로 패를 거는 수법도 생각할 수 있다. 하지만 이 수순도 흑2면 별게 없다. 결국 흑8까지 바꿔치기가 예상되지만, 흑이 유리한 모습이다.

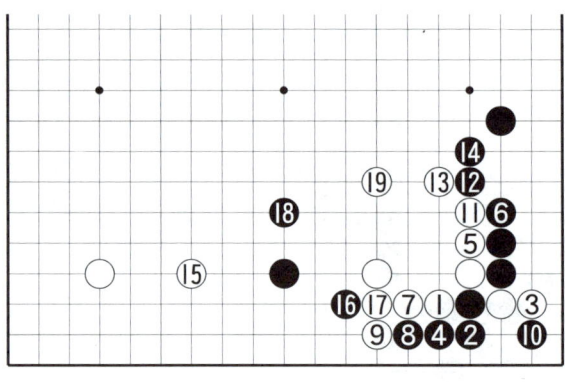

25도

25도(흑, 충분)

백1~5는 흑의 강력한 신형의 흐름을 원천적으로 피해 초기 정형이던 3도를 유도하는 작전이다. 하지만 수순 중 이제는 흑10이 맥점으로, 귀의 뒷맛을 없앴다는 점에서 흑이 충분하다.

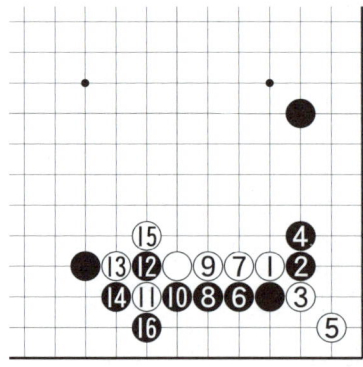

26도

26도(결론)

이상의 결과로 볼 때 백1~5의 신수는 흑6부터 출발하여 16까지 이어지는 강력한 돌려치기 신형에 의해, 더 이상의 연구가 없다면 사라질 운명에 처하게 된다.

정리하면, 백이 최선을 다해도 18도·23도 이상을 기대할 수 없으며, 그 과정에서 흑은 21도를 조심해야 할 것이다.

 중국식 이후의 신형(2)

이번엔 흑1의 두칸협공에 백2로 응수타진하는 형이다. 직접 흑귀를 공략해서는 좋은 결과가 없다고 보고 변화한 신수이다. 중국식에서 새롭게 발전한 백2의 씌움은 여러 가지 작전이 내포되어 있는데, 여기서 흑의 적절한 대응방법은 무엇일까?

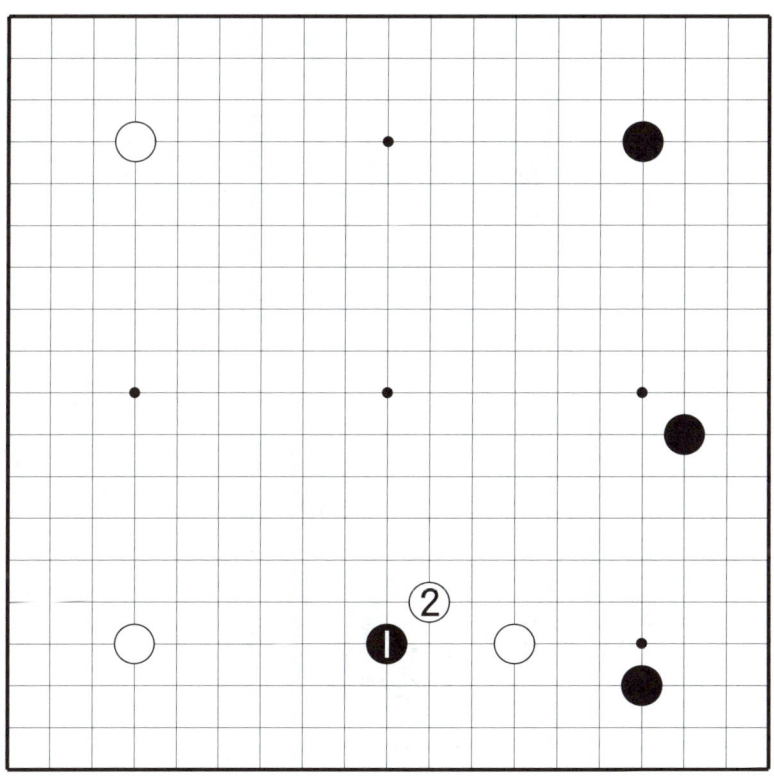

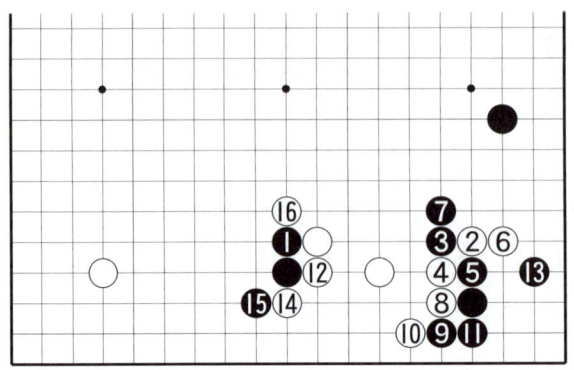

1도

1도(백, 활발)

흑1로 받아주는 것은 백의 주문이다. 이제는 백2로 귀쪽을 걸쳐 방향 전환하는 것이 기민하다. 흑3 이하 전투는 백16까지 예상되는데, 백이 활발한 모습이다.

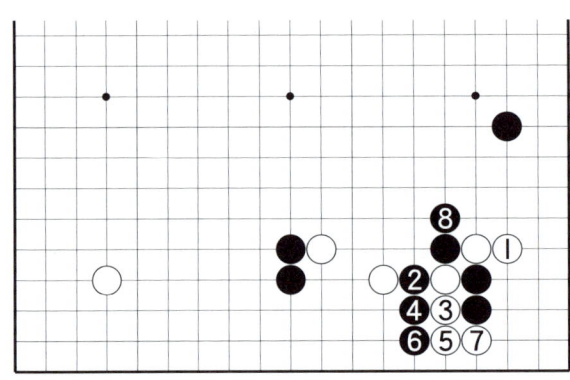

2도

2도(백, 실리 충분)

그렇다고 백1에 흑2로 강력하게 몰아가는 것도 실속이 없다. 흑8까지 두텁게 외곽을 차지했지만 백의 실리가 짭짤하다.

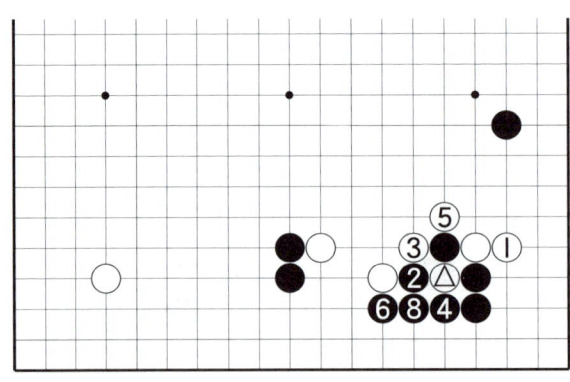

3도

3도(백, 엷음)

백이 주의할 사항은 흑2 때 백3·5로 돌려치는 것이다.

지금은 이 수순이 실속이 없어 백 전체가 엷은 모습이다.

⑦…△

234

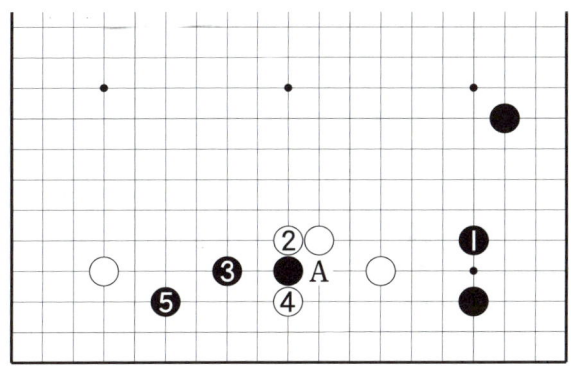

4도

4도(흑, 정수)

1도 흑1로 둔 이후는 흑이 좋지 않으므로, 본도와 같이 흑1로 귀를 지키는 게 정수이다. 흑5까지 참아두고 A로 나가는 맛을 노린다.

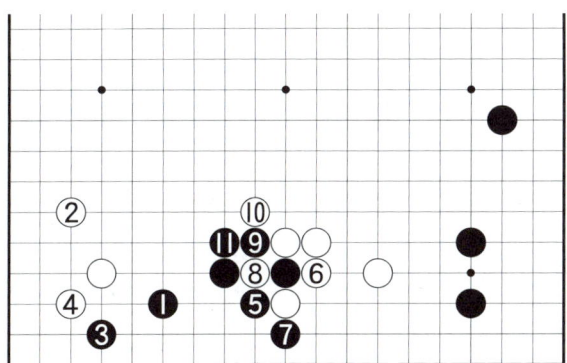

5도

5도(흑, 만족)

백2로 받아주면 흑3, 백4를 교환하고, 흑5 이하를 결정한다. 백10의 단수에는 흑11로 이어두는 것이 정수이다. 흑11까지 흑이 갈끔한 모습이다.

계속해서—

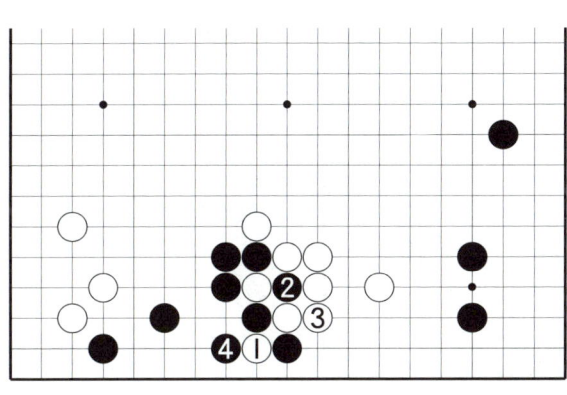

6도

6도(흑, 견실)

백1이 약간 겁나지만 흑2면 천지대패가 되므로 백은 물러날 수밖에 없다. 그때 흑4로 백 한 점을 잡으면 간단하다.

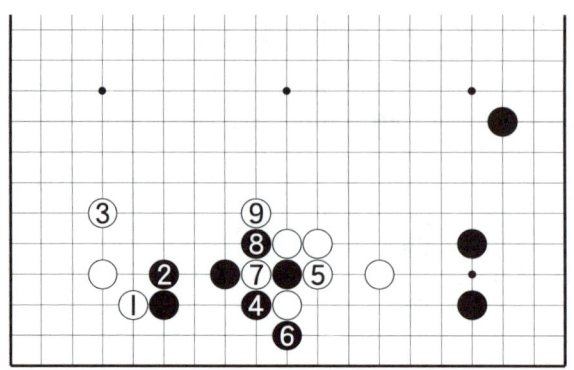

7도

7도(백, 우세)

　5도 백2로는 본도 1·3이 강수다. 만약 흑이 전도의 진행대로 한다면, 이것은 백3과 호응하는 백9의 자세가 좋아 흑이 불만이다.

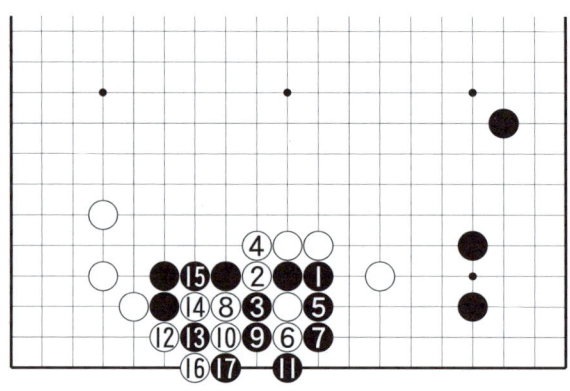

8도

8도(백, 불리)

　이럴 경우에는 흑1로 나가는 게 좋다. 백2·4는 기세고, 흑도 5로 모는 것까지는 필연. 이때 백6은 의문수. 흑13이 성립해서 흑17까지 패가 나서는 백이 불리하다.

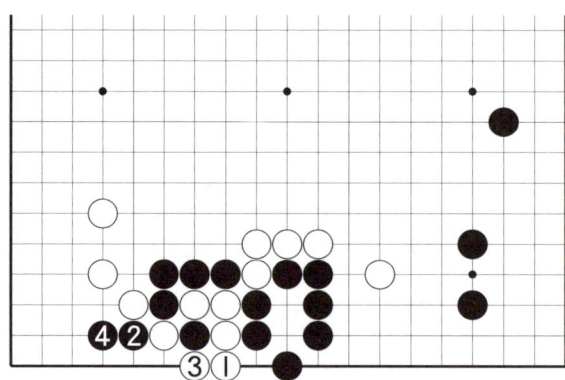

9도

9도(백, 무리)

　또, 패를 피한다고 백1로 빠지는 것은 무리. 흑2·4의 반발로 백이 곤란하다.

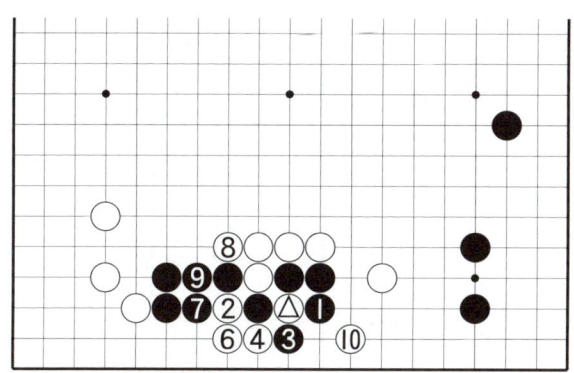

10도

⑤‥△

10도(백, 우세)

그래서 흑1에는 백2로 되모는 게 좋다. 이하 백 10까지 보기좋은 사석작전으로 일거에 백은 우위에 서게 된다.

그러므로—

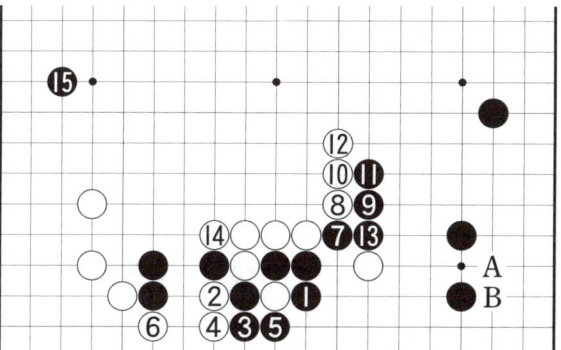

11도

11도(흑3, 정수)

흑도 백2 때 3으로 빠지는 게 정수. 과감히 흑 석점을 포기하고 흑13까지 우하귀를 넓히며, 선수를 취해 흑15로 좌변으로 달리는 게 좋다. 이것은 서로 어려운 국면.

수순 중 백A의 응수타진이 고비인데 흑B로 받아 별 게 없다.

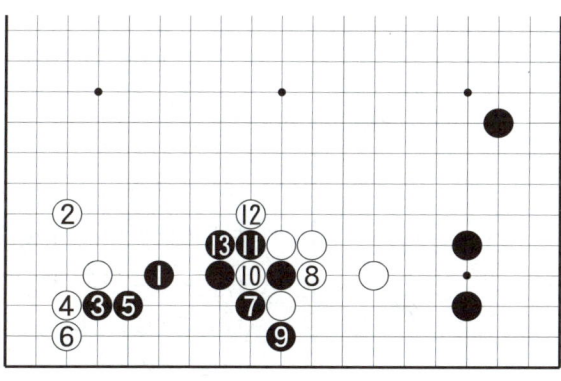

12도

12도(흑, 간명)

처음으로 돌아와 흑은 1로 걸치는 것이 간명하다. 역시 흑13까지 진행되고 나서—

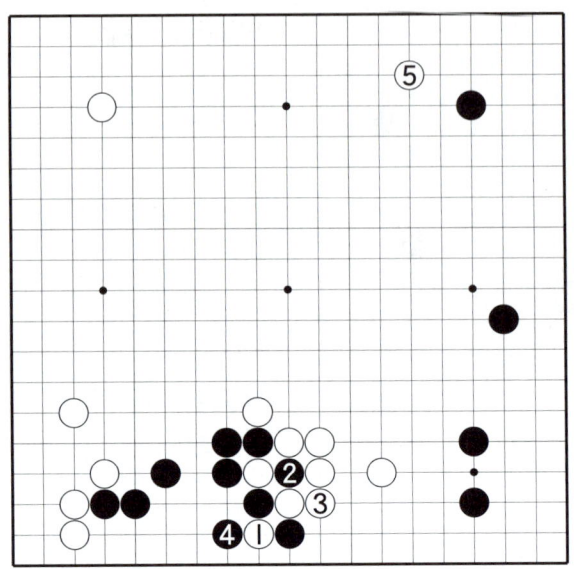

13도

13도(결정판1/흑, 충분)

백1에는 역시 흑2·4로 일단락이다. 백도 5 정도로 방향전환할 수 있지만, 전체적으로 흑이 충분한 국면이다.

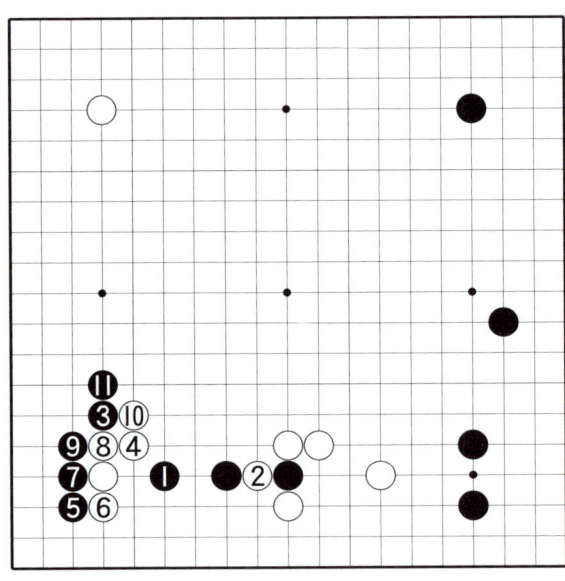

14도

14도(결정판2/실전례)

흑1에 아예 백2로 한 점을 제압하는 것도 두터운 수법이다. 그렇지만 흑3의 양걸침부터 흑11까지 예상되는 진행인데, 역시 전체적으로 흑이 충분한 국면이다.

이상 살펴본 대로, 기본형 백2는 백에게 좋은 그림은 없으므로 지금까지는 유력한 신수로 보이지는 않는다.

중국식 이후의 신형(3)

실전에서 나온 모양으로, 백△의 다가섬에 흑1로 바짝 협공하는 수가 연구되고 있다. 노골적인 공격의지를 담은 신수법으로, 아직도 미완성 정석으로 자리잡고 있다. 백2는 조훈현 9단에 의해 두어지기 시작한 수인데, 이후 어떤 변화들이 숨어있는지 살펴보자. 수순 중 백4는 A도 가능.

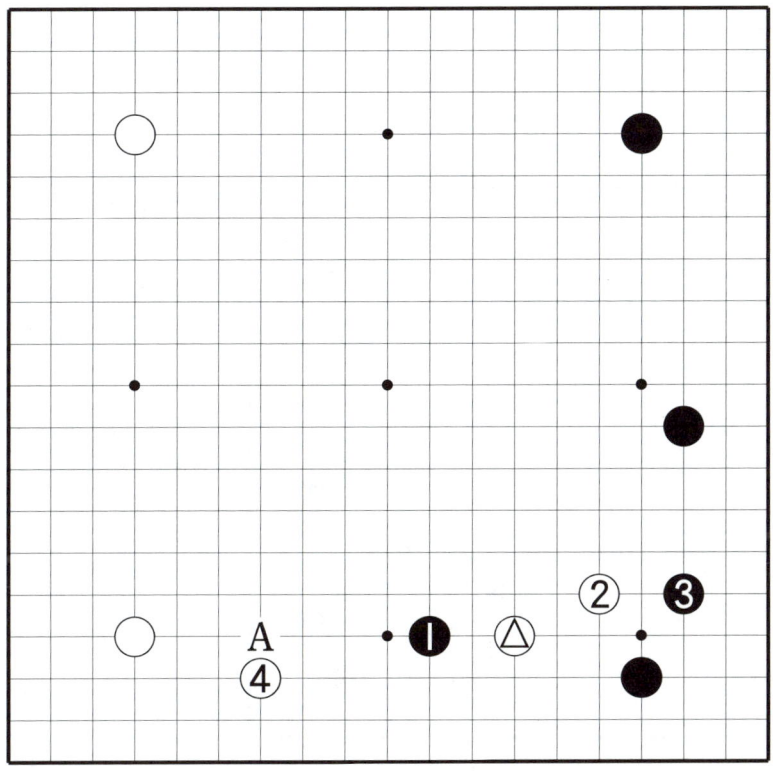

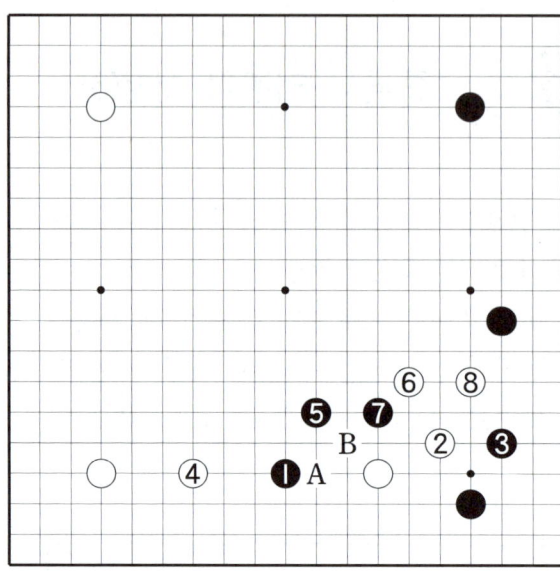

1도

1도(흑, 주도권 장악))

예전에는 흑1의 다가섬이 주종을 이루었다. 이때도 백2가 두어졌는데, 백4 다음 흑5·7이 강력하여 흑이 주도권을 장악할 공산이 높다. 그래서 이 점은 어느 순간부터 슬그머니 사라지기 시작했다.

흑1이 A에 있다면 B의 약점이 있어 함부로 흑7을 둘 수 없다는 점이 다르다.

2도

2도(실전진행)

기본형 이후 먼저 실전진행을 살펴보자. 백2에 흑은 우변을 손빼고 발빠르게 좌상귀로 손을 돌렸는데, 과연 우변에는 어떤 수단들이 있을까?

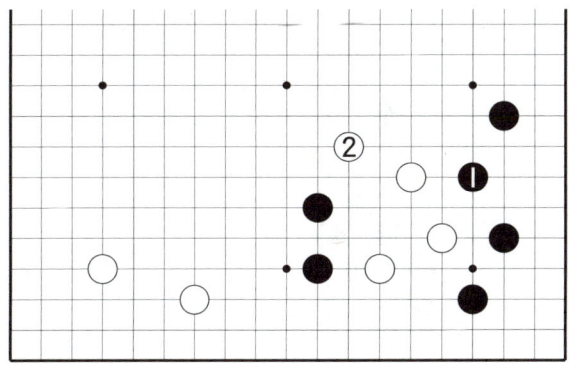

3도

3도(백, 활발)

전도 흑3으로 본도 1로 틀을 먼저 갖추게 되면, 백도 2로 보강하며 중앙진출이 활발해진다.

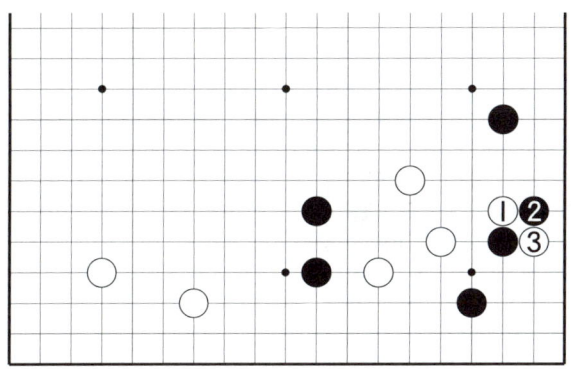

4도

4도(백의 노림)

2도 다음 백은 1·3으로 끊어가는 맥점이 있다. 이것이 백의 노림.

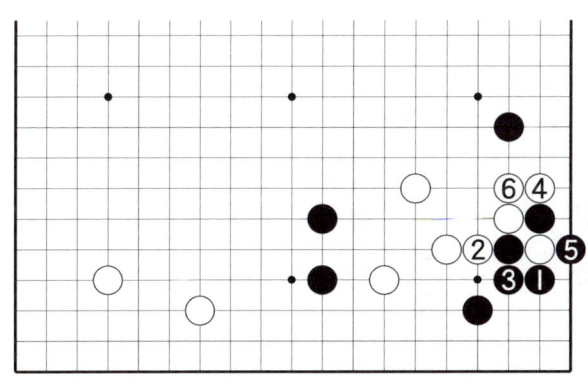

5도

5도(흑, 당함)

흑1로 받는 것은 백6까지 흑이 상당히 당한 모습이다.

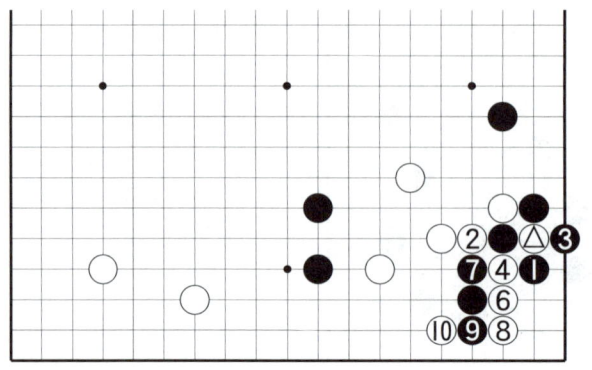

6도(흑, 활용당함)

그렇다고 백2에 흑3으로 따내는 것도 좋지 않다. 물론 흑9까지 귀의 백은 모두 제압하지만, 백10이면 외곽이 철저히 봉쇄당한다.

6도

❺…△

7도(흑, 걸림)

백1 때 흑2는 수읽기 착오. 백3으로 모는 수가 있어 이것은 귀를 제압당한 흑이 망한 모습이다.

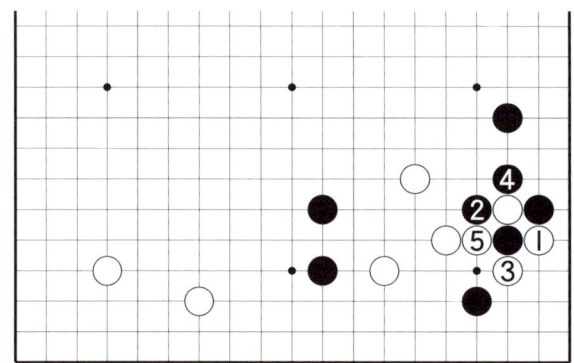

7도

8도(최선의 수순)

흑이 손뺀 이유는 다른 이유가 있었던 것. 백1 때 바로 흑2의 버팀이 준비된 최강수이다. 백7까지는 서로 최선이다.

계속해서—

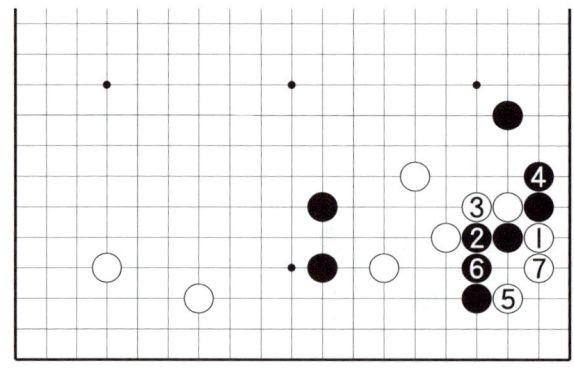

8도

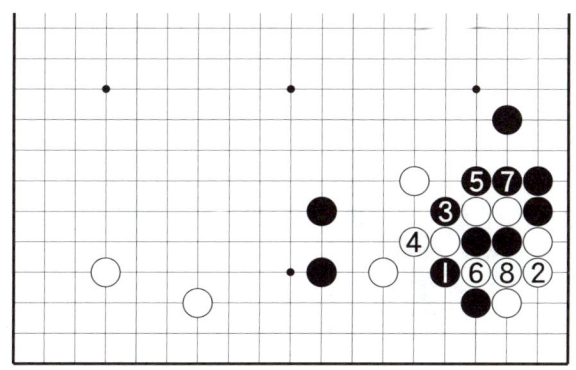

9도

9도(백, 좋음)

전도 흑6으로 잇지 않고, 본도 흑1로 버틴 다음 백2에 흑3~7로 두점을 잡는 것은 백8까지 순식간에 백은 귀에서 엄청난 이득을 본다.

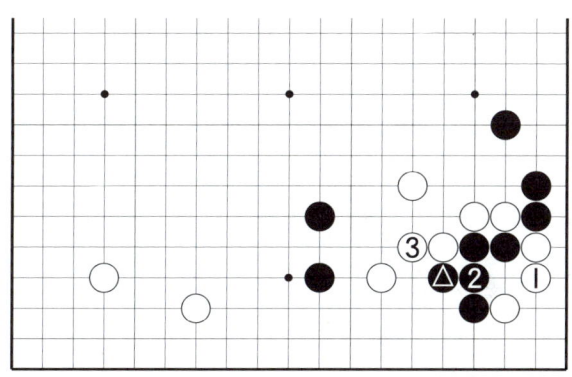

10도

10도(흑, 손해)

백1에 흑2로 이어봐도 백3으로 받아두면, **8도**와 비교하여 흑▲와 백3을 교환한 자체가 흑이 손해이다.

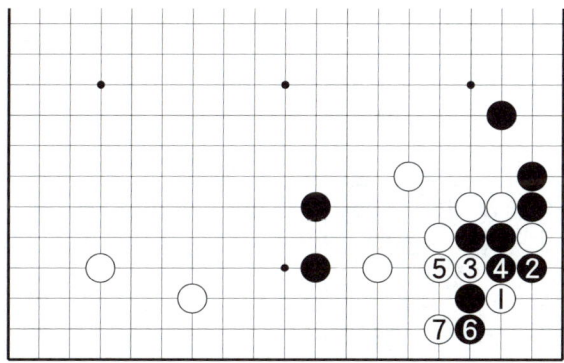

11도

11도(백, 성공)

백1 때 흑2로 물러나는 것은 패기부족. 물론 귀에 큰 탈은 없지만, 백7까지 활용당해 흑이 좋지 않다.

백은 두텁게 안정하며, 하변의 흑 두점이 공격 대상으로 떠오른다.

제1부 한국형 신수신형 *243*

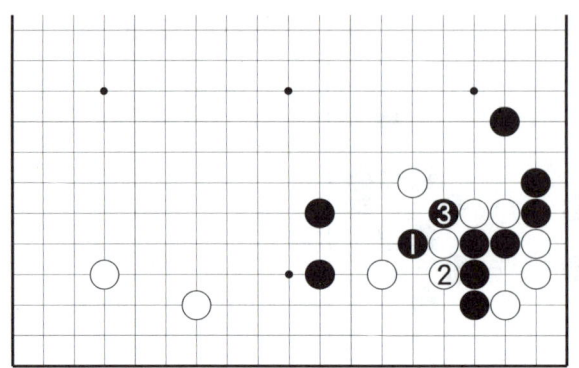

12도

12도(백2, 착각)

　그러므로 8도까지는 서로 최선이고, 다음 흑1이 맥점이다. 이때 백2는 흑3에 끊겨 큰일난다.

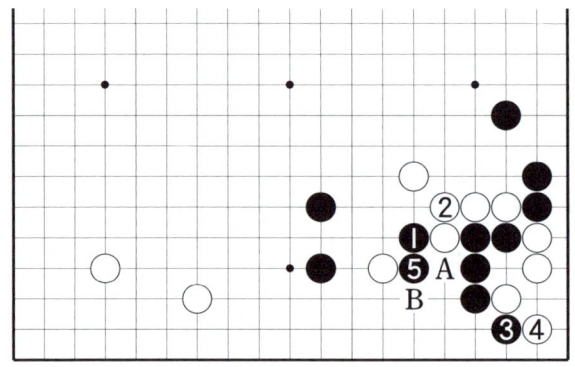

13도

13도(백, 양분)

　백2의 이음이 일견 정수같아 보이지만, 흑3, 백4를 교환하고 흑5면 백은 졸지에 양분된다. 다음 백A에는 흑B가 안성맞춤.

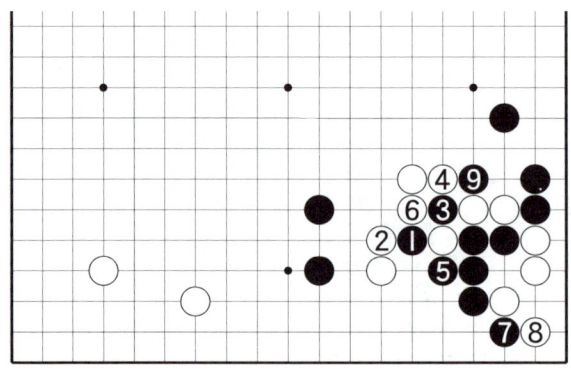

14도

14도(백2 정수/흑9 성급)

　그래서 흑1에는 백2로 물러나는 게 정수이고, 이하 백6까지는 서로 최선의 수순이다. 계속해서 흑7, 백8까지는 좋은데, 흑9의 패끊음이 성급한 수단이다.

244

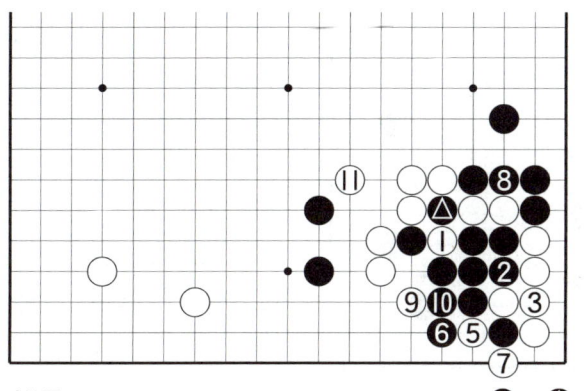

15도

4…△

15도(백, 대성공)

물론 패싸움에 의해 흑 8까지 백 두점을 잡으며 관통할 수는 있지만, 백은 귀에서 실속을 차리며 살고 11까지 중앙도 무사히 수습하게 되어 대성공한 모습이다.

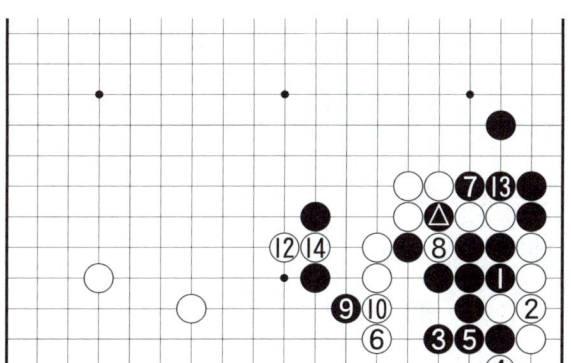

16도

⑪…△

16도(결정판1/호각)

그러므로 **14도** 흑9로는 본도 흑1~5로 최대한 버텨야 한다. 다음 백6을 기다려 흑7로 패를 거는 것이 정확한 수순이다. 이하 바꿔치기가 예상되는데, 백14까지 서로 둘 만한 모습이다.

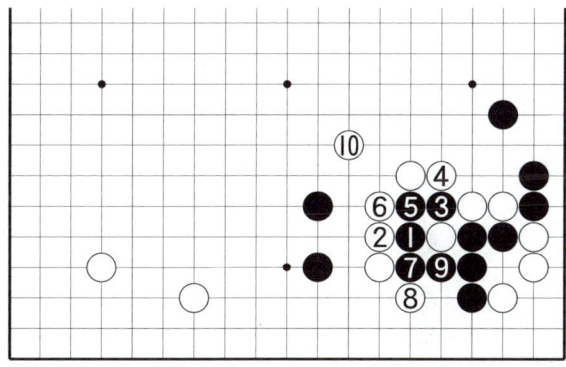

17도

17도(백, 활발)

백4 때 흑5로 나오는 것은 백8의 한방이 아프고, 10까지 중앙의 백이 매우 활발해지므로 흑의 소탐대실이다.

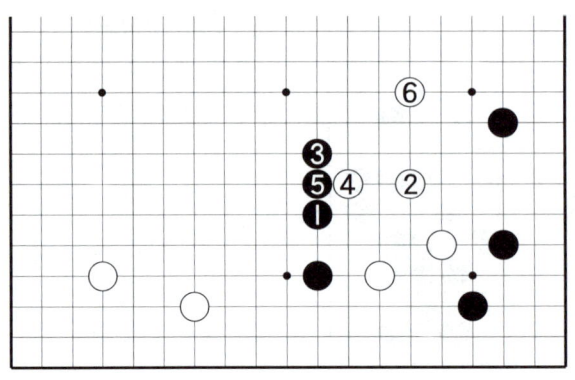

18도

18도(결정판2/발빠른 행마)

흑1, 백2로 같이 뛴 다음 흑3으로 한번 더 뛰어나가는 수법도 있다. 백4·6은 약간 엷은 의미는 있지만, 한 발이라도 빨리 뛰어나가겠다는 의도이다. 이것도 한판의 바둑.

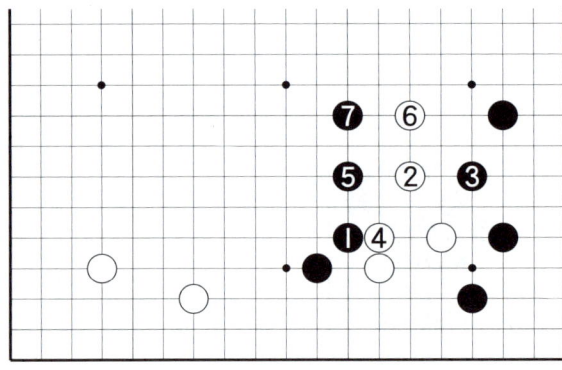

19도

19도(최강 수법)

흑1의 공격이 버전업된 최신수법. 흑7까지 좀더 세차게 백을 몰아칠 수 있다. 다만, 너무 직선적인 수법이라 공격의 효과가 나타나지 않으면, 국면을 그르칠 염려도 있다. 미완의 수법.

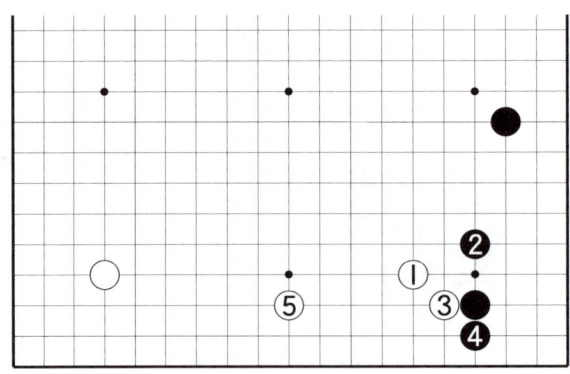

20도

20도(중국식의 다른 변화)

애초 중국식에서 백1로 바짝 다가서고, 이하 백5까지 진행된 실전도 있다.

 ## 중국식 이후의 신형(4)

　백1의 귀붙임은 전형의 위축된 행마를 꺼려하여 강구된 신수. 조기수습에 역점을 둔 상용의 기대기작전이다. 백3의 맞끊는 작전은 상당히 위협적인 수가 틀림없지만, 정확한 응수법을 안다면 오히려 백을 어렵게 만들 수도 있다. 이후의 공방에 대해 따라가보자.

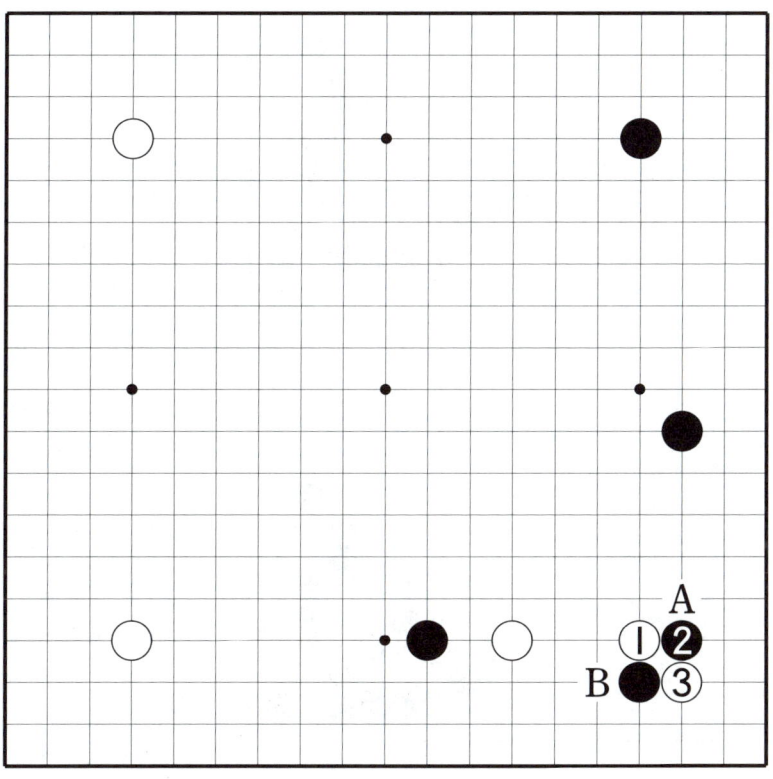

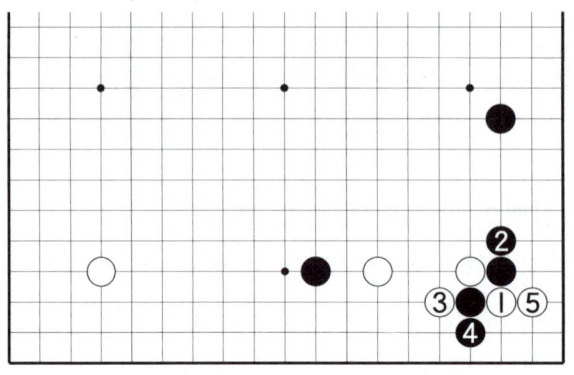

1도

1도(최선)

백1에는 물론 흑2로 뻗는 게 정수다. 백도 3으로 몰고 5로 뻗어두는 게 좋은 수순이다.

백5까지는 서로 최선의 응수.

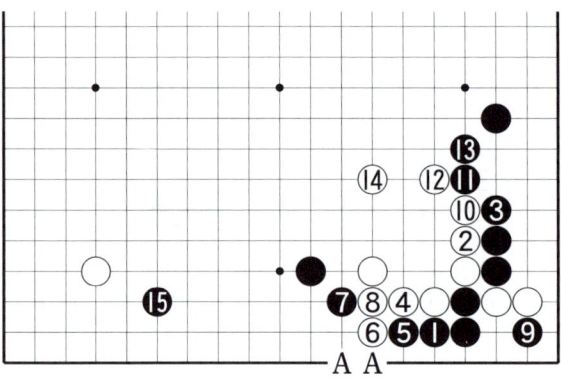

2도

2도(결정판/흑 실리)

전도 다음, 흑1 때 백2·4가 수순이며 이하 흑15까지가 예상된다. 수순 중 흑9는 귀의 뒷맛을 없애는 맥점이며, 백14도 좋은 지킴이다.

이 결과는 우하귀에 뒷맛이 없는 만큼 흑의 실리가 돋보이는데, 백도 A의 곳들이 선수라 그런대로 둘 수 있다.

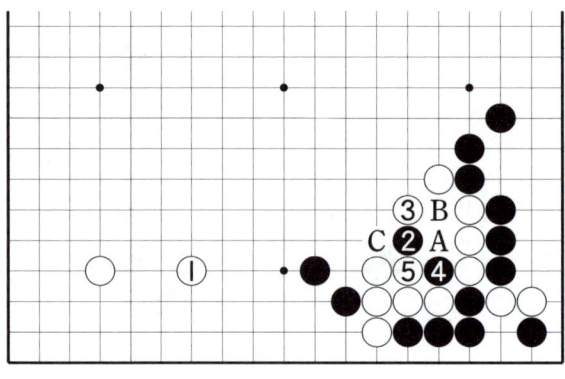

3도

3도(축머리 활용)

전도 수순 중 백14로 실리에 연연해, 본도처럼 하변 백1로 지키면 흑2의 급소 한방을 얻어맞는다. 백5까지 물러나야 하는데, 이후 흑은 A부터 C로 나오는 축머리를 활용하는 것이 통렬하다.

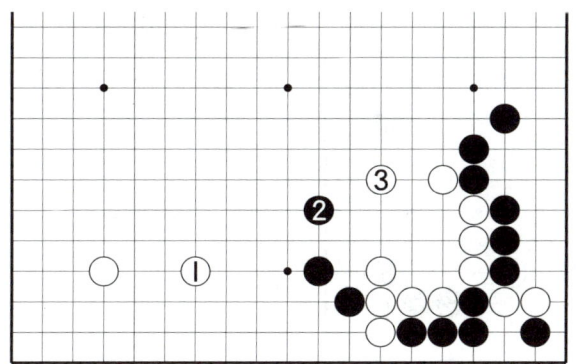

4도

4도(흑, 찬스를 놓침)

만약, 백1 때 무심코 흑2로 뛰어나가는 것은 백3으로 지키는 타이밍을 허용해 찬스를 잃게 된다.

주의를 요한다!

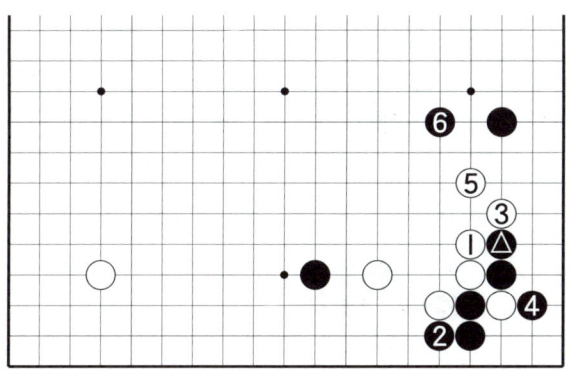

5도

5도(흑, 만족)

흑▲ 때 백은 4쪽으로 뻗는 게 바른 행마라고 했다. 그런데도 불구하고 백1~5로 자세를 잡는 것은 6까지 흑의 날렵함에 백은 실속이 없게 된다.

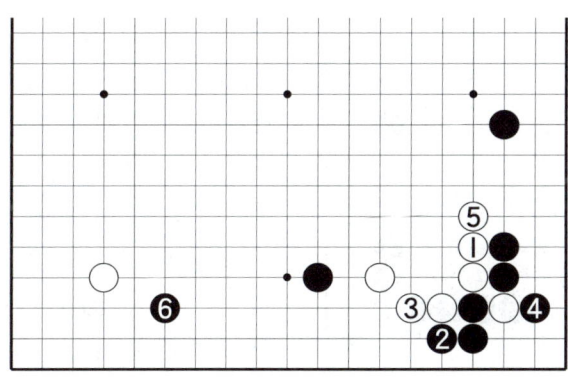

6도

6도(흑, 활발)

백3쪽에서 받는 것도 마찬가지. 흑4로 잡은 다음 백5를 기다려 좌하귀 흑6으로 방향을 틀면 흑이 활발한 모습이다.

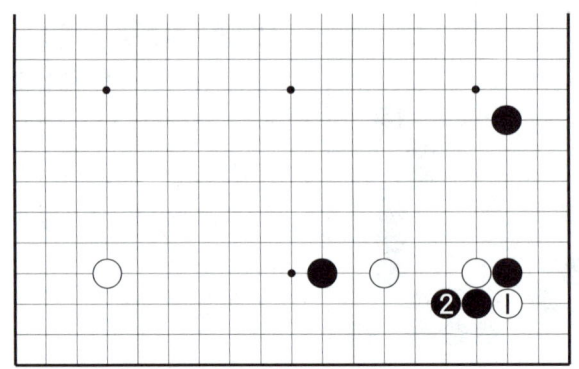

7도

7도(흑, 방향착오)

이번엔 백1의 끊음에 흑2로 뻗는 수에 대해 검토해 보기로 한다. 한마디로 방향착오.

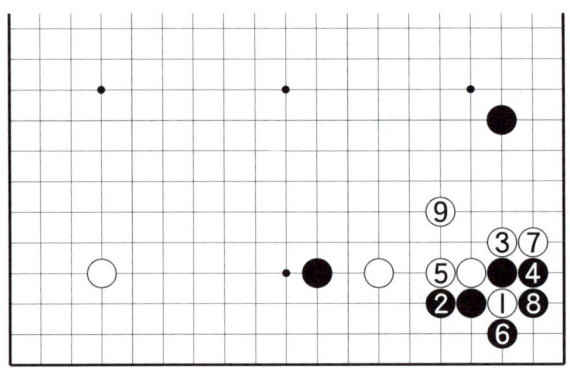

8도

8도(백, 기분좋음)

흑2로 뻗는 순간 백3·5면 순식간에 백은 안정된다. 흑6으로 받는다면 백9까지 이상적인 모양을 갖췄다.

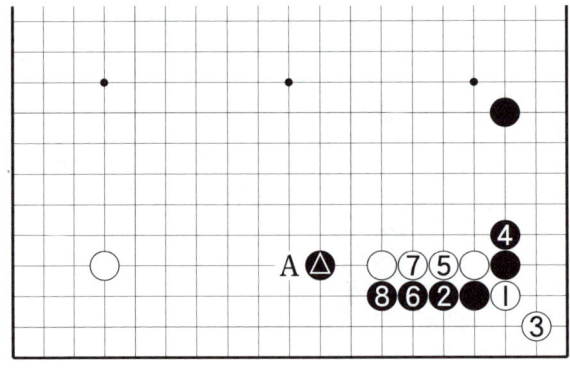

9도

9도(백, 실속없음)

그런데 흑2에 백3으로 멋을 부리는 것은 여기서도 더욱 실속이 없다. 흑4 다음 8까지 넘어가면 흑▲의 위치가 좋아 이상적이다. 흑▲가 A에 있을 때보다 더욱 좋음은 물론이다.

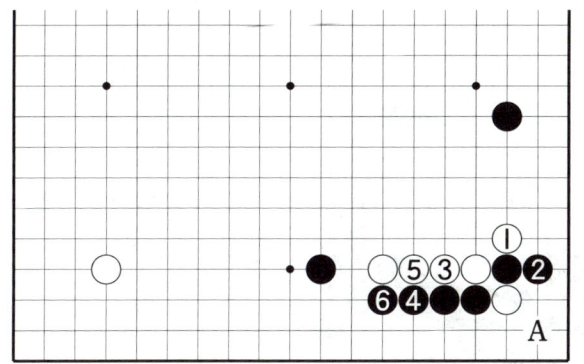

10도

10도(흑이 버틴다면?)

백A는 실속이 없다는
것을 알았다. 그러므로
백1·3이 최선의 응수인
데, 이때 흑이 4·6으로
버티면 어떻게 될까?

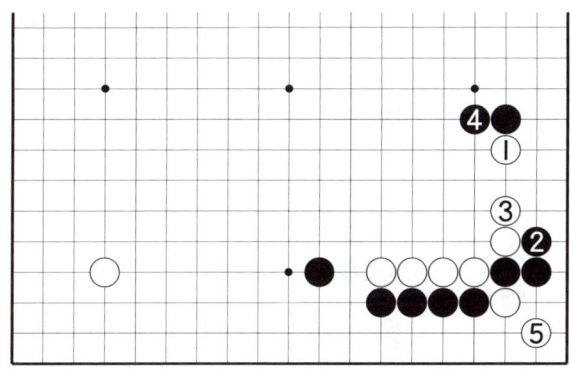

11도

11도(맥점 연타)

백1이 멋진 맥점이다.
흑2·4로 버틸 것 같지
만, 이제는 백5의 마늘
모가 멋진 '맥점의 제2
탄'.

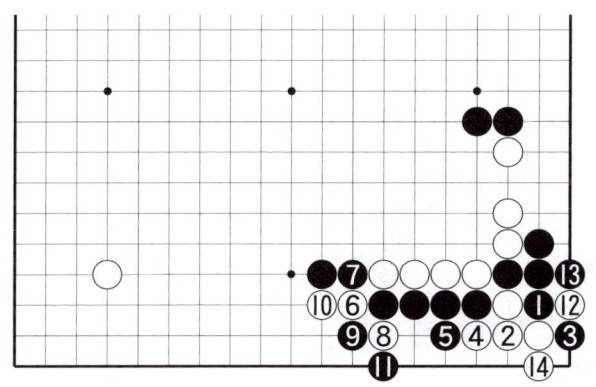

12도

12도(수상전)

계속해서 흑1·3으로
백의 수를 줄여오지만,
백12·14가 좋은 수순으
로 이것으로 수상전에서
버틸 수 있다.

계속해서―

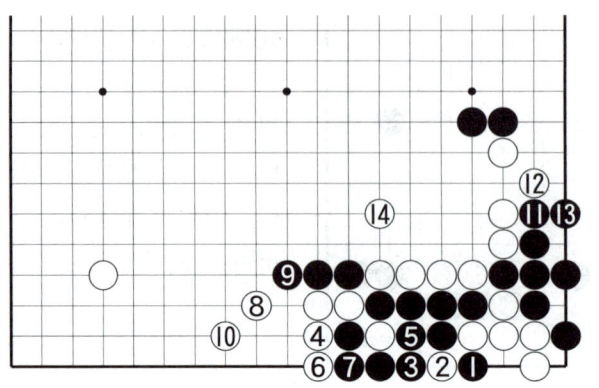

13도

13도(백, 성공)

흑1부터 최선을 다해 보지만 이미 때는 늦었다. 흑13까지 귀는 백의 선수빅이 되었고, 백14에 손이 돌아와서는 백의 성공이다.

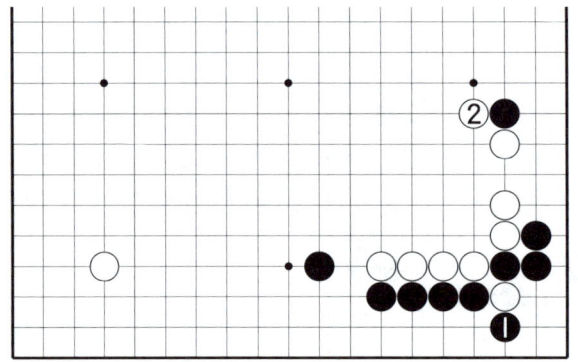

14도

14도(백, 주도권 제압)

그러므로 애초 **11도** 흑4로는 본도 1로 백 한 점을 잡아야 하고, 그렇다면 이젠 백2로 흑 한 점을 제압해 전체적으로 백이 활발한 모습이다.

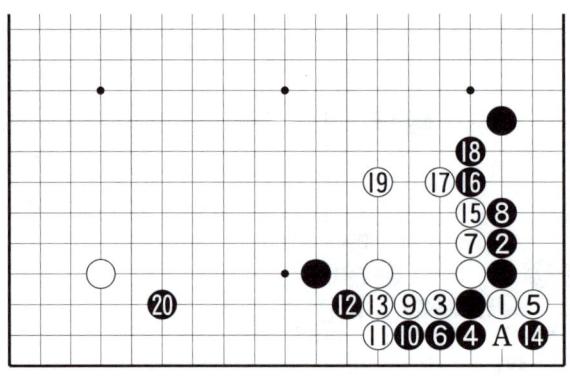

15도

15도(결론)

다시 한번 수순을 되짚어보면 백1로 끊어 수습하려는 백의 책략은 **2도**에서처럼 흑20까지가 최선으로 되어 있다.

따라서 흑의 실리가 다소 돋보인다는 점에서, 백1(기본형 백3)은 아직까지는 위력이 없는 미완의 신수로 보인다.

중국식 이후의 신형(5)

제6회 LG배 세계기왕전 결승5번기 제5국에서 등장한 실전. 조훈현 9단이 백, 유창혁 9단이 흑이다. 각각 2승 2패에서 맞은 두 대국자는 제4국에 이어 같은 모양을 보여줘 귀추가 주목되었다. 백1·3이 최신 수법이며, 유력한 신수로서 지금도 연구가 계속되고 있다.

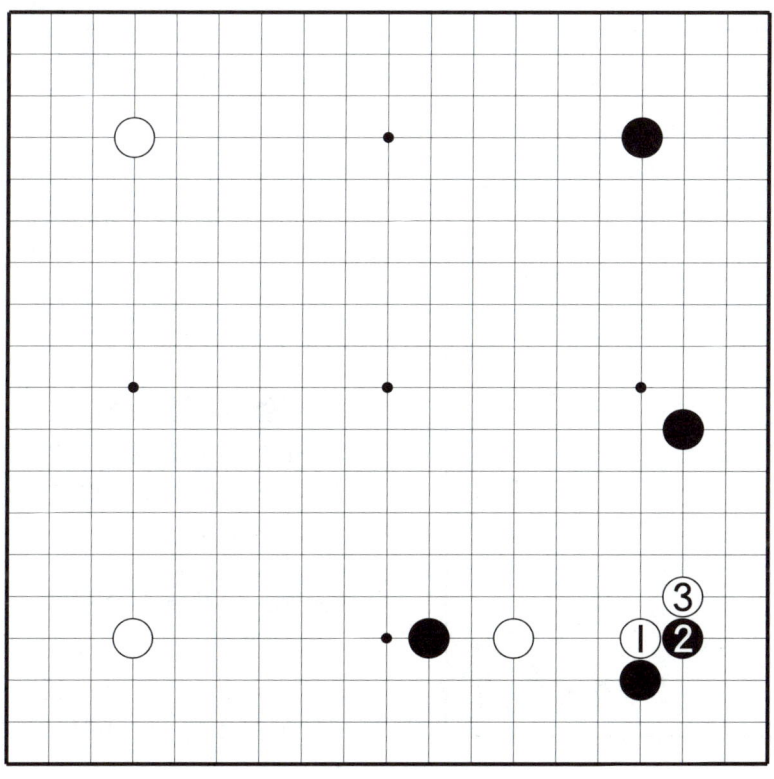

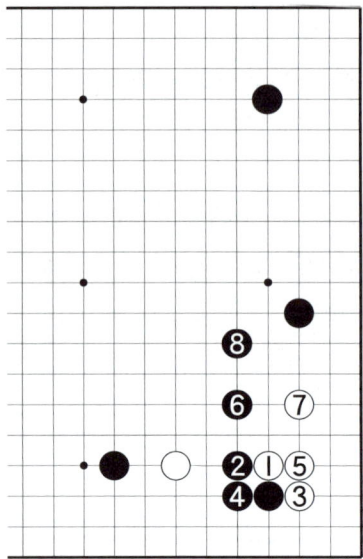

1도

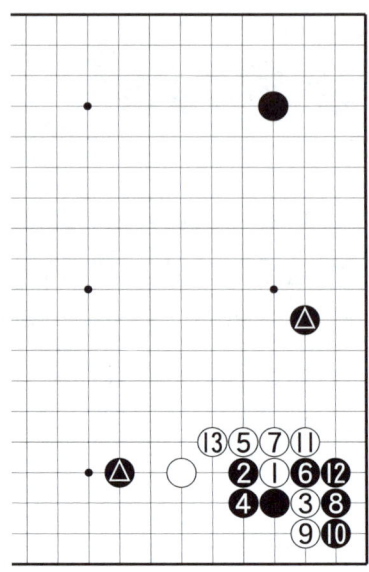

2도

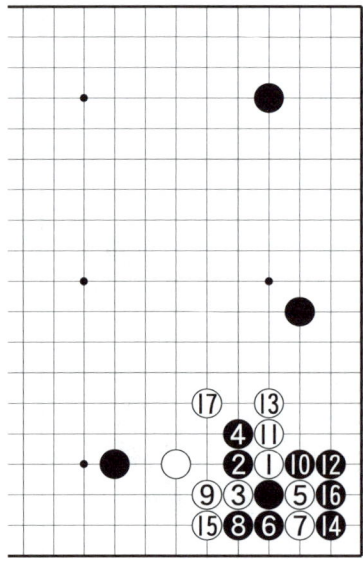

3도

1도(무난한 진행)

백1에는 흑2로 젖히는 것도 일감이다. 백3의 젖힘도 행마법이고, 이하 흑8까지면 흑으로서 싱거운 맛은 있지만 서로 무난하다.

2도(흑▲, 적당한 위치)

흑4 때 백5로 변화를 꾀하는 것은 백13까지 되더라도 흑▲의 위치가 좋아 백이 좋지 않다.

3도(백3, 무리/흑4, 잘못)

백이 3으로 끊는 것은 무리. 지금은 흑4의 잘못으로 백이 17까지 이상적인 모양을 갖추었지만, 다른 변화가 숨어 있다.

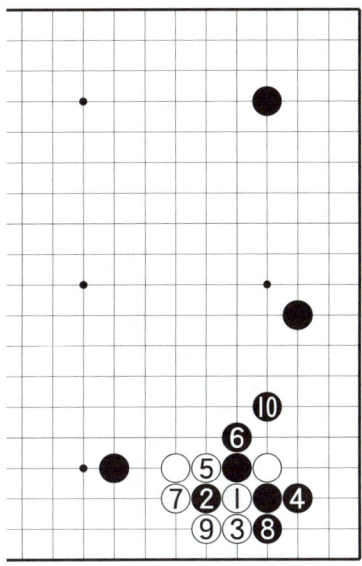

4도

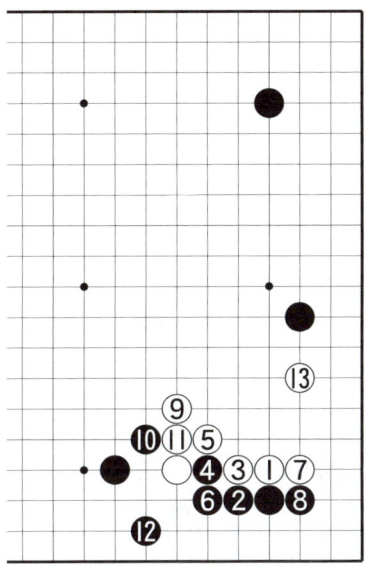

5도

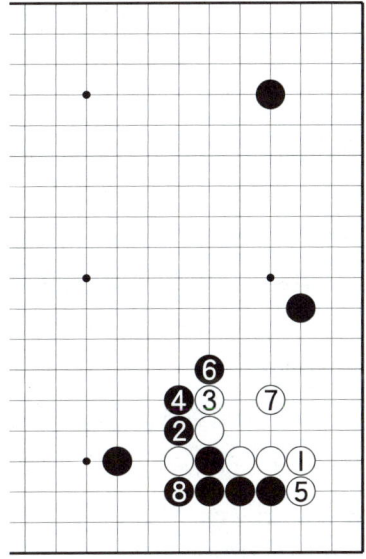

6도

4도(흑, 만족)

백1에는 흑2·4가 행마법이다. 흑 10까지 흑의 실리가 돋보인다.

5도(백, 안정)

백1 때 흑2로 물러나는 것은 패기 부족. 백13까지 예상되는데, 이 모습 은 일단 백이 이상적인 자세를 갖춰, 흑의 불만이다.

6도(백, 충분)

백1에 흑이 2로 끊어 변화를 꾀하 는 것도 신통찮다. 백3, 흑4 이후 백 5면 자체로 실리가 짭짤하고, 더욱이 흑8 다음 선수라는 게 매력이다.

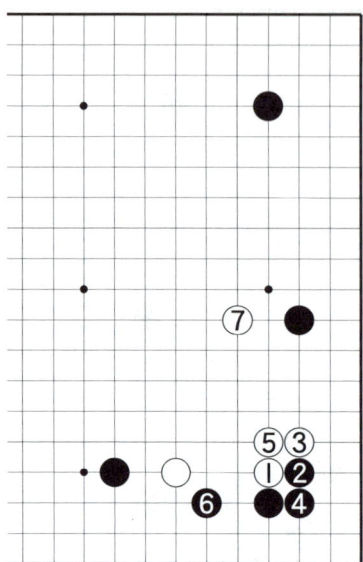

7도

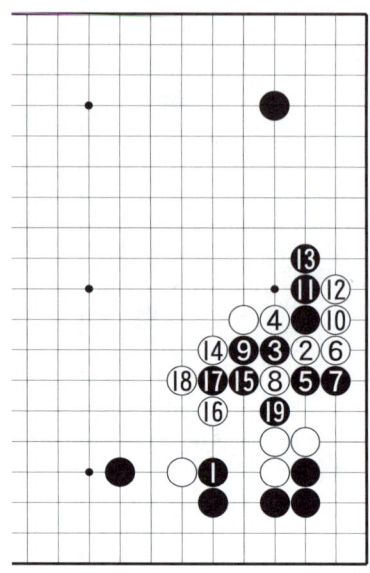

8도

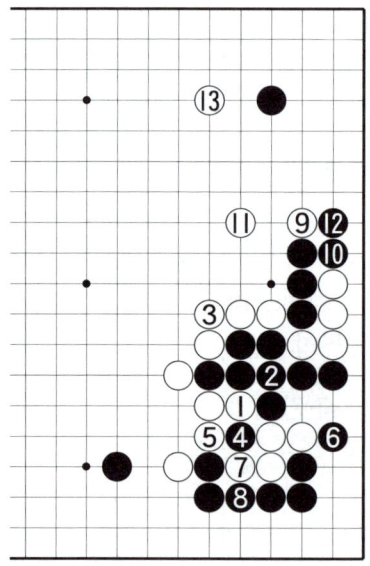

9도

7도(실전진행1)

실전은 흑2·4로 젖혀이었다. 백5의 이음은 당연하며, 다음 흑6으로 뛴 점도 정수인데, 백7이 날렵한 행마.

8도(실전진행2)

계속해서 흑1과 백2는 서로 자기 길로 가겠다는 기세. 백16은 외곽을 봉쇄하기 위한 사적작전으로, 흑19까지 치열한 접전이 계속되고—

9도(실전진행3)

백1~11까지 진행되었는데, 다음 흑12는 생략할 수 없다. 결국 백13까지 흑은 실리를 벌었고, 백은 외세를 차지했다. 여기까지는 백의 외세가 허점이 많아 흑의 실리가 강하다는 평.

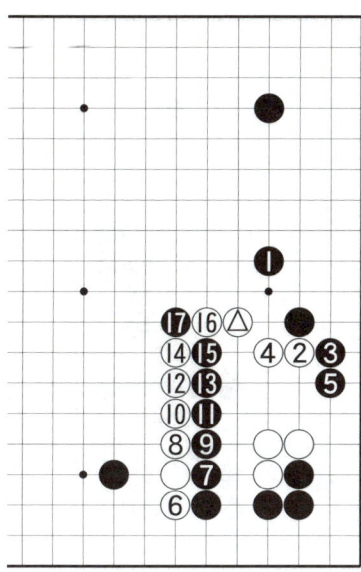

10도

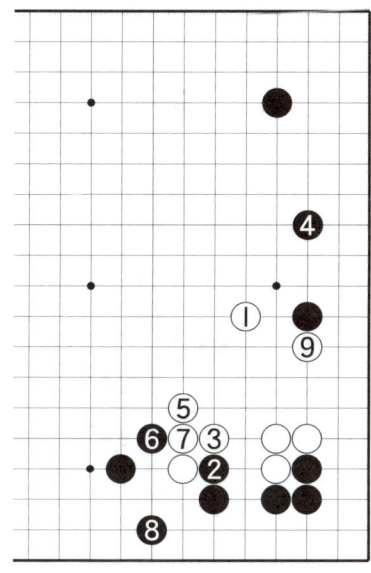

11도

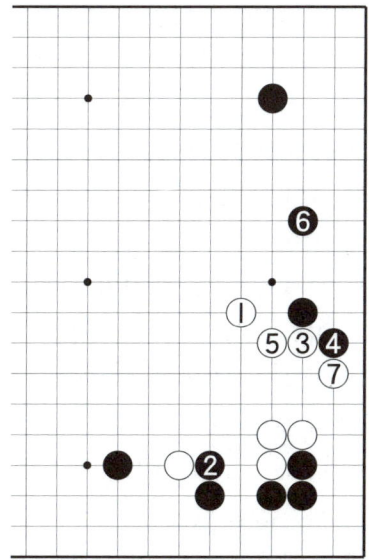

12도

10도(난전)

백△(7도 백7)의 주문은 흑1로 받아달라는 것. 그렇다면 백2 이하 흑5까지 되고, 백6으로 막겠다는 것이다. 흑17까지 난전을 유도하겠다는 뜻.

11도(흑, 활용)

백1에 흑2는 기세. 이때 백3으로 받아주는 것은 흑4로 방향을 돌리므로 일단 활용을 당했다. 그리고 흑8까지 흑의 자세가 좋다.

12도(무난)

따라서 흑2에 백3도 기세. 이때 흑4 이하 6으로 전개해도 나쁘지 않다.

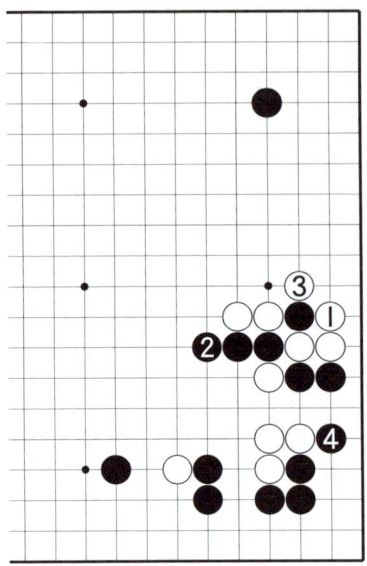

13도

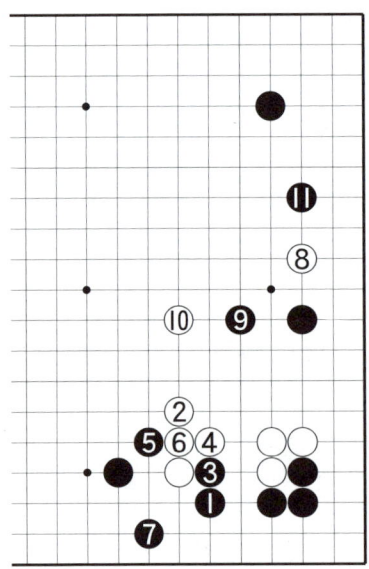

15도

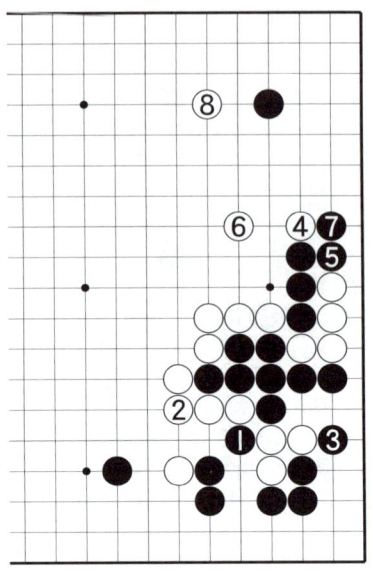

14도

13도(바꿔치기)

백1(8도 백10)로 몰았을 때, 흑은 2로 설 수도 있다. 흑4까지 바꿔치기가 되는데, 이것도 흑이 나쁘지 않다.

14도(결정판/백2가 확실)

실전의 흑1로 끊었을 때, 백은 2로 잇는 게 확실. 흑3으로 백은 실리에서 조금 손해보지만, 백8까지 외곽은 **9도**보다 이상적. 실전의 이 그림을 미완의 결정판으로 봐도 좋을 듯.

15도(제4국 실전)

제4국에서는 흑1 때 백2로 받고, 흑7을 기다려 백8로 난전을 유도, 11까지 어려운 싸움 바둑이 되었는데, 이 바둑도 흑승!

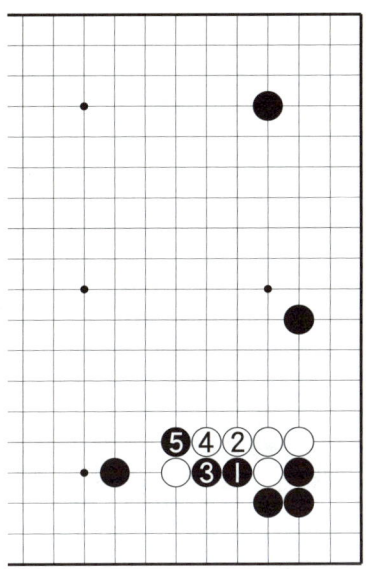

16도

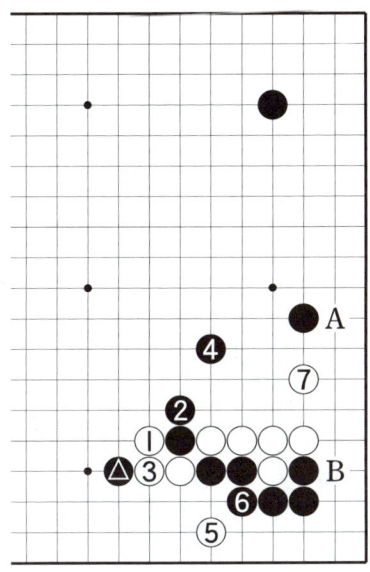

17도

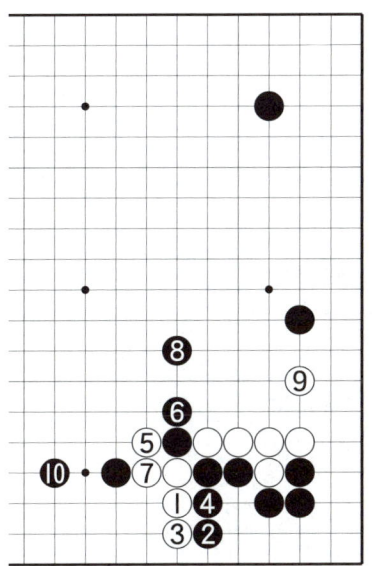

18도

16도(강수같지만)

예전에는 흑1 이하 5로 끊는 수가 있었다. 일견 강렬해 보이는 이 점은 사실 속수이다.

17도(백, 만족)

백1로 우직하게 나오는 수가 강렬하기 때문이다. 백5가 기분좋고, ◉ 한점이 폐석화된다. 백은 7 다음 A, B 등이 선수이므로 안전하다.

18도(백1, 속수)

전도 백1로 본도 1이 그럴듯해 보이지만 지금은 속수행마. 흑10까지 되면, 백은 양쪽을 수습하기가 만만치 않다.

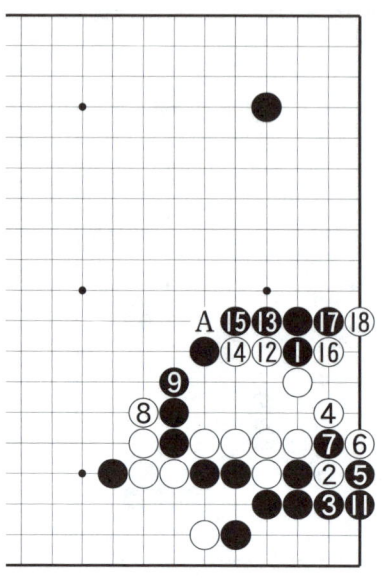

19도   ⑩···②

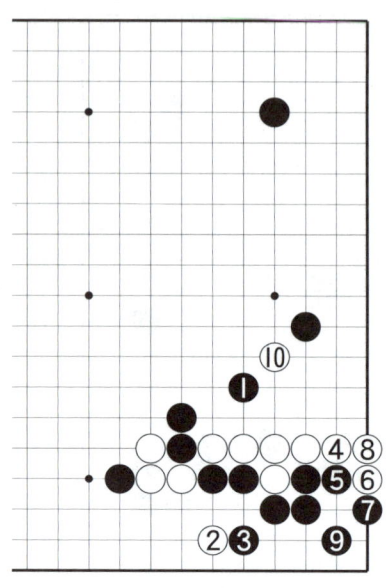

20도

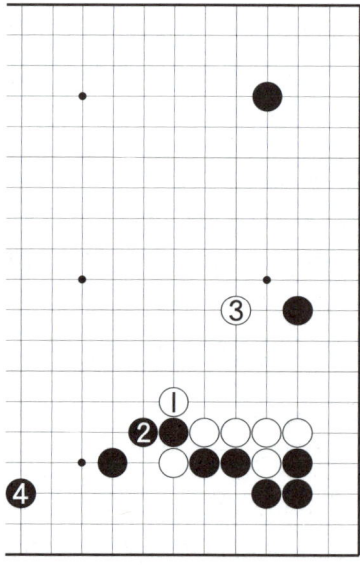

21도

19도(백, 수습)

17도 이후 흑의 공격을 살펴보면, 흑1이 강렬해 보인다. 하지만, 백2 이하 정확한 수순에 의해 백은 18까지 간단히 수습된다. 거꾸로 흑에게는 A의 약점이 남는다.

20도(백의 작전)

17도 흑4로 본도 1이 더욱 압박하는 것 같지만 백8까지 선수하고, 10으로 탈출하면 그만이다.

21도(백, 속수)

무심코 백1로 모는 것은 실리 손해가 이만저만 아니다. 흑4까지 하변 실리가 엄청나 백의 손해.

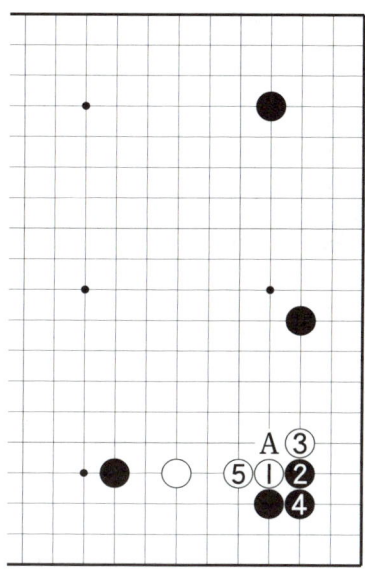

22도

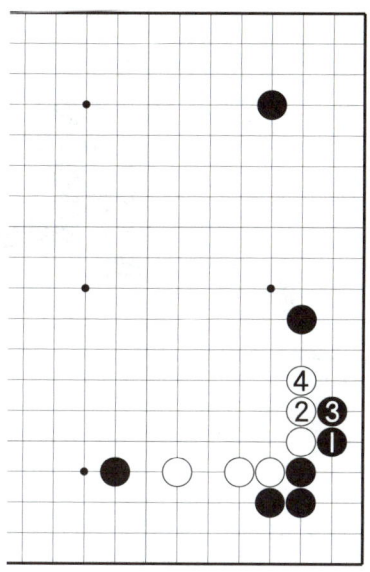

23도

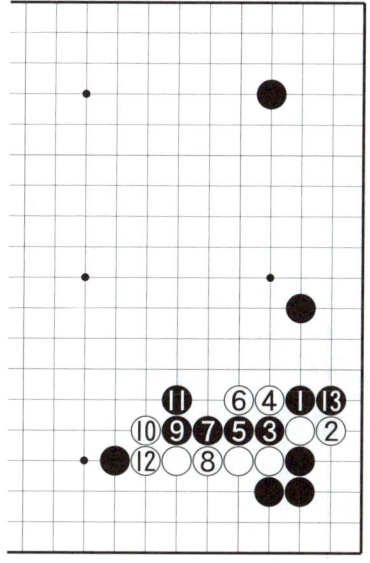

24도

22도(백의 변화)

흑4로 이었을 때 A로 잇지 않고 백 5로 뻗는 게 있을 것 같지만 만만치 않다.

23도(흑, 기세부족)

여기서 흑1로 물러나는 것은 나약한 점이다. 백4까지 되면 백의 외세가 두텁다.

24도(흑의 강수)

흑1로 붙여가는 게 강수다. 기세상 백2로 차단하고, 백10 때 흑11은 행마의 요령이다. 흑13까지 서로 최선의 대응이고, 계속해서—

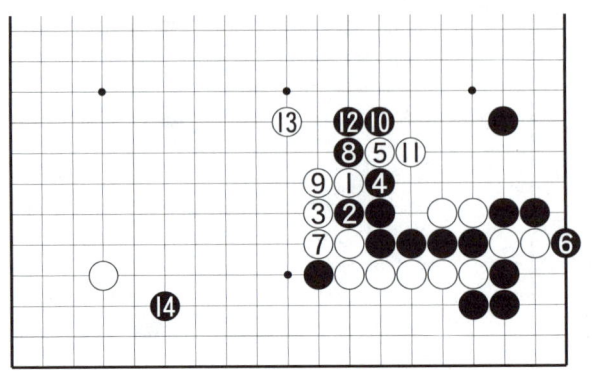

25도

25도(흑, 활발)

백1로 씌워오는 게 강렬하지만 흑2·4 다음 6으로 잡는 수가 좋다. 계속해서 백7~흑12의 수순을 거친 다음 백13을 기다려 흑14로 큰 곳을 차지하면 흑이 활발한 모습이다.

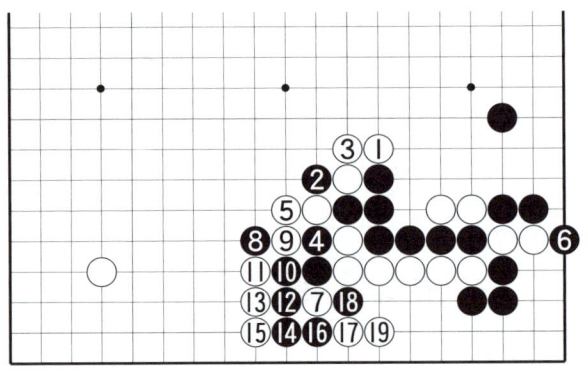

26도

26도(흑, 무리)

백1 때 흑은 백의 단점을 추궁하고 싶지만, 보는 바와 같이 흑2 이하는 잘 안된다. 이하 흑8이면 백19까지 흑이 망한 모습이다.

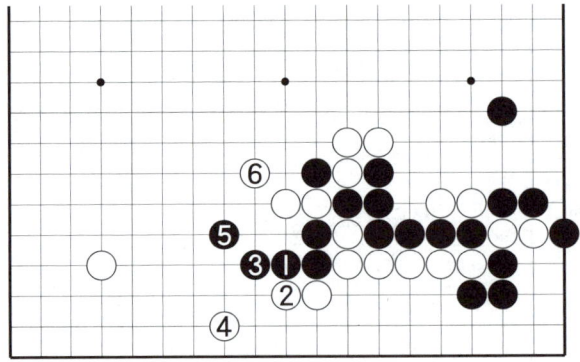

27도

27도(흑, 괴로운 모습)

전도 흑8로 본도 1로 웅크려 보아도 백6까지 흑이 피곤한 모습은 마찬가지이다.

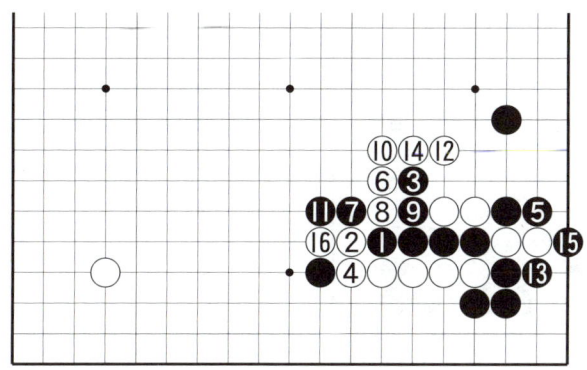

28도

28도(흑3, 잘못된 행마)

여기서 중요한 것은 백 2 때 흑3으로 행마하는 것은 안된다는 것이다. 일견 행마법 같지만, 백 16까지 흑이 철저히 당한 모습이다.

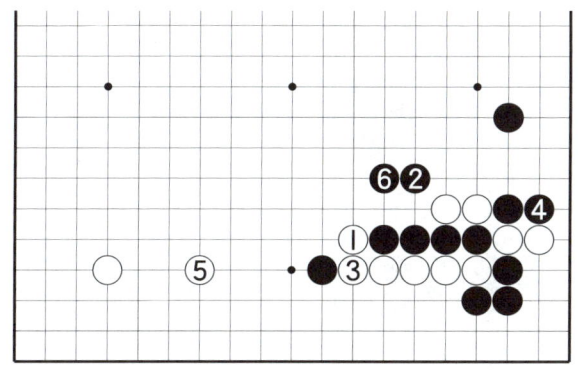

29도

29도(흑, 만족)

백도 주의할 것은 흑 4 때, 백5로 늦추는 것은 너무 실리를 밝힌 점이다. 흑6으로 보강해 놓으면 흑이 전체적으로 두터운 모습이다.

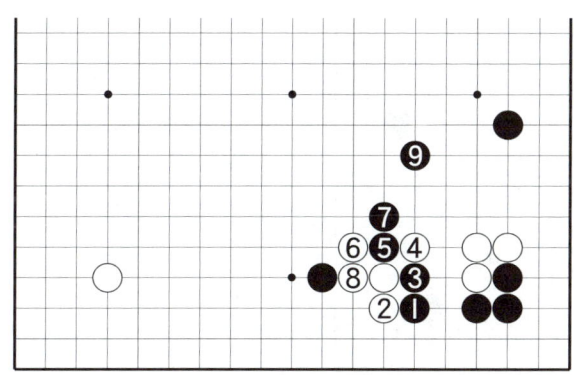

30도

30도(백2, 무리)

처음으로 돌아와 흑1의 행마는 최선이라는 것이다. 여기서 백2로 막는 것이 궁금하지만 흑3·5로 끊겨 백이 무리이다. 흑9로 막히면 백이 어려운 싸움이다.

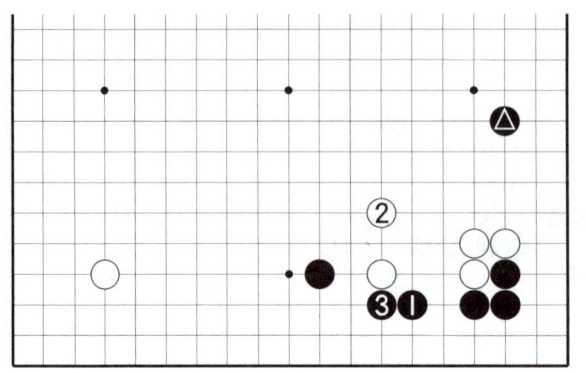

31도

31도(흑, 간명)

예전 실전에는 흑1 때 백2로 뛰는 방법도 있었다. 하지만 흑3으로 가볍게 넘기만 해도 백 전체는 무거운 모습이다. 흑▲의 위치가 좋다.

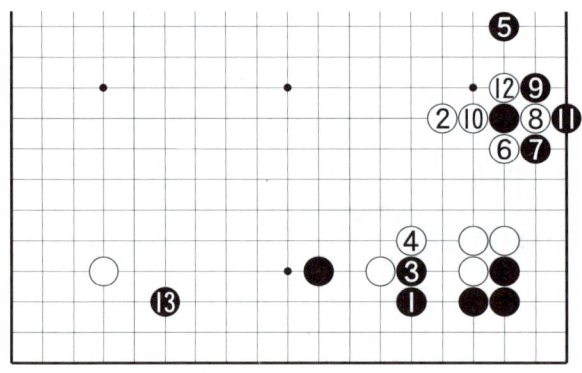

32도

32도(실전례)

제7기 LG배 세계기왕전 본선2회전 유창혁 9단(흑)과 중국의 위 빈 9단의 대국.

여기서 흑13까지 또 다른 변화가 등장했다. 흑1 이후의 변화는 계속해서 연구되고 있는 미완의 테마이다.

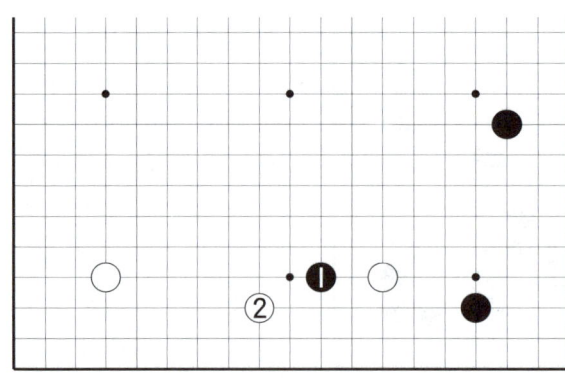

33도

33도(신수법)

처음으로 돌아와 흑1의 협공 때 백은 2로 되협공하여 응수타진하는 신수법이 구사되었다.

이후의 신형은 다음형에서 설명하기로 한다.

 중국식 이후의 신형(6)

신수에 대한 연구는 활발하게 일어나, 이번에는 백1로 바짝 역공하는 수가 등장했다. 신수는 변화에 변화를 거듭하는 데에 묘미가 있다.

그렇다면 백1 이후 어떤 변화들이 숨어 있고, 서로 최선의 응수는 무엇인지 살펴보자.

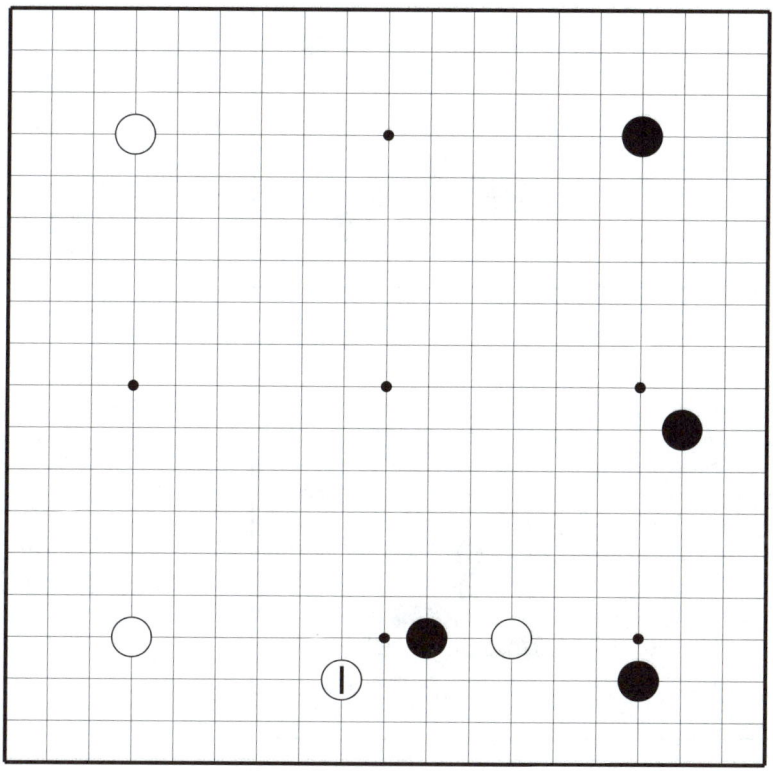

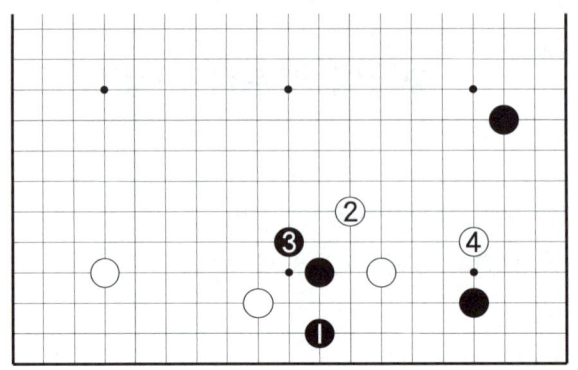

1도

1도(흑, 무리)

먼저 떠오르는 점은 흑 1이다. 하지만 이 점은 백2 한방을 알린 후 백 4로 걸쳐오면 흑이 좋지 않다.

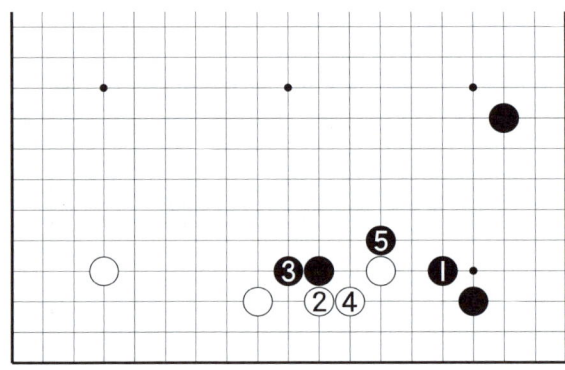

2도

2도(흑, 강수)

흑1의 마늘모행마가 실리를 차지하며 백을 압박하는 호착이다. 백2 다음 흑3에는 백4가 바른 행마이고, 여기서 흑5로 봉쇄의 형태를 취하는 것이 강수이다.

계속해서—

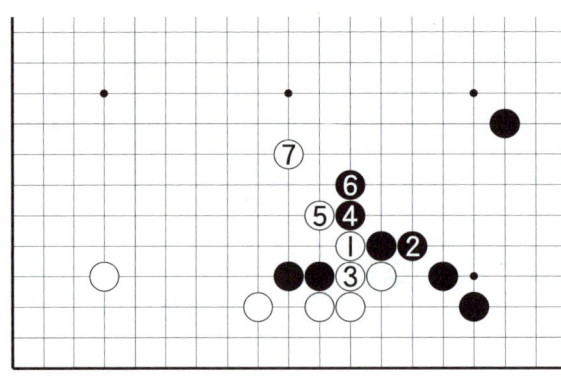

3도

3도(결정판1/호각)

백1에는 일견 속수 같지만 흑2로 느는 것이 정수이다. 이하 백7까지 서로 최선의 진행이다.

266

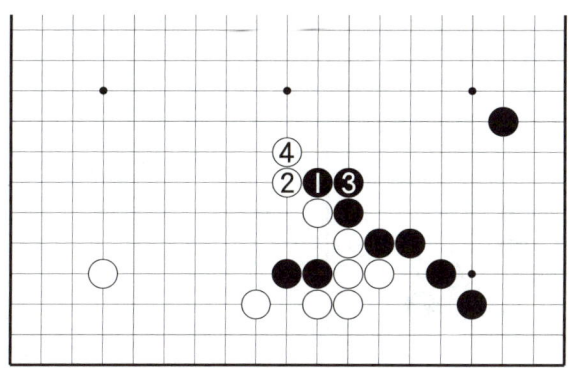

4도

4도(흑, 나쁨)

전도 흑6으로는 지금과 같이 이단젖힘이 강렬할 것 같지만, 백4의 뻗음이 힘차보인다.

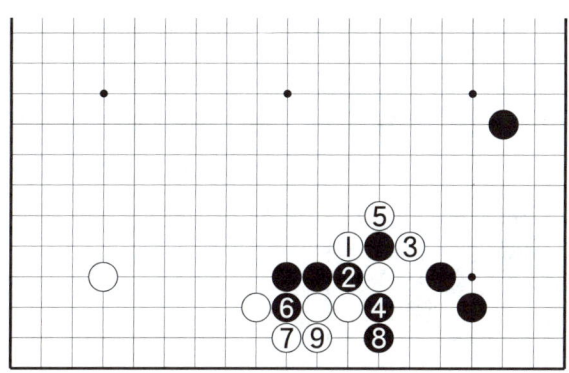

5도

5도(흑, 무리한 싸움)

백1의 젖힘에 흑이 욕심을 내서 절단해 가는 것은 무리이다. 9까지 백을 양분했지만, 한점을 빵때림한 백이 두터울 뿐 아니라 절단된 흑 넉점도 외로운 신세이다.

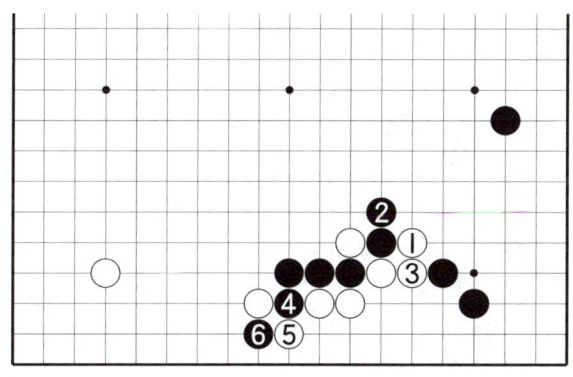

6도

6도(흑의 강수지만)

또 빵때림을 피해 흑2로 나가보는 것도 좋은게 없다. 백의 약점을 추궁하여 흑6의 끊음이 강수 같지만, 계속해서—

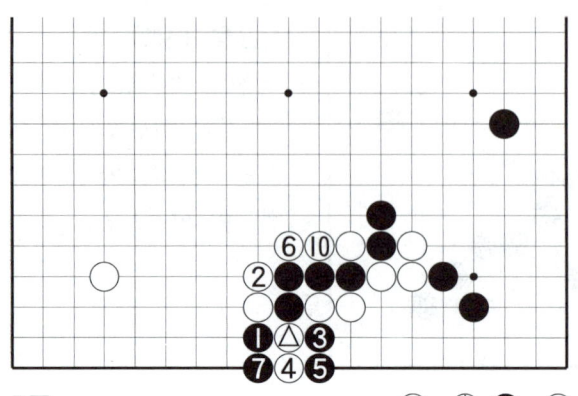

7도

8⟩‥△ 9⟩‥④

7도(백, 우세)

흑1에는 백2로 올라서
는 수가 준비되어 있다.
이하 백10까지 몰려서는
백의 외세가 매우 두텁
다.

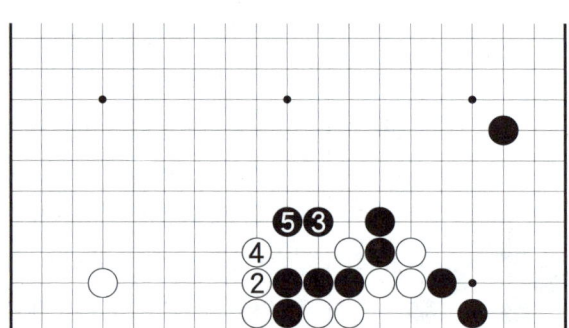

8도

8도(백, 여유)

흑이 싸발림을 피해 흑
3으로 보강하면, 이제는
백4와 흑5를 교환한 다
음 여유있게 백6으로 이
으면 흑은 한 게 없다.

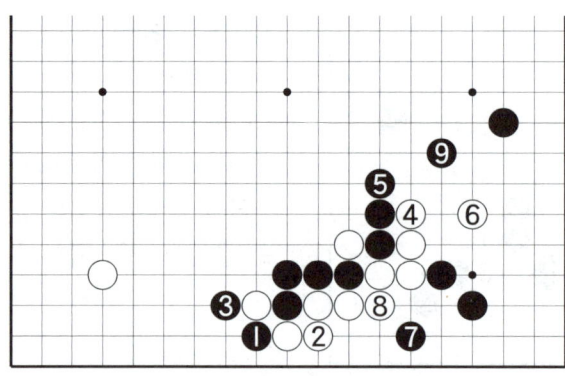

9도

9도(백, 걸림1)

백이 조심해야 할 것
은 흑1로 끊었을 때 백
2로 이어주는 것. 그렇
다면 이것은 완전히 흑
에게 걸려든 꼴로 흑9까
지 순식간에 판이 달라
진다.

268

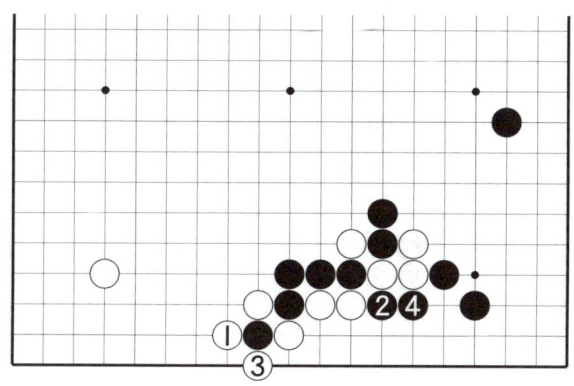

10도

10도(백, 걸림2)

또 하나, 백1 쪽에서 잡아도 마찬가지. 이번엔 흑2로 끊어가는 수순이 좋다. 흑4로 백 석점이 끊어져서는 완전히 망한 모습이다.

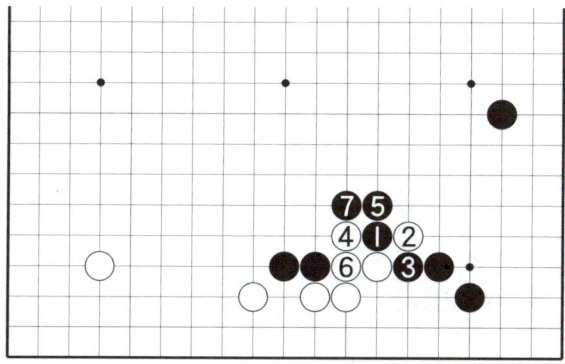

11도

11도(백, 방향착오)

그러므로 흑1에는 **3도**의 수순이 최선.

그런데 만약 흑1 때 백2로 반대로 젖히면 어떻게 될까? 이것은 백이 손해. 흑7까지 되고보면 흑의 두터움이 위력을 발휘한다.

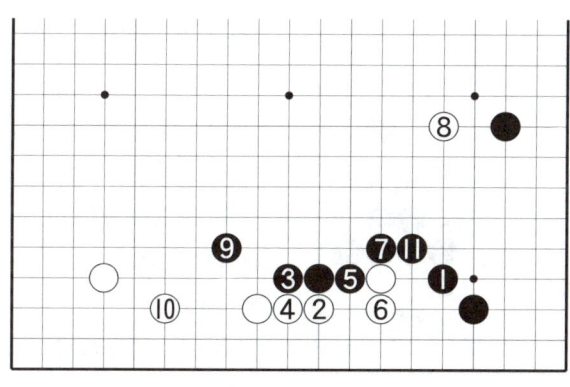

12도

12도(흑, 두터움)

처음으로 돌아와 만약 흑3 때 백4로 이어주면 이것은 누가 유리할까? 이것은 흑5·7로 봉쇄하는 수순이 좋으며, 흑11까지 예상되는데 전체적으로 흑이 두텁다.

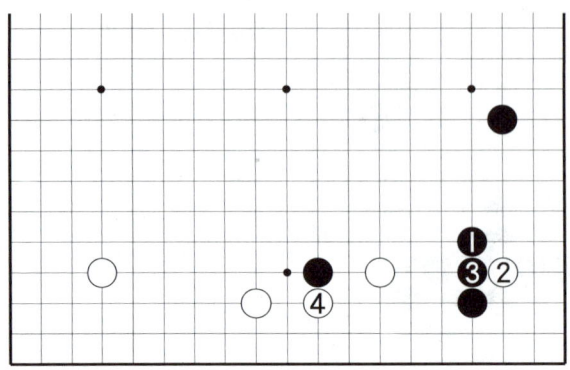

13도

13도(흑, 나쁨)

다시 처음으로 돌아와 흑1로 받는 것도 생각해 볼 수 있다. 하지만 이 것은 결론적으로 말해 흑이 좋지 않다. 백2의 쩔을 날리고 4로 넘으면 백이 확실하다.

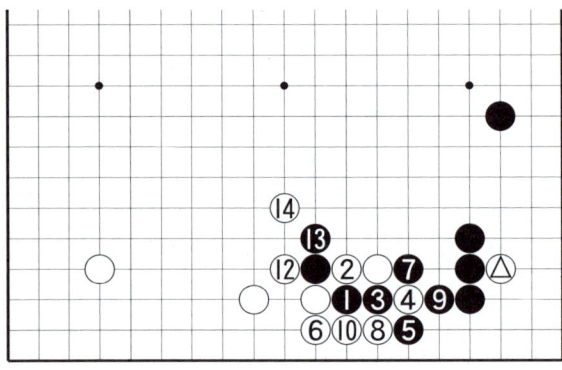

14도   ⑪…④

14도(뒷맛)

전도에 이어 좀 더 수순을 살펴보자.

흑1로 젖혀 이쪽을 정리한다면, 결국 백14 정도까지 예상되는데, 이후 백은 귀의 △ 한점을 움직이는 맛이 남아 있는 만큼 유리하다.

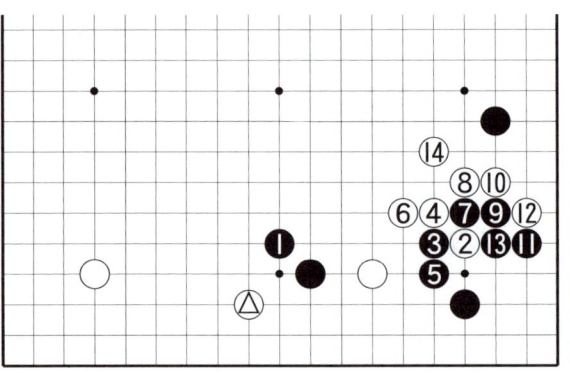

15도

15도(흑, 실리)

처음으로 돌아가, 흑1도 생각해볼 수 있는 점. 백이 당장 2로 걸쳐가는 것은 흑3~백14까지의 결과로 흑의 실리가 좋아 백이 좋지 않다. 백 △와 흑1의 교환도 흑이 이득이다.

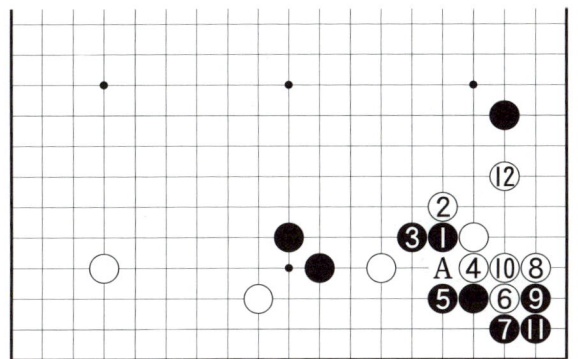

16도

16도(흑, 주의사항)

흑이 주의해야 할 것은 흑3으로 늦추는 것이다. 일견 이 점이 좋아 보이지만, 지금은 백이 12까지 안정하고 나면 오히려 A의 단점만 거슬린다.

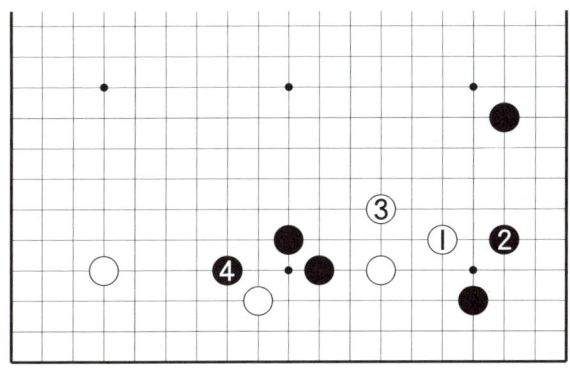

17도

17도(흑, 만족)

백1이 여유 있어 보이지만, 백3으로 보강한 다음 지금은 흑4로 씌워가는 점이 좋아 백이 옹색해 보인다.

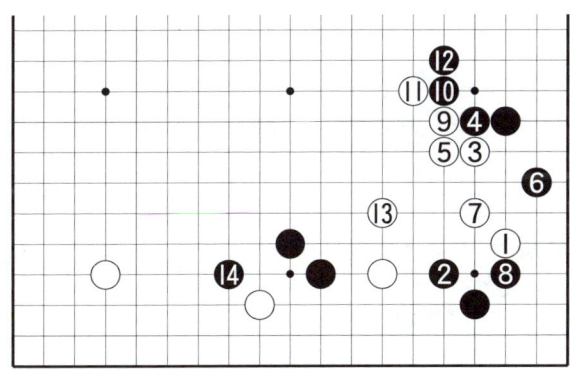

18도

18도(흑, 활발)

백1은 과감한 걸침이지만 역시 흑2가 안성맞춤. 백은 계속해서 안정을 꾀해야 하는데, 그동안 흑은 양쪽을 다 처리하며 14를 차지하는 자세가 활발한 모습이다.

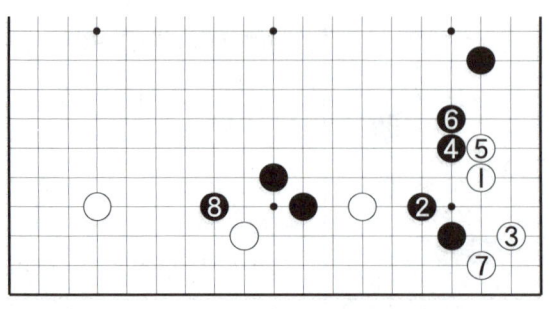

19도

19도(흑, 두터움)

흑2에 백이 재빨리 귀에서 안정을 꾀하면 이번엔 외곽을 막는다. 흑6까지 자세가 좋을 뿐 아니라 흑8까지 차지해 주도권을 잡는다.

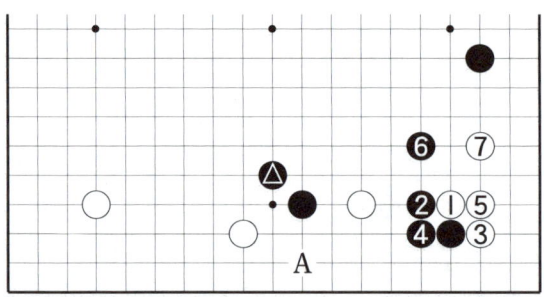

20도

20도(백, 좋음)

흑△에 백의 최선은 1로 붙여가는 것. 여기서 흑2로 젖히면 백이 좋다. 백7까지 실리가 확실할 뿐 아니라 A의 뒷문도 열려 있어 만족이다.

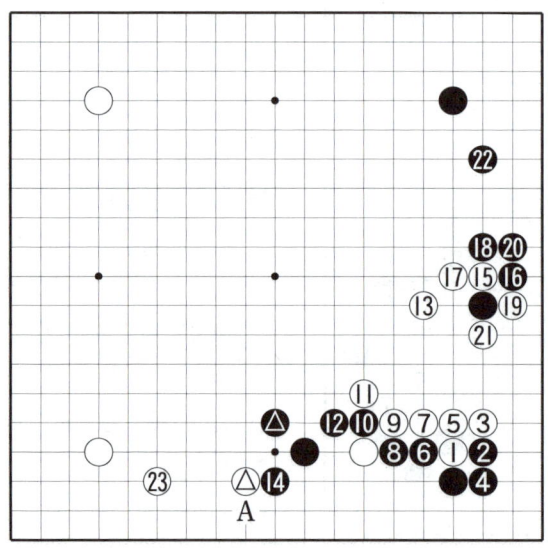

21도

21도(결정판2)

백1에는 역시 흑2의 젖힘이 좋다. 백도 3·5의 견실이 정수. 이하 백23까지 예상되는데, 호각의 갈림이다. 백은 흑△와 백△의 교환과 A의 끝내기를 남긴 것이 이득이다.

지금까지의 결과로 볼 때, 백△(기본형 백1)은 유력한 정도는 아니지만 가능한 신수이다.

 고바야시류-형식을 벗어난 신수(1)

고바야시류 포석에서 흑11의 높은 협공은 A의 낮은 협공과 함께 흔히 쓰인다. 흑15는 이미 손해라는 결론이 나와 있는 한국형 신수인데, 그 의도는 무엇일가? 원래 흑15는 흑B가 정수. 현대포석은 부분적으로 손해라도 실전적인 수법을 감행하는 것이 특징인데, 이후의 변화는?

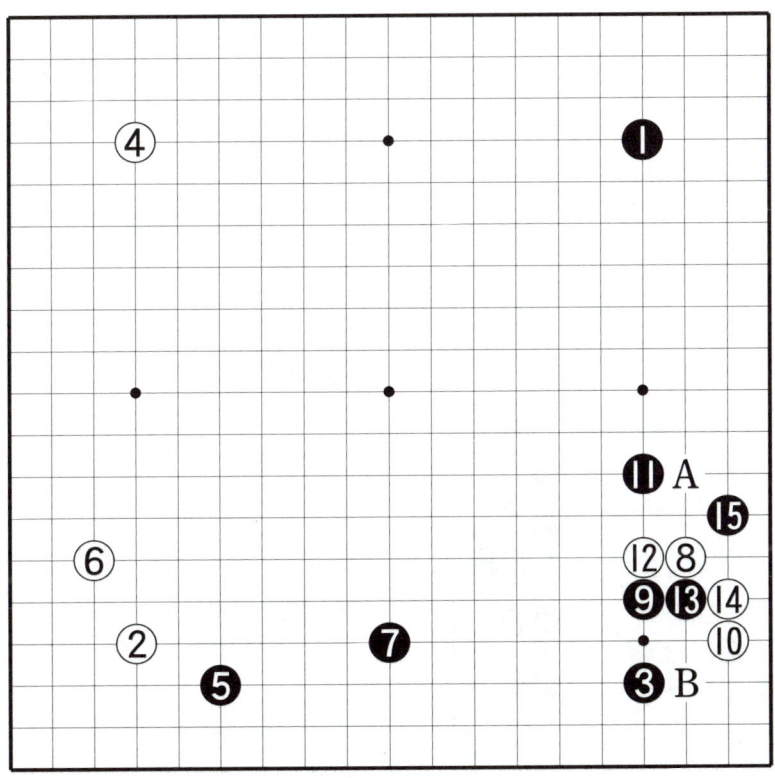

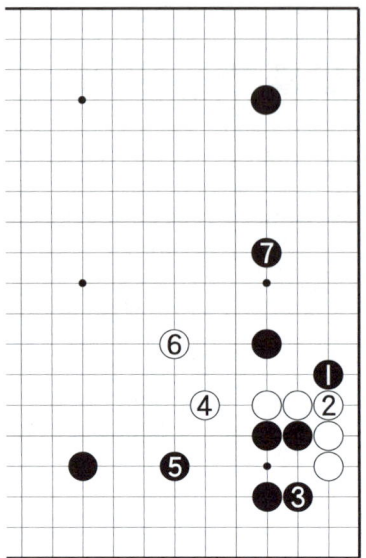

1도

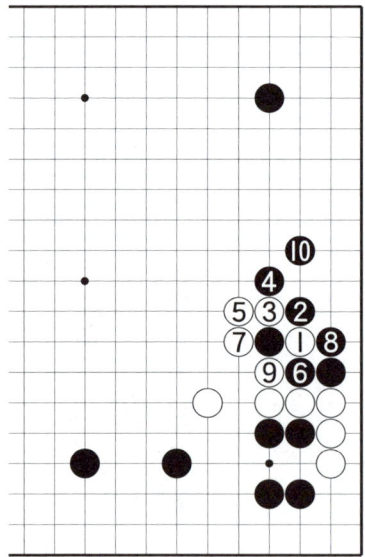

3도

1도(흑의 주문)

흑1에 백2는 흑의 주문이다. 다음 흑3·5로 은근히 백을 공격하고 흑7로 우변을 차지한 자세도 좋다.

2도(백, 무리)

전도 백6으로 본도와 같이 백1로 협공하는 것은 무리이다. 흑2·4의 행마가 좋아 백은 양곤마 신세. 또 흑2는 A로 서는 수도 있다.

3도(흑, 활발)

백1로 붙이고 3으로 끊어 수습하려는 것도 신통치 않은 것은 마찬가지이다. 흑10까지 예상되는데, 하변과 우변을 차지한 흑이 활발하다.

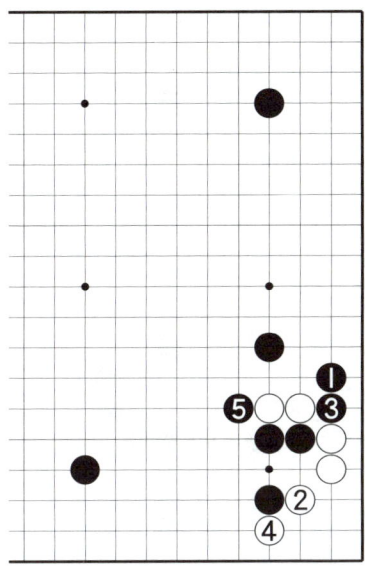

4도

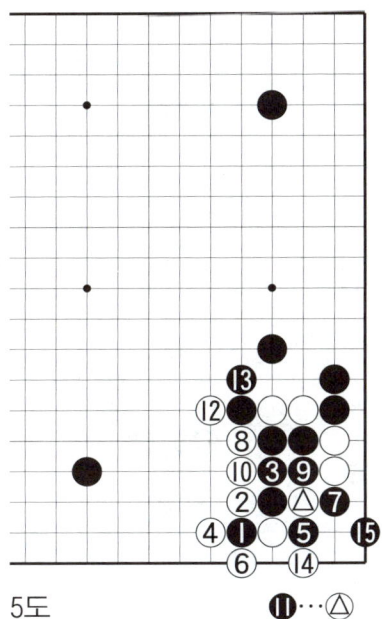

5도　　　　　⓫…△

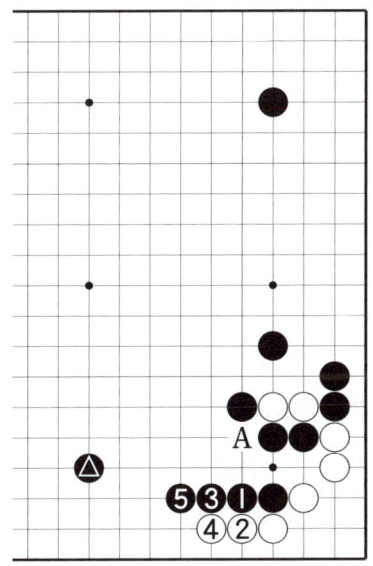

6도

4도(결론/부분적으로는 흑의 손해)

결국 백은 흑1에 백2・4로 반발하는 게 최선이며 흑5까지 흑 세력 대 백 실리. 귀와 하변을 적당히 잠식한 백이 부분적으로는 이득이라는 평가.

5도(흑의 욕심)

흑은 하변을 조금이라도 차지하려고 향후에 흑1 이하 수단을 부리는 것은 수순에서 보듯 욕심이다. 오히려 흑15까지 백의 외세가 튼튼해 흑이 망한 것과 다름없다.

6도(흑, 미흡)

그렇다면 흑1로 느는 정도인데 흑5까지 된 후 A의 맛과 흑△의 위치가 비능률적이라 미흡한 결과이다.

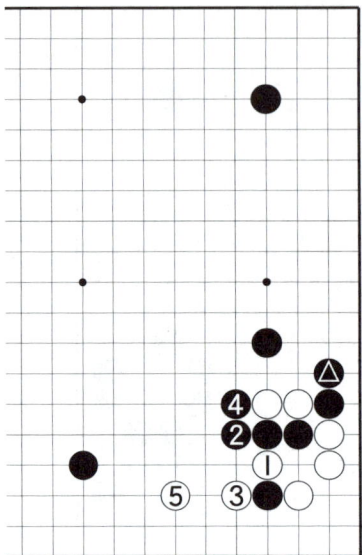

7도

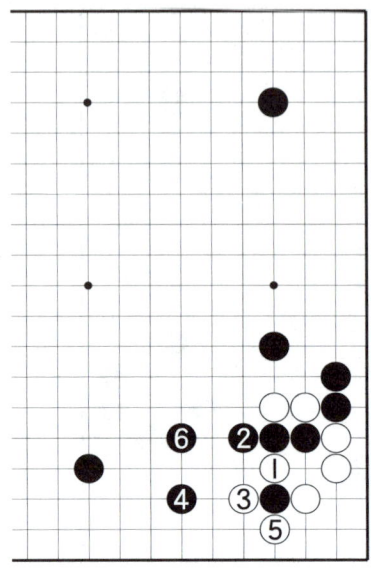

8도

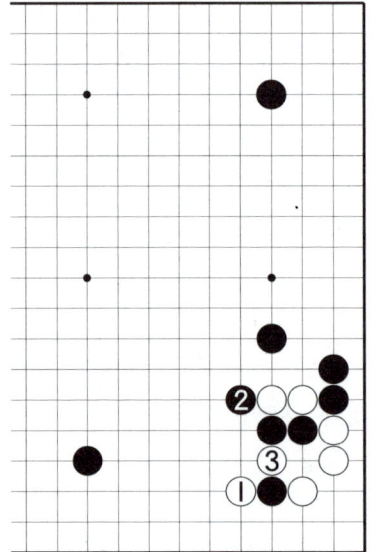

9도

7도(요다의 선택)

흑❹는 이창호 9단이 92년 요다9단을 상대로 사용해, 나쁘다고 결론이 나와 있는 신수. 백5까지 요다9단은 만족해 했다. 그러나 이 진행은 **4도**와는 달라 흑도 찬스가 있다.

8도(흑, 위안)

전도 흑4는 본도의 흑4로 압박하는 게 낫다. 흑6까지 이것은 흑도 해볼 만한 모습이다.

9도(껴붙임도 가능)

백1의 껴붙임도 생각해볼 수 있는 점. 흑2면 백3으로 넘은 다음 **7도**의 진행이 예상된다.

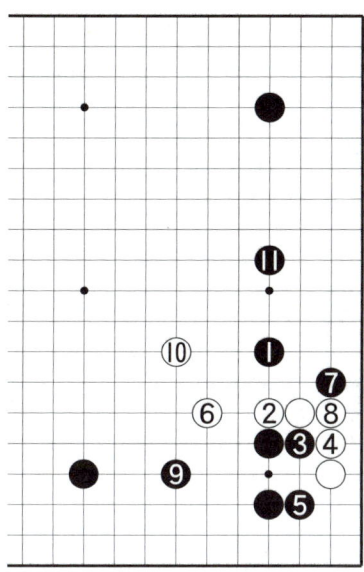

10도

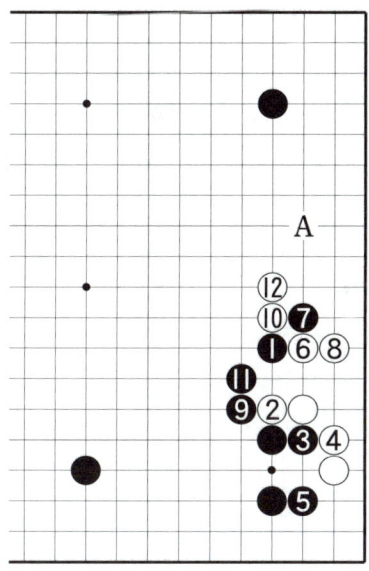

11도

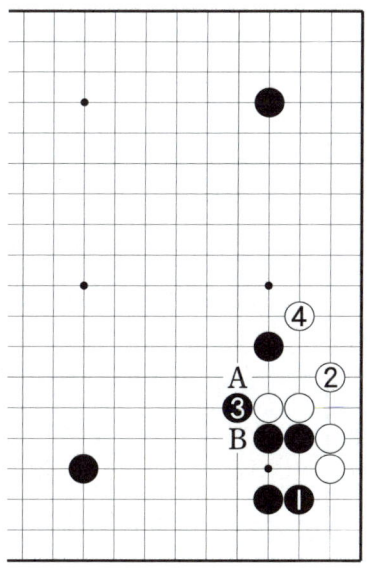

12도

10도(환원)

흑7로 먼저 둔 결과가 썩 만족스럽지 않다고 봐, 흑은 5로 먼저 지키게 되었다. 여기서 무심코 백6이면 흑11까지 **1도**로 환원된다.

11도(구형 정석)

흑5에 백6으로 붙이는 수가 한때 두어졌다. 이하 백12까지 이전의 정석이었는데, 흑A의 활용도 있고 하여 흑이 활발하다는 평.

12도(한국형 정석)

그래서 백2의 호구지킴이 한국에서 개발. 흑3에는 백4가 제격. 향후 A나 B를 노릴 수 있어 백도 둘 만하다. 이것을 피한 것이 기본형 흑15였다.

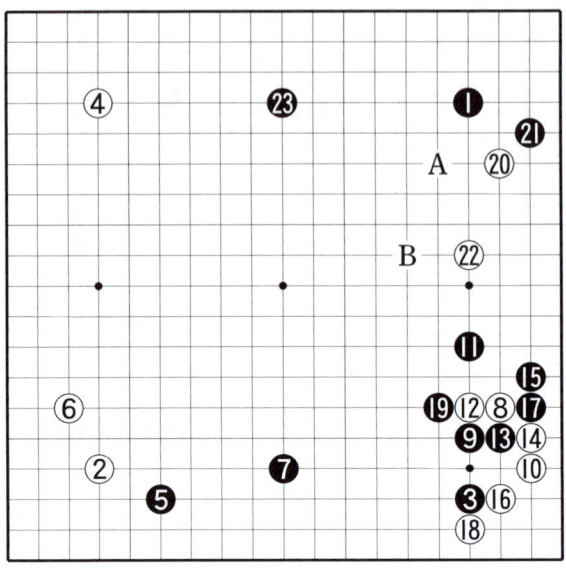

13도

13도(실전례1)

제5기 배달왕기전 도전3국, 조훈현 9단(백) 대 이창호 9단의 대국.

백18, 흑19까지 흑도 두터워 서로 충분히 둘 수 있다는 결론이다. 흑23이 문제수. 이 점은 흑A와 백B를 교환하고 둘 자리.

170수 끝, 백 불계승.

결론적으로, 흑15의 신수법은 백16에 의해 부분적으로는 별무신통이라 유력한 신수는 아니지만, 힘을 좋아하는 취향이라면 한번 써볼 만한 것으로 보인다.

14도(실전례2)

제1기 기성전 본선, 조훈현 9단(흑) 대 유창혁 9단의 대국.

이 바둑은 백26까지 우하쪽이 한때 유행한 정석으로 진행되었다. 이것도 일단 한판의 바둑.

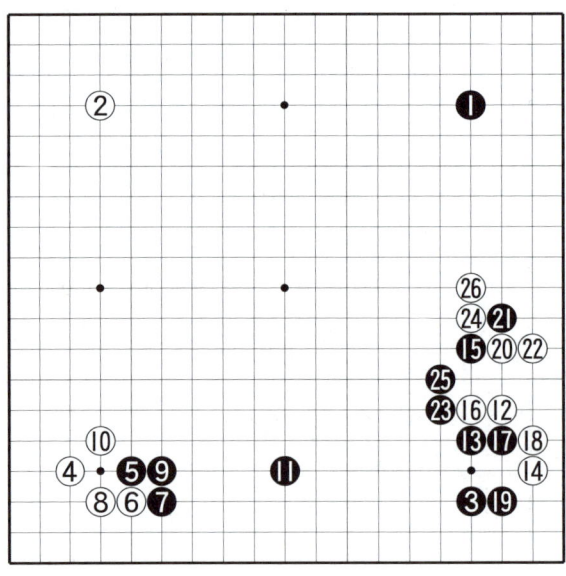

14도

제30형 고바야시류-형식을 벗어난 신수(2)

고바야시류에서 흑1의 낮은협공이 근래의 수법. 높은협공이라면 전형의 **12도**가 한국형 정석으로 개발된 것이 한 가지 이유일 것이다. 백8까지는 많이 접했던 수순인데, 여기서 흑9의 기발한 신수가 등장했다. 흑이 A로 받으면 백이 둬야 할 바로 그곳이다. 이후 어떤 신형이 숨어있을까?

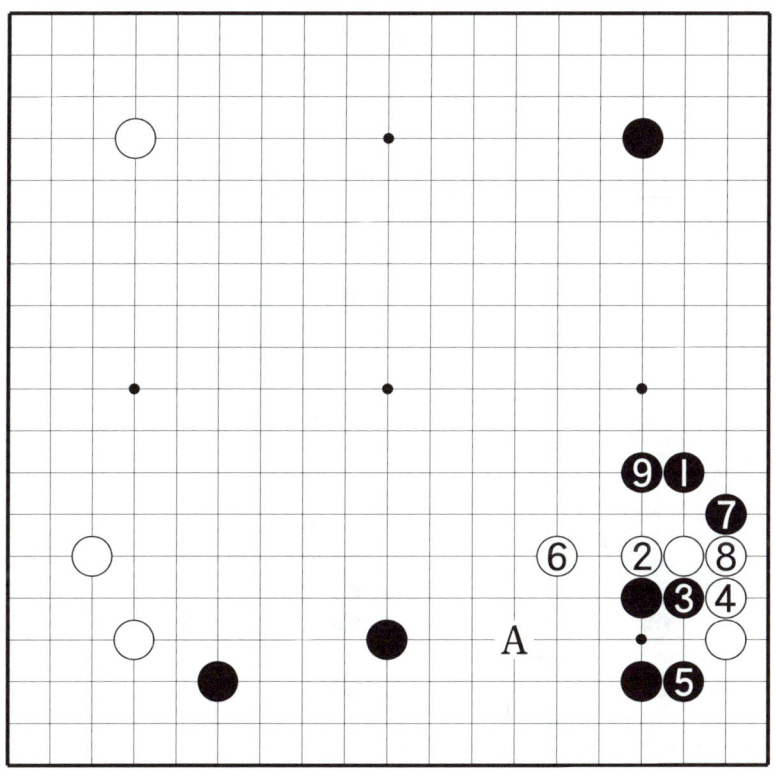

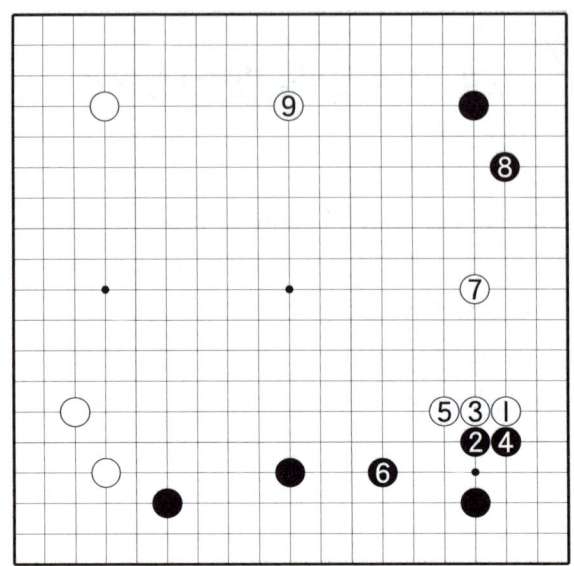

1도

1도(예전의 진행)

신형이 나오기 전까지 그 과정에서 일어날 수 있는 변화를 살펴보면,

백1, 흑2 때 백3으로 밀어올려도 한판의 바둑이다. 백9까지 예전에는 흔히 볼 수 있었던 모습이다.

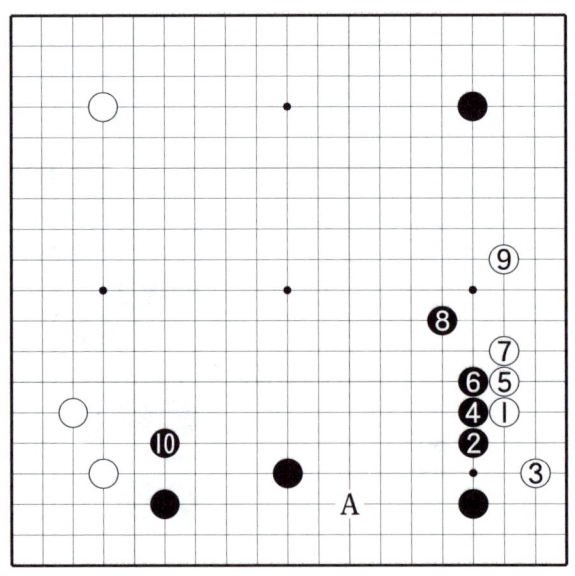

2도

2도(호각)

백3으로 미끄러져 들어왔을 때도 흑4로 밀어가는 수도 있다. 백9, 흑10 다음 백은 A로 하변 모양에 침투해 충분히 둘 수 있다.

흑 세력 대 백 실리로, 이제부터의 바둑일 것이다.

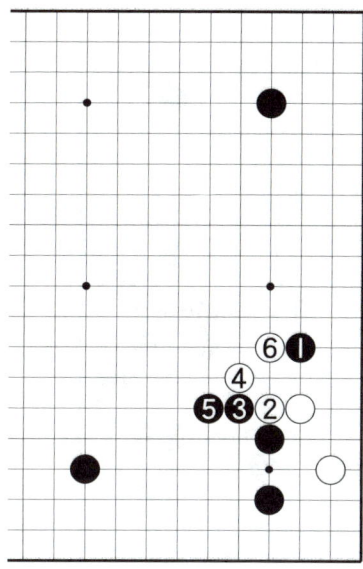

3도

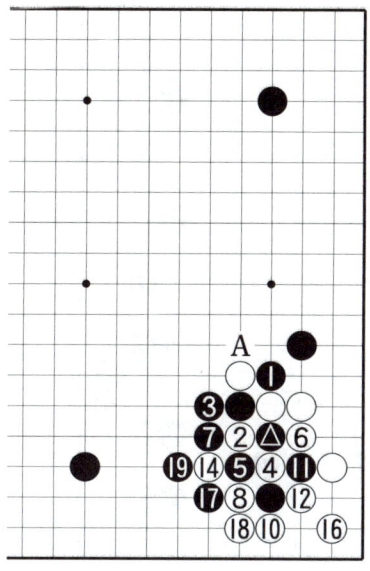

4도   ⑨…△ ⑬…④ ⑮…②

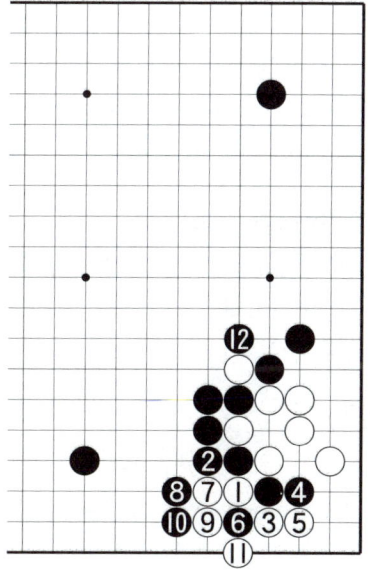

5도

3도(흑, 기세부족)

흑1은 기세. 백2도 필연인데, 이때 흑3·5는 너무 나약한 수. 백6까지, 흑1의 협공이 무용지물이 된다.

4도(흑, 중복)

흑1이 기세의 끊음. 하지만 흑19까지는 옛정석인데, 흑 모양이 중복일 뿐 아니라 A의 곳도 거슬려 최근에는 흑이 나쁘다는 평가로, 잘 안둔다.

5도(흑, 약간 불만)

백1 때 흑2로 잇는 게 외곽을 선수로 조이고 흑12도 둘 수 있어 전도보다 좀 낫지만, 역시 흑이 다소 중복이고 귀의 실리가 커 다소 불만이다.

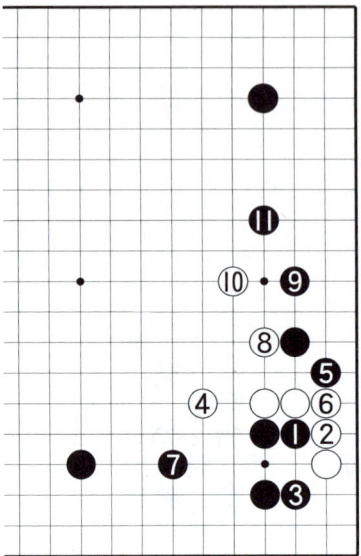

6도

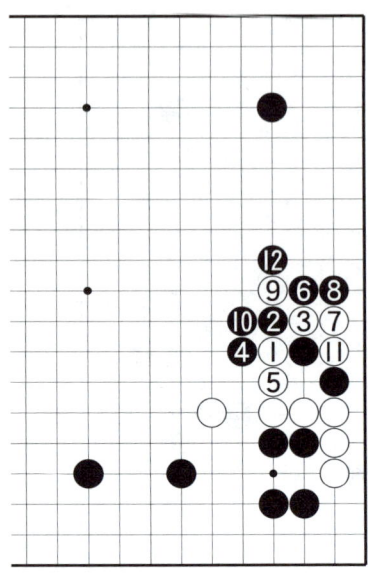

7도

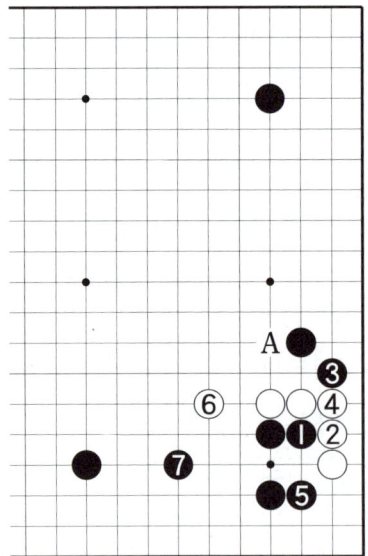

8도

6도(구 정석)

그래서 흑1·3으로 두게 되었고, 이하 흑11까지 정석이 되었다. 그런데 이것도 최근 연구는 흑이 양쪽을 잘 처리하여 활발하다는 평가이다.

7도(흑2, 유력한 수법)

백1 때 흑2도 유력한 수법. 백3의 끊음이 강수이지만, 흑12까지 외곽을 두텁게 해 충분하다.

8도(환원)

흑3으로 먼저 들여다 보면 어떻게 될까? 물론 백4로 이으면 6도로 환원된다. 흑7 이후 백은 A로 붙여 나가는 바둑이 될 것이다.

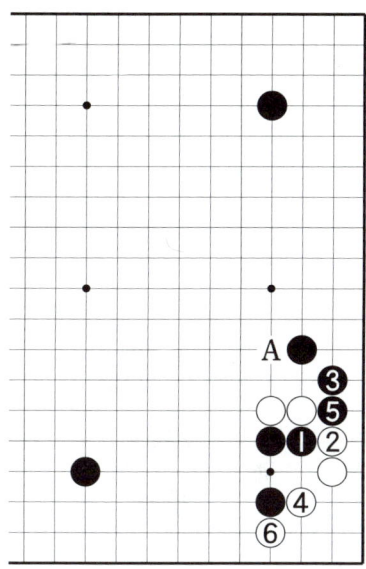

9도

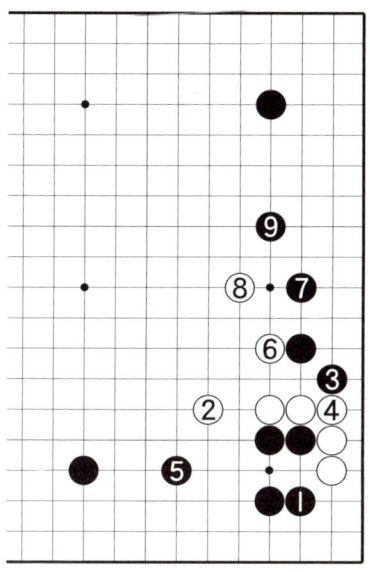

10도

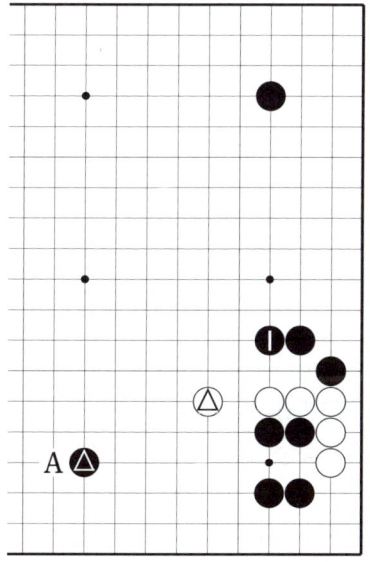

11도

9도(백, 좋음)

흑3에는 백4로 반발하는 수가 좋다. 백6으로 서로 자기 길을 가지만, 하변을 깬 백이 좋아 보인다. A의 높은협공과는 달리 흑이 엷은 모습이다.

10도(흑, 충분)

그래서 한동안 흑1로 먼저 지키고, 흑9까지가 정형으로 실전에 자주 등장했었다. 이래도 흑은 충분한데—

11도(신형출현)

바로 흑1이라는 신형이 강력한 수법으로 등장한다. 흑1은 백△를 반드시 두게 해야 가능한데, 따라서 흑△가 A에 있어야 더 유력한 수법이다. 그 이유는 차차 알게 될 것이다.

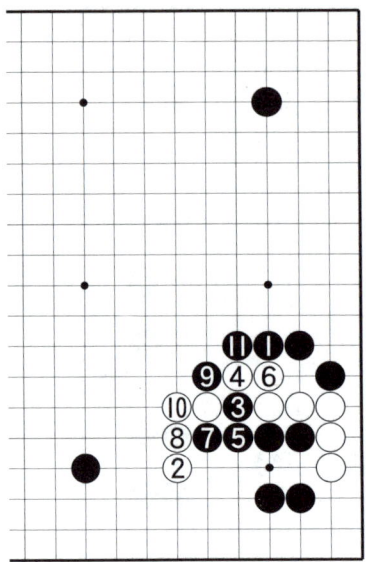

12도

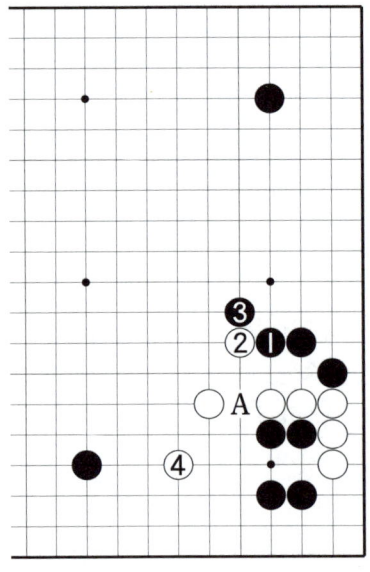

14도

12도(백, 걸림)

흑1이 둔하다고 판단하면 큰 오산이다. 급하게 백2로 압박하는 것은 흑11까지 보기좋게 걸려든다.

13도(백, 피곤한 신세)

할 수 없이 백2로 보강하며 운신의 폭을 좁히지만, 백4까지 이렇게 정처없이 떠다녀서는 백에게 희망이 없다.

14도(백의 대응책)

A의 약점상 고심끝에 등장한 수가 백2의 붙임이다. 철벽에 붙여간 이 점이 그나마 탄력적인데—

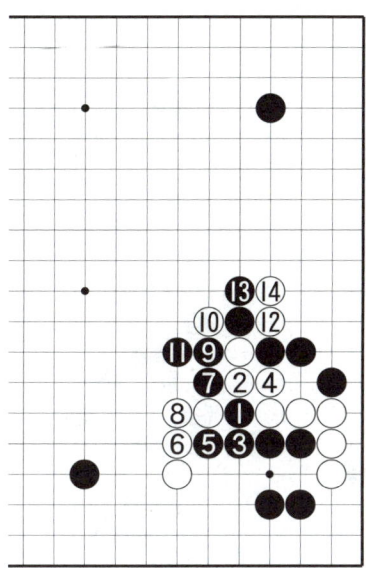

15도

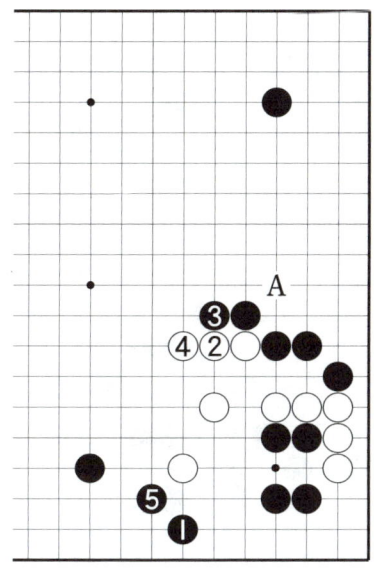

16도

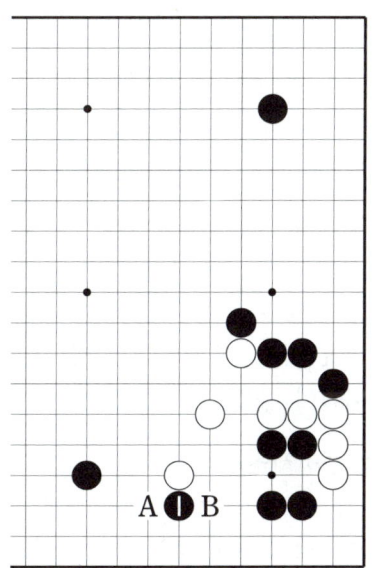

17도

15도(흑, 무리)

12도와는 달리 지금은 흑1 이하의 수순이 잘 안된다. 백10으로 끊는 게 선수이고, 12·14로 밀고 가면 흑이 파탄이다.

16도(1차 결론)

일단 흑1로 받아두고, 백2를 기다려 흑5까지 지켜두는 게 무난한 진행이다. 이후 백은 A의 활용을 발판으로 우변을 파괴할 것이다.

17도(흑의 2차 변신)

그런데, 얼마 지나지 않아 다시 흑1의 강수가 등장했다. 백의 응수는 A, B 정도인데, 과연?

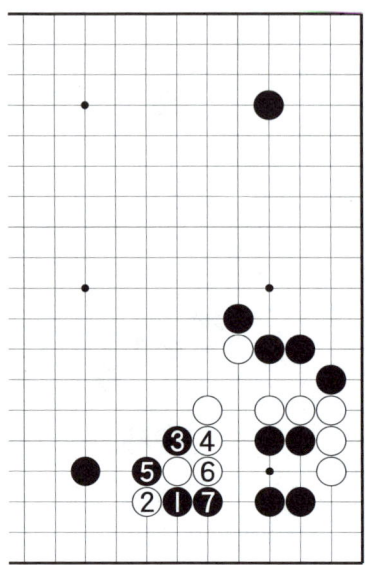

18도

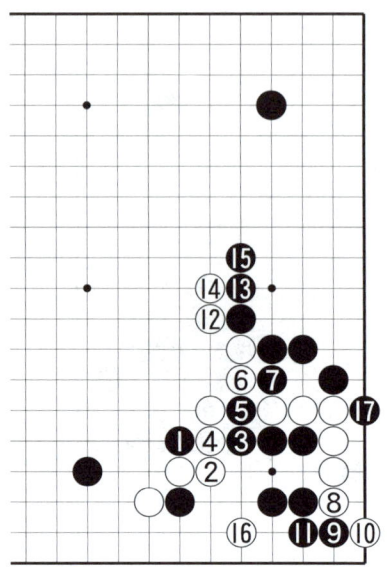

19도

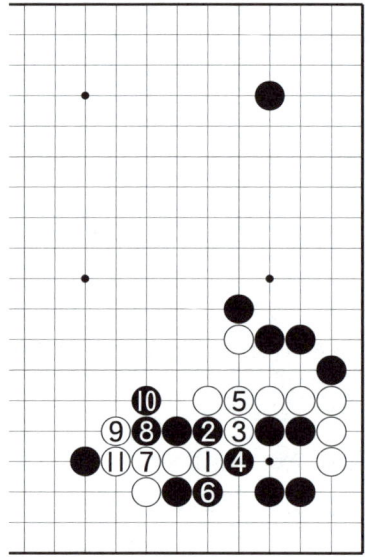

20도

18도(백, 곤란)

먼저 백2로 젖히면 흑3의 껴붙임이 강렬한 수. 백4로 막는 것은 흑7까지 백이 한 게 없다.

19도(백, 두터움)

백2로 나오는 게 그럴 듯하다. 이때 흑3·5로 우변을 차단하는 것은 손해. 흑17까지 백 일단을 잡았지만 백의 외곽이 두텁다.

20도(난전이지만)

백1에는 흑2로 차단하는 게 강수다. 이하 백11까지 치열하게 버티지만, 흑이 주도권을 쥔 싸움이다.

286

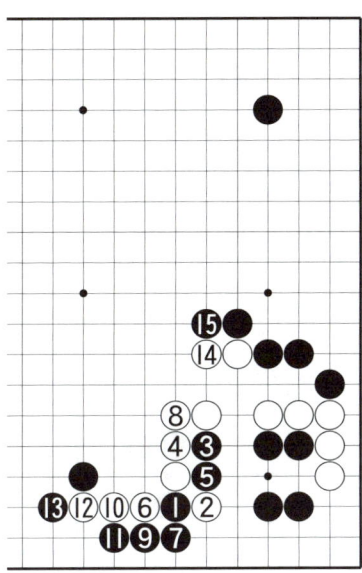

21도

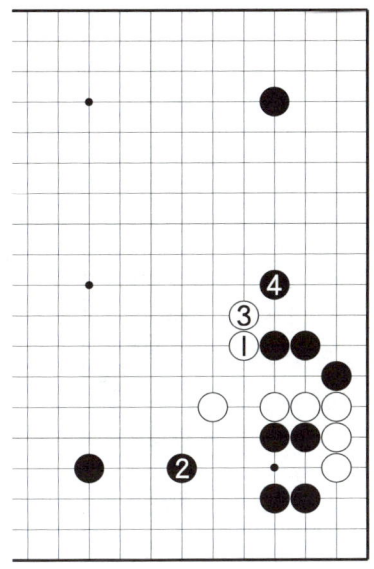

22도

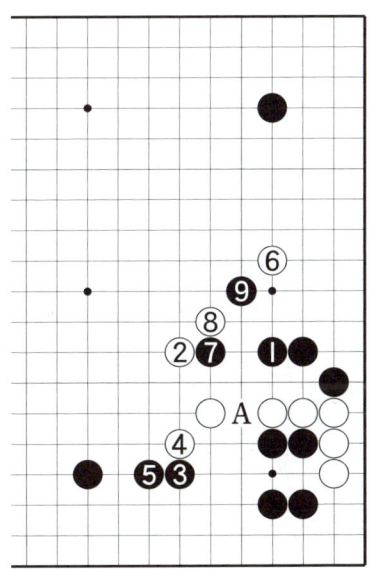

23도

21도(2차 결론)

그렇다면 흑1 때 2쪽의 젖힘을 생각해 봐야 하는데, 흑15까지 이 싸움은 난전이 예상된다. 아무래도 하변을 정비하면서 공세를 계속하고 있는 흑이 활발한 느낌이다.

22도(흑, 간명책)

복잡한 변화에 자신없다면, 흑은 백1 때 흑2로 지켜두는 것이 무난하다. 백3이면 흑4로 보강해 충분하다.

23도(백의 변화)

흑1에 백2로 둔 실전도 있는데, 백6으로 협공하겠다는 뜻이지만, 흑7·9로 기교를 부리며 탈출하면 유리하다. A의 약점상 백은 운신이 거북하다.

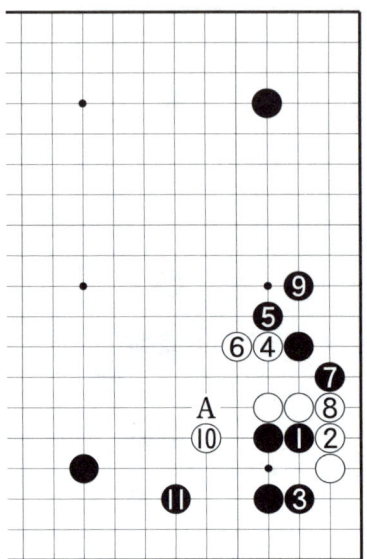

24도

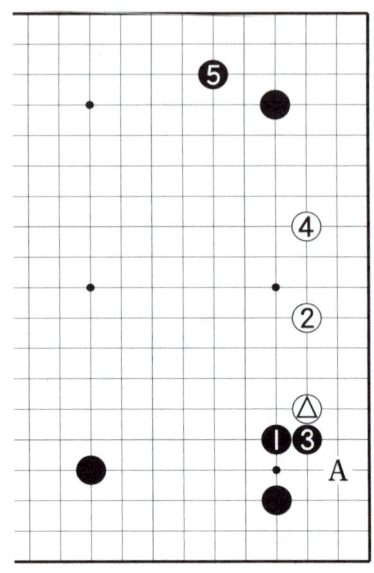

25도

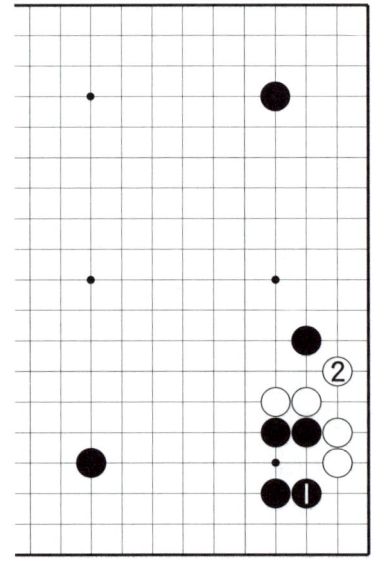

26도

24도(흑, 만족)

신형이 나오고부터 백이 A로 뛰어 나가기가 쉽지 않다. 그래서 백4로 먼저 붙이고 10으로 삭감해보지만 이것도 11까지 양쪽을 둔 흑이 만족이다.

25도(한국형 신포석)

A를 보류하고 손빼는 수도 등장했다. 백4까지 발빠르게 전개하지만, 백△와 흑3이 악수교환이라 흑이 마다할 이유는 없다.

26도(백의 대안)

그래서 이런 모양에서 이제 흑1이면 거의 백2로 지켜둔다. 계속해서―

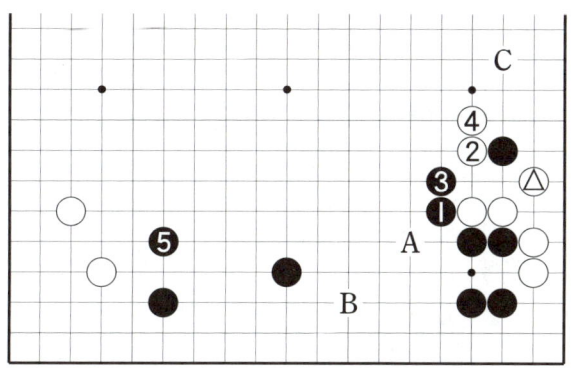

27도

27도(버전업된 정석)

백△의 호구는 발이 느리다고 한때 외면당한 점이나, 현대바둑에선 흑5까지 서로 호각이라는 결론이다. 이후 백은 하변에 A나 B 등의 침입을 엿보고, 흑은 C가 선수로 듣는다.

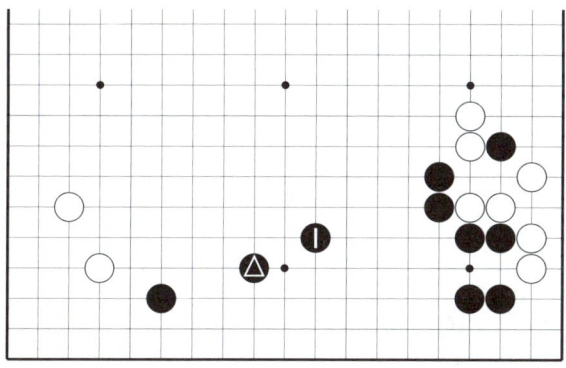

28도

28도(흑, 대가완성)

기본형 흑9의 신수가 나오게 된 실전에서의 배경을 알아보자.

전도와 비교, 흑△의 벌림이 한칸 좁으면, 같은 정석이라도 다음 흑1이 안성맞춤, 큰 모양으로 흑이 편한 바둑.

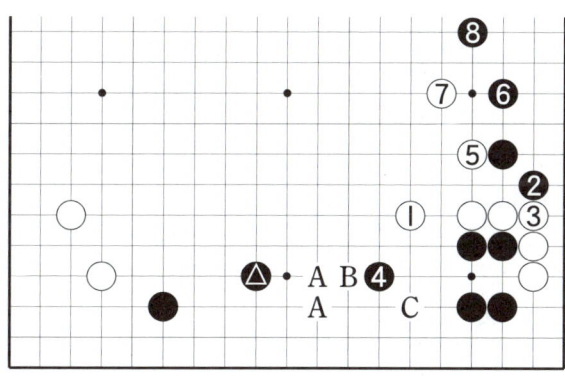

29도

29도(흑, 미흡)

따라서 실전에서는 주로 흑△로 두어 백1을 유도하는데, 이때 구 정석처럼 흑8까지면, 이번에는 A의 약점이 생겨 흑이 불만이다(흑4로 B면 C가 허점이다). 결국 백3 때 흑5의 신수가 등장하게 된 것이다.

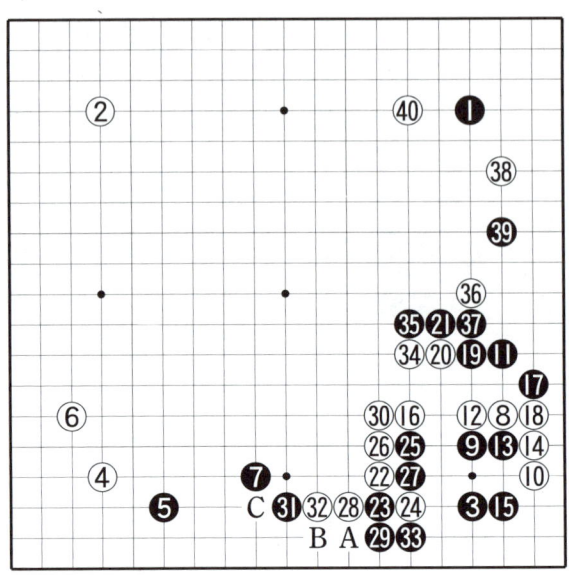

30도

30도(실전례1)

　제35기 왕위전 본선, 안영길 4단(흑)과 이세돌 3단의 대국.

　흑23이 흑19에 이은 유력한 신수. 흑35까지 일단락되었고, 백은 36·38로 우변을 파괴하러 나섰다. 다만, 흑31로는 흑A, 백32, 흑B, 백31, 흑C로 처리하는 편이 나았다는 평.

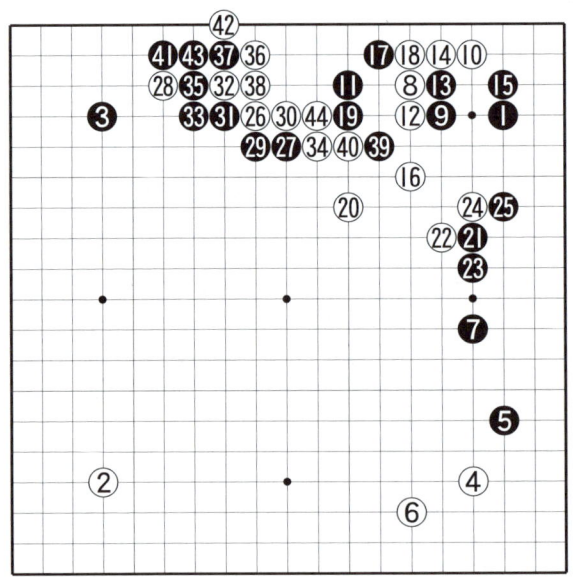

31도

31도(실전례2)

　제4기 SK가스배 신예 프로10걸전 본선, 강지성 5단(흑)과 이상훈 3단의 대국.

　흑19의 신수 때 백20으로 유연하게 대응했는데, 그러나 백44까지의 결과는 흑이 우세하다.

　결과적으로, 흑19(기본형 흑9)는 아직 미완성형이지만, 백의 대응책이 개발되지 않는 한 매우 유력한 신수이다.

 **제31형** 화점 · 소목포석-이립삼전을 무시

바둑격언에 '이립삼전'이라는 말이 있다. 하지만 예외도 있는 법이니, 바로 이 장면이 그렇다. 흑11로 붙였을 때 당연히 A로 올라서야 하는데, 백12로 빠졌다. 그 이유는 무엇 때문일까? 그리고 흑13의 강렬한 붙임이 한때 바둑가의 화제의 신수였는데, 그 현장으로 따라가보자.

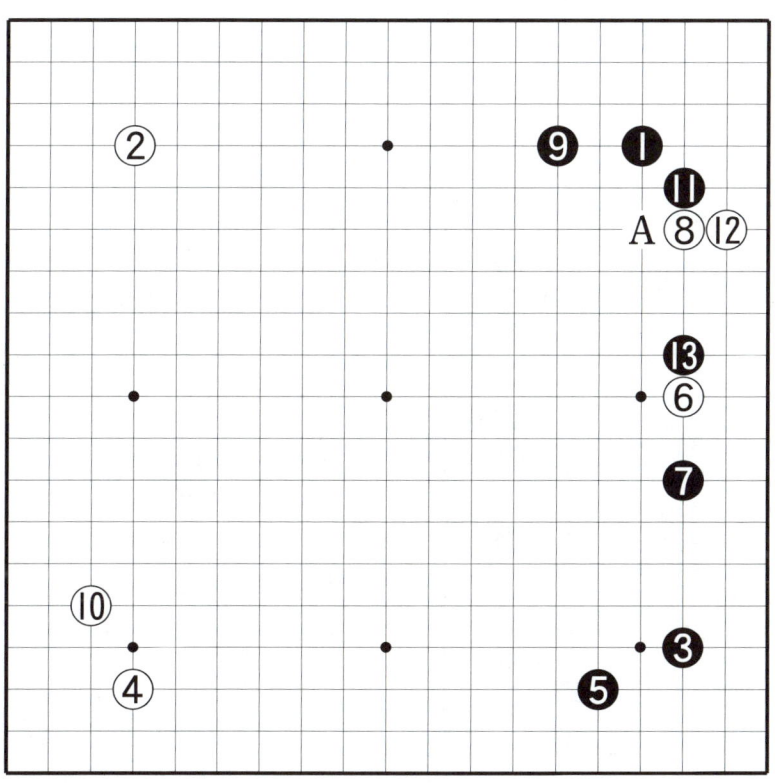

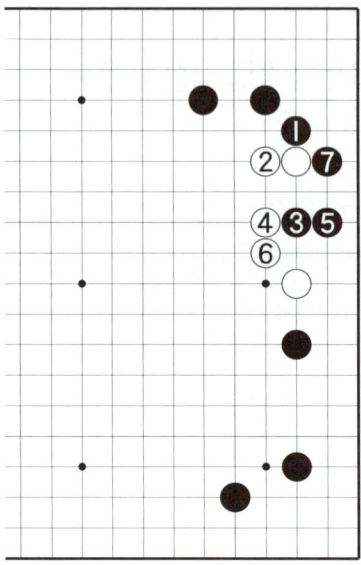

1도

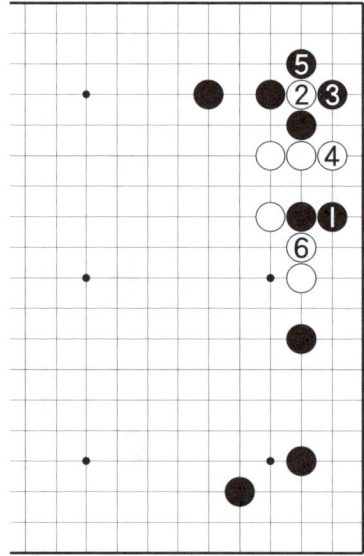

2도

3도

1도(흑, 실리가 큼)

흑1 때 백2로 올라서면 당장 흑3
의 침입이 통렬하다. 다음 흑5가 준
비된 수이고, 백6이면 흑7로 넘어 흑
의 실리가 좋다.

2도(대동소이)

흑1 때 백2와 4를 선수해도 마찬
가지. 흑11로 넘기까지 예상되는데,
전도와 다를 게 없다.

3도(흑, 걸림)

여기서 백2의 껴붙임이 재미있는
수법. 그런데 무심코 흑3으로 받으면
백6까지 흑이 당한 모습이다.

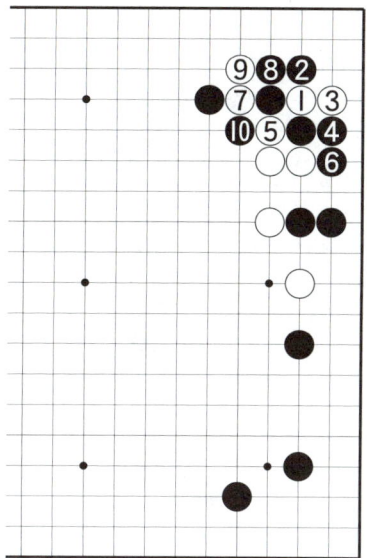

4도

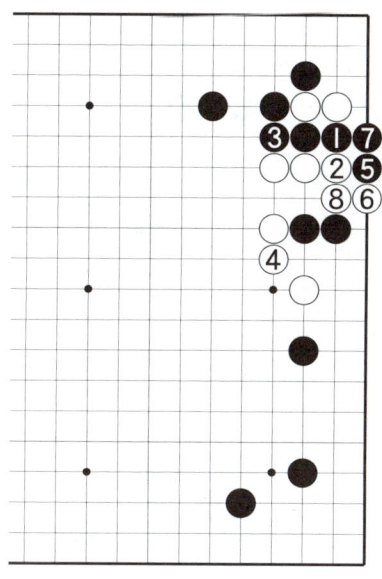

5도

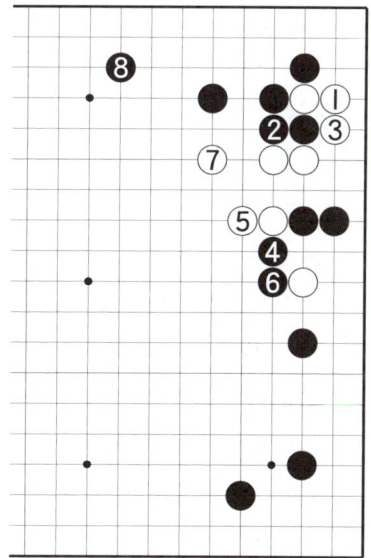

6도

4도(단수의 방향)

백1에는 흑2의 단수가 준비되어 있다. 백3 때 흑4는 강수. 기세상 백5로 끊은 다음 백9까지는 흑10으로 끊겨 무리이다.

5도(백, 안정)

백2로 따라내려오는 것이 침착한 호수. 흑3을 기다려 8까지 백도 안정을 취해 충분한 모습이다.

6도(흑의 비책)

그러나 흑은 더 좋은 수법이 있다. 백1 때 흑2가 바로 그것. 흑8까지 예상할 때 양쪽을 처리한 흑의 자세가 좋을 뿐만 아니라 백은 아직도 곤마.

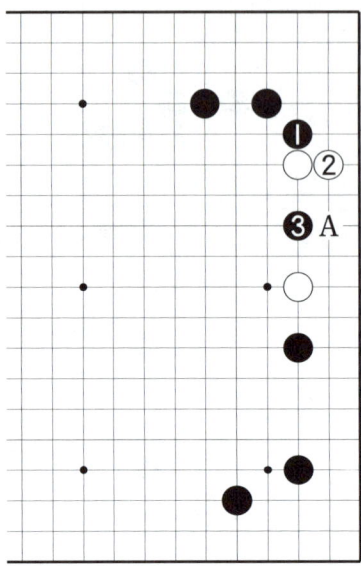

7도

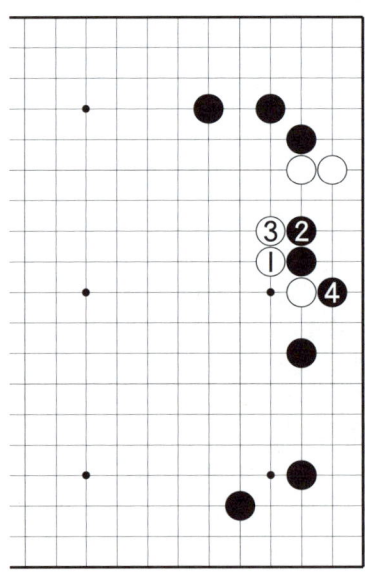

9도

7도(신형의 배경)

그래서 흑1에 백2로 빠지게 되었고, 흑은 3으로 침입할 수 없게 되었다. 흑3이면 이제는 A가 적격.

8도(신형등장)

신형은 이렇게 흑3으로 붙이며 등장했다. 흑3에는 백A부터 C의 응수타진까지 연구되었다.

9도(신수의 의도)

먼저 백1로 받는 것은 흑2로 나간 다음 4로 넘게 되면, 백은 한 게 없다. 흑의 대만족.

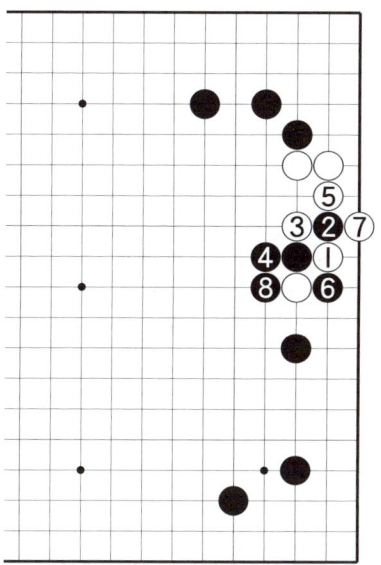

10도

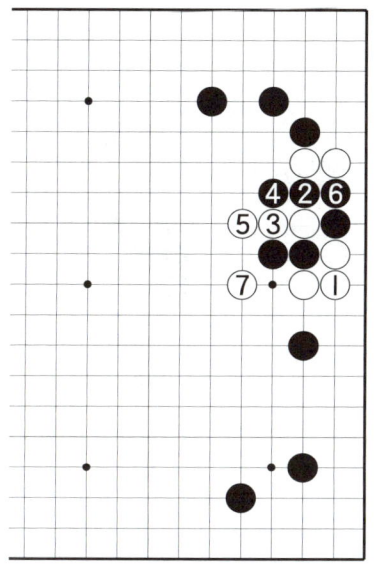

11도

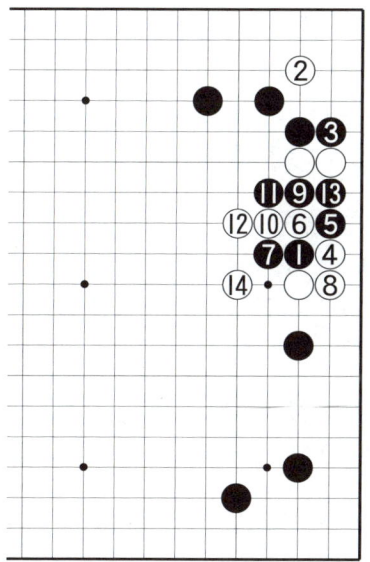

12도

10도(흑, 두터움)

　백1이 예상해볼 수 있는 점. 여기서 백7까지 서둘러 안정하는 것은 흑이 두터운 모습이다.

11도(흑, 만족)

　전도 백5로 본도 1로 잇는 것도 백7로 흑 두점을 잡았지만, 백 두점을 잡은 흑의 실리가 좋다.

12도(백, 이득)

　그러므로 백은 흑1 때 먼저 백2로 3·三에 들어가 응수를 묻는 게 최선. 흑3에 받은 다음, 백14까지 전도와 같게 된다면 이것은 귀의 사는 맛이 남아 있어 백이 이득이다.

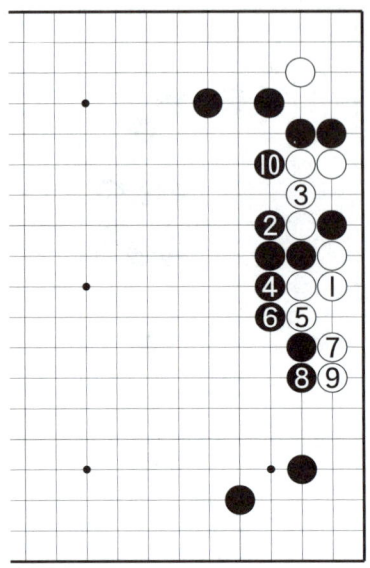

13도

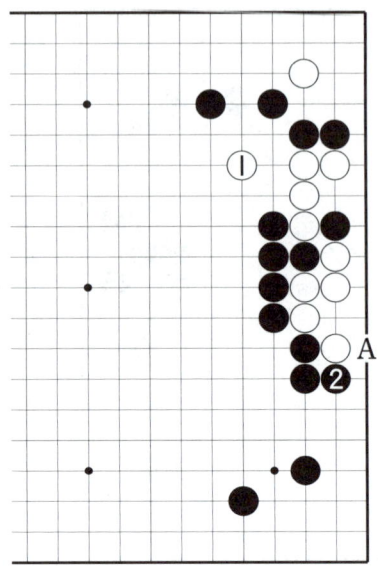

14도

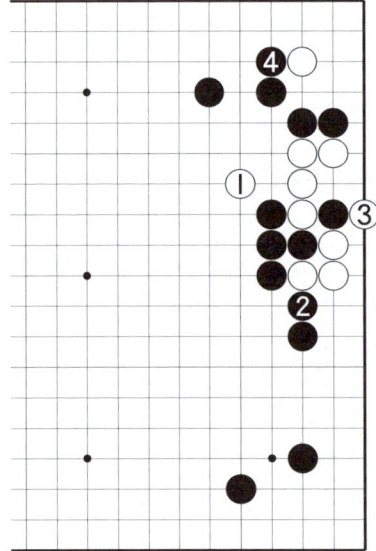

15도

13도(흑, 철벽)

그러므로 흑은 아예 흑2로 결정하는 게 좋다. 흑10까지 외곽을 봉쇄하는 것으로 충분하다.

14도(흑, 충분)

전도 백9로 본도 1로 중앙으로 나가면, 흑2가 너무 두텁다. 다음 흑A면 백은 곤마가 된다.

15도(흑, 양쪽처리)

13도 백5로 본도 1로 변화를 구하는 것은 4까지 흑이 양쪽을 모두 둔 꼴. 흑이 전체적으로 두터운 모습이다.

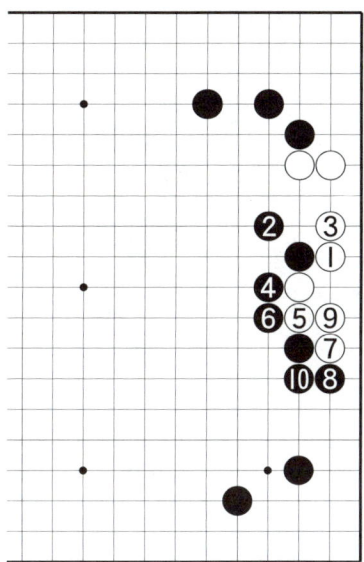

16도

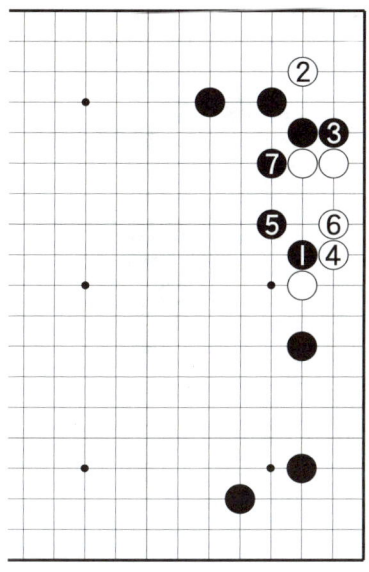

17도

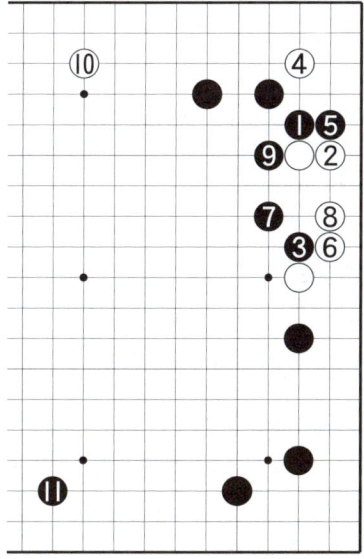

18도

16도(다른 응수법)

백1에 흑은 2로 비껴받는 수도 있다. 흑10까지 된다면 이것 역시 흑이 두터운 모습이다.

17도(흑, 충분)

역시 흑1에는 백2로 응수를 묻는 게 최선. 흑5 때 전도처럼 백6이면 흑7로 막아, 그래도 흑이 좋은 모습.

18도(실전례1)

이 바둑은 흑이 7·9로 두텁게 봉쇄해, 흑11까지 전체적으로 흑이 두터운 모습이다. 결국 이 바둑은 흑승!

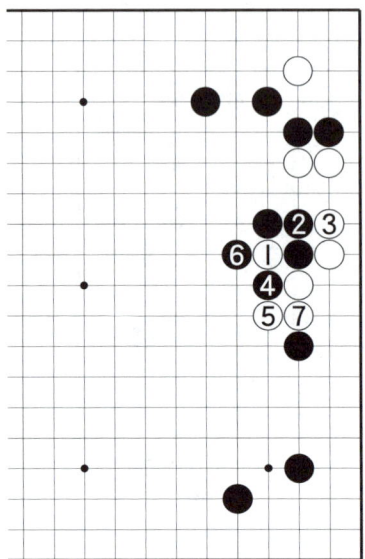

19도

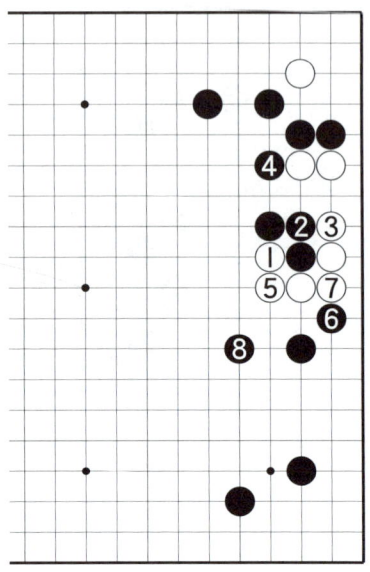

20도

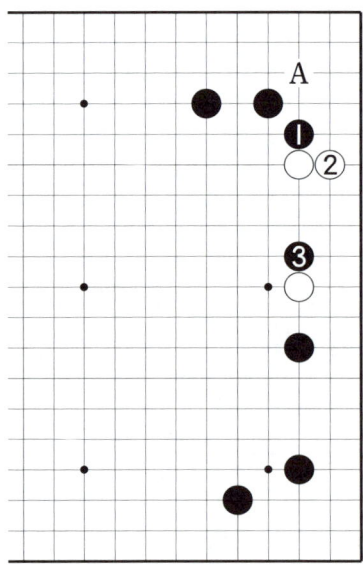

21도

19도(실전례2)

백1로 모는 실전이 최선. 이때 흑4
·6으로 흑 한점을 잡는 바람에, 백7
까지 백이 좋아졌다. 이 바둑은 백승!

20도(실전례3)

백3 때 흑4로 그냥 막는 게 최선
이다. 백5로 백도 중앙으로 진출하지
만, 흑6·8로 나가면 흑이 나쁘지 않
은 모습이다. 이 바둑은 흑승!

21도(결론/유력한 신수)

그러므로 흑1·3에 대해 백은 먼저
A로 응수를 묻는 게 최선이지만, 흑
이 나쁜 그림은 없다. 따라서 백2는
의문수로 보이며 앞으로 연구과제!

 조훈현류의 발빠른 포석에서

백4·6의 수법은 발빠른 포석을 전개하겠다는 작전이고, 조훈현 9단이 애용하는 수법이기도 하다. 특히 백6은 '협공반 갈라침반'의 재미있는 신수.

이 부근에서 여러 가지 새로운 수법이 등장하는데, 어떤 신형들이 숨어있을까?

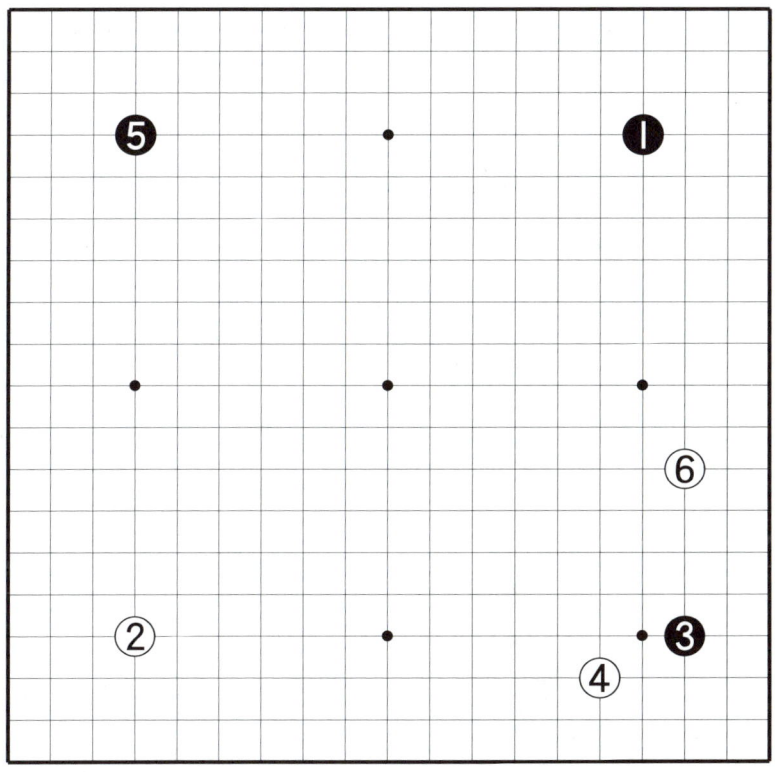

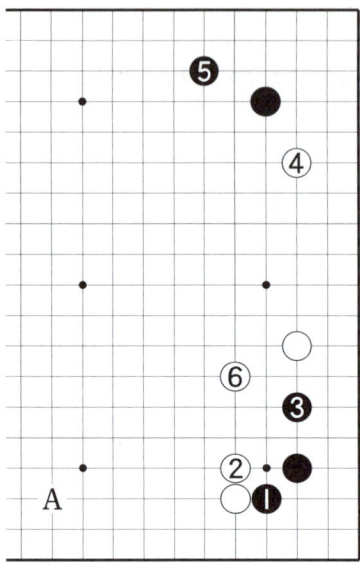

1도

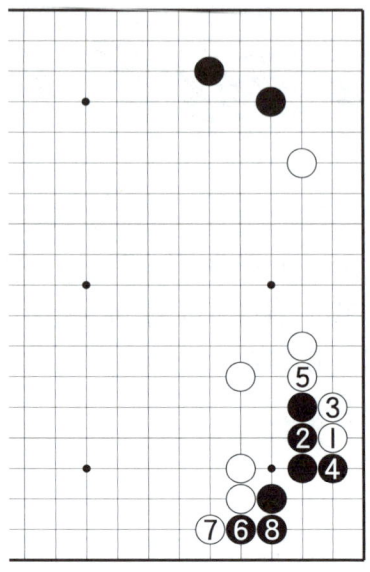

2도

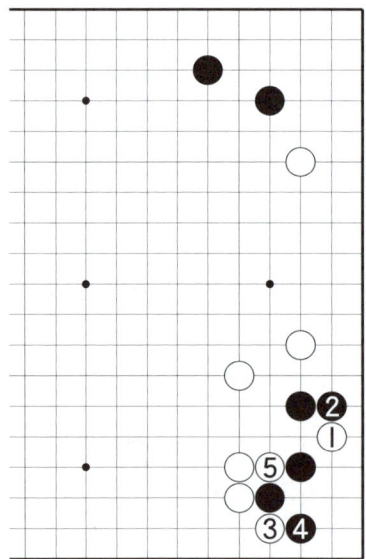

3도

1도(흑, 실리 선호)

흑1·3은 실리를 선호하는 다소 소극적인 수법이다. 백은 6까지 두텁게 외곽을 봉쇄한다. 다음 흑A가 눈에 들어온다.

2도(뒷맛)

이 부근에 흑이 손빼면 향후 백1의 침입수가 있다. 백5까지 되면 백은 더욱 두터워진다. 귀의 안정상 흑6·8은 생략할 수 없다.

3도(흑, 걸림)

그렇다면 흑2로 차단하고 싶은데, 백3·5로 진행되면 걸려든다.

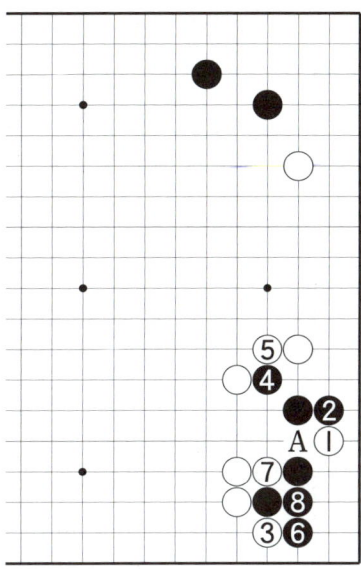

4도

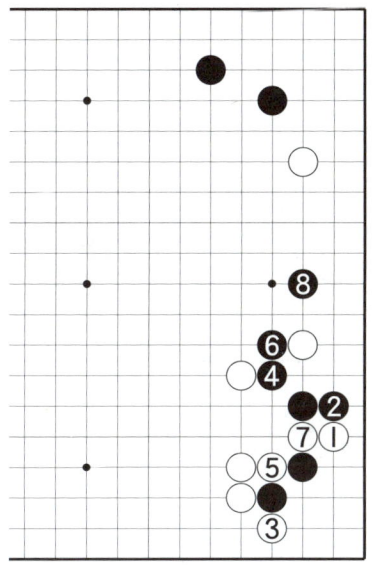

5도

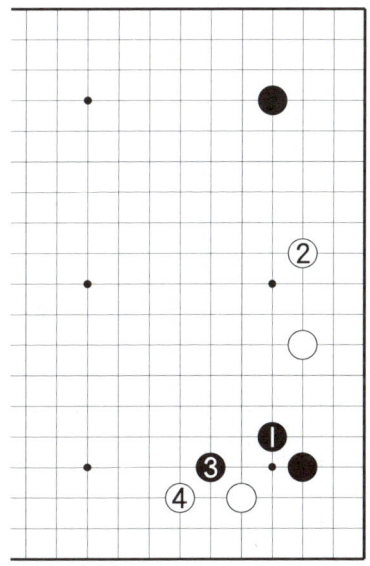

6도

4도(흑의 대비책)

흑은 백3에 4로 먼저 응수를 묻는 수가 있다. 백5면 흑8까지 되도 흑은 A의 단점이 자동으로 보강된다.

5도(시기가 중요)

그러므로 백도 **4도**와 같이 둘 수 없는 일. 흑4에는 백5로 방향을 튼다. 결국 흑8까지 대형 바꿔치기가 된다. 따라서 백도 이 결행은 시기가 중요.

6도(백, 활발)

흑1의 마늘모도 있다. 견실하지만 복잡함도 내포하고 있다. 하지만 지금과 같이 백4까지면 양쪽을 모두 차지한 백이 활발하다는 결론이다.

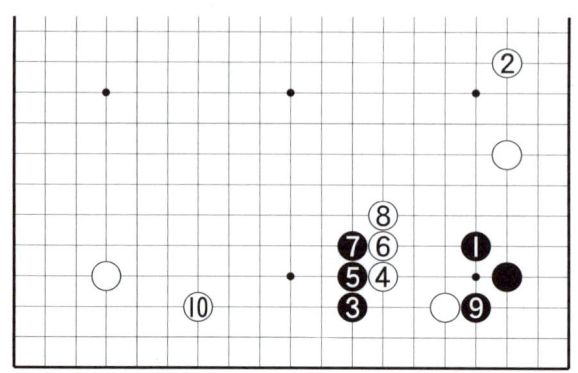

7도

7도(백, 활발)

그래서 흑3으로 협공하는 게 기세지만 백4의 행마가 좋아 백10까지면 백이 활발하다.

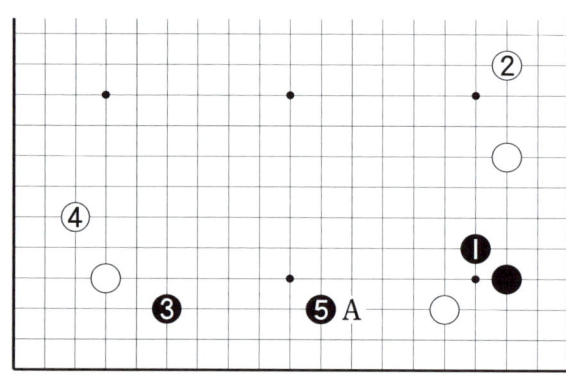

8도

8도(흑, 기세)

흑도 작전을 바꿔 먼저 3으로 걸치는 변화가 나타났다. 백4를 기다려 흑5나 A로 다가서면 충분히 싸울 수 있다.

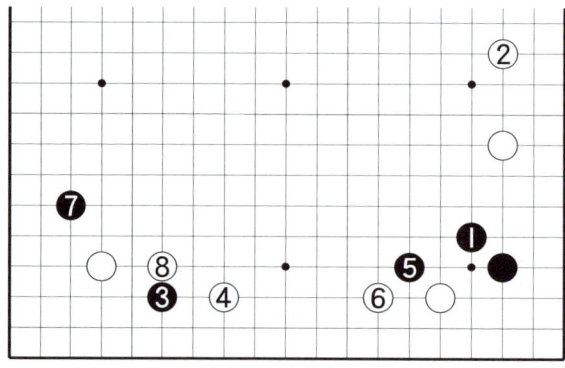

9도

9도(백, 불만)

그렇다고 흑3에 백4로 협공하는 것은 흑5로 일단 눌러가는 게 좋다. 백6으로 받을 때 흑7로 양걸침하는 것이 제격이다. 백8이 보통인데, 백은 하변에 치우쳐 불만이다.

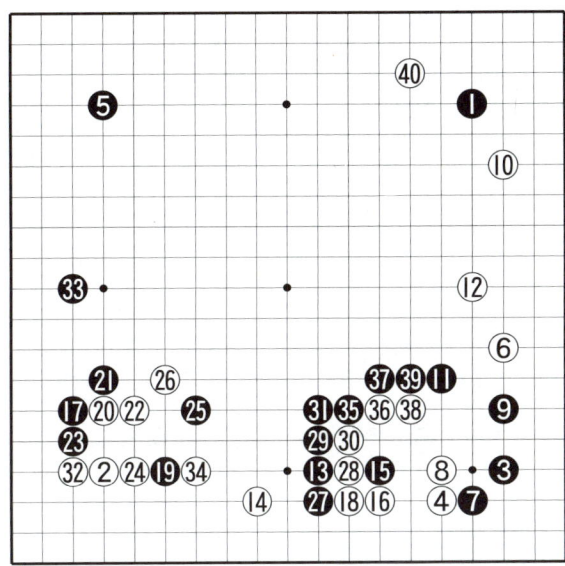

10도

10도(실전례1)

제3회 롯데배 한·중 대항전, 조훈현 9단(백)과 마 샤오춘 9단의 주장전.

백10에 흑11로 반발한 것은 기세. 이후 재미있는 형태가 이루어졌는데, 백40까지 백의 속력행마가 돋보이는 포석이다.

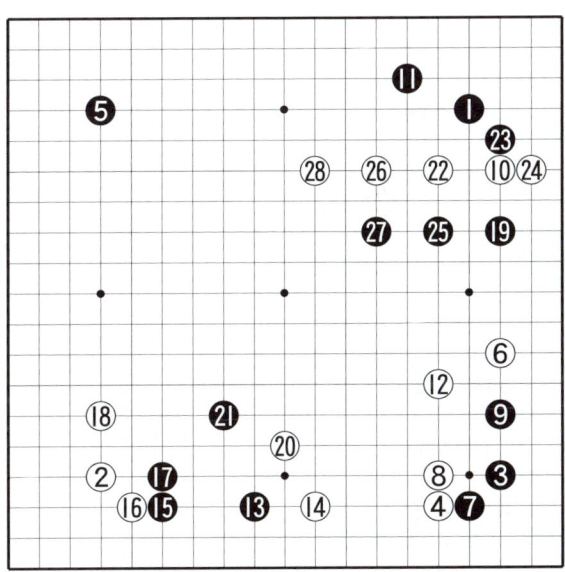

11도

11도(실전례2)

제12회 TV바둑아시아 선수권대회 본선, 조훈현 9단(백)과 중국의 딩 웨이(丁偉) 7단의 대국.

백18까지는 또 다른 형. 흑19에 백20으로 반발하며 난전이 되었는데, 백28까지 한치 앞을 내다볼 수 없는 접전이다.

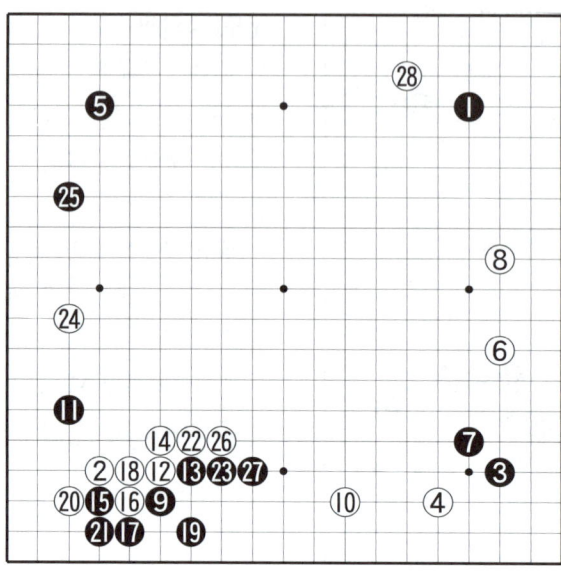

12도

12도(실전례3)

이 바둑은 루이 나이웨이 9단(흑)이 조훈현 9단을 상대로 국수위를 쟁취할 수 있었던 기틀을 마련했던 제43기 국수전 도전2국.

흑9의 걸침에 양걸침을 감수하며 백10으로 안정시킨 것이 고심의 일착이다. 백28까지 호각에 가깝지만, 아무래도 흑이 다소 실속있는 포석이라는 게 중론이다.

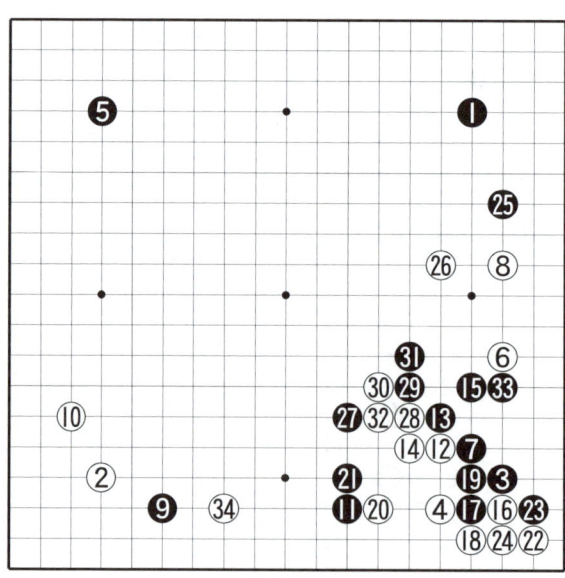

13도

13도(실전례4)

조훈현 9단(백)이 44기 국수전에서 리턴매치에 성공한 도전 제1국.

흑9에 백10으로 받아놓고 흑11의 협공에 백12로 움직여 전면전으로 대항했다. 백34까지는 백의 치열함이 돋보이는 포석이다.

지금까지의 결과는, 주로 백이 작전을 구사하며 흑은 문제를 푸는 수동적 입장이었다.

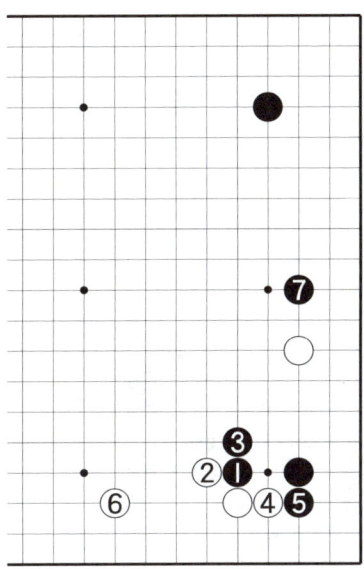

14도

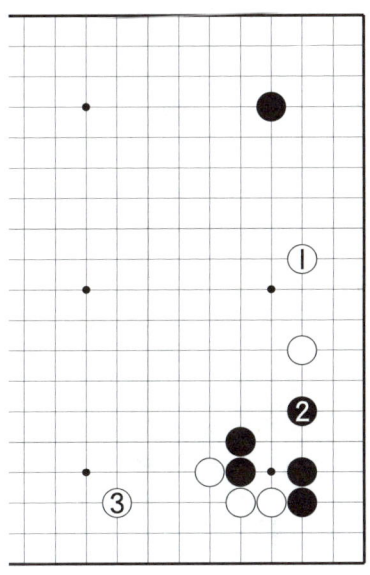

15도

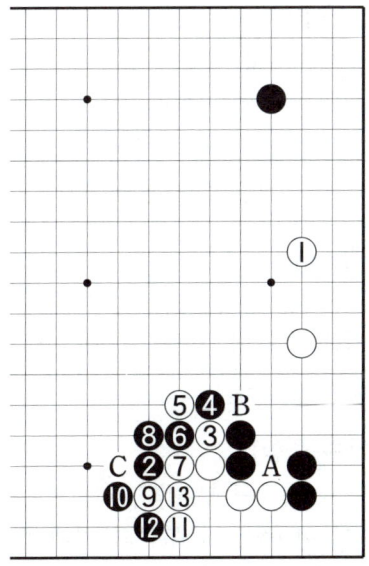

16도

14도(최강의 응수)

그래서, 최근의 결론은 흑1·3이 최강의 응수이다. 백6으로 벌리면 흑7이 안성맞춤. 백이 불리한 모습이다.

15도(백, 만족)

백은 먼저 무조건 1로 벌려놓고 볼일이다. 흑2면 백3으로 벌려 만족한 모습이다.

16도(흑, 성급)

그러므로 흑2는 기세의 공격이고, 여기서 흑이 즉각 4에 막는 것은 성급한 공격이다. 백13까지 된 다음 A, B, C 등 흑의 단점이 곳곳에 생긴다.

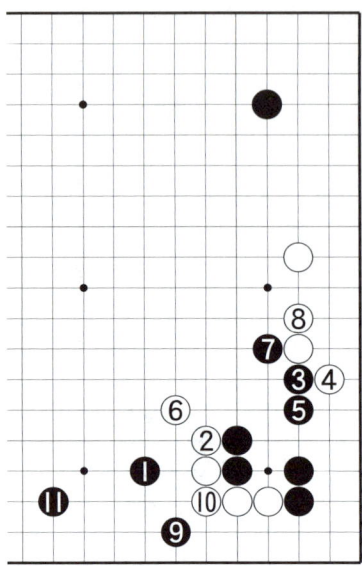

17도

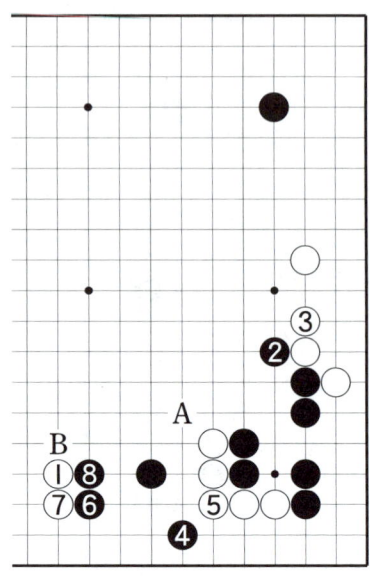

18도

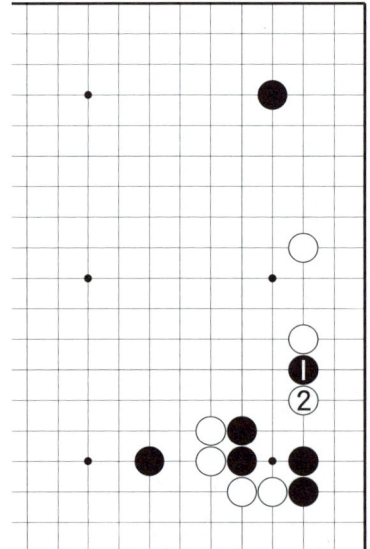

19도

17도(흑, 활발)

이 모양에서의 절정은 흑3의 붙임으로 귀의 약점을 효과적으로 지키겠다는 뜻이다. 백6으로 나가는 것은 흑11까지 흑의 모습이 활동적이다.

18도(백, 곤란)

전도 백6으로 본도 1로 협공하는 것은 더욱 곤경에 처한다. 흑8 다음 A와 B가 맞보기.

19도(신수 등장)

고심 끝에, 흑1에 대해 출현한 것이 백2의 껴붙임. 이 부근의 최대 하이라이트이다.

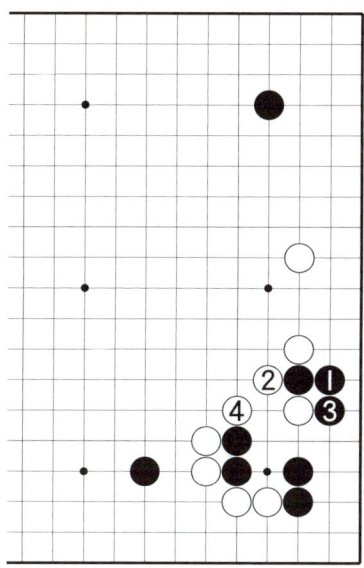

20도

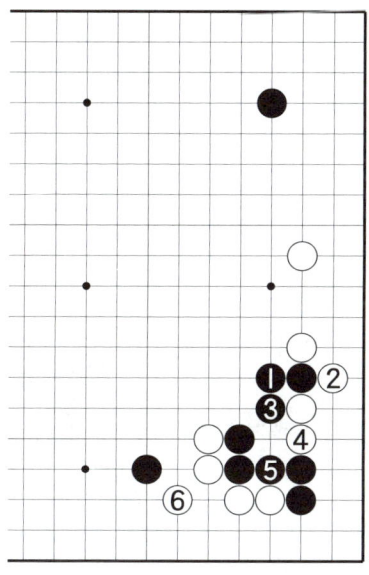

21도

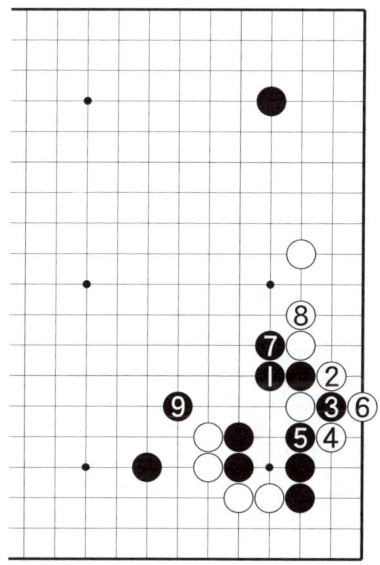

22도

20도(백, 두터움)

흑1로 빠지는 것은 백의 주문. 백2·4로 중앙을 막아 백이 두터운 모습이다.

21도(흑, 불만)

흑1은 당연한 방향인데, 이때 흑3으로 밀어가는 것은 이적수. 백6까지되면 흑은 다시 한 게 없다.

22도(백의 고전)

흑3으로 끊는 게 바른 수순. 흑5·7로 두텁게 정리한 다음 흑9로 씌워 어려운 싸움이지만, 백의 고전이 예상된다.

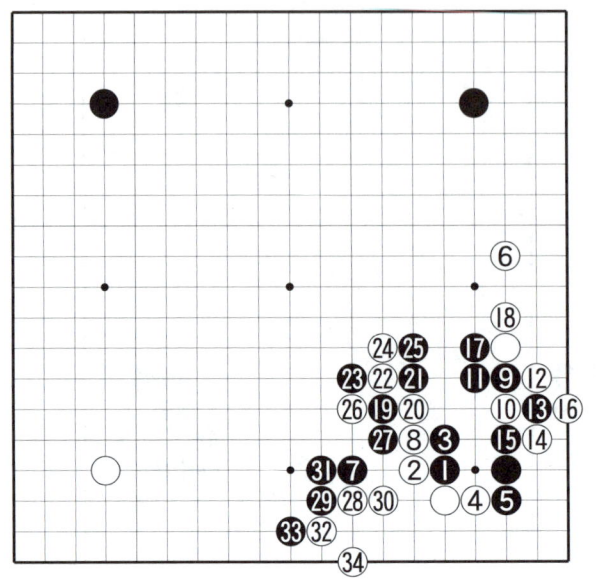

23도

23도(실전례5)

제7기 배달왕기전 도전2국, 조훈현 9단(백)과 유창혁 9단의 대국.

백10의 신수가 처음 등장한 대국. 흑19가 회심의 강수로 흑이 주도권을 잡은 모습이다. 백34까지 옹색하게 살아서는 흑이 우세하다.

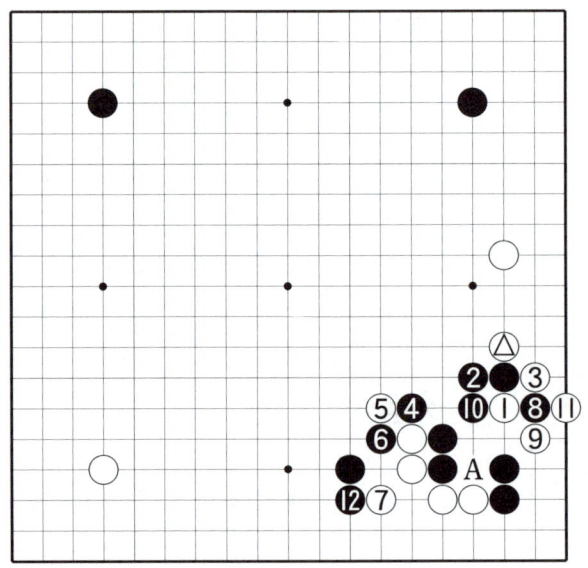

24도

24도(실전례6)

제31기 명인전 본선, 조훈현 9단(백)과 김승준 7단의 대국.

흑4와 8은 수순착오. 흑12 다음 백A로 나와 끊겨 흑이 어려운 싸움이 이어졌다.

그러므로 백△의 신수를 동반한 백의 발빠른 포석은 백1의 신수에도 불구하고, 신통치 않다는 게 결론이다.

 소목정석-타성을 깨는 신수

백6은 A로 지키는 것을 정석으로 배워왔고, 백6의 두칸 벌림이 처음 신수로 등장했을 때만 해도 파격적인 수로 인정받았다. 하지만 그 이후 백6에 대한 파생형 신수가 여러 가지 나왔으니, 그 대표적인 유력한 한국형 신수가 흑7인 것이다.

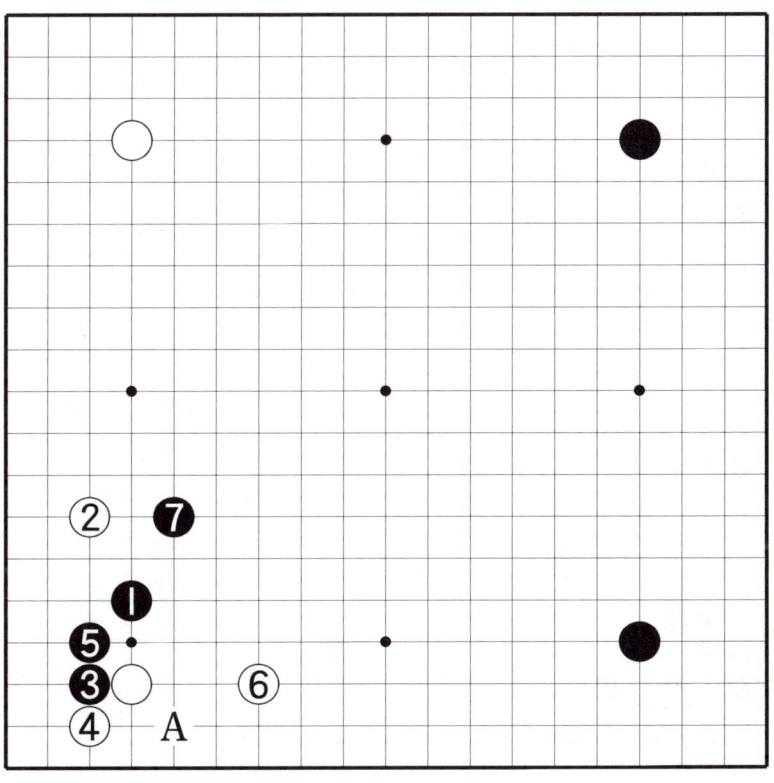

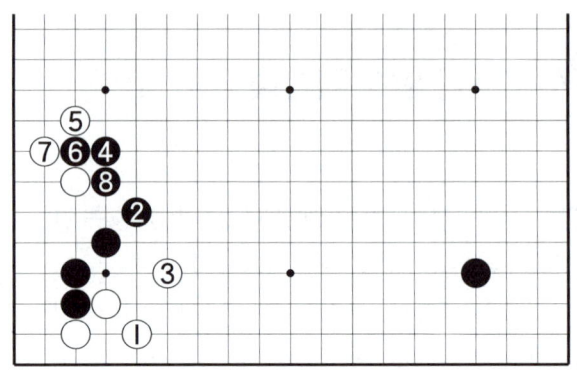

1도

1도(옛 정석)

원래 기본형의 백6은 1로 지키는 게 정석이다. 흑8까지 근래 보기드문 정석이지만, 옛 실전에선 자주 등장하는 정석이었다.

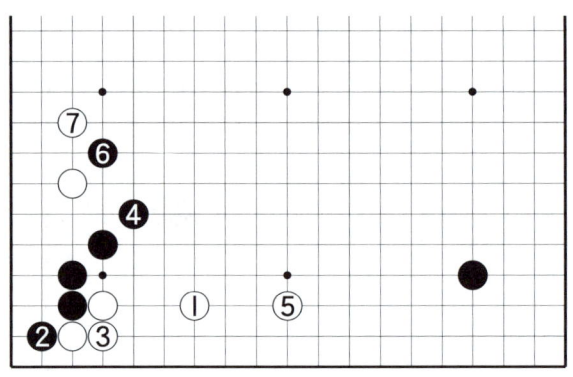

2도

2도(백의 주문)

백1은 새로 개발된 신형이다. 이때 흑2·4는 백의 주문에 걸린 꼴. 백7까지 백이 양쪽을 두고 있는 것에 유의하기 바란다.

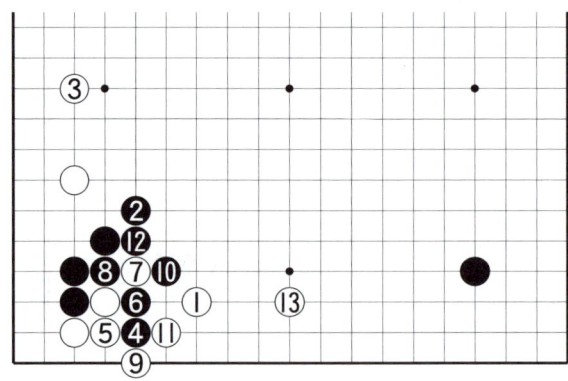

3도

3도(흑, 약간 중복)

백1이 처음 등장했을 때만 하더라도 흑2가 유력한 수법으로 등장했다.

하지만 최근의 결론은 백이 양쪽을 둔 것과 비교해 흑이 중복이라는 게 정설이다.

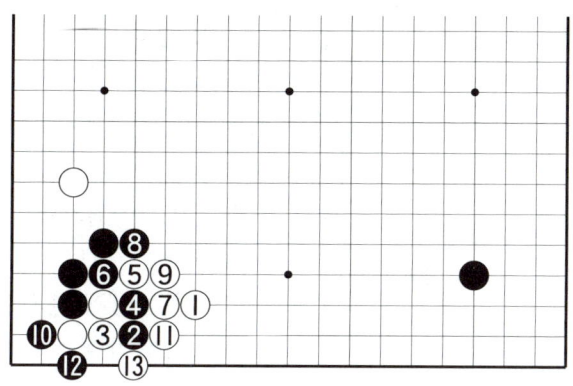

4도

4도(흑, 불만)

그렇다고 백1 때 흑이 당장 쳐들어가는 것은 보는 바와 같이 백의 실리가 짭짤하다. 흑은 아직도 미생인 것이 불만.

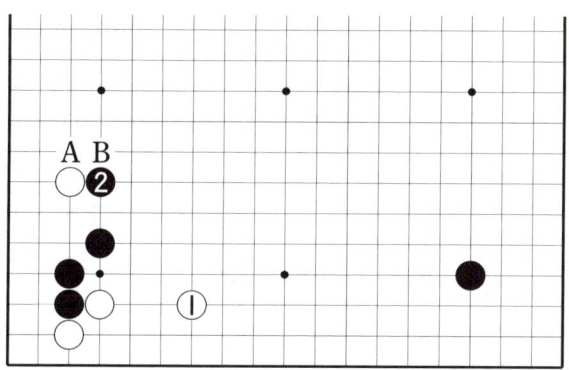

5도

5도(연구된 수)

백1에 대해 국내에서는 흑의 입장에서 연구가 활발하게 이뤄졌다. 흑2가 그 가운데 하나, 이때 백A로 받을 것인가? 아니면 B로 반발할 것인가?

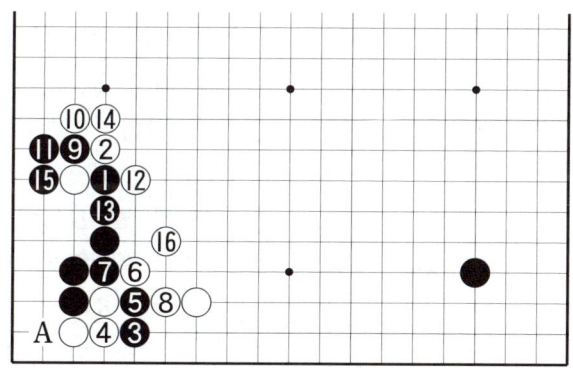

6도

6도(백, 만족)

흑1에는 백2가 최선이라는 것을 알고 있어야 한다. 백16까지 흑은 A의 곳을 반선수 활용하는 맛이 남아 있지만, 백의 두터움에 비해 한게 없다.

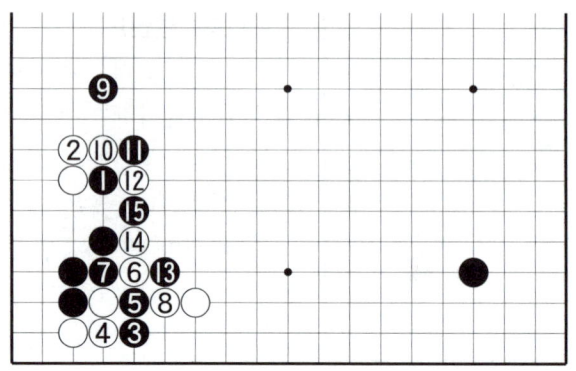

7도

7도(백, 걸림)

백2로 느는 게 정수같
지만 지금은 흑의 주문.
흑3의 침입부터 맛을 남
겨놓고 9로 씌워가는 맥
점이 통한다. 이하 흑15
까지라면 백이 보기좋게
걸려든 모습이다.

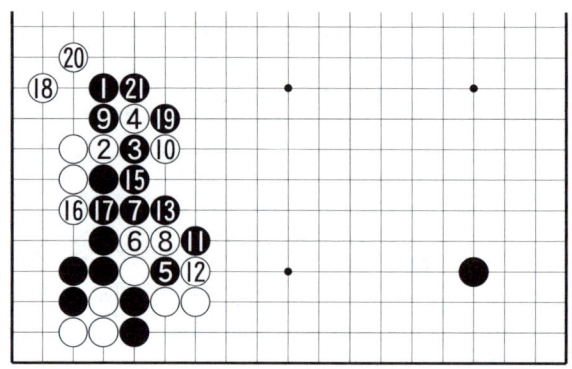

8도   ⑭…❺

8도(백의 최선이지만)

그러므로 흑3으로 젖
혔을 때 백의 최선은 백
4로 물러서는 거지만, 역
시 흑5 이하 21까지 변
화해도 전체적으로 흑이
두터운 모습이다.

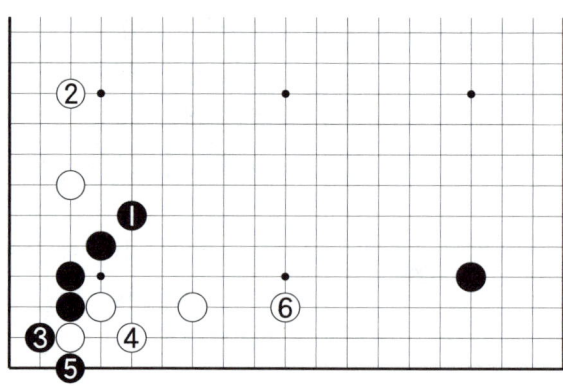

9도

9도(백, 발빠름)

이 신수의 하이라이트
는 흑1 때 백2로 변을
먼저 차지한다는 것이다.
만약 흑3으로 귀를 추궁
하면 백4의 호구로 임시
변통한 다음 백6까지, 이
것은 양쪽의 변을 차지
한 백이 발빠르다. 이것
도 백의 주문!

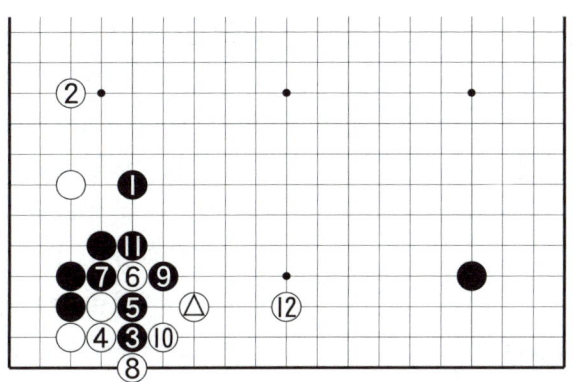

10도

10도(결정판1)

처음 백△가 나온 이후 최선의 수라고 등장한 신수가 바로 흑1의 날일자씌움이다. 백2면 12까지 서로 불만없는 모습이라는 게 정설이다. 이 그림은 **3도**보다 흑이 능률적임을 알 수 있다.

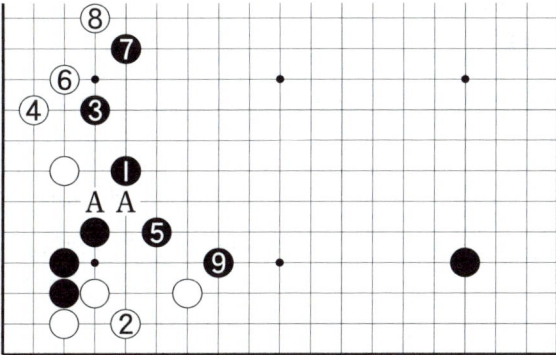

11도

11도(흑, 두터움)

흑1 때 백2로 지키는 것도 가능할 것이다. 흑3의 압박이 두렵지만, 흑에게도 A쪽의 약점이 있다. 백4로 먼저 움직이면 좋지 않다. 흑5로 지킨 다음 9까지 예상되는데, 백은 저위라 전체적으로 흑이 두터운 모습.

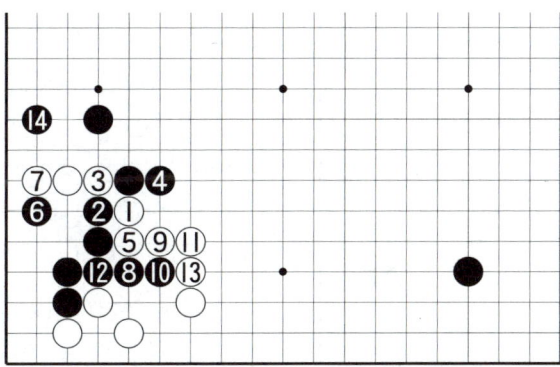

12도

12도(백, 무리)

백1로 흑의 약점을 먼저 추궁하는 것도 흑2·4의 정확한 응수면 잘 안통한다. 백5로 막고 싶지만 흑6을 선수한 후 이하 14까지 처리해서 백 석점이 잡힌다.

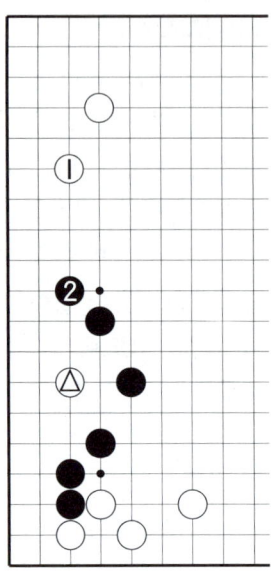

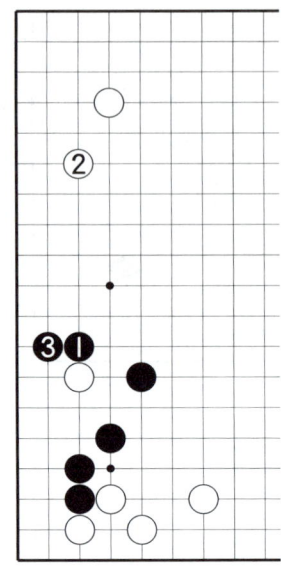

13도   14도

13도(결정판2)

결국 백△를 직접 움직여서는 좋은 결과가 없다는 결론이다. 따라서 백1 정도로 큰 자리를 두고 흑2로 확실히 지킬 때 다시 큰 자리로 걸쳐가면 백도 충분하다는 평.

14도(결정판3)

흑1도 백을 공격하는 요령이며 가능한 수법. 백도 마찬가지로 직접 움직이지 말고 백2 정도로 지킨 후 흑3의 수비를 기다려 다른 큰 자리를 걸치면 호각이라는 평이다.

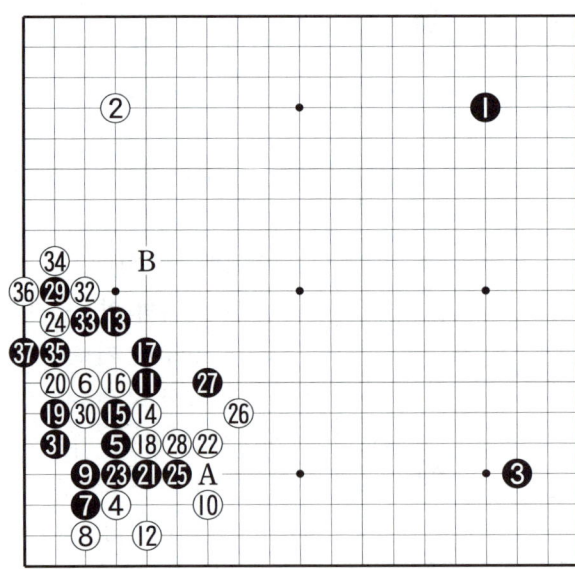

15도

15도(실전례)

흑은 17로 뻗었는데 백22가 실수. 백이 치열하게 버티지만, 흑37까지의 결과는 백이 당한 모양이다. 다음 백A 정도로 지켜야 하는데 흑B면 흑이 우세하다.

백22로 25에 막았으면 백도 충분히 둘 만하다는 평이다.

제34형 소목정석 신수처럼 보이는 악수

　　백6의 두칸협공과 흑7 이하의 정석은 흔히 볼 수 있는 진행. 여기서 흑11이 약간 변칙수인 것은 감안하더라도 백12의 부딪침은 처음 본다. 검토실을 경악시킨 백12의 헤딩은 신수일까, 아니면 악수일까? 결론은 백의 무리임이 드러난다. 백12로 인해 단명국으로 끝난 실전이기에 소개한다.

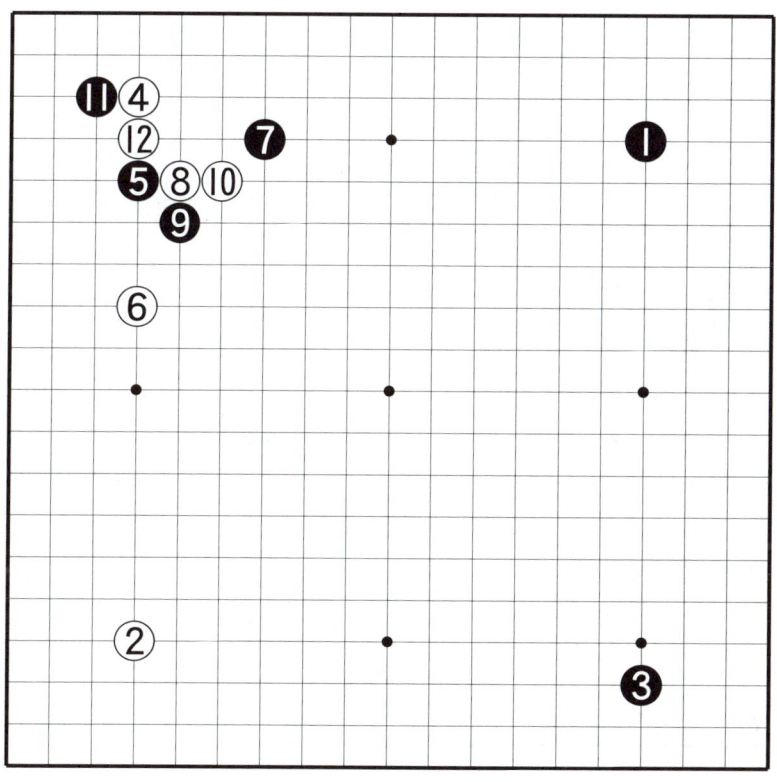

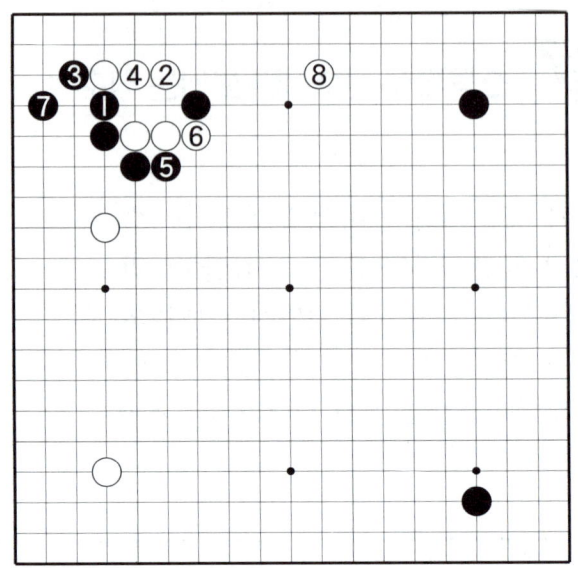

1도

1도(정석)

보통은 흑1 이하 백4 까지 된 다음, 흑5·7을 선택하면 백8 정도로 벌 려 유연한 흐름이고, 지 금까지 정석으로 자리잡 아 왔다.

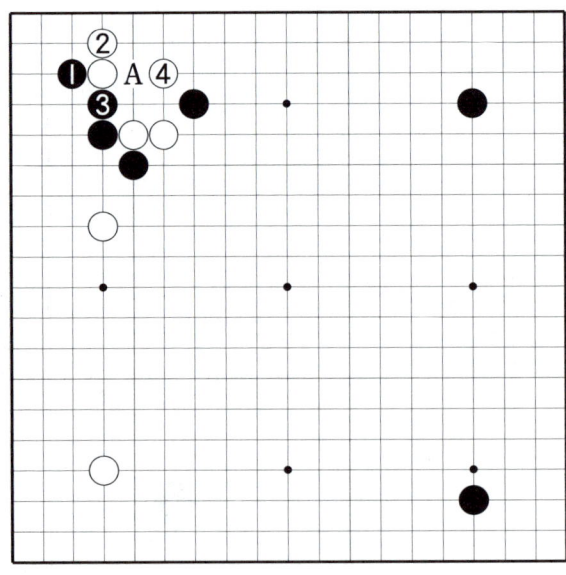

2도

2도(백, 약간 당한 모양)

흑1(기본형 흑11) 때 백2가 행마법 같지만, 지 금은 흑3만 하더라도 약 간 당한 모양이다. 백2 의 위치가 A에 있는 것 보다 손해이기 때문이다.

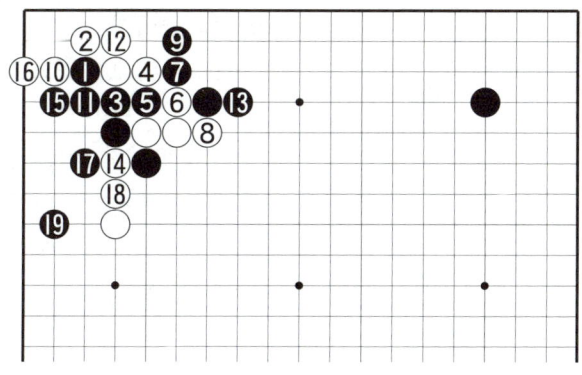

3도

3도(난해한 정석)

흑1에 일단 백2로 받고 싶은 충동이 일어난다. 물론 이것도 둘 수 있는 점이고, 백4 이하면 흑19까지 난해한 정석이 진행된다. 이것은 먼저 변칙수를 구사한 흑의 의도일 수도 있는 듯.

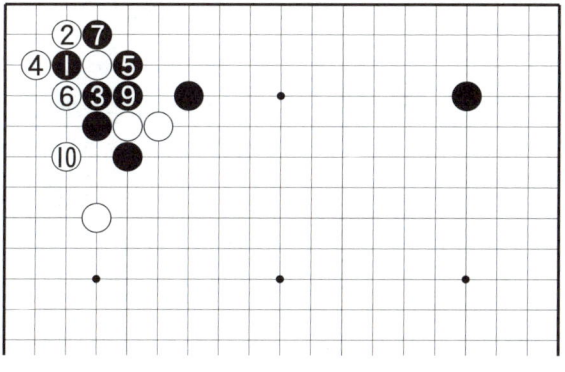

4도   ⑧…❶

4도(흑, 두터움)

흑3 때 백4로 반발하는 것은 좋지 않다. 이하 백10까지가 예상되는데, 백 두점을 제압한 흑이 두터운 무습이다.

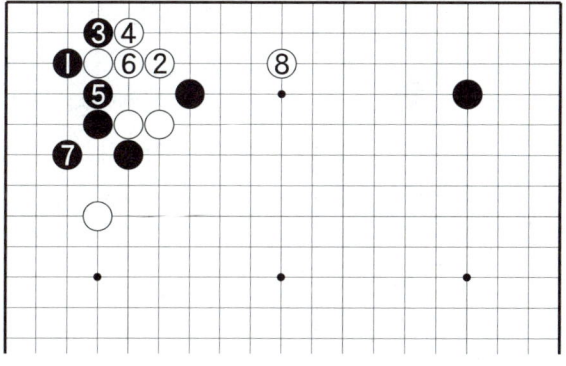

5도

5도(흑의 주문)

흑1은 백2로 둔 다음 흑3 때 백4로 받아달라는 뜻이다. 흑5까지 백 모양을 우그러뜨리고 7에 지키겠다는 의도이다. 당연히 백의 불만이다. 흑3과 백4의 교환이 흑의 의도인 것.

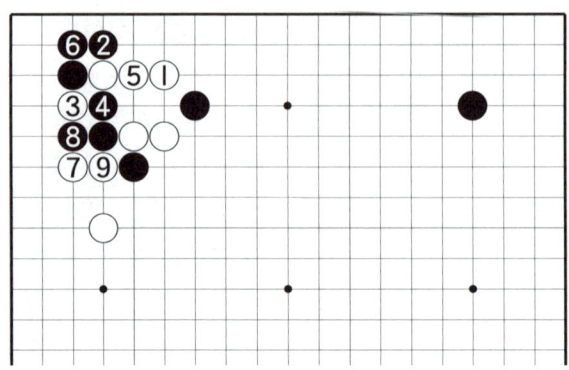

6도

6도(백의 수단)

흑2 때 백에겐 3으로 반발하는 수단이 있다. 흑4의 끊음이 강렬하지만, 백7의 맥점으로 9까지 흑 한점을 끊어 백이 두터운 모습이다.

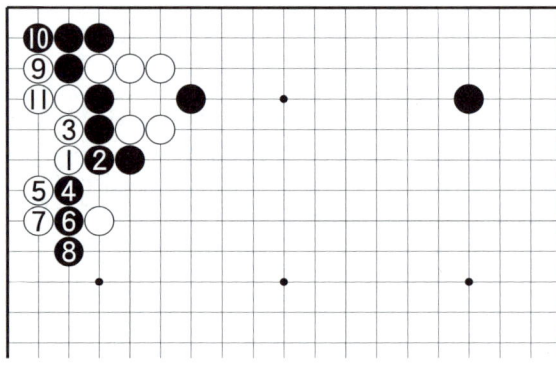

7도

7도(흑, 무리)

백1 때 흑2로 잇는 것은 흑이 무리. 백3으로 잇는 순간, 흑은 양분된 둘 중 하나가 어려움에 처하게 된다. 만약 흑4로 중앙을 처리해오면 백11까지만 되도 귀가 다친다.

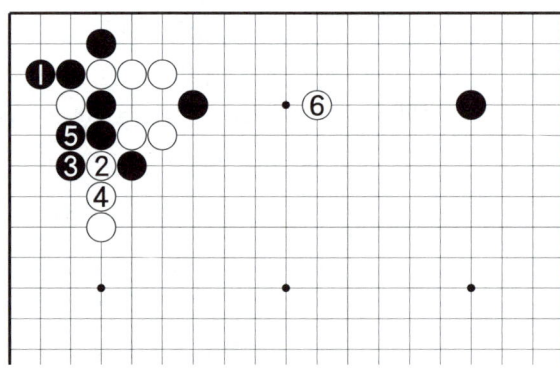

8도

8도(백, 두터움)

6도 흑6으로는 1에 빠지는 수도 생각해 볼 수 있지만, 이번에는 백2로 끊은 다음 백6까지 역시 백이 두터운 것은 마찬가지이다.

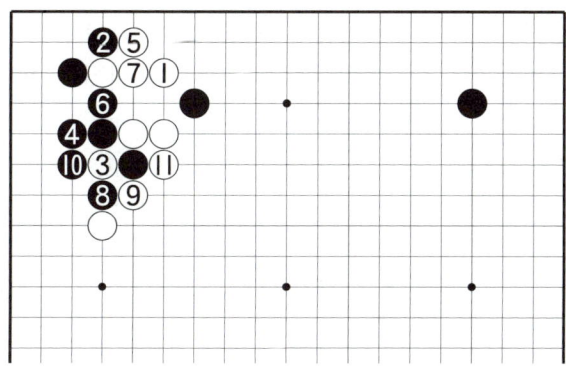

9도

9도(백, 봉쇄)

예전 조훈현 9단의 실전에 나왔던 바둑이다.

흑2에 백3으로 먼저 끊었고, 이하 백11까지 외곽을 봉쇄했다. 전체적으로 백이 두터운 모습이다.

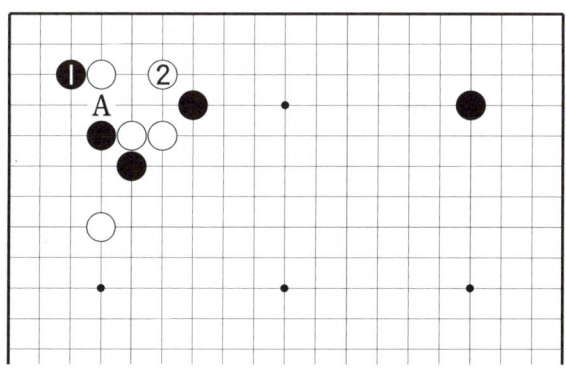

10도

10도(백의 정수)

그러므로 흑1의 변칙수에는 백2로 받는 게 정수임을 알 수 있다. 다음 흑이 A면 정석으로 환원될 것이다.

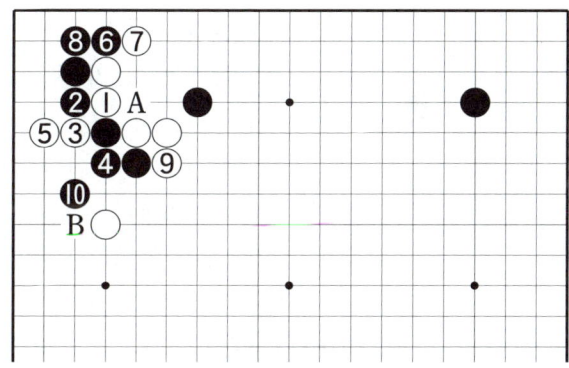

11도

11도(결론/백 무리)

그런데도 장면도에선 백1로 부딪쳐 한바탕 난전을 꾀했다. 하지만 결론부터 말하면 백의 무리. 이하 예상해보면 흑6 이하 10까지, 흑은 A와 B를 맞보게 된다.

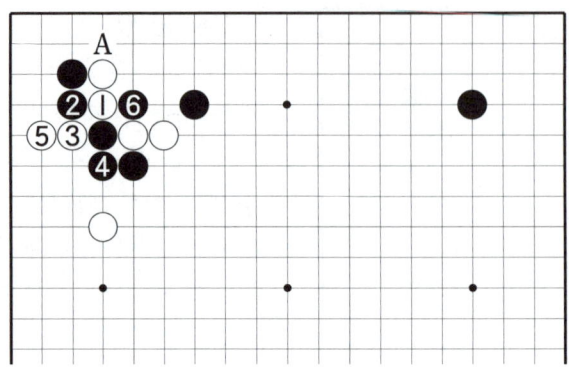

12도

12도(실전진행1)

그러거나 말거나 실전은 백1로 두점머리를 자청해서 맞았고, 백5까지 망하는 수순으로 접어들었으니….

그런데, 다음 흑A가 아니고 6으로 끊었다.

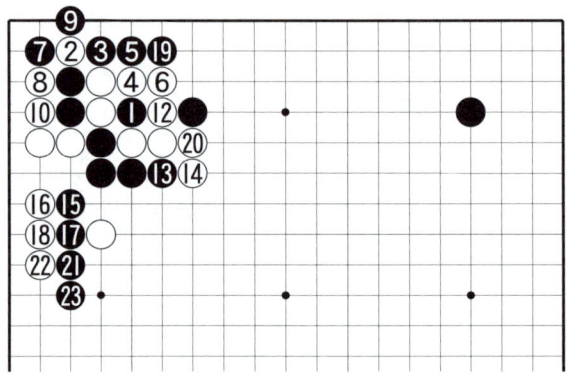

13도 ⓫‥②

13도(백2, 별무신통)

흑1에 백의 대응으로 떠오르는 수단이 백2의 젖힘이다. 그러나 이 수순은 흑23까지 예상되는데 백이 별 게 없다.

그러므로—

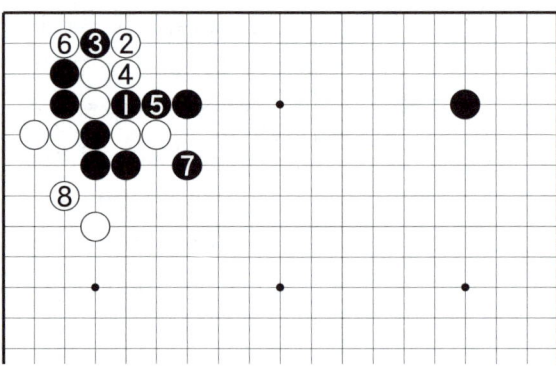

14도

14도(흑, 만족)

흑1에는 백2가 맥점이다. 오직 이 한수의 곳인데, 이후 백6이 패기 부족. 백8까지 바꿔치기가 예상되지만, 이것은 흑이 전체적으로 두터운 모습이다.

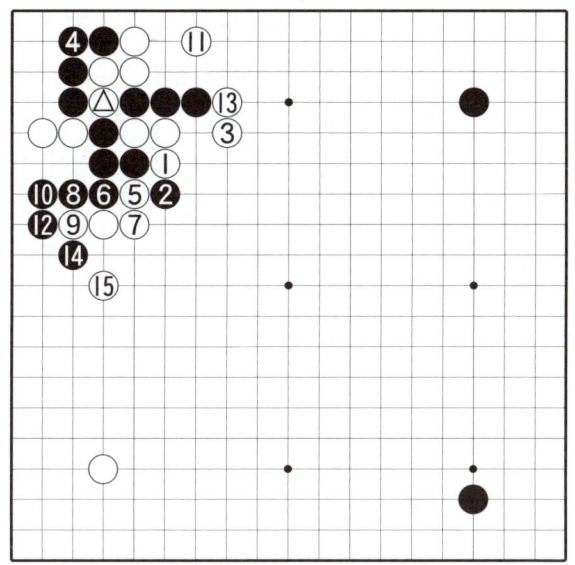

15도

15도(흑, 그래도 좋은 결과)

그러므로 전도의 흑5 다음 백1로 움직이고 이하 백15까지, 서로 이 정도에서 절충하는 게 그나마 최선이다. 처음 백△의 무리수를 흑이 응징하지 못한 대가이다.

그래도 이 그림은 귀를 흑이 장악한데다가, 중앙에도 움직일 맛이 있는 흑이 약간 좋은 모습이다.

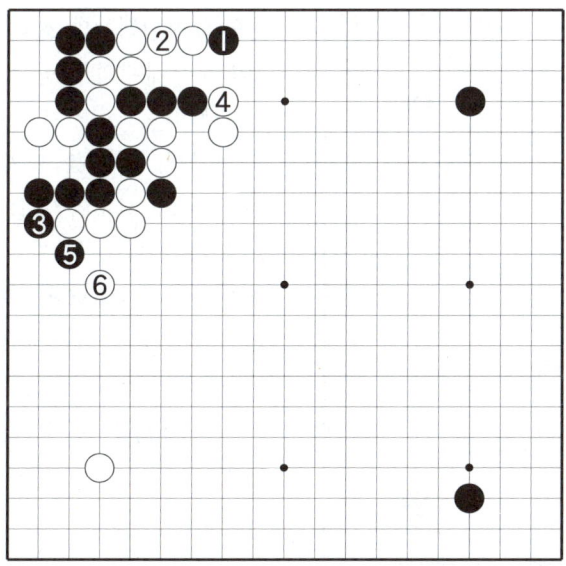

16도

16도(흑, 악수교환)

전도의 수순을 밟는 게 최선이라고 했는데, 전도의 백11 다음 지나가는 길이라 생각하여 흑1과 백2를 교환하는 것은 악수이다. 백6까지 된 후, 귀에는 고약한 끝내기의 맛이 남아있는 것.

계속해서―

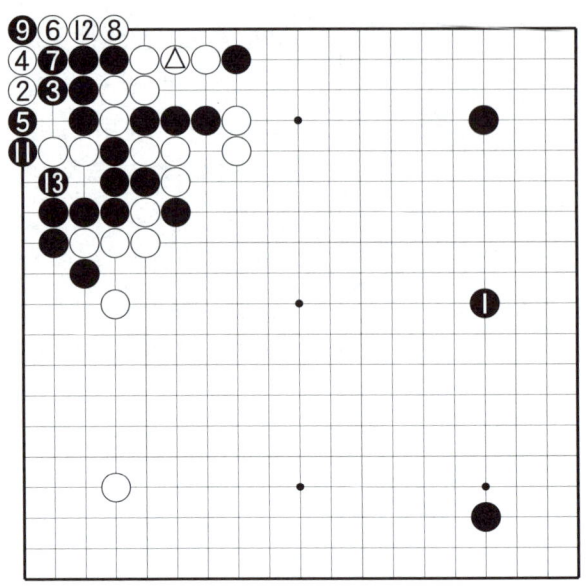

17도

⑩…④

⑩…④

17도(백, 엄청난 끝내기)

흑1 정도로 큰 곳을 둔다면, 귀에는 백2 이하 끝내기의 노림이 있는 것이다. 흑은 패를 피하기 위해 13까지 당하는 것은 어쩔 수 없는 일이다.

이런 끝내기의 이득은 백△로 튼튼하게 이어져 있어야 가능한 것.

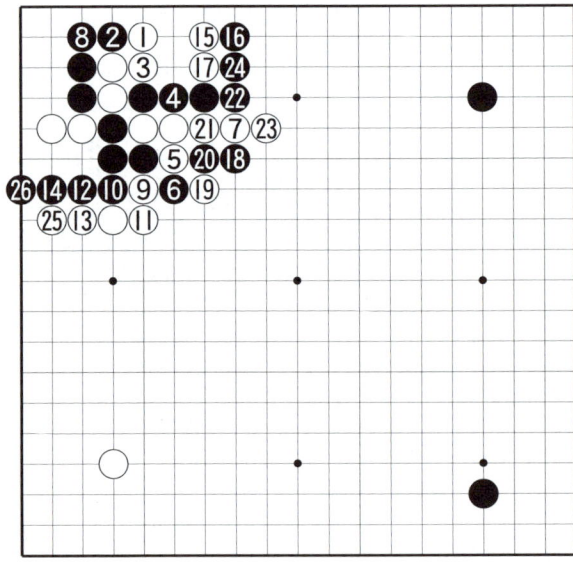

18도

18도(실전진행2/백 최악)

이 부근에서의 최종 실전진행이다.

여기서, 악수로 평가된 흑16의 응수타진(16도 흑1)에 백이 17의 대실착을 두는 바람에 흑26까지 졸지에 백 전체가 잡히고 말았다.

결국 111수 만에 흑 불계승.

 큰밀어붙이기-고전정석의 현대화

큰밀어붙이기정석은 우 칭위안(吳淸源)이 백11의 안쪽꼬부림이라는 혁명적인 신수를 두기 시작하면서 한동안 각광을 받았다. 그러나 대형정석이라는 이유로 한동안 외면을 받아오다가 근래에 들어 다시 사랑을 받고 있는데, 다양한 신수와 신형들이 등장하고 있다.

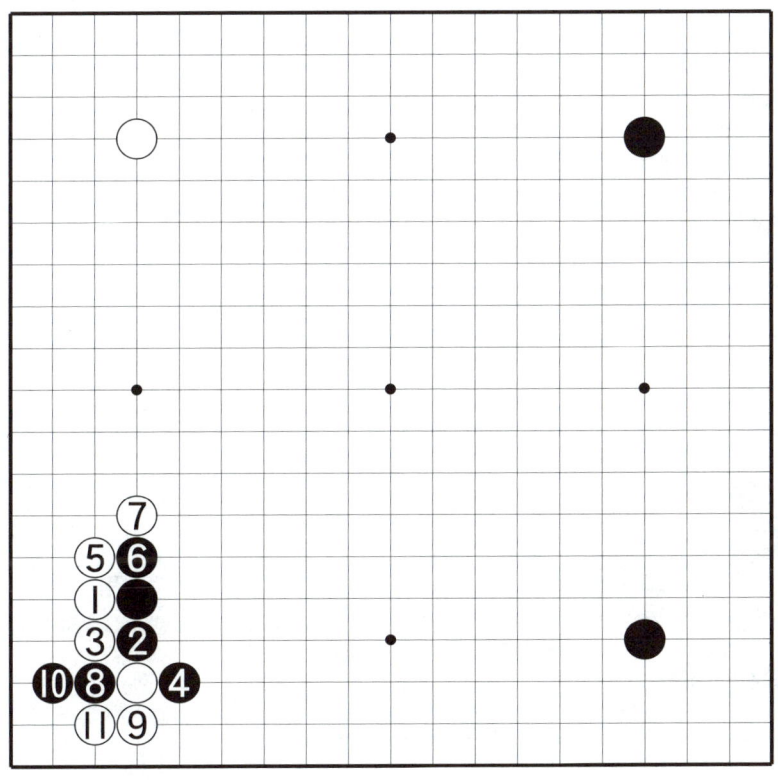

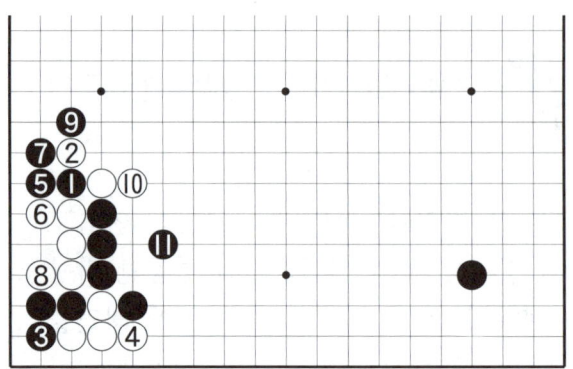

1도

1도(교묘한 수순)

기본형 다음 흑1로 하나 끊어 백2와 교환하고 나서 흑3을 막는 수. 그리고 백4를 기다려 흑5로 빠져나오는 수 등, 교묘한 수순의 조합이다.

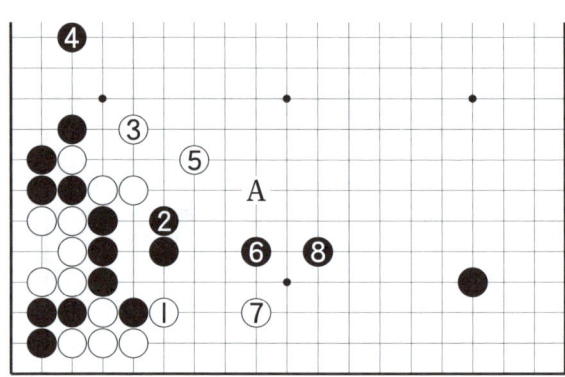

2도

2도(정석1)

계속해서 백1의 단수에 흑2의 쌍립, 백3 이하 8까지가 일세를 풍미했던 정석의 코스이다. 8로는 A쪽을 한칸 뛰는 것도 있다.

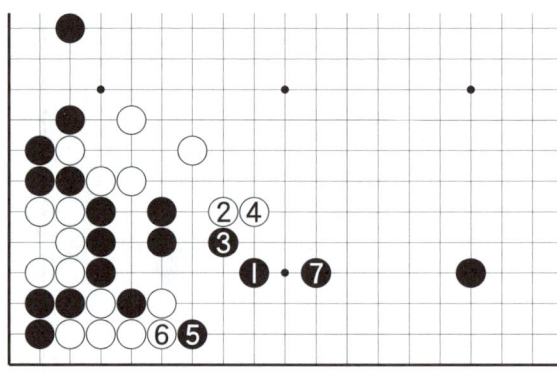

3도

3도(정석2)

전도 흑6으로는 본도 1의 눈목자도 많이 쓰인 정석이다. 그러면 백2가 급소이며 이하 7까지의 진행이 상식적이다.

수순 중 흑5의 활용이 중요한 수.

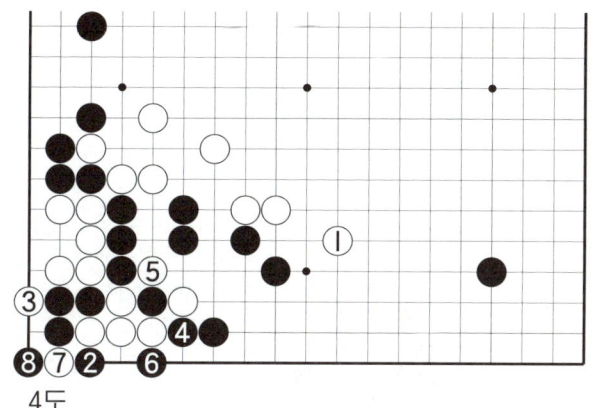

4도

4도(백1에 씌우면)

전도 백6을 손을 빼어서 본도 1로 씌우는 것은 좋을 것이 없다. 흑2의 젖힘이 귀의 수상전과 관련된 활용. 백3에 흑4로 찝고 일단 6에 건넌다. 백7, 흑8 다음—

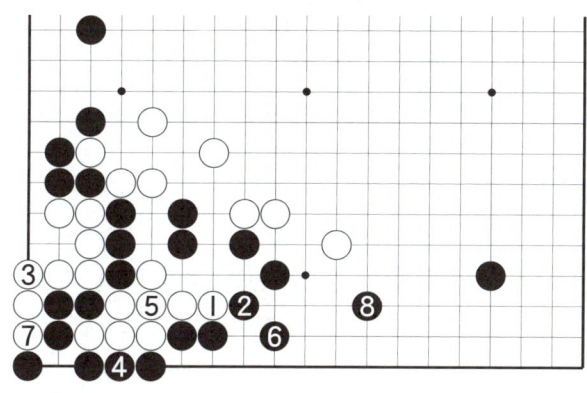

5도

5도(흑, 유리한 결과)

백1~5 때 흑6의 이음이 선수가 되는 것이 흑의 자랑이다. 백7을 강요하고 흑8로 산뜻하게 오른쪽과 연락해서 흑이 유리한 결과인 것이다.

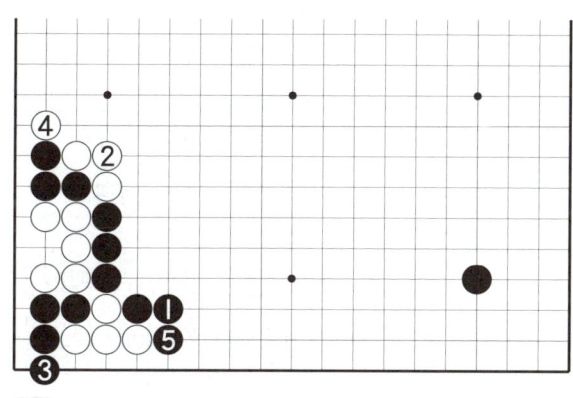

6도

6도(새로운 시도)

흑1로 느는 것이 새로운 시도였다. 이때 백2로 잇는 것은 흑3이 호수여서 5까지 넉점이 잡혀서 백이 좋지 않다.

그러나 백2 대신 다른 수가 연구되면서 신형이 출현한다.

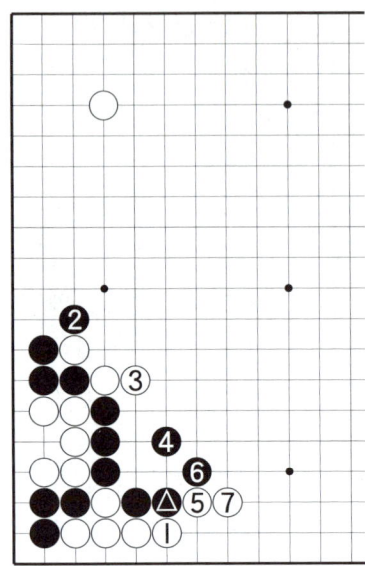

7도

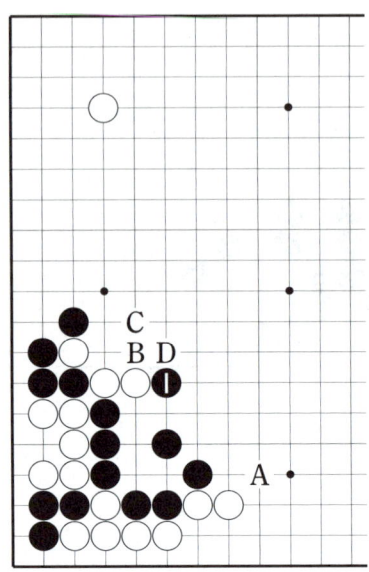

8도

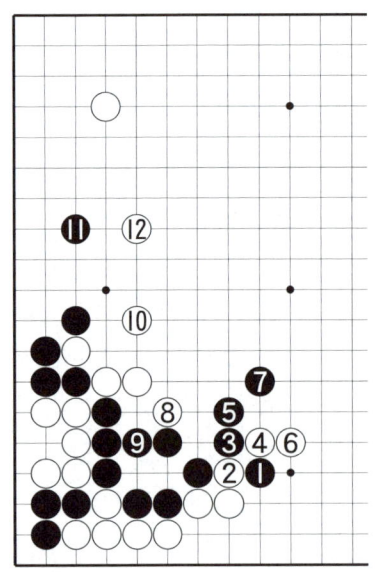

9도

7도(백의 대항책)

흑▲에 백1로 미는 것이 백의 대항책 중 하나. 그러면 흑은 2로 단수한다. 백3에는 흑4로 정비하는 것이 제격. 백5로 젖히고 흑6, 백7 다음—

8도(붙임 이후 신형으로)

흑1의 붙임이 등장하면서 신형으로 발전했다. 처음에는 1 대신 A로 뛰는 수가 주류였으나…. 여기서 백은 B, C, D 세 가지 선택 중에 어디일까?

9도(사라진 정석)

흑1은 행마법에는 맞는 수. 백2·4를 유도해 흑5·7로 중앙으로 진출할 수 있다. 그러나 백의 실리가 너무 크다는 결론이 나와 이 정석은 사라졌다.

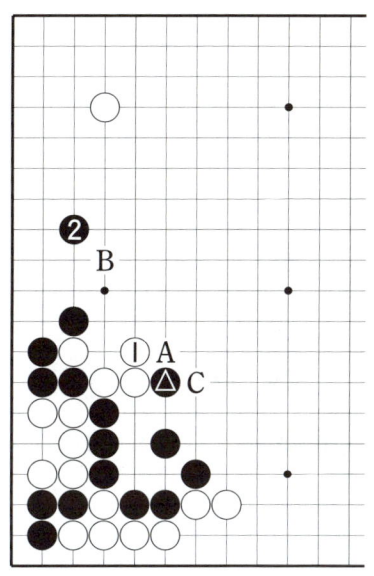

10도

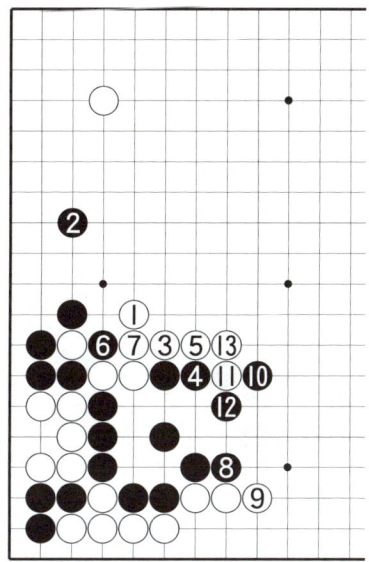

11도

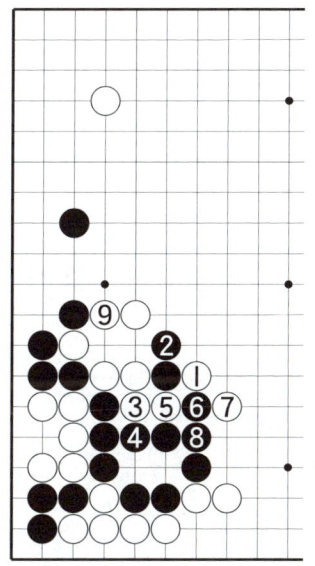

12도

10도(최선의 응수, 백1)

흑▲ 때 우형이지만 백1의 빈삼각이 최선의 응수. 그러면 흑2는 필연인데, 여기서 백은 다시 선택의 기로에 서게 된다. A, B, C 세 가지 코스가 있는 것이다.

11도(흑, 약간 유리)

전도 백1로 본도 1은 좋지 않다. 흑2 다음 백3으로 호구치는 정도인데, 흑4 이하 백13까지 된다고 볼 때 흑6과 백7의 교환이 흑이 이득. 약간 흑이 유리한 갈림이다.

12도(1에 껴붙이면?)

전도 백3으로 본도 1에 껴붙이면? 맥점이기는 하지만 흑2로 반발하면 백이 약간 무리한 느낌이 든다. 백3 이하 9까지 된 다음—

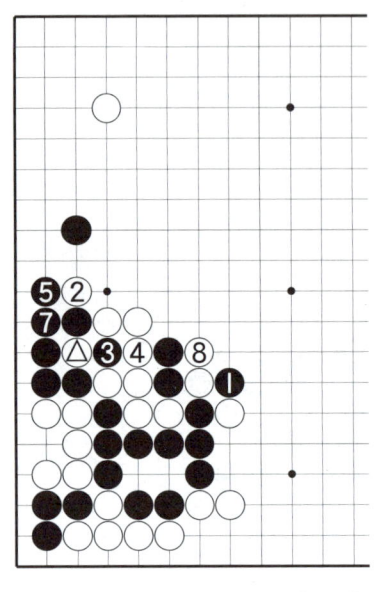

13도   ⑥‥△

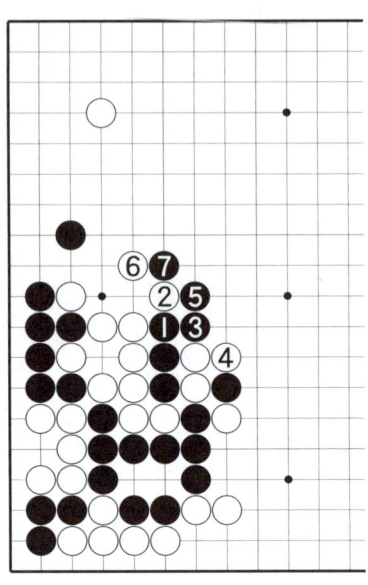

14도

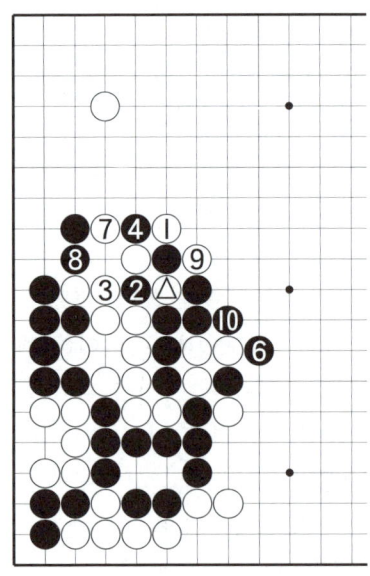

15도   ⑤‥△

13도(복잡한 싸움)

흑1의 끊음은 절대. 백이 2를 활용하려 할 때 흑3으로 따내고 5에 받은 것은 당연. 백은 6으로 하나 따내고 8에 끌어낸다. 복잡한 싸움이지만….

14도(백, 응수가 곤란)

흑1에 백2·4면 흑5로 꼬부린다. 백6으로 호구칠 때 흑은 7로 거침없이 단수하는 것이 매우 긴요하다. 이러면 백은 응수가 곤란. 계속해서―

15도(흑, 두터워서 유리)

백1·3의 패 저항밖에 없다. 거기서 흑4로 끊고 백5에 흑6의 팻감을 쓰고 10으로 때려내서 두터움을 얻는다. 이 결과가 흑이 유리함은 명백하다.

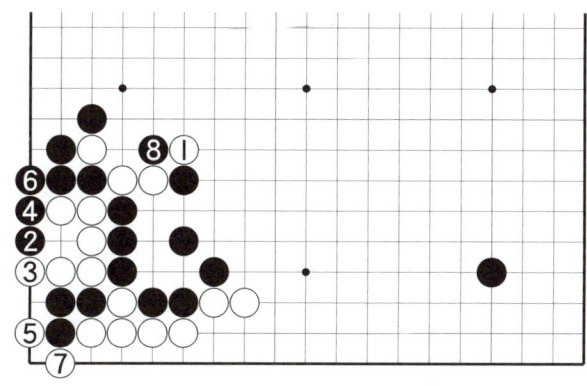

16도

16도(백1로 젖히면?)

8도 다음 백1로 젖히는 수도 살펴본다. 흑2로 치중해 백7까지를 강요하고 흑8에 끊는 것이 용의주도한 수순이다.

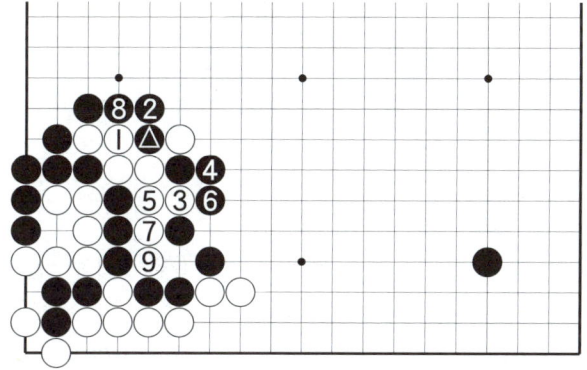

17도

17도(백, 불리한 결과)

물론 흑△의 끊음으로 백이 잡히는 것은 아니다. 계속해서 백1 이하 9까지 오히려 흑 몇점이 잡히지만 흑의 세력은 가히 철벽. 백이 불리한 결과이다.

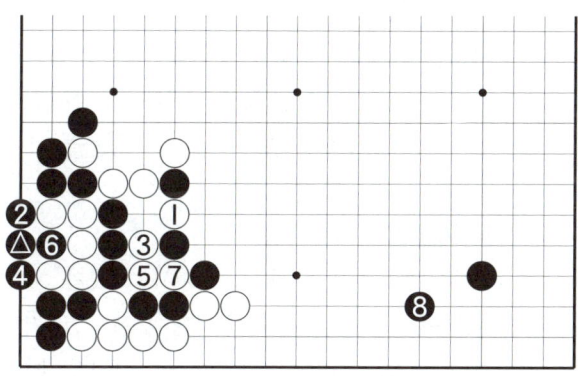

18도

18도(흑, 유리한 결과)

흑△로 치중했을 때 백1로 반발하는 것은 사석전법을 구사해 세력을 얻으려는 작전 변경이다. 그러나 6까지의 실리가 제법 크고 8에 손이 돌아와 흑이 유리한 갈림이다.

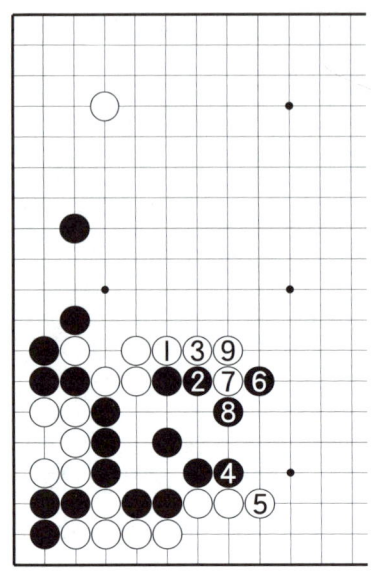

19도

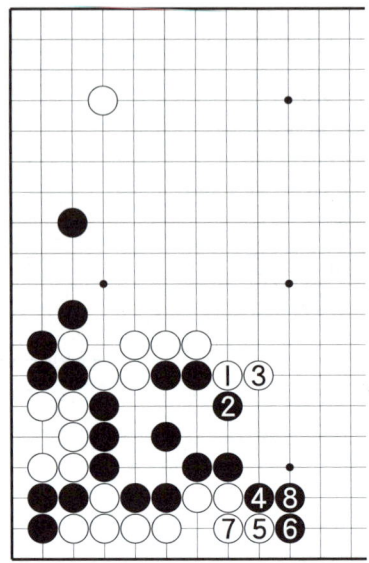

20도

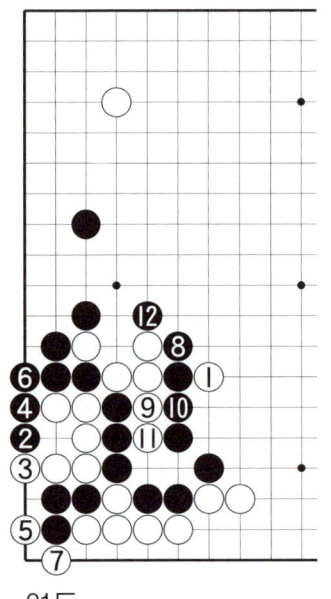

21도

19도(간명/결정판1)

10도 다음 결론부터 말하자면 백1로 밀고나가는 것이 간명하다. 흑2로 느는 정도이므로 계속 백3으로 밀어붙인다. 9까지 서로 불만없는 갈림으로 결정판 중 하나이다.

20도(이단젖힘이 통렬)

전도 백5로 본도 1에 젖히고 3으로 늘어 제공권을 장악하려는 것은 흑4의 두점머리와 6의 이단젖힘이 통렬해 특별한 경우를 제외하고는 백이 좋지 않다.

21도(꺼붙임은 나쁘다)

19도 백1로 본도 1에 꺼붙이는 것은 나쁘다. 흑2~6으로 끝내기를 한 것은 버리기 직전의 활용. 그리고 8로 나가면 이것은 **17도**와 비슷한 결과. 흑이 우세하다.

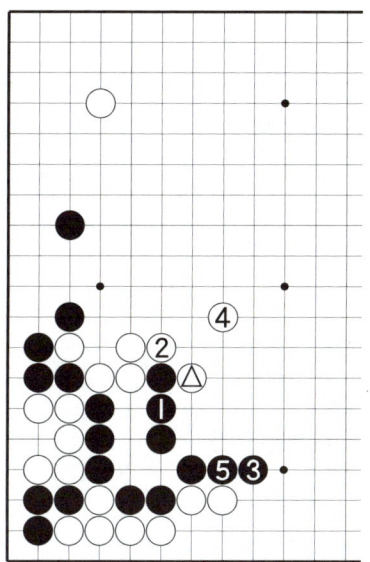

22도

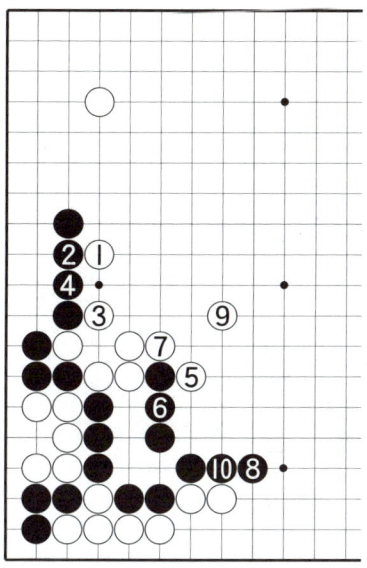

23도

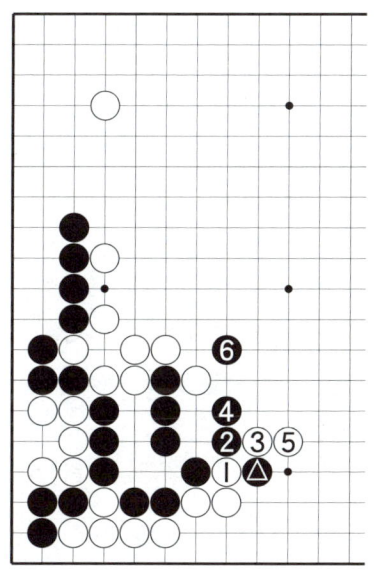

24도

22도(백, 기분좋은 진행)

백△에 대해 흑1로 고분고분 잇는 것은 약한 태도이다. 백2·4로 형태를 정비해서 기분좋은 진행일 것이다.

23도(재미있는 발상)

백1로 짚어가고 흑2를 기다려 백3의 패모양으로 부푸는 것이 재미있는 발상이다. 흑4로 얌전하게 받으면 그때 백5로 껴붙인다. 그러면 앞서의 22도보다 더 백이 좋다.

24도(백, 불리한 싸움)

흑△ 때 백1에 나가고 3으로 끊는 것은 흑4로 늘게 해 좋지 않다. 백5가 어쩔 수 없을 때 흑6을 불러서 이것은 백이 불리한 싸움이다.

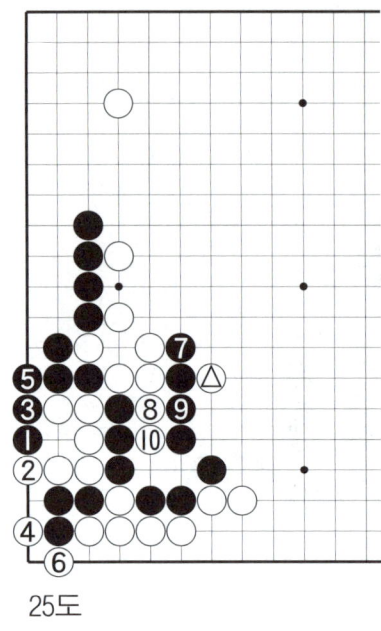

25도

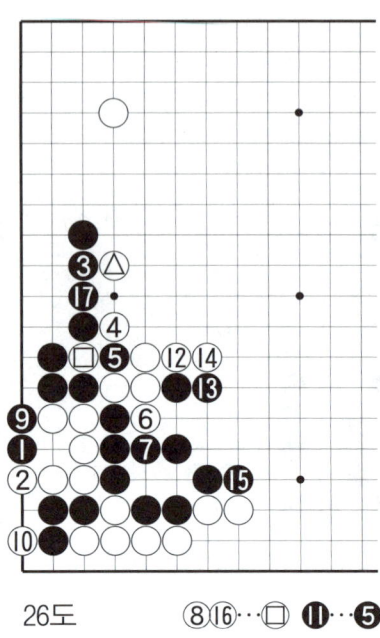

26도　　　⑧⑯‥⬜ ❶❶‥❺

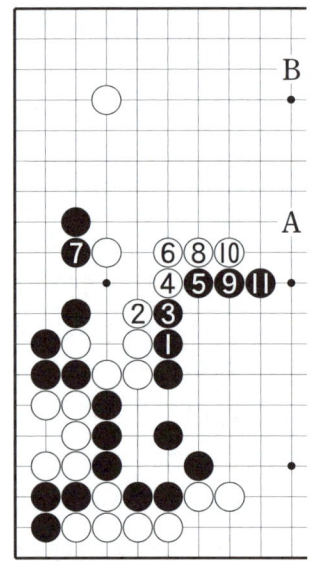

27도

25도(봉쇄할 수가 없다)

백△ 때 흑1 이하 5를 선수하고 7로 나가 반발하는 것은 좋지 않다. **17도**나 **21도**와는 달리 10까지 된 다음 백을 봉쇄하는 수가 없는 점이 다르다.

26도(쌍방 최선/결정판2)

거슬러올라가 백△로 짚어왔을 때 흑은 1로 하나만 치중하고 3으로 받는 것이 올바르다. 백4에는 흑5로 따내어 패로 버티려는 뜻이다. 17 다음 중앙은 **19도**를 참조할 것.

27도(백, 당한 결과)

전도 흑1로 본도 1에 밀면? 백2·4는 어쩔 수 없지만 흑5에 대해 백6으로 느는 것은 실착. 7로 받아 흑이 좋다. 11 다음 백A, 흑B를 예상할 때 이것은 백이 당한 결과.

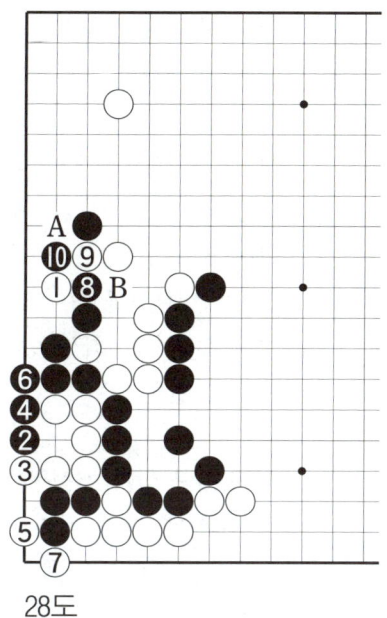

28도

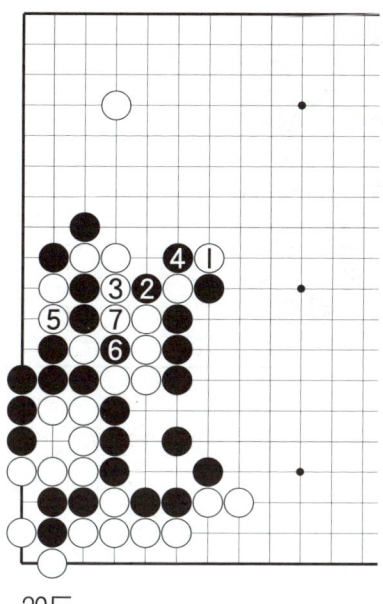

29도

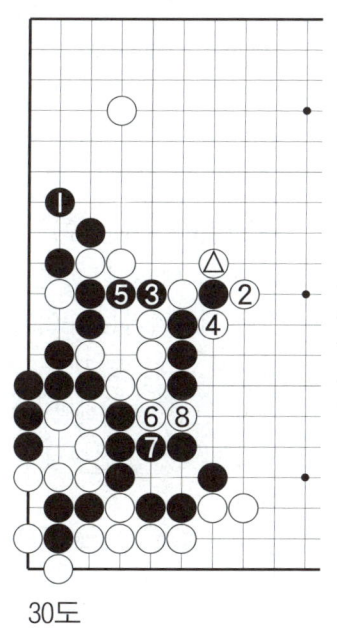

30도

28도(멋진 변화구)

전도 백6으로는 본도 1의 치중이 멋진 변화구이다. 흑은 2 이하 6을 선수하고 8·10의 맥점으로 대항해 올 것이다. 다음 백A면 B로 나가 백이 안된다.

29도(백의 실리가 크다)

계속해서 백은 1로 젖히는 것이 또 묘안. 흑2로 끊으면 백3~7로 좌변 흑을 사로잡을 수가 있다. 흑도 빵때림을 해서 두텁지만, 백의 실리가 커서 아무래도 흑이 불리하다.

30도(흑의 파멸)

백△에 대해 흑1로 지키는 것은 백2의 단수를 불러 좋지 않다. 흑3·5의 반발은 백4의 빵때림을 허용하고 6·8로 돌파당해 응수할 방법이 없다. 흑의 파멸.

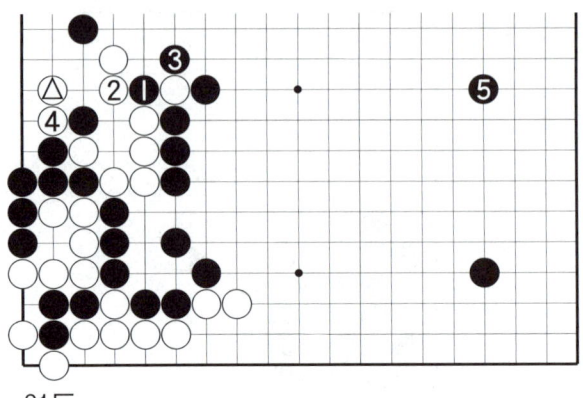

31도

31도(서로 최선/결정판3)

애초에 백△로 왔을 때 흑은 1로 끊는 것이 최선이다. 흑은 3까지 두터움을 얻고 선수를 뽑아서 5로 3연성을 펼치고, 백은 실리를 얻어 만족한다. 서로 최선으로 호각의 갈림.

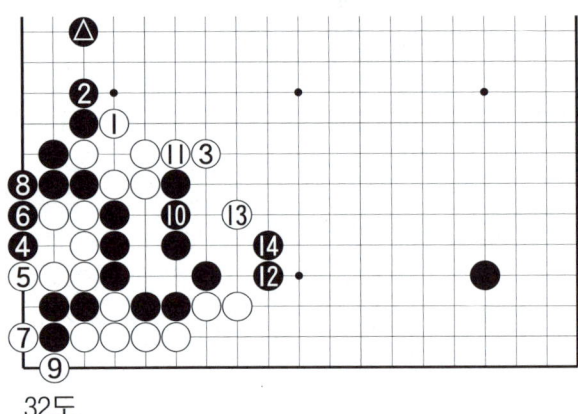

32도

32도(최근 정형/결정판4)

흑△ 때 백은 잠자코 1로 두는 것이 최근에 시도된 수. 흑2를 기다려 이번에는 백3의 뜀. 흑4 이하 백13까지 서로 불만이 없는 새로운 정형이 탄생했다. 결정판 중 하나.

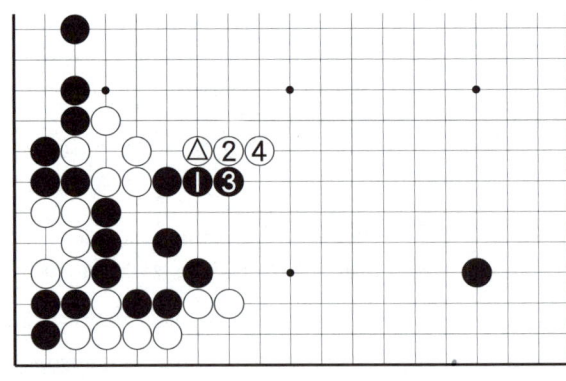

33도

33도(뒤따라가는 수)

백△ 때 흑1로 받는 것은 뒤따라가는 수여서 내키지 않는다. 백은 4까지 안정하며 한발 앞서가 만족스런 진행일 것이다.

334

 큰밀어붙이기-석점 중앙에 치중

앞의 형에서 파생된 변화로, 백1 이하 5 때 흑6으로 느는 것이 최근 주목받고 있는 수법 중 하나이다. 여기서 백7로 석점의 중앙에 해당하는 급소를 찌르는 수가 유력한 시도이다. 아울러 7로 A에 젖히는 최신수도 알아본다.

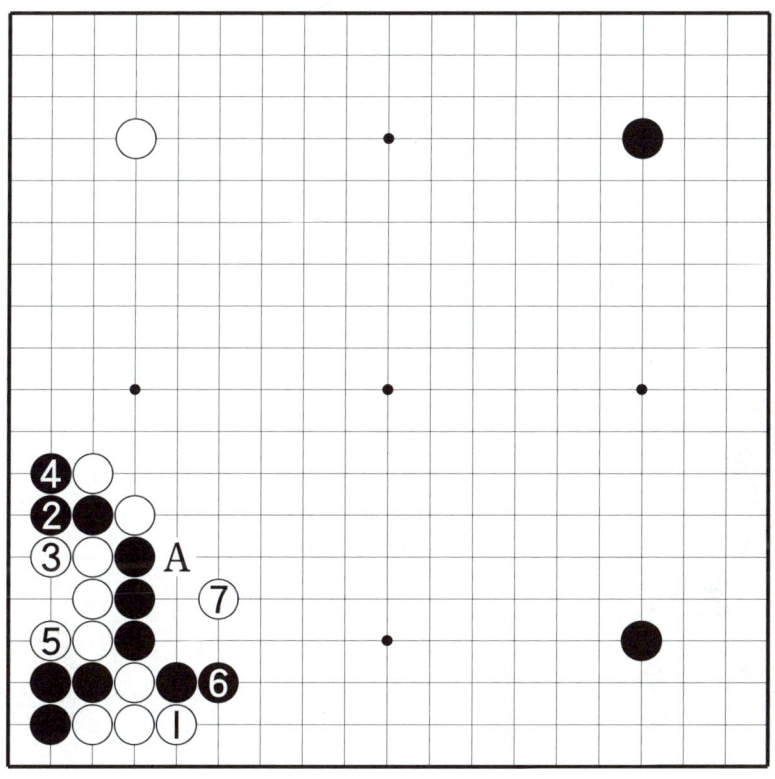

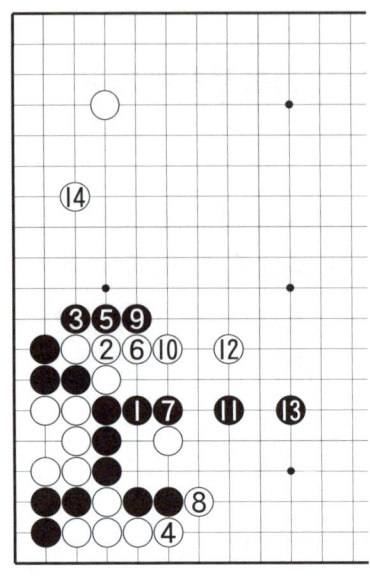

1도

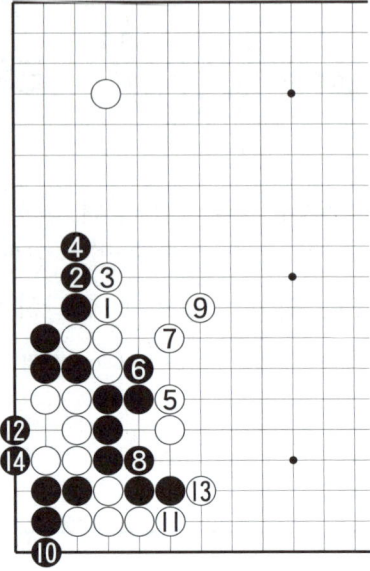

2도

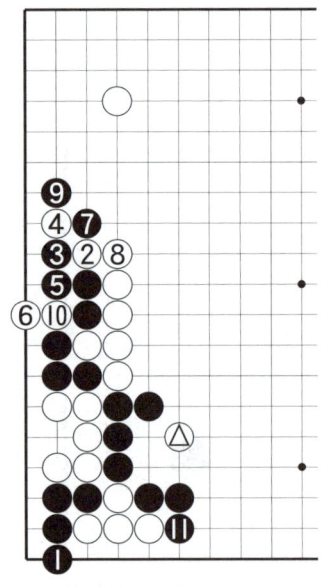

3도

1도(호각/결정판1)

기본형 다음 흑1의 빈삼각이 유력한 응수법 중 하나이다. 백2에는 흑3으로 젖히고 백4~흑13까지 중앙전이 관건. 호각의 갈림.

2도(예전의 결론)

예전에는 전도 백4로 본도 1·3을 선수하고 5·7로 씌워서 백이 나쁘지 않다는 것이 결론이었다. 13까지 귀를 포기하고 세력을 얻어 이렇게만 된다면 백이 좋다. 그러나—

3도(흑, 최강의 반발)

전도 흑4로 본도 1에 내려서는 것이 최강의 반발. 백2·4가 맥점이지만 10까지 석점을 희생하고 11로 백 넉점을 잡아 유리한 갈림이다. 백△가 거의 허수가 되었음도 간과할 수 없다.

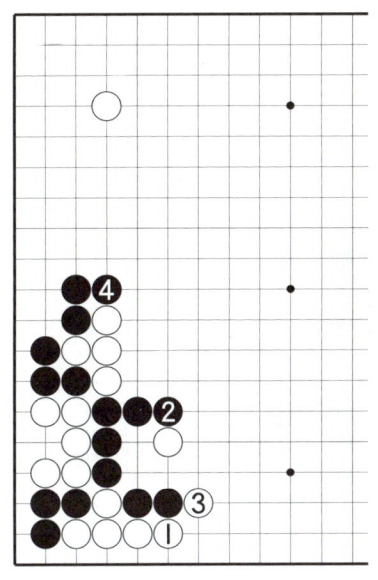

4도

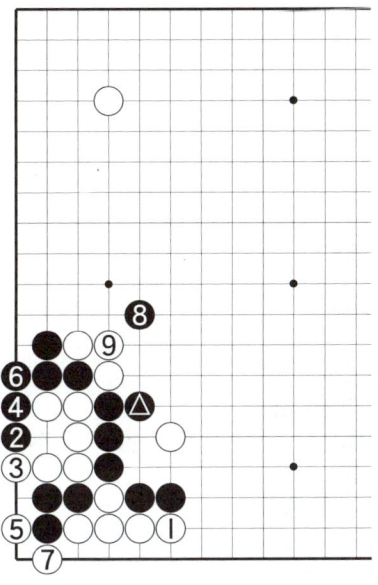

5도

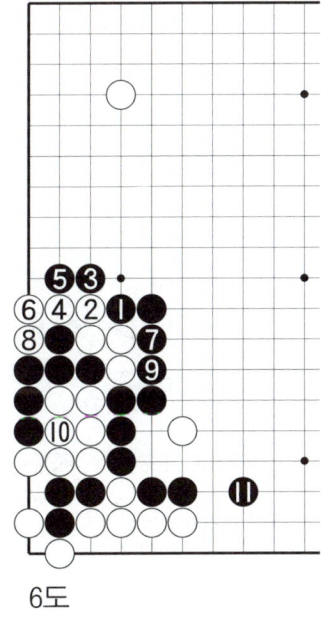

6도

4도(백, 불리한 상황)

또한 **2도** 백3으로 본도 1에 밀어 작전을 바꾸면 흑2가 좋아 신통치 않다. 3으로 4면 흑은 3에 늘 것이다. 백이 불리한 상황.

5도(흑8의 씌움이 절호)

그렇다면 흑▲ 때 백1로 기어나가는 것은 어떨까. 대답은 노! 흑은 2~6을 활용하고 나서 8에 씌우는 절호의 수가 있다. 백9로 잇는다면―

6도(흑, 금성철벽)

흑1·3·5로 무식하게 공배를 메워가는 것이 치열하다. 백10까지 강요한 다음 흑11로 뛰면 백은 고작 25집 언저리인데, 흑의 외세는 금성철벽이니 문제없이 흑이 좋다.

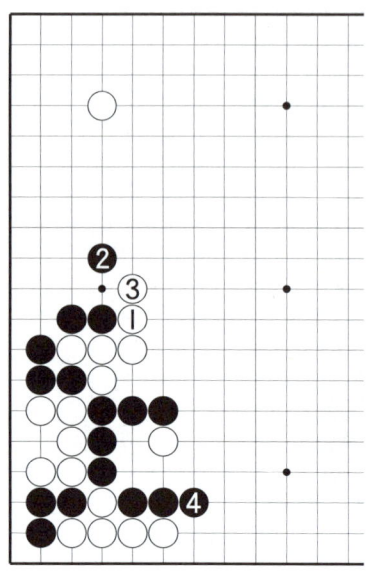

7도

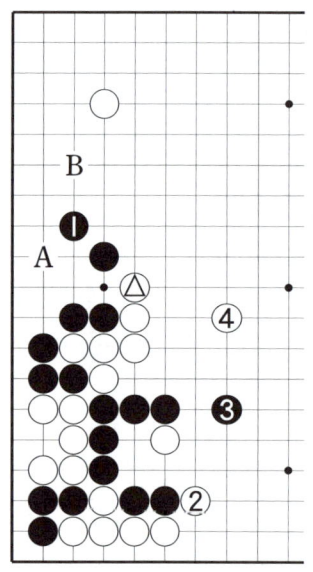

9도

7도(뒤늦게 꼬부려도)

1도 백8로 뒤늦게 본도 1로 꼬부리는 것도 좋지 않다. 흑은 2로 뛰어 백3을 유도한 다음 4에 늘 것이다. 이 흑2·4도 유력한 신수로 인정받았다.

8도(기세이지만)

전도에 이어, 백1·3의 나가끊음은 기세이지만 흑은 4~8로 기어 두어서 선수를 뽑아 나쁘지 않다. A 쯤에 전개해서 백의 세력을 견제하는 것이 호점.

9도(백의 주문)

백△ 때 흑1의 응수가 부분적으로는 정수이지만 백2를 당해 이것은 백의 주문. 4까지 백이 활발한 모습이며, A의 치중을 보며 백B의 육박이 거의 선수인 점도 흑의 불만.

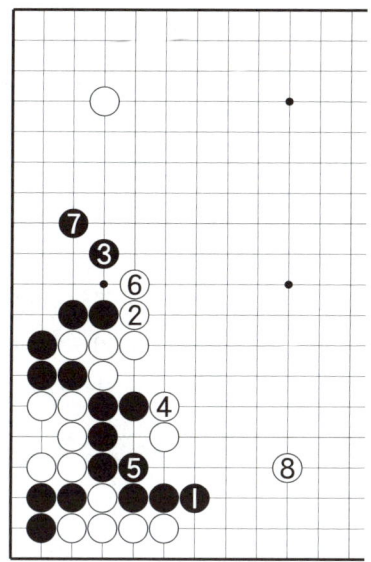

10도

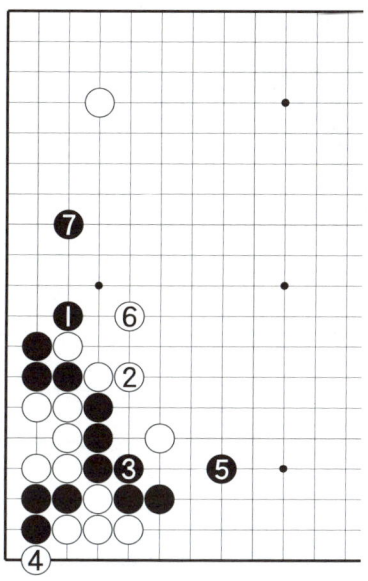

11도

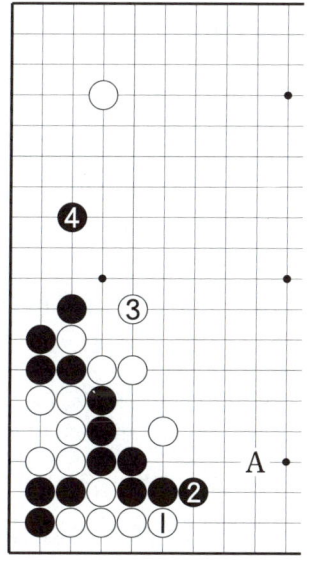

12도

10도(흑, 고전을 유발)

1도 흑7로 한때 본도 1에 느는 수가 유행했다. 그러나 백4의 막음이 흑으로서는 아픈 점. 이제는 흑7을 생략할 수 없어 백8의 공격을 당한다. 이것은 흑의 고전.

11도(간명한 변화)

거슬러올라가 기본형 다음 흑1의 단수도 유력. 백2에 흑3으로 잇고 백4에 흑5·7까지 되면 이것은 간명하여 알기 쉽다. 그러나 백은 중앙이 약간 엷어 싫을지도 모른다.

12도(밀고도 싶지만)

전도 4로는 본도 1에 하나 밀고도 싶다. 그러나 이 형태는 나중에 A 언저리에 흑돌이 오면 귀에 대해 거의 선수가 되므로 중앙 백이 더욱 약해지는 의미가 있다.

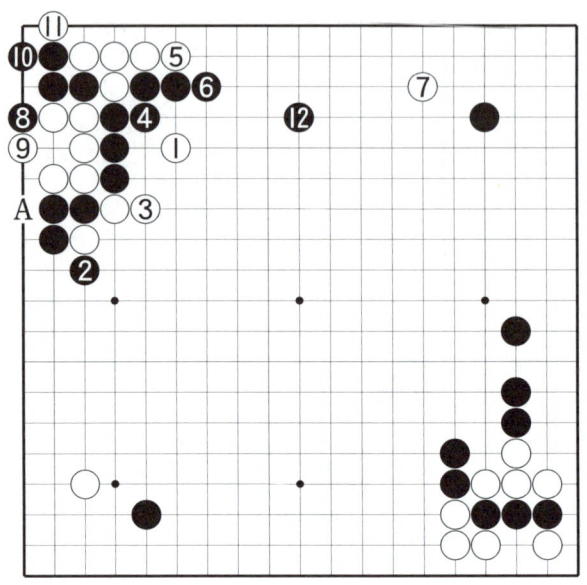

13도

13도(실전/귀의 뒷맛)

실전에서 취재한 것. 5로 하나 민 것은 전도와 같은 진행. 8·10으로 활용해 두고 12에 벌려서 중앙 백이 약화되었다. 귀는 A로 내려서면 한수 늘어진 패이지만 백의 부담이 크다.

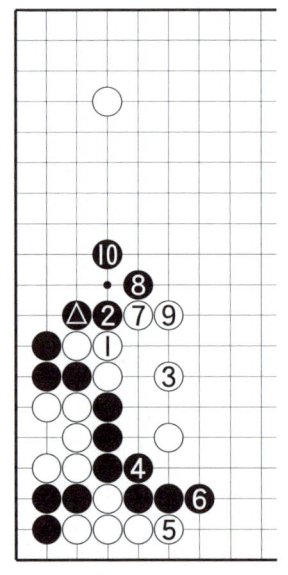

14도

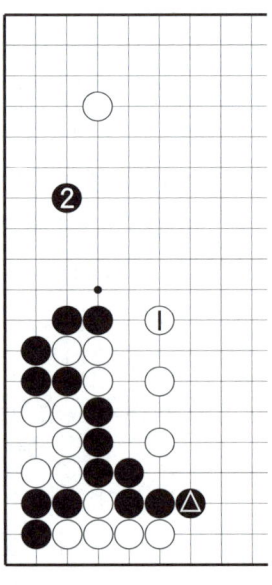

15도

14도(최신형/결정판2)

그래서 흑▲의 단수에 대해 연구되고 있는 수가 백1의 이음. 흑2에는 백3의 뜀으로 정비하면서 선수행사. 10까지 된 다음은 아래쪽 흑을 어떻게 공격하느냐가 관건이다.

15도(최신형/결정판3)

흑▲로 늘었을 때 백1에 뛰는 것도 있다. 이러면 흑2로 벌리게 되며 간명한 의미가 있어, 어쩌면 본도가 유력한 결정판인지도 모른다.

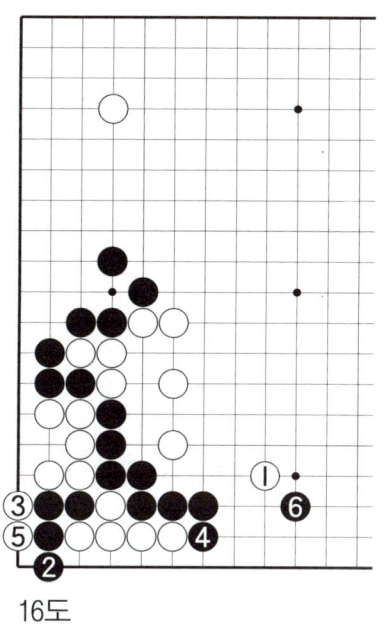

16도

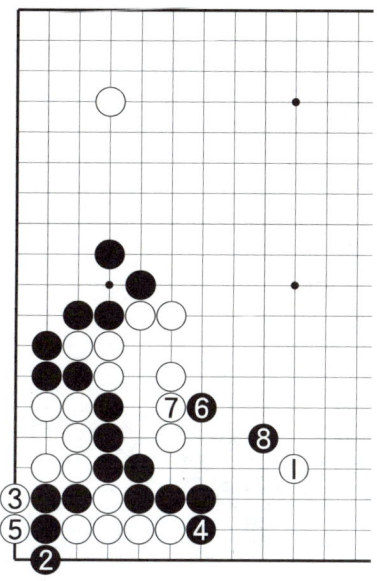

17도

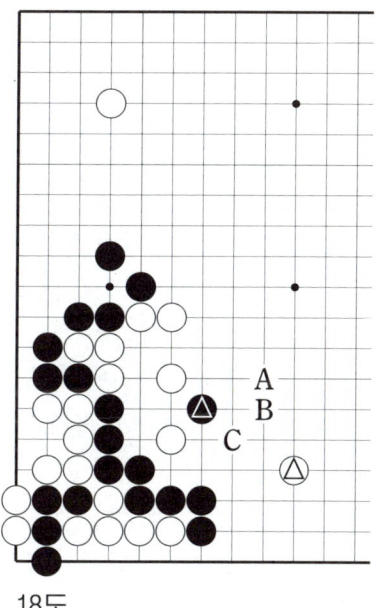

18도

16도(예봉을 피하다)

14도 다음 백1로 공격하면 흑6까지 가볍게 진출하는 수가 제격이다. 이것은 백의 실패가 완연하다.

17도(흑, 유유히 진출)

전도 백1로는 본도 1의 공격이 유력해 보이지만, 일단 흑은 전도처럼 2·4를 선수한다. 그리고 나서 흑8까지 유유히 중앙으로 진출하는 것이다.

18도(백의 연구과제)

흑▲ 때 A, B, C 등 백의 여러 가지 대응책이 연구되고 있으나 성과는 미지수. 백△의 공격이 신통치 않다는 결론뿐 아니라 **14도**가 좋지 않다는 뜻이니 앞으로 연구과제라고 하겠다.

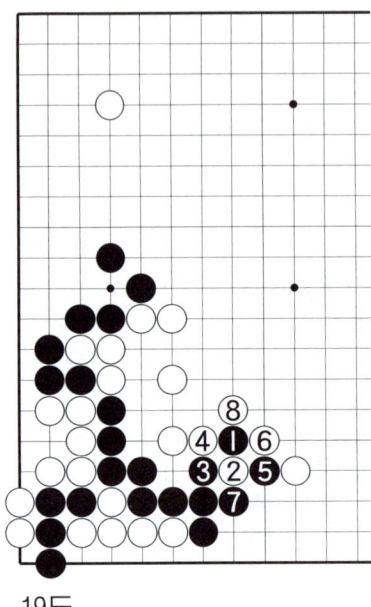

19도

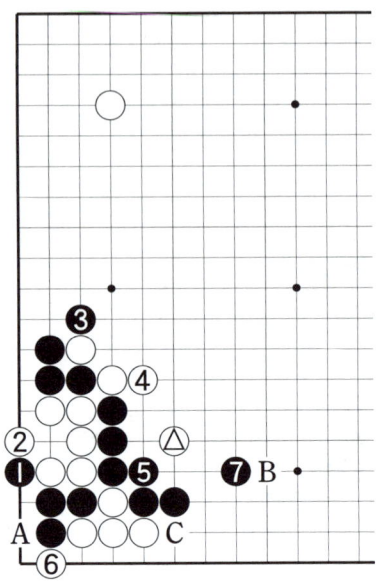

20도

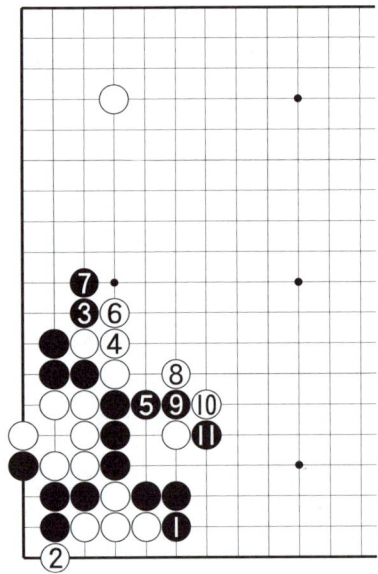

21도

19도(건너붙임이 맥점)

단, 흑1로 성급하게 탈출하려고 하는 것은 백2의 건너붙임이 맥점이어서 좋지 않다. 흑3에는 백4 이하 8의 봉쇄가 안성맞춤인 것이다.

20도(패를 노린다?)

백△ 때 흑1, 백2를 문답하고 흑3으로 모는 변화. 백6이면, 흑7로 받고 나중에 흑A의 패를 노리겠다는 의도. 그러나 백6으로 B에 공격하면 흑C, 백6으로 되어 흑의 타개가 어렵다.

21도(흑1로 막다)

전도 흑3으로 본도 1에 막는 변화는 실전에서 취재한 것. 흑11까지 진행된 다음—

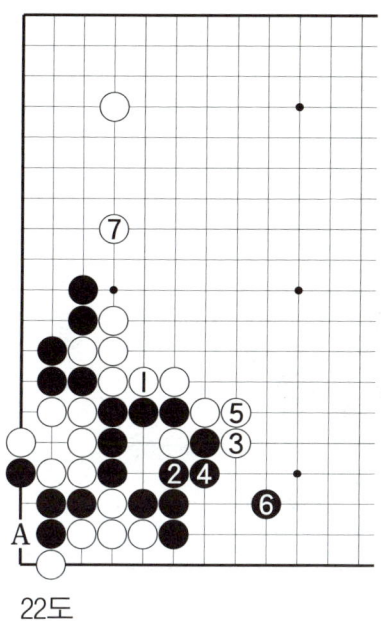

22도

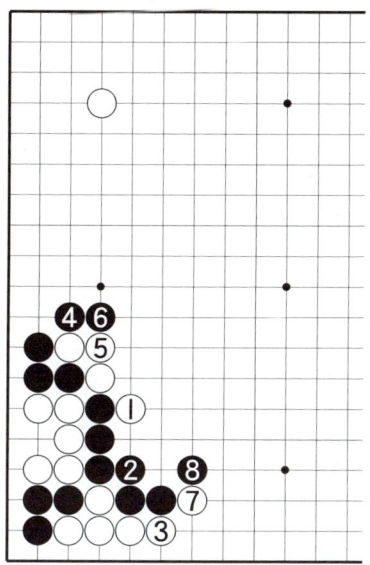

23도

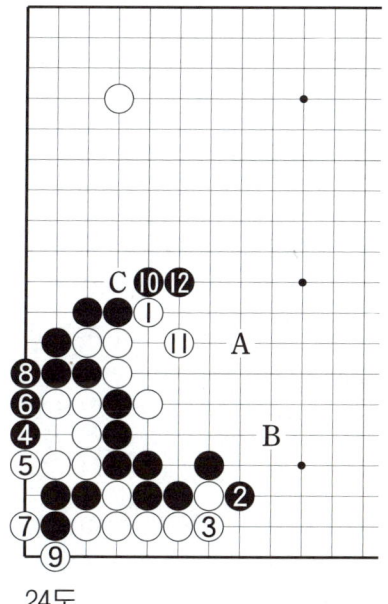

24도

22도(백, 멋지게 두다)

백5까지 두터운 수법. 흑6이 어쩔 수 없을 때 백7 공격이 호점. 비록 A 패맛은 있지만 백이 멋지게 둔 셈.

23도(젖히는 신수)

처음부터 백1로 젖히는 신수도 최근 종종 시도되고 있다. 흑2는 우형이지만 튼튼한 수. 흑8의 젖힘까지 흑이 불리한 싸움은 아닐 것이다.

24도(흑, 유리한 싸움)

계속해서 백1의 젖힘에는 흑2 이하 8까지 활용하고 10에 젖히는 것이 올바른 응수. 12까지 흑이 유리한 싸움 (이 다음 백A면 흑B). 4로 그냥 10·12면 백C의 끊음이 준엄하다.

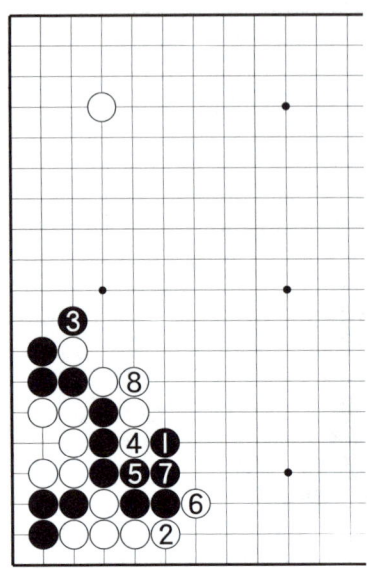

25도

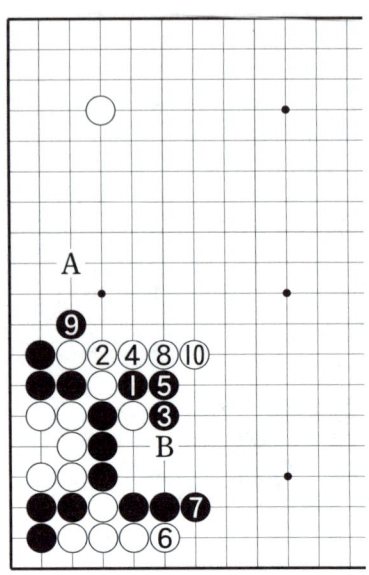

26도

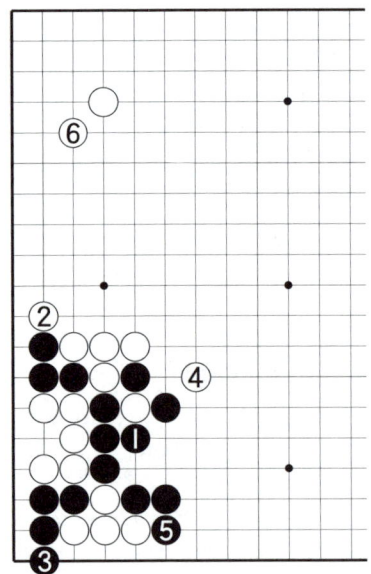

27도

25도(틀 같지만)

　23도 흑2로 본도 1의 뜀이 틀 같지만 백2를 불러 곤란하다. 흑7까지 흑이 무거워진다. 백이 유리한 결과.

26도(흑5가 나쁘다)

　가장 최근에 시도되는 수가 흑1·3으로 백 한점을 끌어안는 수. 단, 백4 때 흑5는 좋지 않다. 백6에서 8·10이면 다음 A의 협공과 B의 젖힘이 맞보기여서 흑이 불리하다.

27도(미완/결정판4)

　전도 흑5로는 본도 1로 따내는 것이 정수. 백2에 흑3·5로 백 넉점을 잡는다. 백도 6으로 굳혀 둘 만하다. 미완의 결정판이다.

 큰밀어붙이기-바깥쪽꼬부림 신수법

큰밀어붙이기정석 가운데서 또 하나 신형의 보고는 바로 바깥쪽꼬부림이다. 백11로 나가는 수가 그것인데, 단순한 변화밖에 없다고 여겼지만 얼마 전부터 새로운 수법이 등장하면서 그에 파생되는 변화에 대한 연구가 매우 활발하다.

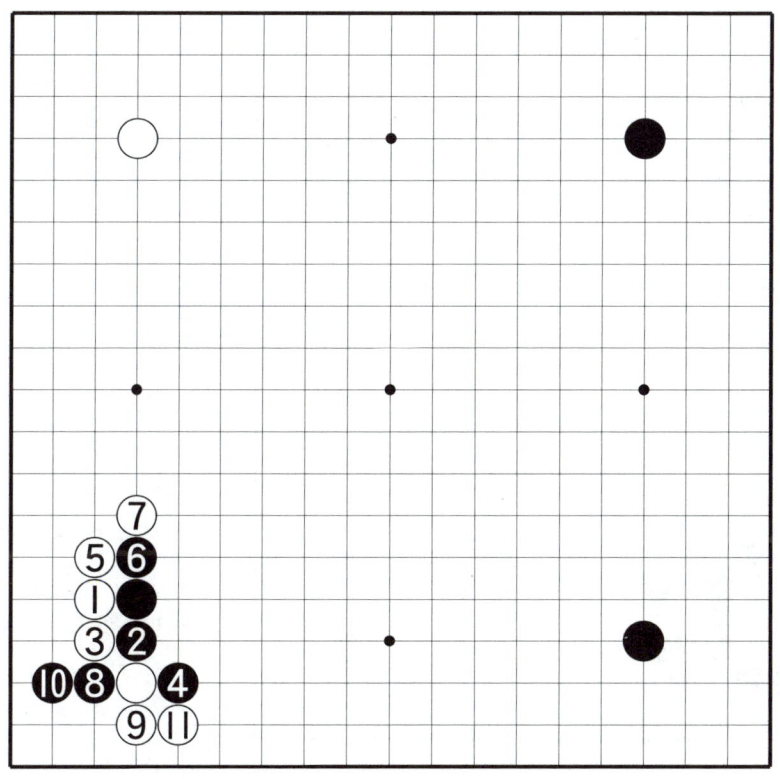

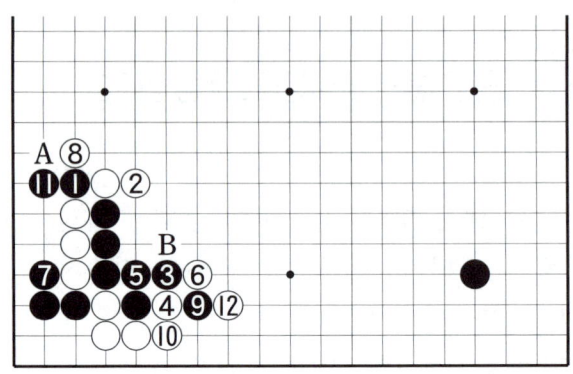

1도

1도(대표정석/선택권)

기본형 다음 흑1로 끊는 것이 이 한수. 그리고 백2 이하 12까지의 코스가 가장 대표적인 정석이다. 이후 백은 A, B 가운데 하나를 선택할 수 있는 권리를 갖는다.

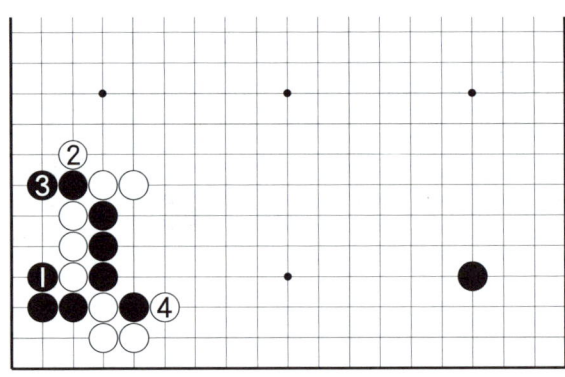

2도

2도(특수한 경우)

전도 흑3으로는 본도 1에 그냥 두는 수도 있다. 그러면 4까지가 정형인데, 특수한 경우가 아닌 한 흑이 좋다고 할 수는 없다.

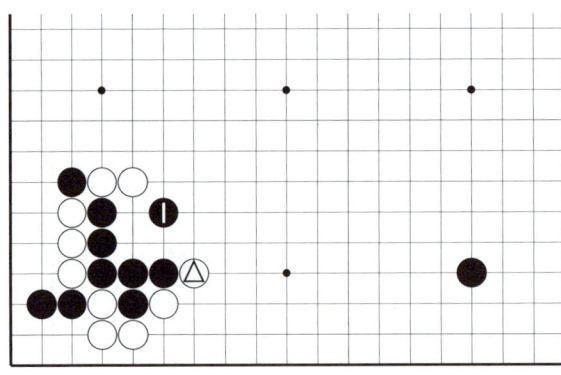

3도

3도(신형의 출발점)

백이 △로 젖혔을 때 흑이 왼쪽 백 석점을 당장 잡지 않고 봉쇄를 피해 1로 진출하면서부터 새로운 형태가 쏟아져 나온다. 간명을 버리고 변화를 꾀한 신형의 출발점이었다.

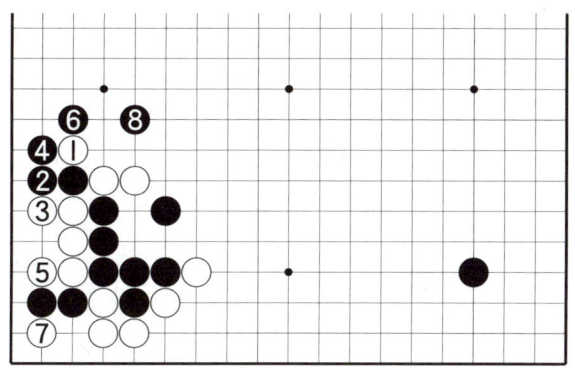

4도

4도(백1~7, 좋지 않다)

전도 다음 백1쪽에서 단수하고 3 이하 7로 귀를 급히 접수하는 것은 좋지 않다. 흑6·8로 되면 중앙 백 석점은 움직이기 어렵다.

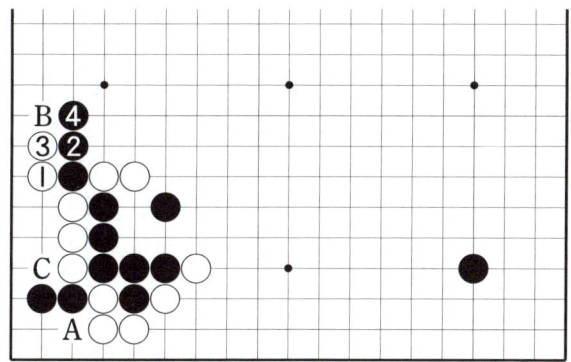

5도

5도(세 가지 코스)

그러므로 백은 어쨌든 1쪽에서 몰고 나가야 한다. 문제는 백3, 흑4로 된 다음이다.

여기서 백은 A, B, C 세 가지 코스가 있는데 그 각각의 결과는?

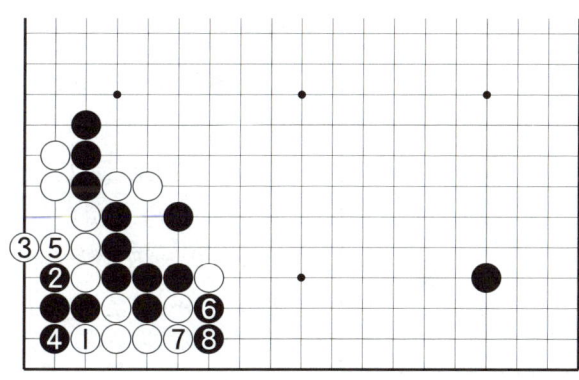

6도

6도(귀를 잡으려면)

백1로 기어들어 가면 귀를 확실하게 잡을 수 있다. 흑2에는 백3이 좋은 응수. 흑4에는 백5로 잇는다. 흑6·8은 이것이 최강수이며—

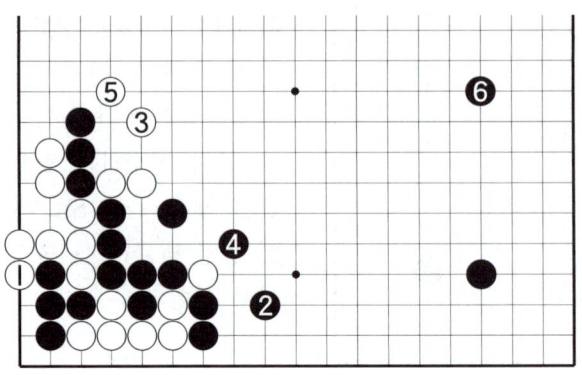

7도

7도(간명한 결정판)

계속해서 백1이면 수상전은 백승. 그러나 흑도 2에서 4로 두터움을 얻고 백5까지 좌변을 제압할 때 흑6이 빛나는 한 수여서 활발한 느낌.

호각의 갈림으로 간명한 결정판.

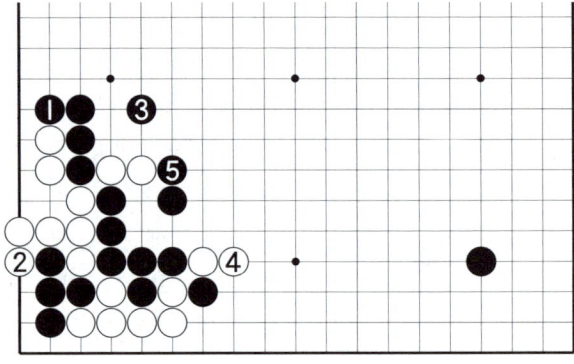

8도

8도(경우에 따른 정석)

6도 흑8로 본도 1에 막고 3에 뛰는 것도 간명하다. 5까지 실리는 크게 허용했지만 두터움을 얻었다. 경우에 따른 정석이다.

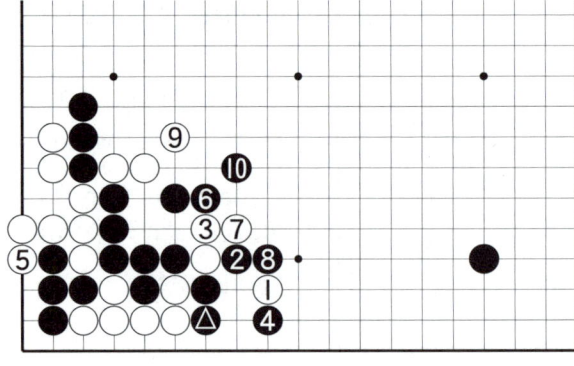

9도

9도(백1은 무리수)

흑▲로 막았을 때 백1의 씌움은 맥점이지만 무리수. 흑2로 몰고 4에 붙이는 것이 정확한 응징책이다. 백5가 부득이할 때 흑6·8로 공세를 취해 백의 고전이 명백하다.

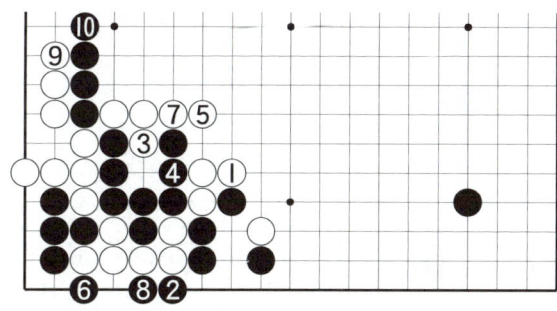

10도

10도(백의 반격)

전도 백5로 본도 1에 꼬부리는 것은 거꾸로 귀를 버리고 중앙 작전을 펴려는 의도. 백은 9부터 이 흑의 공격에 희망을 걸어야 하는데—

11도(물거품이 되다)

계속해서 흑2에 백3으로 씌울 수밖에 없다. 그러나 흑4 이하 10까지 알뜰하게 안정하고 나면 백의 작전은 물거품이 되어 버린다.

따라서 전도 1은 무리!

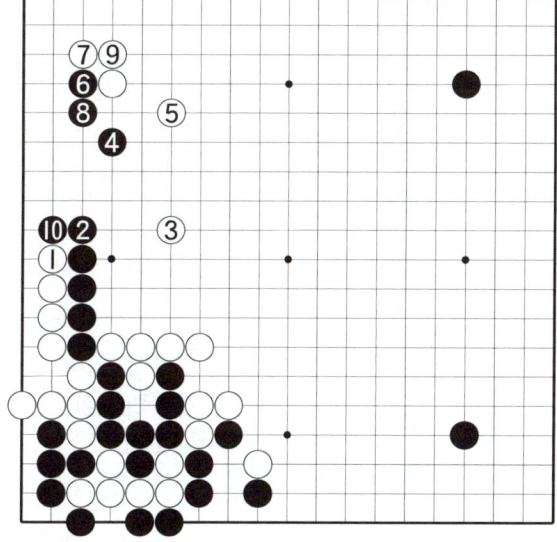

11도

12도(백, 능률적 처리)

백△에 대해 흑1로 응수하는 것은 너무 고분고분하다. 그러면 백은 회심의 미소를 지으며 2를 선수하고 4로 귀를 잡아서 만족할 것이다. 6까지 백이 능률적으로 처리한 결과이다.

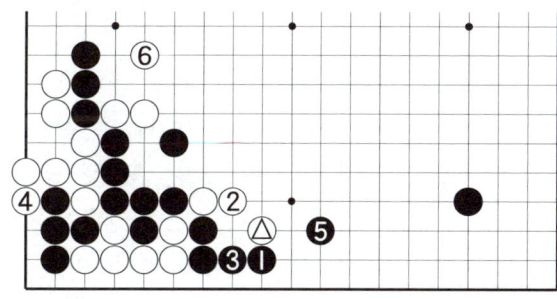

12도

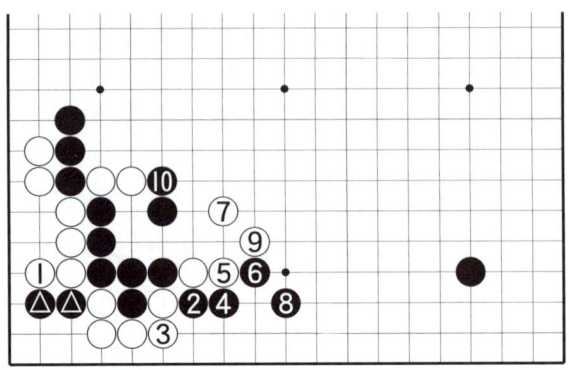

13도

13도(백1, 좋지 않다)

5도에 이어, 백1로 막아 흑▲ 두점을 잡는 변화는 좋지 않다. 흑2·4가 침착한 대응. 흑10까지 된 다음 백은 중앙의 처리가 매우 어려워지기 때문이다.

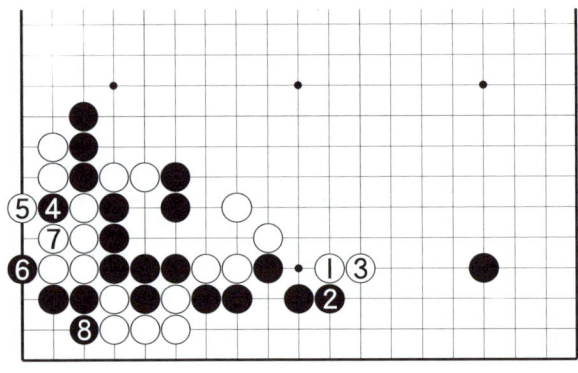

14도

14도(중대한 뒷맛)

더욱이 백의 귀에는 중대한 뒷맛이 있다. 그것을 무시하고 백1·3으로 흑을 압박하다가는 곤욕을 치르게 된다. 흑4의 끊음이 시발탄. 6으로 단수하고 8에 막으면 문제가 심각해진다.

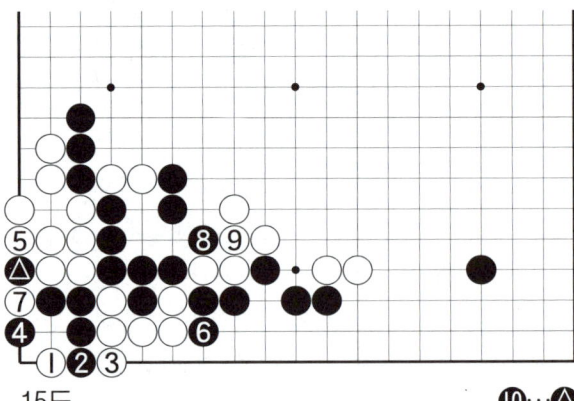

15도   ⑩…▲

15도(백, 팻감이 없다)

백1의 치중이 수상전의 맥점이지만 흑4의 저항이 성립해 패가 되는 것이다. 백7에 흑8이 절호의 팻감! 백9로 받으면 흑10에 때려내어 백은 팻감이 없다. 이것은 백이 망한 모습이다.

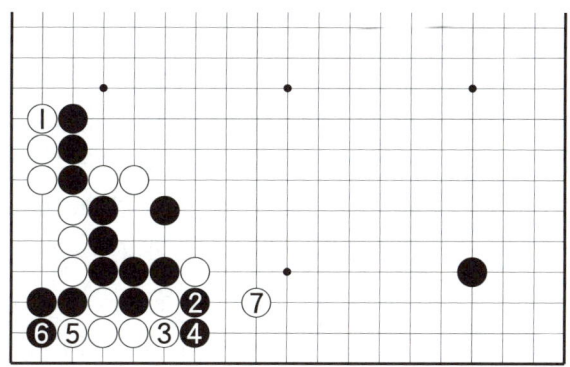

16도

16도(백의 최강수)

　5도 다음 백1로 또 기어나가는 것이 최강수로, 이 변화가 가장 어렵다. 흑은 역시 2·4가 최선의 수. 백5, 흑6을 문답하고 백7의 씌움이 이 경우 안성맞춤의 맥점이다.

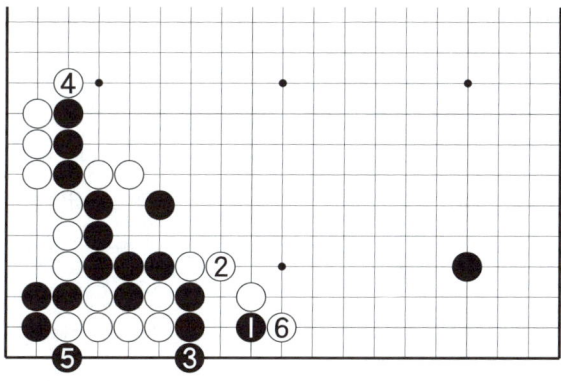

17도

17도(미완의 결정판1)

　계속해서 흑1로 붙이는 것이 유력수 중 하나이다. 백2에 흑3의 내려섬이 최강수. 백은 이에 대응하지 않고 4로 손을 돌리는 것이 좋다. 6까지 미완의 결정판이라고 할 수 있겠다.

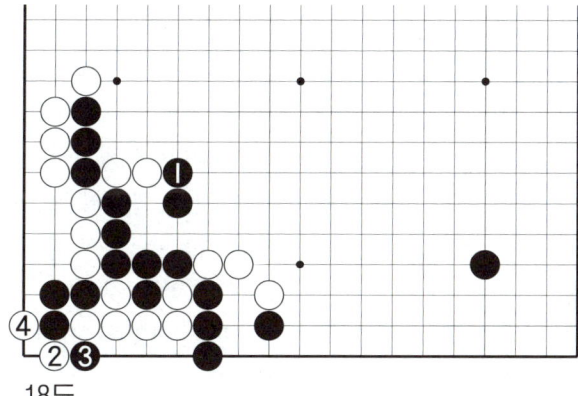

18도

18도(귀의 뒷맛)

　전도 흑5로 본도 1로 중앙을 둔다면 귀의 뒷맛이 발동 걸린다. 백2, 흑3 때 백4의 독수가 있어서 그냥은 해결이 안 되는 것이다. 이 패는 백의 꽃놀이패 성격이므로 흑의 부담이 크다.

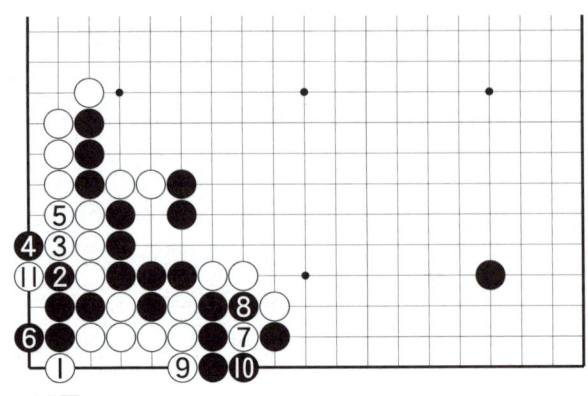

19도

19도(유가무가)

　백1에 대해 흑2에서 4를 선수하고 6에 꼬부려서 패를 피하려고 하다가는 큰일난다. 백7의 끼움이 악착같은 수여서 11까지 유가무가로 도리어 흑이 그냥 잡힌다.

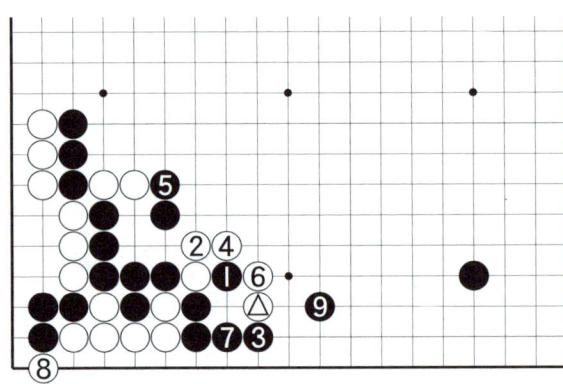

20도

20도(미완의 결정판2)

　백△ 때 **9도**처럼 흑1 · 3으로 대응하는 것이 유력한 수법이다. 백4에는 흑5로 밀고 백6에 흑 7 · 9로 우변에 진출해서로 둘 만하다. 최신수법으로 미완의 결정판.

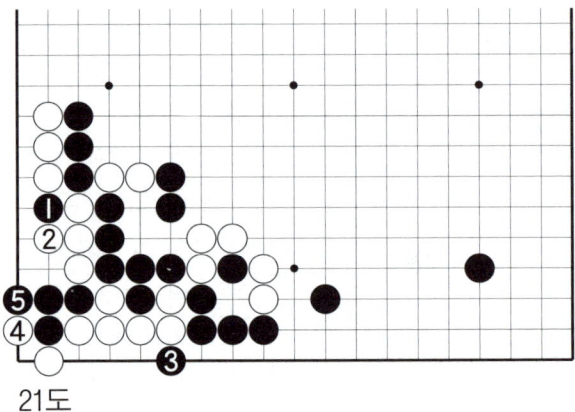

21도

21도(귀의 뒷맛)

　전도 다음 귀에는 역시 뒷맛이 있다. 흑1로 하나 끊어 놓고 3에 젖히는 것이 그것이다. 이러면 백4, 흑5로 패를 피할 수가 없는 것이다. 백은 귀의 가일수 시기도 어려운 듯.

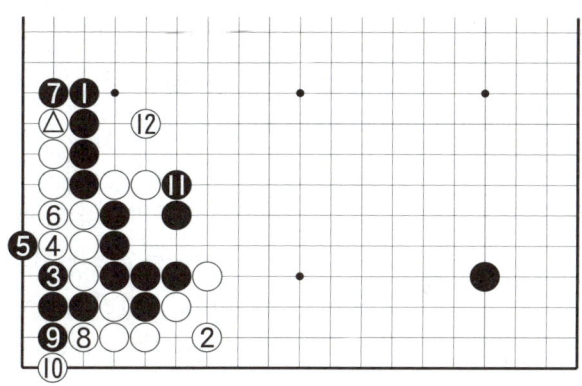

22도

22도(흑, 기백이 없다)

백△로 기어나갔을 때 흑1로 느는 것은 기백이 없는 수이다. 백은 2로 지켜서 만족할 것이다. 귀는 이대로 잡혀 있다. 12까지 되면 흑은 분단이 되어 불리한 상황에 놓인다.

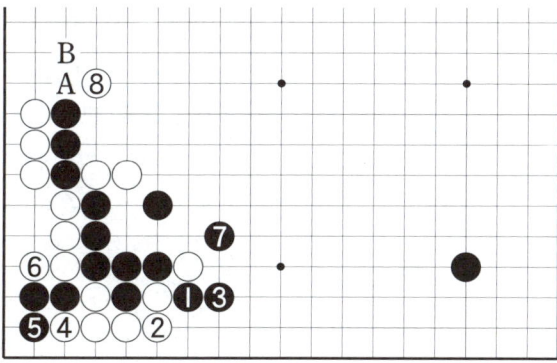

23도

23도(완착, 흑 크게 불리)

흑1, 백2 다음 흑3쪽으로 느는 것은 완착. 백4·6으로 귀가 뒷맛없이 깨끗이 잡힌데다가 백8로 흑 석점마저 움직일 수 없어서는 흑이 크게 불리하다. 다음 흑A에는 백B로 그만.

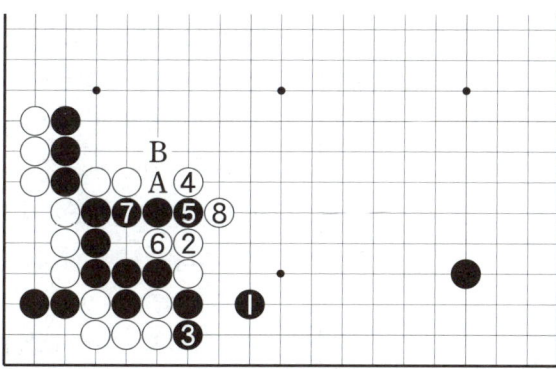

24도

24도(백4의 장문이 성립)

전도 흑3으로 본도 1에 뛰는 것이 경묘한 행마 같지만 백2로 서고 보면 난감해진다. 내친 김에 흑3으로 막으면 백4의 장문이 성립해 흑이 몰살한다. 5로 A면 백7, 흑6, 백B로 마찬가지.

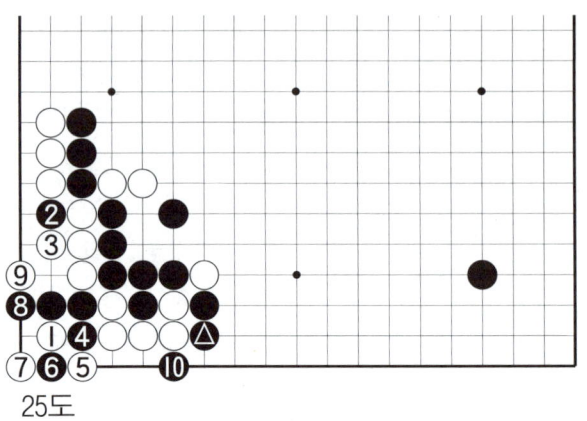

25도

25도(백1은 무리수)

흑이 ⬤로 막았을 때 백1로 붙이는 수도 일종의 맥점. 패를 피하려는 뜻이지만 무리수이다. 흑2로 끊어 놓고 4에서 6의 먹여침, 그리고 8에 내려서면 거꾸로 백이 그냥 잡힌다.

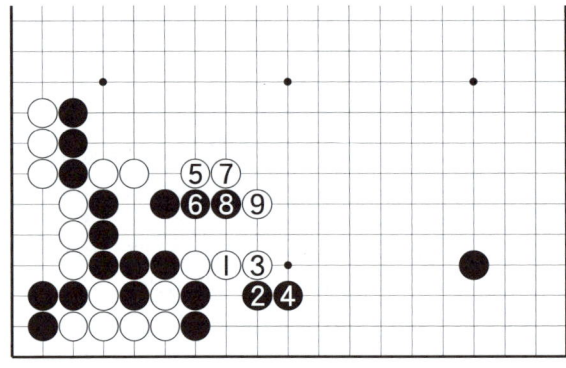

26도

26도(백5의 성립여부)

거슬러올라가 16도 백7로 본도 1에 뻗는 것은 흑2·4까지는 필연인데, 거기서 백5의 씌움이 성립한다면 귀쪽 수상전을 신경 쓰지 않아도 된다. 그러나 백9로 막은 다음을 보면—

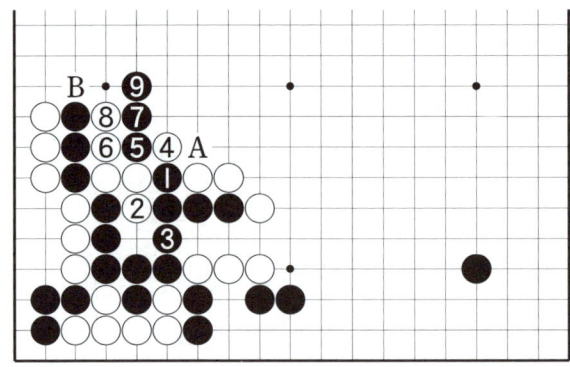

27도

27도(흑, 맞보기로 타개)

흑1로 나가고 5에 끊었을 때 백은 응수가 곤란하다. 백6·8은 갈 데까지 가보자는 수이지만 흑9 다음 A 이하의 축과 B로 빠져나가는 수가 맞보기여서 백이 안된다.

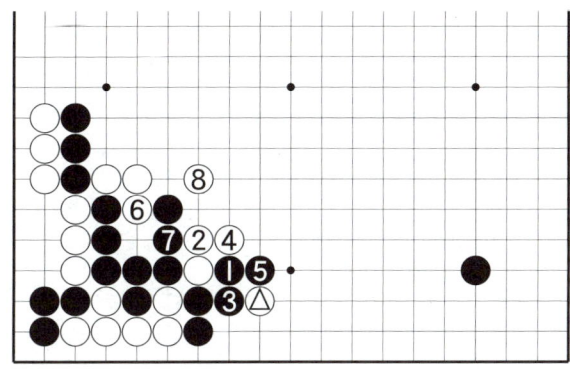

28도

28도(장문/흑 전멸)

백△ 때 흑1로 몰고 3에 잇는 것은 백의 함정에 빠진다. 백4가 선수가 되어 백6에서 8의 장문이 멋지게 성립한다. 흑 전멸! 이렇게 된다면 바둑은 끝장이다.

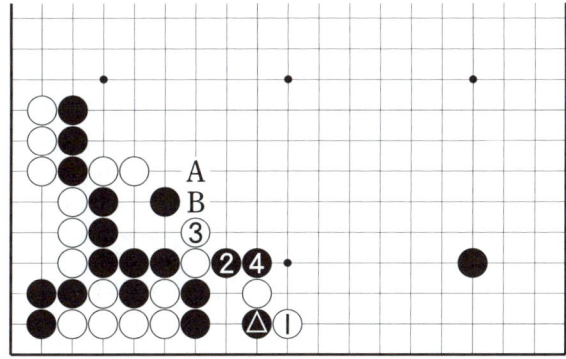

29도

29도(백1은 과수)

흑❶의 붙임에 백1로 막는 것은 과수. 흑2·4가 백의 무리를 응징하는 좋은 대응이다. 다음 백A의 씌움은 흑B로 돌파해 그만인 것이다.

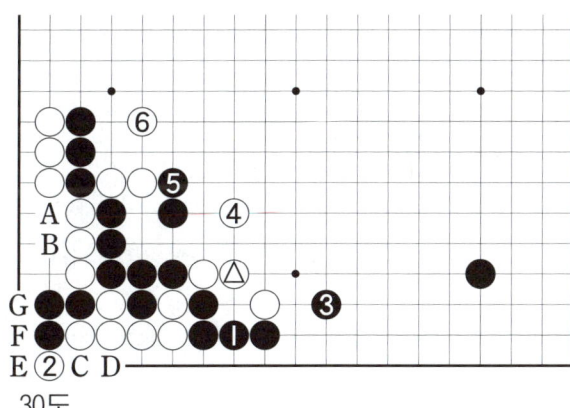

30도

30도(미완의 결정판3)

백△에 대해 흑1로 잇는 것은 무난한 응수. 단, 2로 젖히게 되어 귀쪽은 백이 선제한다. 6까지 된 다음 흑A, 백B 이하 알파벳 순서로 흑G까지의 패를 노리며 두어가게 된다. 이것 역시 미완의 결정판.

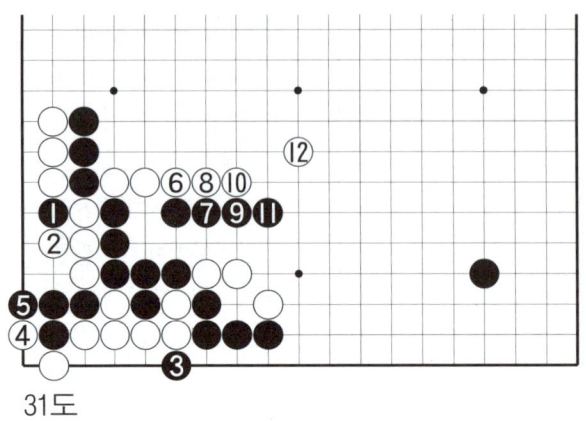

31도

31도(백, 폭넓은 국면)

전도 흑3으로 본도 1에 끊고 3으로 젖혀 귀쪽을 먼저 건드리는 것은 시기상조. 백은 4로 하나 젖혀 흑5로 받게 해 패맛을 남겨 놓고 버리는 작전으로 나간다. 백 6~12까지 폭넓은 국면.

32도

32도(흑, 함정에 빠지다)

17도 백4로 본도 1에 끼우는 함정수에 요주의! 흑2, 백3은 당연. 여기서 흑4쪽으로 단수해서 약점을 추궁하는 것은 실착. 백5가 호수여서 9까지 흑이 잡힌다.

33도

33도(희생타를 써야)

전도 흑4로는 본도 1이 정수. 백4에는 흑5·7의 희생타를 써야 한다. 이하 수수는 길지만 21까지 흑이 약간 유리한 갈림이다. 5로 그냥 17은 백A를 불러 패가 되므로 탈이 난다.

 소목포석-정석을 거부한 응수타진

흑9까지는 소목포석에서의 평범하면서 대표적인 진행이다. 여기서 백10으로 붙여 응수타진한 수가 기상천외한 신수로 엄청난 파문을 몰고 왔다. 이후 여러 가지 변화수들이 쏟아졌는데, 이후의 수순을 따라가보자.

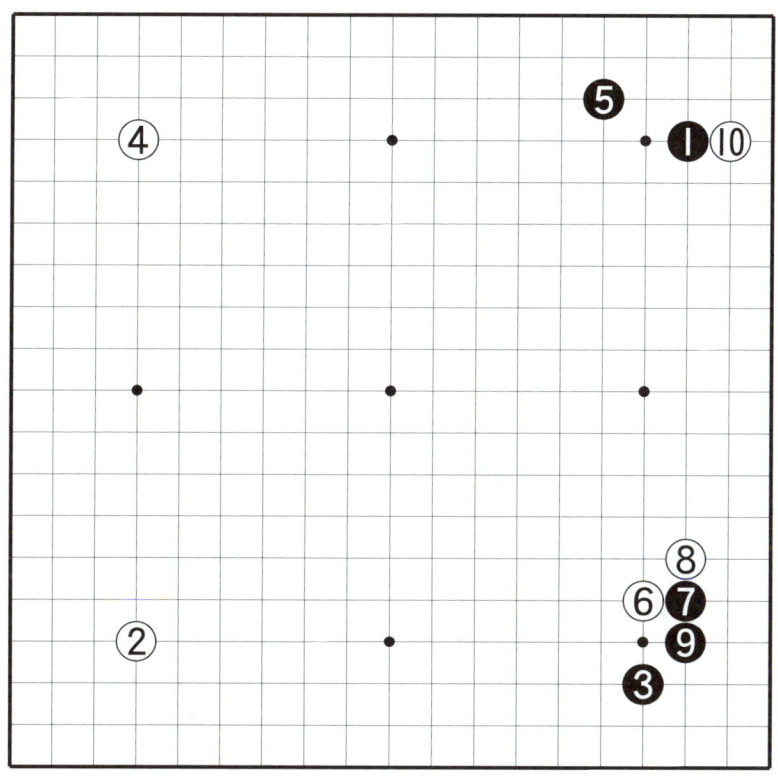

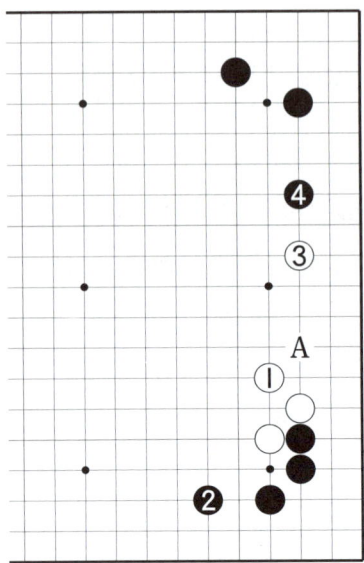

1도

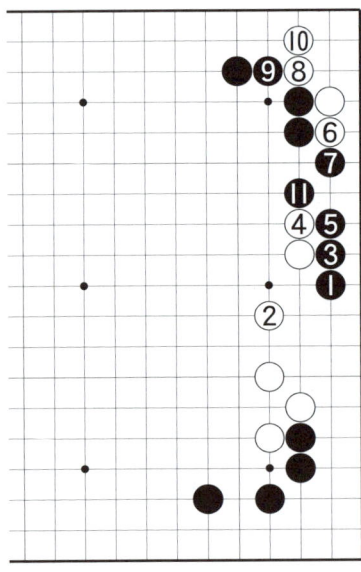

3도

2도

1도(일반정석)

백이 3까지의 정석을 회피한 이유는 흑4의 다가섬이 안성맞춤이기 때문(다음 A의 침입이 강력). 하지만 흑4까지도 충분히 둘 수 있는 모습.

2도(백의 의도)

백1은 흑2를 유도하고 5까지 전개하겠다는 뜻. 향후 백A의 사는 맛이 남아 있다.

3도(실전례)

2도 이후 흑은 당장 흑1로 침입해 이 부근을 결정지었는데, 흑11까지는 흑에게 당한 모습이다.

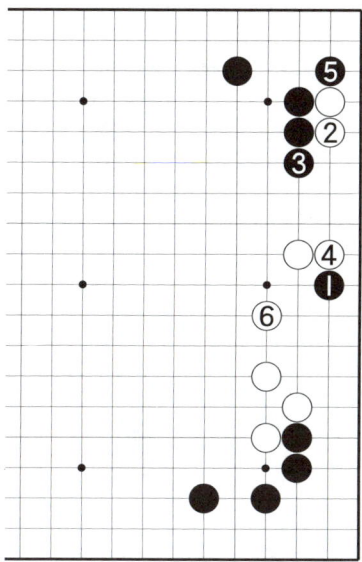

4도

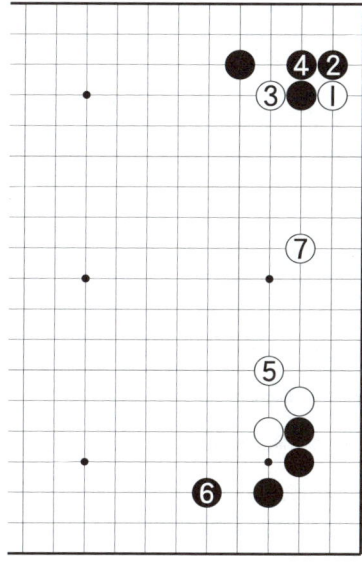

6도

4도(백의 대책)

흑1에는 백2로 먼저 응수타진하는 게 수순. 이하 백6까지면 백이 전체적으로 두터운 모습이다.

5도(흑, 느슨)

흑2로 물러나는 것은 느슨한 자세. 흑6까지 된다고 가정할 때, 흑2는 A에 있는 것이 제위치.

6도(흑, 활용당함)

흑2로 받으면 백3까지 활용당한다. 그런 다음 백7까지 정석수순을 밟으면, 백이 활발한 포석이다.

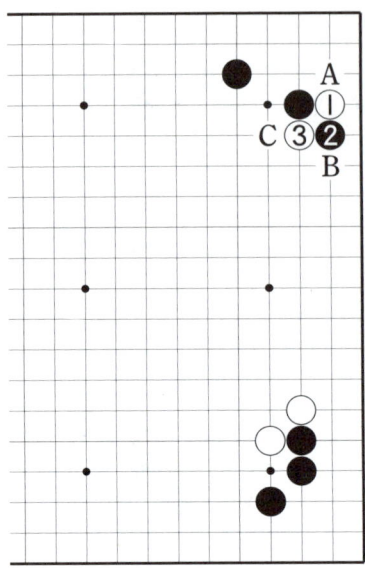

7도

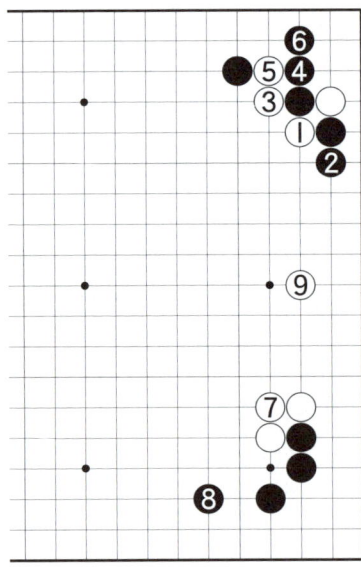

9도

7도(강렬한 끊음)

그래서 백1에는 흑2로 바깥에서 젖히게 되었고, 백3으로 맞끊어 어려운 변화가 일어났다. 여기서 흑의 응수는 A, B, C 등이 있다.

8도(흑, 당함)

흑2로 모는 것은 백의 주문. 백9까지 백 전체가 활기찬 모습이다.

9도(간명한 선택)

흑은 2로 뻗는 것이 간명한 선택이다. 흑6까지 교환한 다음 백9까지 정석으로 환원하는 것이 예상되는데, 이것도 서로 충분한 한판의 바둑이다.

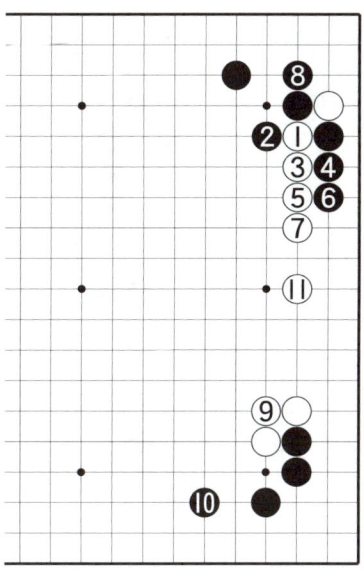

10도

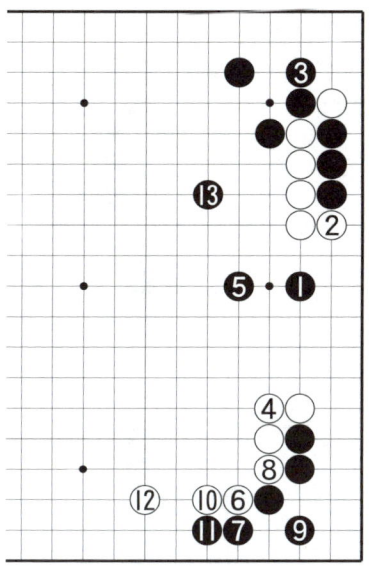

11도

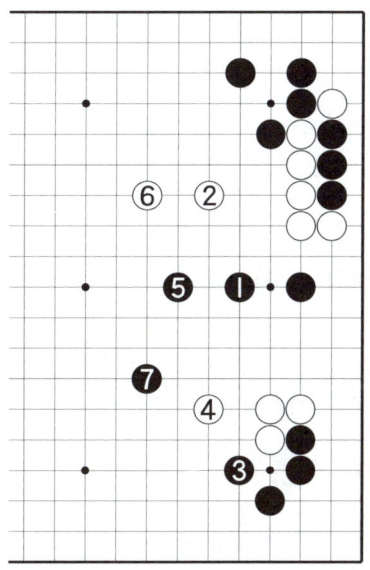

12도

10도(백, 두터움)

백1의 끊음에 초기에는 백11까지 진행되었다. 하지만 이 모습은 전체적으로 백이 두텁다는 결론.

11도(흑의 의도)

그래서 전도 흑8로 본도 1의 협공이 등장하게 된 것이다. 만약 백2로 받는다면 이제 흑3에 수비한 다음 흑13까지 흑이 압도적인 모습이다.

12도(백, 양곤마)

흑1 때 백2로 나가봐도 흑7까지면 백은 양쪽에서 몰리는 꼴이 된다. 흑이 활발한 모습이다.

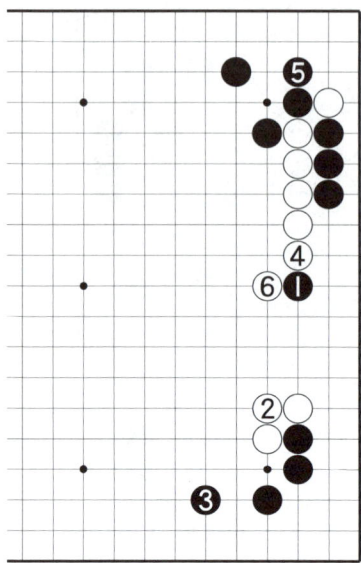

13도

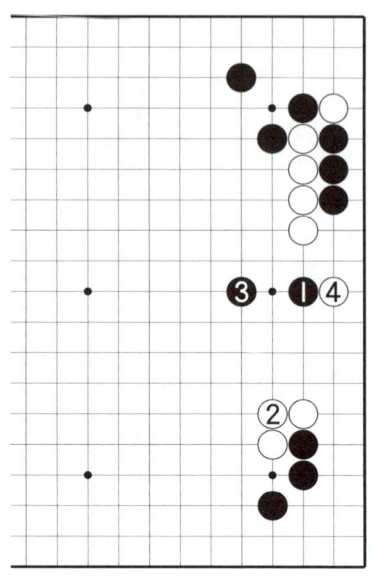

14도

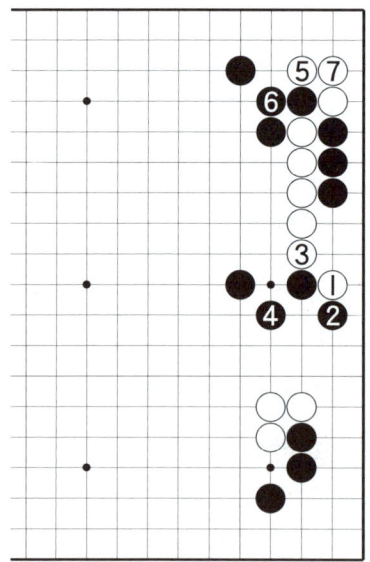

15도

13도(백, 두터움)

흑1에 다른 방법을 찾아야 하는데, 백2와 흑3을 교환한 다음 백4의 우직한 수법이 그럴 듯하다. 이래도 흑5로 수비해야 하는데, 6까지면 백이 두터운 모습이다.

14도(백의 꼼수)

백2에는 흑3으로 뛰어나가는 수가 최선. 백4로 기교를 부렸을 때가 어려운 장면인데, 다음수가 어렵다.

15도(흑, 걸림)

백1로 붙이는 현혹수에 흑2로 받으면 걸려든다. 백7까지면 초반에 바둑이 끝나고 만다.

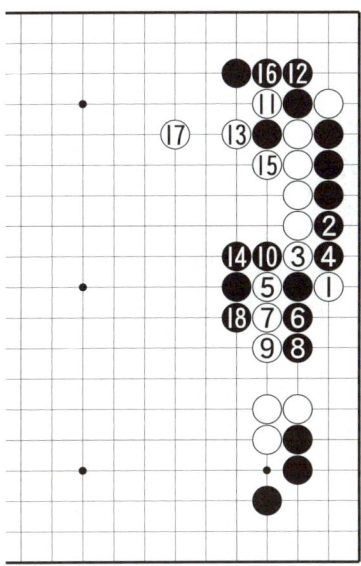

16도

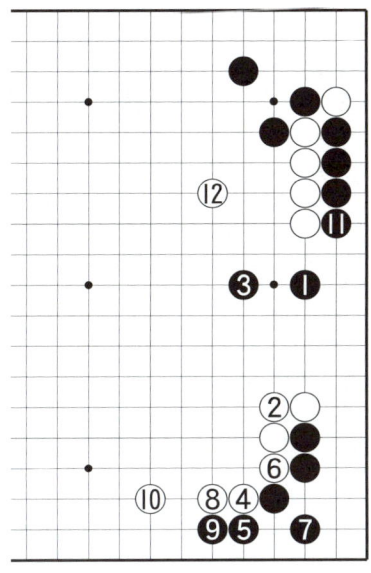

17도

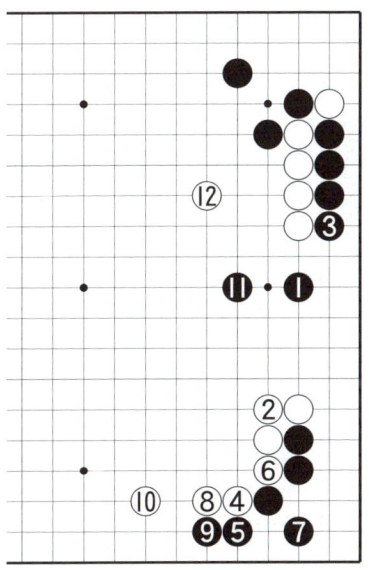

18도

16도(흑, 성공)

흑2로 이쪽에서 치받는 한수다. 흑 18까지 예상되는데, 흑이 전체적으로 성공한 모습. 수순 중 흑18은 급소.

17도(결정판1/최선)

그러므로 흑3 때는 먼저 백4 이하를 결행하고, 흑은 이 틈을 기다려 11로 넘어가는 게 최선이다. 백12까지 접전의 양상.

18도(결정판2/수순 차이뿐)

흑3으로 당장 넘어가도 수순만 달라지지, 백12까지면 같은 모습이다. 흑의 입장에서, 이 그림이 가장 간명할 듯.

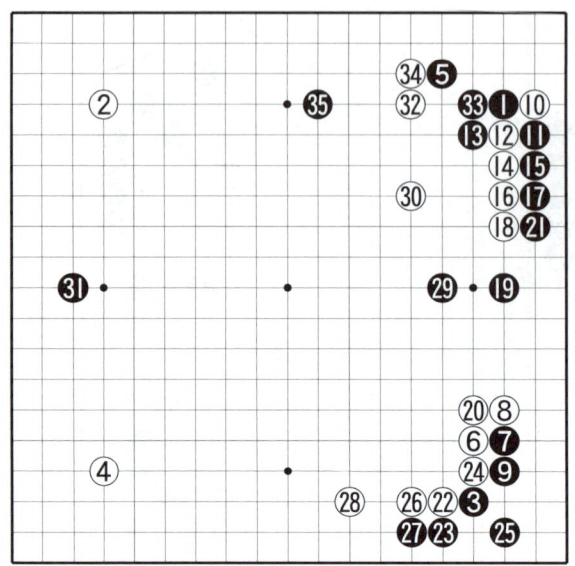

19도

19도(실전례)

흑21까지는 최선의 진행이고, 백30 다음 흑31로 방향전환한 데까지 한 판의 바둑이다. 이후 앞을 내다볼 수 없는 치열한 진행이다.

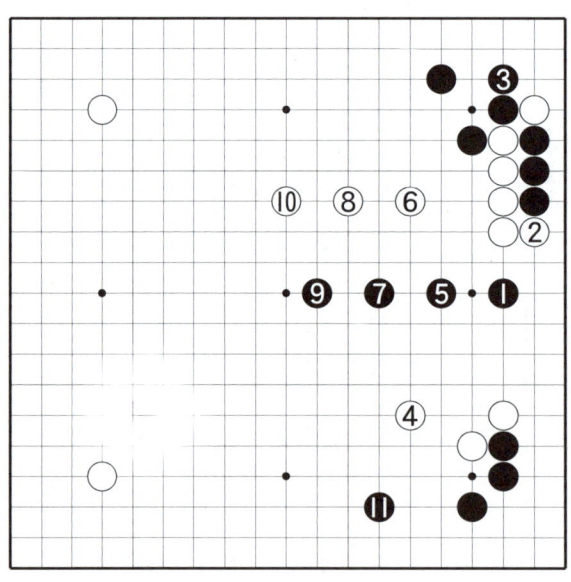

20도

20도(흑, 유리)

흑1(전도 흑19) 때 백2로 버티는 것은 무리. 백4로 가볍게 행마한다고 해도 흑11까지면 백이 양쪽을 수습해야 하는 부담이 있다.

해외 신수신형

변의 화점에 흑이 포진되어 있는 포석에서, 백의 양걸침
이다. 이에 대한 흑1의 마늘모는 가장 강력한 응수이다. 여
기서 백A의 봉쇄는 무리라고 보고 비튼 수가 백2의 붙임
으로 새로운 시도였다.

백은 조치훈, 흑은 다케미야(武宮正樹).

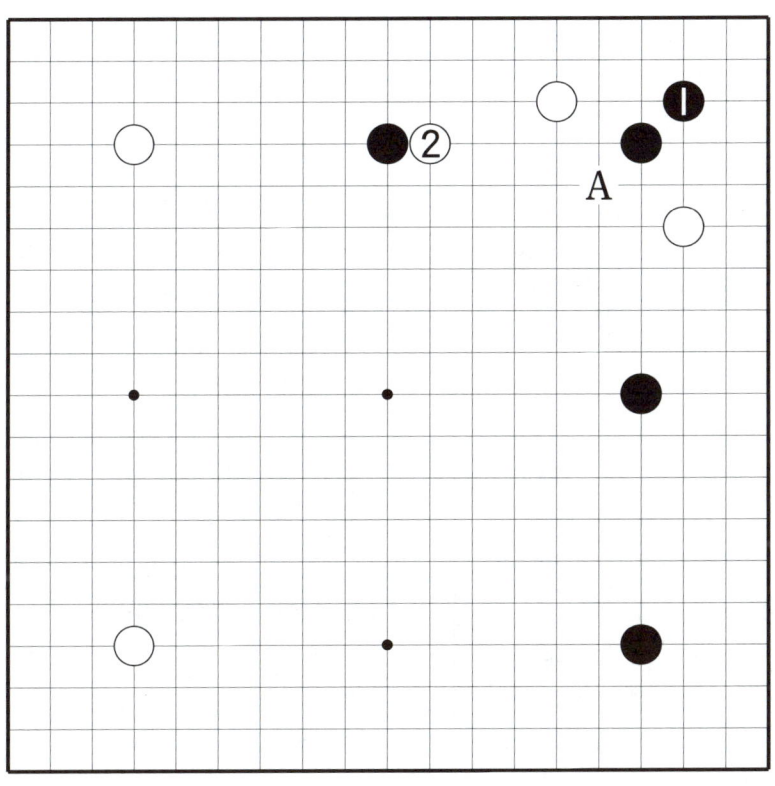

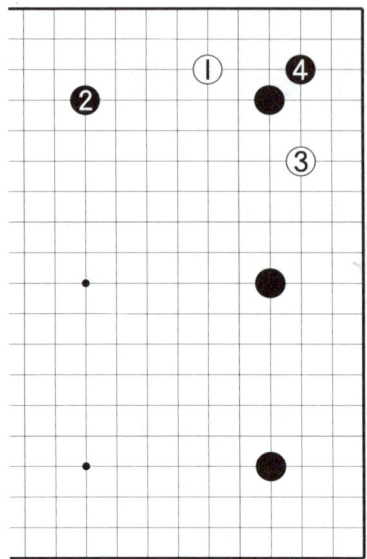

1도

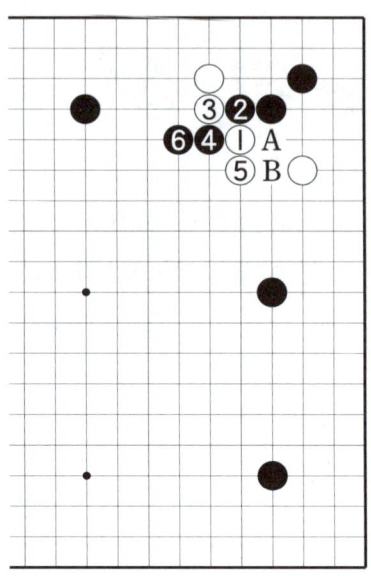

2도

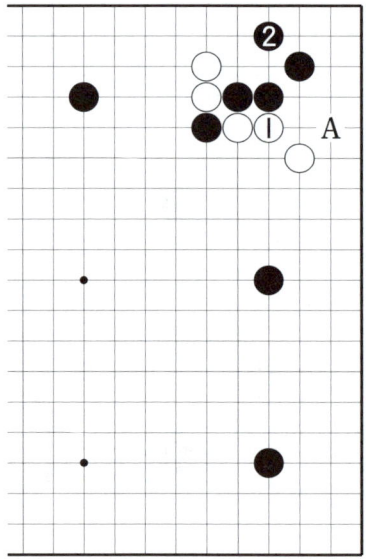

3도

1도(과정)

흑의 3연성에 백1로 걸치자, 흑은 2에 협공했다. 백3의 양걸침에 흑4의 강수. 이런 상황에서의 양걸침은 약간 무리하다는 것이 통설.

2도(백의 고전)

즉각 백1의 씌움을 강행하는 것은 흑2~6의 반격을 불러 고전이다. 귀의 흑은 살아 있는 반면 백은 두 동강. 2로는 A, 백B, 흑5도 마찬가지.

3도(백1이 강수이지만)

전도 백5로 본도 1에 막는 강수도 있지만, 흑2로 살아두는 것이 알기쉬운 수. 이것 역시 백이 힘겨운 싸움이다. 2로는 A도 가능하다.

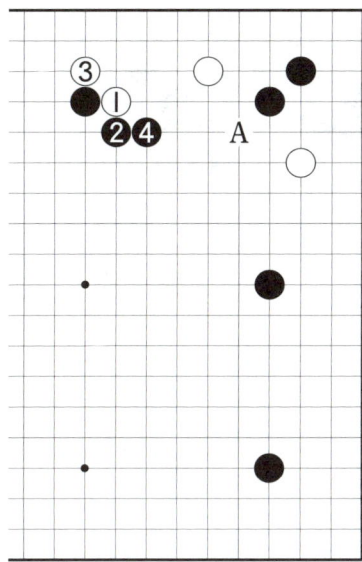

4도

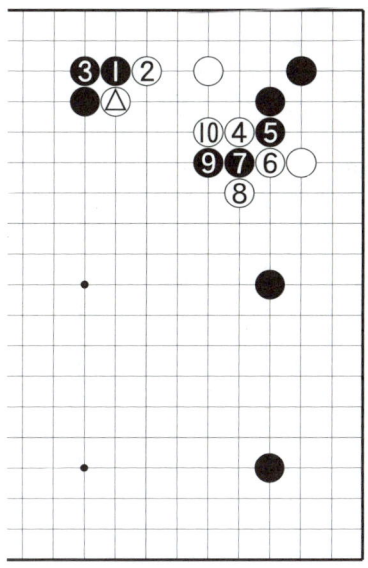

5도

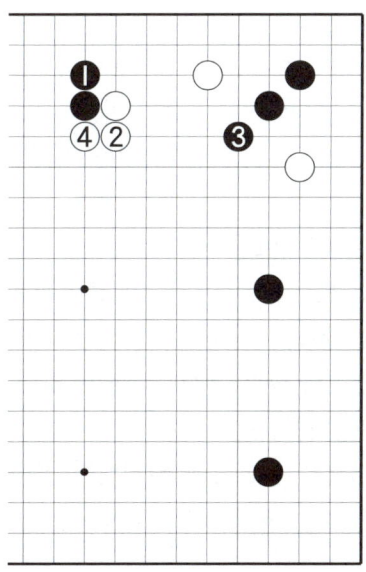

6도

4도(실전진행1)

백1의 붙임으로 비틀어 보면서 공작을 시작했다. 노림은 A의 씌움. 흑2의 젖힘이 최강수. 흑4의 뻗음도 책략을 부릴 여지를 주지 않으려는 뜻.

5도(백도 싸울 만함)

백△ 때 흑1로 아래쪽에서 젖히면 백2의 이단젖힘이 준비되어 있다. 흑3에 백4의 씌움. 이러면 10까지 보듯이 백도 싸울 만하다.

6도(천금 같은 수)

흑1로 내려서는 것은 백2로 늘기만 해도 흑의 응수가 어렵다. 흑3으로 봉쇄를 피하면 백4의 꼬부림이 천금 같은 두터운 한수여서 백도 할 만하다.

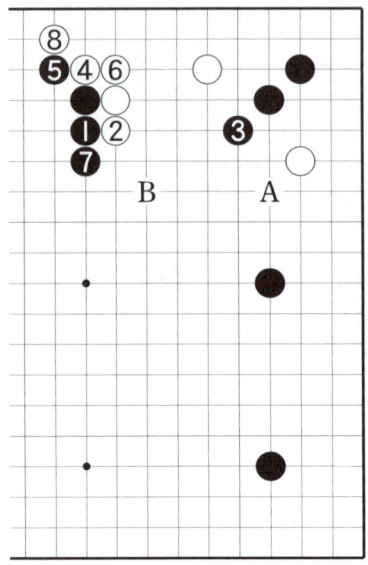

7도

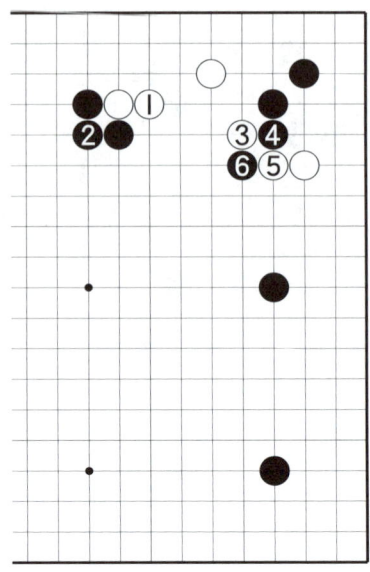

8도

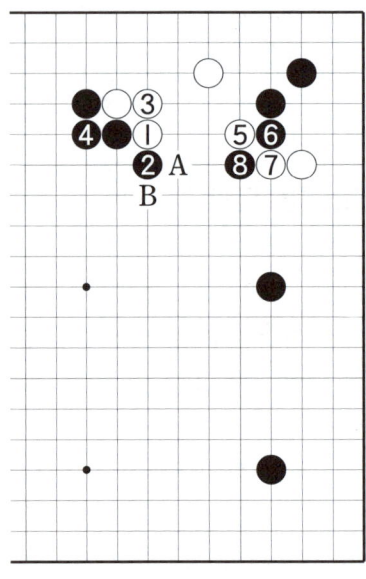

9도

7도(상변을 안정)

흑1로 서면 백은 2로 밀어붙인다. 흑 3으로 나오면 백4~8로 안정하고 우변 백 한점의 움직임을 엿본다. 다음 흑A면 백B.

8도(흑, 나쁘지 않다)

4도 백3으로 본도 1에 늘면 흑은 2로 잇고 싸울 태세를 갖춘다. 백3의 씌움에 는 흑4·6으로 나가끊어서 나쁘지 않다.

9도(더 튼튼해진다)

4도 백3으로 본도 1에 되젖히면 흑은 2의 이단젖힘. 4까지 전도보다도 튼튼한 모습. 8에 끊어서 싸울 만하다. 5로 A면 흑B에 늘어서 좋다.

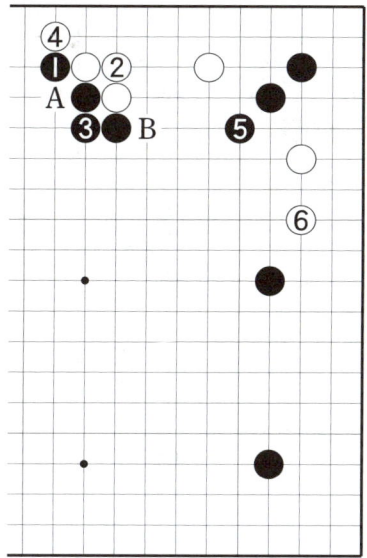

10도

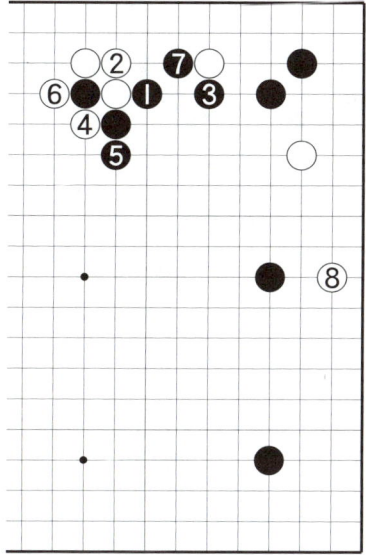

11도

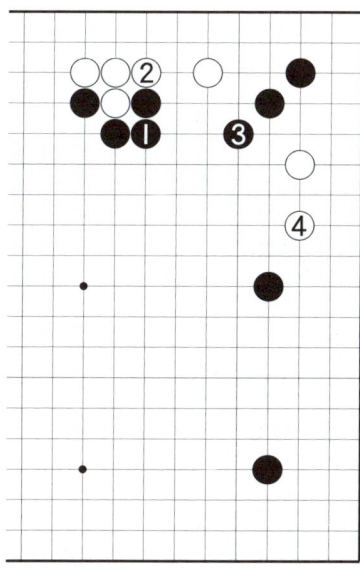

12도

10도(안정하고 움직인다)

4도 흑4로 본도 1이면 백은 2에 잇고 4로 젖혀서 안정한다. 이러면 흑5에 백6으로 움직여서 싸울 수 있다. 흑3으로 A면 백은 B.

11도(백4·6이 아프다)

전도 흑1로 본도 1에 단수하고 3으로 봉쇄하는 수가 한눈에 들어오지만 백4·6을 허용하면 아프다. 7과 8은 맞보기.

12도(고지식한 수)

전도 흑3으로 1에 잇는 것은 고지식한 수. 백2로 흑3을 종용하고 나서 4에 한 칸을 벌려 수습에 나서면 흑은 뭘했는지 모른다.

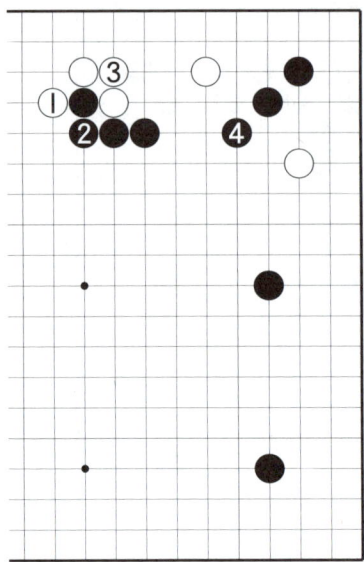

13도

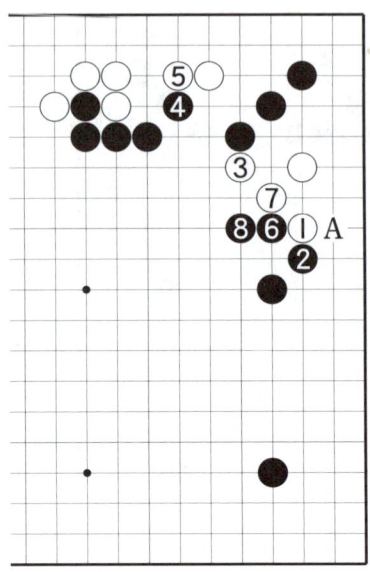

14도

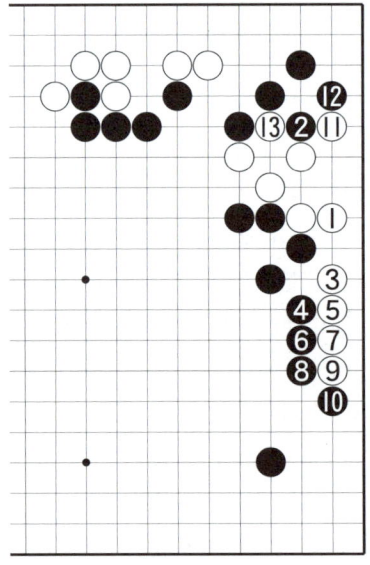

15도

13도(실전진행2)

4도 다음 백은 1에 몰고 3에 잇고 흑의 응수를 살폈다. 4의 곳에 백이 씌우면 얘기가 안되므로 당연히 흑은 4로 공세를 취했다.

14도(실전진행3)

계속해서 백1로 움직여서 전투인데, 흑4·6은 최강의 공격. 8로 A면 백8로 되몰아 중앙에 진출한다.

15도(실전진행4)

전도 다음 백1로 내려서서 12와 3을 맞봐서 삶을 꾀했다. 2선을 기었지만 여기서 선수를 뽑아 하변에 선착하면 할 만하다고 본 것.

 **3연성-한칸 붙여서 응수타진**

한칸협공에 3·三을 파지 않고 한칸 뛴 유행형.

흑이 날일자로 받자, 백은 상변을 두기 전에 1에 갖다붙였다. 이와타(岩田達明)의 새로운 연구였다.

흑은 관서기원의 우시쿠보(牛窪義高).

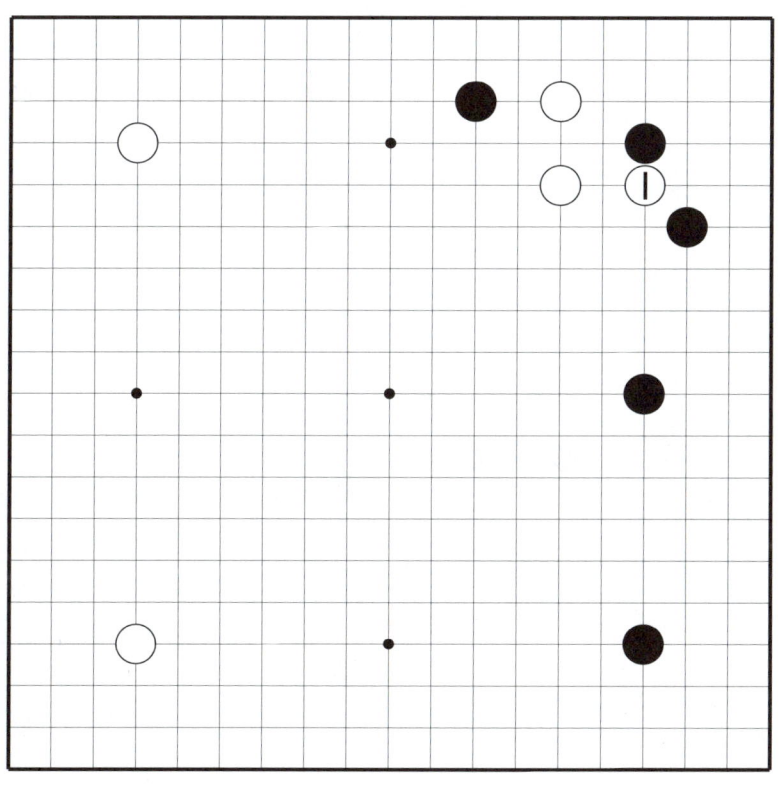

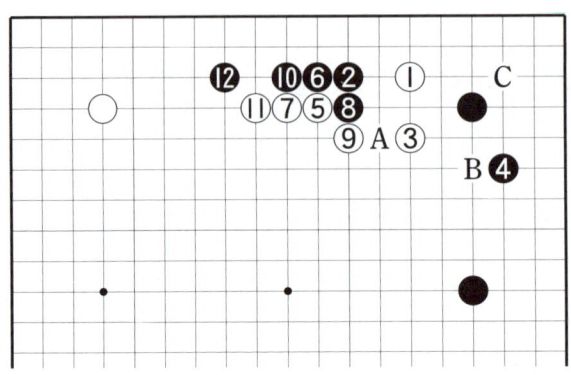

1도(약한 침입효과)

흑4가 드문 응수. 여기서 무심코 백5면 12까지 된 다음 흑A의 끼움이 통렬해진다. 그것은 4가 B의 한칸이 아니기에 C의 침입효과가 약하기 때문.

1도

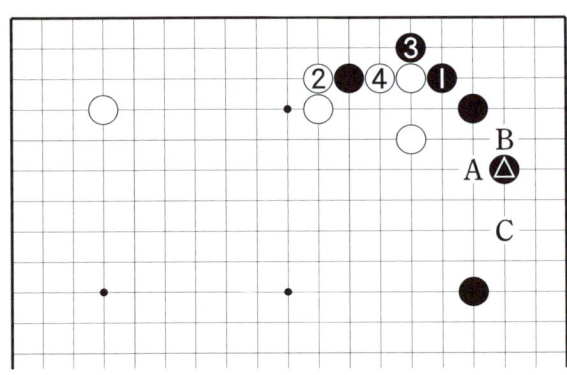

2도(흑, 튼실한 자세)

흑1로 마늘모붙이기만 해도 백이 신통치 않다. 흑▲가 A일 때와 달리 B로 들여다보는 수도 C에 침입하는 수도 없음에 주목하자. 그 만큼 흑은 튼실한 것이다.

2도

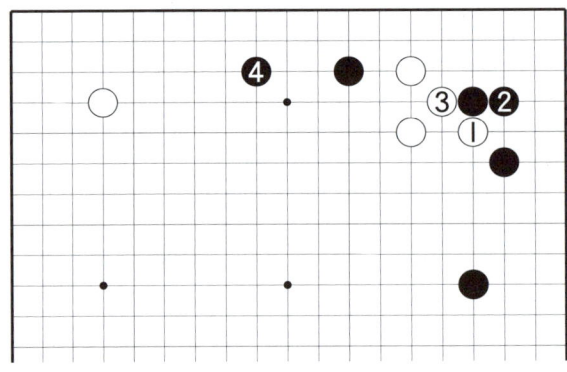

3도(실전진행1)

백1은 일종의 응수타진이며, 흑2는 선수를 뽑으려는 뜻. 백은 3으로 양호구쳐 좋은 형태를 갖췄고 흑은 4에 벌려 안정했다.

3도

374

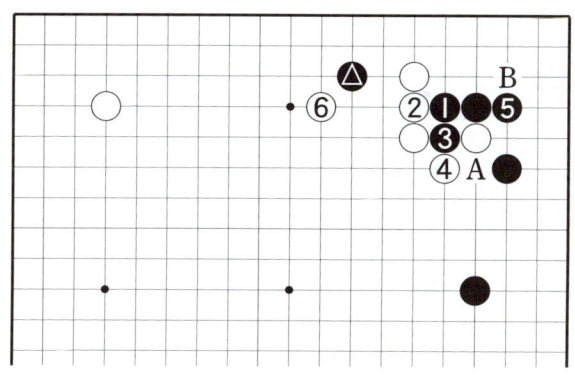

4도

4도(백, 작전 성공)

흑1로 반격하는 것은 백2로 잇게 해 손을 뺄 수가 없다. 백6으로 흑 ▲ 한점을 압박해서 이 것은 백의 작전 성공.

5로 A면 백B가 안성 맞춤.

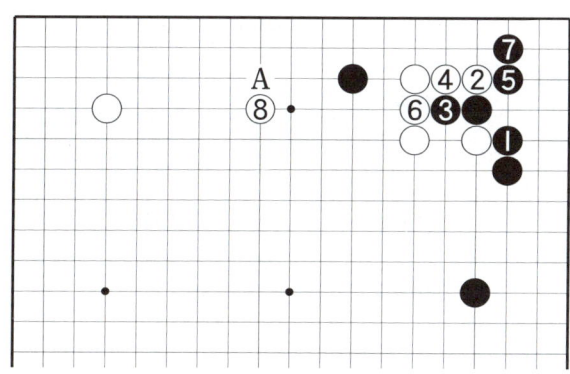

5도

5도(리듬이 생긴다)

흑1로 받으면 백2로 붙이는 리듬이 생긴다. 8 까지 백의 만족스런 결 과. 7로 A면 백7의 젖힘 이 아프다.

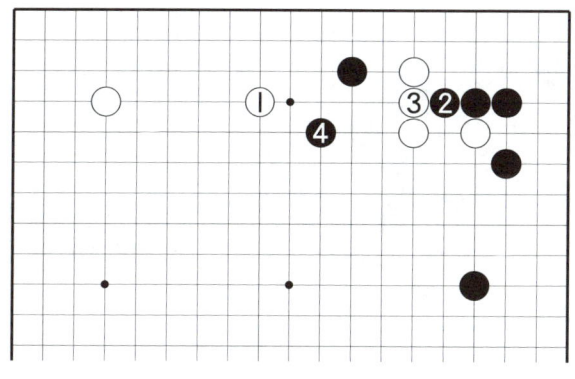

6도

6도(백1은 과욕)

3도 백3으로 본도 1 에 협공하는 것은 과욕. 흑2, 백3을 문답하고 흑 4로 뛰어나가면 어느 편 이 공격하는지 알 수 없 게 된다.

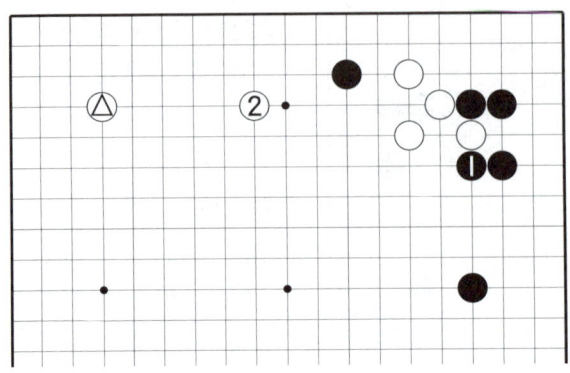

7도

7도(백, 멋진 모습)

3도 흑4로 본도 1에 받아주면 백2로 협공해서 멋진 모습이다. 좌상귀 화점에 선착해 있는 백△마저 가세하는 양상이 된다.

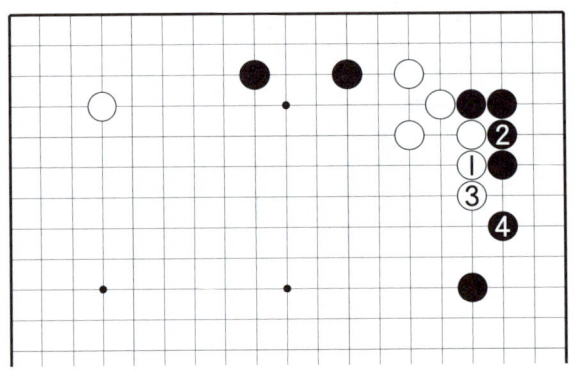

8도

8도(실전진행2)

백1로 누르고 흑은 2쪽을 이었다. 백3, 흑4로 일단락. 흑은 양쪽을 두었지만 약간 엷고, 백은 두터운 모습인 만큼 불만은 없다.

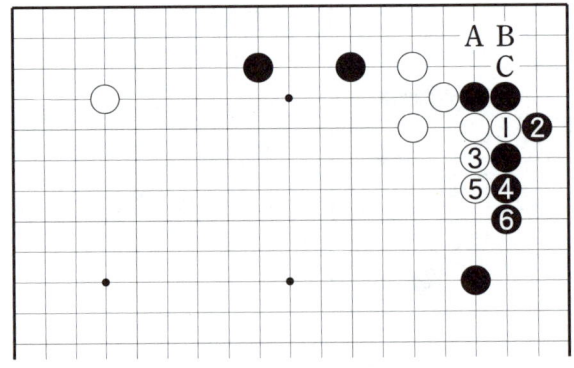

9도

9도(일득일실)

백1로 하나 찔러서 흑2와 교환하고 백3·5면 백A, 흑B, 백C의 맛 등을 노릴 수 있다. 그러나 백도 공배가 다 메워져 일득일실.

 ## 3연성-묘수 대 묘수

흑1의 막음이 실리를 지향한 조치훈다운 강력한 신수였다. 묘수와 호수가 난무하면서 신형이 출현했다.

상대방은 고바야시 사토루(小林覺).

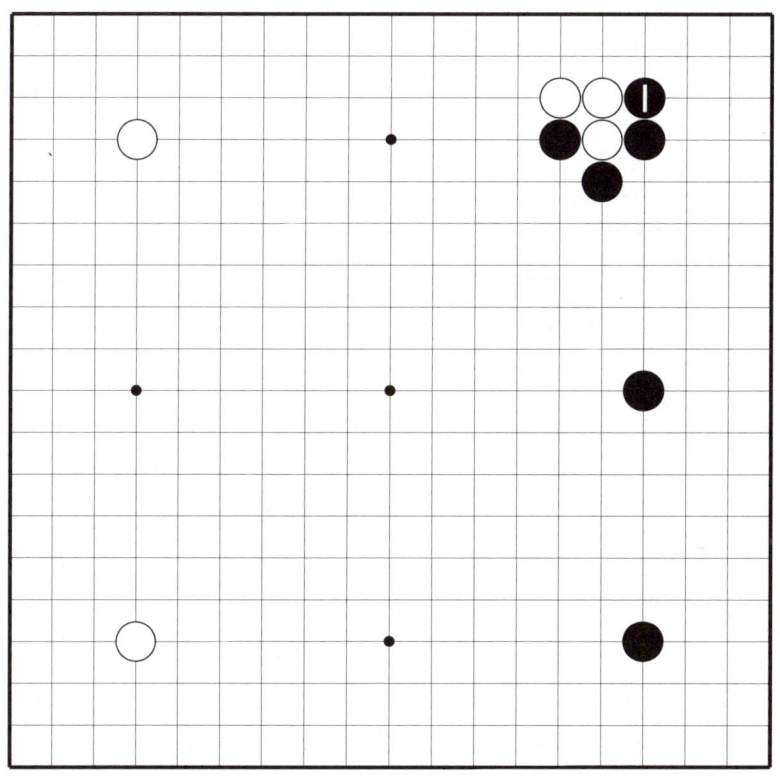

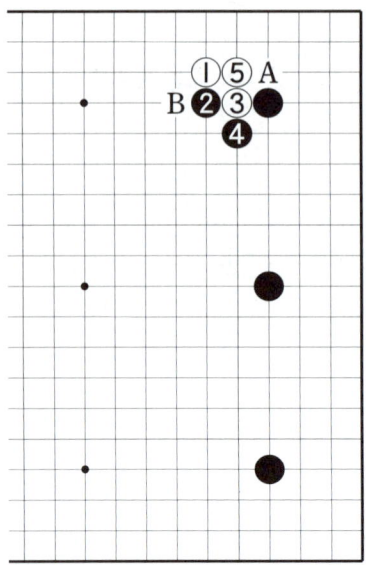

1도

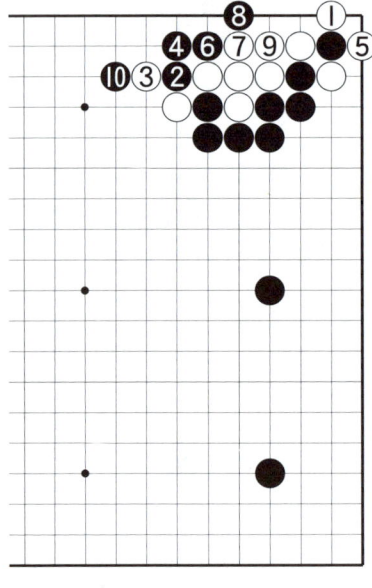

3도

1도(과정)

흑2의 붙임에 백3의 끼움은 축이 유리하다는 것을 배경삼은 강수. 4로 5에 모는 것은 백4, 흑A, 백B의 축이 성립하므로 무리이다.

2도(통상의 응수)

흑1에 잇는 것이 통상의 응수. 백2에는 흑3·5의 이단젖힘이 상용수법. 백이 10에 이으면 흑은 다른 곳으로 전환하는 것이 보통이다.

3도(껴붙임)

전도 백10으로 본도 1이면 흑은 2에 끊는다. 흑10의 껴붙임은 맥점.

2도

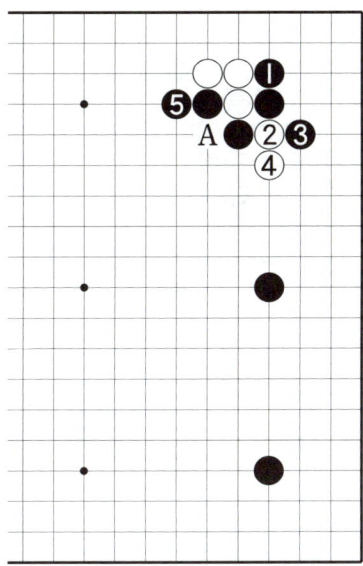

4도

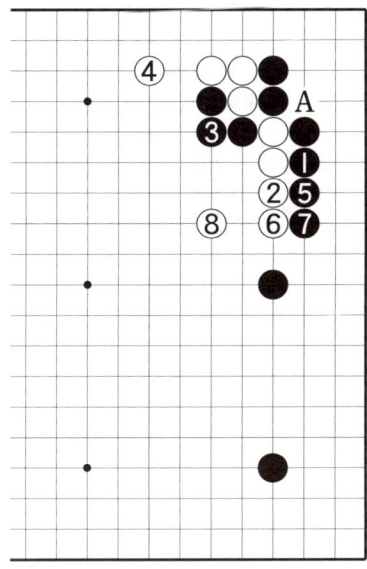

5도

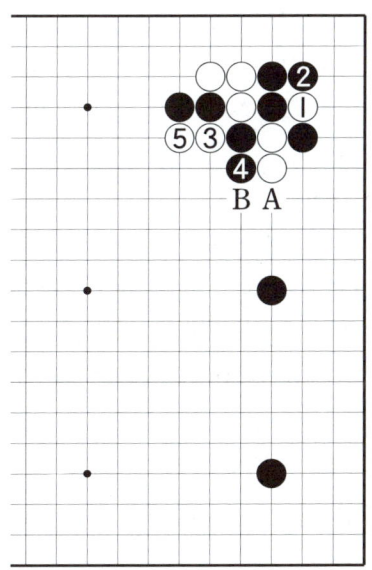

6도

4도(실전진행1)

흑1로 막자, 백은 2의 끊음. 흑3으로 몰고 5에 늘어서 심상치 않은 싸움으로 발전한다. 4로 A, 흑4, 백5는 문제없이 흑이 좋다.

5도(주도권이 백에게)

전도 흑5로 본도 1·3으로 싸우려는 것은 8까지 보듯이 주도권이 백에게 넘어간다. 5로 달리 두면 백이 5에 막는 것이 A의 끊음을 봐서 선수.

6도(실전진행2)

백1의 끊음이 축을 방어하는 맥점. 이러면 흑4가 오더라도 흑A의 축이 안됨과 동시에 백B의 축을 거꾸로 노릴 수 있다.

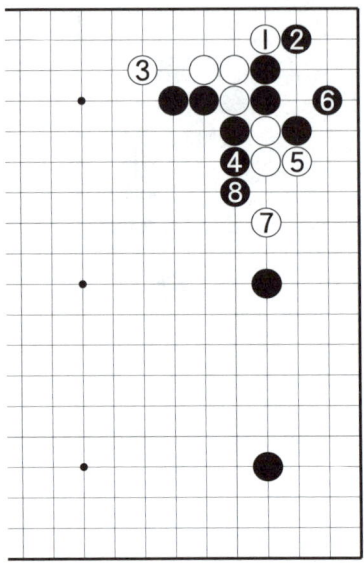

7도

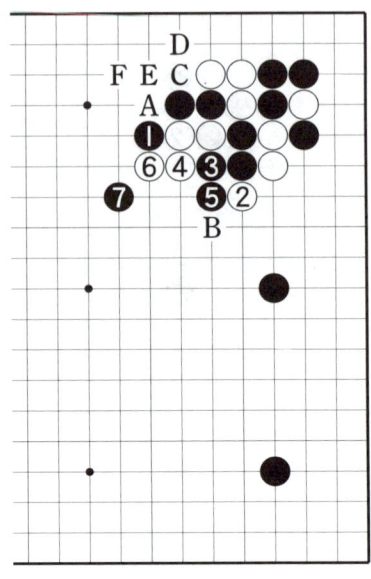

8도

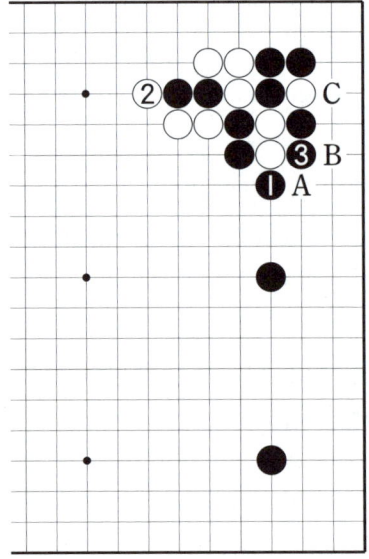

9도

7도(명백한 백의 고전)

전도 백1로 본도 1에 젖히고 3에 뛰는 것은 흑4로 미는 것이 강력하다. 백5는 선수이지만 흑8까지 되면 백의 고전이 명백하다.

8도(실전진행3)

6도 다음 흑1에 젖혀 백A의 축을 방어하자, 백은 2~6으로 B의 축, 그리고 A, 흑C, 백D, 흑E, 백F의 회돌이축을 맞봤다. 이때 흑7이 진신두(鎭神頭) 묘수!

9도(후수여서 불만)

전도 흑1로 본도 1·3은 후수라는 점이 불만이다. 3을 손빼면 백3, 흑A, 백B, 흑C로 당장은 수가 없더라도 맛이 아주 나쁘다.

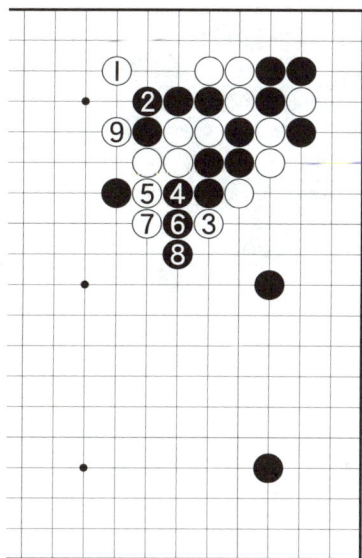

10도

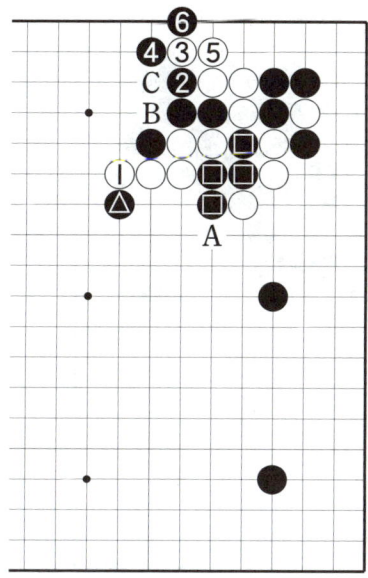

11도

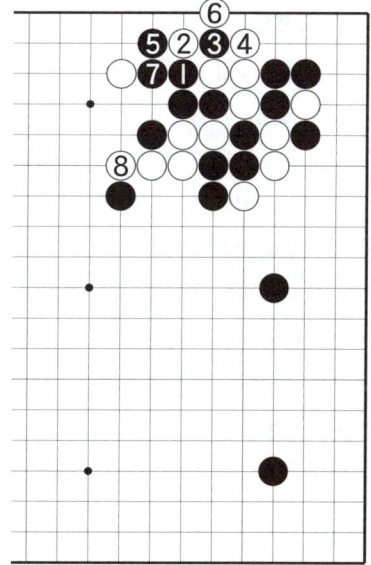

12도

10도(실전진행4)

흑의 묘수에 대항한 백1이 또 타개의 묘수. 흑2에 백3 이하 9로 흑 넉점을 수중에 넣었다.

11도(백이 잡힌다)

흑▲에 대해 백1로 나가도 A 이하로 흑■를 잡자는 축은 성립하지 않는다. 흑2~6이면 백 아웃. 1로 2, 흑B를 선수해도 흑C에 막혀 역시 백이 잡힌다.

12도(큰 차가 난다)

10도 흑2로 본도 1에 막는 수는 백2로 젖혀왔을 때 상황이 전혀 다르다. 8까지 전도와는 큰 차가 난다.

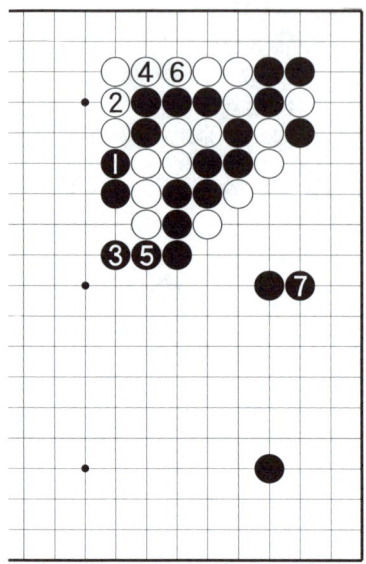

13도

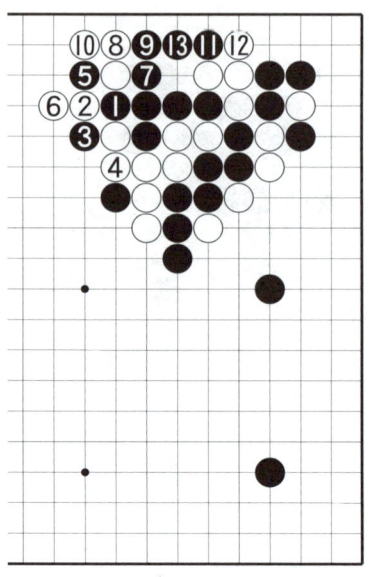

14도

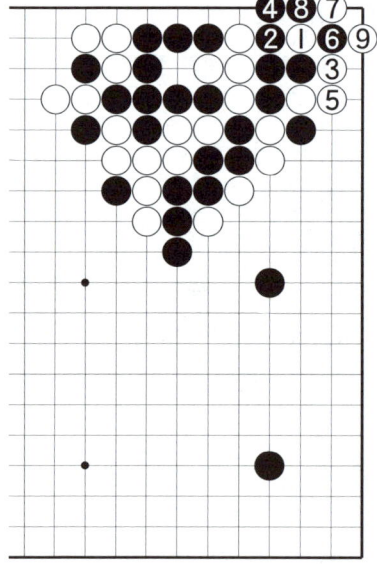

15도

13도(실전진행5)

10도 다음 흑1로 끊고 3에 씌워서 죄어붙임을 꾀한 것이 호수였다. 7까지 흑돌이 두 개 많은 점을 감안한다면 흑이 약간 낮다고 봐도 좋을 듯.

14도(한수 빠르다?)

전도 흑1로 본도 1 이하로 움직이면 수상전 양상. 13까지 되면 흑이 문제없이 한 수 빠른 것 같지만―

15도(백의 꽃놀이패)

백1로 붙이는 묘수가 있다. 흑2에 백3으로 단수하고 5에 잇는다. 다음 흑6이면 백7·9로 패. 거의 백의 꽃놀이패이다.

 ## 3연성-다케미야의 과감한 신수

웬만한 아마추어 가운데 흑1을 두어 보지 않은 이는 없을 것이다. 다케미야(武宮正樹)의 과감한 시도. 당시에는 그리 높은 평가를 받지 못했지만….

상대방은 조치훈.

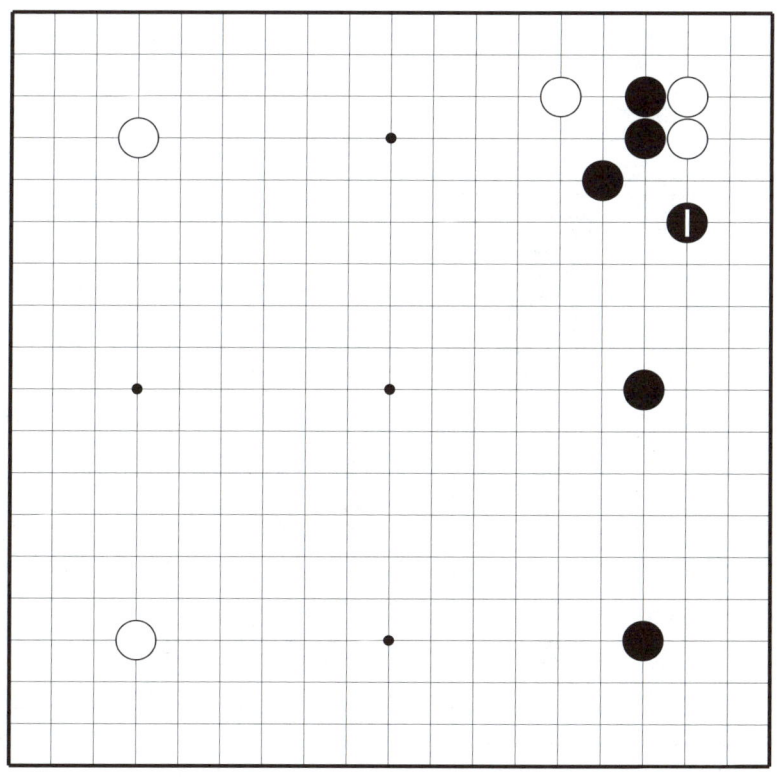

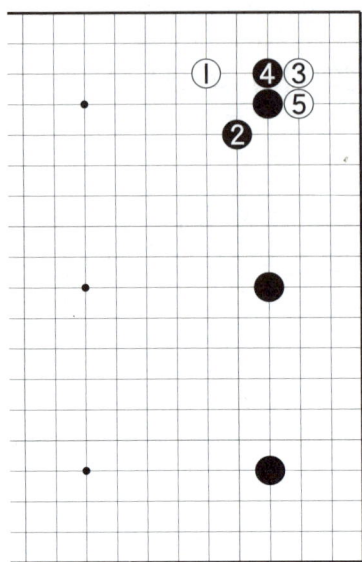

1도

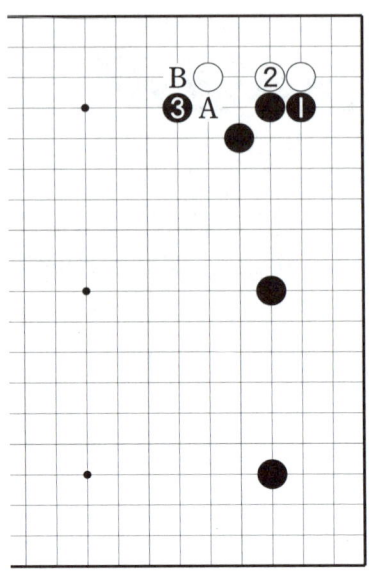

2도

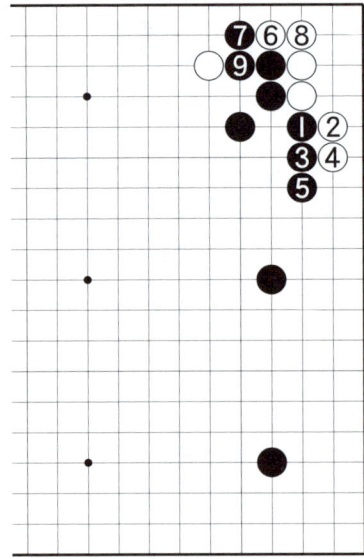

3도

1도(과정)

흑의 3연성에 백1의 걸침. 흑2의 마늘모도 다케미야의 창안이지만, 백3에 흑4쪽 막음도 드문 수였다.

2도(1쪽이 보통)

백의 3·三침입 때 흑은 1쪽을 막는 것이 보통이다. 이래야 3연성의 본뜻을 살릴 수 있으니까. 3 다음 백은 A로 나가서 끊든가 아니면 B로 기든가이다.

3도(상식적인 진행)

1도 다음 상식은 흑1의 젖힘이다. 백은 2·4를 선수하고 6·8도 선수하고 손을 빼어서 전환하게 될 것이다.

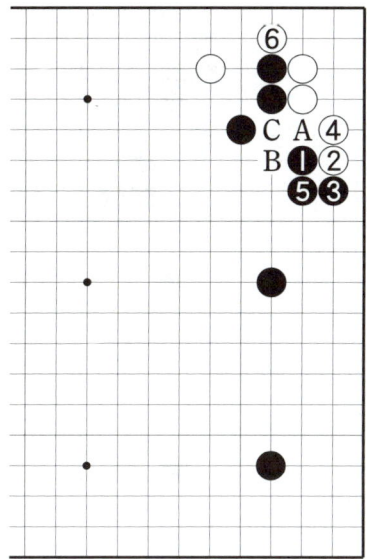

4도

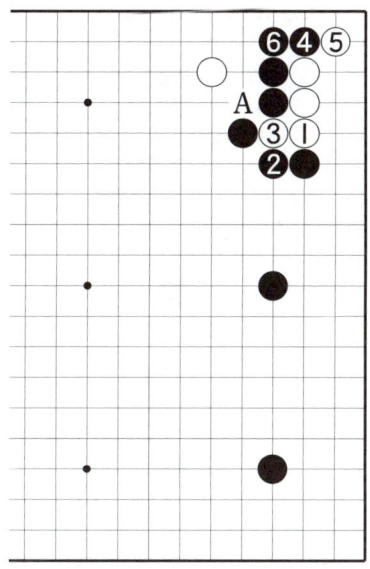

5도

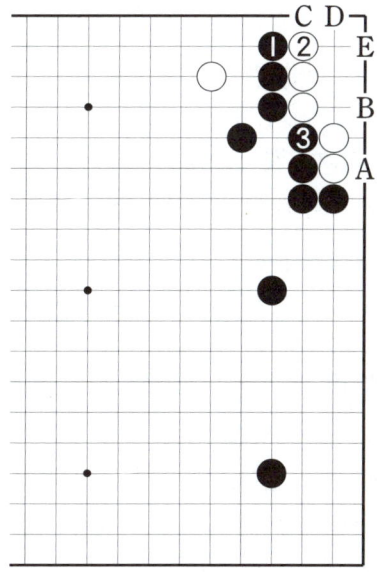

6도

4도(실전진행1)

흑1로 비킨 것이 다케미야의 신연구. 백은 2·4로 붙여끌고 6에 젖혔다. 3으로 4는 백A, 흑3, 백B, 흑5, 백C로 돌파당한다.

5도(백, 좋을 것이 없다)

백1로 치받는 수는 흑2로 서게 해 좋을 것이 없다. 주도권이 흑에게 넘어간다. 백3으로 A의 단점을 강조해 봐도 흑4·6이 강력해서 별무신통.

6도(젖힘을 생략하면)

4도 백6의 젖힘을 생략하면 흑1·3을 선수당해 바깥쪽이 점점 튼튼해진다. 또 백이 손을 빼면 흑A, 백B, 흑C, 백D, 흑E로 귀가 횡사한다.

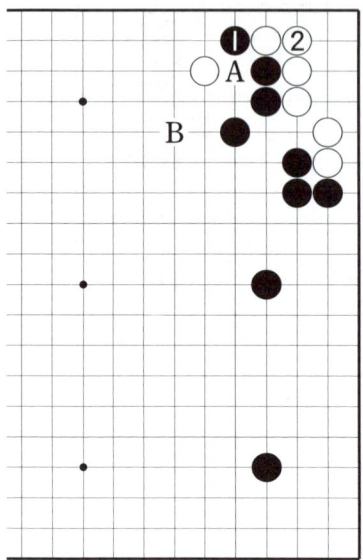

7도

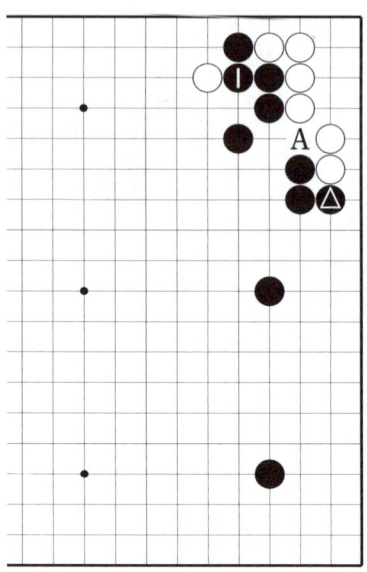

8도

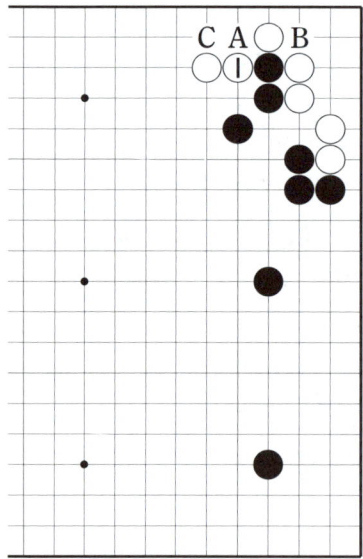

9도

7도(실전진행2)

4도 다음 흑1로 막고 백은 2로 이었다. 이 다음 백이 A에 끊더라도 흑 B에 뛰고 나서 활용할 수가 있다.

8도(3도보다 흑 유리)

7도 이후 흑1로 잇는 것이 크다. 3도와 비교해 보면 A에 있던 흑돌이 ❹에 있음을 알 수 있다. 그 만큼 유리하다고 판단할 수 있다.

9도(백1이 큰 수)

7도 흑1로 막는 수는 팻감 관계상 보류할 수도 있다. 그럴 경우 백이 둔다면 1이 매우 큰 수. 이 다음 흑A로 끊으면 백은 B에 잇지 않고 C로 잡게 될 것이다.

 **화점정석-2선을 기습**

관서기원의 유키(結城聡)가 둔 2선을 기습한 신수, 흑1. 변에 전개한 흑▲가 있기 때문에 더욱 유력했는데, 실전에서는 백의 응수에 문제점이 약간 있었다.

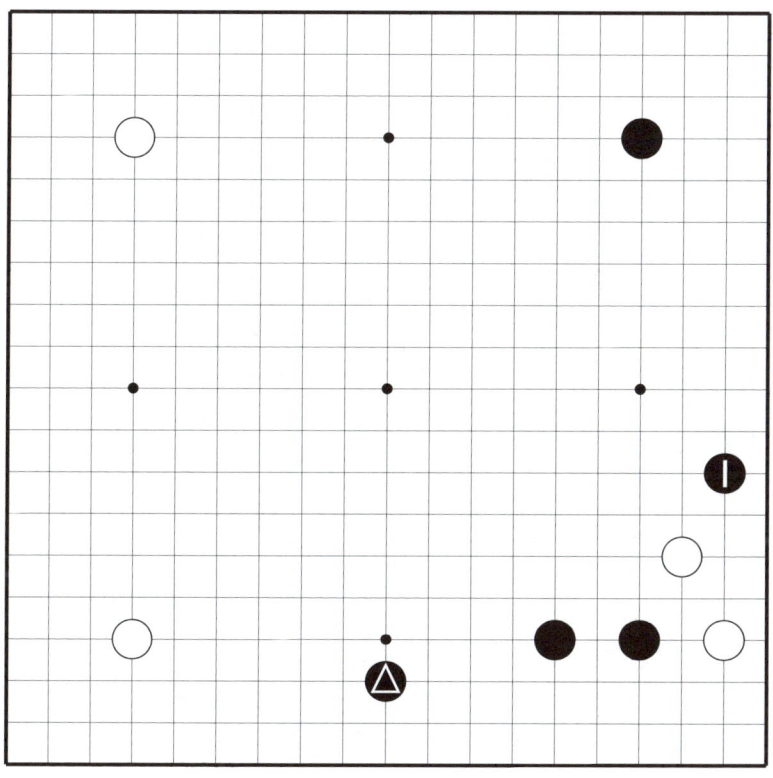

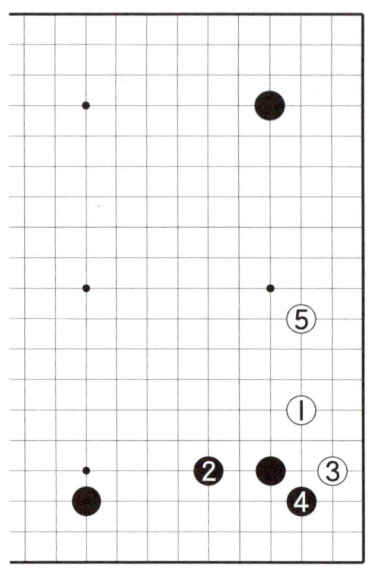

1도

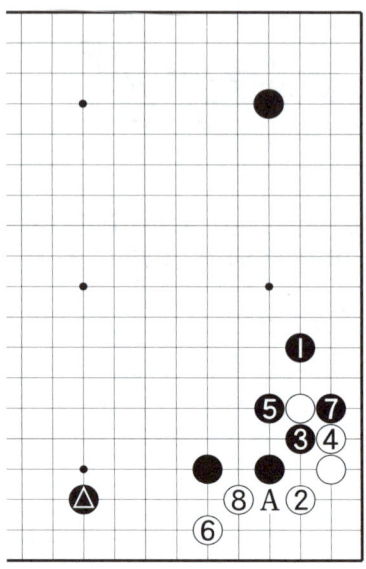

2도

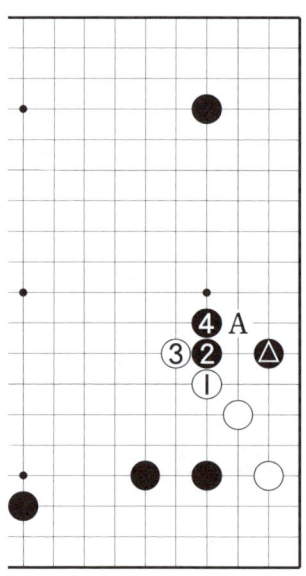

3도

1도(기본정석)

백1로 걸치고 흑2에 백3으로 미끄러진 수는 기본정석 코스. 흑4로 응수해 나쁠 까닭은 없을 것이다. 그러나 흑이 포석에서 약간 뒤지는 의미는 있을 것이다. 그래서…?

2도(흑▲가 어정쩡)

귀를 받지 않고 우변에서 다가서는 수는 흑1이 상식적이다. 그러나 백2 이하 8까지 된다고 가정하면 흑▲의 위치가 어정쩡하다. 요컨대 급하지 않은 곳에 둔 셈이 되는 것이다. 흑3으로 A면 백은 5로 중앙진출.

3도(실전진행1)

실전에서는 흑▲에 대해 백1로 마늘모했다. 다음 A의 씌움을 보고 있다. 따라서 흑도 2·4로 붙이고 늘어서 그것을 방비했다.

388

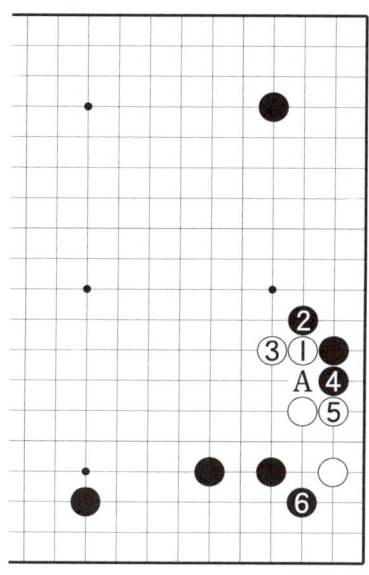

4도

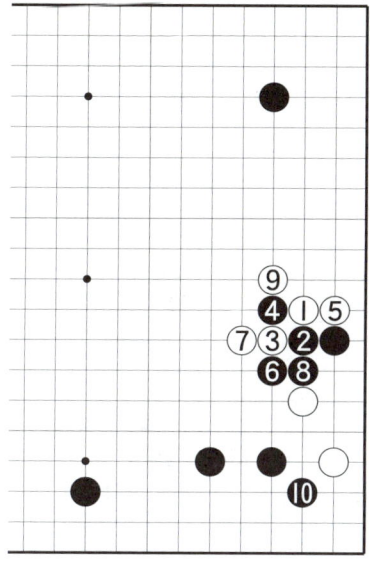

5도

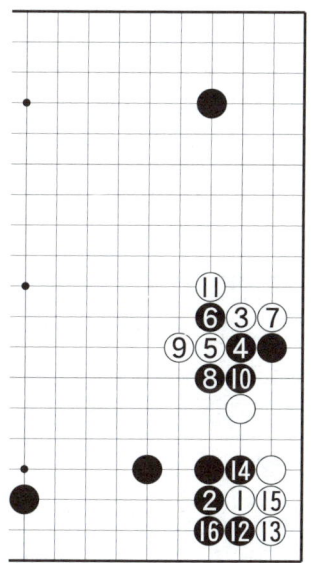

6도

4도(백, 기분 나쁜 모습)

백1에 붙이고 3으로 뻗는 것은 일감이지만, 흑4 다음 6으로 귀를 지키는 리듬이 좋아 기분 나쁘다. 이렇게 근거가 없어지면 공연히 흑 A의 노림만이 부각될 뿐이다.

5도(당장은 무리)

백1로 어깨를 짚어 흑을 압박하는 수는 강력한 의미가 있다. 그러나 당장 두는 것은 흑 2·4의 반격을 초래해 아무래도 무리인 듯. 9까지 두텁지만 귀의 실리가 너무 크다.

6도(역시 백 불리)

그렇다면 백1로 마늘모해 흑2와 교환하고 나서 백3으로 짚어가면 어떨까? 이것도 백4 ·6의 끊음이 준엄하다. 16까지의 실리가 커서 백이 재미없는 결과이다.

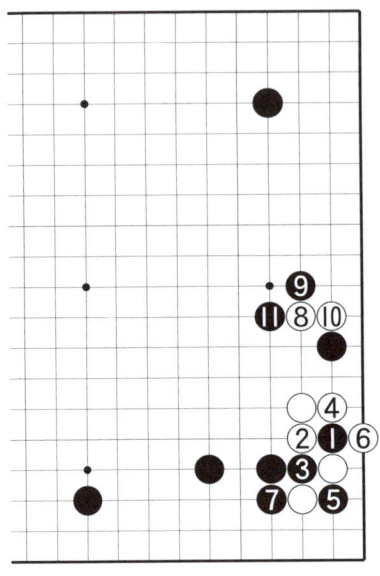

7도

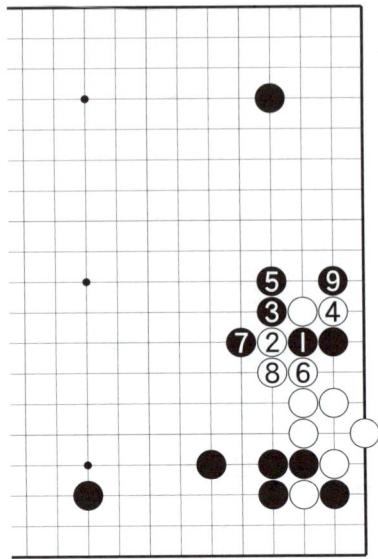

8도

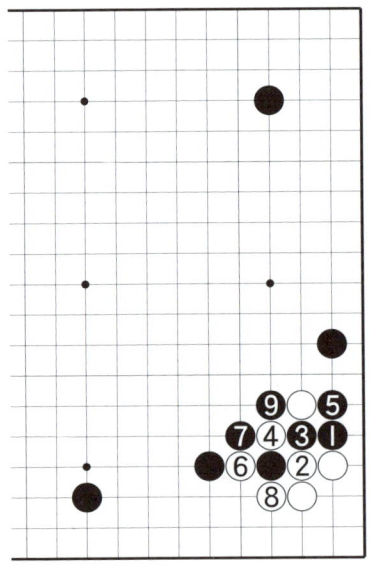

9도

7도(흑의 반격)

더구나 흑은 1로 건너붙여서 반격할지도 모른다. 백2·4에는 흑5·7로 백 한 점을 잡아 귀가 크다. 다음 백8이 준엄하지만 흑9·11로 버려서 좋다. 이러면 백은 중복인 것이다.

8도(나가끊어도 둘 만함)

전도 흑9로는 본도 1·3으로 나가끊어도 둘 만하다. 백4에 흑5가 호수! 9까지 죄어붙여서 꿩먹고 알먹는 셈이다.

9도(백의 재반격은?)

흑1 반격에 백2로 웅크려서 재반격하는 것은 어떨까. 그러면 흑3·5에서 7·9로 봉쇄하는 것이 안성맞춤. 계속해서—

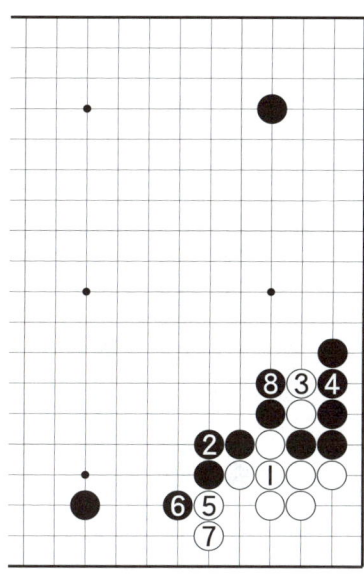

10도

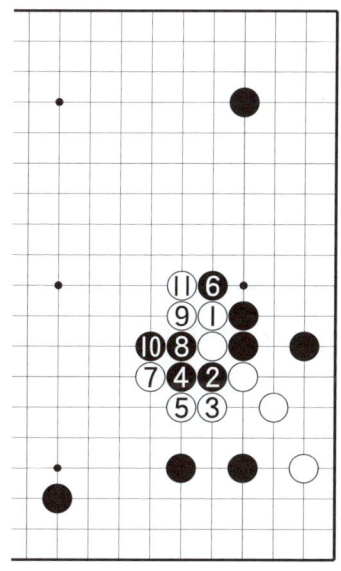

12도

11도

10도(실리 대 세력)

백1의 이음에 흑도 2쪽을 보강한다. 백3, 흑4의 교환은 맛을 남기려는 뜻. 8까지 실리와 세력의 절충인데, 흑은 약간 중복인데다 맛이 나쁜 만큼 백도 둘 만하다.

11도(급박한 싸움)

전도 백7로 본도 1에 움직여나가는 것은 흑2 이하 8까지 급박한 싸움이 되므로 백이 좋지 않다. 하변 화점 아래의 흑 한점도 원군 구실을 하게 될 것이다.

12도(실전진행2)

백1로 밀자, 흑은 2에 끊어서 급전을 지향했다. 백3·5에 흑도 4·6으로 버텨서 치열한 응접. 11까지 싸움이 계속 이어진다.

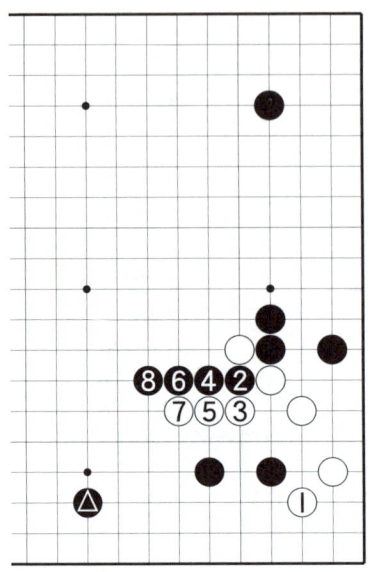

13도

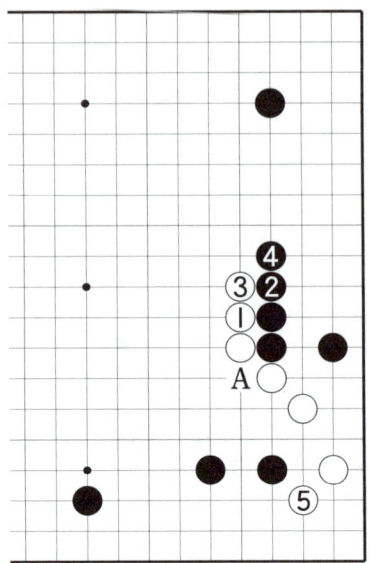

14도

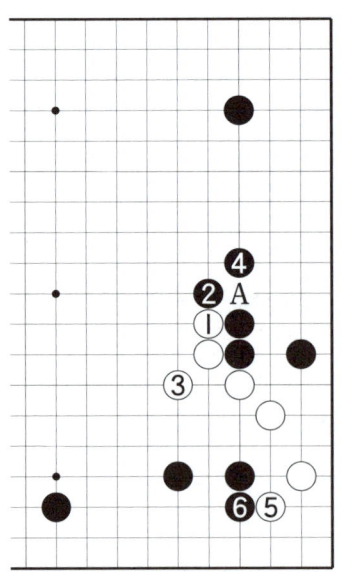

15도

13도(공배를 두며 진출)

백1로 귀쪽을 마늘모하는 것은 흑2의 끊음을 불러서 좋지 않다. 백은 3 이하 7로 공배를 두며 진출할 수밖에 없는 점이 아프며, 흑은 ▲가 그런 대로 구실을 한다.

14도(백, 능률적인 모습)

백1 때 흑2로 느는 것은 백3을 불러 흑이 재미없다. 흑4로 늘어 제법 살이 통통하지만 A로 끊는 수가 점점 희미한 노림이 되어간다. 5까지 백이 능률적인 모습이다.

15도(백의 주문)

그렇다고 백1에 대해 흑2로 젖히는 것은 백3에 지키게 해서 이것은 백의 주문이다. 다음 A의 끊음과 백5의 마늘모가 맞보기인 것이다. 이 결과는 흑이 당한 모습.

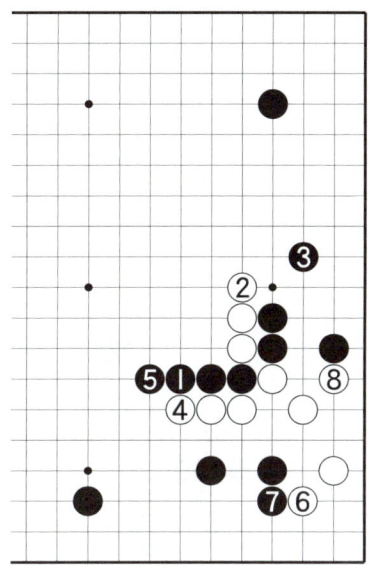

16도

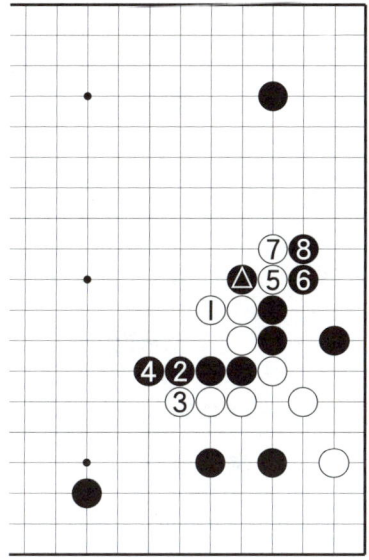

17도

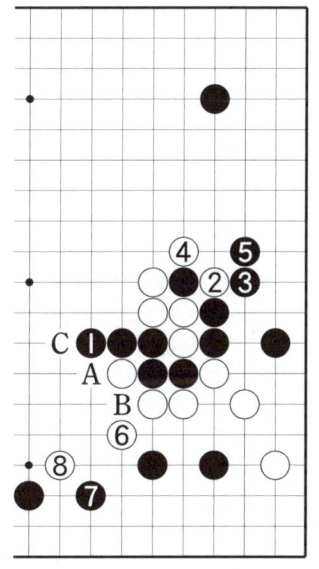

18도

16도(백, 충분한 모습)

12도 흑6으로 본도 1에 느는 것은 백2를 선수당해 신통치 못하다. 백은 4 이하 8까지 안정해 충분하다. 하변의 흑은 엷어 가일수가 필요한 모습.

17도(빈삼각은 안된다)

흑❹의 젖힘 때 백1의 빈삼각으로 꼬부리는 것은 바람직하지 못하다. 흑2로 늘게 해 바쁜 싸움. 8 다음 우하귀 백도 부실하고 중앙도 가일수가 필요해 백이 지탱하기 힘들 듯.

18도(실전진행3)

흑1로 뻗자, 백은 2·4를 선수해 보강했다. 이것은 전도와는 차이가 큼을 알 수 있다. 그리고 백6·8로 진출. 흑1로는 A에 몰고 백B, 흑C가 나았을 듯.

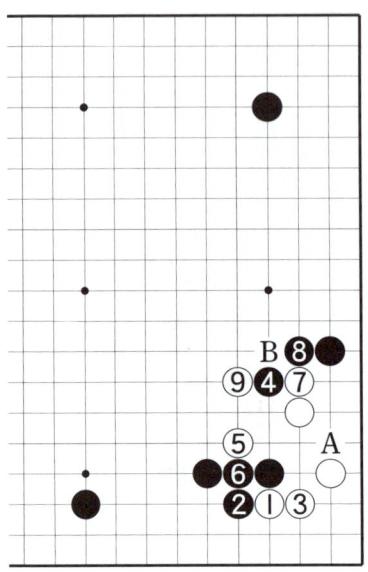

19도

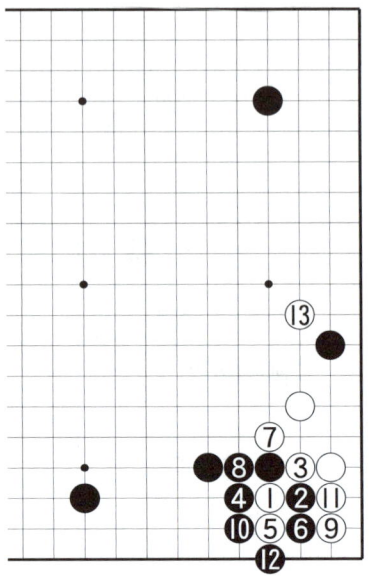

20도

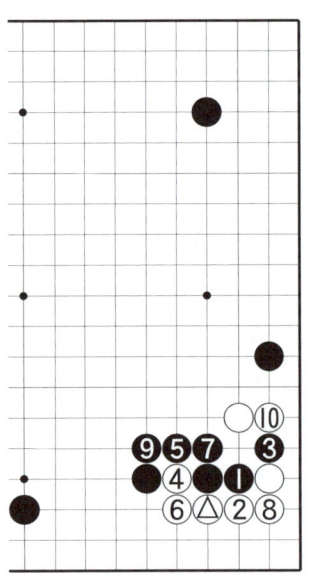

21도

19도(백1, 유력한 응수)

거슬러올라가 백은 1로 붙이는 것이 유력한 응수였다. 흑2면 백3으로 끌어 흑A의 노림을 방어한다. 흑4에는 백7에서 9로 나아가서 좋다. 다음 흑B에는 손을 빼도 된다.

20도(반격은 대환영)

백1에 대해 흑2·4로 반격해 오는 것은 대환영이다. 백5 이하 11까지 사석을 활용하는 것이 멋지다. 그리고 나서 13으로 짚어가는 것이 준엄하다. 이것은 백이 능률적인 모습.

21도(흑, 한 것 없음)

백△ 때 흑1로 치받고 3에 차단하는 것은 어떨까? 그러면 백4의 끼움이 얄미운 수. 백10까지 흑은 한 것이 없는 결과. 9로 10이면 백은 9에 끊고 싸운다.

 제6형 **화점 한칸협공-마늘모붙임의 타이밍**

유행하는 화점·한칸협공에서 나온 신수.

흑1의 마늘모붙임은 타이밍이 어려운데, 요다(依田紀基)는 백이 한칸을 뛰자마자 두었다.

상대(백)는 왕 밍완(王銘琬).

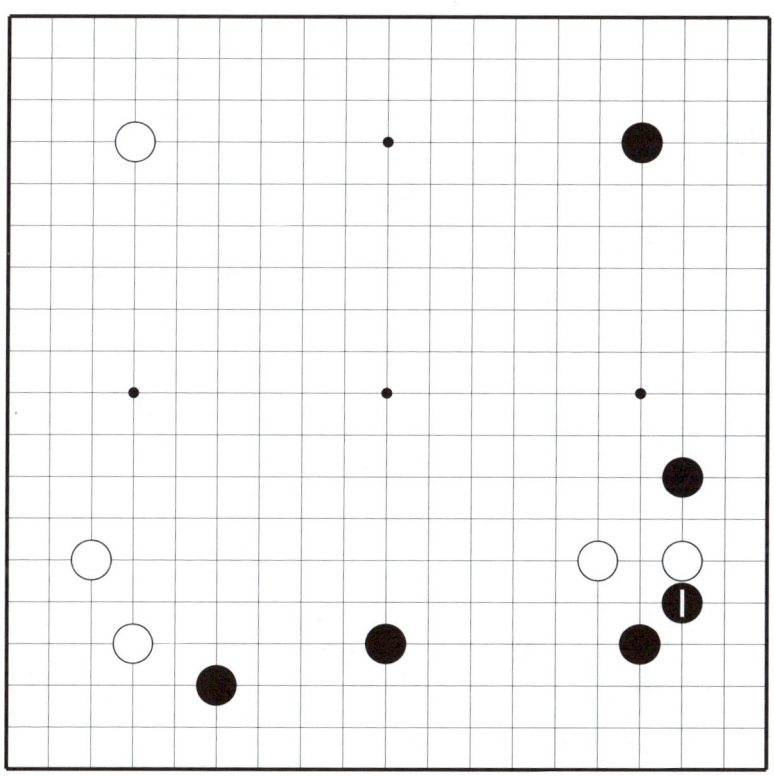

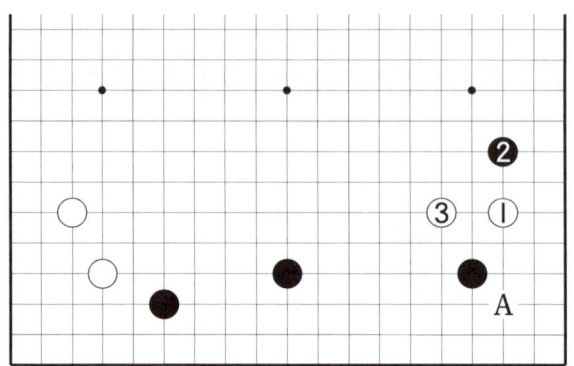

1도

1도(과정)

백1의 날일자걸침에 흑 2의 한칸협공. 이러면 백 은 A의 3·三침입이 보 통이지만 3으로 한칸을 뛰는 수도 종종 쓰인다.

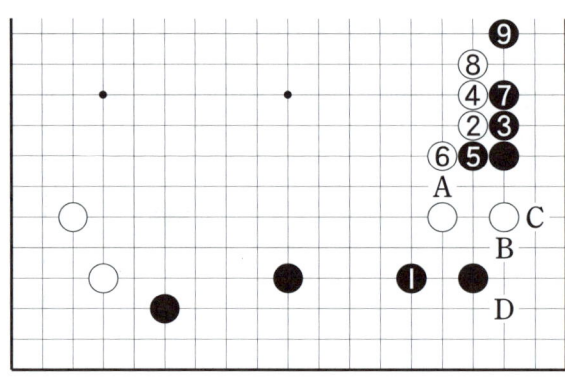

2도

2도(통상의 진행)

흑1로 뛰고 백2 이하 흑9까지가 통상의 진행. 다음 백은 A에 잇는 정 도. 그런데 그 전에 흑 B, 백C가 교환되어 있으 면 백D의 침입이 희석 되므로 이득인 셈.

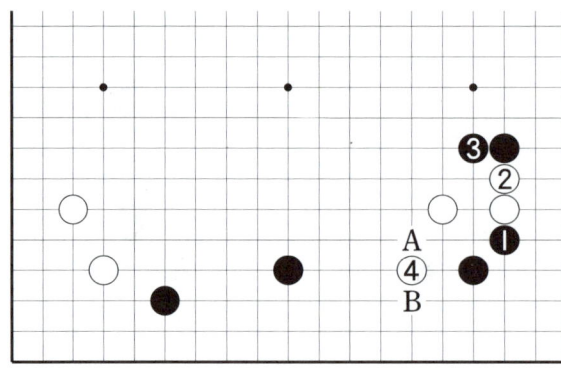

3도

3도(실전진행1)

백은 2로 치받았다. 흑 은 3에 서고 백은 4로 날일자했다.

3으로 4면 백3. 그건 그렇고 4로 A는 흑B로 받게 해 느슨하다.

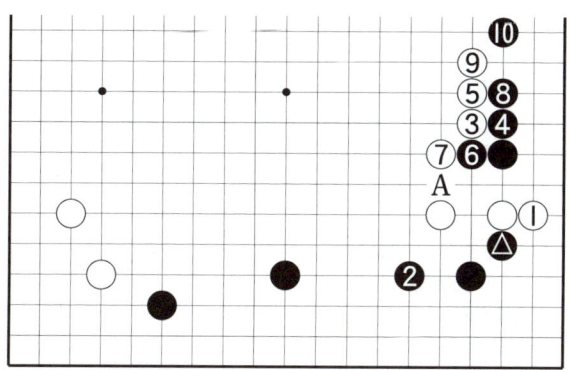

4도

4도(흑의 주문)

흑△의 주문은 백1로 내려서 달라는 것. 그러면 흑2에 뛰고 이하 10까지 되었을 때 흑A의 끼움이 준엄한 노림이다.

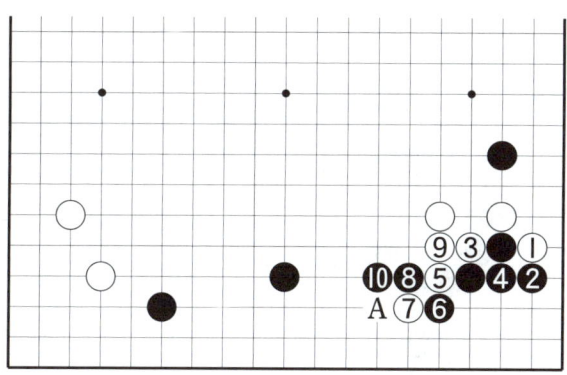

5도

5도(경우에 따른 수법)

백1로 젖히고 3에 단수하는 것은 속수의 성격이 있지만 경우에 따라 가능하다. 백7은 무리. 흑8·10의 반격이 통렬하다. 따라서 7로는 8, 흑7, 백10, 흑A가 정도.

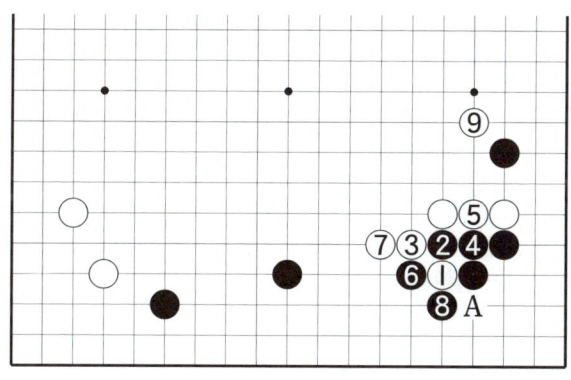

6도

6도(희생타로 정비)

백1의 붙임은 이 한점을 희생타로 정비하려는 뜻. 실리는 크게 내주었지만 백9까지 두터운 모습. 7로 8이면 흑A.

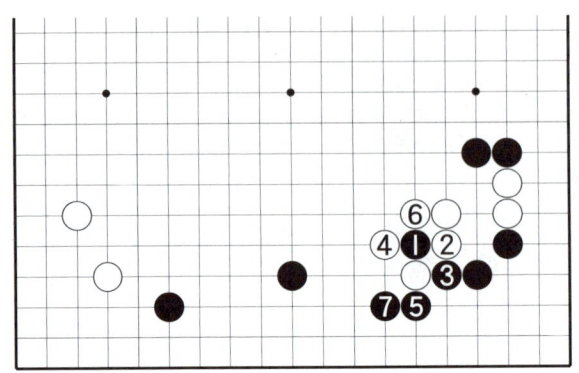

7도

7도(실전진행2)

흑1로 건너붙여서 7까지, 우하귀에서 하변을 굳혔다.

백도 두터움을 얻었으니 우변 흑 두점을 공격하면 충분히 둘 만하다.

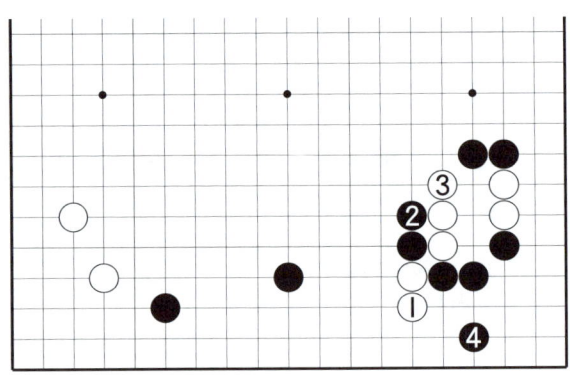

8도

8도(무리한 백1)

전도 백4로 본도 1에 내려서는 것은 무리. 흑2로 밀어 놓고 4에 뛰면 백은 양곤마 양상이 되어 고생문이 훤하다.

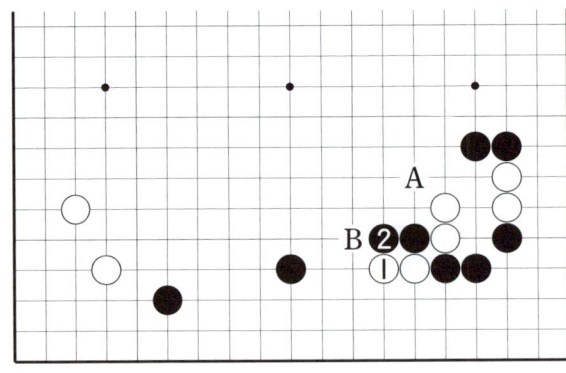

9도

9도(흑2, 통렬)

백1쪽을 뻗는 것 역시 무리수. 흑2로 미는 수가 통렬하다. 다음 A와 B가 맞보기여서 백의 파멸이 눈앞에 보인다.

398

 화점 두칸높은협공-유력한 맥과 신수

화점·두칸높은협공/양걸침의 변화에서 파생된 신수.
흑1로 호구친 수는 유력한 맥인데, 이에 대해 백2로 들여다본 것이 린 하이펑(林海峰)의 신수.
흑은 야마시로(山城宏)였다.

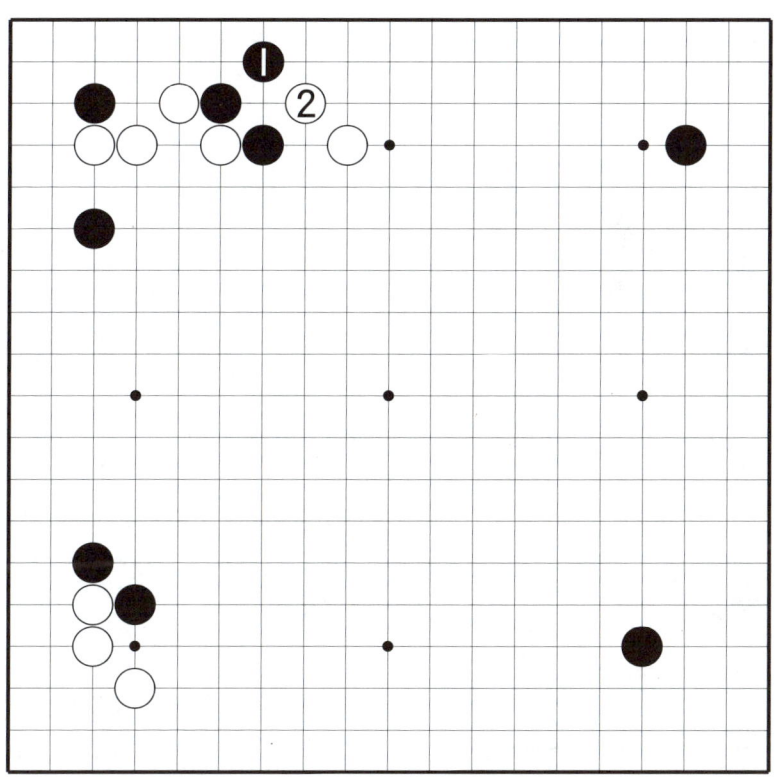

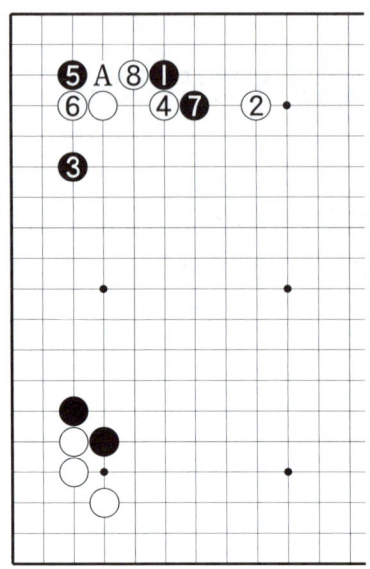

1도

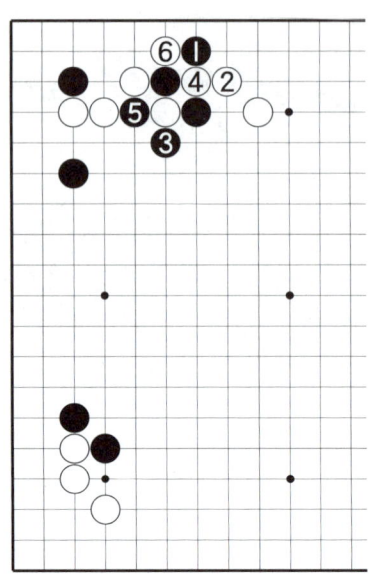

2도

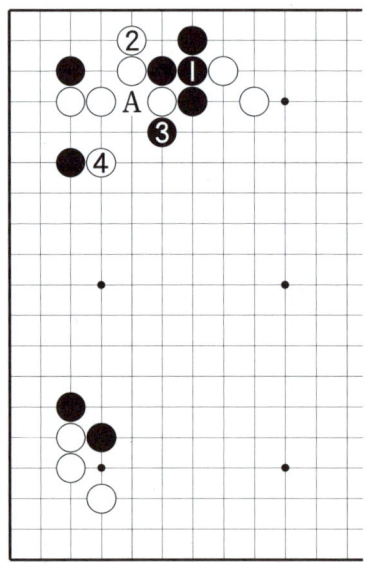

3도

1도(과정)

흑5로 3·三침입하고 7에 젖히는 것은 있는 수법. 백8로 A에 막는 수도 꽤 두어졌었으나 개량된 것이 백8의 호구막음이다.

2도(실전진행1)

백2에 대해 흑이 바로 이으면 흑3의 단수가 안 듣는다. 백4가 강수였다. 흑5, 백6은 내친 걸음이자 기세.

3도(어이없는 수)

흑1이면 백은 2의 내려섬. 그 다음 흑3에 몰면 이제 백은 A로 이어주지 않고 4로 붙여서 진출한다. 이러면 흑1이 어이없는 수가 되어 버린다.

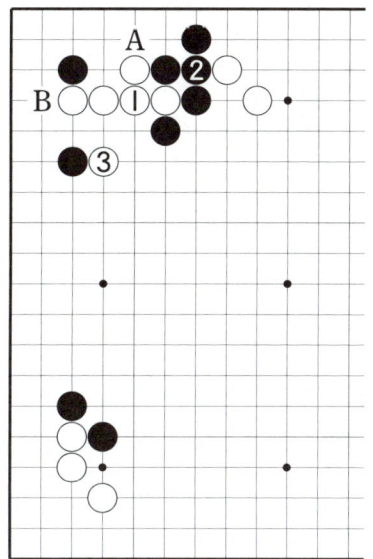

4도

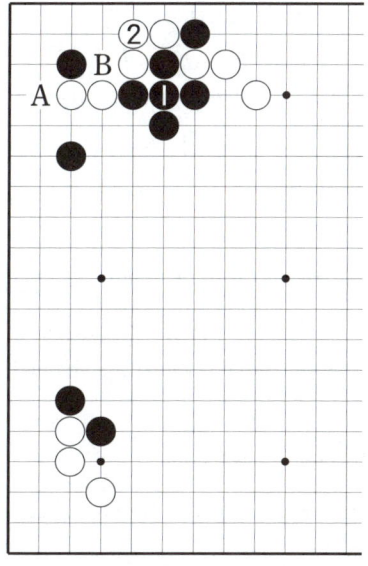

6도

4도(젖힘이 오면)

만약 2도 백4로 1에 이으면 이제는 흑도 2에 잇는다. 백은 3에 붙여서 진출해야 하는데 흑A나 B의 젖힘이 오면 영 곤란하다.

5도(실전진행2)

흑1로 끊고 자연스럽게 3에 이은 것이 실전. 백4에 젖혀서 수상전인데, 일단 흑은 잡힌 모습이다.

6도(흑, 책략이 없다)

전도 흑1로 본도 1에 잇는 것은 책략이 없는 수. 백2로 이어 얘기가 안 된다. 이 다음 흑A의 젖힘에는 백B로 이어서 충분하다.

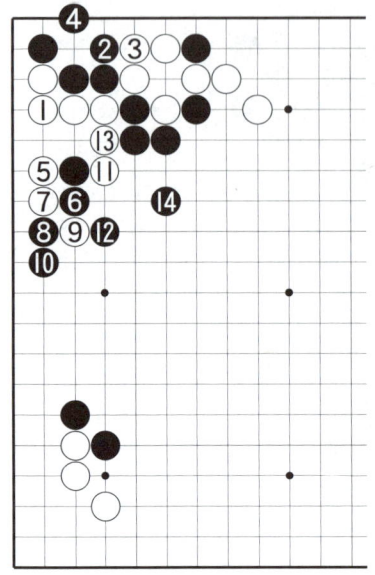

7도

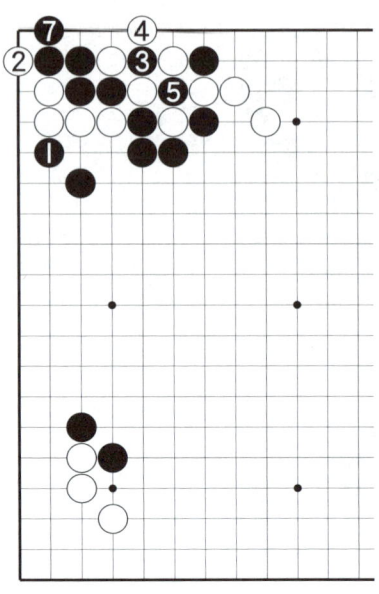

8도 　　　　　　　⑥…❸

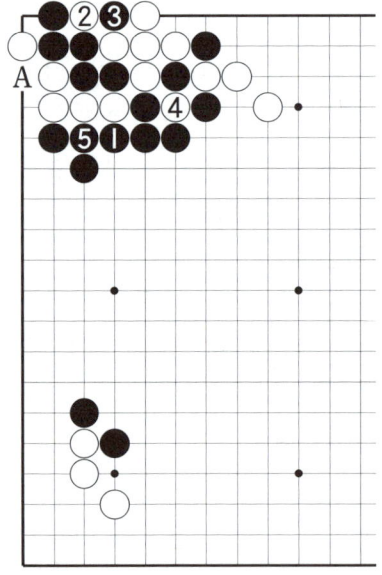

9도

7도(백, 기분 나쁘다)

5도 백6은 중요. 만약 그냥 1에 이으면 흑2・4의 성가신 저항을 받는다. 백5 이하 수수를 늘려 귀를 잡는다고 해도 14까지 보듯 기분 나쁘다.

8도(실전진행3)

흑1로 마늘모붙이고 3에서 5・7로 수상전의 해결을 촉구했다. 그런데 이 흑7을 당장 두어야 했느냐는 어려운 곳이었다.

9도(흑 차례면 패)

이 수상전은 백A면 1수 승. 그러나 흑이 바깥쪽을 메워오는 것이 모두 선수. 흑 차례면 1 이하 5로 패가 된다.

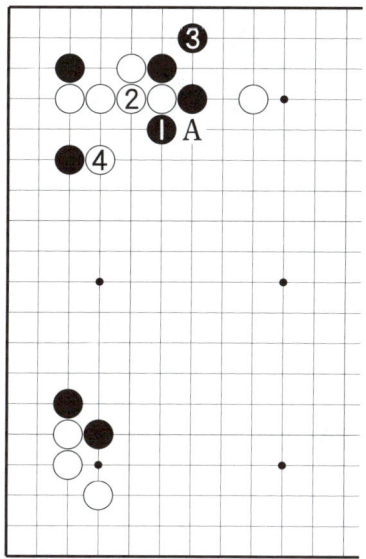

10도

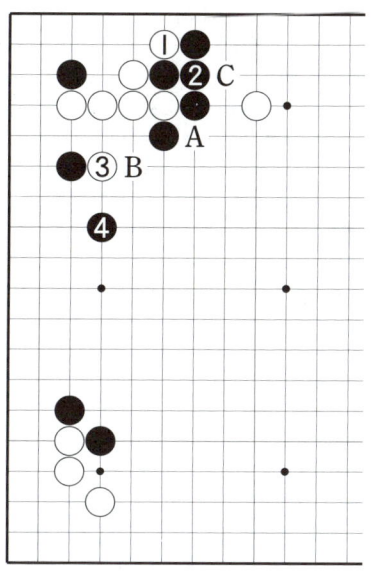

11도

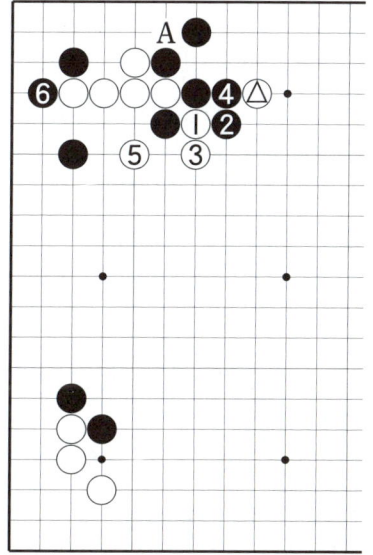

12도

10도(참고도)

거슬러올라가 흑1로 먼저 단수하고 3에 호구치는 변화. 백은 4로 붙여서 진출한다. 노림은 물론 백A.

11도(끊음은 시시하다)

전도 백4로 본도 1에 몰고 3이면 흑은 4로 비킨다. 이 다음 백A의 끊음은 시시하다. 2로는 B, 백2, 흑C의 강수도 있을 듯.

12도(백A가 안듣는다)

당장 백1에 끊으면 흑2·4는 절대이지만 ◎가 못쓰게 되어 백의 손해. 다음 백A가 듣지 않으므로 흑6의 젖힘을 불러 낭패이다.

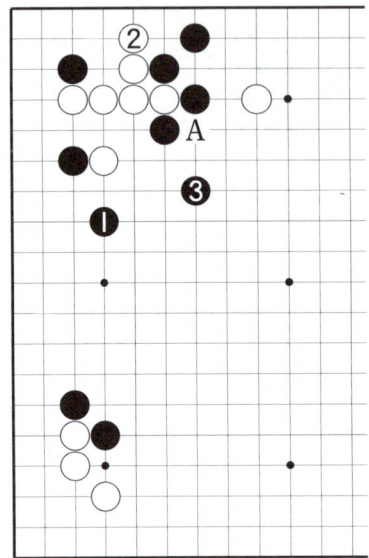

13도

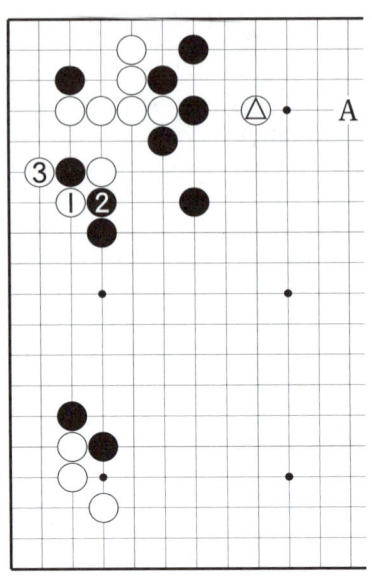

14도

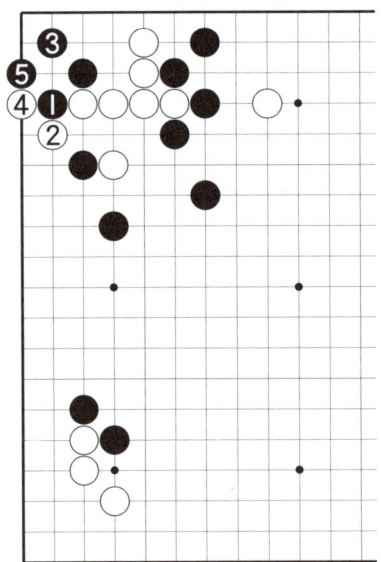

15도

13도(실전례)

10도 다음 흑1로 비키고 백2로 내
려선 실전례가 있다. 다음 흑3은 백
A의 끊음에 대비한 수이다. 아직 흑
은 귀에 노림을 품고 있다.

14도(백의 고전)

전도 다음 백1·3으로 흑 한점을
안으면 귀의 노림은 없앨 수 있다. 그
러나 흑A로 백△가 공격당해 백의 고
전이 명백하다.

15도(귀의 노림)

귀의 노림이란 말할 것도 없이 흑
1로 젖히고 3에 호구치는 수. 백4, 흑
5로 받아서 패인데, 백도 부담이 크다.

화점 두칸높은협공 - 양걸침의 신형

화점·두칸높은협공/양걸침.

양걸침 중 한쪽은 날일자가 아닌 한칸이다. 백1의 막음에 흑2로 젖혀 신형이 탄생했다.

백은 후지사와(藤澤秀行), 흑은 왕 리청(王立誠).

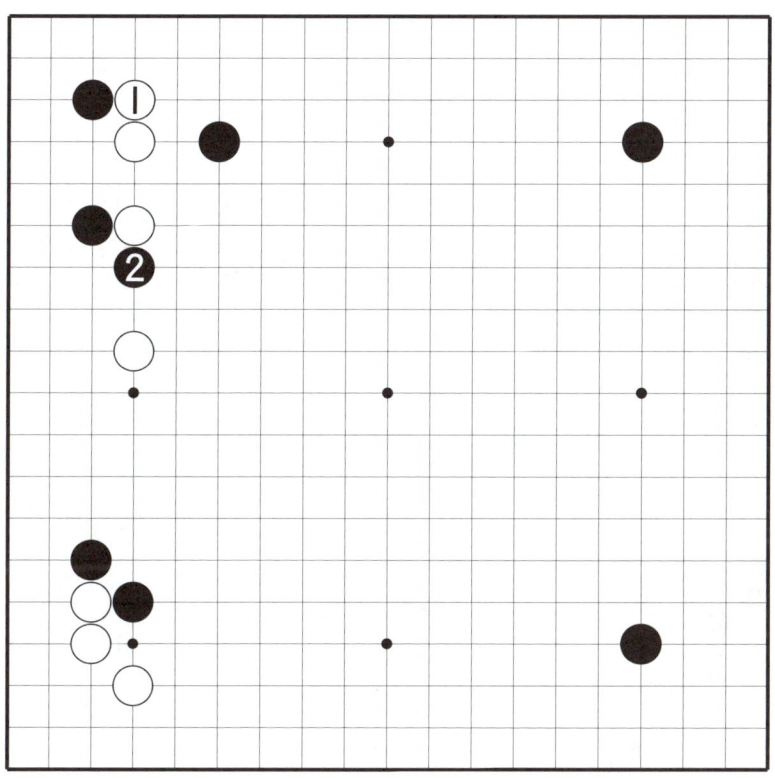

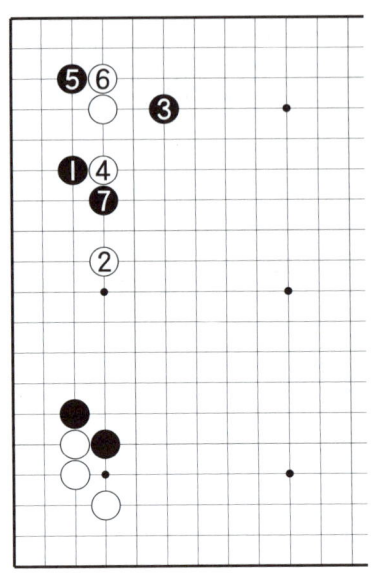

1도

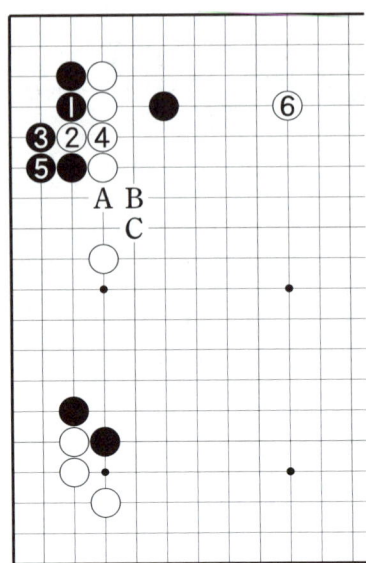

2도

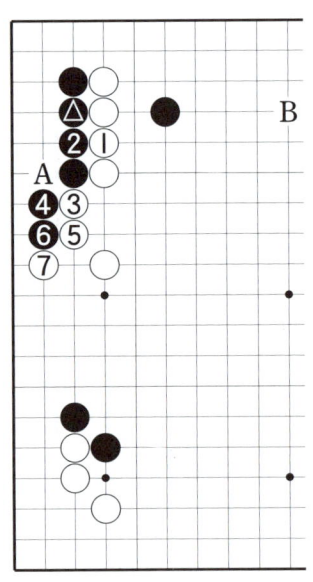

3도

1도(과정)

흑1의 날일자걸침에 백2의 두칸높은협공, 흑3의 양걸침이 출발점이다. 흑5의 3·三침입 때 백6에 막고 흑7의 젖힘. 좌하귀의 배석을 염두에 두기 바란다.

2도(이단젖힘)

전도 흑7로 본도 1이면 흑은 2·4로 끼워 잇든지, 아니면 그냥 4에 잇든지 둘 중 하나. 6까지 된 다음 백은 흑A, 백B, 흑C의 이단젖힘이 좀 부담스럽다.

3도(백, 두텁다)

흑▲ 때 백은 1로 잇는 편이 좋다. 7까지 백은 두터운 모습으로 좌하 흑 두점을 공격할 수 있다. 흑2로 A면 백은 B에 협공한다. 공배가 비어 있는 만큼 전도와는 사정이 다르다.

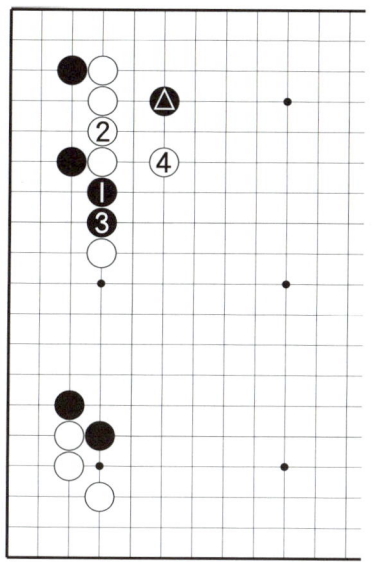

4도

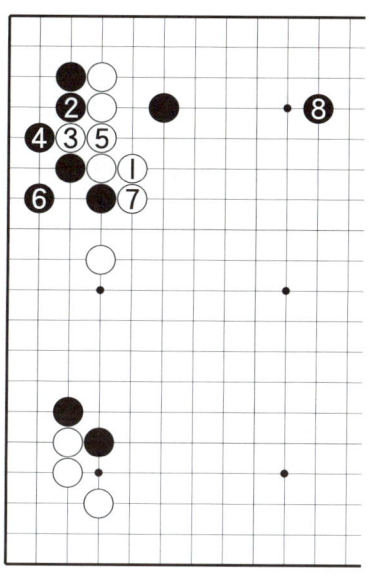

5도

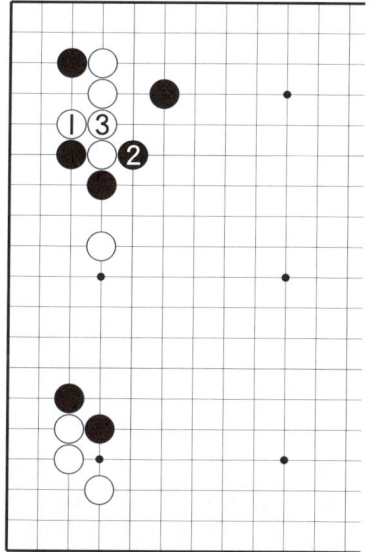

6도

4도(실전진행1)

흑1로 젖히자, 백은 2로 이었다. 이 것은 흑▲의 위치를 고려한 것. 흑3 에 치받아 분단하자 백은 4로 진출.

5도(흑, 호조의 진행)

전도 백2로 본도 1에 뻗으면 흑은 2. 백3·5를 선수하고 7에 꼬부리는 정도일 때 흑8로 세력을 견제해서 흑 의 호조이다.

6도(한방이 아프다)

백1로 호구쳐서 막는 것은 흑2의 한방이 아프다. 이렇게 봉쇄되어서는 이 다음 흑이 어떤 식으로 두더라도 백이 별로일 것이다.

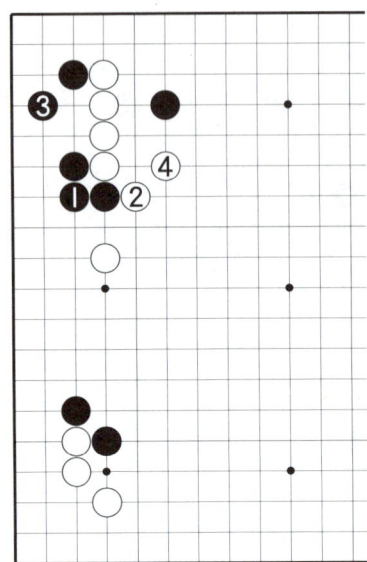

7도

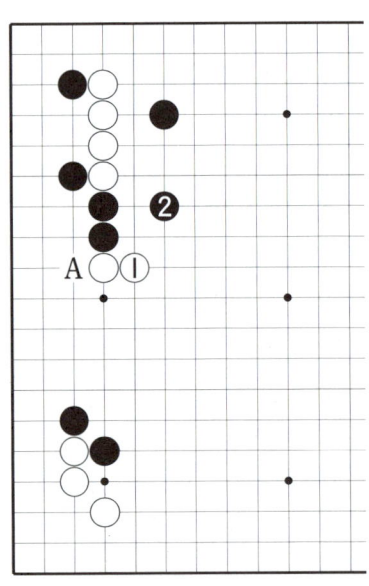

9도

8도

7도(세력을 쌓는다)

4도 흑3으로 본도 1에 잇는 것은 좋지 않다. 백2가 강력한 젖힘. 흑3으로 귀의 실리를 얻지만, 백4의 호형으로 세력을 쌓아서 충분하다.

8도(흑, 다음 수가 없다)

중앙 진출에만 신경써서 흑1에 뻗는 것은 백2 다음 마땅한 수가 없다. 흑A면 백B의 건너붙임, 흑B면 백A 건너붙임.

9도(좌상귀 봉쇄)

흑의 치받음 때 백1로 서는 것은 흑2로 뛰게 해 좌상귀가 거의 봉쇄된 꼴이다. 좌변 백이 공격목표가 될 우려도 있다. 1로 A여도 흑은 2.

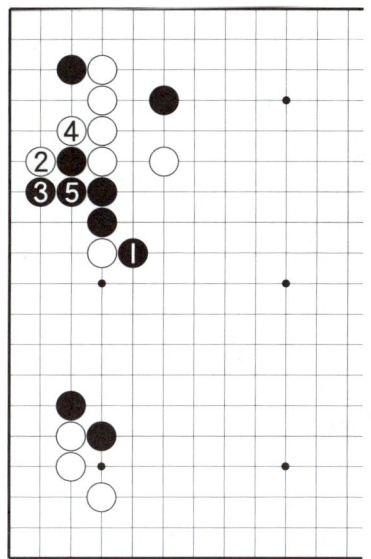

10도

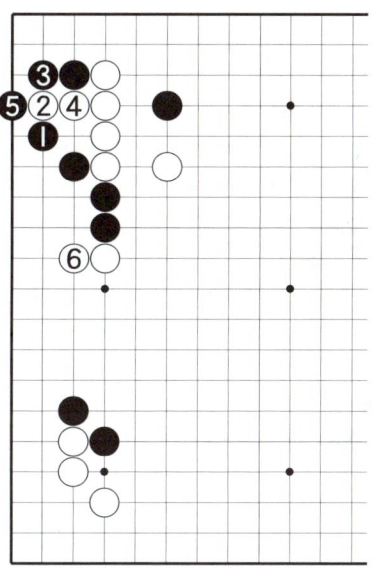

11도

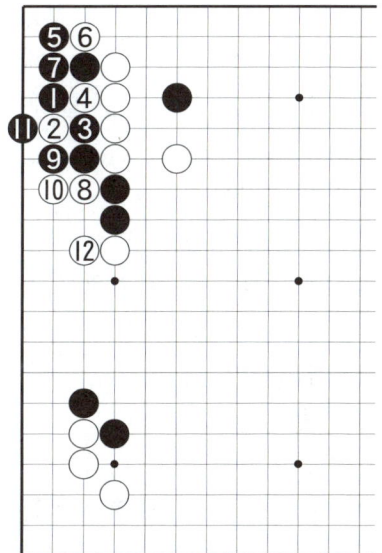

12도

10도(실전진행2)

4도 다음 흑은 1로 젖혔다. 백은 2에 껴붙여서 4를 선수활용. 그러나 여전히 귀에는 뒷맛이 남아 있다.

11도(흑, 엷은 모습)

흑1로 귀에 집착하는 것은 백2의 건너붙임이 매섭다. 5까지 흑은 엷은 모습. 백6으로 내려서 공격하면 흑도 피곤하다.

12도(대동소이)

흑1쪽에서 마늘모하는 것도 전도와 대동소이. 백2 이하 12까지 분단당해서는 흑이 나쁘다. 흑은 귀보다 변을 중시해야 한다.

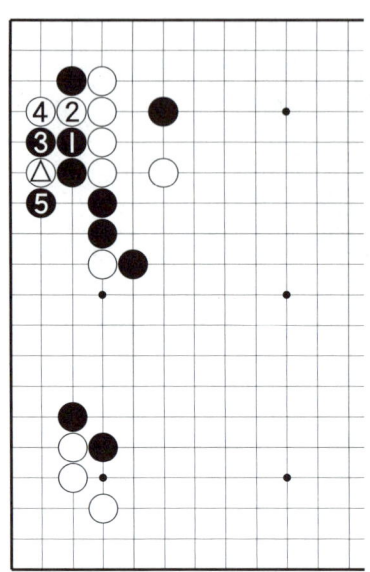

13도

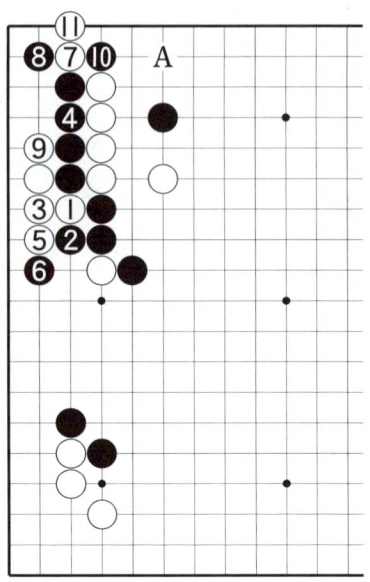

14도

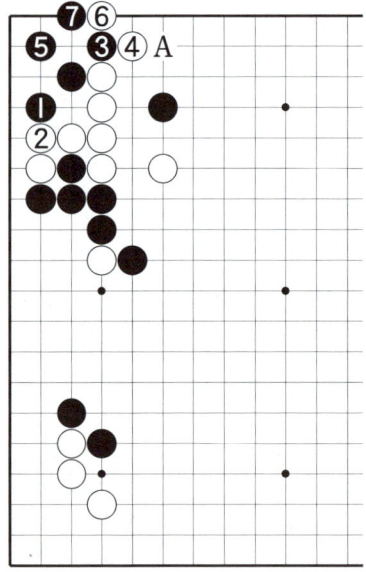

15도

13도(백의 주문)

백△에 대해 흑1로 반발하는 것은 백의 주문이다. 백은 2·4를 선수해 귀를 맞좋게 굳혀 버린다. 선수를 뽑은 백이 포인트를 따낸 모습.

14도(죄어붙이는 맥)

게다가 백은 1로 끊는 맥점도 있다. 흑2·4에는 백5~11로 키워서 버리고 죄어붙이는 맥을 구사한 다음 백A면 흑이 위험하다.

15도(귀의 뒷맛)

10도 다음 흑1~7, 패로 버티는 수가 있다. 팻감에 따르지만, 흑은 A쪽에서 선수할지도 모르므로 패는 당분간 보류하는 것이 좋다.

화점 두칸높은협공-평범한 신수

백1은 매우 평범한 수법으로, 둔 사람이 없었다는 점이 신기하다. 속수부터 생각하는 린 하이펑(林海峰)다운 신수였다.

흑은 류시훈.

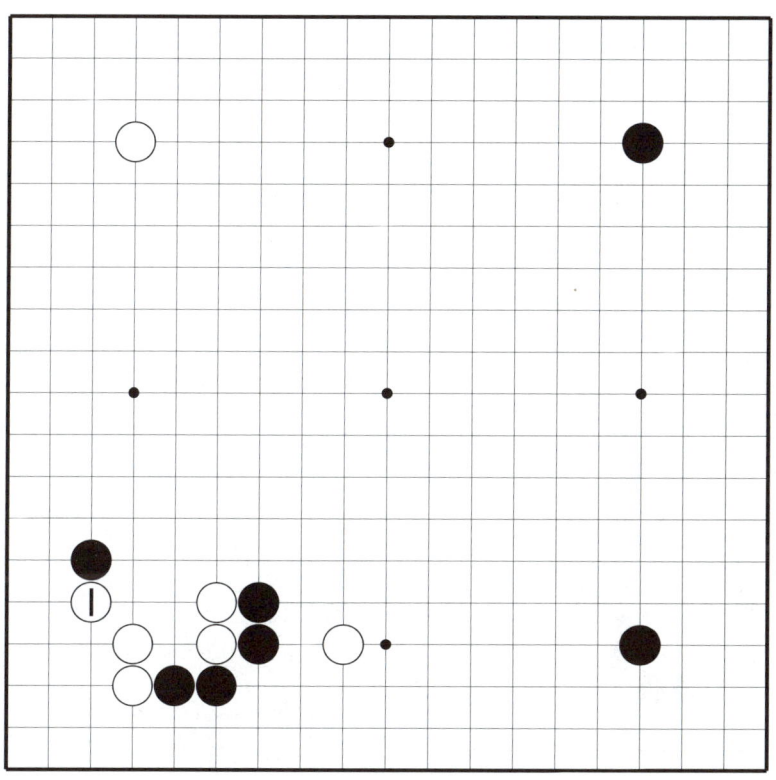

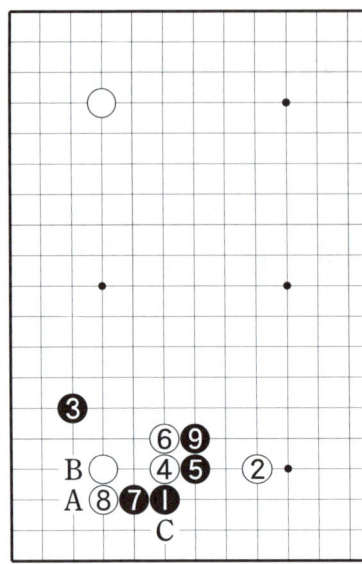

1도

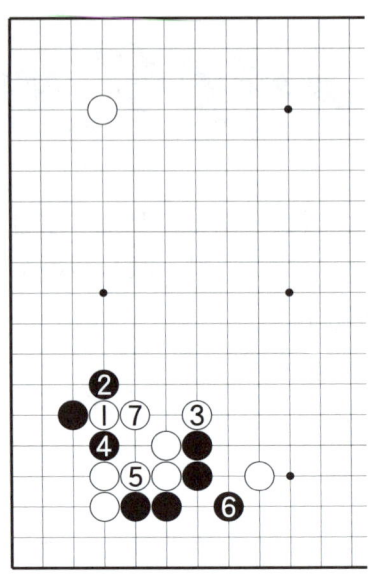

2도

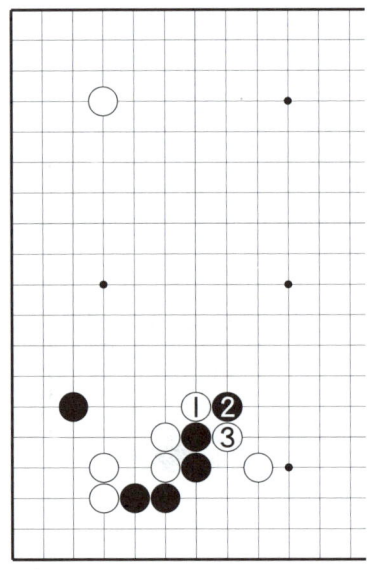

3도

1도(과정)

양걸침정석. 7로 A, 백7, 흑B, 백 C는 백이 두텁다는 것이 통설. 그래 서 다른 변화수가 시도되고 있다.

2도(어려운 변화)

백1로 붙여서 단점을 방어하고 나 서 3에 젖히는 것이 수순. 7 다음 어 렵고 복잡한 변화로 돌입하는데 본론 이 아니므로 생략한다.

3도(이것도 난해)

백1로 젖히고 흑2 때 백3으로 끊 는 변화도 상당히 난해하다. 결정판이 아직 없어, 앞으로의 과제일 것이다. (제10형 참조)

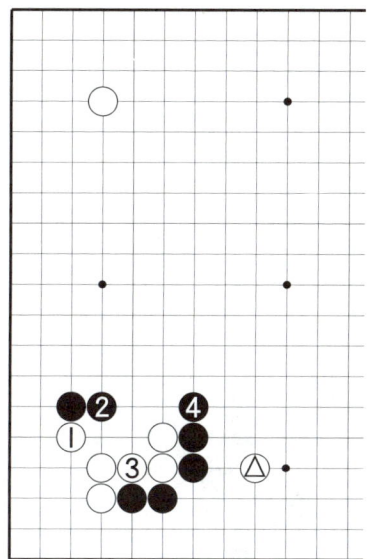

4도

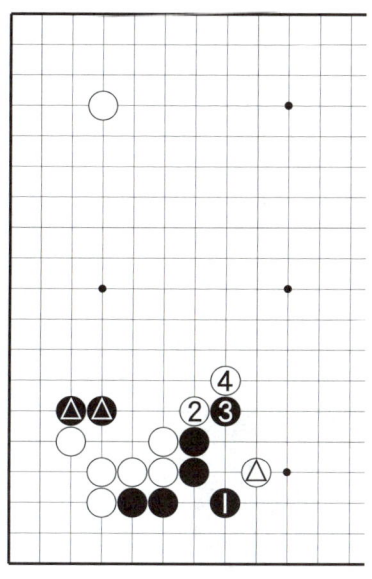

5도

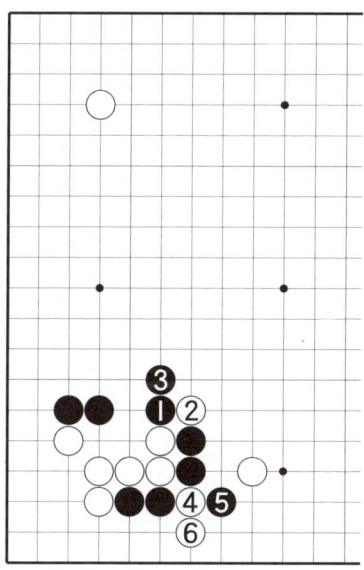

6도

4도(실전진행1)

백1에 흑은 2로 섰다. 그러자 백은 3에 꽉 이었다. 간명하고 실전적인 수법이었지만 백△의 처리가 어렵다. 흑은 4로 뻗었다.

5도(강력한 이단젖힘)

전도 흑4로 본도 1에 호구치면 백2·4의 이단젖힘이 강력하다. 백△가 급소자리에 놓여 있음에 주목하자. 두터움을 쌓아 흑▲ 두점을 공격하려는 뜻이다.

6도(흑, 응수가 없다)

기분 같아서는 흑1로 꽉 틀어막고도 싶지만, 그러면 위쪽을 백2에 끊어 놓고 4로 아래쪽을 끊는 것이 좋은 수순. 흑은 응수가 없다. 1은 과욕이었다.

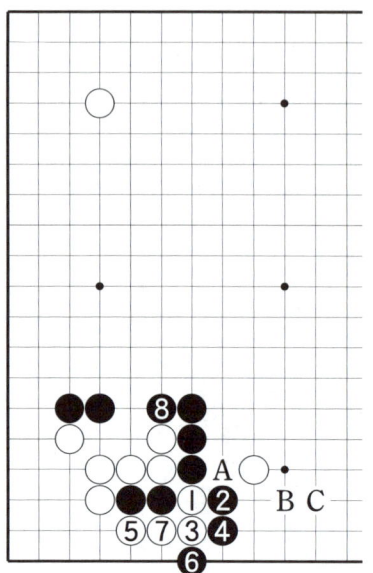

7도

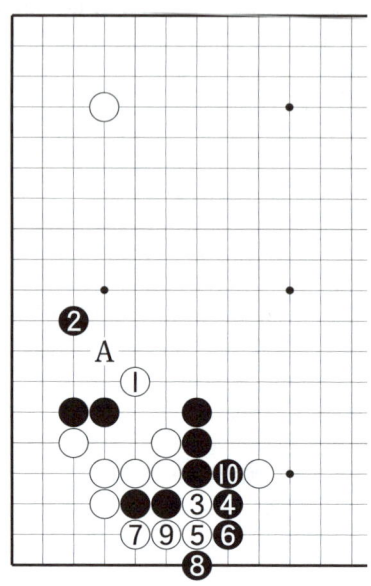

8도

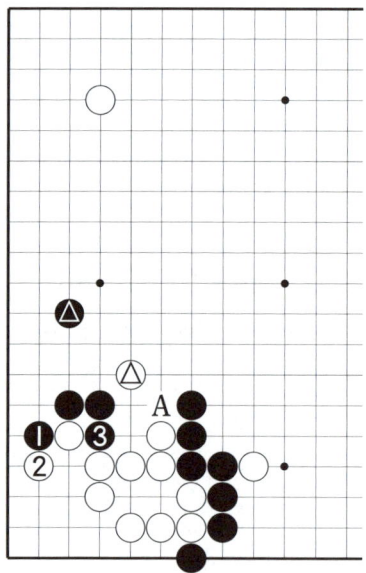

9도

7도(실전진행2)

　백은 1에 끊어서 흑 두점을 잡았다. 8의 꼬부림은 백A에는 흑B로 싸우겠다는 각오. 백은 단점을 보며 B나 C가 선수여서 둘 만한 것 같다.

8도(선수하면?)

　백은 끊기 전에 1을 선수할 수는 있었다. 흑2(또는 A)로 받는 정도. 이러면 백3의 끊음 이하 9 때 흑10의 수비가 필요하다.

9도(득이 안된다)

　그러나 이후 흑이 1·3으로 단수하여 A로 끊는 수를 노린다면 백△와 흑△의 교환이 득이 안됨을 알 수 있다. 8도 백1은 좋을 것이 없다는 결론.

 화점 두칸높은협공-붙임을 생략

화점·두칸높은협공/양걸침정석. A의 붙임을 생략한 채 그냥 백1로 젖히는 수도 새로운 시도지만, 매우 난해하다. 그러나 백1은 한국형에서는 연구결과 과수임이 드러나는 데, 여기서는 재미있는 실전 변화가 있으므로 소개한다.

백은 고니시(小西泰三), 흑은 조선진.

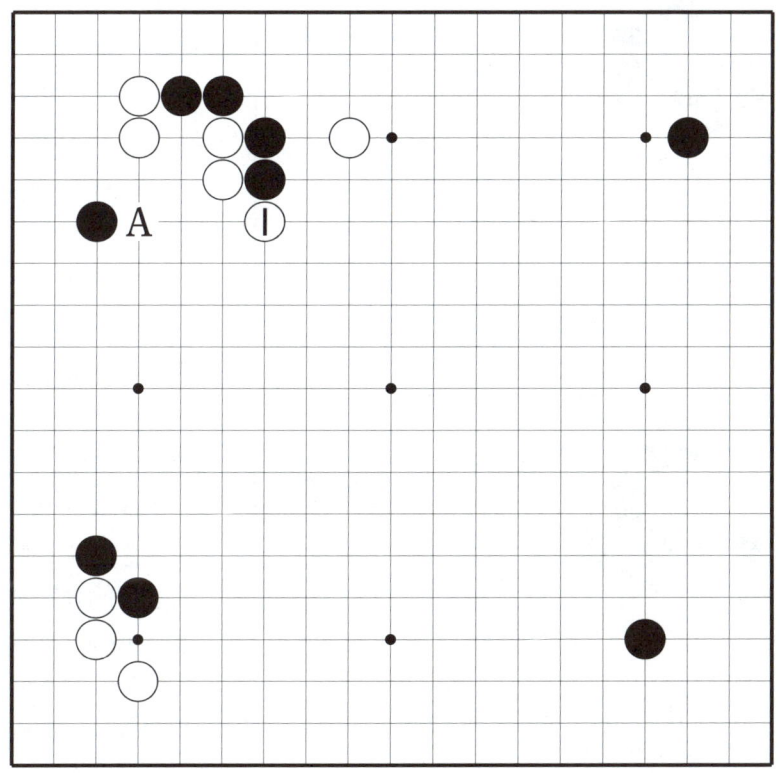

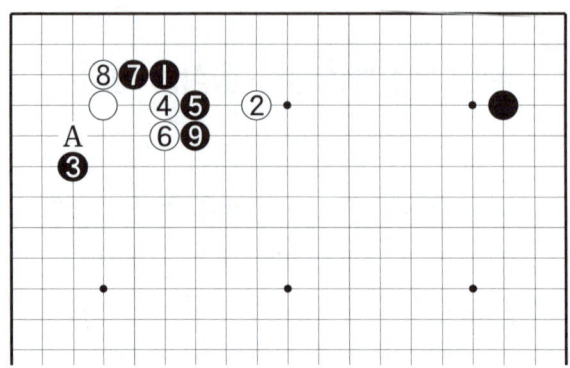

1도

1도(과정)

흑3의 양걸침에 백4
이하 8. 거기서 흑9로 밀
어올린 것은 싸움을 지
향하는 수법이다.

여기서 A에 마늘모붙
이는 변화는 바로 앞에
서 살펴본 바 있다.

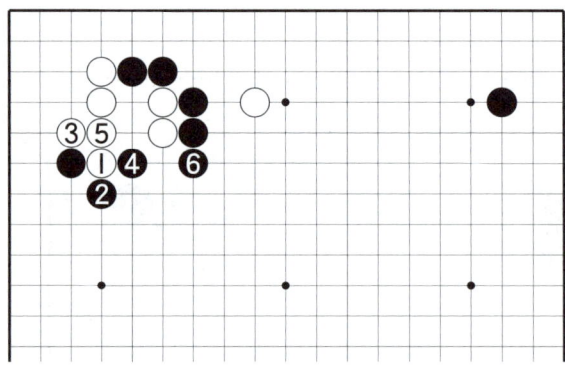

2도

2도(흑이 두텁다)

백1의 붙임은 흑이 나
와끊는 수를 방비하고 있
다. 흑2의 젖힘에 백3이
면 흑4 · 6으로 일단락.
이것은 흑이 두텁다.

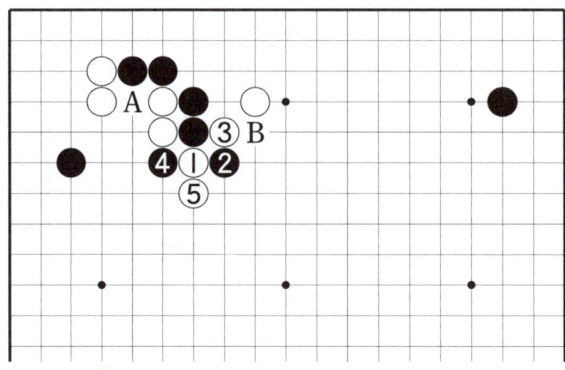

3도

3도(실전진행1)

사실 백1은 과수. 흑
A로 나와끊는 수가 있
다(한국형 제9형 참조).

실전은 백1에 기세상
흑2로 젖혔다. 백3의 끊
음도 내친 걸음이다. 3
으로 4에 이으면 흑B가
호점이어서 얘기가 안된
다. 흑4, 백5 다음─

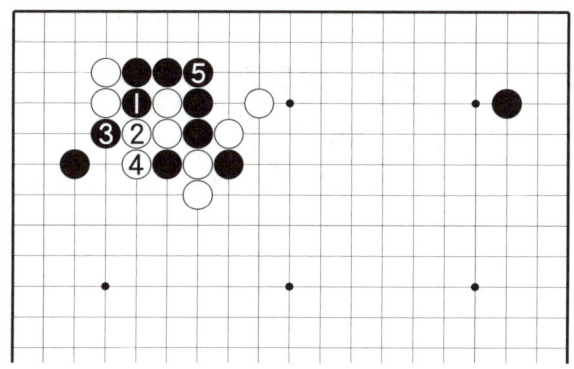

4도

4도(실전진행2)

흑1·3으로 나와서 끊고 5에 이었다. 여기까지는 쌍방 필연의 수순으로 피해갈 길도 없다.

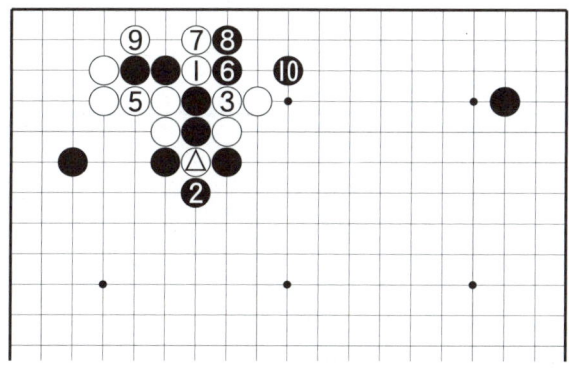

5도

④···△

5도(백, 크게 불리)

3도 백5로 본도 1·3으로 되몰고 5면 흑 두 점은 잡을 수 있다. 그러나 흑에게 막강한 외세를 허용하는데다가 흑 6~10의 반격이 있어 백이 크게 불리하다.

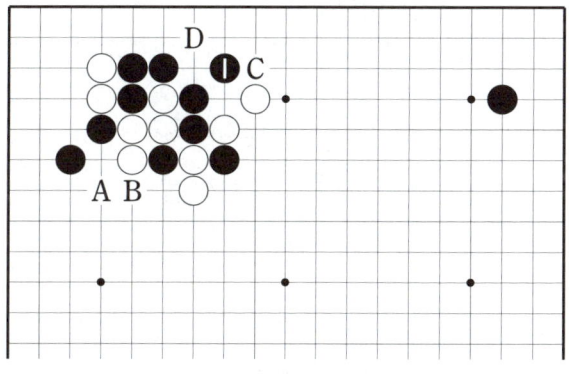

6도

6도(맛이 나쁜 흑1)

4도 흑5로 본도 1의 호구이음은 맛이 나쁘다. 백A나 B로 보강하고 또 C에 막은 다음 D의 치중수가 남는다. 흑은 수상전을 할 때도 불리하다.

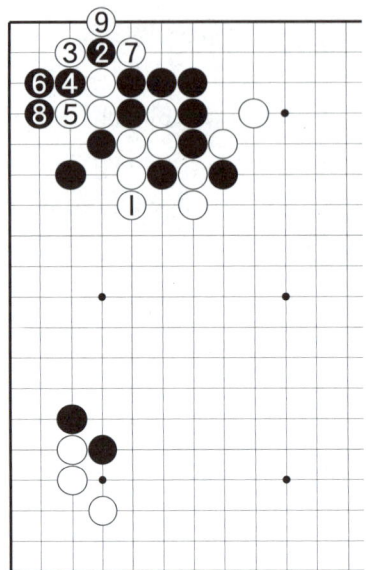

7도

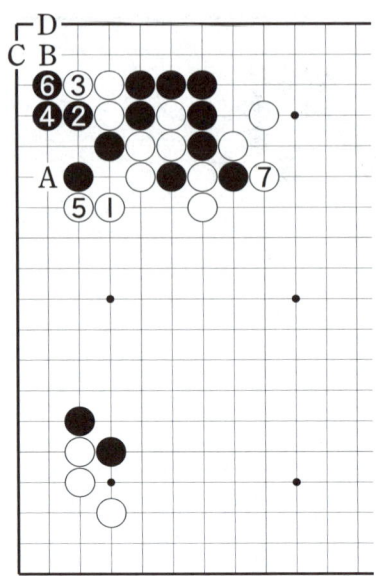

8도

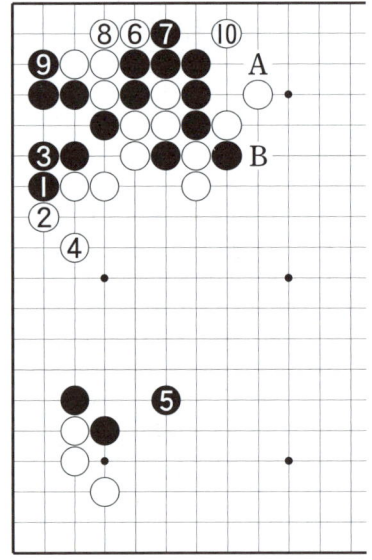

9도

7도(실전진행3)

　백은 1로 늘어서서 보강했다. 흑2
·4는 머리를 짜낸 수이지만 백에게
도 만만찮은 대항수가 있다. 백9로 따
내고―

8도(마늘모도 유력)

　백1의 마늘모도 유력. 흑2·4에 백
5의 막음이 선수. 7까지 일단락이며
다음 백A의 젖힘이 선수. 흑이 손빼
면 백B, 흑C, 백D가 있다.

9도(일장일단)

　전도 흑6으로 본도 1·3에 젖혀잇
는 것이 나아 보이지만, 백6·8에서
10으로 죄어붙임당하므로 일장일단. 5
로 A면 백B.

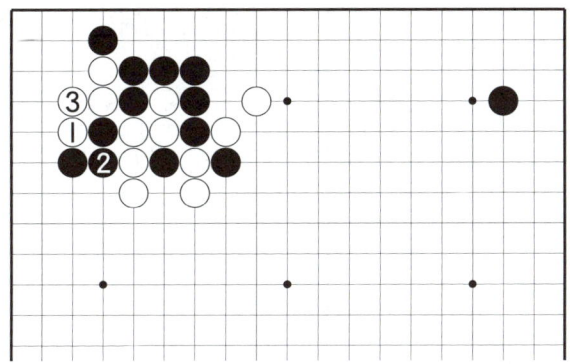

10도

10도(백의 강수)

7도 백3으로 본도 1에 몰고 3에 잇는 것이 강수로 실전보다 좋았다. 이 다음—

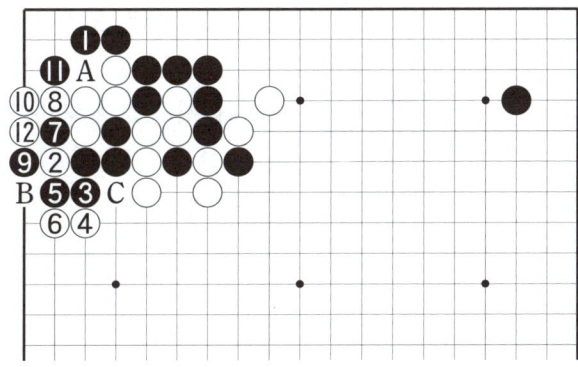

11도

11도(결국 패)

흑1에는 백2 이하 6으로 막아서 결국 12까지 패가 된다. 이어서 흑A, 백2, 흑B, 백C로 백은 바깥쪽을 강화하면서 패를 하게 된다.

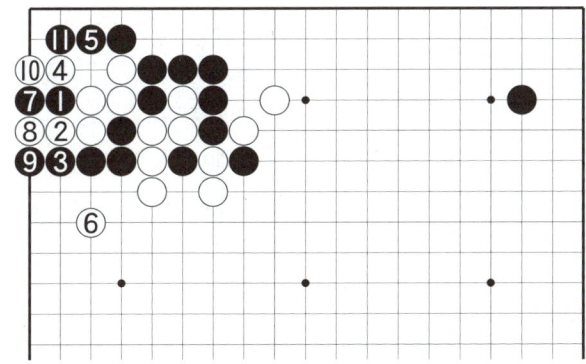

12도

12도(맥이지만)

흑1의 붙임도 맥이지만 문제점이 있다. 즉, 백2에는 흑3~11로 수상전은 흑이 한 수 빠르지만, 백이 바깥쪽을 메워오는 것이 모두 선수여서 얘기가 안된다.

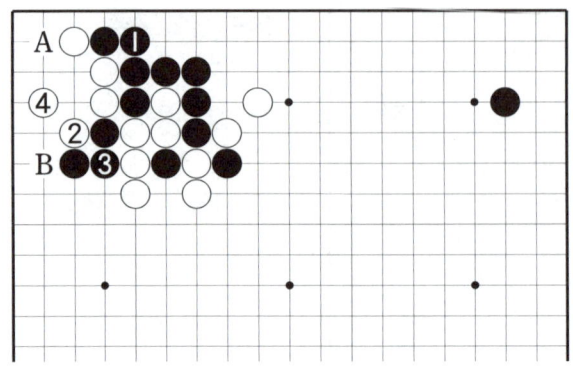

13도

13도(흑, 낭패)

7도 흑4로 본도 1에 잇는 것은 백2·4로 되어 흑이 낭패이다. 다음 흑B에는 백A로 살고, 또 흑A면 백B로 흑 석점이 잡히므로.

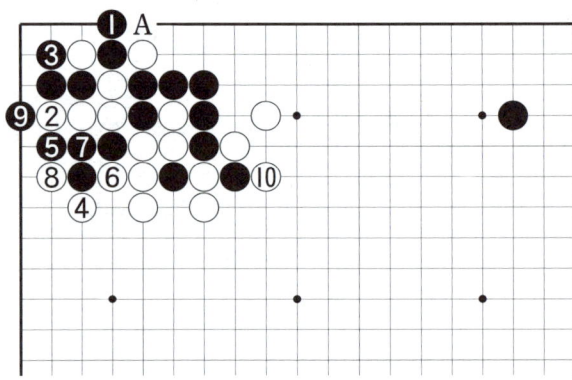

14도

14도(그런대로 둘 만함)

7도 흑8로는 본도 1로 내려서서 죄어붙이는 맥을 보는 수도 있었다. 백은 2에서 4~8로 죄어붙이고 10으로 잡아 그런 대로 둘 만하다.

2로 A는 다음 그림—

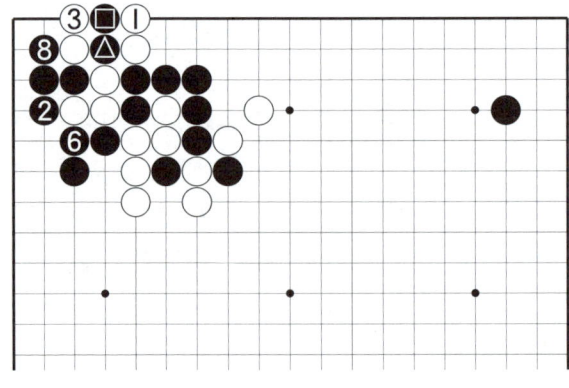

15도

④⑦…▲ ⑤…■

15도(흑, 크게 우세)

백1이면 흑2 이하 8까지 보듯이 수상전은 백의 패배이다. 바깥쪽에서 활용하는 수도 별게 없어 흑이 크게 우세한 갈림이 된다.

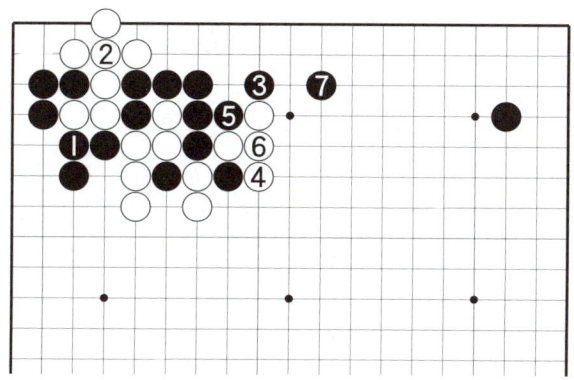

16도

16도(실전진행4)

7도 다음 흑은 1로 단수하고 3에 붙였다. 7까지 상변에 터를 잡으면 이번에는 백이 귀를 수습할 차례이다.

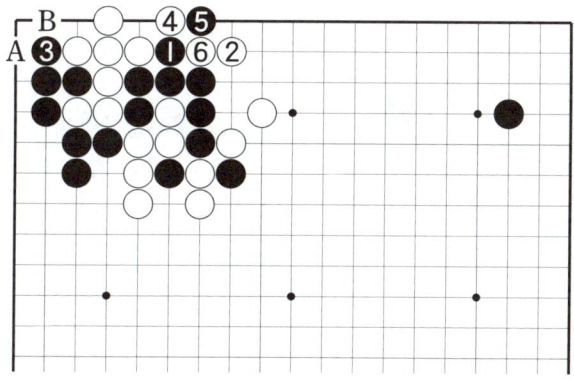

17도

17도(패)

전도 흑3으로 본도 1에 막아서 귀를 잡으러 가는 것은 백2·4가 호수여서 패가 된다. 3으로 4는 백3, 흑A, 백B로 수상전은 흑의 패배.

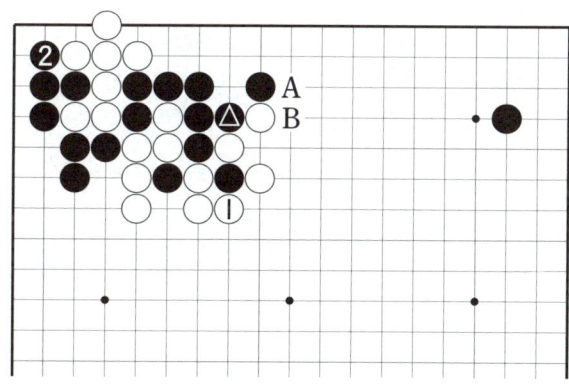

18도

18도(따내면 귀가 잡힌다)

흑△ 때 백1로 따내면 후환(흑 한점이 달아나는 수를 가리킴)이 없지만, 흑2로 막혀 귀의 백이 그냥 잡힌다. 다음 백A에는 흑B.

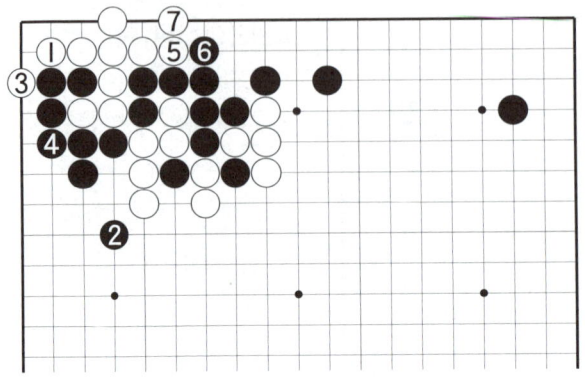

19도

19도(실전진행5)

　백1은 근거의 요소. 흑2로 좌변에 진출하자, 백은 3~7로 살았다. 약간 당한 것 같지만 좌변이나 상변 흑 모두 약간 엷으므로 백도 둘 만하다.

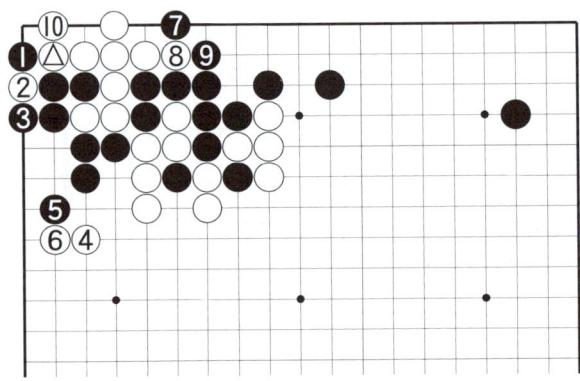

20도

20도(빅/백 우세)

　백△ 때 흑1로 잡으러 가는 것은 간단하지 않다. 백2·4면 흑5·7로 공략하는 정도. 10까지 되면 빅의 양상인데, 세력이 좋은 백이 우세한 결말이다.

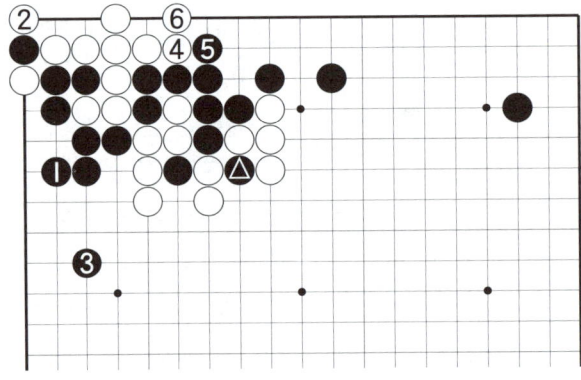

21도

21도(타협책)

　전도 흑3으로 본도 1에서 3은 타협책. 흑도 살고 백도 6까지 산다. 좌우의 흑이 약하므로 백도 둘 만하지만, 흑▲의 준동이 남은 점이 숙제.

화점 양걸침 – 아마추어의 수?

협공이 없는 양걸침정석에서 나온 신수.

백1의 뻗음은 활용당하는 꼴이어서 아마추어나 둠 직한 수였으나, 킬러 가토(加藤正夫)의 손끝에서 실현되었다.

흑은 유키(結城聰).

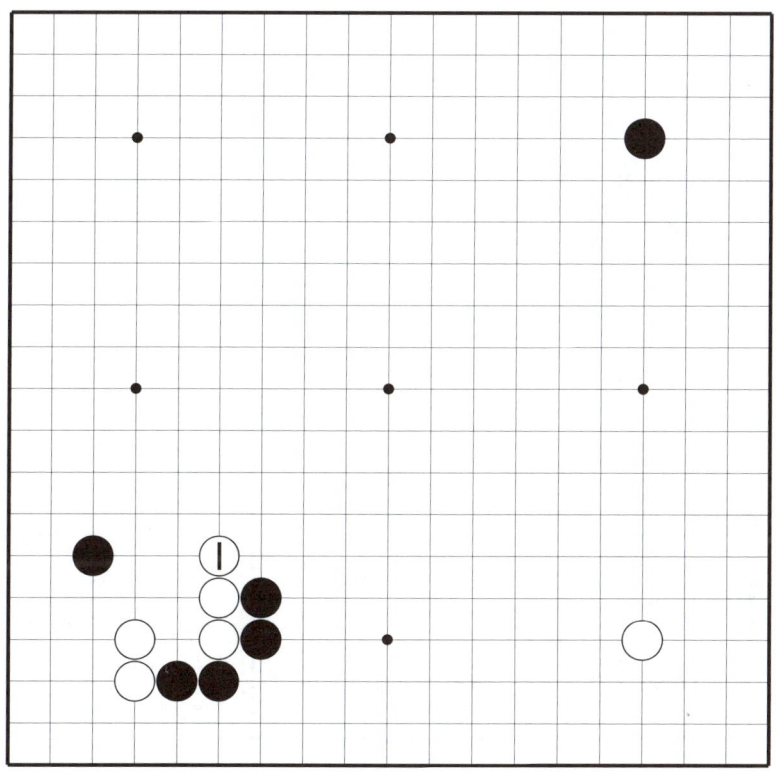

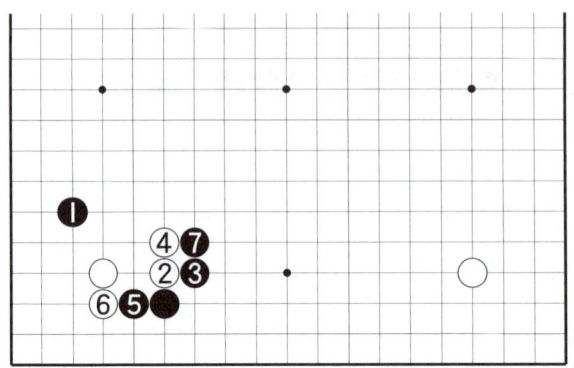

1도

1도(과정)

흑1로 두 개의 날일자로 이루어진 양걸침에서 출발했다. 흑5로 들어가고 7에 밀어올린 것은 여기서 선수를 뽑겠다는 뜻이다.

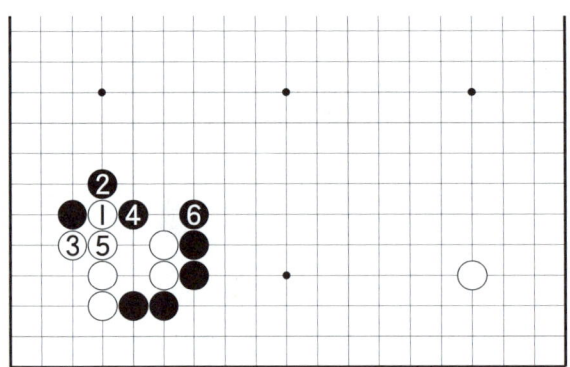

2도

2도(서로 만족)

백1의 붙임이 약점을 방어하는 가장 견실한 수. 흑은 2에서 6까지 두터움을 얻고 백은 선수와 실리를 얻어 서로 만족한다.

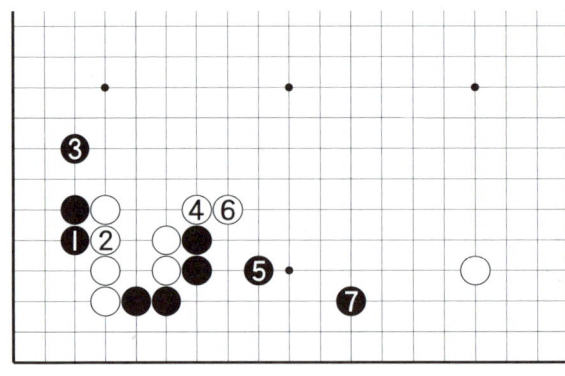

3도

3도(흑, 양쪽을 두다)

전도 흑2로는 본도 1로 들어가고 3에 한칸 뛰는 짠 수법도 있다. 7까지 된다면 흑도 둘 만하지만, 백도 이렇게는 안 둔다(제12형 참조).

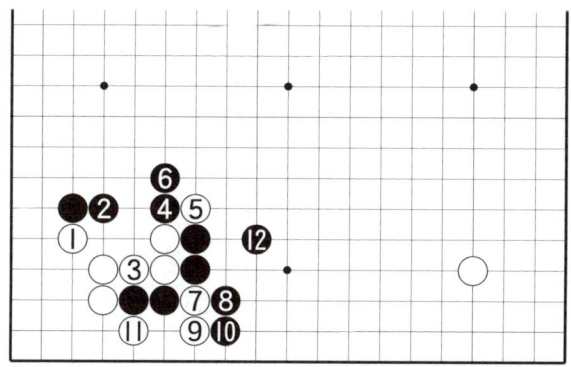

4도

4도(흑, 유리한 결과)

단점을 지키려면 백1·3도 알기쉬운 수법. 그러나 흑4 이하로 봉쇄당해 실리를 너무 밝힌 꼴이다. 12까지 흑이 두터워 유리한 결과이다.

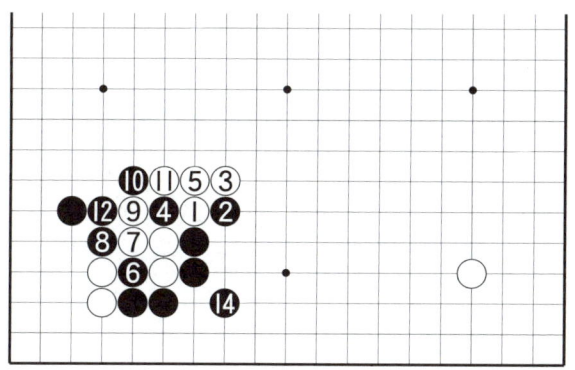

5도   ⑬…❹

5도(포도송이)

백1의 젖힘은 중앙을 중시하려는 수. 단, 흑2에 백3은 과수. 14까지 중앙 백이 포도송이가 되어 망한 모습이다.

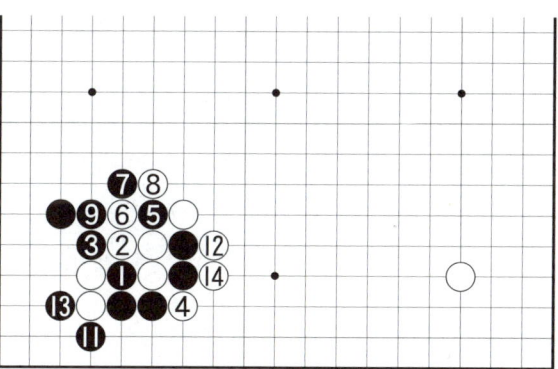

6도   ⑩…❺

6도(세력 대 실리)

전도 흑2로 본도 1·3으로 나가끊으면 14까지의 바꿔치기는 거의 필연적인 수순이다.

백의 세력 대 흑의 실리. 거의 호각의 갈림으로 보인다.

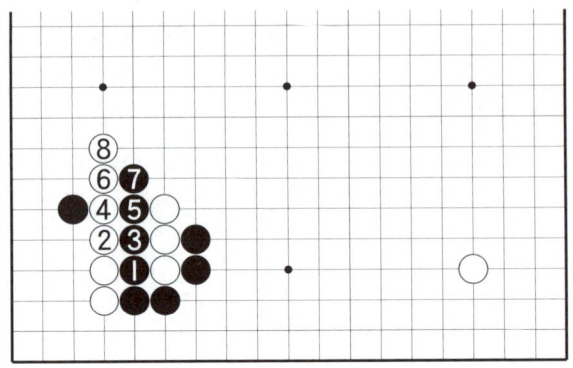

7도

7도(실전진행)

흑1로 나가고 백2로 늦추고 흑3 이하 백8까지 피차 내친 걸음.

백의 실리도 적지 않지만, 흑의 두터움이 좀 나은 갈림이다.

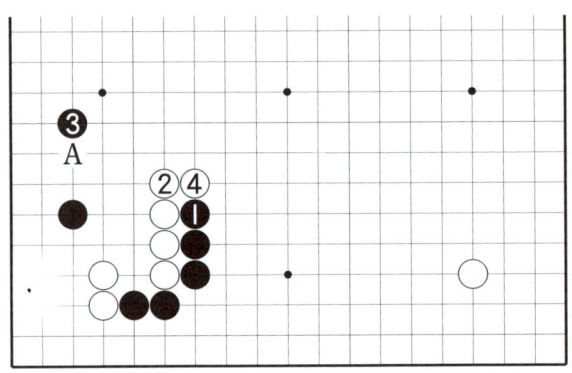

8도

8도(백의 선택권)

전도 흑1로는 본도 1에 미는 수도 있다.

여기서 백은 선택의 기로에 선다. 백2로 느는 수가 그 하나. 그러면 흑3의 벌림. 3으로 4면 백은 A.

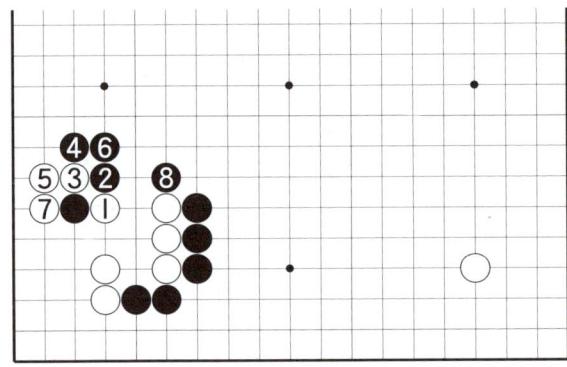

9도

9도(실리와 선수를)

백의 또다른 수는 1의 붙임. 흑2에는 백3으로 끊어서 실리를 챙긴다. 8까지 봉쇄는 당하지만 선수를 뽑아서 둘 만하다.

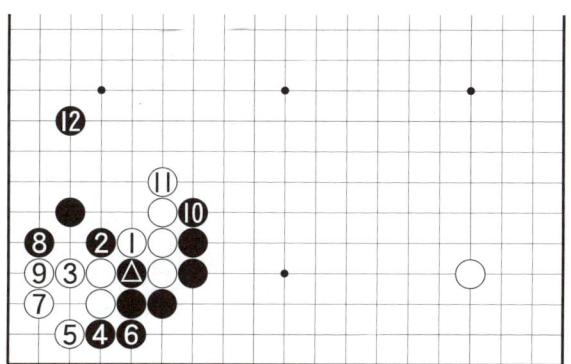

10도

10도(무거워져서 고전)

흑◢ 때 백1로 막는 것은 흑2로 끊겨서 싸우기가 거북하다. 백3 이하 7로 살 수는 있지만, 중앙쪽 백이 무거워져서 고전이다.

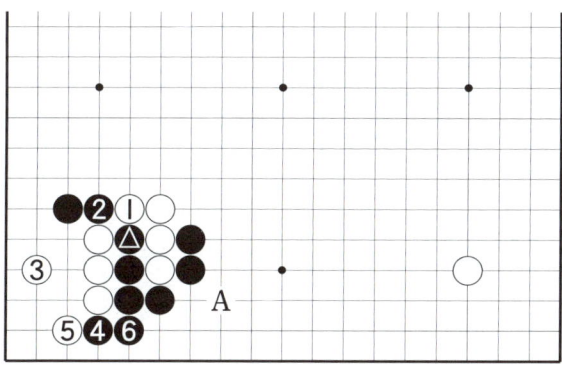

11도

11도(가일수가 필요)

한발 늦춰 흑◢ 때 백1 역시 흑2에 끊겨서 괴롭다. 백3으로 삶을 꾀해도 흑4·6이면 귀는 가일수가 필요하다.

3으로 4, 흑A를 선수해도 귀는 불완전.

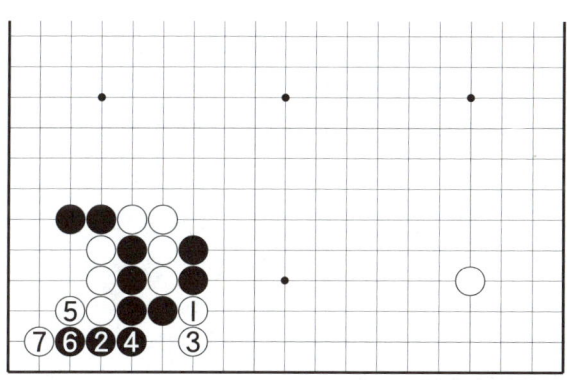

12도

12도(경솔한 흑2)

전도 백3으로 본도 1에 끊는 반격은 겁날 것이 없다. 그러나 흑2의 젖힘은 경솔. 백3 이하 7까지 수부족으로 잡혀버린다.

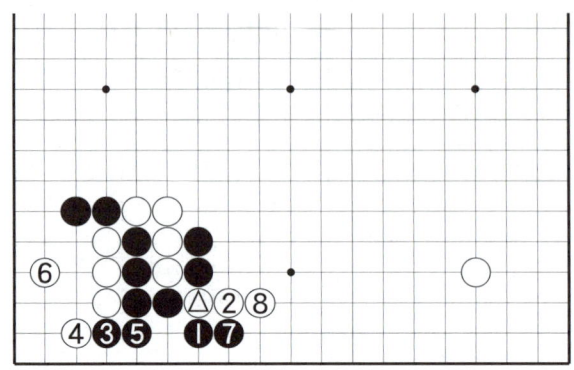

13도

13도(정확한 대응)

백△에 대해서 흑은 1쪽으로 먼저 단수하고 나서 3·5로 젖혀잇는 것이 정확한 대응이다. 백6을 기다려 흑7로 기어나간다. 백8 다음—

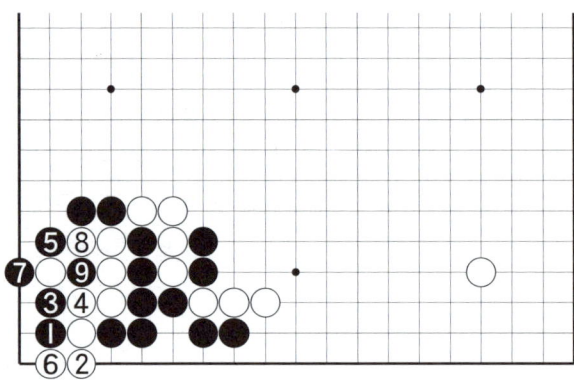

14도

14도(통렬한 공략/패)

흑1로 껴붙이는 수가 통렬한 공략. 백2에는 흑3에서 5, 그리고 9까지 패가 된다.

따라서 **12도** 백1의 반격은 무리수였다.

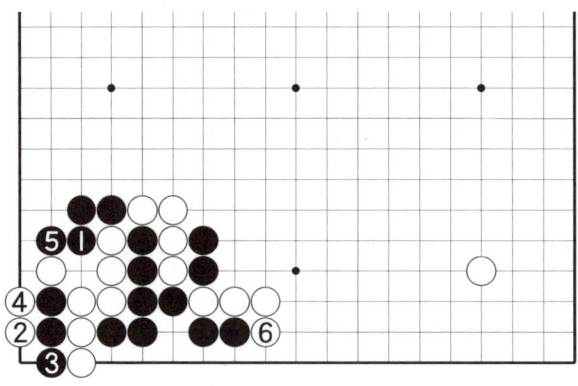

15도

15도(흑1, 실착)

전도 흑5로 본도 1은 실착. 백2가 호수이기 때문에, 6으로 막힌 다음 흑은 각생을 꾀할 수밖에 없다. 물론 흑이 망한 꼴이다.

428

 **화점 양걸침 - 조치훈의 짠 수법**

화점·날일자걸침에서 협공이 없는 양걸침으로 나아갔다.
흑1이 백에게 큰 실리를 주지 않으려는 조치훈의 짠 수
법. 물론 신수였다.
상대방은 오타케(大竹英雄).

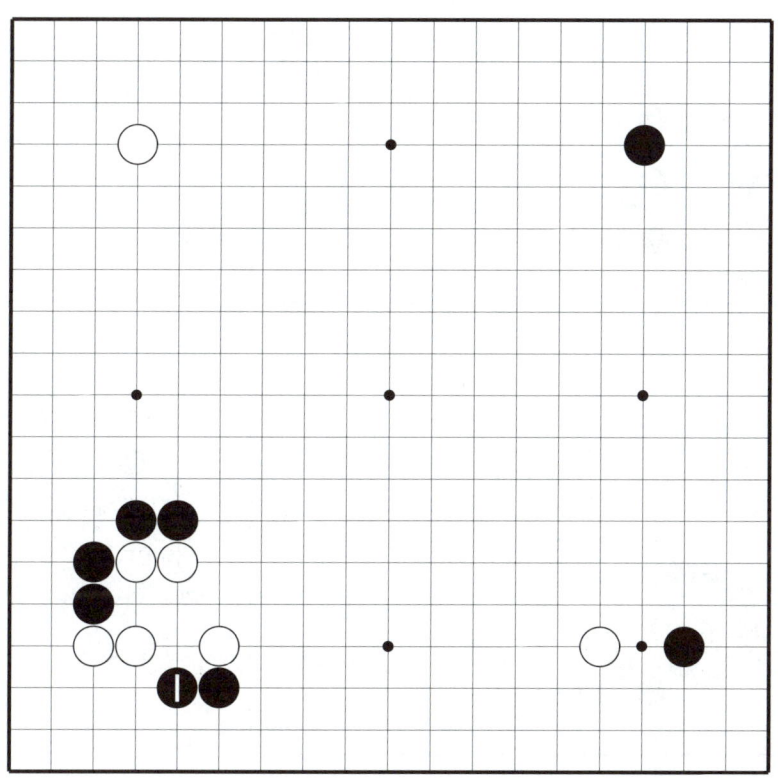

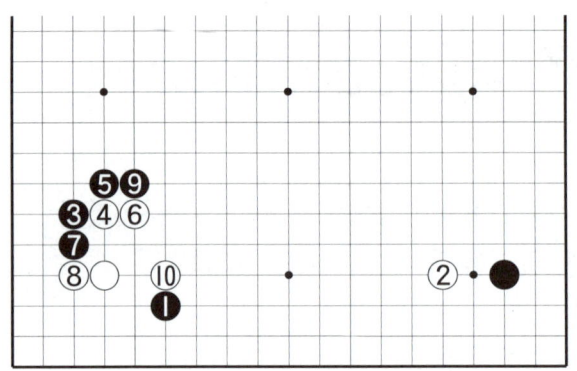

1도

1도(과정)

흑1의 걸침에 백이 손을 빼어 우하귀를 걸치는 것은 흔한 패턴. 그러면 흑3의 양걸침은 필지(必至). 백10 다음 신수가 출현했다.

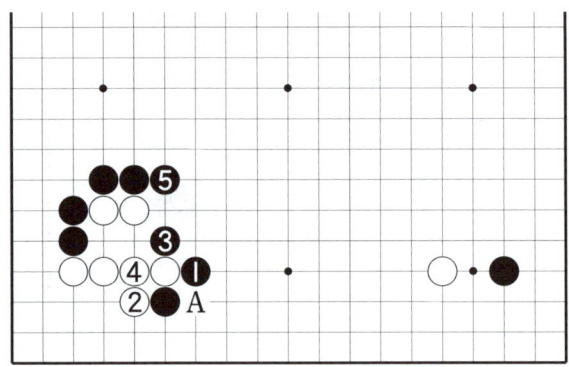

2도

2도(젖힘이 보통)

전도 다음 흑1의 젖힘이 보통이다. 백2면 흑3을 선수하고 5에 뻗어서 세력을 얻는다. 이 다음 백은 A의 끊음 또는 손빼기.

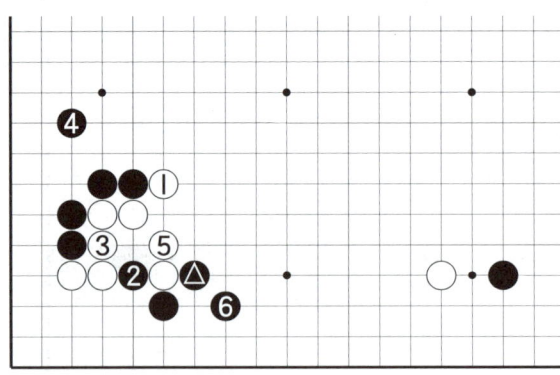

3도

3도(변화의 일례)

흑▲ 때 백은 1에 젖히고 3에 잇는 것도 있다. 이 다음의 변화도를 제시한 것은 일례일 뿐이다.

430

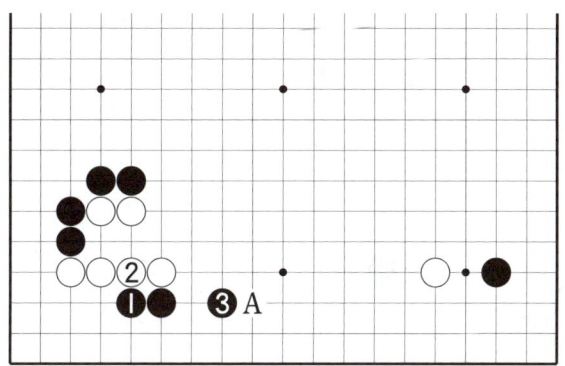

4도

4도(실전진행1)

흑1로 파고들어가자, 백은 2로 이었다. 흑은 3의 한칸으로 견실하게 벌렸다. A는 약간 엷다고 본 것 같다.

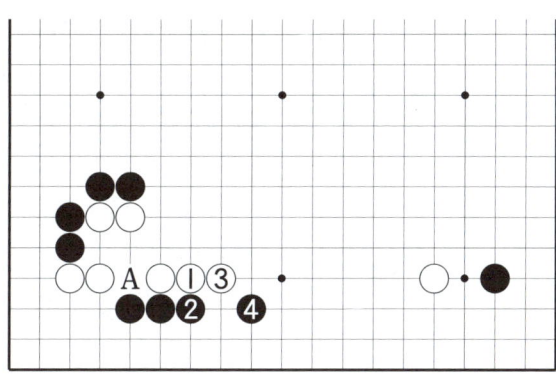

5도

5도(공격목표가 안된다)

전도 백2로 본도 1에 느는 것은 흑2·4로 응수당해 신통치 않다. A의 곳에 단점이 남아 있으므로 좌변 흑은 백의 공격목표가 잘 안된다.

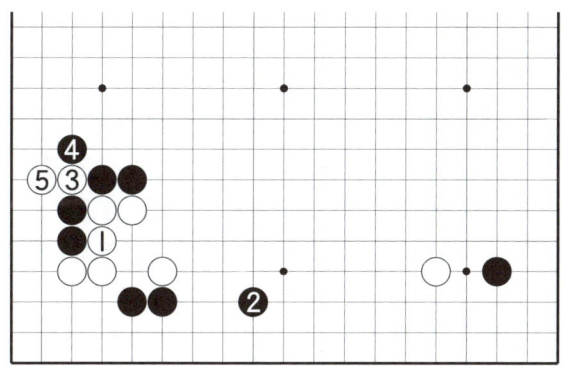

6도

6도(국면에 따라 유력)

4도 백2로 본도 1쪽을 잇는 것은 어떨까? 다음 흑2은 거의 절대. 백3·5는 이삭줍기 같지만 국면에 따라서는 유력하다.

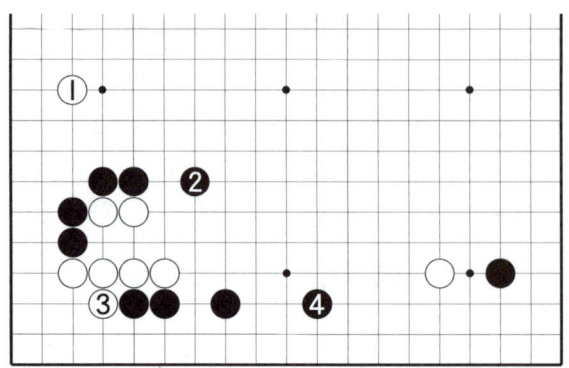

7도

7도(실전진행2)

　4도 다음 백1로 전개해 흑이 벌리는 자리를 방해하자, 흑은 2로 뛰었다. 백3으로 근거를 확인할 때 흑4에 벌려서 일단락이다.

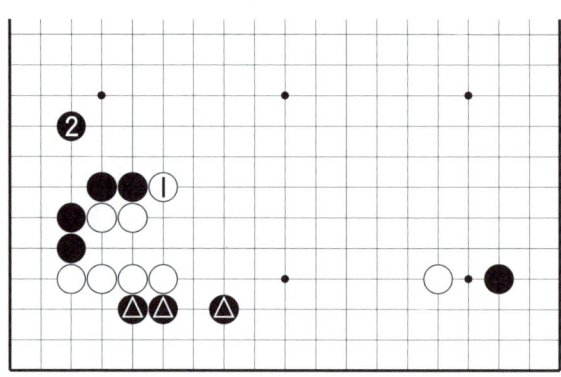

8도

8도(공격수가 없다)

　전도 백1로 본도 1의 두점머리는 기분좋은 수이지만 흑2를 허용해 실속이 없다. 다음 흑❹에 대한 마땅한 공격수가 없다는 점이 흑의 자랑.

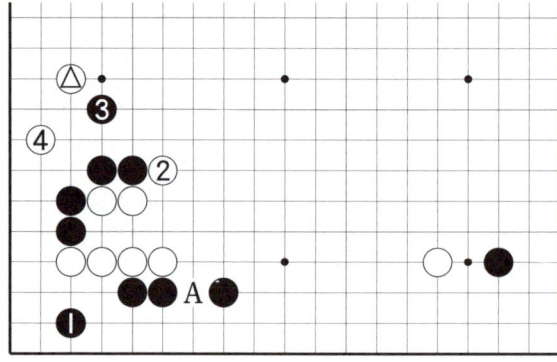

9도

9도(백4가 제격)

　백△ 때 흑1에 미끄러져 근거를 빼앗으면 백2의 두점머리가 준엄. 흑3에는 백4로 들여다보는 것이 제격. 좌하 백은 A의 끼움도 선수여서 공격당할 염려가 적다.

432

일본 신인왕전 결승국에서 출현한 신수.

우변의 대세력을 염두에 둔 미무라(三村智保)의 흑1이 바로 그것으로 백의 주문을 물리친 호수였다.

백은 양 자위엔(楊嘉源).

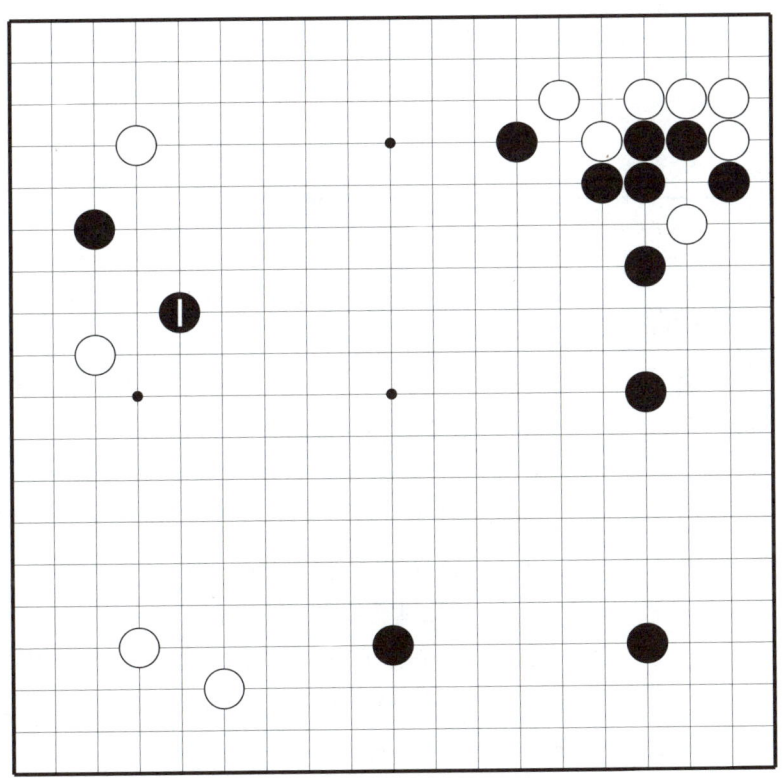

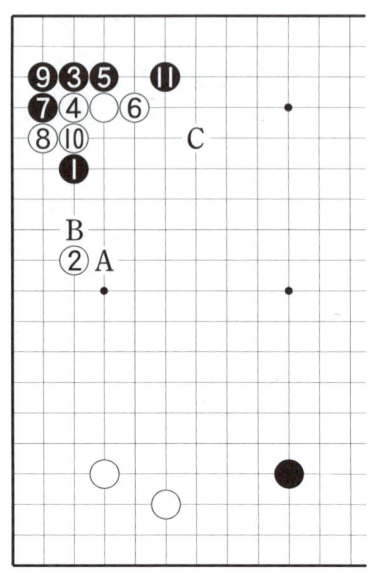

1도

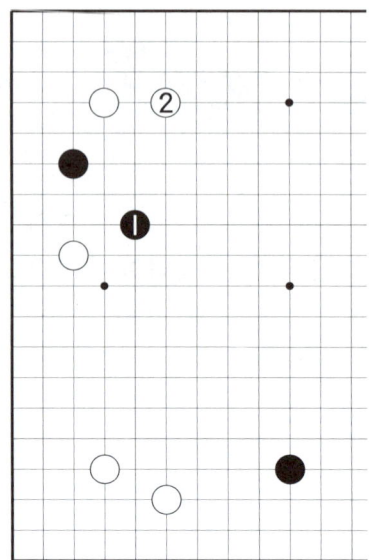

2도

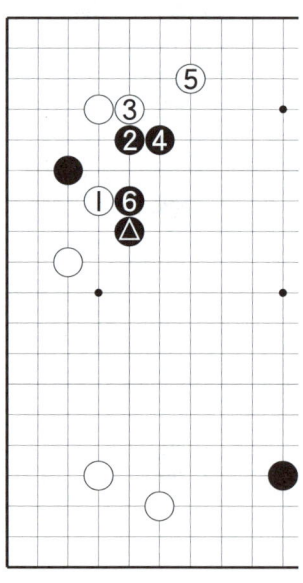

3도

1도(백의 주문)

백2의 두칸협공은 드문 수. A나 B가 보통. 물론 백의 주문은 흑이 3·三에 뛰어드는 것으로, 흑은 작전의 일관성이 없다는 지탄을 받을 것이다. 다음 백은 C를 활용해도 좋겠다.

2도(실전진행1)

흑1의 밭전자를 방관하는 자세로 백2에 한칸 뛴 것이 실전이었다. 상식적인 응수였으나, 조금 맥빠진 한수라는 비평을 받았다.

3도(밭전자를 째는 수)

흑▲에 대해 백은 1로 밭전자를 째는 수가 가장 먼저 떠오를 것이다. 흑은 2의 씌움이 준비된 한수. 백3·5면 흑6으로 막아서 백1이 악수가 되고 만다.

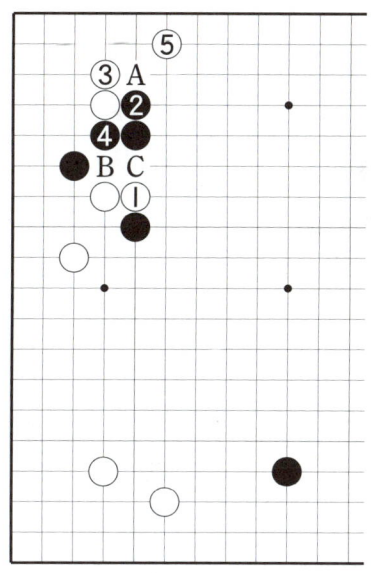

4도

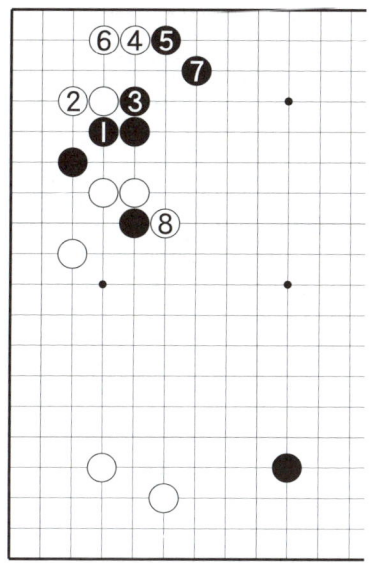

5도

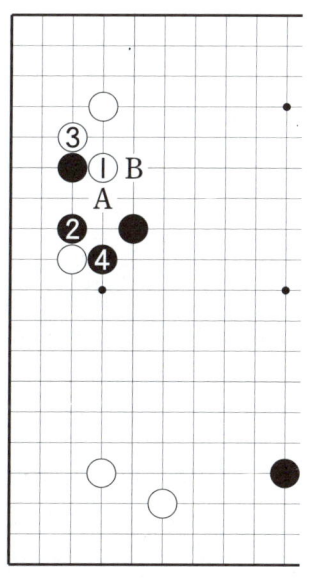

6도

4도(중앙을 견제했어야)

전도 백3으로는 본도 1에 나가 중앙을 견제할 곳이었다. 흑2로 막혀도 백3·5면 그런대로 버틸 수 있다. 4로 A에 막는 것은 백4, 흑B, 백C로 끊겨서 안된다.

5도(백, 충분한 모습)

따라서 흑은 1쪽을 막아올 것이다. 그래도 백은 2에서 4 그리고 6까지 귀를 안정시킨 후 8에 손을 돌려 흑 한점을 제압해서 충분하다.

6도(1의 붙임도 유력)

애초에 백은 1쪽을 붙이는 것도 유력했다. 흑은 2로 비키는 것이 보통이며 백3, 흑4로 서로가 자기 길을 가게 된다. 2로 A는 백B에 뻗게 해 나쁘다.

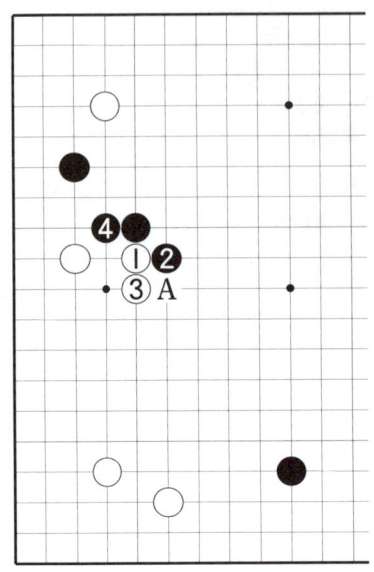

7도

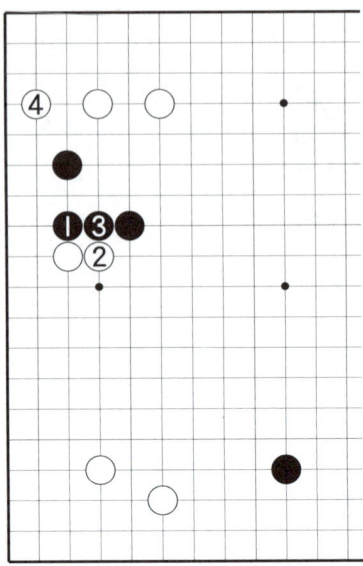

8도

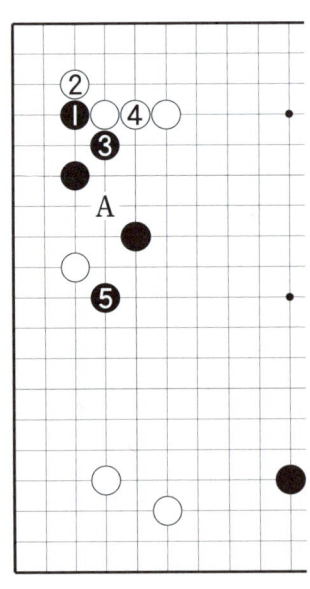

9도

7도(귀가 엷어진다)

　백1의 붙임도 고려되는 수이지만, 흑2의 젖힘에서 4로 흑이 튼튼해지고 나면 좌상귀가 졸지에 엷어지므로 시원치 않다. 물론 백3으로 A에 젖히는 맥도 있기는 하지만.

8도(실전진행2)

　2도 다음 흑은 1에 붙여서 정비했고 백은 임시조처로 2를 선수하고 4로 귀의 실리를 지켰다. 수순 중 흑1과 백4가 의문이라는 비판을 받았다.

9도(중앙을 중시)

　전도 흑1로는 본도 1·3으로 붙이고 호구쳐 탄력을 갖춘 다음 5에 씌우는 것이 중앙을 중시하는 뜻에서 좋았다. 1로 그냥 5면 백A의 반격이 통렬하다.

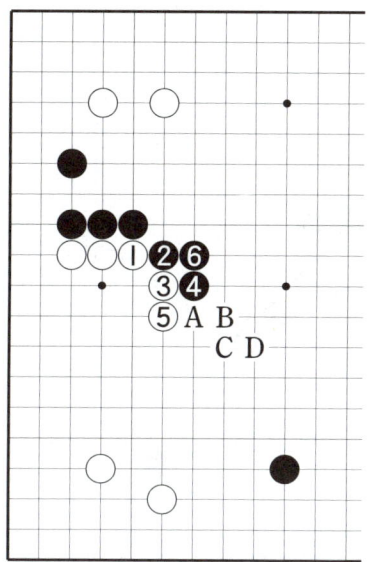

10도

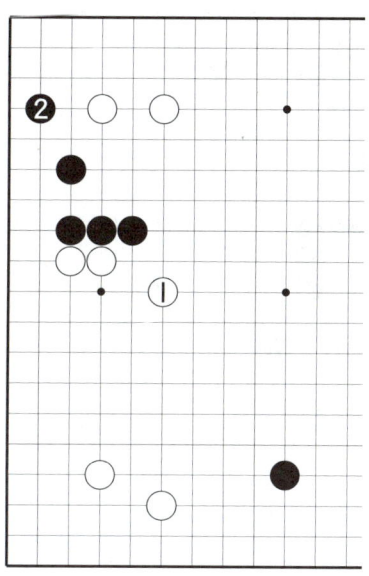

11도

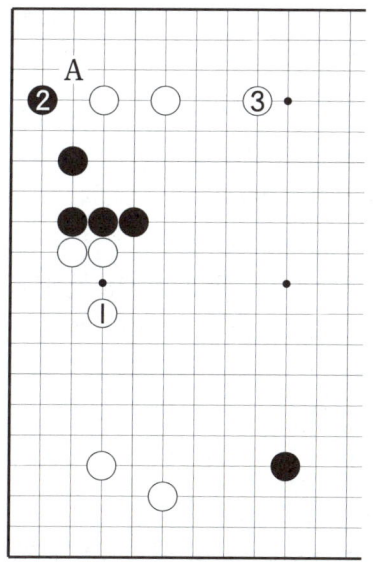

12도

10도(중앙이 두터워진다)

8도 백4는 뭔가 좌변을 두었어야 했다. 단, 백1은 흑2·4의 이단젖힘을 불러서 중앙을 더욱 두텁게 해주니 안 된다. 6 다음 백A면 흑B, 백C, 흑D.

11도(날일자는 엷다)

백1의 날일자가 좋다는 견해도 있었다. 그러나 흑2로 안정한 후 좌변 백의 엷음을 흑이 추궁해 올 경우 마땅한 지킴수가 없다는 점이 문제이다.

12도(한칸이 재미있다)

백1로 한칸을 뛰고 흑의 동태를 살피는 것이 재미있었다. 흑2면 백3으로 두칸을 벌려 발빠른 구상. 단, 3으로 A는 고지식한 수로 다음이 없다.

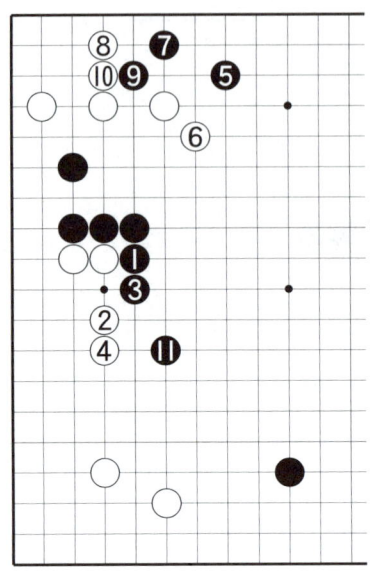

13도

14도

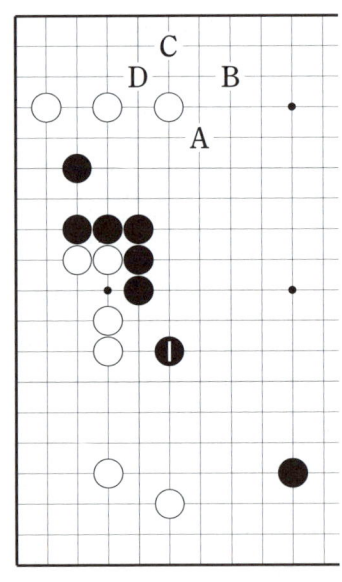

15도

13도(실전진행3)

흑은 1로 꼬부리고 3. 중앙에 두터움을 쌓았다. 그런데 흑5·7·9가 이해하기 힘든 수였다. 단순하게 11로 날일자하는 것이 일관성있는 구상이었다.

14도(이단젖힘이 강력)

전도 백4로 본도 1에 미는 것은 흑2·4의 이단젖힘이 강력해 바람직하지 못하다. 그건 그렇고 2로 A는 백B로 늘게 해 이삭줍기에 불과하다.

15도(흑1인 이유)

여기서 흑은 잠자코 1에 날일자할 곳. 왜냐하면 A로 중앙을 경영하는 수가 남으니까. 흑B는 백A와 교환되어 두터움이 퇴색했고 흑C는 D를 없애 흑이 무거워졌다.

438

　흑1의 마늘모붙임이 신수.

　과연 고바야시 고이치(小林光一)가 아니고서는 두기 힘
든 실리에 매우 짠 수법이었다. 통상은 A에 두어서 백의
봉쇄를 피하는 것.

　상대방(백)은 하네(羽根泰正).

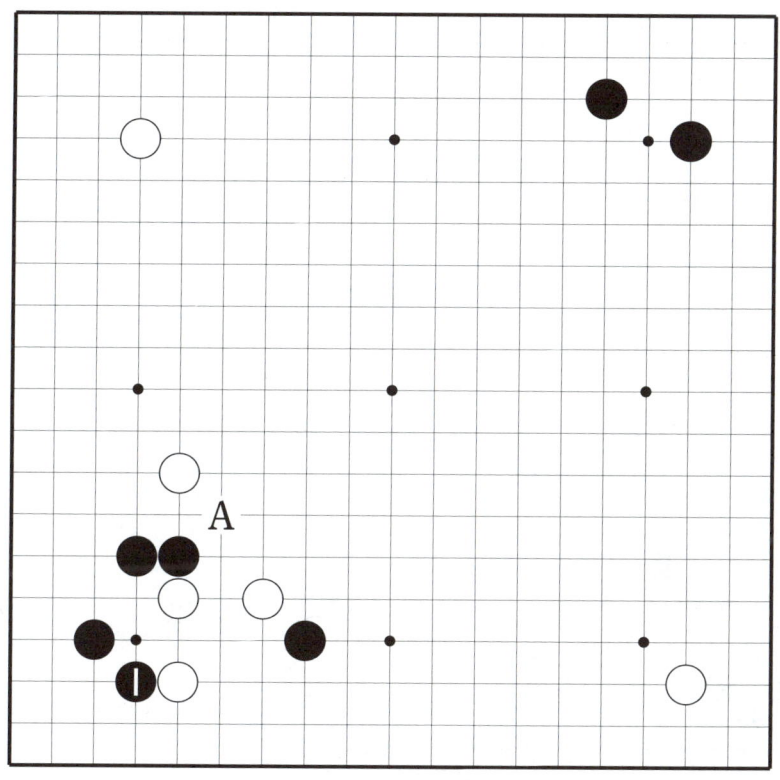

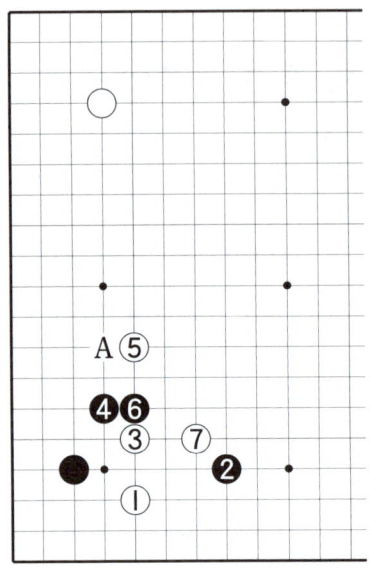

1도

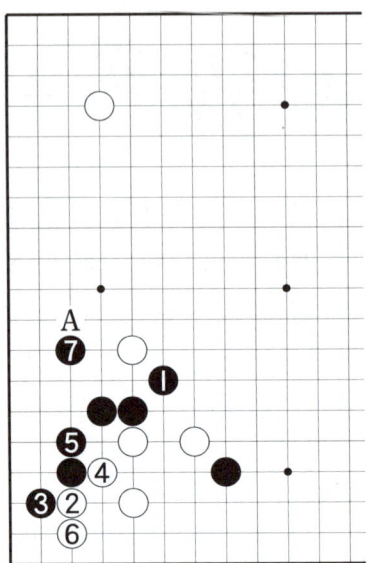

2도

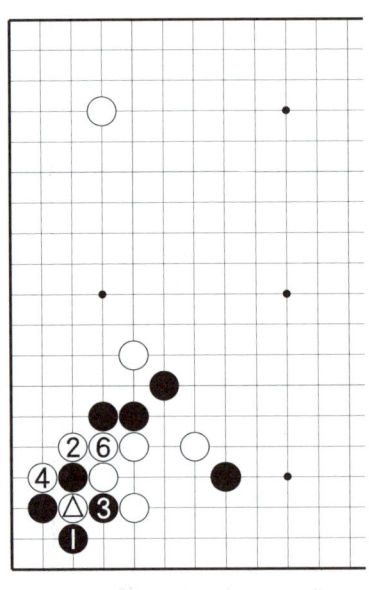

3도   ❺…⊘

1도(과정)

백1의 걸침에 흑2의 두칸높은협공. 백5는 A로 낮게 오는 수도 있다. 흑6을 기다려 자연스럽게 백7로 진출하려는 뜻.

2도(상식적인 코스)

전도 다음 흑1로 마늘모하고 백2·4·6으로 안정하는 것이 상식적인 코스. 흑7까지 일단락. 흑은 백A의 붙임을 노림받으므로 백의 주문이라고 봤을 듯.

3도(반격할 수 없다)

전도 흑5 대신 본도 1로 반격하는 것은 이 경우 좋지 않다. 백2~6으로 돌파하면서 두동강 내면, 가운데 흑 석점이 부평초 신세가 되니까.

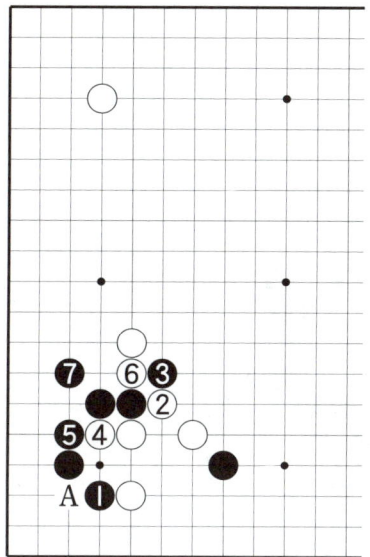

4도

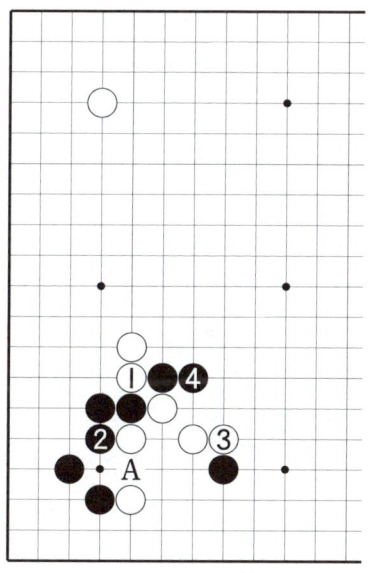

6도

4도(실전진행1)

흑1은 말할 것도 없이 백A를 저지하고 있다. 따라서 백은 마땅히 2로 틀어막는다. 흑3은 축이 유리하다는 전제 아래 흠집을 만들려는 뜻.

5도(내려섬은 완착)

흑△에 백1로 내려서는 것은 완착. 흑2로 진출하고 자연스럽게 하변마저 4에 뛰어 호조의 진행. 백1은 흑의 주문에 걸려든 수이다.

6도(두터운 수, 흑2)

4도 백4는 중요한 수. 가령 본도 1에 그냥 끊으면 흑2가 두터운 수비. A로 나오는 수가 남아 백이 엷어진다.

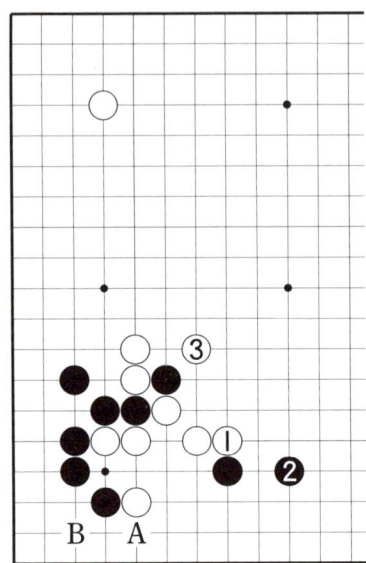

7도

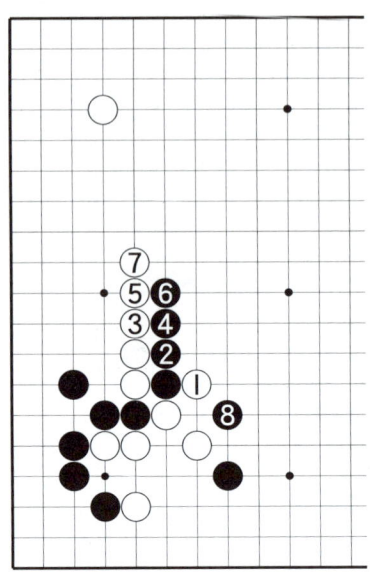

8도

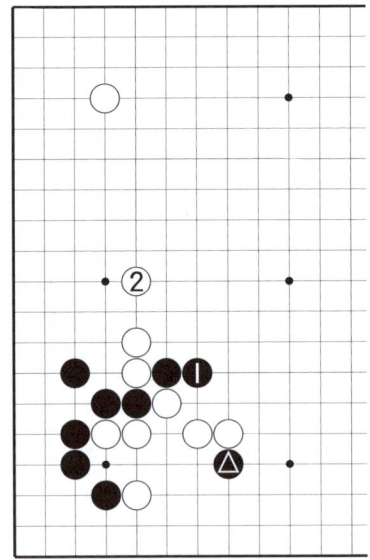

9도

7도(실전진행2)

백1로 밀고 3에 씌워 중앙 흑 한 점을 제압했다. 실리 대 세력의 갈림인데, 백A가 선수(흑B로 받는다고 보고)라 해도 흑이 다소 유리한 듯.

8도(급전이지만)

전도 백1로 본도 1에 몰면 흑2 이하 급격한 중앙전투가 벌어진다. 8까지의 진행을 예상해 볼 때, 백이 편한 싸움은 아닌 듯.

9도(백, 응전할 만하다)

물론 7도 흑2로 본도 1에 뻗어서 싸울 수는 있다. 단, 이것은 흑▲가 힘을 쓰기 어려우므로 백도 응전하는 데 여유가 생긴다.

 소목 날일자걸침-실리지향의 마늘모

백△의 강력한 젖힘에 대해 직접 응수하지 않고 슬그머리 마늘모붙인 흑1은 실리를 지향한 수로, 고바야시 사토루(小林覺)의 새로운 시도였다.

상대방인 히사지마(久島國夫) 역시 기타니(木谷) 문하.

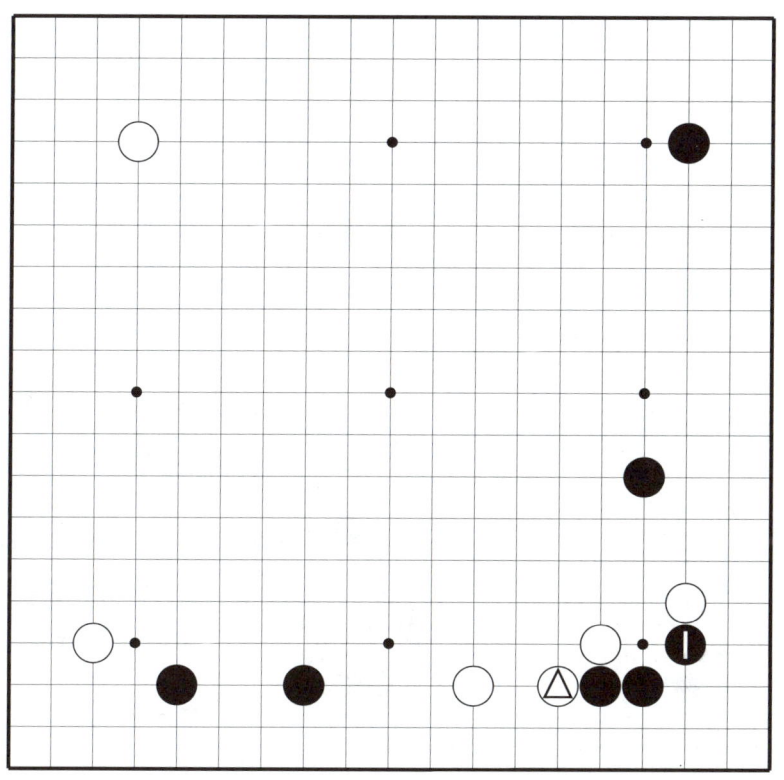

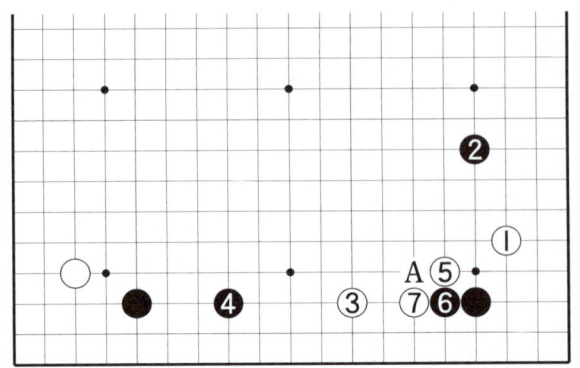

1도

1도(과정)

백3의 되협공은 5의 곳 씌움과 하변의 협공을 맞보는 상용의 전법. 흑4면 백5의 씌움은 당연. 7(강수!)로 A에 늘면 유유한 포석.

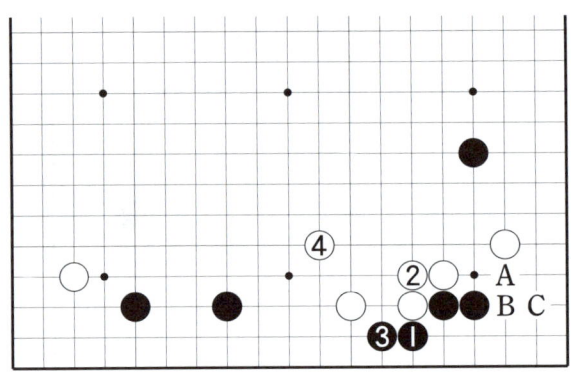

2도

2도(무난하지만)

흑1로 젖히면 무난하다. 흑3, 백4 다음 흑은 A나 B의 보강이 필요하다. 두지 않으면 백C의 날일자달림이 성가시다. 약간 흑이 옹색한 느낌도 있다.

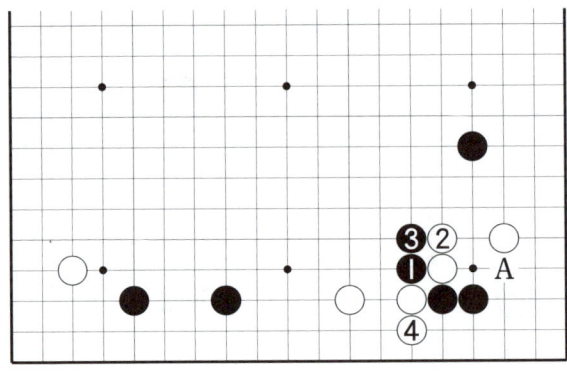

3도

3도(끊고 싶지만)

기세상 흑1로 끊고 싶지만 백2·4로 버텨오면 만만치 않다. 그래서 흑은 귀에 도움을 주려고 A에 마늘모붙인 것이다.

444

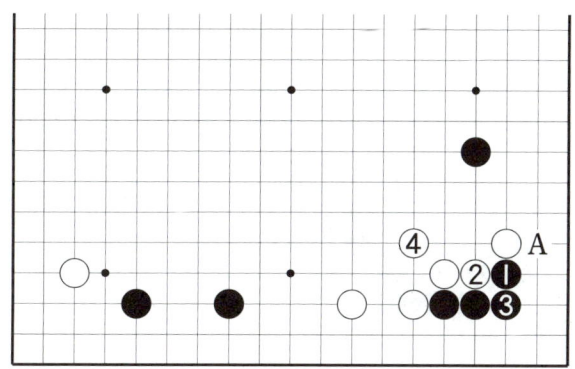

4도

4도(실전진행1)

흑1에 백2로 꽉 받았고 흑은 3으로 이을 수밖에 없었다. 백도 4로 호구쳐서 단점을 지켰다. 흑이 손빼면 백A가 아프다.

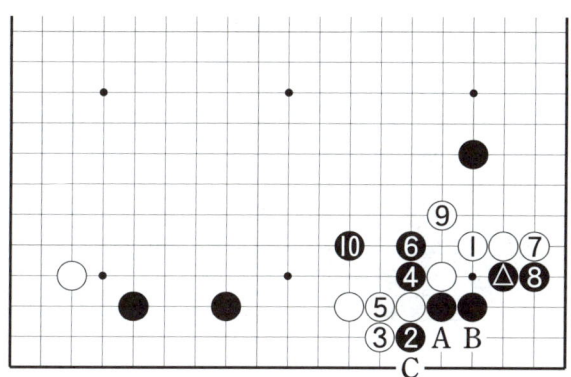

5도

5도(백, 불리한 싸움)

흑△에 백1로 뻗는 것은 흑2의 젖힘이 제격. 백3이면 흑4 이하 10으로 분단되어 급박한 싸움. 백A, 흑B, 백C가 선수이지만 백이 다소 불리하다.

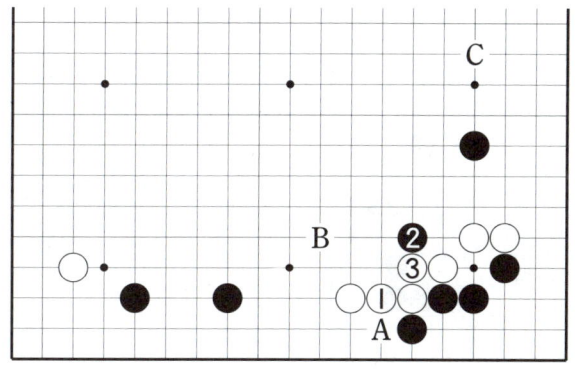

6도

6도(흑, 선수를 쥐다)

그렇다고 전도 백3으로 본도 1은 두기 싫은 수. 흑은 2를 선수활용하고 전환한다. 1로 3에 이으면 흑A, 백B, 흑C로 이것은 실전에 비해 한 수 차가 생긴다.

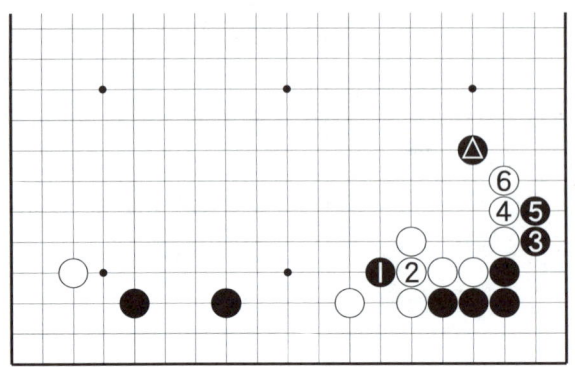

7도

7도(실전진행2)

4도 다음 흑은 1로 하나 들여다보고 3·5로 기어 귀를 보강했다.

선수는 뽑았지만 흑▲가 힘을 잃어가는 것이 문제점이 아닌가 싶다.

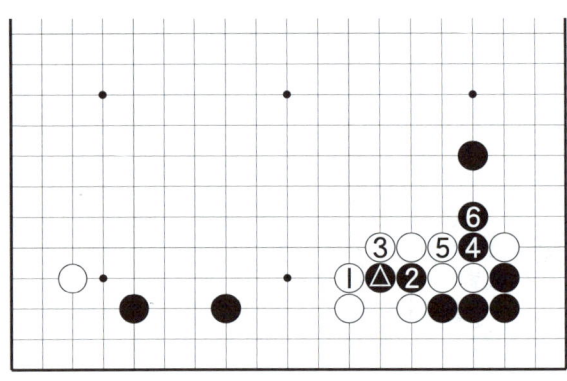

8도

8도(반발은 대환영)

흑▲ 때 백1로 반발하는 것은 흑으로서 대환영이다. 흑2, 백3 다음 흑4의 끊음이 교묘하다. 6까지 흑집이 커지므로 백이 불리한 결과.

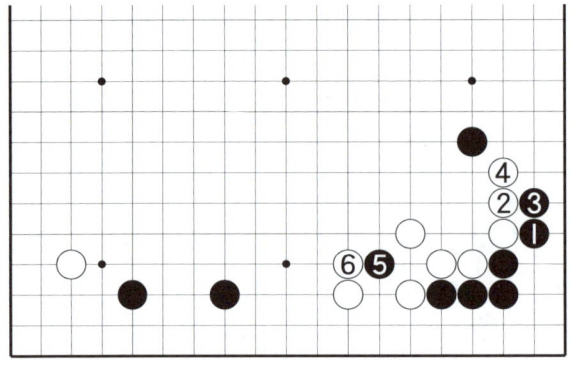

9도

9도(수순착오)

흑1·3을 먼저 교환해 버리고 나서 흑5로 들여다보는 것은 수순착오. 누가 백을 쥐더라도 잇지 않고 6으로 밀어 반발할 것이다.

 소목 날일자걸침-예봉을 피하다

소목 · 한칸협공에서 나온 변화.

흑1은 상대의 예봉을 피하는 수법인데, 이 상황에서는 두어진 적이 없었다. A가 정석.

흑은 고바야시(小林光一), 백은 가타오카(片岡聰).

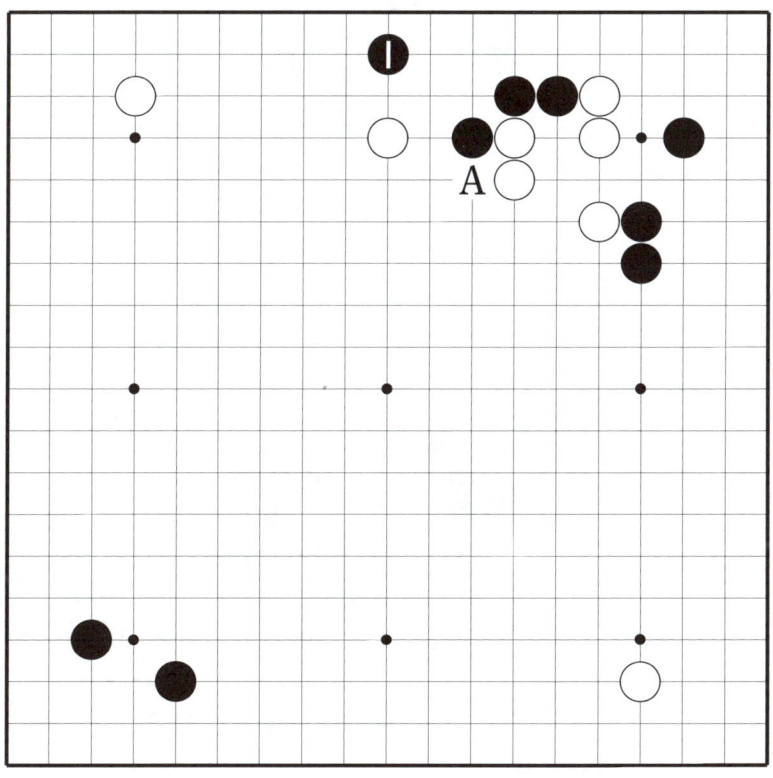

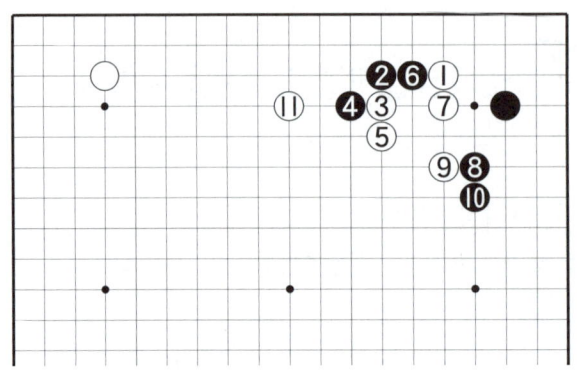

1도

1도(과정)

백3·5의 붙여뻗음에 흑6·8은 나가끊음을 노린 수이다. 백은 9로 하나 붙여서 단점을 방어하고 11로 공격한 장면이었다.

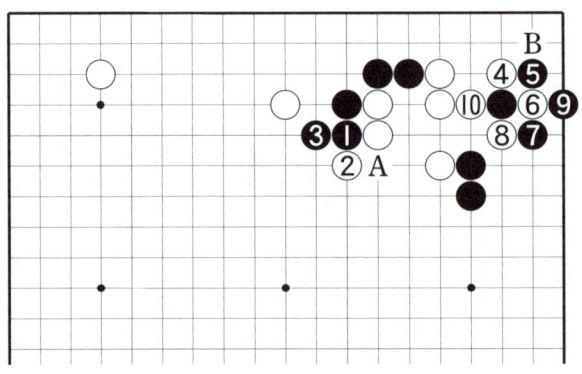

2도

2도(정석은 흑1·3)

정석은 흑1로 나가고 3의 빈삼각으로 꼬부려 A의 단점을 강조하는 것이었다. 백4·6은 형태를 정비하기 위한 수순. 6은 B도 있다.

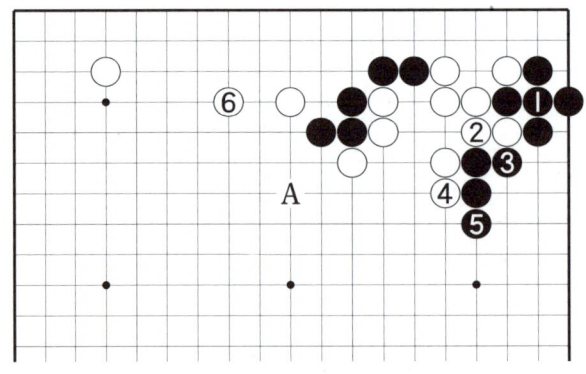

3도

3도(흑을 공격한다)

계속해서 흑1의 이음에 백2·4를 선수하고 6으로 한칸을 뛰어 상변 흑을 공격하게 된다. 6으로는 A의 씌움도 유력하다.

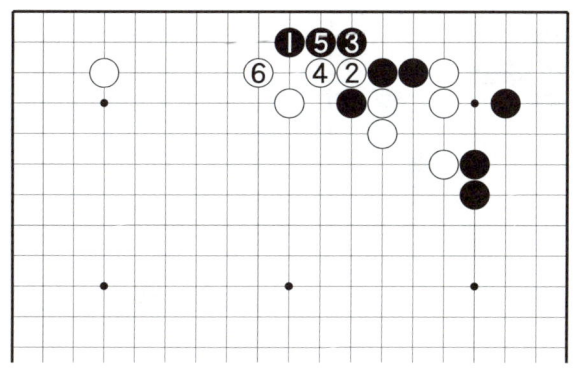

4도

4도(실전진행1)

흑1은 연구한 수 같다. 좌상귀에 백이 있으므로 전도처럼 공격당해서는 재미없다는 판단일 것이다. 백은 2로 끊었고 흑3·5는 당연.

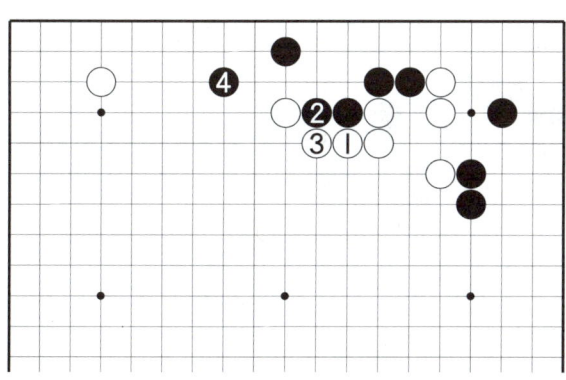

5도

5도(의문수, 백1)

전도 백2로 본도 1에 막는 수는 의문이다. 흑이 2·4로 진출하면 백은 뭘 두었는지 알 수 없는 결과가 된다.

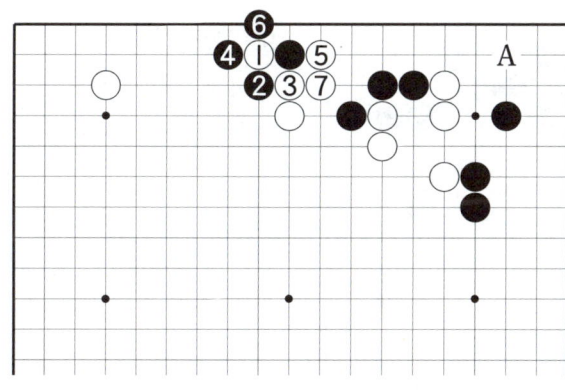

6도

6도(젖혀나가 반격)

백1로 붙이면 흑은 2로 젖혀나가 반격한다. 백7 다음 흑A로 뛰는 수도 들으므로 흑이 나쁘지 않다.

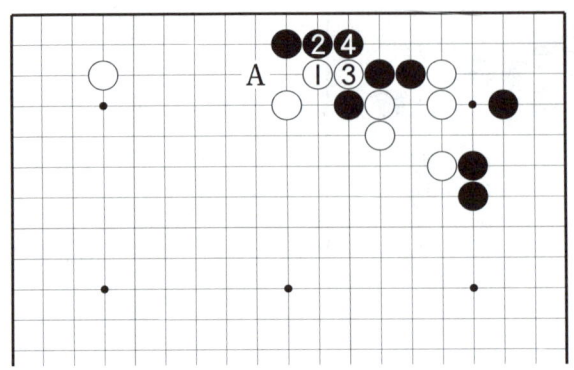

7도

7도(같은 결과)

　백1의 마늘모로 째고 나가도 실전과 같은 결과가 된다. 흑2·4로 건넌 다음 백A면 똑같다.

　2로 3에 잇고 백2를 허용하는 것은 성산없는 싸움이다.

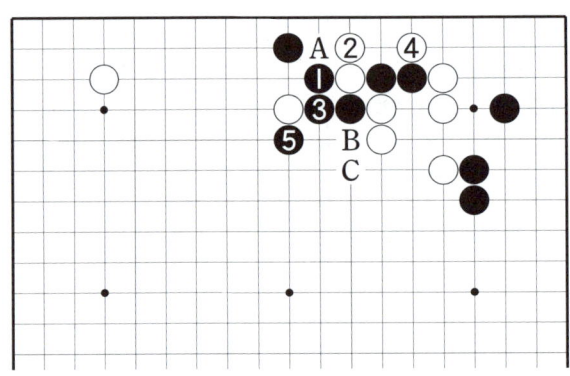

8도

8도(크게 살려준다)

　4도 흑3으로 본도 1쪽에서 단수하고 3에 잇는 것은 백4로 크게 살려주므로 불만이다. 3으로 A는 무리. 백3, 흑B, 백C의 축이 성립한다.

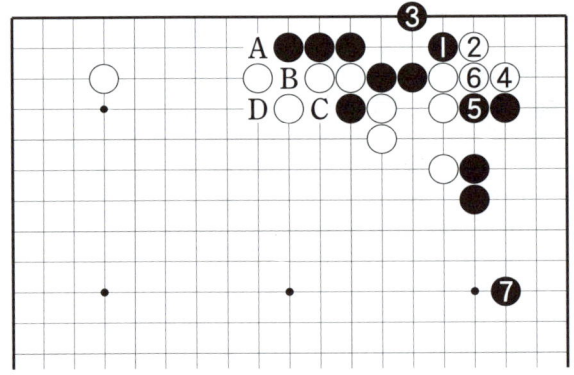

9도

9도(실전진행2)

　4도 다음 흑은 1·3으로 살았다. 백4에 흑5를 선수하고 7에 벌려서 우변도 처리. 이 다음 백A는 선수가 아니며, 흑은 B, 백C, 흑D가 노림.

 소목 날일자걸침-주문을 피한 붙임

백1로 붙여서 흑의 응수를 물으며 변화를 구한 것이 신수. A나 B는 흑의 주문이라고 본 것일까?

흑은 오타케(大竹英雄), 백은 히사지마(久島國夫)로 모두 기타니 문하.

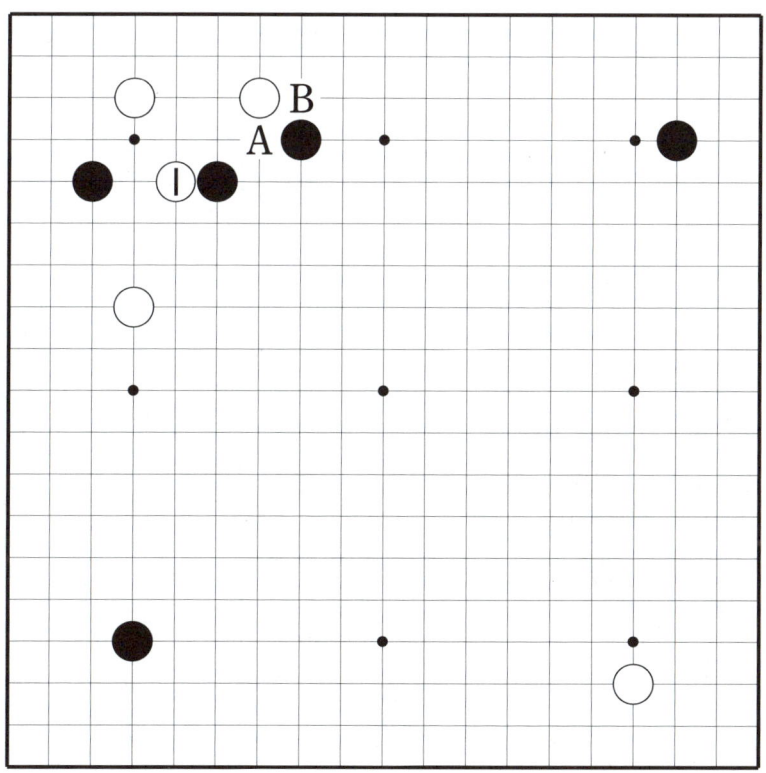

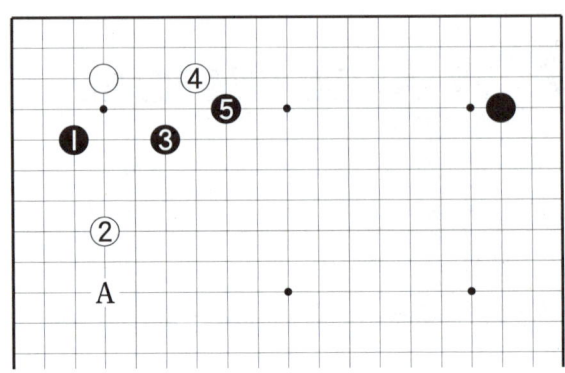

1도

1도(과정)

백2의 두칸높은협공에 흑3의 두칸뜀은 가장 널리 쓰이고 있는 수. 백4 다음 흑5로 씌우든가 아니면 A에 협공하든가.

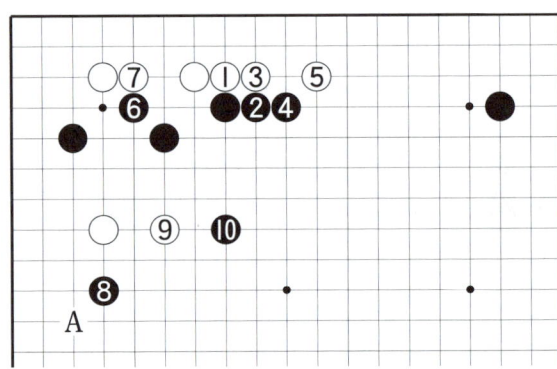

2도

2도(흑8의 공격이 통렬)

백1로 밀면 온건. 5까지 상변에 진출하게 된다. 흑은 8로 공격하는 것이 통렬해 백이 괴롭다. 5로는 A도 있다.

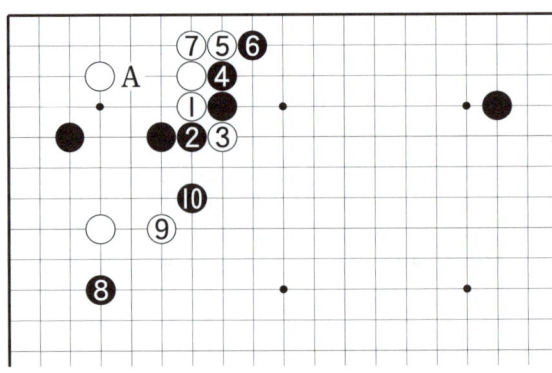

3도

3도(변화무쌍)

백1·3으로 나가끊으면 변화무쌍. 흑4 이하 10은 연구중인 수법. 4로는 A로 붙여 변화하는 수도 있다.

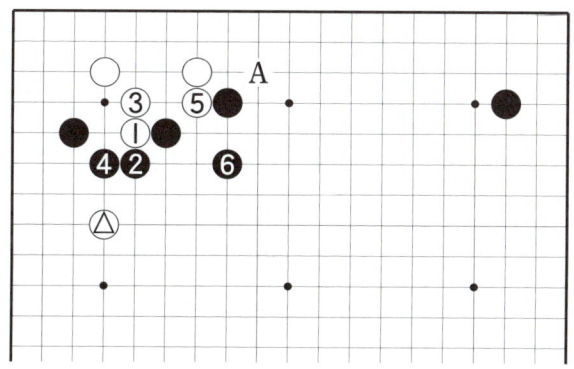

4도

4도(실전진행)

　백1에 흑2·4로 받고 백5에는 흑6으로 뛴 수가 경묘하다. 백△ 한점이 약화되었고, 상변에는 흑A로 봉쇄하는 수도 남아 백이 신통치 않은 듯.

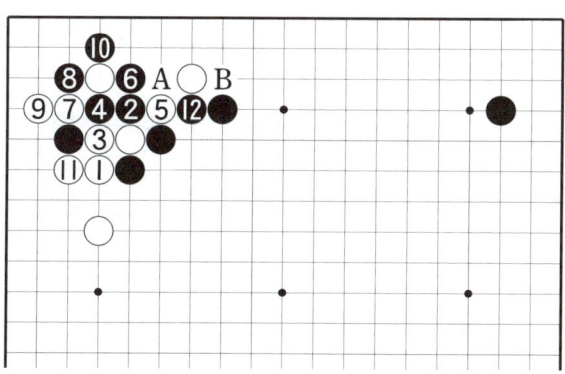

5도

5도(백이 나쁘다)

　전도 백3으로 본도 1에 젖히면 흑은 2·4로 반격한다. 백5에 흑6～10으로 한점을 따낸 다음 백11에 흑12로 단수해 이 결과는 백이 나쁘다. 다음 흑A에는 백B.

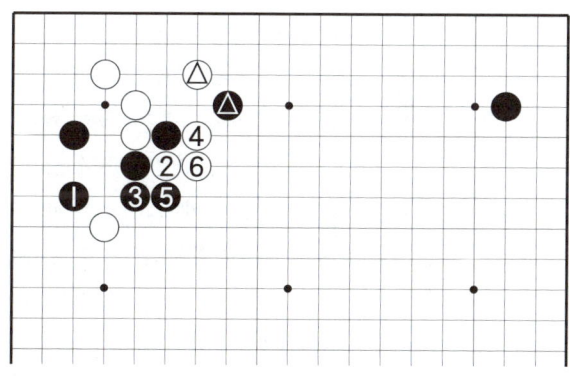

6도

6도(활용한 만큼 득)

　4도 흑4로는 본도 1에 뛰는 것도 배석에 따라서는 유력하다. 흑△와 백△의 교환은 흑으로서 활용한 셈. 그 만큼 득이다.

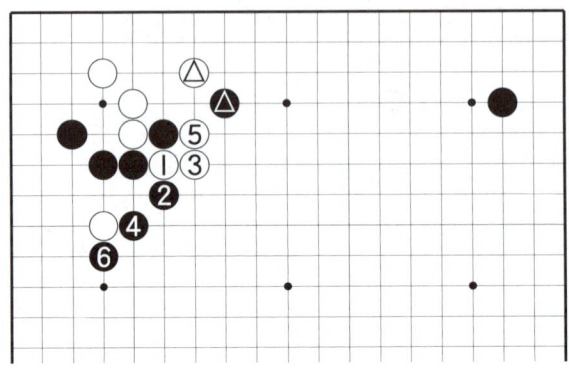

7도

7도(흑, 멋진 자세)

4도 백5로 본도 1에 끊는 것은 흑2 이하 6의 멋진 자세를 주어서 백이 손해로 보인다. 더욱이 전도와 마찬가지로 흑▲와 백△의 교환은 흑쪽의 활용.

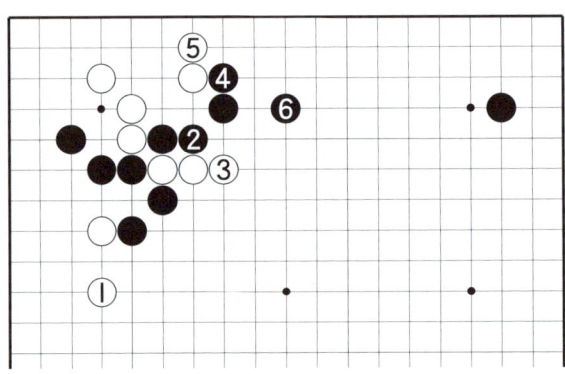

8도

8도(급전은 백의 고전)

그렇다고 전도 백5로 본도 1에 뛰는 것은 흑 2 이하 급전이 되는데, 우상귀와 좌하귀에 원군이 있는 흑이 나쁘다고는 생각되지 않는다. 백의 고전.

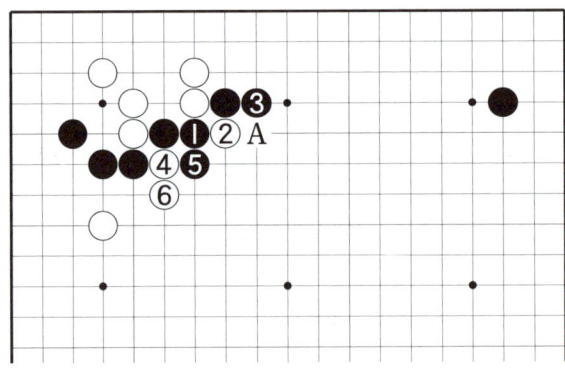

9도

9도(백이 바라는 바)

4도 흑6으로 본도 1에 막는 것은 백이 바라는 바. 백2에서 4로 끊으면 6까지 이것은 백도 싸울 만하다. 4로는 끊기 전에 A에 밀 수도 있겠다.

 소목 날일자걸침-마 샤오춘의 신수(1)

세계대회[應氏杯]에서 나온 신수. A쪽에서 몰지 않고 흑
1쪽으로 끊은 것이 이채롭다.

마 샤오춘(馬曉春)의 신연구였다. 상대방은 조치훈.

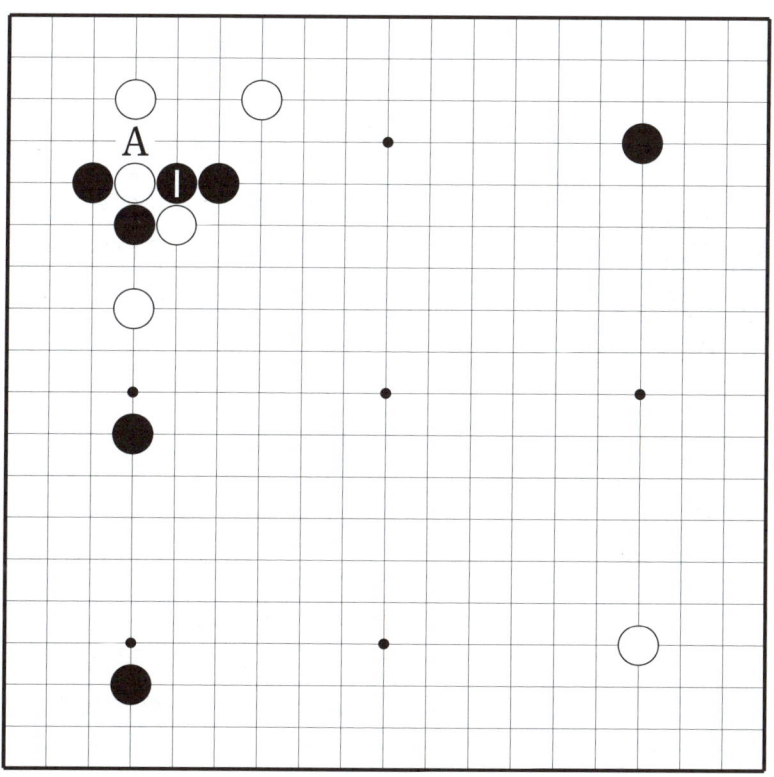

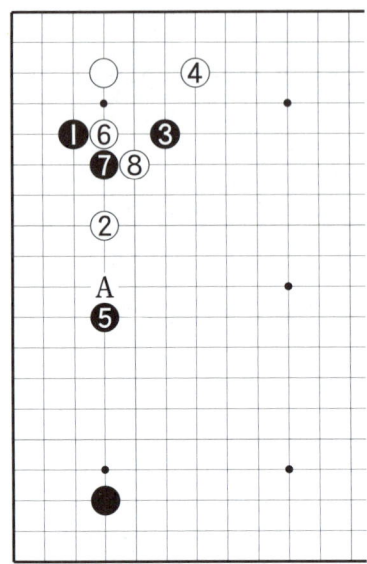

1도

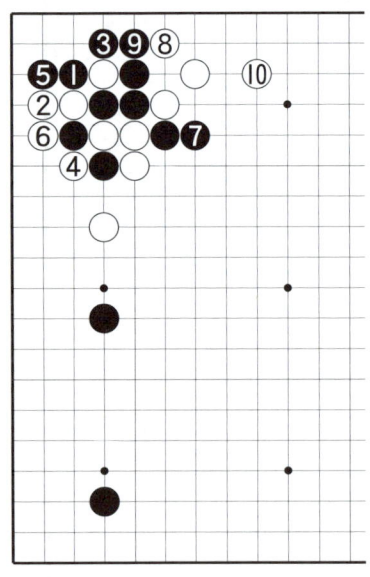

3도

1도(과정)

흑1에 백2의 두칸높은협공. 흑3으로 뛰고 백4로 뛴 것까지는 앞의 17형과 같다. 흑5는 낡은(?) 수법으로 A가 상식적이다.

2도(정석은 흑1·3)

흑1·3으로 치고나가는 것이 정석이다. 백4로 끊고 흑5로 나가고 백은 또 6에 끊는다. 계속해서—

3도(상용수법)

흑1·3이 상용수법. 백4로 보강하고 흑5에서 7이면 싸움이 벌어진다. 흑은 7로 뻗는 수를 엿보며 상변쪽으로 그냥 전개하는 것도 생각할 수 있다.

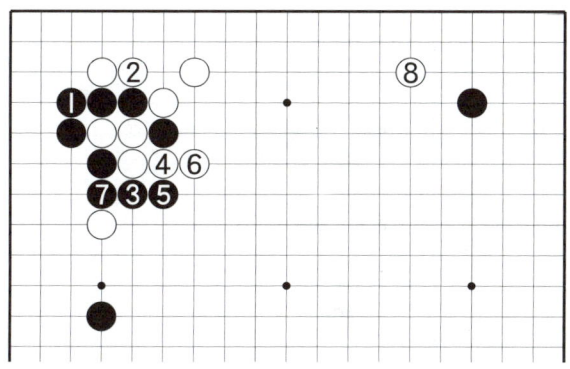

4도

4도(호각의 결과)

　2도 흑5로는 본도 1에 잇는 수도 있다. 백2에 흑3 이하 7로 좌변을 다지고, 백은 우상귀를 걸치는 수순이 돌아온다. 호각의 결과.

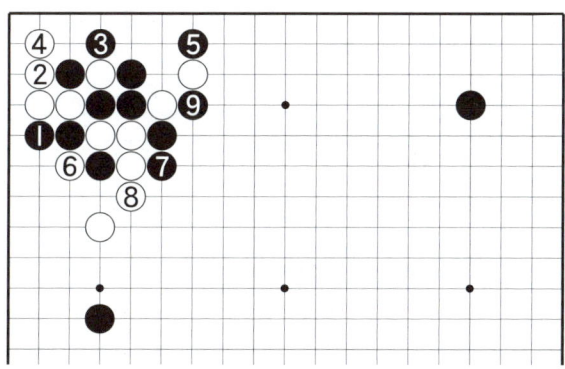

5도

5도(흑1은 과욕)

　3도 흑3으로 본도 1에 막는 것은 과욕. 백2·4의 반격이 매섭다. 흑5에 백6이면 9까지 되는 정도인데, 이것은 백이 유리한 결과이다.

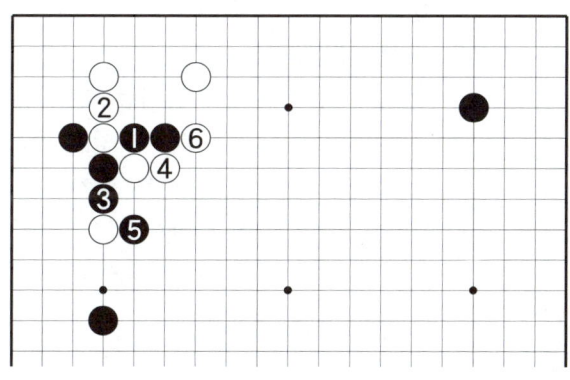

6도

6도(실전진행)

　흑1, 백2 다음 흑3으로 치받은 것이 실전. 백은 4·6으로 흑 두점을, 흑은 5로 백 한점을 제압했다.

　거의 호각의 갈림.

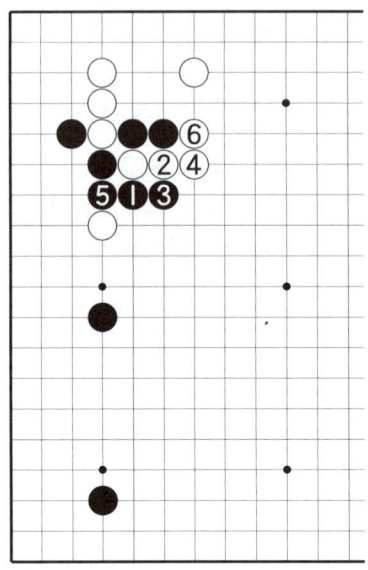

7도

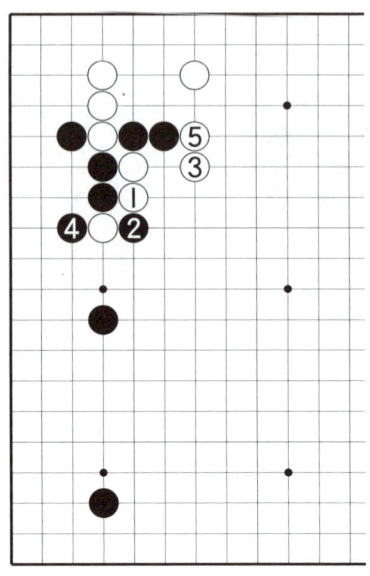

8도

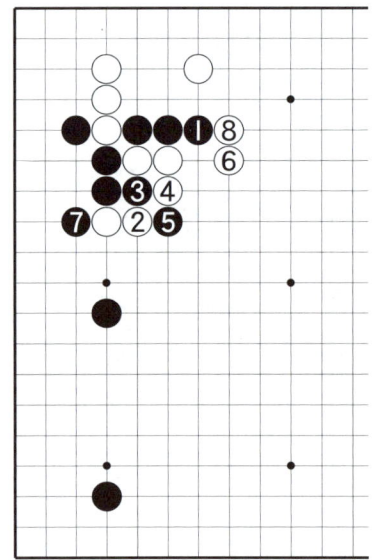

9도

7도(백이 약간 낫다)

전도 흑3으로 본도 1·3으로 단수하는 것은 속수. 흑5, 백6으로 된 형태를 실전과 비교하면, 뒷맛이 깨끗해진 백이 약간 낫다.

8도(일장일단)

6도 백4로 본도 1에 막는 것도 있었다. 흑2의 끊음에 백3에 뛰고 흑4에 백5로 일단락. 6도와는 일장일단.

9도(흑, 약간 맛이 나쁘다)

6도 흑5로 본도 1에 늘면 백도 2로 선다. 흑3·5에는 백6·8로 흑 석점을 잡는다. 서로 둘 만하지만 흑쪽이 약간 맛이 나쁘므로 감점.

 **소목 한칸걸침-힘에는 힘으로**

백은 미야자와(宮澤吾朗), 흑은 이시다(石田章).

단점을 남기고 강력하게 막아버린 흑1은 힘바둑의 대명사로 알려진 미야자와를 상대로 한판 붙어보자는 이시다의 도전장이었다. 귀의 백 넉점도 공배가 메워졌으니 싸워볼 만하다는 계산이었을까.

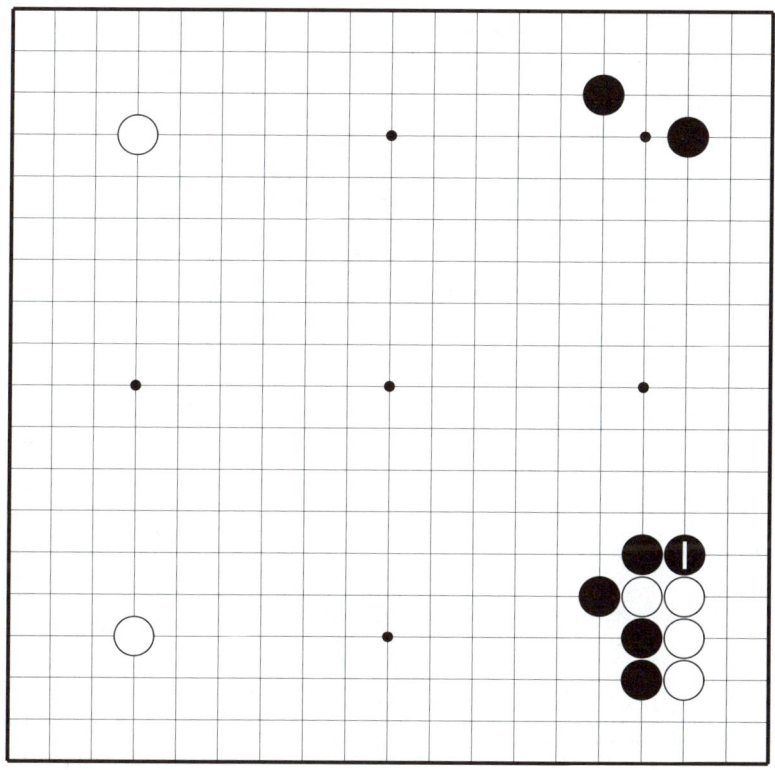

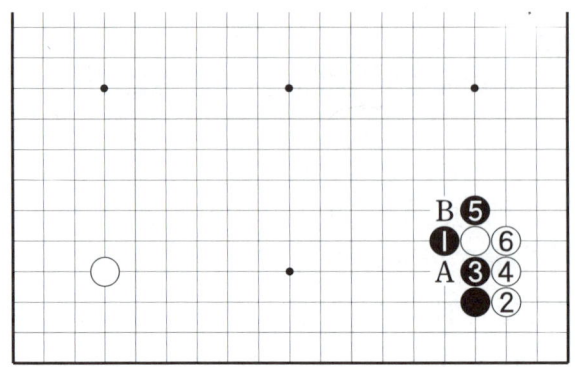

1도

1도(과정)

백의 한칸걸침, 흑1의 위쪽 붙임에서 출발했다. 백2의 3·三붙임에 흑3은 A 또는 5에 젖히는 수도 정석이다. 그리고 흑5도 B의 올려뻗음이 흔히 쓰이는 수법이다.

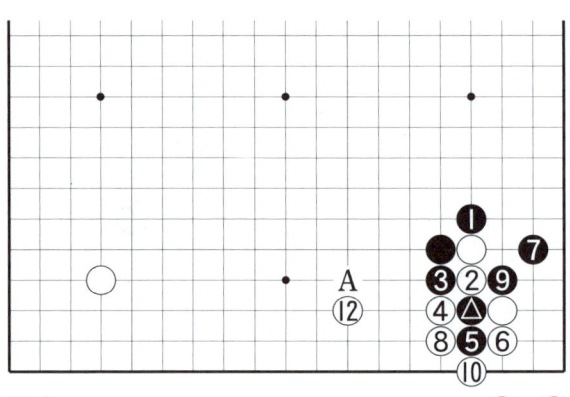

2도

⓫‥⧍

2도(기본정석)

전도 흑3으로 본도 1이면 백2·4 이하 12까지가 보편적인 기본정석이다. 12는 A에 높게 둘 수도 있으며, 손을 빼는 것도 있다.

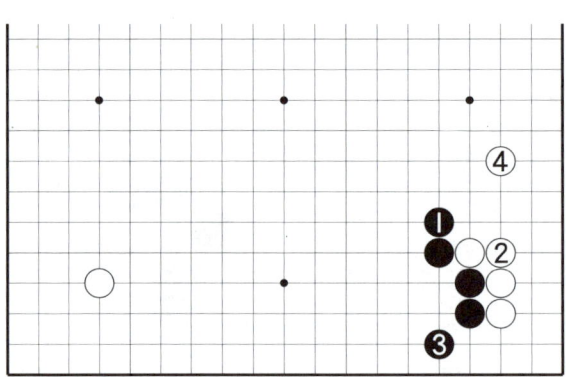

3도

3도(올려뻗음)

흑1의 올려뻗음은 한때 유행했던 수법으로 최근도 가끔 볼 수 있다. 백2로 잇고 4에 벌려서 일단락인데, 우상귀 흑의 굳힘이 있는 이 바둑에서는 흑이 불만일 듯.

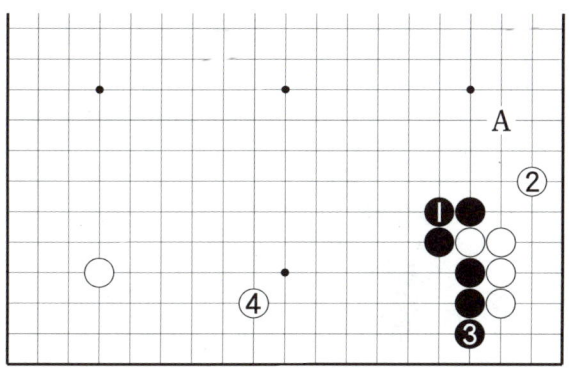

4도

4도(위쪽 이음)

흑1로 위쪽을 이으면 백은 2의 날일자로 위쪽에 진출한다. 그러면 흑은 3으로 빠져서 단점을 지키는 정도. 다음 백은 4로 하변에 전개하든가, A로 나아가든가 선택이 있다.

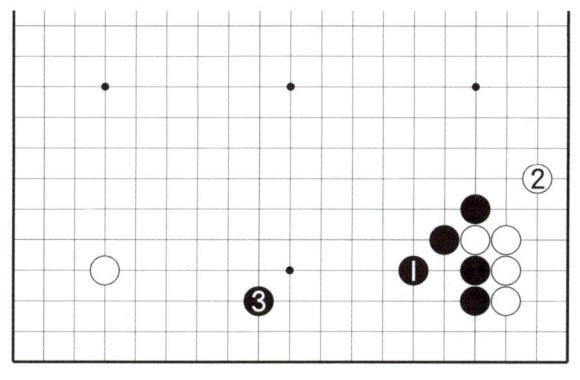

5도

5도(아래쪽 이음)

흑1로 아래쪽을 먼저 보강해도 백은 역시 2의 날일자 진출. 흑은 하변을 3으로 전개해서 부분적으로는 호각이지만, 우변의 가치를 떨어뜨린 백의 만족일 것이다.

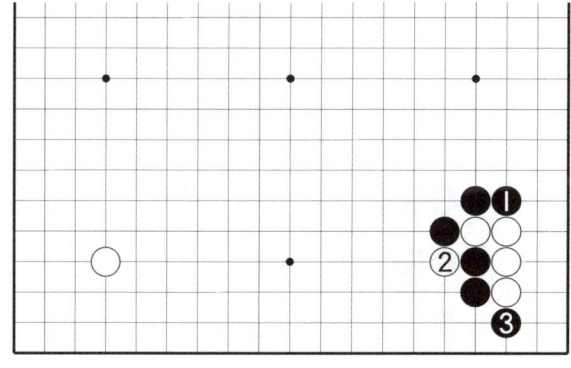

6도

6도(실전진행1)

흑1로 막자, 백은 2쪽을 끊었다. 여기서 흑3으로 젖힌 것이 상대방의 자충을 부각시켜 단점을 방어하려는 강수였다.

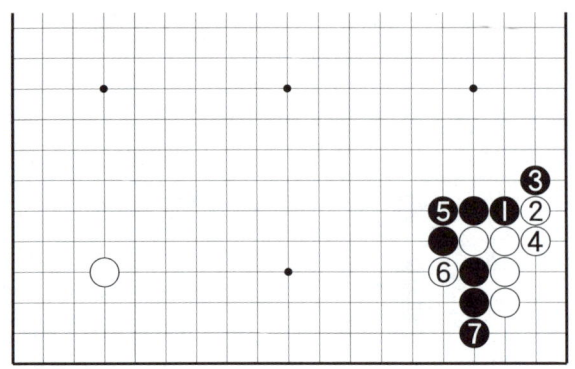

7도

7도(상용의 맥점)

흑1의 막음에 백2·4
로 젖혀잇는 것은 흑5로
잇게 해 백이 피곤해진
다. 백6의 끊음에 흑7의
내려섬이 사석을 활용하
기 위한 상용의 맥점이
다. 계속해서―

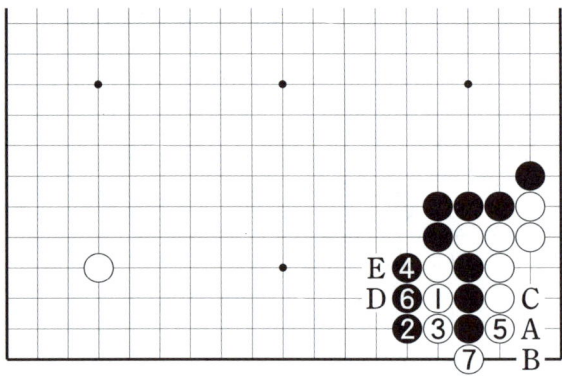

8도

8도(흑, 대만족)

백1에 흑2의 한칸뜀이
또 맥점. 백3에 흑4·6
을 선수할 수 있으니 흑
의 대만족.

1로 4는 흑5, 백A, 흑
B, 백C, 흑D로 백의 낭
패이며, 3으로 D는 흑6,
백4, 흑E로 끊겨서 역시
백이 곤란하다.

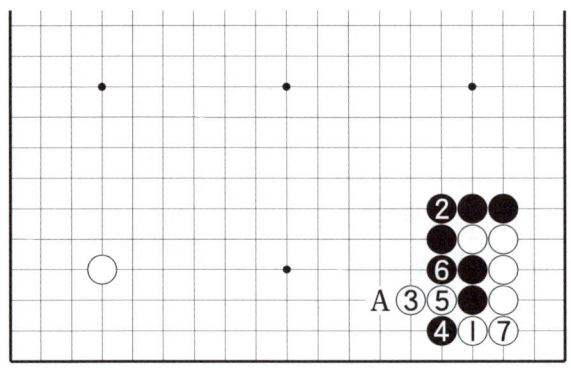

9도

9도(흑, 두텁다)

거슬러올라가 백1로 아
래쪽을 젖히면, 흑은 뿌
리쪽인 2에 잇는다. 백3
의 진출에 흑4로 젖혀나
가는 수가 긴요. 7 다음
흑A의 코붙임이 노림임
은 말할 것도 없다.

흑이 두터운 모습.

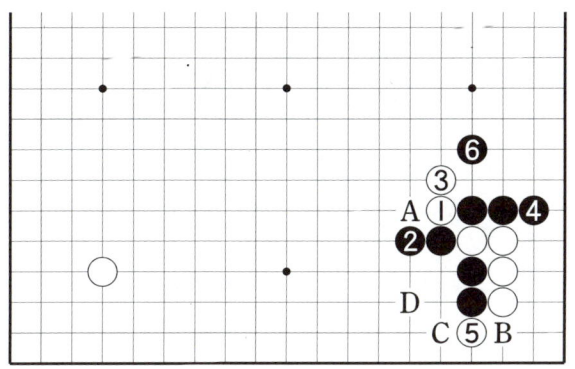

10도

10도(주도권은 흑이)

6도 백2로 본도 1쪽을 끊으면?

흑2는 당연하며 백3에 흑4의 내려섬이 호수. 6까지 우변 전투의 주도권은 흑이 쥐고 있다. 3으로 A면 흑B가 준엄하다. 흑C, 백B, 흑D는 귀에 대해 선수이지만 서두를 것은 없다.

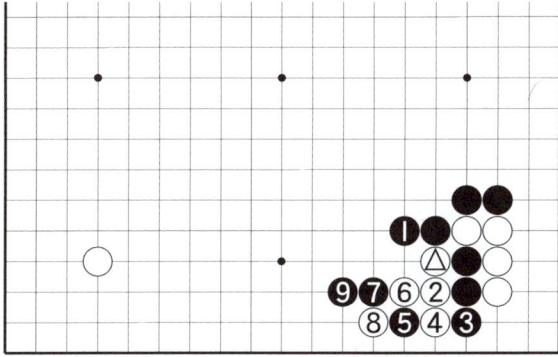

11도

11도(흑, 재미없다)

백△ 때 흑1로 뻗는 것은 싱겁다. 백2, 흑3, 백4 다음 흑은 5에 붙여서 사석을 활용하는 정도. 9까지 두텁지만 후수라는 점에서 재미없다.

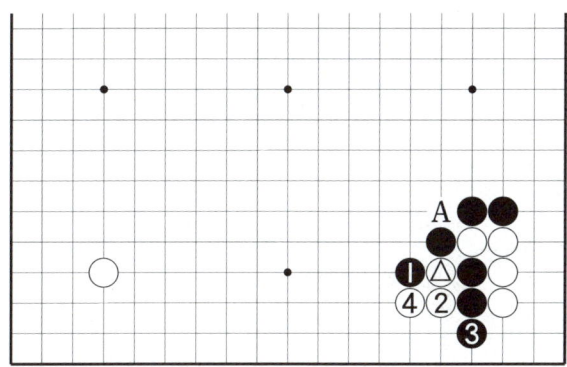

12도

12도(잘못된 맥점)

백△ 때 흑1로 단수하고 3에 내려서는 것이 좋은 맥점 같지만, 백4로 꼬부리면 흑은 대책이 없다. 흑1·3은 A의 곳에 흑돌이 있을 때 쓰는 수법이다.

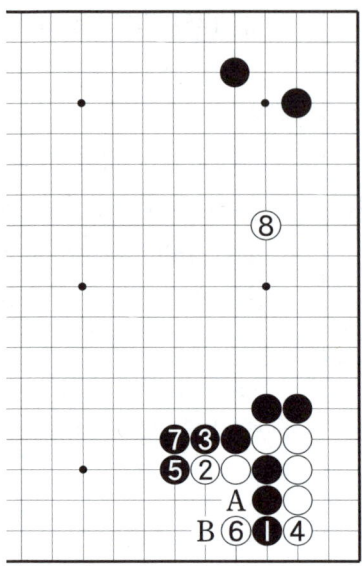

13도

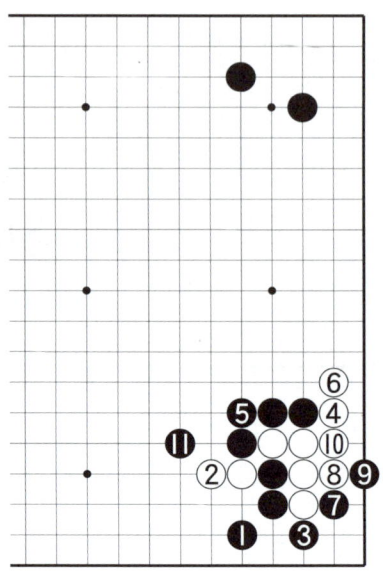

14도

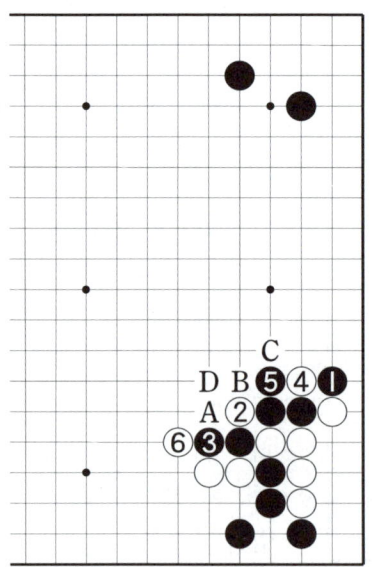

15도

13도(흑, 탐탁치 않다)

6도 흑3으로 본도 1에 내려서는 수는 있다. 흑5·7로 두터운 모습. 그러나 백 8의 갈라침에 손이 돌아가므로 탐탁치 않을 것이다. 백2로 A는 흑6 때 백B로 막지 못하므로 낭패.

14도(마늘모가 상식)

어쩌면 흑1의 마늘모가 상식일지도 모른다. 백2면 흑3으로 젖힌다. 백4·6에는 흑5로 잇고 7·9를 활용하고 나서 11에 씌워서 흑이 유리한 싸움.

15도(축이 성립)

전도 흑5로 본도 1에 덥석 막다가는 큰일. 백2~6의 축이 보기 좋게 성립한다. 다음 흑A면 백B, 흑C, 백D로 그만.

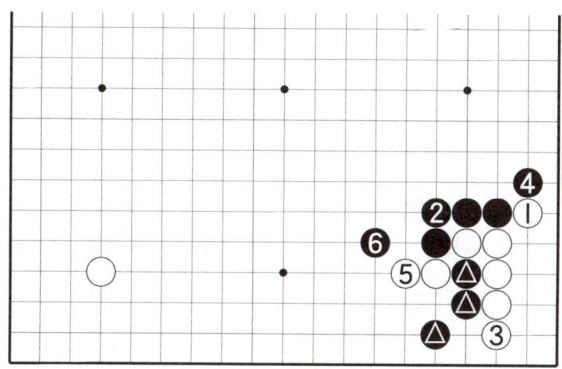

16도

16도(사석으로 활용)

백1로 그냥 젖히는 수가 있지만 그래도 흑은 2에 잇는다. 백3에는 흑4로 막고 백5에 흑6으로 씌운다. 요컨대 흑▲ 석 점은 사석으로 활용하려는 의도였던 것이다.

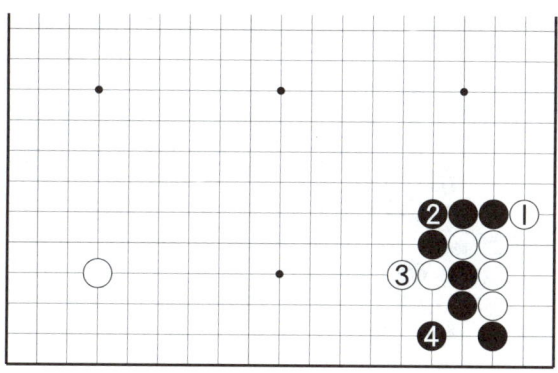

17도

17도(실전진행2)

6도 다음 백은 1로 젖혔고 흑은 2의 이음. 백3의 뻗음에 흑4로 호구친 상황은 **14도**와 비슷하다.

백이 불리한 코스를 어떻게 피했는지 알아본다.

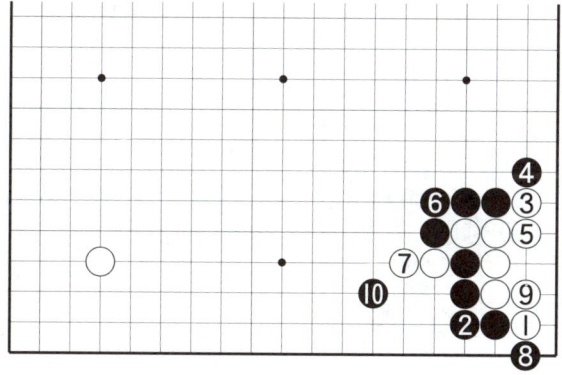

18도

18도(백의 고전)

백1로 막으면 흑은 2로 잇는다. 이러면 흑의 단점이 없어져 백이 괴로워진다. 이번에는 백3에 흑4로 막는 수가 성립한다. 10까지 백의 고전이 명백하다.

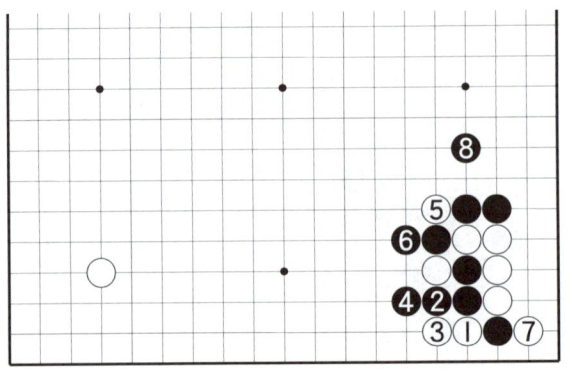

19도

19도(흑, 유리한 절충)

전도 백1로 본도 1·3으로 단수하고 5를 활용한다고 해도, 종당에는 백7로 가일수해야 하므로 흑8로 정비하는 수를 허용한다. 이것은 흑이 유리한 절충이다.

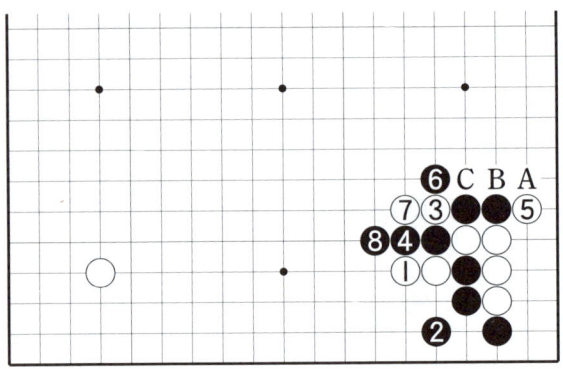

20도

20도(응수가 달라진다)

백1은 선수이지만 흑2와 교환하고 나면 우변에서의 응수가 달라진다. 즉 백5 때 흑은 6·8로 버티는 수를 들고나올 것이다. 6으로 A면 백B, 흑C, 백8의 축이 성립하므로 주의!

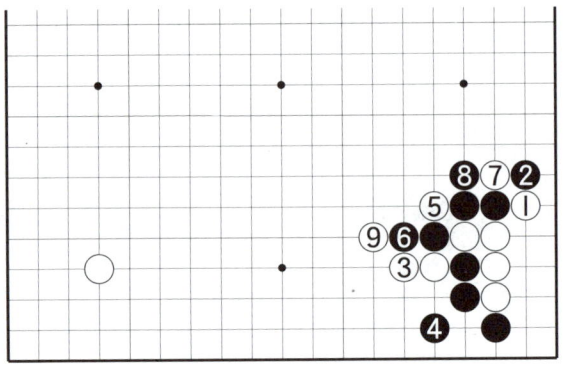

21도

21도(축의 맥점)

먼저 백1로 젖혀 흑2로 막으면 비로소 축의 맥점이 발동한다. 백3에 흑4로 방비할 때 백5 이하 9가 바로 그것.

466

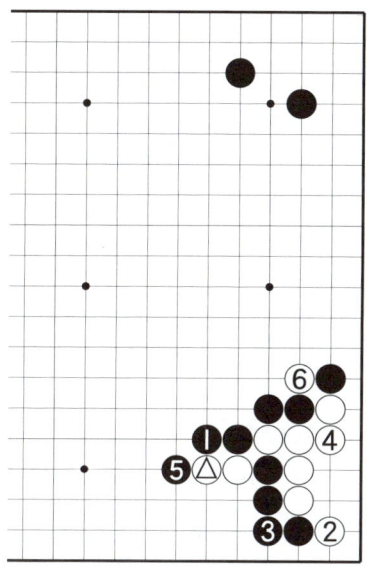

22도

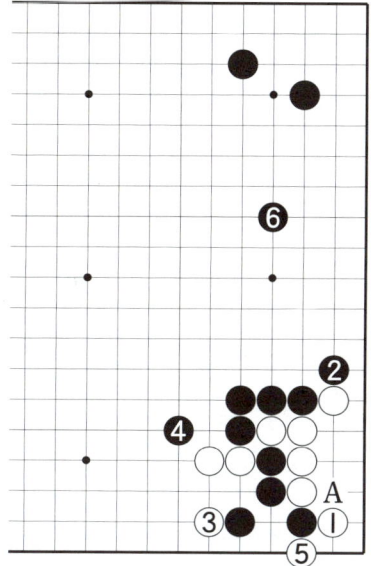

23도

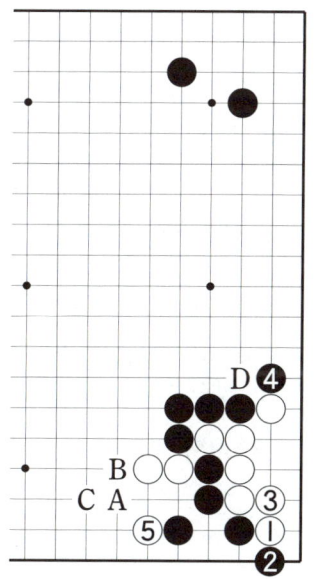

24도

22도(백, 나쁘지 않다)

백△ 때 흑1로 누르는 강수가 있지만, 그러면 백은 2로 막고 4에 잇는다. 다음 하변과 우변의 약점 노림을 맞봐 나쁘지 않다. 흑5면 백6의 끊음이 통렬하다.

23도(실전진행3)

17도 다음, 백1로 막자 흑은 2에서 4로 씌웠다. 백은 5로 흑 넉점을 접수. 백의 실리가 크지만 흑도 6이 절호점이어서 상당한 모습. 1로 2에 뻗으면 흑A가 있어 백이 못견딘다.

24도(흑2, 이적수)

백1 때 흑2는 백3에 잇기만 해도 재미없다. 4 대신 A로 움직여도 백B, 흑C 다음 백D의 젖힘이 기막힌 수여서 흑이 신통치 않은 것이다. 흑2가 이적수였다.

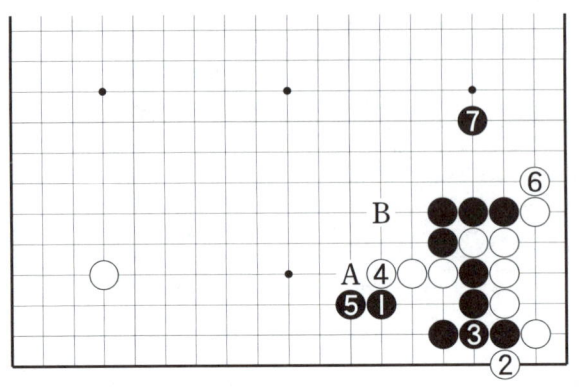

25도

25도(흑, 싸울 만하다)

전도 흑2로 본도 1에 바로 움직여나가는 수는 고려할 수 있다. 백은 2·4를 선수활용하고 6으로 나가는 정도. 흑은 7에 뛰든가, A나 B로 백 석점을 공격해 싸울 만하다.

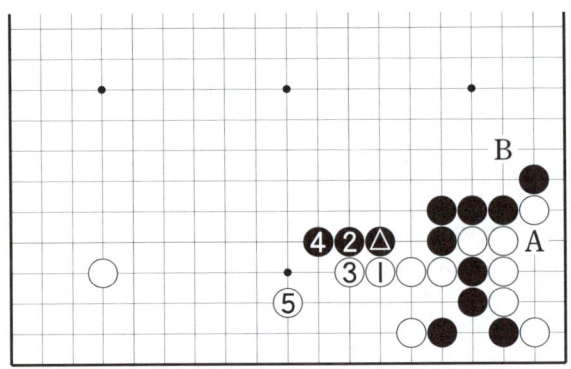

26도

26도(흑이 두터워진다)

흑⬤ 때 백1·3으로 밀고 5까지 실리를 벌어들이는 것은 흑을 더욱 두텁게 해주므로 바람직하지 못하다. 백A도 선수이지만 흑B를 불러 우변이 강화되는 만큼 두기 거북한 수.

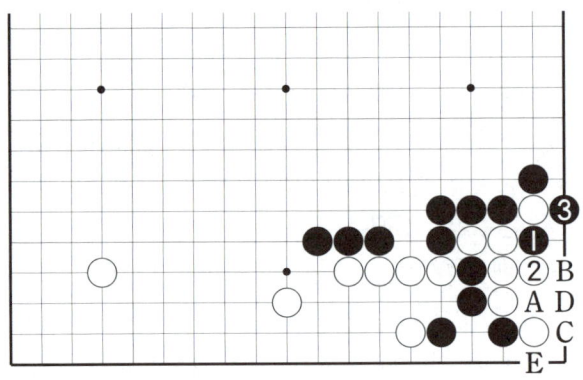

27도

27도(뒷맛이 남는다)

그렇지만 전도의 상태로 방치해 두면 흑1·3으로 백 한점을 잘라먹는 것이 거의 선수가 된다. 백이 손을 빼면 흑A, 백B, 흑C, 백D, 흑E의 이단패가 있다.

468

 소목 한칸걸침-기발한 눈목자씌움

소목·한칸걸침/한칸협공에서, 백1의 기발한 눈목자씌움이 다카기(高木祥一)의 신수였다. 하변은 가볍게 보고 좌변에 중점을 두려는 의도에서 출발했다. 흑의 유력한 대응수는 A의 붙임과 B의 치받음.

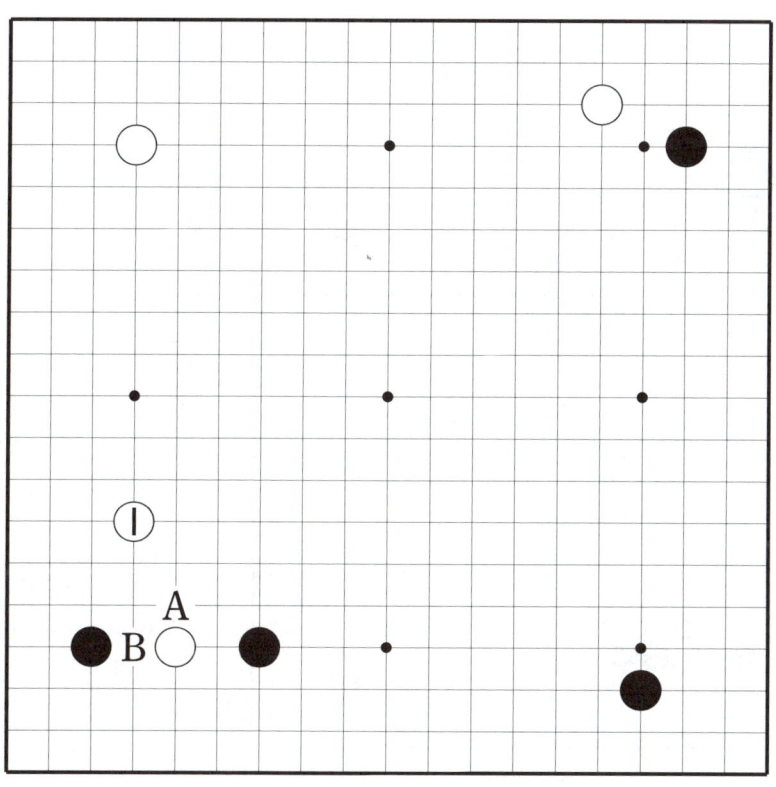

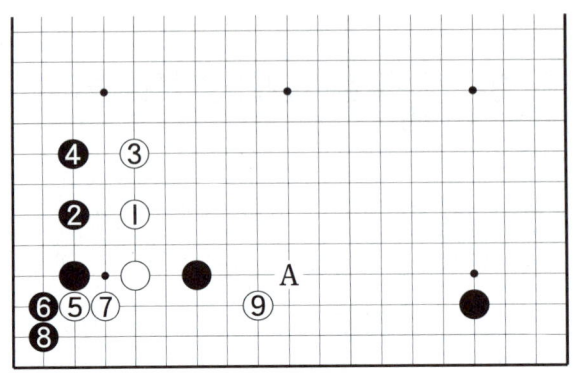

1도

1도(상식적인 수법)

백1로 뛰는 것이 상식적인 수법. 흑2에 백3으로 또 뛰고 9까지가 보통이다.

백7로는 그냥 A에 협공하는 것도 정석이다.

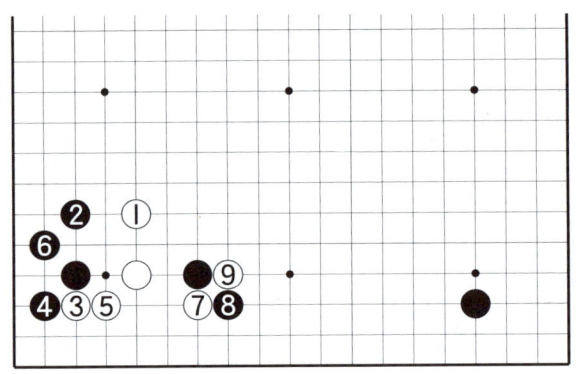

2도

2도(미완성형)

백1, 흑2 다음 곧바로 백3·5에 끄는 수가 요즘 우리나라에서 유행하는 수법. 흑6을 기다려 백7·9로 끊는다. 이 다음은 미완성형. 앞으로의 연구과제일 것이다.

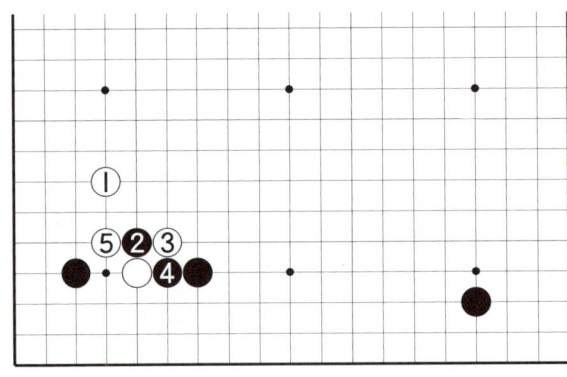

3도

3도(실전진행1)

백1의 눈목자씌움에 흑2의 붙임은 이 한점을 희생타로 해서 좌하귀에서 하변을 흑집으로 만들려는 뜻이다. 백3의 젖힘은 이것이 옳은 방향.

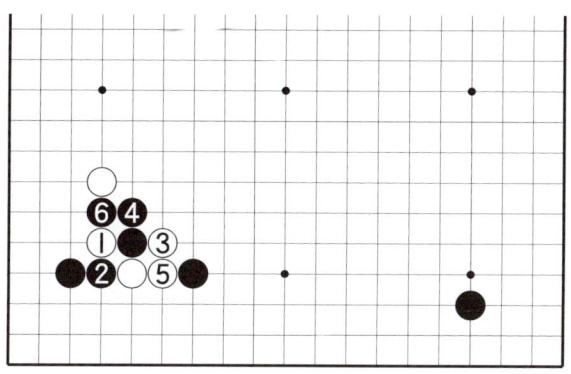

4도

4도(백1, 방향착오)

　백1쪽을 젖혀나가는 것은 방향착오. 흑2, 백3 때 흑은 4로 달아난다. 이러면 백5, 흑6으로 되어 명백하게 백이 불리한 모습이다.

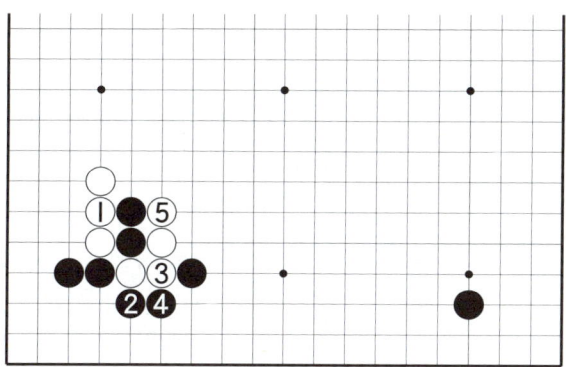

5도

5도(흑, 알기쉽다)

　전도 백5로 본도 1에 이을 경우에는 흑2로 몰고 4에 건너는 것이 알기쉽다. 백5 다음 축머리를 이용할 수 있는 점도 자랑이며, 귀의 흑집도 튼실하다.

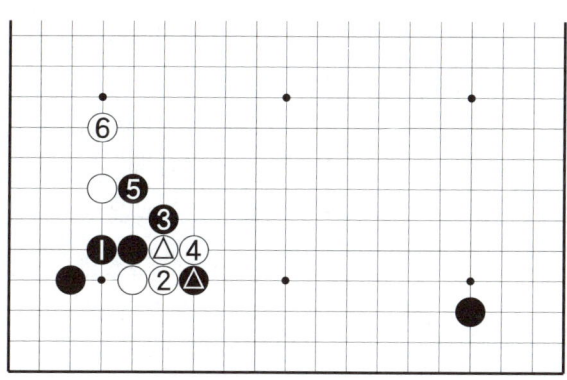

6도

6도(백, 양쪽을 두다)

　백△ 때 흑1로 끄는 것은 백2로 잇게 해 흑● 한점이 다친다. 흑3·5로 진출해도 백이 양쪽을 둔 결과이니 흑이 당한 모습이다.

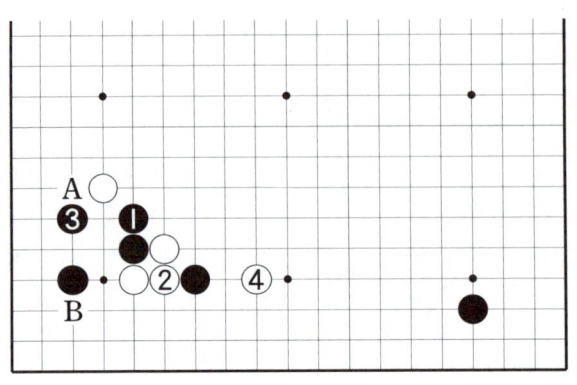

7도

7도(백, 충분한 모습)

흑이 1로 뻗으면 백은 2로 잇는 것이 간명하다. 흑3은 꼭 필요한 수비이므로 백4의 협공에 손을 돌려서 충분하다.

이 다음 A에 막는 수와 B로 붙이는 수가 백의 노림이다.

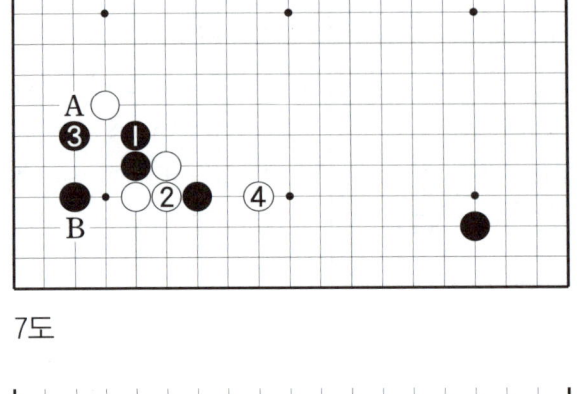

8도

8도(흑, 치받으면 불리)

흑1로 치받는 맥점도 있지만 백2로 잇게 하면 좋은 결과를 얻기는 힘들다. 백2로 3에 몰면 흑A, 백B, 흑2로 건너서 둘 만하지만….

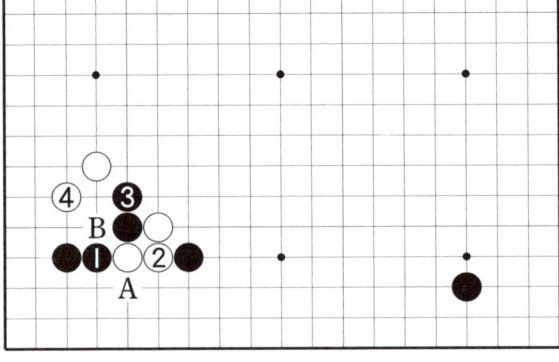

9도

9도(실전진행2)

3도 다음 흑1로 단수하고 3에 꼬부렸다. 흑3은 나중에 백A, 흑B로 끊는 패싸움 때 흑이 패를 따낸 다음 해소하는 가치를 높이려는 뜻이다. 맛은 나쁘지만 귀보다는 하변에 중점을 둔 수.

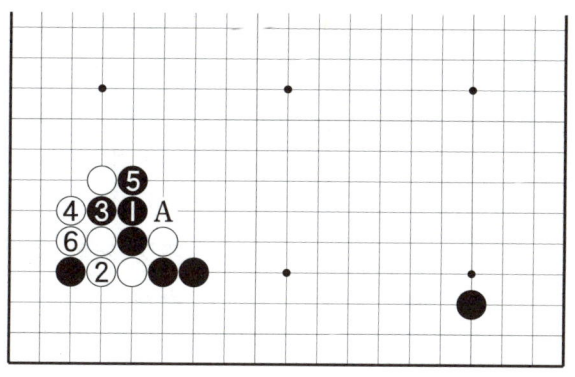

10도

10도(귀의 실리가 크다)

　전도 흑1로 본도 1에 달아나는 것은 백2로 잇게 해 신통치 않다. 6까지 귀의 실리를 너무 크게 허용한다. 흑5로 6에 끊으면 백A의 축에 걸린다.

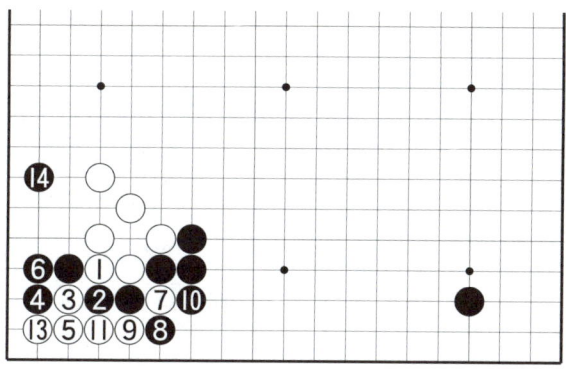

11도

⑫‥⑦

11도(끊음은 없다)

　9도의 결과를 옮긴 그림. 여기서 백1·3의 끊음은 성립하지 않는다. 흑4 이하 14까지 백의 수부족이 명백하다.

　따라서 이곳은 1로 2에 젖히는 노림뿐이다.

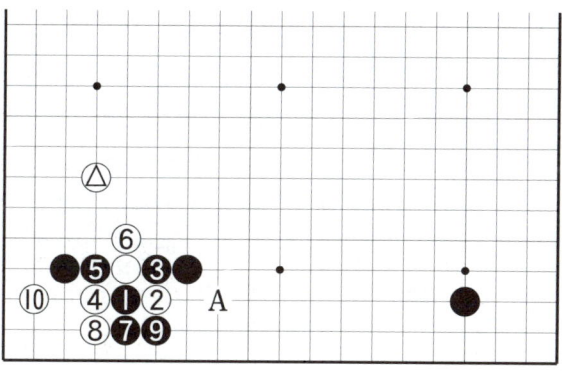

12도

12도(아래쪽 붙임)

　백△ 때 흑은 다른 수가 없을까? 흑1의 아래쪽 붙임이면 백2 이하 10까지 흔히 볼 수 있는 코스를 밟게 된다.

　8로 9, 흑8, 백A는 흑이 유리한 싸움이다.

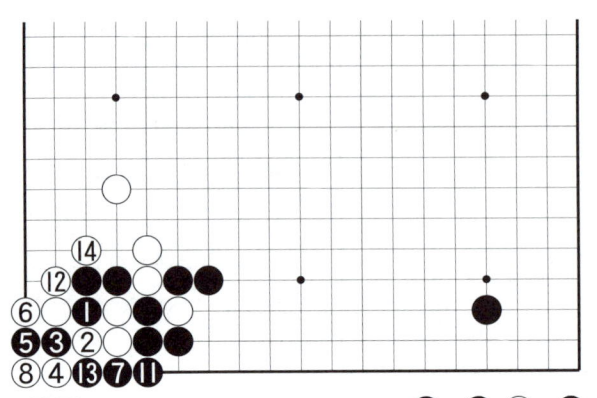

13도

9…❸ ⑩…❺

13도(상용수법)

계속해서, 흑1 이하 3·5는 수상전의 상용수법. 흑은 귀의 백을 잡을 수는 있지만 14까지 보듯이 쌍방 거의 호각이라고 봐야 할 듯.

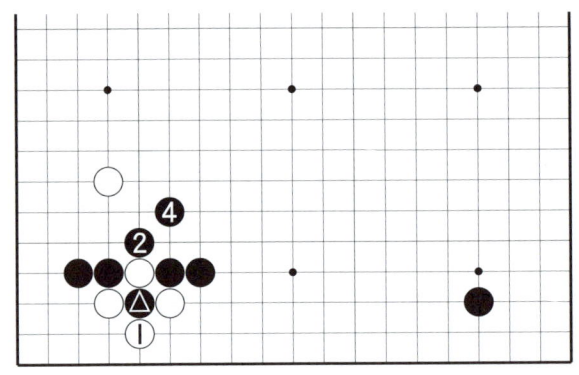

14도

③…⦿

14도(백, 봉쇄당함)

12도 백6으로 본도 1에 따내는 것은 어떨까?

그러면 흑2로 단수하고 4에 호구쳐서 백을 봉쇄하는 것이 멋지다. 백이 불리한 모습.

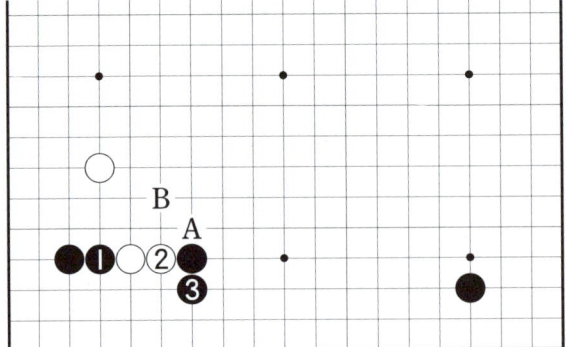

15도

15도(흑의 치받음)

흑1로 치받으면 백도 같이 2로 치받는 것이 강력한 응수이다. 흑3으로 A에 서면 백B가 안성맞춤이다. 백2는 그것을 기대하고 있는 것이다.

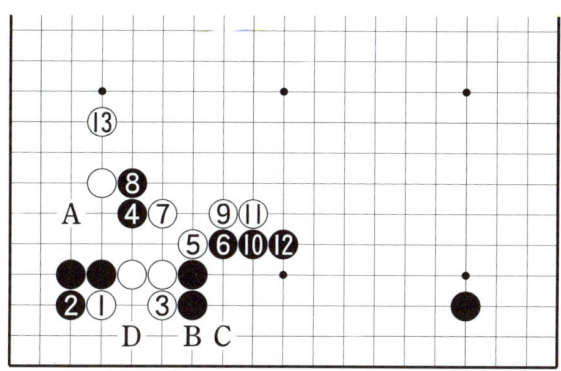

16도

16도(13까지가 결론)

전도 다음 백1·3으로 틀을 잡는 것이 정형. 흑 4로 째고나오면 백은 5 에 젖힌다. 흑6 이하 백 13까지 일단락되며 A가 백의 노림. 하변 백은 B, 흑C, 백D가 있어 안형 이 풍부하다.

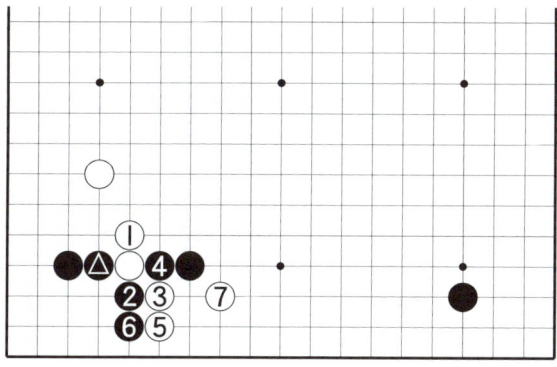

17도

17도(엷음을 엿본다)

흑▲ 때 백은 1에 뻗고 싸울 수도 있다. 흑2 ·4의 끊음에는 백5·7로 우변에 진출한 다음 귀의 엷음을 엿본다.

계속해서―

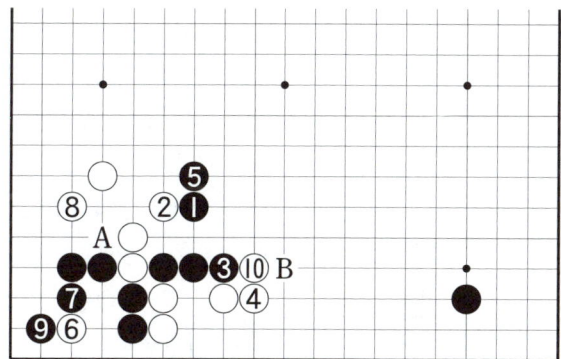

18도

18도(백, 불만 없음)

흑1로 뛰고 3·5로 전 투태세를 갖추겠지만, 백 도 6으로 치중해 8을 선 수하고 10에 꼬부려 양 쪽을 모두 둔 셈이니 불 만은 없을 듯.

단, 백2로 A는 흑B를 불러 백이 좀 피곤하다.

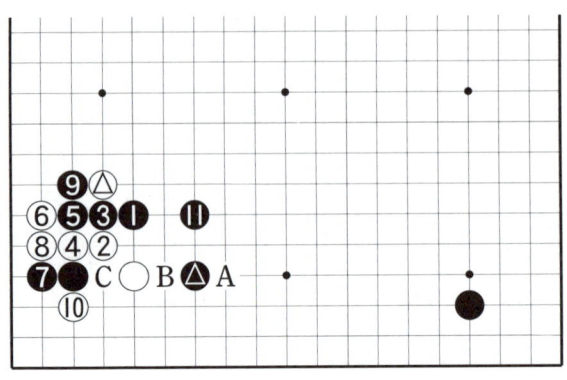

19도

19도(어깨짚음 문제점)

백△ 때 흑은 △가 A에 있을 때처럼 1로 어깨를 짚는 수도 생각할 수 있다. 그러나 백2로 째고 이하 10 때 흑11의 수비가 필요한 점이 불만. 그렇다고 11로 B는 백C 다음 백11의 급소가 남는다.

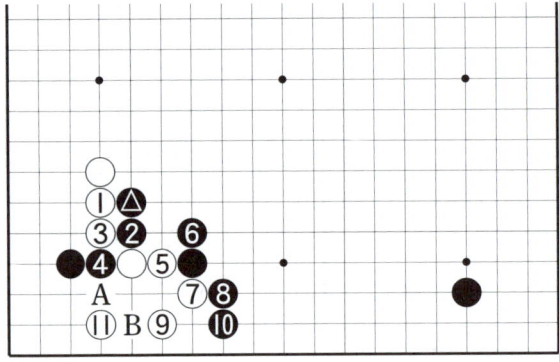

20도

20도(난해한 싸움)

흑△ 때 백은 1·3으로 끊어 싸울 수도 있다. 백11까지 매우 난해한 상황이다. 더욱이 백7은 A쪽 젖힘도 있으며 흑8은 B도 있어 결론을 쉽게 내릴 수 없다.

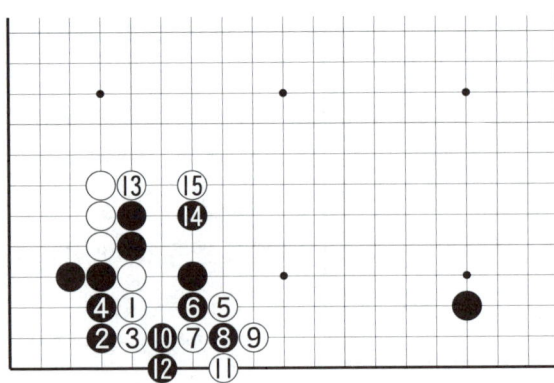

21도

21도(실리 대 세력)

전도 백5로 본도 1쪽을 내려서는 수도 생각할 수 있다. 흑2에는 백3으로 막고 5에 뛰어나간다. 흑6·8에는 석점을 버리고 두터움을 얻어서 대항한다.

소목·한칸걸침/한칸낮은협공에서 나온 변화.

이런 상황에서 백은 A로 건너붙이거나 B에 들어가거나 하는 것이 상식이었는데…. 백1의 붙임이 미야자와(宮澤吾朗)다운 치열한 신수였다.

상대는 왕 리청(흑).

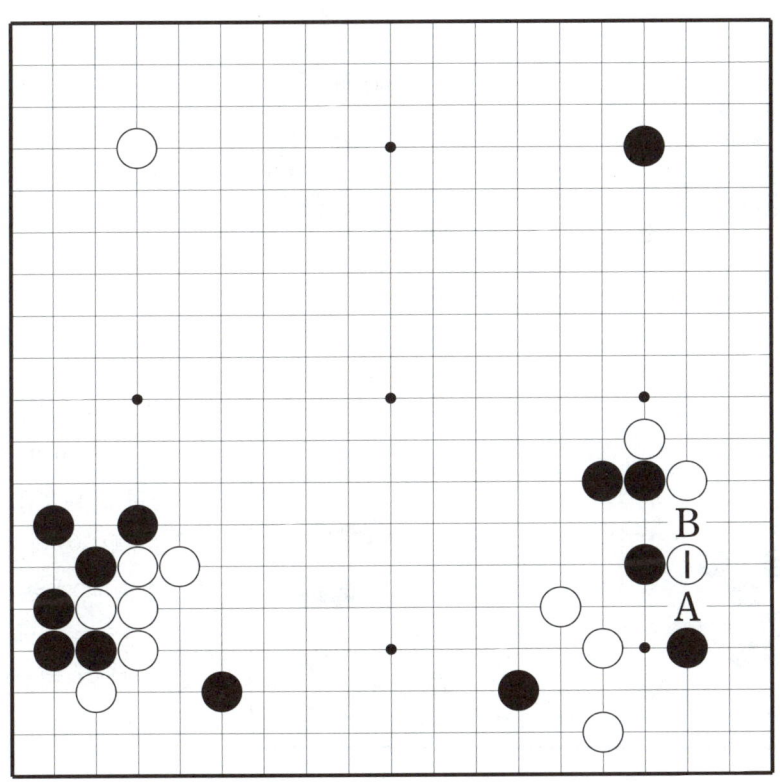

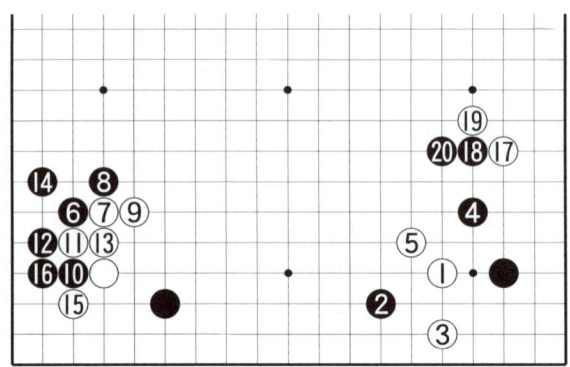

1도

1도(과정)

　흑은 우하귀 정석 도 중 손을 빼고 좌하귀를 먼저 결정하려고 했다.

　백17에 흑18·20으로 붙여뻗은 장면에서 신수가 나온 것.

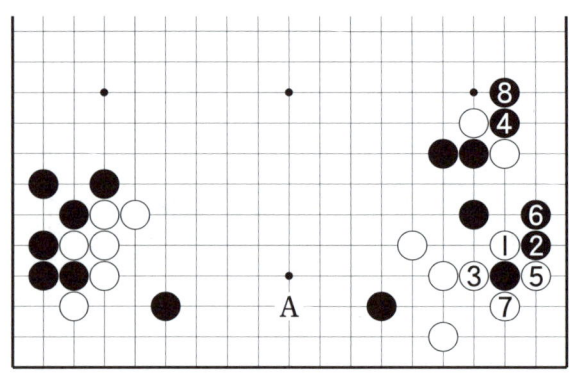

2도

2도(건너붙임)

　A 근방에 흑돌이 선점해 있어서 우하귀 백을 빨리 안정시키고 싶을 때는 1의 건너붙임이 맥이다. 8까지가 정형.

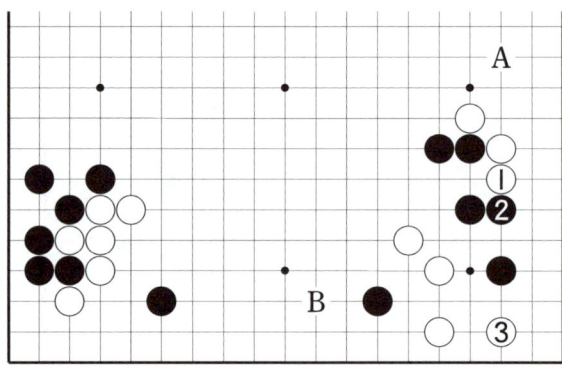

3도

3도(밖으로 내몰거나)

　백1로 들어가서 흑2와 교환한 다음 백3으로 근거를 빼앗아 흑을 내모는 것도 때때로 쓰는 수법. 3으로는 A에 벌리고 흑3, 백B로 타협하는 것도 유력하다.

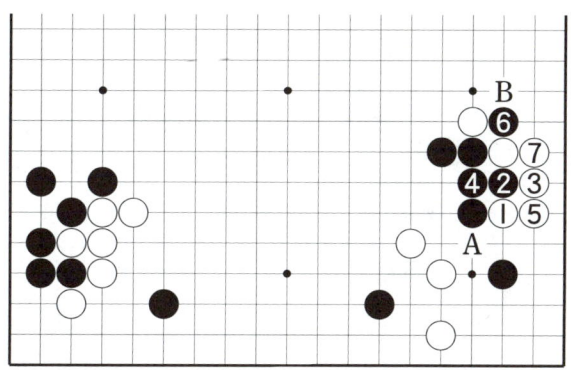

4도

4도(실전진행1)

백1에 대해 흑은 당연히 2·4의 끼워이음. 백5의 이음은 일전을 불사하는 강력한 버팀. 7 다음 흑A로 연결하면 백B로, 이것은 흑이 좋을 리 없다.

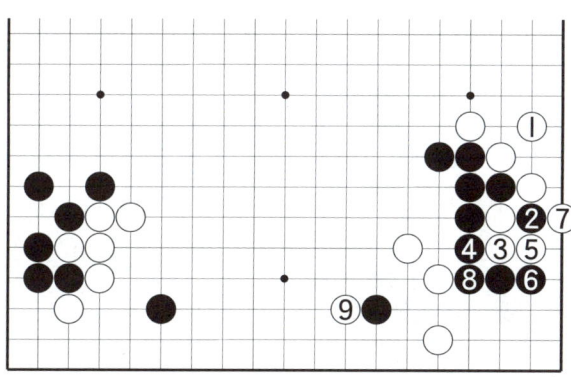

5도

5도(백, 만족스럽다)

전도 백5로 본도 1에 양호구치는 것도 유력하다. 흑2 이하 8에는, 백9의 옆구리붙임으로 타개해서 만족스런 결과가 된다.

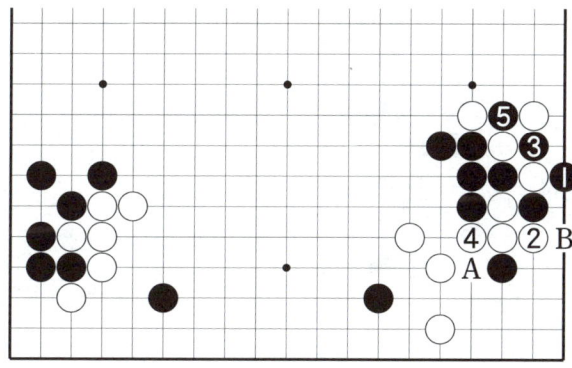

6도

6도(백, 귀를 장악)

전도 흑4로는 본도 1에 단수해 올 것이다. 그러면 백은 2·4로 귀를 장악해서 충분하다.

2로 3에 이으면 흑4, 백2, 흑A 다음 B의 패맛이 남는 데 주목.

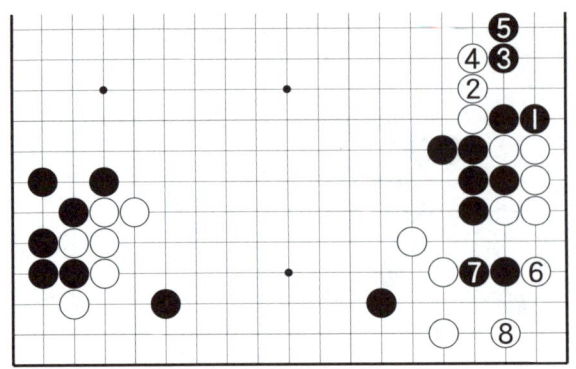

7도

7도(실전진행2)

흑1로 막고 백은 2·4를 선수하고 6에 붙여서 우변 백의 수습에 나섰다. 그런데 흑7 때 백8의 뜀이 엷은 수였다.

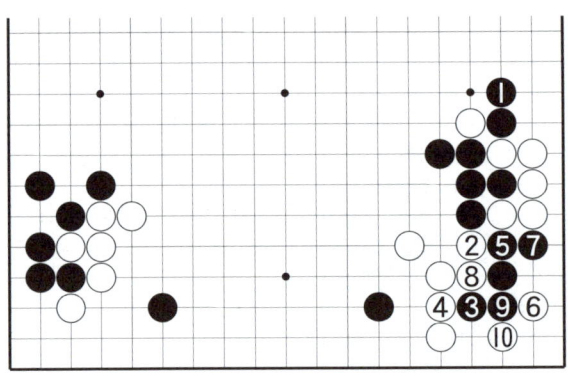

8도

8도(백, 한 수 빠르다)

전도 흑1로 본도 1쪽을 뻗는 것은 실착. 백2로 끊겨 난감해진다. 흑3 이하 백10까지 보듯이 이 수상전은 백이 한 수 빠르다.

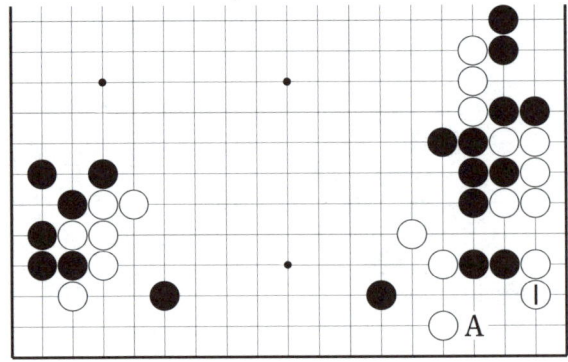

9도

9도(1이 두터운 수)

7도 백8로는 본도 1이 두터운 수였다. 흑A가 오면 좌우가 분단당하지만 우변이 살아 있는 만큼 중앙 흑을 마음 놓고 공격할 수 있는 이점이 있다.

 **소목 한칸걸침-방어의 한칸**

좌하귀에서 흔치 않은 형태가 나왔다. 소목·한칸걸침/ 두칸협공에서, 백1로 흑의 나와끊음을 방어한 수가 새로운 시도였다.

백은 린 하이펑(林海峰), 흑은 유키(結城聰).

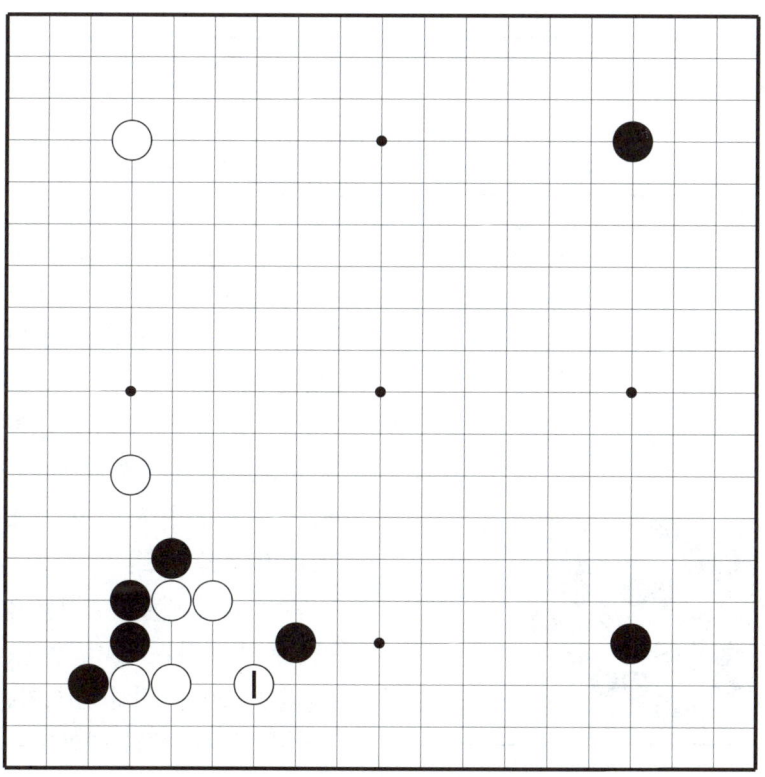

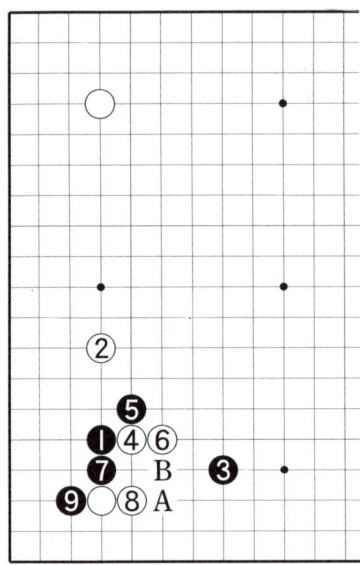

1도

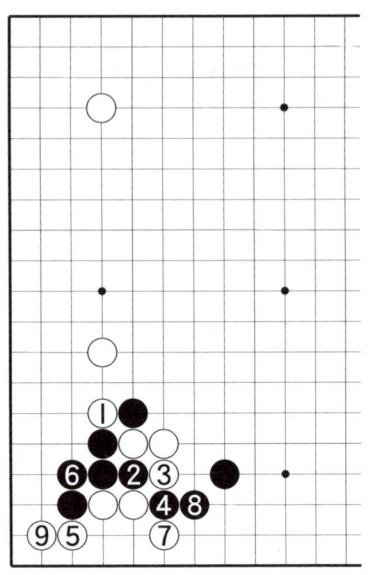

2도

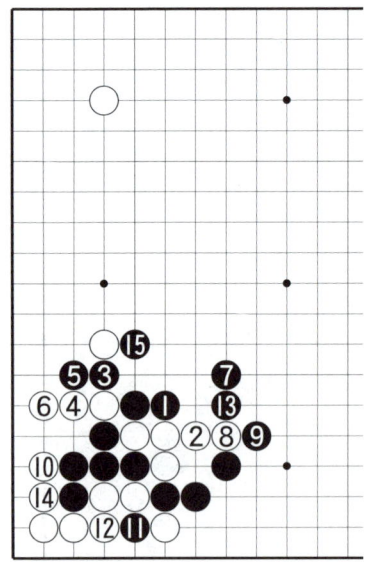

3도

1도(과정)

흑3으로 크게 씌우는 수가 진기하다. 4로 A면 흑은 B에 갖다붙인다. 5~9 때 신수가 출현한 것이다.

2도(호수, 흑6)

백1로 끊으면 흑도 2·4로 나가끊게 된다. 백5의 젖힘에 흑6으로 침착하게 잇는 것이 호수. 9 다음—

3도(두터움이 낫다)

흑1로 하나 밀어서 백2를 강요하고 3·5로 돌파하는 것이 수순. 그리고 흑7의 씌움이면 이하 15까지는 외길. 흑의 두터움이 백의 실리보다 낫다는 평가.

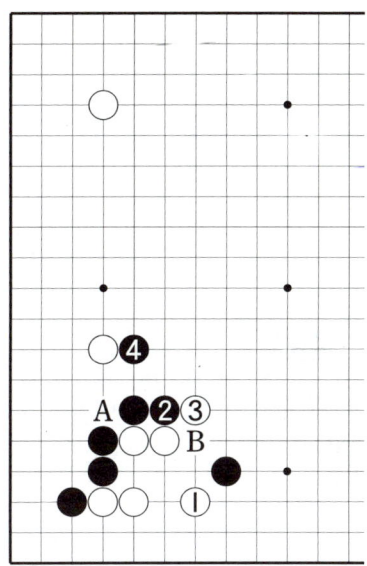

4도

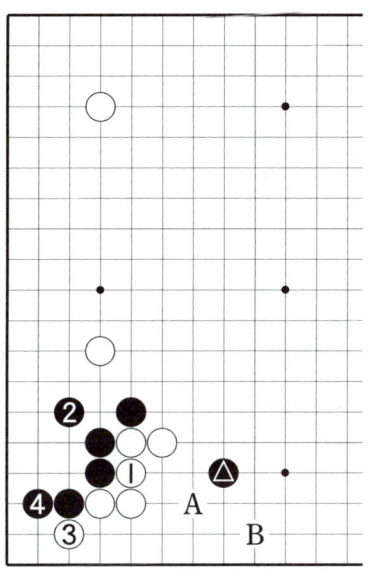

5도

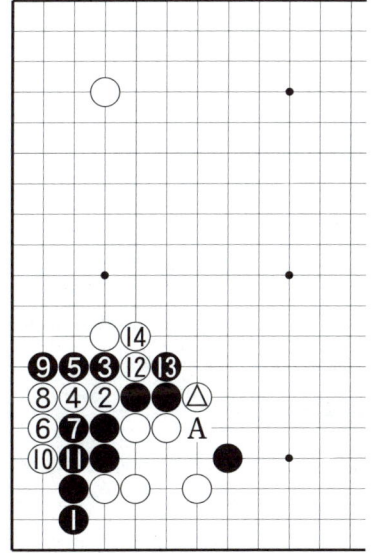

6도

4도(실전진행1)

백1로 지키자, 흑은 2에 밀고 4로 붙여서 A의 단점을 효율적으로 방비하려고 한다. 3으로 B는 기합이 빠진 수여서 좋지 않다.

5도(백이 당한 결과)

백1의 이음은 흑2로 호구치게 해 백이 당한 결과. 흑▲가 눈목자씌움보다 한발 멀므로 흑 유리. 1로 A에 뛰고 흑이 지킬 때 백B는 나쁘지 않다.

6도(1은 무리수)

4도 흑4로 본도 1에 내려서는 것은 백2로 끊겨서 나쁘다. 14까지 흑은 파탄. 1이 성립하려면 백▲가 A에 있고 축이 흑에게 유리해야 한다.

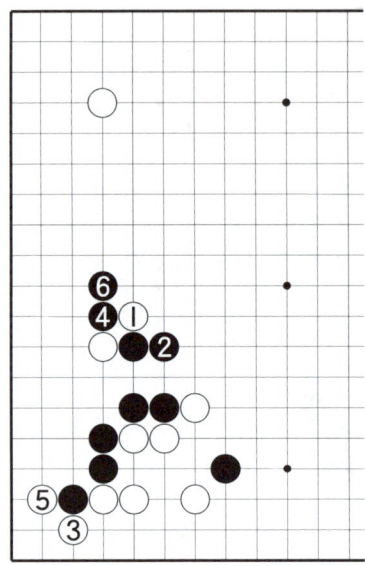

7도

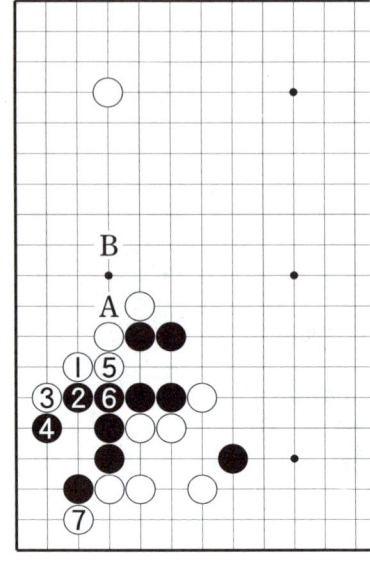

8도

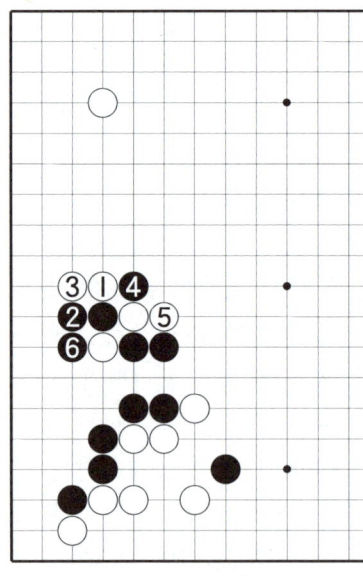

9도

7도(실전진행2)

백1에 하나 젖혀 놓고 3으로 귀쪽을 젖힌 것이 실전. 흑4, 백5로 서로가 자기 길을 가고 있다. 6까지 호각의 갈림.

8도(유력한 활용)

전도 백3으로는 본도 1~5를 활용하는 것도 유력했다. 이러면 흑A의 끊음은 성립하지 않는다. 그러나 조금 무거워진 탓에 B 부근의 침공을 노림받는다.

9도(즉각 활용은 잘못)

흑이 끊었을 때 백1 이하로 즉각 활용해 두려는 것은 잘못이다. 흑4로 끊어 두는 수가 좋아서 백은 뒷처리가 난감하다.

소목의 한칸걸침에 대해 손을 두 번이나 빼어서 나온 형
태. 흑1은 맥점. 그러나 실전에서 두어진 적은 이 바둑이
처음이었다.

신예 송광복(宋光復)의 의욕 넘치는 신수였다.

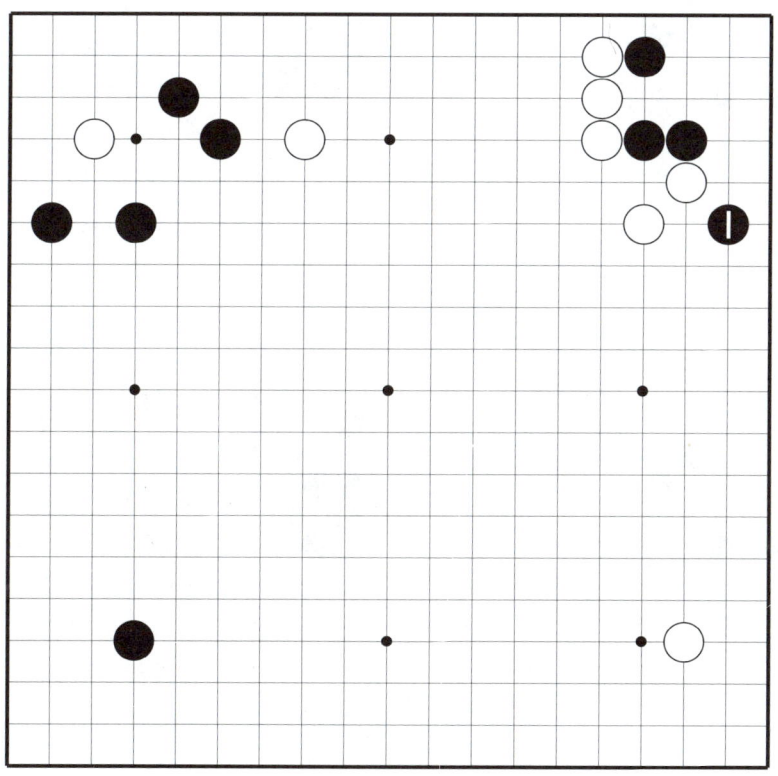

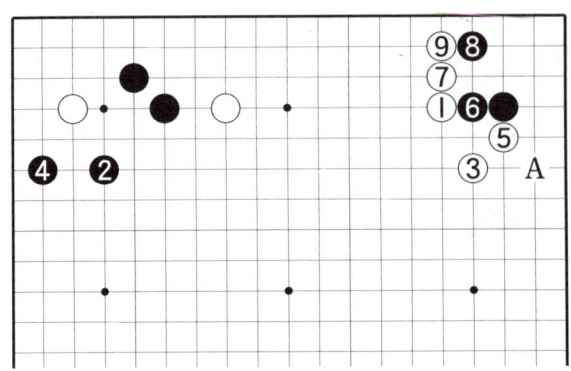

1도

1도(과정)

백1의 걸침과 3의 씌움에 손을 빼어서 흑2·4로 좌상귀를 제압했다. 그러면 백5의 마늘모붙임은 필연. 흑8, 백9 다음 흑A의 신수 출현.

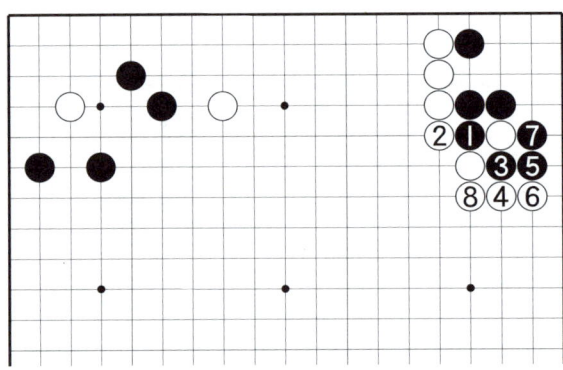

2도

2도(보통의 형)

흑1로 나가고 3에 끊는 수가 보통이었다. 8까지 무난한 갈림.

5로 7에 따내면 백5의 패 도전이 강력해 흑이 곤란하다.

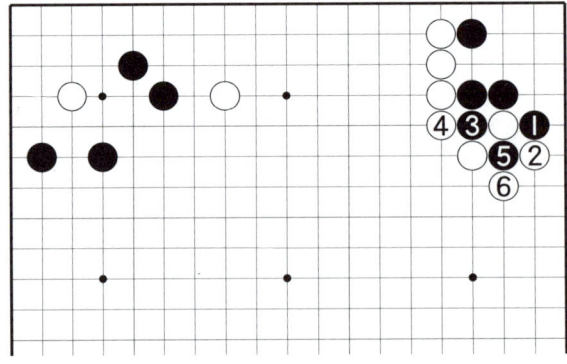

3도

3도(흑의 낭패)

흑1쪽을 먼저 젖히는 것이 수순 같지만 6까지 되면, 전도의 변화에서 설명했듯이 흑의 낭패이다. 물론 팻감만 많다면 얘기는 다르지만….

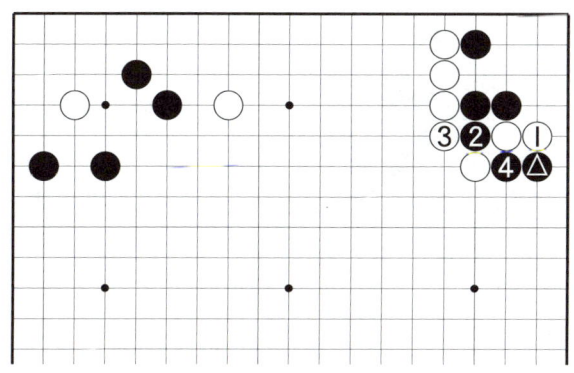

4도

4도(실전진행1)

흑▲에 대해 백은 1로 차단하지 않을 수 없었다. 거기서 예정했던 대로 흑2에서 4의 끊음.

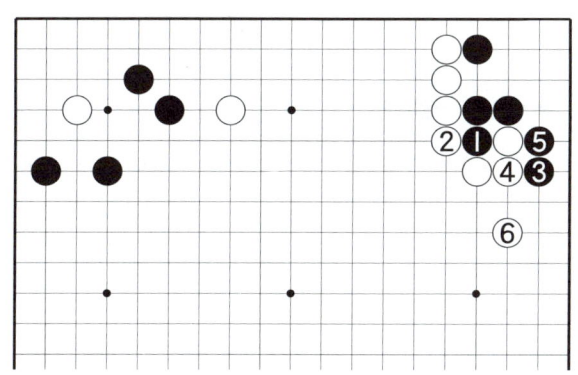

5도

5도(백의 선택권)

흑1, 백2를 교환하고 나서 흑3이면 백은 4로 잇고 6에 뛰든가, 아니면 4 대신 5에 나가든지 선택권을 갖게 된다. 이 점이 실전과 차가 난다.

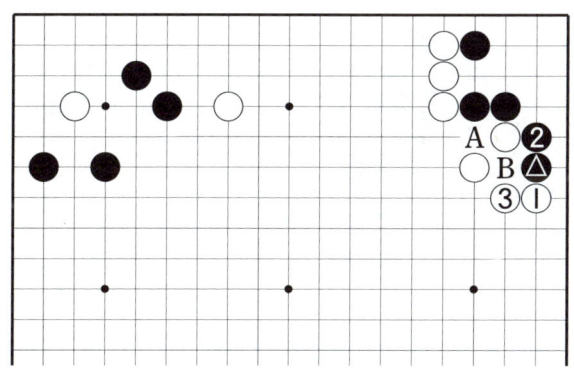

6도

6도(신통치 않다)

흑▲에 대해 백1로 우변 진출을 저지하려는 것은 흑2에 끌게 해 신통치 않다. 흑의 선수 삶인 것. 1로 A나 B 모두 좋지 않다.

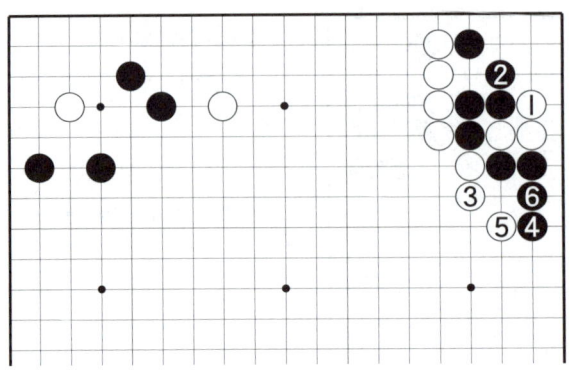

7도

7도(실전진행2)

백1로 꼬부려 흑2를 강요하고 백3에 뻗은 것이 실전. 흑은 4에 뛰어서 죄어붙임을 방어하고 백5의 활용에도 흑6으로 참았다.

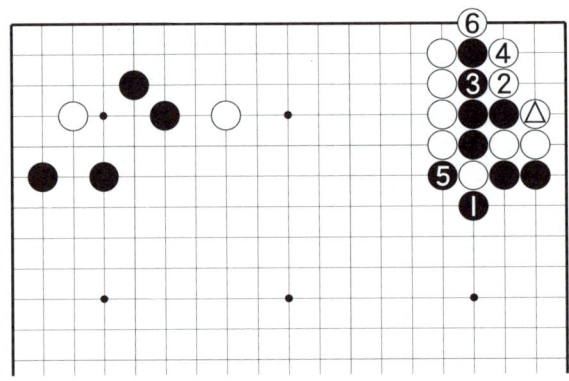

8도

8도(단수했어야)

백△ 때 흑1로 단수하는 것이 좋았던 것 같다. 백2·4의 반격에는 흑5로 따내는 수가 두터우므로 둘 만하다.

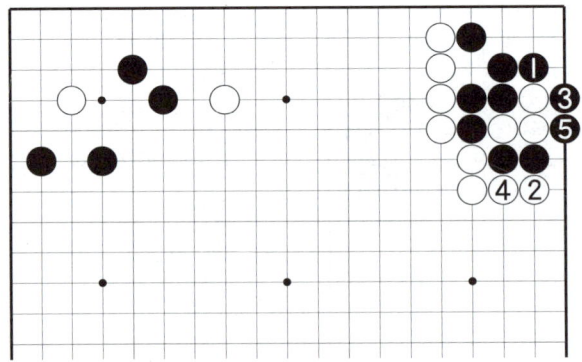

9도

9도(흑, 너무 아프다)

7도 흑4로 귀의 뒷맛을 꺼려 본도 1에 막는 것은 백2·4의 죄어붙임이 너무도 아프다. 이 결과는 백의 대성공.

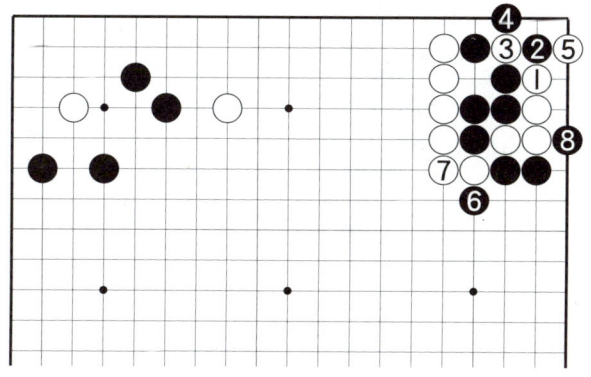

10도

10도(백, 한대 얻어맞다)

7도 백3으로 본도 1 에서 5로 귀의 뒷맛을 현실화하려는 것은 흑6의 단수를 활용당해 공연히 한대 얻어맞는 셈이다.

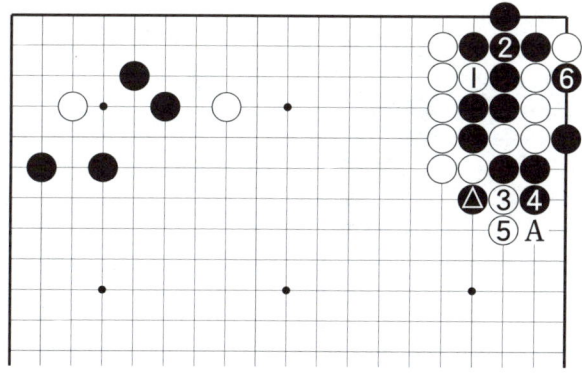

11도

11도(흑, 안심하다)

계속해서 백1, 흑2를 결정하고 3에 끊으면 흑은 4·6으로 안심한다.

이제는 백A가 선수가 안된다. 또한 ◬ 한점을 잡으려면 백은 한수가 더 필요하다.

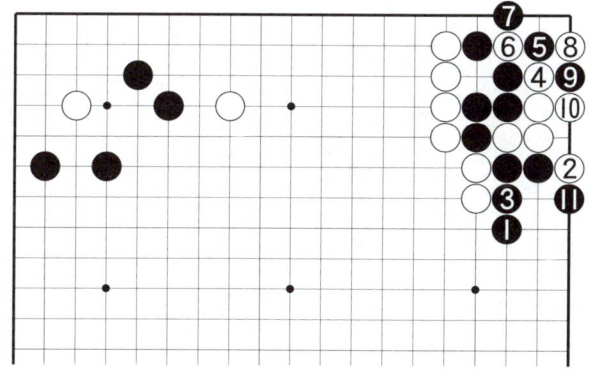

12도

12도(흑, 실전보다 낫다)

7도 흑4로 본도 1에 뛰는 수도 있었다. 백2 가 선수가 되더라도 흑이 먼저 따내는 패.

그렇다면 본도가 실전보다 낫다.

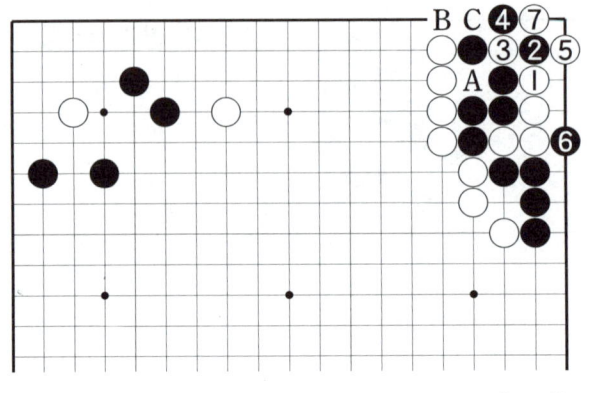

13도

⑧···③

13도(실전진행3)

백1로 기어들고 흑2에 백3·5로 귀는 패. 6으로 A는 백B, 흑C, 백7로 역시 패지만 B의 곳에 백돌이 없는 편이 흑은 낫다.

14도

14도(엄청난 실수)

흑▲ 때 백1로 그냥 젖히는 것은 엄청난 실수. 흑2로 급소를 이으면 패도 안되고 백은 수부족으로 그냥 잡힌다.

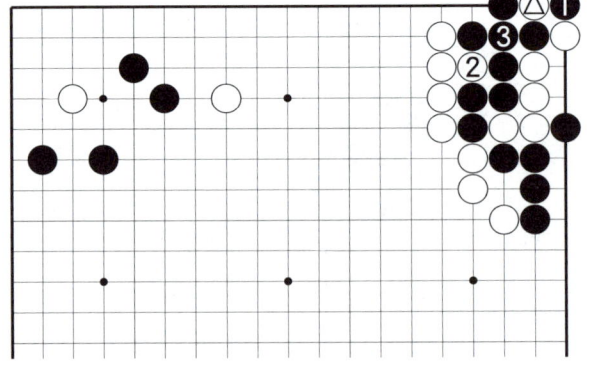

15도

15도(단수가 팻감)

백이 △로 패를 들어왔을 때 흑1로 덥썩 따내는 것은 매우 경솔하다. 백2가 팻감이어서 백이 따낼 차례의 패로 바뀌고 만다.

외목정석-마 샤오춘의 신수(2)

흑1은 모양에 구애받지 않고 중앙에 진출하려는 마 샤오춘(馬曉春)의 새로운 발상이었다. 상대방의 주문을 거부하며 성공을 거둔 신수였다.

백은 우주류의 대명사 다케미야(武宮正樹).

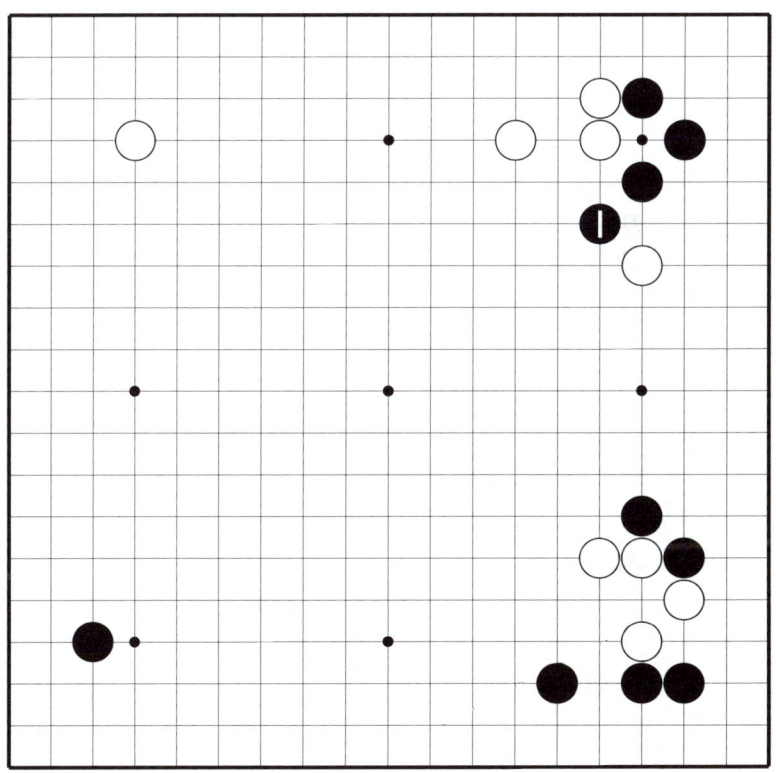

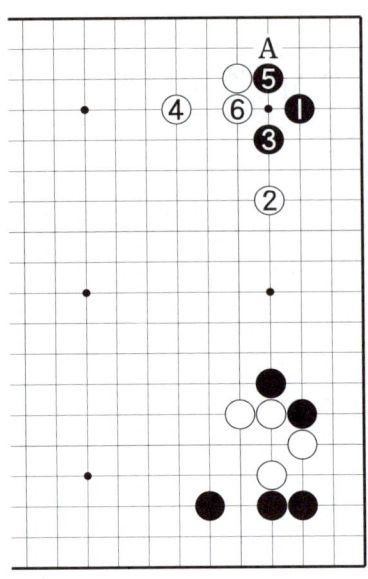

1도

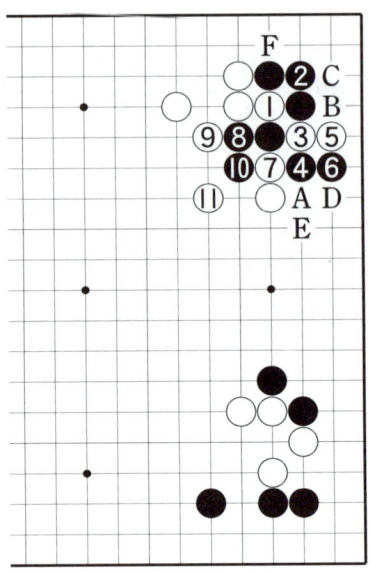

2도

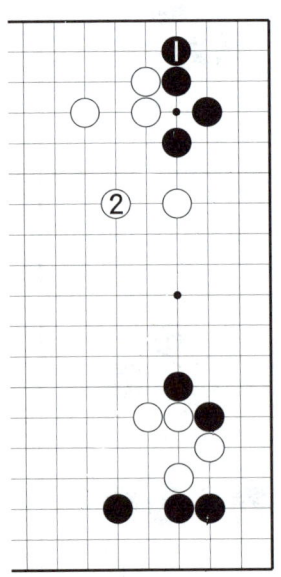

3도

1도(흑A의 한수)

　흑1의 걸침, 백2의 협공이 출발점. 흑3의 마늘모, 5의 마늘모붙임 다음 흑은 새로운 발상을 들고나온 것이다. 종래에는 이 상황에서 흑A의 한수였었다.

2도(손빼면 나쁘다)

　전도 다음 흑이 손빼면 백1로 찜는 수가 준엄하다. 흑2면 백3의 끊음! 흑4·6이 축유리를 본 최강수이지만 11까지 백이 두텁다. 6을 7에 이으면 백6, 흑A, 백B, 흑C, 백D, 흑E, 백F로 되어 귀의 흑이 잡힌다.

3도(한칸뜀이 호점)

　앞서도 말했듯이 상식은 흑1의 내려섬. 그러면 백2의 한칸뜀이 우하귀의 배석과 어울리는 호점이 된다. 흑의 신수는 이것을 기피한 것이다.

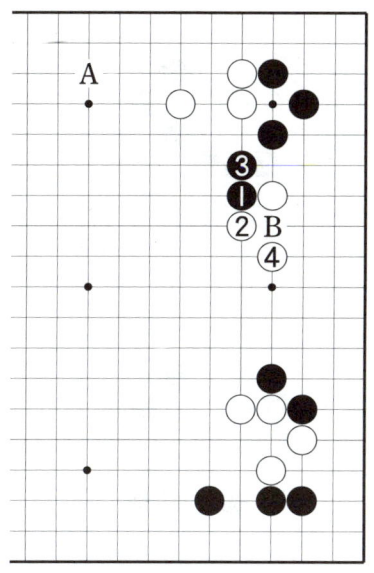

4도

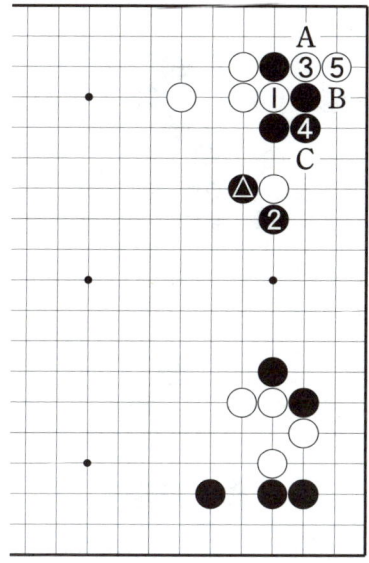

5도

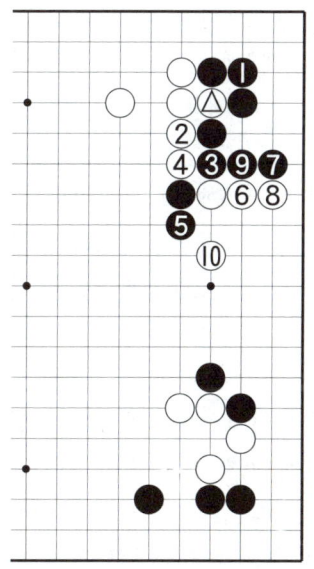

6도

4도(붙여서 진출한다)

중앙으로 머리를 내미는 수로는 흑1의 붙임도 생각할 수 있다. 백2면 흑3으로 끌어서 목적은 달성된 셈이다. 4로 A에 벌리고 흑B에 백4로 버리면 양쪽을 다 둔 결과가 된다.

5도(응수타진)

흑이 ▲로 붙여온 순간 백1로 찜어서 응수를 살피는 것이 타이밍. 흑2면 백3·5로 귀의 실리를 얻어서 충분하다. 4로 5에 몰면 백4, 흑A, 백B, 흑3, 백C로 흑이 재미없다.

6도(흑1, 약간 과수)

백△ 때 흑1쪽을 이으면 백2·4로 끊는다. 흑5에는 백6·8을 선수활용하고 10에 뛰어 이 싸움은 백이 할 만하다. 그러므로 흑1은 약간 과수라고 봐도 좋겠다.

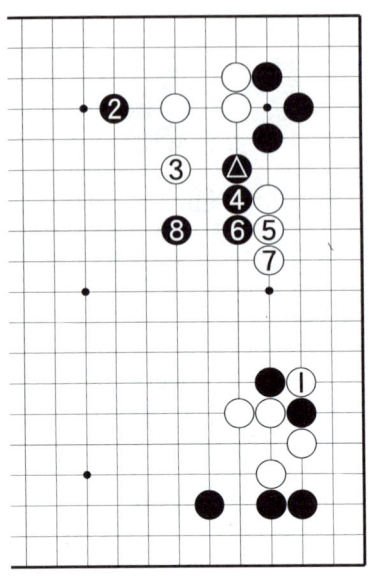

7도

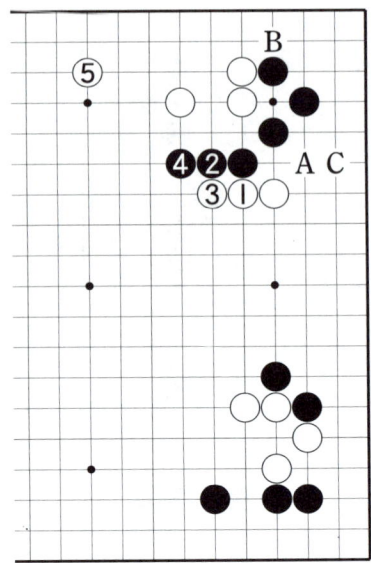

8도

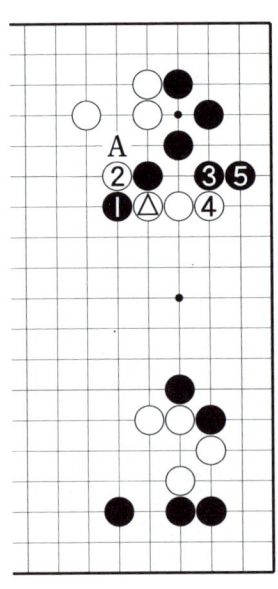

9도

7도(실전진행)

흑◢에 손을 빼고 우하를 백1로 손질했다. 흑2로 다가서서 압박하고 백3에는 흑4·6으로 밀어놓고 8. 이 다음 좌우의 공격을 맞보고 있다.

8도(백의 일책)

백1·3으로 밀어두고 나서 5에 벌리는 것도 일책이었다. 이른 시기에 백A, 흑B를 선수하는 것은 상변이 엷어지므로 좋지 않다. A 대신 C를 선수활용할 수도 있다.

9도(백, 약간 유리)

흑은 전도의 결과가 싫다면 백◢ 때 1에 젖힐 수도 있다. 백2를 유도해 흑3·5로 귀를 지키고 싸움에 대비하려는 의도이다. 하지만 백A가 선수이므로 이 싸움은 흑이 약간 불리하다고 봐야 하겠다.

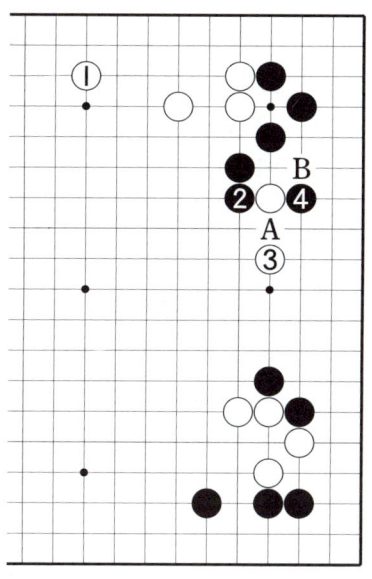

10도

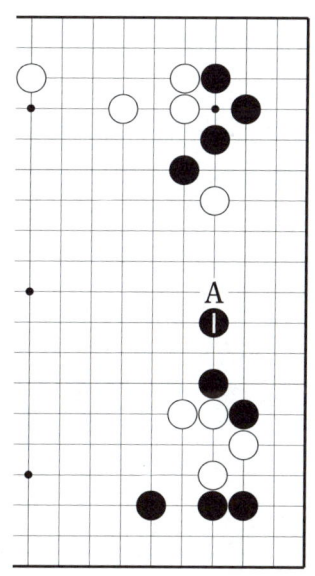

12도

11도

10도(정비의 틀)

백1로 단순하게 벌리면 흑2로 밀고 4로 정비해 두는 것이 틀. 백3으로 A면 흑B의 마늘모가 요점으로 역습을 엿보는 교두보가 된다.

11도(백의 역습)

백△ 때 흑1로 갈라서 공격하는 것은 백4·6이 선수여서 흑이 곤경에 빠진다. 즉, 백8의 역습에 대해 흑이 어떤 식으로 대응해야 하는지 막막해진다.

12도(멀리서 협공)

그러므로 흑이 우변을 둔다면 좀 멀리서 협공하는 것이 좋다. 우하쪽과의 관련이 중요하지만…. 보통(배석을 무시한다면)은 흑1 또는 A가 적당하다.(자세한 것은 **14도**를 참조)

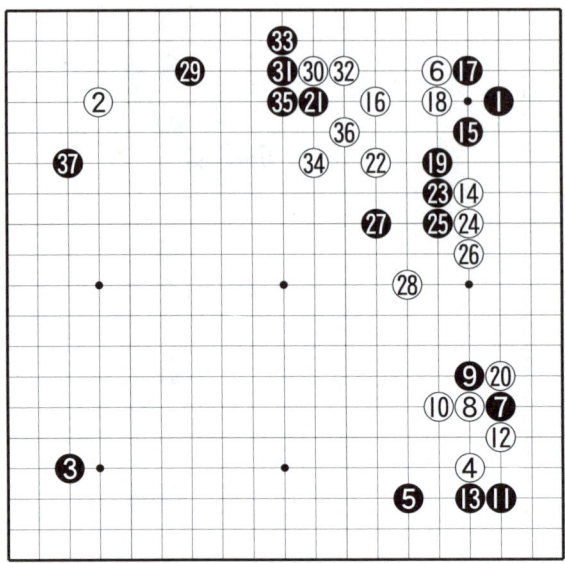

13도

13도(실전)

백14는 우하귀의 배석을 고려한 협공. 흑19에 백20으로 우하귀에 손을 돌리자, 흑은 21로 공격해 주도권을 잡으려고 했다. 흑27까지는 **7도**에서 본 진행. 백28에 흑29 이하 백을 엿보면서 35까지 상변에서 터를 잡고 37에 손을 돌려서는 흑의 페이스로 보여진다.

14도

14도(절호의 리듬)

전도 백20으로 본도 1에 벌릴 때 상식은 **12도**이지만, 이 바둑은 우하귀의 배석상, 흑2·4가 절호의 리듬이다. 백이 1을 두기 전에 A 이하로 밀어오더라도 흑2·4의 요령은 마찬가지이다.

고목정석-끼움의 주문

　고목정석에서 나온 형태로 흑1의 끼움이 새로운 시도였다. 두번째로 선보이는 다카기(高木祥一)의 신수. 있을 법한 수인데 아무도 두지 않았다는 것이 신기하다.

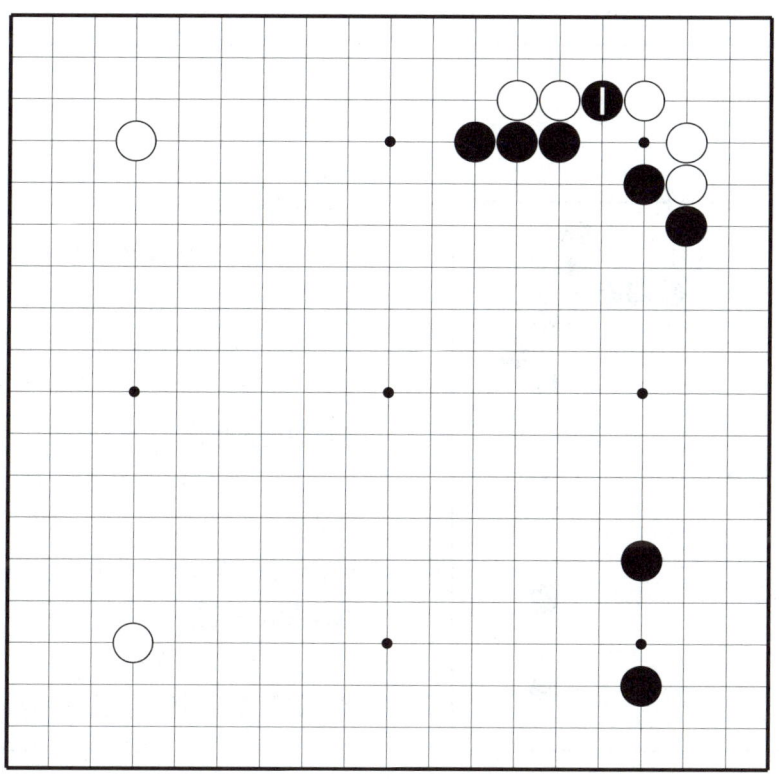

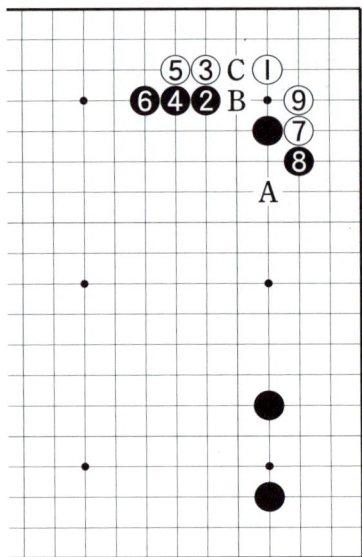

1도

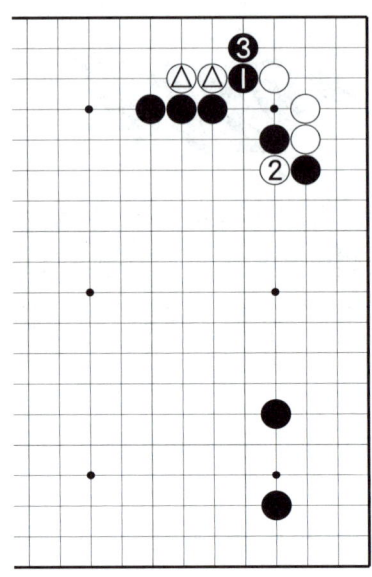

2도

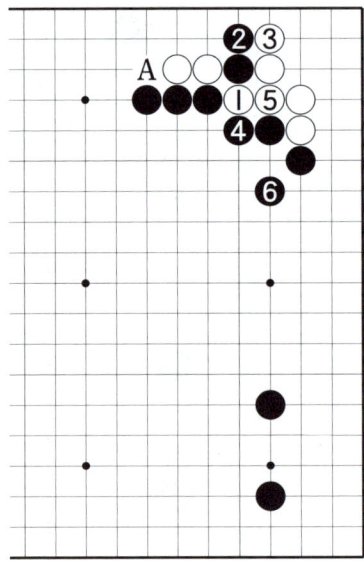

3도

1도(과정)

백1의 걸침에 흑2의 날일자씌움에서 출발. 백9 다음 통상은 흑A가 정석. 그것 대신 우 칭위안(吳淸源)은 흑B, 백C를 교환하고 손을 뺐다.

2도(실전진행1)

흑1의 끼움에 백은 2로 끊어서 반격했다. 흑3으로 돌파해 백△ 두점을 안은 것은 당연한 기세이다.

3도(흑의 주문)

전도 백2로 본도 1에 단수하고 3에 막아 잡으러드는 것은 흑의 주문. 6까지 된 다음 A마저 선수이므로 기존의 정석보다 흑이 유리하다.

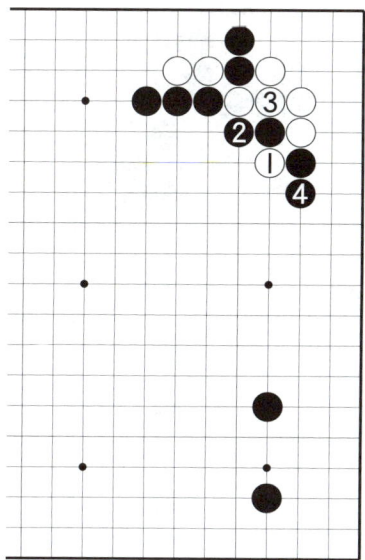

4도

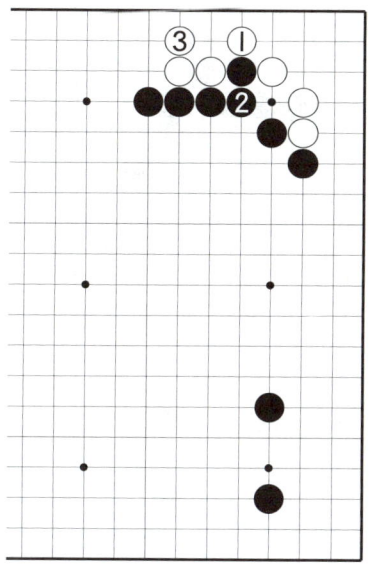

5도

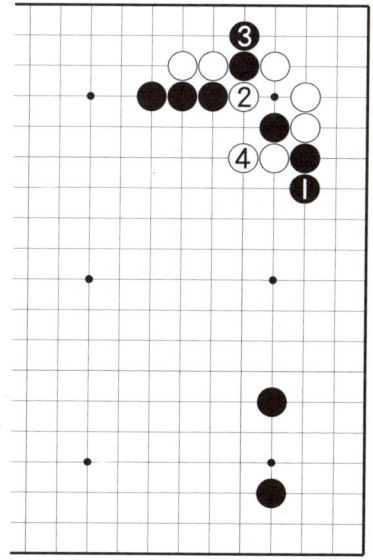

6도

4도(귀가 미결)

전도 백3으로 본도 1에 끊는 것 역시 흑2를 활용당하고 나서 흑4로 늘게 해 좋을 것이 없다. 귀가 미결이므로 당장 싸우기가 어렵다.

5도(굴복이어서)

그렇다고 애초에 백1로 아래쪽에서 응수하는 것은 굴복이어서 내키지 않는다. 3으로 지키는 정도인데, 정석보다 못함은 불문가지.

6도(우변이 공격당함)

2도 흑3으로 본도 1은 백2에서 4로 한점이 잡혀 흑이 불리하다. 다음에 위쪽 백 두점을 잡으면, 우변 흑두점이 공격당한다.

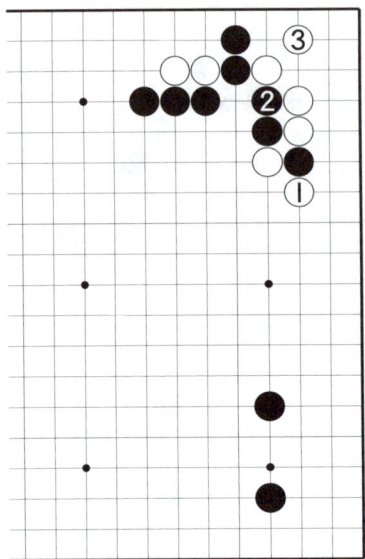

7도

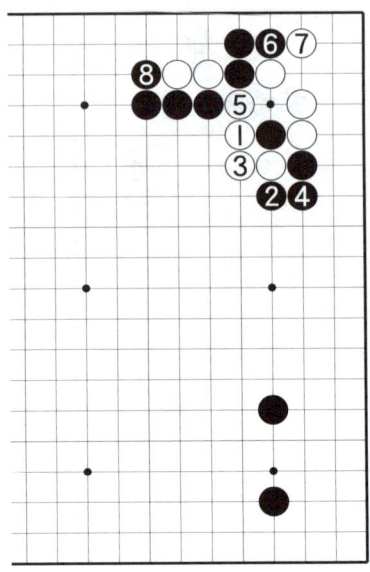

8도

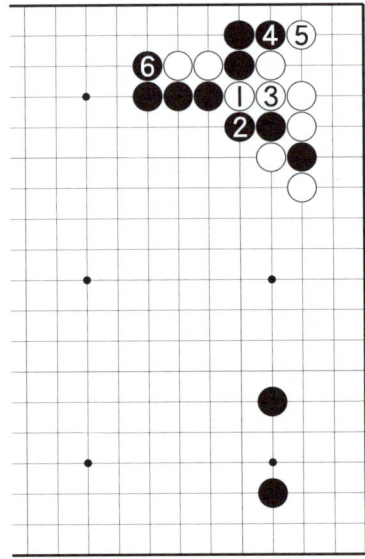

9도

7도(실전진행2)

2도 다음 백은 1로 한점을 잡고 흑은 2를 선수활용했다. 이것으로 일단 락인데, 돌 수도 같고 해서, 거의 호각의 갈림이라고 봐도 좋겠다.

8도(백, 재미없음)

전도 백1로 본도 1에 두어 위쪽 흑한점을 안는 것은 흑2·4로 우변을 살려가게 해 재미가 적다. 흑이 약간 유리한 결과.

9도(흑, 거꾸로 활용당함)

7도 흑2를 선수하지 않으면 거꾸로 백1의 끊음을 활용당한다. 6까지 되면 세력과 실리 모두 7도와는 큰 차. 얼추 대여섯집은 날아간 셈이다.

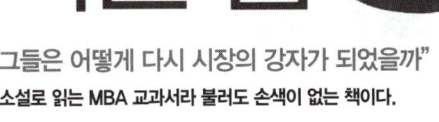

Foreign Copyright:
Joonwon Lee   Mobile: 82-10-4624-6629

Address: 3F, 127, Yanghwa-ro, Mapo-gu, Seoul, Republic of Korea
          3rd Floor
Telephone: 82-2-3142-4151
E-mail: jwlee@cyber.co.kr

바둑 新 사전 시리즈 ⑫
신수신형 新 사전

2002. 10. 2. 초 판 1쇄 발행
2009. 9. 18. 초 판 3쇄 발행
2011. 6. 24. 초 판 4쇄 발행
2014. 10. 27. 장정개정 1판 1쇄 발행
2025. 3. 19. 장정개정 1판 2쇄 발행

저작권
본사
소유

지은이 | 양재호 九단
펴낸이 | 이종춘
펴낸곳 | BM ㈜도서출판 성안당
주소 | 04032 서울시 마포구 양화로 127 첨단빌딩 3층(출판기획 R&D 센터)
      | 10881 경기도 파주시 문발로 112 파주 출판 문화도시(제작 및 물류)
전화 | 02) 3142-0036
      | 031) 950-6300
팩스 | 031) 955-0510
등록 | 1973. 2. 1. 제406-2005-000046호
출판사 홈페이지 | **www.cyber.co.kr**
ISBN | 978-89-315-7777-8 (13690)
      | 978-89-315-7765-5 (세트)
정가 | 20,000원

이 책을 만든 사람들
책임 | 최옥현
진행 | 정지현
표지 | 상:想 company, 박원석
홍보 | 김계향, 임진성, 김주승, 최정민
국제부 | 이선민, 조혜란
마케팅 | 구본철, 차정욱, 오영일, 나진호, 강호묵
마케팅 지원 | 장상범
제작 | 김유석

■ 도서 A/S 안내

성안당에서 발행하는 모든 도서는 저자와 출판사, 그리고 독자가 함께 만들어 나갑니다.
좋은 책을 펴내기 위해 많은 노력을 기울이고 있습니다. 혹시라도 내용상의 오류나 오탈자 등이
발견되면 **"좋은 책은 나라의 보배"**로서 우리 모두가 함께 만들어 간다는 마음으로 연락주시기
바랍니다. 수정 보완하여 더 나은 책이 되도록 최선을 다하겠습니다.
성안당은 늘 독자 여러분들의 소중한 의견을 기다리고 있습니다. 좋은 의견을 보내주시는 분께는
성안당 쇼핑몰의 포인트(3,000포인트)를 적립해 드립니다.
잘못 만들어진 책이나 부록 등이 파손된 경우에는 교환해 드립니다.